譯註 思政殿訓義

資治通鑑綱目 20

梁 武帝 普通 7년 ~ 梁 簡文帝 大寶 원년

編著 朱熹

訓義 思政殿(朝鮮 世宗)

책임번역 李忠九

공동번역 金奎璇 李承容 黃鳳德

전통문화연구회

飜譯委員

責任飜譯　李忠九
共同飜譯　金奎璇 李承容 黃鳳德
企劃編輯　東洋古典飜譯編輯委員會
原文校閱　吳圭根
飜譯研究管理　南賢熙
潤　　文　朴勝珠 南賢熙
校　　訂　李孝宰
出　　版　姜雲淑
裝　　幀　김진디자인

圖書管理

弘報管理　李和春
普　　及　徐源英
古典情報化　東洋古典情報化研究室

思政殿訓義 資治通鑑綱目을 발간하며

본회가 東洋古典의 飜譯과 教育, 情報化 등 古典現代化 사업을 시작한 지 어느덧 25년이 지났다. 그간 많은 어려움이 있었으나 1988년 본회가 발족한 뒤 동양고전 번역사업에 착수하여 四書三經을 註까지 懸吐完譯함으로써 東洋學과 韓國學 전공자들의 필독서가 되어 教育界와 文化界까지 많은 영향을 주었다.

본회에서는 四書三經, 十三經 등 儒家의 핵심 경전을 번역하는 동시에 동양고전의 한 축인 歷史 고전에도 눈을 돌려 《通鑑節要》, 《國語》, 《戰國策》뿐만 아니라, 동양 역사 철학의 진수가 담긴 《春秋左氏傳》을 완역함으로써 東洋學과 韓國學 연구에 礎石과 架橋를 마련하였다. 이러한 성과를 바탕으로 經史一體의 모범인 《資治通鑑綱目》 완역을 기획하여 번역에 착수하였다.

'經史一體'란 經典과 歷史가 하나라는 동양의 독특한 관념인데, 이는 기록을 통해 인물과 사건을 도덕적으로 평가하는 풍토를 낳았다. 이러한 기록문화의 중시는 다른 문화권에서는 엄두도 못 낼 막대한 역사 기록을 남기게 하는 배경이 되었다. 굳이 중국 역사서를 언급할 것 없이 《朝鮮王朝實錄》, 《承政院日記》, 《日省錄》 같은 방대한 우리의 역사문헌은 이를 잘 보여준다. 이러한 우리 선조들의 역사 서술에 큰 영향을 미친 책이 바로 朱熹의 《資治通鑑綱目》이다.

《資治通鑑綱目》은 조선시대 經筵에서 가장 많이 읽은 역사서이자 우리나라 역사 서술에 가장 큰 영향을 미쳤다는 점에서 현재 韓國學 研究에 필수적인 동양 역사 고전이라 할 수 있다. 비록 중국의 역사서이지만, 우리 先學들이 중국의 性理學을 독자적으로 계승 발전시킨 것처럼 《資治通鑑綱目》 역시 우리의 입장에서 보다 정밀하고 종합적으로 읽고자 하였다. 그 결실이 바로 世宗朝 때 간행된 思政殿訓義本 《資治通鑑綱目》이다.

동양의 대표적 역사서는 紀傳體의 《史記》, 編年體의 《資治通鑑》, 綱目體의 《資治通鑑綱目》으로 대변된다. 北宋 때의 司馬光은 帝王이 여가에 친람하여 정치에 도움이 되게 할 목적으로 《資治通鑑》을 편찬하였고, 朱熹는 《資治通鑑》을 바탕으로 이를 압축적으로 정리하여 보다 읽기 쉽게 하면서 유교적 褒貶을 엄정히 내렸다는 점에서, 이 책들은 제왕의 정치교과서 역할을 하였다. 이런 ≪資治通鑑≫과 ≪資治通鑑綱目≫에 대해 조선조 문화군주였던 세종의 주도하에 연구가 진행되었으며, 그 결과물이 바로 思政殿訓義本 ≪資治通鑑≫과 ≪資治通鑑綱目≫이다.

思政殿은 景福宮의 便殿으로, 세종이 이곳에서 당대 뛰어난 문신들을 참여시켜 ≪資治通鑑≫과 ≪資治通鑑綱目≫에 대한 訓義의 편찬을 주도하였다. 訓義는 의미를 해석한다는 뜻으로, 思政殿訓義는 기존 중국에서 이루어진 ≪資治通鑑≫과 ≪資治通鑑綱目≫의 주석을 集大成하고 군주와 신하들이 읽기 쉽도록 우리만의 주석서를 만든 것이다. 중국 이외 나라에서 ≪資治通鑑≫과 ≪資治通鑑綱目≫ 전체에 주석을 단 것은 조선이 처음일 것이다.

현재까지도 ≪資治通鑑≫과 ≪資治通鑑綱目≫을 원전으로 읽기 위해서는 중국의 연구 성과에 의지하여야 했다. 비록 ≪資治通鑑≫은 중국, 일본, 한국에서 번역되었으나 주석까지 완역되지 못하였고, ≪資治通鑑綱目≫도 중국에서 본문만 번역된 상황이다. 이번 우리나라의 독자적인 주석서인 思政殿訓義本 ≪資治通鑑綱目≫의 완역을 통해 기존에 잊혔던 세종 시기의 ≪資治通鑑綱目≫에 대한 연구 성과를 알리는 동시에, 이를 동양학과 한국학 연구에 활용할 수 있는 기반을 마련하고자 한다. 아울러 이를 통해 古典現代化의 水準을 높이고 融合的이고 自生的인 학문연구가 이루어질 수 있기를 바라는 바이다.

끝으로 이번 思政殿訓義本 ≪資治通鑑綱目≫의 번역에 참여하여 헌신하시는 모든 분들께 무한한 감사를 드린다. 또한 고전현대화에 대한 政府의 지대한 關心과 支援에 감사를 드리며, 그간 직간접으로 지도편달하여 주신 학계와 교육계 및 문화계 인사 여러분께 심심한 謝意를 표하며, 앞으로도 따뜻한 관심과 엄정한 叱正을 부탁드리며 내내 평강과 행복을 기원한다.

社團法人 傳統文化硏究會 理事長 李啓晃

凡 例

1. 본서는 南宋 때 朱熹가 編著하고, 朝鮮 世宗 때 思政殿에서 訓義한 ≪資治通鑑綱目≫을 번역한 것으로 ≪譯註 思政殿訓義 資治通鑑綱目≫ 제20책이다.
2. 본서의 底本은 서울대학교 규장각 소장본(奎7500, 藍書 口訣)이며, 규장각(奎7512, 朱書 口訣)과 국립중앙도서관(한古朝50-5, 墨書 口訣) 소장본을 참조하였다. 이들은 모두 木版本으로, 大字(綱)는 晉陽大君(世祖)이 써서 鑄造한 丙辰字, 中小字(目, 訓義 등)는 甲寅字로 되어 있다.

   이 밖에도 嚴文儒와 顧宏義가 校點한 ≪資治通鑑綱目≫(≪朱子全書≫ 8~11, 上海古籍出版社·安徽教育出版社, 2002), 文淵閣四庫全書 ≪御批資治通鑑綱目≫, 朝鮮 世宗 때 간행된 思政殿訓義 ≪資治通鑑≫(국립중앙도서관 일산古221-43), 標點資治通鑑小組에서 標點한 ≪資治通鑑≫(中華書局, 1992(제5판)) 등을 참고하였다.
3. 綱과 目의 원문에는 규장각(奎7500, 奎7512)과 국립중앙도서관(한古朝50-5)의 口訣本을 참조하여 懸吐하였고, 訓義는 한국에서 재래로 사용해오던 표점방식을 보완하여 文理의 이해를 돕는 수준에서 간략히 標點하였다.
4. '綱'과 '目'을 구분하기 위해 각각 번역문 앞에 【綱】과 【目】을 표기하였다. 目은 내용이 길 경우 의미 단락별로 分節하였다. 訓義는 저본에 위치하는 곳에 따라 해당 원문에 ①, ②, ③ 등으로 표기하고 綱이나 目 아래에 번역문과 원문을 배치하였다.

예 【綱】 北魏 朔州의 鮮于阿胡가 반란을 일으켰다.
魏朔州鮮于阿(옥)胡가 反[①]하다 — 綱

① 阿은 安의 入聲을 따른다.
阿, 從安入聲. — 訓義

【目】 葛榮이 杜洛周의 무리를 얻고 나서 북쪽으로 瀛州를 향해
葛榮이 旣得杜洛周之衆하여 北趣瀛州[①]어늘 — 目

① 魏主(元詡) 武泰 원년(528)에 葛榮이……
魏主武泰元年葛榮…… — 訓義

5. 번역문은 한글과 한자를 혼용하였으며, 맞춤법과 띄어쓰기는 한글 맞춤법과 표준어 규정을 따랐다.
6. 원문이나 번역문의 한자 중에 僻字나 讀音이 특수한 글자는 한글로 音을 달아주었다.
7. 譯註는 校勘, 人物, 制度, 官職, 역사적 사건, 인용문의 出典, 異說, 故事, 전문용어, 難解語 등에 관한 사항을 밝혔다.
8. 校勘은 원문의 誤字, 脫字, 衍文, 倒文 등을 대상으로 하였다.
9. 본서에 대한 독자의 이해를 돕고자 본서의 해설을 실었다.
10. 附錄에 실린 年表는 綱을 중심으로 ① 君王의 즉위와 사망, 年號, 改元 ② 정치, 경제, 사회, 문화의 주요 사건 ③ 주요 인물의 행적과 사망 등을 서술하되, 東洋史 학술 연표들을 참고하였다.(參考書目 年表 관련 자료 참조)
11. 본서의 校勘에 사용된 符號는 다음과 같다.

( )〔 〕: (저본의 誤字)〔교감한 正字〕
〔 〕: 저본의 脫字 보충
( ) : 저본의 衍字 표시

12. 본서에 사용한 주요 부호는 다음과 같다.

" " : 인용
' ' : " " 안의 재인용
「 」: ' ' 안의 재인용
『 』: 「 」 안의 재인용
( ) : 원문의 讀音 및 번역문의 間註
〔 〕: 번역문의 이해를 돕기 위한 原文의 漢字나 句節 표기, 譯註에서 인용한 원문표기
≪ ≫ : 書名
〈 〉 : 篇章名, 作品名, 補充譯
【 】: 綱과 目의 표시
◑, ○ : 저본에 사용된 부호 遵用

13. 본서 訓義에 사용한 標點은 다음과 같다.

. : 문장의 종결
, : 한 문장 안에서 句나 節의 구분이 필요한 곳
· : 대등한 명사나 구절의 병렬
" " : 인용
' ' : " " 안의 재인용
「 」: ' ' 안의 재인용

目次

≪思政殿訓義 資治通鑑綱目 20≫ 解 說

≪資治通鑑綱目≫은 중국 宋나라 때 朱熹가 司馬光의 ≪資治通鑑≫을 바탕으로 綱目體로 편찬한 책이다. 조선시대 학자들에게 절대적 영향을 미쳤으며, 經筵에서 講讀된 대표적 史書이다.

≪思政殿訓義 資治通鑑綱目≫은 朝鮮 世宗이 大臣들과 學士들에게 명하여 ≪자치통감강목≫과 관련된 서적을 모아 연구하여 주석하게 한 것이다. '思政殿'은 景福宮의 便殿이고, '訓義'는 '의미를 해석한다'는 뜻으로 '思政殿訓義'는 세종이 思政殿에서 대신·학사들과 더불어 ≪자치통감강목≫을 읽고 주석을 단 것을 가리킨다.

≪思政殿訓義 資治通鑑綱目 20≫에서는 중국 南北朝時代 중 梁 武帝 普通 7년(526)에서 梁 簡文帝 大寶 원년(550)까지 시기를 다루고 있다. 이때는 江北에 北魏, 江南에 梁나라가 각기 왕조를 이루고 있었으며, 특히 523년 북위에서 발생한 六鎭의 亂 이후의 상황을 다루고 있다. 본서의 주요 내용은 크게 두 가지로 나누어 볼 수 있다. 하나는 북위의 東西 분열이고 두 번째는 侯景의 반란이다.

북위의 동서 분열은 東魏와 西魏로 나누어진 것을 가리킨다. 爾朱榮이 등장하여 육진의 난 이후의 혼란한 정국을 수습하고 북위의 정권을 장악한다. 그러다가 이주영이 죽자 鄴을 중심으로 한 高歡과 長安을 차지하고 있던 宇文泰가 각기 황제를 옹립하면서 북위는 동위와 서위로 분열되어 서로 싸우게 된다.

후경의 난은 중국 역사상 큰 반란 사건 중 하나이다. 후경은 원래 고환의 장군으로 河南 지역을 담당하였는데, 고환이 사망하자 후경이 하남 지역을 가지고 양나라에 歸附한다. 당시 양나라는 武帝의 치세로 안정되어 있었으나 후경이 반란을 일으켜 양나라의 수도 建康을 함락시키면서 이후 양나라는 쇠락의 길로 접어들게 된다.

思政殿訓義 資治通鑑綱目 제31권 상

-梁 武帝 普通 7년(526)~梁 武帝 中大通 원년(529)-

≪資治通鑑綱目≫ 제31권은 丙午年(526) 梁나라 武帝 普通 7년과 北魏 孝明帝 孝昌 2년부터 壬子年(530) 梁나라 武帝 中大通 4년과 北魏 孝武帝 永熙 원년까지이니, 모두 7년이다.

起丙午梁武帝普通七年과 魏孝明帝孝昌二年하여 盡壬子梁武帝中大通四年과 魏孝武帝永熙元年하니 凡七年이라

丙午年(526)

梁나라 高祖 武帝 蕭衍 普通 7년이고 北魏 肅宗 孝明帝 元詡 孝昌 2년이다

梁普通七年이요 魏孝昌二年[1]이라

【綱】 봄 정월에 北魏가 楊津을 北道大都督으로 삼았다.

春正月에 魏가 以楊津爲北道大都督하다

【目】 예전에 북위 都督 廣陽王 元深이 尙書令 城陽王 元徽의 妃와 정을 통하였다. 원휘가 그를 원망하여 胡太后에게 말하기를 "원심의 마음을 헤아릴 수 없습니다."라고 하였다. 이에 호태후가 楊津을 都督으로 삼아 원심을 대신하게 하였다.

初에 魏都督廣陽王深이 通於尙書令城陽王徽之妃①러니 徽가 怨之하여 言於太后호되 以深心不可測이라한대 乃以津爲都督代深하다

1) ≪資治通鑑綱目≫에서는 421년부터 588년까지는 無統이다. 朱熹의 凡例를 보면 正統인 경우 歲年(干支) 다음에 國號, 諡號, 姓名, 年號, 年度 등을 大字로 쓰는 데 반해, 無統일 경우 위처럼 小字로 쓴다. 본서의 내용은 無統에 해당하므로 이 부분을 모두 小字로 표기하였다. 隋나라 文帝가 천하를 통일한 589년 이후로는 수나라를 정통으로 삼아서 大字로 표시하였다.

① 元徽는 景穆帝의 아들인 元長壽(拓跋晃)의 孫子이다.
徽, 景穆子長壽之孫子也.

【綱】北魏 五原郡의 降戶인 鮮于脩禮가 반란을 일으켰다.

魏五原降戶鮮于脩禮가 **反**하다

【綱】2월에 北魏 西部의 敕勒 사람인 斛律洛陽이 반란을 일으켰는데, 3월에 爾朱榮이 그를 토벌하여 평정하였다.

◑ **二月**에 **魏西部敕勒斛律洛陽**이 **反**이어늘 **三月**에 **爾朱榮**이 **討平之**①하다

① 斛律은 代北2)의 複姓이다. 그 선대에 部落의 統帥가 되어 斛律部라고 불렀다. 이로 인하여 氏를 삼았다.
斛律, 代北(復)〔複〕3)姓. 其先爲部落統帥(수), 號斛律部, 因以爲氏.

【綱】여름 4월에 北魏가 元順을 太常卿으로 삼았다.

◑ **夏四月**에 **魏**가 **以元順爲太常卿**하다

【目】城陽王 元徽가 黃門侍郞 徐紇과 함께 侍中 元順을 비방하여 〈궁중에서〉 내쫓아 太常卿을 삼았다. 원순이 하직 인사를 할 때에 서흘이 〈胡太后를〉 곁에 모시고 있었다. 원순이 서흘을 가리키며 말하기를 "이 사람은 북위의 太宰 嚭입니다. 북위가 망하지 않으면 이 사람도 끝내 죽지 않을 것입니다."라고 하였다. 서흘이 어깨를 움추리며 나왔는데, 원순이 서흘을 꾸짖기를 "너는 刀筆吏의 작은 재주여서 겨우 책상머리에서 글이나 짓는 일을 이바지할 수 있을 것이다. 어찌 門下省을 욕보여서 우리 조정의 떳떳한 도리를 파괴한단 말인가."라고 하고, 이어서 옷깃을 털고 일어나니, 호태후가 잠자코 있었다.

城陽王徽가 **與黃門侍郞徐紇**로 **毁侍中元順**하여 **出爲太常卿**하니 **順**이 **奉辭時**에 **紇**이 **侍側**이라 **順**이 **指之曰 此魏之宰嚭**니 **魏國不亡**이면 **此終不死**①리라 **紇**이 **脅肩而出**이어늘 **順**이 **叱之曰 爾**

2) 代北 : 北魏가 처음 平城에 도읍하고 代國이라 하였으므로 그 일대를 代北이라 하였다. 북위를 지칭하는 말로 쓰이기도 한다.

3) (復)〔複〕: 저본에는 '復'으로 되어 있으나, ≪通志≫ 〈氏族略 代北複姓〉에 의거하여 '複'으로 바로잡았다.

刀筆小才라 正堪供几案之用이니 豈應汗辱門下하여 斁我彝倫이리오하고 因振衣而起하니 太后默然②이러라

① 嚭는 匹鄙의 切[4]이다. '宰嚭'는 吳나라 太宰 嚭인데 참소하기를 좋아하였는데 吳王 夫差가 그를 신임하여 나라가 망하게 되었다.
嚭, 匹鄙切. 宰嚭, 吳太宰嚭也, 好讒, 吳王夫差信而任之, 以至亡國.

② '脅肩'은 어깨를 움추리는 것이니, 小人이 사특하게 아첨하는 태도이다.
脅肩, 竦體也, 小人側媚之態.

【綱】 北魏 朔州의 鮮于阿胡(선우옥호)가 반란을 일으켰다.

魏朔州鮮于阿(옥)胡가 反①하다

① 阿은 安의 入聲을 따른다.
阿, 從安入聲.[5]

【綱】 北魏 都督 李琚가 杜洛周를 토벌하다가 패하여 죽었다.

● 魏都督李琚가 討杜洛周敗死하다

【綱】 北魏 長孫稚가 鮮于脩禮를 토벌하다가 크게 패하였다.

◑ 魏長孫稚가 討鮮于脩禮라가 敗績하다

【目】 북위가 長孫稚를 大都督으로 삼아서 鮮于脩禮를 토벌하였다. 행군하다가 鄴城에 이르러서 다시 河間王 元琛으로 대도독의 자리를 대신하게 하였다. 장손치가 말하기를 "원침과 사사로운 불화가 있으니 그의 지휘를 받기가 어렵습니다."라고 하였는데, 북위 조정에서 들어주지 않았다. 呼沱河에 이르렀을 때 선우수례가 장손치를 맞아 공격하였으나 원침이 장손치를 구원하지 않았다. 장손치가 대패하니 〈장손치와 원침이〉 모두 연좌되어 除名되었다.

4) 切 : 反切音을 표시한 것이다. '反(번)'은 뒤집는다(되치다)는 뜻으로 번역을 의미하고, '切'은 자른다는 의미이다. 앞 글자의 初聲을 따고 뒷글자의 中聲과 終聲을 따서 읽는다.

5) 阿 從安入聲 : 阿의 音은 安(ㅇ)의 聲(初聲)에다 韻(초성 이외의 나머지 부분)을 入聲으로 하라는 것이다. 이에 의해 '屋(옥)'으로 독음된다.

魏가 以長孫稚爲大都督하여 討鮮于脩禮러니 行至鄴하여 復以河間王琛으로 代之한대 稚言與琛有私隙하니 難受其節度라호되 不聽①이러라 至呼沱에 脩禮邀擊之로되 琛이 不救라 稚가 大敗하니 皆坐除名하다

① 《資治通鑑》에 "長孫稚가 아뢰기를 '얼마 전에 元琛과 같이 淮南에 있을 적에 원침은 패하였고 臣은 온전하여 마침내 사사로운 불화가 생겼습니다.'라고 하였다." 하였다.
通鑑 "稚上言 '曏與琛同在淮南, 琛敗臣全, 遂成私隙.'"

【綱】 5월에 元略이 梁나라에서 北魏로 돌아왔는데 북위가 侍中으로 삼았다.

五月에 元略이 自梁歸于魏어늘 魏가 以爲侍中[6]하다

【目】 元略이 江南(梁)에 이른 뒤로[7] 아침저녁마다 소리 내어 울어서 늘 喪中에 있는 것 같았다. 북위 元叉가 죽었을 적에 〈북위의〉 胡太后가 江革과 祖暅之[8]를 남쪽으로 돌려보내어 원략과 바꾸기를 요구하였다. 梁主(蕭衍)가 예우하여 원략을 〈북위로〉 보내주었는데 호태후가 원략을 侍中에 임명하고 東平王의 작위를 하사하였다. 尙書令으로 승진시켜 원략에게 임무를 맡겼으나 徐紇과 鄭儼이 권세를 부리니, 원략 역시 감히 어기지 못하였다.

6) 元略自梁歸于魏 魏以爲侍中 : "무릇 다른 나라로 도망간 자에 대해 '歸(귀순하였다)'라고 기록한 것은 훌륭하게 여긴 말이다. 여전히 祖國을 그리워하는 마음이 있었으므로 훌륭하게 여긴 것이다. 그러므로 劉敬宣·司馬休之에게는 '來歸(돌아왔다)'라고 기록하고, 元略에게는 '歸'라고 기록하고, 元彧에게는 '歸'라고 기록하고, 賀拔勝에게는 '歸'라고 기록하고, 獨孤信에게는 '歸'라고 기록하였으니, 모두 훌륭하게 여긴 것이다.〔凡奔書歸善辭也 猶有宗國之心焉 故善之 是故劉敬宣司馬休之書來歸 元略書歸 元彧書歸 賀拔勝書歸 獨孤信書歸 皆善之也〕" 《書法》

書法은 '筆法'이란 말과 같다. 朱子는 《자치통감강목》을 편찬할 적에 孔子의 《春秋》 筆法을 따라 綱과 目으로 나누었는바, 綱은 《春秋》의 經文을, 目은 《春秋左氏傳》의 傳文을 따랐다. 《자치통감강목》의 筆法을 밝힌 것으로는 劉友益(宋)의 《綱目書法》, 尹起莘(宋)의 《綱目發明》이 그 대표작이라 할 수 있는데, 이 두 책은 현재 淸나라 聖祖(康熙帝)가 엮은 《御批資治通鑑綱目》에 모두 수록되어 있다. 이 필법은 綱에 주안점이 맞춰져 있는데, 우리나라 학자들이 특별히 이 《자치통감강목》을 愛讀한 이유는 바로 이 필법에 있다. 《어비자치통감강목》에는 이외에도 汪克寬(元)의 《綱目凡例考異》 등 많은 내용이 수록되어 있으나, 본서에서 다 소개하지 못하고 《강목서법》과 《강목발명》의 중요한 것만을 발췌하여 수록하였다. 또한 陳濟(明)의 《資治通鑑綱目集覽正誤》를 인용하여 오류를 바로잡기도 하였다. 본고에서는 각각 《書法》, 《發明》, 《正誤》로 요약하여 표기하였다.

7) 元略이……뒤로 : 520년 北魏 元叉(원차)가 元懌을 죽이고 胡太后를 유폐하고 정권을 잡았는데, 원역의 후대를 받던 元熙와 元略 등이 鄴城에서 군사를 일으키려 하다가 원희는 죽고 원략은 梁나라로 도망갔다.

8) 江革과 祖暅之 : 525년 梁나라 豫章王 蕭綜이 배반하고서 彭成을 가지고 北魏에 투항하였는데, 이때 소종의 長史와 司馬로 있던 강혁과 조긍지가 사로잡혔다.

略이 自至江南으로 晨夕哭泣하여 常如居喪이러니 及魏元叉死에 胡太后가 遣江革祖暅(긍)之南還하여 以求略하니 梁主가 禮遣之어늘 太后가 拜略侍中하고 賜爵東平王하다 遷尙書令하여 委任之나 然徐鄭이 用事하니 略亦不敢違也①러라

① 徐·鄭은 徐紇과 鄭儼이다.
徐·鄭, 徐紇·鄭儼.

【綱】北魏가 다시 廣陽王 元深을 北道大都督으로 삼았다.

魏가 復以廣陽王深爲北道大都督[9]하다

【目】北魏가 다시 元深을 大都督으로 삼아서 鮮于脩禮를 토벌하였다. 章武王 元融을 左都督, 裴衍을 右都督으로 삼아서 모두 원심의 지휘를 받도록 하였다. 城陽王 元徽가 다시 胡太后에게 원심이 반역의 뜻이 있다고 참소하였는데 ,호태후가 원융과 배연에게 몰래 칙령을 내려 원심을 대비하도록 하였다. 원심이 두려워하여 크고 작은 일에 관계 없이 감히 스스로 결정하지 못하였다.

호태후가 사람을 보내 그 이유를 묻자 대답하기를 "원휘는 臣에게 원한이 뼈에 사무쳐서 아침저녁으로 신을 불측한 죄에 빠뜨리려고 하니 신이 어찌 편안하겠습니까. 陛下께서 만약 원휘를 내보내 外州로 부임시키면 신은 안으로 돌아보는 근심이 없을 것이므로, 거의 賊의 陣中에서 목숨을 바쳐 싸워서 신의 충성과 힘을 다할 것입니다."라고 하였으나, 호태후가 따르지 않았다.

원휘는 鄭儼 등과 함께 다시 서로 阿黨하여 밖으로는 유순하고 삼가는 듯하였으나 안으로는 시기하고 미워하는 마음이 가득하여 賞罰을 자기 마음대로 행하니 북위의 정사가 더욱 어지러워졌다.

---

9) 魏復以廣陽王深爲北道大都督 : "'復以爲(다시 무엇으로 삼았다.)'라 한 것은 어째서인가. 과실을 고침을 가상히 여긴 것이다. 元深은 北道都督이 되었었는데 城陽王 元徽가 원심을 참소하였다. 이에 〈楊津을 都督으로 삼아〉 원심을 대신하게 하였다가 지금 다시 등용하니 옳은 것이다. 그런데 〈胡太后가〉 元融과 裵衍에게 몰래 원심을 대비하도록 하였다. 의심스런 사람은 임용하지 말고 사람을 임용하였으면 의심하지 말아야 하는데 여기에서 다시 둘 다 그르쳐서 마침내 元深이 〈葛榮을 토벌할 적에 진군하지 못하고〉 주저하며 스스로 의심하여 갈영에게 죽임을 당하게 하였다. ≪資治通鑑綱目≫에서 이것을 기록한 것은 인정해준 것이고 또한 애석해한 것이다.〔復以爲 何 嘉改過也 深嘗爲北道都督矣 城陽王徽譖之 於是代深 今而復用 是也 而使元融裴衍潛爲之備 疑人勿任 任人勿疑 於此復兩失之 卒之使深盤桓自疑 而爲葛榮所殺 綱目書此 予之也 亦惜之也〕" ≪書法≫

魏가 復以深爲大都督하여 討鮮于脩禮하니 章武王融과 裴衍爲左右都督하여 竝受節度①러니 城陽王徽가 復譖其有異志한대 后가 敕融衍潛爲之備하니 深이 懼하여 事無小大히 不敢自決이라 后가 使問其故한대 對曰 徽가 銜臣次骨하여 朝夕欲陷臣於不測之誅하니 臣何以自安②이리오 陛下가 若使徽出臨外州면 臣無內顧之憂라 庶可以畢命賊庭하여 展其忠力이리이다 太后가 不聽하다 徽與鄭儼等으로 更相阿黨하여 外似柔謹하나 內實忌克하여 賞罰任情하니 魏政이 愈亂이러라

① 元融은 景穆(拓跋晃의 시호)의 아들인 元太洛의 아들이다.
融, 景穆子太洛之子也.
② '次骨'은 〈원한을〉 깊이 새겨서 뼈에까지 이름을 말한다.
次骨者, 言深刻至骨.

【綱】 가을 7월에 北魏의 行臺 常景이 杜洛周를 范陽에서 패배시켰다.

秋七月에 魏行臺常景이 敗杜洛周於范陽①하다

① 范陽縣은 前漢 때에는 涿郡에 소속되었고 後漢 章帝 때에는 탁군을 고쳐서 范陽郡으로 삼았다.
范陽縣, 前漢屬涿郡, 後漢章帝改涿郡爲范陽郡.

【綱】 鮮于阿胡가 北魏의 平城을 공격하여 함락시켰다.

◑ 鮮于阿(옥)胡가 陷魏平城하다

【綱】 8월에 반적의 魁帥 元洪業이 鮮于脩禮를 죽이고 北魏에 항복하니 그의 徒黨 葛榮이 다시 원홍업을 죽이고 스스로 즉위하였다.

◑ 八月에 賊帥元洪業이 殺鮮于脩禮降魏하니 其黨葛榮이 復殺洪業而自立하다

【綱】 北魏의 安北將軍 爾朱榮이 肆州刺史를 붙잡고 그를 대신하여 爾朱羽生을 사주자사로 삼았다.

◑ 魏安北將軍爾朱榮이 執肆州刺史하고 而以爾朱羽生代之[10]하다

10) 魏安北將軍爾朱榮……而以爾朱羽生代之 : "刺史는 누구인가. 尉慶賓이다. 어찌하여 이름을 쓰지 않았는가. 그리고 '執'(붙잡았다)은 잘했다는 말이다. 위경빈이 대비를 하지 않다가 붙잡히게 되었으니, 힘이 다한 것이 아니다. 그렇다면 어찌하여 '襲(습격하다)'이라고 기록하지 않았는가. '襲'이라고 기록하지 않고 '執'이라고 기록한 것은 爾朱榮의 강함을 보이기 위한 것이다. 刺史는 한 方面을

【目】 北魏는 爾朱榮을 安北將軍으로 삼아 都督恒·朔二州軍事로 삼았다. 이주영이 肆州를 지나갈 적에 刺史 尉慶賓이 그를 꺼려하여 나와 영접하지 않았다. 이주영이 노하여 그를 습격하여 붙잡고 從叔 爾朱羽生을 임명하여 刺史로 삼았는데 북위 조정에서 그를 통제할 수 없었다.

예전에 賀拔允과 그 동생 賀拔勝과 賀拔岳이 恒州에 있을 적에 平城이 함락되자 하발악은 이주영에게로 달아났고 하발승은 肆州로 달아났다. 이때에 이르러 이주영이 하발승을 얻고 크게 기뻐하기를 "卿의 兄弟를 얻었으니 천하는 평정할 거리도 못 된다."라고 하고, 別將으로 삼아서 軍中의 大事를 대부분 그와 함께 모의하였다.

魏以榮爲安北將軍하여 都督恒朔二州軍事하니 榮이 過肆州에 刺史尉慶賓이 忌之不出하다 榮이 怒하여 襲執之하고 署其從叔羽生爲刺史호되 魏朝가 不能制러라 初에 賀拔允及弟勝岳이 在恒州에 平城陷이어늘 岳奔榮하고 勝은 奔肆州①러니 至是하여 榮이 得勝大喜曰 得卿兄弟하니 天下는 不足平也로다 以爲別將하여 軍中大事를 多與之謀하더라

① 恒州는 平城에 治所를 두었다. 平城은 北魏의 옛 도성이다.
恒州, 治平城. 平城, 魏之古都.

賀拔勝

【綱】 葛榮이 北魏 都督 章武王 元融과 廣陽王 元深을 습격하여 죽였다.

葛榮이 襲殺魏都督章武王融廣陽王深하다

전담하고 병권을 잡고 있는데 바꾸어놓기를 마치 바둑돌처럼 쉽게 하니 이주영의 신하 노릇 하지 않는 자취가 여기에서 싹텄으므로 신중히 기록한 것이다. 이 까닭에 '執肆州刺史 以羽生代之'라고 기록하였으니 이주영의 임금을 무시함을 드러낸 것이다. 〈後漢 乾祐 2년(949) 郭威가〉 白文珂를 西京留守로 삼았다고 기록한 것은 곽위가 임금을 무시한 것을 드러낸 것이다.〔刺史 何 尉慶賓也 曷爲不名 執 善辭也 慶賓無備 以至被執 則非力屈者矣 然則何以不書襲 不書襲書執 所以見爾朱之强也 刺史專方面本兵柄 而易置之 如奕棊 爾朱不臣之跡 兆於此矣 故謹書之 是故書執肆州刺史以羽生代之 所以著爾朱之無君 書以白文珂爲西京留守 所以著郭威之無君也〕" ≪書法≫

【目】葛榮이 杜洛周의 무리를 얻고 나서 북쪽으로 瀛州를 향해 나아갔는데 北魏의 廣陽王 元深이 병사를 이끌고 그의 뒤를 밟았다. 갈영의 輕騎가 章武王 元融을 습격하여 죽이고 스스로 天子라고 칭하였다. 원심은 원융이 패배했다는 소식을 듣고 진격하지 않았는데, 侍中 元晏이 胡太后에게 고의로 말하기를 "광양왕이 서성거리며 진격하지 않고 앉아서 분수에 넘치는 욕망을 꾀하고 있습니다. 于謹이라는 자가 智略이 남보다 뛰어난데 원심의 謀主가 되었으니, 전란의 즈음에 〈원심이〉 陛下의 충순한 신하가 아닐까 우려됩니다."라고 하였다.

호태후가 조서를 내려 尙書省의 門에 榜文을 붙이게 하였는데 우근을 잡을 수 있는 자를 불러오면 큰 상이 있을 것이라고 하였다. 우근이 그것을 듣고 원심에게 말하기를 "지금 女主(호태후)가 조정을 다스려서 참소하는 간사한 자를 신임해 등용하니, 만일 殿下의 평소 마음을 명백히 밝히지 않으면 언제 화가 닥칠지 두렵습니다. 제가 몸을 결박하고 가서 自首하겠습니다."라고 하고, 마침내 상서성의 방문 아래에 가니 有司가 보고하였다. 호태후가 引見할 것에 크게 성을 내었는데, 우근이 원심의 충성을 상세히 말하고 아울러 진군을 멈춘 상황을 진술하니, 호태후가 마음이 풀려서 우근을 놓아주었다. 원심은 군대를 이끌고 방향을 돌려 定州로 향하였다.

胡太后

定州刺史 楊津은 또한 원심이 반역의 뜻이 있음을 의심하여 都督 毛謐를 보내서 원심을 공격하니, 원심이 샛길로 가서 博陵에 이르러 갈영의 遊擊 기병을 만났는데 〈기병에게〉 겁박을 받아 갈영에게 나아가게 되었다.[11] 그런데 賊徒들 중에 원심을 보고 꽤 기뻐하는 자가 있었으므로 갈영은 원심을 미워하여 죽였다. 城陽王 元徽가 마침내 원심이 적에게 항복하였다고 誣告하여 그의 처자들을 체포하니, 원심의 府佐 宋遊道가 원심을 위하여 소송하여 마침내 석방되었다.

11) 定州刺史……되었다 : 이 부분은 《資治通鑑》의 내용을 축약하여 기록한 것이다. 《자치통감》을 보면 양진이 모시 등을 보내 공격하니 원심이 도망가고 모시가 추격하였다. 원심은 주변 몇몇 사람과 샛길로 도망가다 갈영의 기병에게 사로잡힌 것이다.

葛榮이 既得杜洛周之衆하여 北趣瀛州①어늘 魏廣陽王深이 引兵躡之러니 榮輕騎掩擊章武王融殺之하고 自稱天子하니 深이 聞融敗不進한대 侍中元晏이 宣言於太后曰 廣陽王이 盤桓不進하여 坐圖非望이러니 有于謹者가 智略過人한대 爲其謀主하니 風塵之際에 恐非陛下之純臣也일가하노이다 太后가 詔牓省門호되 募能獲謹者면 有重賞호리라 謹이 聞之하고 謂深曰 今女主가 臨朝하여 信用讒佞하니 苟不明白殿下素心이면 恐禍至無日하노니 謹이 請束身歸罪하리라하고 遂詣牓下하니 有司以聞하다 太后가 引見大怒어늘 謹이 備論深忠款하고 兼陳停軍之狀하니 太后가 意解捨之하다 深이 引軍還하여 趣定州러니 刺史楊津이 亦疑深이 有異志하여 遣都督毛諡하여 討深하니 深이 間行至博陵하여 逢葛榮遊騎한대 劫以詣榮②하니 賊徒가 見深하고 頗有喜者라 榮이 惡而殺之③하다 城陽王徽가 遂誣深降賊이라하여 錄其妻子하니 深의 府佐宋遊道가 爲之訴理하여 乃得釋④하니라

① 魏主(元詡) 武泰 원년(528)에 葛榮이 비로소 杜洛周를 병합하였으니, 이는 鮮于脩禮의 무리를 얻은 것이다.
魏主武泰元年葛榮方幷杜洛周, 此得鮮于脩禮之衆也.
②〈博陵은〉 漢 桓帝 때에는 博陵郡을 두었고, 元魏(北魏) 때에는 定州에 소속되었다.
漢桓帝置博陵郡, 元魏屬定州.
③ 葛榮은 그 무리들이 元深을 받들어 군주로 삼는 것을 두려워하였으므로 그를 미워한 것이다.
恐其徒有欲奉深爲主者, 故惡之.
④ 宋遊道는 宋繇의 玄孫이다.
遊道, 繇之玄孫也.

【綱】就德興이 北魏 平州를 함락시켰다.

就德興이 陷魏平州①하다

① 北魏 平州는 肥如에 治所를 두었다.
魏平州治肥如.

【綱】莫折念生이 北魏에 항복했다가 이윽고 다시 반란을 일으키고, 破六韓拔陵이 胡琛을 유인하여 죽였다.

○莫折念生이 降魏라가 既而復反하고 破六韓拔陵이 誘胡琛殺之하다

【目】天水 백성 呂伯度는 본래 莫折念生의 무리였다. 여백도가 도망하여 胡琛에게로 귀

부하였는데 호침이 군사와 말을 지원하여 막절염생을 공격하게 하니, 자주 막절염생의 군대를 격파하였다. 〈여백도는〉 이에 다시 호침을 배반하고 동쪽으로부터 北魏의 군대를 끌어들이니, 막절염생이 窘迫하여 항복을 청하였다. 蕭寶寅이 左丞 崔士和에게 秦州를 점거하게 하고, 大都督 元脩義는 군대를 멈추고 전진하지 않았다. 막절염생은 다시 반란하여 최사화를 잡아 죽였다. 오랜 시일이 흘러 여백도 역시 万俟醜奴에게 죽임을 당하였다. 적의 형세가 더욱 왕성하였기 때문에 소보인이 통제할 수 없었다. 호침이 막절염생과 내통하여 破六韓拔陵을 섬겼는데 그 태도가 점차 오만해지자 파륙한발릉이 호침을 유인하여 죽이니, 만사추노가 호침의 무리를 전부 병합하였다.

天水民呂伯度는 本莫折念生之黨也라 亡歸胡琛이어늘 琛이 資以士馬하여 使擊念生하니 屢破其軍하다 乃復叛琛하여 東引魏軍하니 念生이 窘迫乞降이라 蕭寶寅이 使左丞崔士和로 據秦州하고 大都督元脩義는 停軍不進하니 念生復反하여 執士和殺之하다 久之요 伯度도 亦爲万俟醜奴所殺하니 賊勢가 益盛이라 寶寅이 不能制러라 琛이 與念生交通하여 事破六韓拔陵浸慢이어늘 拔陵이 誘琛斬之하니 醜奴가 盡幷其衆하다

【綱】 겨울 11월에 梁나라가 北魏를 침략하여 壽陽을 빼앗았다.

冬十一月에 梁이 侵魏取壽陽[12)]하다

【目】 梁主(蕭衍)가 淮水의 제방에 물이 많을 때를 틈타서 豫州刺史 夏侯亶 등을 보내 北魏를 침략하였는데, 북위 揚州刺史 李憲이 壽陽城을 가지고 항복하자 梁나라 陳慶之가 그 성에 들어가 점거하였다. 모두 항복한 城이 52개였고, 남녀 7만 5천 명을 사로잡았다. 다시 수양성을 豫州로 삼고 合肥를 고쳐 南豫州를 삼아서 하후단을 두 州의 刺史로

12) 梁侵魏取壽陽 : "이에 항복한 城이 52개였고, 남녀 7만 5천 명을 사로잡았다. 애초에 蕭綜(梁나라 豫章王)이 반란을 하고 나자 梁主(蕭衍)가 은밀히 夏侯亶을 불러 돌아오게 하며 말하기를 "淮水의 제방이 완성되기를 기다려 다시 進攻하게 하겠다." 하였는데, 이때에 이르러 회수의 제방에 물이 많아져서 하후단이 다시 北魏를 침공하자 李憲이 마침내 항복하니 회수의 제방은 세 번 수축한 것이다. 그것을 기록하지 않은 것은 어째서인가. 삭제한 것이다. 회수의 제방은 두 번 수축하고 두 번 무너졌으니 죽은 이가 무려 수십만 명이었다. 이에 세 번째 수축하니 그 손실된 비용을 또한 알 만하다. 그리고 얻은 것은 잃은 것의 4분의 1도 보상받지 못했으므로, 삭제한 것이다. 삭제한 것은 壽陽城을 얻은 것을 가지고 회수의 제방을 수축한 것에 귀결시키지 않은 것이다.〔於是降城五十二 獲男女七萬五千人 初蕭綜既叛 梁主密召夏侯亶還曰 俟淮堰成 復進 至是淮堰水盛 亶復侵魏 李憲遂降 則淮堰 蓋三修矣 其不書 何 削之也 淮堰再築再壞 死者無慮數十萬人 於是三修 其損費又可知矣 而所獲未償所失四分之一 故削之 削之者 不以壽陽之得歸之堰也〕" ≪書法≫

삼았다. 수양성이 오랫동안 전란을 만나 백성들이 많이 흩어졌는데, 하후단이 형벌을 가볍게 하고 세금을 낮추어주며 농사에 힘쓰게 하고 勞役을 감면해주니, 얼마 뒤에 民戶가 충실해지고 회복되었다.

梁 武帝

梁主가 乘淮堰水盛하여 遣豫州刺史夏侯亶等侵魏한대 魏揚州刺史李憲이 以壽陽降이어늘 梁陳慶之入據其城하니 凡降城이 五十二요 獲男女七萬五千하니라 復以壽陽爲豫州하고 改合肥爲南豫州하여 以夏侯亶爲二州刺史①하다 壽陽이 久罹兵革하여 民多流散이어늘 亶이 輕刑薄賦하며 務農省役하니 頃之에 民戶가 充復이러라

① 宋나라 이래로 壽陽을 豫州로 삼았다. 裴叔業이 齊나라를 배반하고 北魏에 항복하자, 북위는 壽陽을 揚州로 삼으니, 漢나라와 魏나라 때의 옛 揚州 지역을 회복한 것이다. 지금 다시 壽陽을 豫州로 삼으니, 송나라와 제나라의 옛 豫州 지역을 회복한 것이다. 梁나라 天監 5년(506)에 豫州를 옮기고 合肥를 治所로 삼았다.
自宋以來, 以壽陽爲豫州. 裴叔業叛齊降魏, 魏以壽陽爲揚州, 復漢魏之舊也. 今復以壽陽爲豫州, 復宋齊之舊也. 梁天監五年, 徙豫州治合肥.

【目】 胡氏(胡寅)가 다음과 같이 평하였다.

"梁 武帝(蕭衍)가 세 차례 淮水의 제방을 쌓아서 10년에 이르렀는데 〈제방을 쌓다가〉 죽은 자가 수십만 명이었다. 그런 다음에 壽陽城을 빼앗아 겨우 7만 5천 명을 얻을 수 있었다. 이는 10년 동안 인력과 재력을 허비하여 서너 사람을 가지고 한 사람으로 바꾼 것이니, 그 어리석고 졸렬함이 또한 심하지 않은가. 군사를 일으키고 무리를 동원하여 부득이 그들을 죽음에 이르게 하는 것은 오직 亂臣을 주살하고 賊子를 토벌하는 경우에만 괜찮으니, 백성을 다스리는 일과 보존하는 도리가 죽이는 일보다 크기 때문이다. 그런데 남의 영토를 탐내어 출동하는 군대〔貪兵〕나 격분하여 동원하는 군대〔憤兵〕가 그만둘 수 있는데도 그만두지 아니하여 사람 보기를 草芥와 같이 하는 자는 비록 그것을 얻더라도 반드시 잃는다. 그러므로 나라의 군주가 오직 仁을 좋아하면 天下에 대적할 만한 자가 없는 것이다. 梁主가 이 방도로 河南을 엿보려고 하였으니, 또한 그릇되지 않는가."

胡氏曰 梁武가 三築淮堰하여 至是十年이어늘 死者가 蓋數十萬人이라 然後能取壽陽하여 才得七萬五千口하니 是十年勞費하여 以三四人而易一人이니 其愚拙이 不亦甚哉아 興師動衆하여 不得已而至於殺者는 惟誅亂臣討賊子爲可이니 以所治之事와 所存之理가 有大於殺也일새라 若夫貪憤之兵이 得已不已而視人如草芥者는 雖得之나 必失之라 故國君이 惟好仁이면 則天下無敵하나니 梁主가 欲以此道而規河南이 不亦左乎①아

① 前漢의 魏相이 말하기를 "남의 토지와 재화를 이롭게 여겨 일으킨 군대를 '貪兵'이라 하는데, 군대가 탐욕으로 일어난 경우에는 깨진다. 작은 일을 다투고 한스러워하여 분노를 참지 못하고 일으킨 군대를 '憤兵'이라 하는데, 군대가 분김에 일어난 경우에는 패배한다." 하였다.[13] 前漢魏相曰 "利人土地貨寶者, 謂之貪兵. 兵貪者破. 爭恨小故, 不忍忿怒者, 謂之憤兵, 兵憤者敗."

【綱】 北魏 幽州의 백성들이 行臺 常景을 붙잡고서 배반하여 杜洛周에게 항복하였다.

魏幽州民이 執行臺常景하여 叛降杜洛周하다

【目】 北魏에 盜賊이 날로 불어나니 정벌하고 토벌함이 그치지 않아서 국가의 재정이 고갈되어 6년 치 租·調[14]를 미리 징수하였는데도 오히려 부족하였다. 이에 백관들에게 술과 고기를 지급하는 것을 정지하고, 또 시장에 오는 자들에게 한 사람당 1錢씩 세금으로 거두니 백성들이 원망하였다.

吏部郎中 辛雄이 上疏하기를 "夷狄과 中華의 백성들이 서로 모여서 난리를 부리니 어찌 여타의 서운함이 있어서이겠습니까. 바로 守令이 온당한 사람으로 임명되지 않아 백성들이 수령의 명령을 감당하지 못하기 때문입니다. 마땅히 이때에 빨리 위로하고 어루만져주어야 합니다. 단지 郡縣의 〈수령으로〉 뽑히는 것은 이전부터 모두 경시하여 귀족 閑良들과 준수한 인재들이 수령의 직책을 맡으려고 하지 않습니다. 마땅히 그 폐단을 고쳐서 재능과 門望을 모두 잘 따지고 停年格[15]에 구애받지 않아서 3년 동안 〈고과를

13) 前漢의……하였다 : 《漢書》 〈魏相傳〉에 보인다.

14) 租·調 : 당시 성년 남자에게 매년 곡식 2石을 바치게 하였는데 이를 租라 하였고, 絹 2丈과 綿 3兩을 바치게 하였는데 이를 調라 하였다.(張大可 等 注釋, 《新譯資治通鑑》, 三民書局, 2017)

15) 停年格 : 관원을 그 근무 연수만을 따져 승진시키는 제도이다. 519년 北魏에서 관리의 정원은 적고 선발에 응시하는 자가 많았는데, 선발을 하지 않자 큰 원성이 발생하였다. 이에 崔亮이 吏部尙書가 되어

매겨〉 승진시키거나 좌천시키되 〈수령의〉 직책에 걸맞게 한 자는 서울에 있는 要職에 보임하고 守令을 역임하지 않으면 內職을 얻지 못하게 해야 합니다. 그러면 관리들이 자신의 직책을 힘쓸 것을 생각할 것입니다. 그리하여 〈백성의〉 억울함을 펼 수 있을 것이고, 〈백성들의〉 강포한 짓(난리를 일으키는 것)이 그칠 것입니다."라고 하였다. 魏主(孝明帝)가 따르지 않았다.

魏盜賊이 日滋하니 征討不息하여 國用이 耗竭하여 豫徵六年租調호되 猶不足이라 乃罷百官酒肉하고 稅入市者人一錢하니 百姓이 嗟怨이러라 吏部郎中辛雄이 上疏曰 夷夏之民이 相聚爲亂하니 豈有餘憾哉아 正以守令이 不得其人하여 百姓이 不堪其命故也라 宜及此時하여 早加慰撫니이다 但郡縣選擧가 由來共輕하여 貴遊儁才가 莫肯居此하니 宜改其弊하여 妙盡才望하고 不拘停年하여 三載黜陟호되 稱職者를 補在京名官하고 不歷守令이어든 不得爲內職이니 則人思自勉하리니 枉屈可伸이요 彊暴息矣이리다 不聽하다

丁未年(527)

梁나라 高祖 武帝 蕭衍 大通 원년이고 北魏 肅宗 孝明帝 元詡 孝昌 3년이다.

梁大通元年이요 魏孝昌三年이라

【綱】 봄 정월에 葛榮이 北魏의 殷州를 함락시켰는데 殷州刺史 崔楷가 전사하였다. 갈영이 마침내 冀州를 포위하였다.

春正月에 葛榮이 陷魏殷州한대 刺史崔楷가 死之하니 榮이 遂圍冀州[16]하다

서 인물의 재능 여부를 따지지 않고 오직 근무한 연수를 기준으로 삼아 적체된 사람들을 승진시켰다.

16) 葛榮陷魏殷州……榮遂圍冀州 : "六鎭의 반란으로부터 州郡을 함락한 것이 많았으나, 아직 절개로 죽은 것을 기록한 것은 없었다. 여기에서 崔楷를 기록하였으니 최해와 같은 이는 환난에 임하여 피하지 않을 것을 안 사람이라 이를 만하다. 그러므로 특별히 기록하여 가상히 여긴 것이다.〔自六鎭之叛 陷州郡多矣 未有以死節書 於是書崔楷 若楷者 可謂知難不避者矣 故特書以嘉之〕" 《書法》

"《資治通鑑綱目》에서 筆法을 세움이 매우 근엄하였다. 예컨대 葛榮의 일에 '北魏의 갈영이 殷州를 함락시켰다.〔魏葛榮陷殷州〕'라고 말하지 않고, '葛榮이 北魏의 殷州를 함락시켰다.〔葛榮陷魏殷州〕'라고 하였으니, 이때 賊徒들의 세력이 강성하여 북위가 제어할 수 있는 것이 아니었다. 그러므로 書法이 이와 같아서 마치 하나의 敵國처럼 보인 것이다. 그런데 북위는 破六韓拔陵의 반란으로부터 여기까지 도합 5년이 지났는데 북위의 군대를 격파하고 장군을 죽인 것이 많았다. 그렇지만 유독 한 명의 崔楷만 부절을 쥐고 굴복하지 않았다. 그러므로 《자치통감강목》에서 특별히 기록하여 인정하였으니, 혼란하고 망하는 세상이라고 해서 그 사실을 묻히게 하지 않은 것이다. 이것은 또한 세상이 혼란하면 忠臣을 알게

【目】北魏에서는 定州와 相州의 4郡을 분할하여 殷州를 설치하고 崔楷를 殷州刺史로 삼았다. 최해가 表를 올려 병사와 양식을 요구하였으나 얻지 못하였다. 혹자가 최해에게 〈가족을 남겨두고〉 單騎로 관직에 부임하기를 권하였는데, 최해가 말하기를 "내가 들으니 '남의 녹을 먹는 자는 남의 근심을 자기의 근심으로 삼아야 한다'라고 하니, 내가 혼자 부임하면 將士들 중에 누가 〈은주를 지킬〉 뜻을 굳게 가지려 하겠는가."라고 하였다. 마침내 온 집안을 거느리고 관에 부임하였다.

葛榮이 殷州城을 압박하자 혹자가 최해에게 집안사람 중에 약소한 사람들을 빼내어 다른 곳으로 피할 것을 권하였다. 최해가 어린 아들과 딸 한 명을 내보내 밤에 나가게 했다가 얼마 뒤에 후회하며 말하기를 "사람들이 말하기를 '나의 마음이 견고하지 못하여 충성심을 훼손하여 父性愛를 온전히 했다.'고 할 것이다."라고 하고, 마침내 뒤쫓아 가서 돌아오도록 하였다. 도적이 이르자 將士들이 다투어 분발하여 모두 말하기를 "崔公께서 오히려 온 가족의 생명을 아까워하지 않으시니, 우리들이 어찌 한 몸을 아낄 것인가."라고 하고, 연이어 싸우기를 그치지 않아 죽은 자가 이어졌지만 〈장사들이〉 끝내 배반할 뜻이 없었다. 은주성이 함락되자 최해는 부절을 쥐고 굴복하지 않았다. 갈영이 최해를 살해하고 마침내 冀州를 포위하였다.

魏分定相四郡하여 置殷州하고 以崔楷爲刺史①하니 楷가 表乞兵糧不得이라 或이 勸楷單騎之官한대 楷가 曰 吾聞食人之祿者는 憂人之憂라하니 吾獨往이면 將士가 誰肯固志哉리오 遂擧家之官이러니 葛榮이 逼城에 或이 勸減弱小避之하다 楷가 遣幼子及一女夜出이라가 旣而悔之曰 人謂吾心不固하여 虧忠而全愛也라하고 遂追還하니 賊至에 將士가 爭奮하여 皆曰 崔公이 尙不惜百口하니 吾屬이 何愛一身이리오하고 連戰不息하여 死者가 相枕호되 終無叛志러라 城陷에 楷가 執節不屈하니 榮이 殺之하고 遂圍冀州하다

① 魏收의 《魏書》 〈地形志〉를 살펴보면 殷州는 다만 趙郡·鉅鹿郡·南鉅鹿郡 3郡을 관할할 뿐이었으니, 〈定州와 相州의 4郡을 분할하여 은주를 설치했다는 것은〉 대개 처음 은주를 설치하였을 때에 相州의 廣宗郡을 겸하여 관할한 것이다. 은주는 廣阿에 治所를 두었다. 按魏收志, 殷州止領趙郡·鉅鹿·南鉅鹿三郡, 蓋初置時兼領相州之廣宗郡也. 殷州治廣阿.

【綱】北魏의 蕭寶寅이 莫折念生을 토벌하다가 크게 패하니, 北魏가 楊椿을 行

된다는 뜻이다.〔綱目立法極謹嚴 如葛榮之事 不曰魏葛榮陷殷州 而曰葛榮陷魏殷州 則以是時賊勢彊盛 非魏之所得而制 故書法如此 見其若一敵國然者 若夫魏自破六韓拔陵之反 至是凡五載 破軍殺將多矣 獨一崔楷能執節不屈 故綱目特書而予之 不以亂亡之世而沒其實 此亦世亂識忠臣之意也〕" ≪發明≫

臺로 삼았다.

魏蕭寶寅이 **討莫折念生**이라가 **敗績**하니 **魏**가 **以楊椿爲行臺**하다

【目】蕭寶寅이 여러 해 동안 출병하였기 때문에 將士들이 피로하여 지쳤다. 이때에 涇州에서 크게 패배하니 汧城과 岐州가 모두 도적에게 항복하고 豳州刺史 畢祖暉가 싸우다 죽으니 關中이 크게 소란스러워졌다. 雍州刺史 楊椿이 백성을 모집하여 방어하니, 조서를 내려 양춘을 行臺로 삼아서 關西의 여러 장수를 지휘하도록 하였다.

右民郎 路思令이 上疏하기를 "근년에 將帥가 대부분 총애 받는 귀족의 子孫이기 때문에 의기양양 눈썹을 추켜올리고 소매를 걷어올리고서 싸움을 잘하는 것으로 자부하다가 강대한 적군을 만나게 되어서는 銳氣가 다 없어집니다. 이에 늙고 나약한 병사들을 앞에 세워서 적을 상대하게 하고 강건한 병사들은 뒤에 두어 자신을 보호하게 하고, 더구나 무기가 정밀하지 못하며 호령에 절도가 없습니다. 이러한 군대로써 험준한 곳에 의지한 적도들을 상대하고 여러 번 전투를 겪어 싸움에 능숙한 도적들과 대적하니, 패배하지 않으려고 한들 가능하겠습니까. 이 때문에 병사들은 반드시 패할 것을 알아서 집결하기 시작할 때부터 앞다투어 도망치고 將帥는 적을 두려워하여 머뭇거리면서 전진하지 않습니다. 그런데 國家는 官爵과 포상이 오히려 가볍다고 하여 자주 하사품을 더해주니, 帑藏(國庫)이 텅 비게 되고 백성의 재물이 다 고갈되어 마침내 도적들을 더욱 많아지게 하니 백성들의 피폐함은 모두 이 때문입니다.

德은 의로운 사나이를 감동시킬 수 있고 은혜는 죽음을 각오한 군사를 권면할 수 있습니다. 지금 만약 賞罰을 밝게 하며 士卒을 훈련시키며 무기를 수선하고, 미리 辯士를 보내 〈도적들에게〉 禍福으로 일깨워서, 만약 그들이 고치지 않거든 順(정의의 군사)으로 逆(반역 무리들)을 친다면 도끼를 갈아서 버섯을 베고 큰 화로에 부채질하여 털을 태우는 것과 무에 다르겠습니까."라고 하였으나, 조정에서는 따르지 않았다.

寶寅이 出兵累年이라 將士가 疲弊러니 至是大敗於涇州하니 汧城岐州가 皆降於賊하고 豳州刺史畢祖暉가 戰沒하니 關中이 大擾어늘 雍州刺史楊椿이 募民拒守러니 詔以椿爲行臺하여 節度關西諸將하다 右民郎路思令이 上疏曰[①] 比年將帥가 多寵貴子孫이라 軒眉攘腕하여 以攻戰自許[②]라가 及臨大敵에 銳氣頓盡하여 乃令羸弱居前以當寇하며 彊壯在後以衛身하고 器械不精하며 進止無節하여 以當負險之衆하고 敵數(삭)戰之虜하니 欲不敗나 可得哉[③]아 是以로 兵知必敗하여 始集而先逃하고 將帥가 畏敵하여 遷延而不進이라 國家가 謂官賞尙輕이라하여 屢加寵賚하니 帑藏이

空竭하고 民財殫盡하여 遂使賊徒益甚하니 生民彫弊는 凡以此也니이다 夫德可感義夫요 恩可勸死士라 今若明賞罰하며 練士卒하며 修器械하고 先遣辯士曉以禍福하여 如其不悛이어든 以順討逆이면 何異勵蕭斧而伐朝菌하고 鼓洪爐而燎毛髮哉리잇고 弗聽④하다

① 右民郎은 右民曹의 郎官을 말한다. 漢 成帝 때에는 尙書 5인을 두었는데, 그 세 번째를 民曹라고 하였고, 魏나라(曹魏) 때에는 左民郎曹가 있었고, 晉나라 때에는 아울러 右民郎曹를 설치하였다.
右民郎, 謂右民曹之郎官也. 漢成帝置尙書五人, 其三曰民曹, 魏有左民郎曹, 晉兼置右民郎曹.

② '攘腕'은 소매를 걷어올리는 뜻이다.
攘腕, 捋臂也.

③ 數(자주)은 음이 朔이다.
數, 音朔.

④ 蕭는 약쑥이다. '蕭斧'는 쑥을 베는 도끼다. 菌은 其隕의 切이니 地芝(靈芝)이다. 비가 계속 오는 날씨에 두엄더미 위에 열이 나서 菌이 생긴다. 아침에 생겼다가 저녁에 죽기 때문에 朝菌이라고 한다.
蕭, 艾蒿也. 蕭斧, 芟艾之斧也. 菌, 其隕切, 地芝也. 天時滯雨, 於糞堆之上, 熱蒸而生. 朝生暮死, 故曰朝菌.

【綱】 魏主(元詡)가 계엄령을 내려 북쪽을 토벌하려다가 끝내 시행하지 못하였다.

魏主가 戒嚴北討라가 不果行[17]하다

【綱】 莫折天生이 雍州를 침략하였다가 싸움에 敗하여 죽고 그의 군대가 궤멸되었다.

● 莫折天生이 寇雍州라가 敗死衆潰하다

【目】 莫折天生이 雍州를 침략하였는데 〈北魏의〉 蕭寶寅의 部將 羊侃이 참호 속에 몸을 숨기고 있다가 활을 쏘아 맞춰 죽이니 그의 군대가 마침내 궤멸되었다.

---

17) 魏主戒嚴北討 不果行 : "무릇 征討에 '끝내 못하였다[不果]'라고 기록한 것은 나무란 것이다. ≪資治通鑑綱目≫에서 '끝내 시행하지 못하였다.[不果行]'라고 기록한 것은 11번이고, 征討에 구원을 기록한 것이 5번인데(정미년(527)에 魏主에게 2번 기록하고, 唐나라 嗣聖 5년(688)에 武氏(則天武后)이고, 上元 원년(760)에 肅宗이고, 五代 신해년(951)에 周主이다.) 武氏와 周主는 나무란 말이 아니다.[凡征討書不果 譏也 綱目書不果行十有一 而於征討救書之者五(丁未年 魏主再書 唐嗣聖五年 武氏 上元元年 肅宗 五代辛亥年 周主) 惟武氏及周主 非譏辭]" ≪書法≫

天生이 寇雍州어늘 蕭寶寅部將羊侃이 隱身塹中이라가 射(석)殺之하니 其衆이 遂潰①하다

① 羊侃은 羊祉의 아들이다.
侃, 祉之子也.

【綱】 梁나라가 北魏를 침략하여 東豫州와 琅邪를 포위하여 三關을 함락시켰다.

梁이 侵魏하여 圍東豫州及琅邪하여 克三關①하다

① 三關은 平靜・穆陵・陰山이다.
三關, 平靜・穆陵・陰山也.

【綱】 北魏는 房景伯을 東淸河太守로 삼았다.

● 魏以房景伯爲東淸河太守[18]하다

【目】 北魏 東淸河郡의 山賊들이 떼 지어 일어났는데 조서를 내려 房景伯을 동청하군 太守로 삼았다. 동청하군의 백성 劉簡虎가 일찍이 방경백에게 무례한 짓을 했다가 온 가족이 도망갔다. 방경백이 유간호를 붙잡고 그의 아들을 임용하여 掾吏로 삼아서 그에게 山賊들에게 가서 유시하게 하였다. 산적들은 방경백이 이전의 악행을 생각하지 않는다고 하여 서로 이끌고 나와서 항복하였다.

방경백의 어머니 崔氏가 經書에 능통하여 밝은 식견을 가지고 있었다. 貝丘에 사는 婦人이 그의 아들이 불효한다고 진술하였는데, 방경백이 어머니께 아뢰자 어머니가 말하기를 "백성이 禮義를 알지 못하니 어찌 매우 질책할 것이 있겠는가."라고 하였다. 이에 〈최씨가〉 불효자의 모친을 불러와서 평상을 마주하여 함께 밥을 먹으며 불효자에게 당 아래에 모시며 서 있게 하고서 방경백이 〈모친(최씨)에게〉 음식을 올리는 모습을 지켜보게 하였다. 채 열흘이 안 되어 〈불효자가〉 잘못을 후회하며 집으로 돌아가기를 요청하였다. 최씨가 말하기를 "그가 겉으로는 부끄러워하지만 마음속은 아직 아니다. 잠시 그대로 두어라."라고 하였다.

18) 魏以房景伯爲東淸河太守 : "北魏는 신미년(431)부터 '王慧龍을 滎陽太守로 삼았다.〔以王慧龍爲滎陽太守〕'라고 기록한 지 지금에 이르러 90여 년이었는데, 이에 비로소 房景伯을 기록하였다. 이때 郡守 중에 방경백만이 거의 德으로 정치를 하는 사람이었으므로, 기록하여 가상히 여긴 것이다.〔魏自辛未書以王慧龍爲滎陽太守 至是九十餘年矣 於是始書景伯 是時郡守 惟景伯庶乎以德爲政者 故書嘉之〕" 《書法》

20여 일이 지나서는 불효자가 머리를 땅에 두드려서 피를 흘리고, 그 모친이 울면서 아들을 집으로 돌려보내달라고 하자, 그러한 뒤에야 그것을 따랐다. 〈그 불효자는〉 마침내 효자로 이름났다.

魏東淸河郡山賊이 群起어늘 詔以房景伯爲太守①러니 郡民劉簡虎가 嘗無禮於景伯이라가 擧家亡去하다 景伯이 擒之하고 署其子爲掾하여 令諭山賊하니 賊이 以景伯이 不念舊惡이라하여 相帥出降하다 景伯의 母崔氏가 通經有明識이러니 貝丘婦人이 列其子不孝②어늘 景伯이 白其母한대 母가 曰 民未知禮義어니 何足深責이리오 乃召其母하여 與之對榻共食하고 使其子侍立堂下하고 觀景伯供食이러니 未旬日에 悔過求還이라 崔氏曰 此雖面慙이나 其心은 未也라 且置之하라 凡二十餘日에 其子가 叩頭流血하고 母가 涕泣乞還이어늘 然後聽之하니 卒以孝聞하니라

① 宋 武帝 때에는 淸河郡을 盤陽에 僑置[19]하여 冀州에 소속하였고, 뒤에 北魏에 편입되어 東淸河郡이 되어 齊州에 소속하였다. 房景伯은 房法壽의 族子이다.
宋武帝僑置淸河郡於盤陽, 屬冀州, 後入于魏, 爲東淸河郡, 屬齊州. 景伯, 法壽之族子也.

② 貝丘는 僑縣(교치한 현)이니, 또한 宋 武帝 때에 설치되고 淸河郡에 소속하였다. 列은 陳述함이다.
貝丘僑縣, 亦宋武帝置, 屬淸河郡. 列, 陳也.

【目】 胡氏(胡寅)가 다음과 같이 평하였다.

"백성은 진실로 어리석은 이가 많지만 그 良心은 끝내 잊지 않는다. 윗사람이 된 자가 教化하여 선한 백성으로 만들 수 있는 것을 알지 못하고, 오로지 刑法을 숭상하여 백성이 복종하지 않는 것을 보면 무지한 백성들이라고 하여 더욱더 심하게 다스리니, 백성들이 더욱 완강히 저항하여 심한 자는 〈윗사람을〉 보기를 원수와 같이 한다. 崔母(房景伯의 어머니)는 일개 부인으로서 교화의 근원이 남에게 말해줌에 달려 있지 않고 몸소 솔선수범하는 데에 있고, 教化의 효과가 겉모습만 바꾸는 것을 취하지 않고 마음을 고치는 데에 있는 것을 알아서, 한 달의 사이에 무지하며 패악한 사람을 변화하여 孝子가 되게 하였으니, 누가 백성을 과연 무지하다고 말하겠는가. 윗사람이 되어 이것을 본다면 또한 자기를 살펴서 덕을 닦을 수 있을 것이다."

胡氏曰 民固多愚나 然其良心이 終不忘也라 爲人上者가 不知教化可以善民하고 而專尙刑

---

19) 僑置 : 地名을 다른 곳에 그대로 옮겨서 설치한 행정구역이다. 東晉과 南朝 시대에 화북 지역의 백성들이 전란을 피해 남방으로 오자, 남방의 지역을 택하여 군현을 설치하되 화북 지역의 군현의 명칭 그대로 써서 그들을 안주시켰다.

法하여 見其不服也면 則謂民頑이라하여 愈益治之하니 民愈扞格하여 甚者는 視如寇讐焉하나니 崔母는 一婦人而知教化之原이 不繫詞人而在於躬率하고 教化之効가 不取革面而在於心改하여 旬月之間에 變頑悖爲孝子하니 孰謂民果頑哉아 爲人上而觀此면 亦可省己而修德矣로다

【綱】 2월에 莫折念生이 潼關을 점거하였다.

二月에 莫折念生이 據潼關하다

【綱】 梁나라가 彭城을 공격하자 北魏 사람들이 격퇴하였다.

◑梁이 攻彭城이어늘 魏人이 擊却之하다

【綱】 3월에 魏主(元詡)가 戒嚴令을 내려 서쪽을 토벌하려다가 끝내 시행하지 못하였다.

◑三月에 魏主가 戒嚴西討라가 不果行[20)]하다

【綱】 梁主(蕭衍)가 同泰寺에 捨身하였다.

○梁主가 捨身於同泰寺[21)]하다

20) 魏主戒嚴西討 不果行 : "北魏는 여러 鎭이 반란함으로부터 도적들이 蜂起한 것을 ≪資治通鑑綱目≫에서는 다 기록하지 못했으니, 그 사이에 군사들이 궤멸되어 흩어지고 都督과 將帥 중에 전사한 자가 얼마인지 알지 못하겠다. 中外의 사람들이 장차 망할 것을 알았으나 魏主(元詡)는 근심 없이 편안하였다. 이해에 비로소 戒嚴令이 있었으나 또한 끝내 〈토벌이〉 시행되지 않았고 또한 공연한 헛소리뿐이었다. 저 拓跋氏가 拓跋珪 이래로 사방으로 정벌할 때에 모두 자신이 친히 하여 강토를 널리 개척하여 중원에 웅거할 수 있었다. 이제 날마다 백 리씩 줄어드는데도 그 군주는 사치에 빠지고 총애 받는 이들이 조정에 가득하니, 비록 대문 안 뜰에 있는 도적이라도 토벌할 겨를이 없었다. ≪資治通鑑綱目≫에서 책에 두 번 기록하였는데, 하나는 계엄령을 내려 북쪽을 토벌하려다가 끝내 시행하지 못한 것이고, 하나는 계엄령을 내려 서쪽을 토벌하려다가 끝내 시행하지 못한 것이니, 모두 도적을 막는 데에 나태한 실상을 드러낸 것이다. 그렇다면 북위의 멸망은 도적이 능히 망하게 한 것이 아니라 북위가 스스로 망하게 했을 뿐이다.〔魏自諸鎭之叛 寇盜蜂起 綱目不勝其書 其間師徒潰散 督將陷沒 不知其幾 中外知其將亡 而魏主晏然不恤 是歲始有戒嚴之命 而亦終於不行 亦徒爲是虛聲而已 彼拓跋自珪以來 四方攻伐 皆身親之 用能恢拓疆宇 雄據中夏 今日蹙百里 而其主安於淫侈 嬖倖盈朝 雖門庭之寇 亦弗暇討 綱目兩書于冊 一則曰戒嚴北討不果行 一則曰戒嚴西討不果行 皆以著其怠於禦寇之實 然則魏之亡也 非盜賊能亡之也 魏自亡爾〕" ≪發明≫

21) 梁主捨身於同泰寺 : "그 일을 곧바로 기록하였으니 貶下할 필요도 없이 뜻이 드러난다. '捨身'을 기록한 것은 여기에서 시작되었다. ≪資治通鑑綱目≫을 마칠 때까지 '捨身'을 기록한 것은 4번이다. (梁 武帝, 陳 高祖) 4번 중에 梁 武帝가 3번을 차지한다. 陳叔寶의 捨身은 기록하지 않았는데(大建

【綱】 여름 4월에 北魏가 다시 蕭寶寅을 西討大都督으로 삼았다.

○**夏四月**에 **魏**가 **復以蕭寶寅爲西討大都督**[22]하다

【目】〈北魏는〉 蕭寶寅이 〈涇州에서〉 패배할 때에 그를 면직하여 庶人으로 삼았다. 이때에 이르러 楊椿이 병이 있어 해직시켜줄 것을 요구하였는데 다시 소보인으로 대신하게

壬寅年(582)) 사찰에서 하지 않았으므로 생략한 것이다.〔直書其事 不待貶而義見矣 書捨身始此 終綱目書捨身四(梁武帝 陳高祖) 四 梁武帝凡三書焉 陳叔寶捨身不書(大建壬寅) 不於寺 故略之〕" ≪書法≫

"심합니다, 梁 武帝의 어리석음이여! 사람이 天地 사이에 태어나서 이 생명이 있으면 이 육신이 있고, 생명이 멸할 수 없으면 육신도 버릴 수 없는 것입니다. 그런데 梁 武帝가 이른바 '버린다〔捨〕'는 것은 무엇을 '捨'라고 한 것인지 알지 못하겠습니다. 만일 富貴를 물리치고 妻子를 버리는 것으로 '捨'라고 했다면 이는 육신이 사물을 버린 것이지 '육신을 버린다〔捨身〕'고 말할 것이 아닙니다. 만일 그 육신을 부처에게 맡기는 것을 '捨'라고 한다면 佛者는 당연히 그 육신을 취하여 사용해야 하는 것이 옳습니다. 지금 이미 '捨'라고 하고서 그 육신이 여전히 존재하니 이는 애당초 버린 적이 없는 것입니다. 육신을 버린 적이 없는데 억지로 '捨'라고 명명하니 진실로 그 마음을 진실하지 못한 데에서 미혹시킨 것입니다. 뒷날 여러 신하들이 또 돈으로 贖身하였는데, 捨身할 때에는 양 무제의 육신을 누가 받았으며 贖身할 때에는 양 무제의 육신을 누가 돌려주는지를 알지 못하겠습니다. 梁主의 육신은 노비처럼 捨身하거나 贖身할 수 있는 것이 아니니, 이는 그 백성들과 梁主 자신을 우롱하여 속였을 뿐만 아니라 이른바 부처를 우롱하여 속인 것입니다. 梁主가 말년에 한탄하며 죽을 때에 다시 연연해하며 생명을 버리지 못하였으니 어째서입니까. 孟子가 말하기를 '물고기를 버리고 〈더 맛있는〉 곰 발바닥을 취하며 생명을 버리고 義를 취한다.' 하였습니다. 대개 물고기와 곰 발바닥은 두 가지 물건이어서 진실로 하나를 버리고 다른 하나를 취할 수 있지만 만일 생명을 버리고 義를 취해야 한다면 반드시 몸을 죽이고 義를 따른 뒤에야 가능하니, 만일 생명이 그대로 있다면 또한 이것을 '捨'라 할 수 없습니다. ≪資治通鑑綱目≫에서 梁主의 捨身한 일에 대해 누차 책에 기록하여 마치 폄하한 말이 없는 듯합니다. 그러나 한 국가의 임금으로서 그 육신을 버리려고 하였으니, 그렇다면 소중한 宗廟와 社稷과 의탁 받은 土地와 人民을 진실로 누가 주관한단 말입니까. 하물며 또한 진실로 버린 적이 없는 것이야 말할 것이 있겠습니까. 그 폄하한 뜻이 명백합니다. 梁 武帝가 부처에게 빠진 앙화를 先儒들이 매우 상세히 논의하였으니, 臣은 우선 ≪자치통감강목≫의 기록한 것에 따라서 그가 捨身한 한 가지만을 취하여 그 망녕된 것을 極論한 것입니다.〔甚哉梁武之愚也 人生天地間 有此生 則有此身 生不可滅 則身不可捨 抑不知梁武之所謂捨者 以何爲捨爾 若以屛富貴 棄妻子爲捨耶 則是身捨物 而非曰捨身也 若以委其身於佛氏爲捨耶 則爲佛者 當取其身而用之 可也 今旣曰捨 而其身猶在 則是初未嘗捨也 身未嘗捨 而强名曰捨 則固已昧其心於不誠矣 他時諸臣 又以金而贖其身 不知當其捨之之時 孰從而受之 而贖之之時 又孰從而歸之也 梁主身非賣僮而可捨可贖 此不惟愚誑其民愚誑其身 抑且愚誑其所謂佛矣 末年荷荷之時 又復戀戀而不能捨 何哉 孟子有言 舍魚而取熊掌 舍生而取義 夫魚熊掌二物也 固可捨其一而取其一 若捨生取義 則必殺身狥義而後可 萬一其生猶在 則亦不謂之捨矣 綱目於梁主捨身之事 屢書於冊 若無貶詞 然以一國之君 而欲捨其身 則宗廟社稷之重 土地人民之託 誰實尸之 況又實未嘗捨乎 其貶之之意明矣 梁武溺佛之禍 先儒論之甚詳 臣姑因綱目所書 而取其捨身之一說 極論其所以妄云〕" ≪發明≫

22) 魏復以蕭寶寅爲西討大都督 : "'復以'라고 기록한 것은 어째서인가. 두 번 잘못을 나무란 것이다. 涇州의 패배에 일찍이 파면하여 庶人으로 삼았었는데, 이때에 다시 소보인을 등용하였으나 끝내 酈道元을 죽이고 반란하였으므로 기록하여 나무란 것이다.〔書復以 何 譏貳過也 涇州之敗 嘗免爲庶人矣 於是復用寶寅 竟殺酈道元而反 故書譏之〕" ≪書法≫

하였다. 양춘의 아들 楊昱이 洛陽으로 떠나려고 할 적에 양춘이 아들에게 말하기를 "지금 雍州에는 소보인보다 나은 자가 없지만 그 上佐는 朝廷에서 응당 심복인 重臣을 보내야 할 것인데, 어찌 소보인이 文牒을 내려 임용하는 것을 내버려둔단 말인가. 또 소보인은 刺史 직책을 맡은 것을 영광으로 여기지 않는다. 내가 보건대 그가 옹주를 얻은 것을 매우 기뻐하고 상벌 등을 처리하는 것은 常法에 따르지 않으니 아마 반역하려는 마음이 있는 듯하다. 너는 마땅히 이러한 뜻을 胡太后와 魏主께 계문을 올리고 아울러 宰輔에게 아뢰어서 〈조정에서〉 다시 長史・司馬・防城都督을 보내도록 하게 하라. 關中을 편안히 하려고 한다면 바로 〈조정에서〉 이 세 사람을 등용해야 하니, 그렇게 하지 않으면 〈소보인은〉 반드시 큰 근심이 될 것이다." 하였다. 양욱이 그의 말대로 啓聞을 올렸으나, 〈조정에서는〉 따르지 않았다.

寶寅之敗也에 免爲庶人이러니 至是하여 楊椿有疾求解어늘 復以寶寅代之하다 椿子昱이 將適洛陽할새 椿이 謂之曰 當今雍州無踰寶寅者나 但其上佐는 朝廷이 應遣心膂重人하니 何得任其牒用①가 且寶寅이 不藉刺史爲榮이라 吾觀其得州喜甚하고 至於賞罰云爲[23]이 不依常憲하니 恐有異心이라 汝當以此意啓二聖하고 幷白宰輔하여 更遣長史司馬防城都督②하다 欲安關中인댄 正須三人耳니 不然이면 必成深憂하리라 昱이 如言啓聞하되 不聽하다

① 上佐는 別駕從事이다. '任其牒用'은 蕭寶寅이 마음대로 文牒을 내려 직접 上佐를 임명하는 것을 말한다.
上佐, 別駕從事也. 任其牒用, 言任從寶寅擅以文牒自置上佐也.

② '二聖'은 胡太后와 魏主를 말한다.
二聖, 謂胡太后・魏主.

【綱】 가을 7월에 北魏의 陳郡이 반란을 일으키자 토벌하여 평정하였다.

秋七月에 魏陳郡이 亂이어늘 討平之하다

【目】 北魏 陳郡의 백성 劉獲・鄭辯이 西華縣에서 반란을 일으키고서 梁나라 譙州刺史 湛僧智와 내통하여 공모하였는데, 북위는 曹世表를 東南道行臺로 삼아서 〈유획 등을〉 토벌하게 하였다. 여러 장군들은 도적의 세력이 강성하였으므로 감히 교전하기 못하였다. 조세표가 막 병을 앓고 있다가 수레를 타고 나가 統軍 是云寶를 불러서 말하기를 "담승

23) 云爲 : 云云과 같은 말로 等等의 의미이다.(張大可 等 注釋, ≪新譯資治通鑑≫, 三民書局, 2017)

지가 과감하게 內地로 깊이 쳐들어올 수 있었던 것은 유획과 정변이 州의 백성에게 명망을 받는 자로서 담승지를 위해 안에서 호응하였기 때문이다. 소문에 유획이 병사를 이끌고 가서 담승지를 맞이한다고 하니 이곳에서 거리가 80리이다. 지금 그들이 생각하지 못할 때에 출동하면 한 번 싸워서 격파할 수 있다. 유획이 격파되면 담승지는 저절로 달아날 것이다."라고 하였다. 이에 병사와 말을 선발하여 시운보에게 주어서 유획 등을 크게 격파하여 죽이니, 담승지가 그 소식을 듣고 도망하여 돌아갔다.

魏陳郡民劉獲鄭辯이 反於西華하여 與梁譙州刺史湛僧智로 通謀①어늘 魏以曹世表爲東南道行臺하여 以討之할새 諸將이 以賊彊不敢戰이어늘 世表가 方病이라가 轝出하여 呼統軍是云寶하여 謂曰② 湛僧智가 敢深入者는 以獲辯州民之望으로 爲之內應也일새라 聞獲이 引兵迎僧智하니 去此八十里라 今出其不意하면 一戰可破이니 獲破면 僧智自走矣리라 乃選士馬付寶하여 擊獲等大破殺之하니 僧智聞之遁還하다

① 西華縣은 漢나라 때에는 汝南郡에 소속되었고, 晉나라 때에는 潁川郡에 소속되었고, 元魏(北魏) 때에는 陳郡에 소속되었다. 湛은 姓이며, 僧智는 그 이름이다. 당시에 北魏의 東豫州를 포위하였다.
西華縣, 漢屬汝南郡, 晉屬潁川郡, 元魏屬陳郡. 湛, 姓也. 僧智其名. 時圍魏東豫州.

② 是云은 오랑캐의 複姓이다. 寶는 이름이다.
是云, 虜(復)〔複〕[24]姓也. 寶, 名也.

【綱】北魏 樂安王 元鑑이 鄴城을 가지고 배반하여 葛榮에게 투항하였다.

魏樂安王鑑이 以鄴叛降葛榮①하다

① 樂安은 安樂이 되어야 한다.
樂安, 當作安樂.

【綱】北魏 李神軌가 高謙之를 죽였다.

◑ 魏李神軌가 殺高謙之[25]하다

---

24) (復)〔複〕: 저본에는 '復'으로 되어 있으나, 오자이므로 '複'으로 바로잡았다.

25) 魏李神軌 殺高謙之 : "高謙之가 하인에게 고발을 받아 죽었을 뿐인데 〈《資治通鑑綱目》에서〉 李神軌를 죄준 것은 어째서인가. 이신궤가 원한을 갚은 것이기 때문이다. 이때에 이신궤가 胡太后에게 총애를 얻어서 사면령에 앞서서 고겸지를 죽였다. 이신궤를 기록한 것은 호태후를 나쁘게 여긴 것이다.〔謙之爲奴所告 死耳 罪神軌 何 復怨也 於是神軌得幸太后 先赦殺之 書神軌 所以病太后也〕" 《書法》

【目】 예전에 北魏 侍御史 高道穆이 相州에 使命을 받들고 가서 前 刺史 李世哲이 교만 방자하여 법을 지키지 않은 것을 조사하였었다. 이때에 이세철의 동생 李神軌가 권력을 잡았다. 고도목의 형 高謙之의 家奴가 良民의 신분으로 노비가 되었다고 고소하였는데, 이신궤가 고겸지를 잡아들여 廷尉에게 보내 죄를 다스리게 하였다. 마침 사면령을 반포하려고 할 적에 이신궤가 胡太后에게 계문을 올려서 그 이전에 고겸지에게 죽음을 내리게 하니, 조정 인사들이 그의 죽음을 애통해하였다.

初에 魏侍御史高道穆이 奉使相州하여 按前刺史李世哲奢縱不法이러니 至是하여 世哲弟神軌가 用事라 道穆兄謙之家奴가 訴良①이어늘 神軌가 收謙之繫廷尉러니 會赦將出②에 神軌가 啓太后先賜謙之死하니 朝士가 哀之하더라

① 법률에 良民을 억압하여 賤民으로 삼는 것을 금지하였다. 〈'訴良'은〉 본래 良民인데 억압하여 奴婢로 삼은 것을 말한다.
律禁壓良爲賤. 謂本是良民, 壓爲奴婢.
② 이달에 北魏가 大赦免을 하였다.
是月魏大赦.

【綱】 梁나라 將軍 彭群이 北魏 琅邪를 포위하였다가 패하여 죽었다.

梁將彭群이 圍魏琅邪敗死하다

【綱】 8월에 北魏의 大都督 源子邕이 鄴城을 함락하고 元鑑을 죽였다.

◑ 八月에 魏大都督源子邕이 拔鄴城하고 誅元鑑하다

【綱】 9월에 秦州 사람들이 莫折念生을 죽여서 秦州를 가지고 北魏에 투항하였다.

◑ 九月에 秦州人이 殺莫折念生하여 以州降魏하다

【綱】 겨울 10월에 梁나라의 將軍 湛僧智와 夏侯夔가 北魏의 廣陵을 포위하여 함락시켰다.

○ 冬十月에 梁將湛僧智夏侯夔圍魏廣陵하여 克之[26]하다

---

26) 梁將湛僧智夏侯夔圍魏廣陵 克之 : "이때에 夏侯夔가 도운 공격으로 廣陵城이 하후기에게 항복하였으

【目】湛僧智가 北魏의 東豫州刺史 元慶和를 廣陵에서 포위하니 북위의 將軍 元顯伯이 구원하였다. 梁나라 司州刺史 夏侯夔가 병사를 인솔하여 담승지를 도우니, 원경화가 廣陵城을 바쳐 투항하였다. 하후기가 〈원경화의 투항을〉 담승지에게 양보하였는데, 담승지가 말하기를 "원경화가 公께 투항하려고 하는데 제가 지금 〈항복을 받으러〉 가면 반드시 그의 뜻을 어기게 될 것입니다. 또 제가 거느린 군사는 오합지졸들을 모집한 것이니 법으로 제어할 수 없습니다. 公께서는 군사를 지휘하는 데 평소 엄격하게 하시니 〈군사들이〉 반드시 침포하게 굴지 않을 것입니다. 항복한 자를 받아주고 귀부하는 자들을 받아들이는 데에 매우 적합할 것입니다."라고 하였다.

하후기가 이에 성에 올라가서 북위의 깃발을 뽑아내고 梁나라 깃발을 세우니 원경화가 무기를 놓고 나와 항복하므로, 관리와 백성들이 安堵하였다. 원현백이 밤에 달아났는데 양나라 군대가 그를 추격하여 목을 베거나 사로잡은 자가 만 명으로 추산되었다.

梁主(蕭衍)가 담승지는 廣陵에 진주하게 하고 하후기는 安陽에 주둔하게 하고 別將을 보내 楚城을 屠戮하였다. 이로 말미암아 義陽 북쪽 길이 마침내 북위와 단절되었다.

湛僧智圍魏東豫州刺史元慶和於廣陵하니 魏將軍元顯伯이 救之①러니 梁司州刺史夏侯夔引兵助僧智②하니 慶和가 擧城降하다 夔以讓僧智한대 僧智曰 慶和가 欲降公이어늘 僧智가 今往이면 必乖其意요 且僧智所將은 應募烏合之人이니 不可(禦)〔御〕[27]以法이요 公은 持軍素嚴하니 必無侵暴니 受降納附에 深得其宜하리이다 夔가 乃登城하여 拔魏幟하고 建梁幟하니 慶和가 束兵而出이라 吏民이 安堵러라 顯伯이 宵遁이어늘 梁軍이 追之하여 斬獲萬計라 梁主가 以僧智鎭廣陵하고 夔屯安陽하고 遣別將屠楚城하니 由是로 義陽北道가 遂與魏絶③하다

① 元慶和는 元天賜의 손자이다. 이 廣陵城은 新息縣의 경계에 있다.
慶和, 天賜之孫也. 此廣陵城在新息縣界.

② 夏侯夔는 夏侯亶의 동생이다.
夔, 亶之弟也.

③ 魏收의 《魏書》 〈地形志〉에 東豫州의 汝南郡에 安陽縣에 있다. 梁나라 때에는 西楚州를 楚城에 두었다.

니 하후기의 공로이다. 그런데 두 명의 장군을 아울러 기록한 것은 어째서인가. 湛僧智가 양보하였으므로 가상히 여긴 것이다. 그러므로 鍾離의 승리에 景宗과 韋叡를 아울러 기록하고, 廣陵의 승전에 담승지와 하후기를 아울러 기록하였으니, 모두 그 양보함을 가상히 여긴 것이다.〔於是夔助之攻 城降于夔 則夔功也 竝書二將 何 僧智讓也 故嘉之 是故鍾離之勝 景宗與韋叡竝書 廣陵之克 僧智與夏侯竝書 皆嘉其讓也〕" 《書法》

27) (禦)〔御〕: 저본에는 '禦'로 되어 있으나, 《資治通鑑綱目》(《朱子全書》 10, 上海古籍出版社, 2002)에 의거하여 '御'로 바로잡았다.

魏收志, 東豫州汝南郡有安陽縣. 梁置西楚州於楚城.

【目】 司馬溫公(司馬光)이 다음과 같이 평하였다.

"湛僧智는 장시간 싸운 노고를 잊고서 하루아침에 새로 부임한 장군에게 〈적장이 투항한 공로를〉 주었고, 자기의 단점을 알면서 남의 장점을 가리지 않았고, 功을 이루고도 취하지 않고서 國事를 성취시켰다. 충성스럽고 또 사사로움이 없으므로 君子라고 말할 만하다."

司馬公曰 僧智는 忘其積時攻戰之勞하여 以授一朝新至之將하고 知己之短하여 不掩人之長하고 功成不取하여 以濟國事하니 忠且無私라 可謂君子矣로다

【綱】 梁나라 將軍 陳慶之가 北魏의 渦陽(와양)을 공격하여 함락시켰다.

梁將陳慶之攻魏渦陽하여 克之[28)]하다

【目】 梁나라 領軍 曹仲宗과 直閤 陳慶之가 北魏의 渦陽을 공격하니, 尋陽太守 韋放이 병사를 거느리고 조중종 등과 회합하였다. 북위 병사들이 갑자기 이르니, 위방이 군영을 아직 세우지 않았고 麾下 병사가 겨우 200명이었기 때문에 위방이 투구를 벗고 말에서 내려서 胡牀에 앉아서 지휘하였다. 병사들이 모두 죽을힘을 다해 싸워서 一當百의 기세로 싸우지 않는 자가 없었으므로 북위 병사들이 마침내 퇴각하였다. 위방은 韋叡의 아들이다.

북위가 또 將軍 元昭 등을 보내서 군사 5만 명을 거느리고서 와양을 구원할 적에 선발대가 〈와양에〉 40리쯤 못 미쳤을 적에 진경지가 맞서 싸우려고 하자 위방이 말하기를 "선봉 부대는 반드시 날래고 정예로울 것이니 공격하지 말고 올 때까지 기다리는 것만 못합니다."라고 하니, 진경지가 말하기를 "북위 병사는 멀리에서 와서 피곤하고 우리와 거리가 아직 멀리 떨어져 있으니, 반드시 의심을 받지 않을 것이다. 마땅히 그들이

28) 梁將陳慶之攻魏渦陽 克之 : "이때에 曹仲宗과 陳慶之는 함께 공격하여 함락시켰는데, 진경지만 홀로 기록한 것은 어째서인가. 조중종은 겁을 먹어서이다. 그러므로 沈田子와 傅弘之는 함께 武關에 진입한 자인데, 부홍지는 겁을 먹어서 기록하지 않았고 심전자만 기록하였으며, 진경지와 조중종은 함께 渦陽에서 승리한 자인데 조중종은 겁을 먹어서 기록하지 않고 진경지만 기록하였다. 《資治通鑑綱目》이 功과 罪에 대해 확실하니, 그 勸戒함이 분명하다.〔於是曹仲宗與慶之共攻克之 則其獨書慶之 何 仲宗怯也 是故沈田子傅弘之 俱入武關者也 弘之怯不書 而書田子 陳慶之曹仲宗 共克渦陽者也 仲宗怯不書 而書慶之 綱目之於功罪審矣 其爲勸戒明矣〕" 《書法》

아직 결집하지 않았을 때에 그들을 꺾어야 한다."라고 하고, 이에 휘하 군사를 거느리고 進擊하여 격파하였다. 돌아와 諸將들과 군영을 연합하여 전진하여 渦陽城을 등지고 북위 군대와 서로 대치하였다.

봄부터 겨울까지 수십에서 백 번쯤 싸우는 동안 將士들이 피로하여 지쳤다. 북위가 군대의 후미에 보루를 쌓으려 한다는 소식을 듣고, 조중종 등이 두려워하여 병사를 이끌고 돌아갈 것을 논의하였는데, 진경지가 부절을 쥐고 軍門에서 말하기를 "내가 들으니 '군대는 죽을 땅에 놓인 뒤라야 마침내 목숨을 구할 수 있다.'라고 하니, 반드시 오랑캐가 크게 연합한 뒤에 그들과 더불어 싸울 것이다. 반드시 회군하려 한다면 내가 별도로 황제의 密敕을 받았으니, 이를 범하는 자에게는 조칙(처벌)을 시행할 것이다."라고 하니, 마침내 그쳤다.

북위가 13개의 城을 만들어서 양나라 군사를 제압하려고 하였다. 진경지가 군사들에게 재갈을 물리고 밤중에 출동하여 4개의 城을 무너뜨리니, 渦陽城主 王緯가 항복을 청하였다. 위방이 항복한 자 중에 30여 명을 선발하여 보내 북위의 여러 군영에 나누어 알렸다. 진경지가 포로들을 늘어서게 하고 북을 치고 함성을 지르며 따라 전진하니 〈북위의〉 9개의 城이 모두 궤멸되었다. 양나라 군대가 북위의 군대를 추격하여 포로로 잡고 참수하여 대략 섬멸하니 죽은 시체가 渦水를 가로막았다.

梁領軍曹仲宗直閤陳慶之가 攻魏渦陽하니 尋陽太守韋放이 將兵會之러니 魏兵이 奄至하니 放이 營未立이요 麾下가 纔二百人이라 放이 免冑下馬하여 據胡牀處分①하니 士皆殊死戰하여 莫不一當百이라 魏兵이 遂退하다 放은 叡之子也라 魏又遣將軍元昭等하여 帥衆五萬하여 救渦陽할새 前軍이 未至四十里에 慶之欲逆戰이어늘 放이 曰 前鋒이 必輕銳니 不如勿擊이요 待其來至니라 慶之曰 魏兵이 遠來疲倦하고 去我尙遠하니 必不見疑라 宜及其未集挫之라하고 乃帥麾下進擊破之하고 還與諸將連營而進하여 背渦陽城하여 與魏軍相持하다 自春至冬히 數十百戰에 將士疲弊러니 聞魏欲築壘於軍後하고 曹仲宗等이 恐하여 議引還이어늘 慶之杖節軍門曰 吾가 聞置兵死地라야 乃可求生②이라하니 須虜大合한 然後與戰하리니 審欲班師인댄 慶之別有密敕하니 犯者는 行之라하니 乃止하다 魏作十三城하여 欲以控制梁軍이러니 慶之銜枚夜出하여 陷四城하니 渦陽城主王緯가 乞降하니 韋放이 簡遣降者三十餘人하여 分報魏諸營하다 陳慶之陳其俘馘하고 鼓譟隨之하니 九城이 皆潰라 追擊之하여 俘斬略盡하니 尸咽渦水③러라

① 胡牀은 바로 交牀이다.
胡牀, 卽交牀.

② 兵法에 "죽을 땅에 놓인 뒤에야 살아난다." 하였다.
兵法 "置之死地而後生."
③ 啯은 一結의 切이니, 가로막는다는 뜻이다.
啯, 一結切, 塞也.

【綱】 北魏의 蕭寶寅이 關右大使 酈道元을 죽이고 군대를 거느려서 반란을 일으켰는데 북위가 行臺 長孫稚를 보내 그를 토벌하였다.

魏蕭寶寅이 **殺關右大使酈道元**하고 **擧兵反**이어늘 **魏遣行臺長孫稚**하여 **討之**[29)]하다

【目】 蕭寶寅이 涇州에서 패전했을 때에 혹자는 洛陽으로 돌아가 죄를 받으라고 권하고, 혹자는 말하기를 "關中에 머물러 공을 세워 스스로 贖罪하는 것만 못합니다."라고 하였다. 소보인이 스스로 생각건대 군사를 출동한 지 여러 해 동안 허비한 재화를 셀 수 없고 하루아침에 패배하여 마음속이 절로 편안하지 않고, 北魏 조정도 역시 그를 의심한다고 여겼다.

中尉 酈道元이 평소에 엄격하고 용맹하였다. 汝南王 元悅의 嬖人이 권세를 농락하였는데, 역도원이 그를 죽이고 아울러 원열을 탄핵하였다. 당시에 소보인이 반란한 정황이 이미 드러났으므로 원열이 이에 아뢰어 역도원을 關右大使로 삼았다. 소보인이 그 소식을 듣고 자기를 잡으려 한다고 여겨서 매우 두려워하였다. 長安의 경박한 자제들이 다시 군사를 일으킬 것을 권하였는데, 소보인이 河東의 柳楷에게 묻자 유해가 말하기를

29) 魏蕭寶寅……討之 : "拓跋氏가 다스림을 그르치자 반란자들이 고슴도치 털처럼 일어났다. 鎭兵(六鎭의 군사)·山胡·여러 蠻族들이 여러 郡의 백성들과 함께 서로 맞이하여 소동을 일으키지 않음이 없었고, 심지어 法僧과 같은 寵臣이나 元鑑과 같은 宗臣의 무리들 또한 모두 반란하여 서로 이어졌는데, ≪資治通鑑綱目≫에서는 모두 책에 기록하였다. 지금 소보인이 타향살이하며 寄食하는 도망한 신하로서 또 다시 군사를 일으켜 난동을 조성하여 노석질하기를 이와 같이 하니 魏氏가 어찌 망하지 않겠는가. 그러나 소보인은 애초에 宗國(齊나라)을 위하여 복수하려 하였다가 끝내 난리를 부려 멸망하게 되었으니, 진실로 원수는 쉽게 갚지 못하고 義擧 또한 쉽게 일으키지 못한 것임을 알겠다. ≪자치통감강목≫에서는 이해에 소보인이 반란했다고 기록하고 이 뒤 3년에 소보인이 주륙을 당하였다고 기록하였으니, 소인이 반복하여 번갈아 어지럽힌 재앙을 특별히 나타내지는 않고, 또한 배반해 도망 온 자를 받아들이는 자의 귀감으로 삼았을 뿐이다. 蕭鸞의 한 자식(소보인)이 겨우 남아 있었는데 스스로 끊김을 취하였으니 하늘이 폐하는 것에 다시 일어날 수 있겠는가. 〔拓跋失御 反者如蝟毛而起 自鎭兵山胡群蠻 與夫諸郡之民 莫不相延而動 甚至寵臣如法僧 宗臣如元鑑輩 亦皆反叛相屬 綱目悉書于冊 今寶寅以羈旅寄食逃竄之臣 且復稱兵造亂 寇盜如此 魏氏烏得不亡 然寶寅始欲爲宗國復讐 而終於作亂亡滅 信知讐固未易復 而義亦未易擧也 綱目於是年 書寶寅反 於後三年 書寶寅誅 不特著小人反覆交亂之禍 亦以爲招納叛亡者之鑑爾 蕭鸞僅有一息 自取殄絶 天之所廢 其可興乎〕" ≪發明≫

"세속 노랫말에 '蕭鸞이 10명의 아들을 낳아 9명의 아들은 곯아버리고 1명의 아들만 곯지 않아 關中을 다스린다〔亂〕.'라고 하였으니, 亂은 다스림입니다. 大王(소보인)께서 關中을 다스려야 하거늘 어찌 의심하는 것입니까."라고 하였다. 소보인이 마침내 장수를 보내 역도원을 공격하여 죽였다.

蕭寶寅之敗於涇也에 或勸之歸罪洛陽하고 或曰 不若留關中立功自效라하더니 寶寅이 自念出師累年에 糜費不貲요 一旦覆敗하여 內不自安하고 魏朝가 亦疑之러라 中尉酈道元이 素嚴猛이라 汝南王悅嬖人이 弄權이어늘 道元이 殺之하고 幷劾悅하다 時에 寶寅反狀이 已露라 悅이 乃奏以道元爲關右大使하니 寶寅이 聞之하고 謂爲取已라하여 甚懼하니 長安輕薄子弟가 復勸使舉兵이어늘 寶寅이 以問河東柳楷한대 楷가 曰 謠言에 鸞生十子九子毈(단)하고 一子不毈關中亂[①]이라하니 亂은 治也라 大王이 當治關中이어늘 何所疑리오 寶寅이 遂遣將攻殺道元하니라

① 齊 明帝의 성명이 蕭鸞이니, 蕭寶寅의 아버지이다. 毈은 徒玩의 切이며 알이 곯은 것이다. 齊明帝諱鸞, 寶寅之父也. 毈, 徒玩切, 卵壞也.

【目】〈蕭寶寅의〉 行臺郎中 蘇湛이 병으로 집에 누워 있었다. 소보인이 그의 姨弟 姜儉에게 명하여 소담을 설득하기를 "酈道元이 오는 것은 일을 예측할 수 없다. 내가 앉아서 죽음을 받을 수 없으므로 다시는 北魏의 신하가 될 수 없다. 生死와 榮辱을 卿과 함께 하고자 하오."라고 하니, 소담이 크게 곡을 하고 말하기를 "王(소보인)께서는 본래 궁박한 새의 처지로 남에게 歸附하였는데 북위 朝廷에서 왕에게 羽翼(보좌)을 주어서 금일의 영총에 이르렀습니다. 國運에 憂患이 많을 때를 만나서 충성을 다하여 은덕에 보답하지 않으시고 마침내 남(북위)의 위태로움을 틈타서 潼關을 지키면서 천자의 자리를 엿보려 하십니다. 북위의 德이 비록 쇠퇴하였지만 天命이 아직 바뀌지 않았습니다. 저는 온 가족이 왕을 위하여 멸족을 당하게 할 수 없습니다. 사직하고 鄕里로 돌아가서 병들어 죽어서 지하에 가서 조상들을 뵙게 해주시기 바랍니다."라고 하였다.

소보인은 평소에 소담을 중시하였고, 또 소담이 자기에게 쓰이지 않을 것을 알아서 武功으로 돌아가는 것을 허락하였다.

〈소보인은〉 마침내 스스로 齊나라 황제를 칭하여 연호를 바꾸고 百官을 설치하였다. 長史 毛遐가 동생 毛鴻賓과 함께 氐人과 羌人을 거느리고 병사를 일으켜 소보인을 막고, 북위에서 長孫稚를 行臺로 삼아서 소보인을 토벌하였다. 正平의 백성 薛鳳賢과 薛脩義가 역시 河東에서 무리를 모아서 鹽池를 점거하고 蒲阪을 포위하여 동서로 연결하

여 소보인에게 호응하였다. 북위에서 都督 宗正珍孫에게 조서를 내려서 설봉현 등을 토벌하게 하였다.

行臺郎中蘇湛이 以病臥家러니 寶寅이 令其姨弟姜儉하여 說(세)之曰 道元之來는 事不可測이라 吾不能坐受死亡하여 不復作魏臣矣라 生死榮辱을 與卿共之하리라 湛이 大哭曰 王이 本以窮鳥로 投人이어늘 朝廷이 假王羽翼하여 以至於此하니 屬(촉)國步多虞하여 不能竭忠報德이요 乃欲乘人間隙하여 守關問鼎①하니 魏德이 雖衰나 天命未改라 湛이 不能以百口爲王族滅②하리니 願賜骸骨歸鄕里하여 庶得病死하여 下見先人③호리라 寶寅이 素重湛이라 且知其不爲己用하여 聽還武功하다 遂自稱齊帝改元하고 置百官하다 長史毛遐가 與弟鴻賓으로 帥氐羌起兵拒之④하고 魏以長孫稚爲行臺討寶寅이러니 正平民薛鳳賢薛脩義가 亦聚衆河東하여 據鹽池하고 圍蒲阪하여 東西連結하여 以應寶寅⑤이어늘 (詒)〔詔〕[30]都督宗正珍孫하여 討之⑥하다

① 屬은 음이 燭이며 만나다는 뜻이다. '守關'은 蕭寶寅이 潼關의 험준함을 지켜서 關中을 분할 점령하려 함을 말한다. '問鼎'은 천자의 자리를 엿보려고 함을 말한다.
屬, 音(濁)〔燭〕[31], 會也. 守關, 謂寶寅欲守潼關之險, 割據關中. 問鼎, 謂欲窺天位.

② 爲(위하다)는 去聲이다.
爲, 去聲.

③ 蘇湛은 武功 사람이다.
湛, 武功人.

④ 蕭寶寅이 雍州・涇州 등 4州의 都督이 되었고, 또 西討大都督이 되어서 毛遐를 府長史로 삼았다.
寶寅都督雍・涇等四州, 又爲西討大都督, 以遐爲府長史.

⑤ 魏收의 ≪魏書≫ 〈地形志〉를 살펴보면 "世祖(拓跋燾) 때에 河東 聞喜縣에 太平郡을 설치하였고, 孝文帝(元宏) 太和 18년(494)에 고쳐서 正平郡이라고 하고 東雍州에 소속하고 聞喜와 曲沃 2縣을 관할하게 하였다." 하였다. 薛脩義는 薛鳳賢의 宗人이다.
魏收志, "世祖置太平郡於河東聞喜縣, 孝文太和十八年, 改曰正平郡, 屬東雍州, 領聞喜・曲沃(三)〔二〕[32]縣." 脩義, 鳳賢宗人.

⑥ 宗正은 複姓이다.
宗正, 複姓.

30) (詒)〔詔〕: 저본에는 '詒'로 되어 있으나, ≪資治通鑑≫에 의거하여 '詔'로 바로잡았다.

31) (濁)〔燭〕: 저본에는 '濁'으로 되어 있으나, ≪資治通鑑綱目≫(奎 7512)에 의거하여 '燭'으로 바로잡았다.

32) (三)〔二〕: 저본에는 '三'으로 되어 있으나 ≪資治通鑑≫의 註에 의거하여 '二'로 바로잡았다.

【目】胡氏(胡寅)가 다음과 같이 평하였다.

"蕭寶寅이 北魏로 달아날 때의 마음은 본래 그 兵力을 빌려서 宗國(齊나라)을 위해 復讐하려고 하였으니 〈義理에〉 유사하다. 그렇다면 마땅히 淮水·漢水의 북쪽을 떠나지 않아서 틈을 엿보아 남쪽(梁나라)을 토벌하여 죽은 후에야 그만두어야 할 것이다. 공을 이루는 일은 하늘의 뜻인데 冀州와 雍州 2州가 어찌 梁나라에 있겠는가. 그런데 그 때문에 刺史가 되었으니, 비록 이익을 좋아하지 않는다고 말하더라도 남들이 믿지 않을 것이다. 의리로 시작하여 이익으로 끝을 맺었으니, 환란을 일으켜 죽음을 받는 데에 이르지 않으면 국가를 안정시킬 도리가 없는 것이다. 이것이 小人의 本末입니다."

胡氏曰 寶寅奔魏之心이 本欲假其兵力爲宗國復讐하니 似也라 則宜不離淮漢之北하여 伺間南伐하여 死而後已니 若夫成功則天也어늘 冀雍二州가 豈梁所在邪아 而爲之刺史하니 雖曰不利나 人不信矣리라 以義始하고 以利終하니 不至於作亂受戮이면 則無能靖之道니 此小人之本末也니라

【綱】11월에 梁나라가 蕭淵藻를 北討都督으로 삼아서 渦陽에 진수하게 하였다.

十一月에 梁이 以蕭淵藻爲北討都督하여 鎭渦陽하다

【綱】葛榮이 北魏의 冀州를 함락시켜서 都督 源子邕과 裴衍을 죽이고 마침내 相州를 침략했다가 함락시키지 못하였다.

◑ 葛榮이 陷魏冀州하여 殺都督源子邕裴衍하고 遂寇相州라가 不克하다

【目】葛榮이 信都를 포위하여 봄부터 겨울에 이르렀다. 〈北魏의〉 冀州刺史 元孚가 將士들을 이끌고 독려하여 밤낮으로 지켰는데 비축했던 양식이 이미 고갈되었고 외부에서 구원 병력이 오지 않았다. 城이 함락될 때에 원부가 형 元祐와 함께 잡혔다. 갈영이 將士들을 크게 모아 生死를 논의할 때에 원부 형제가 다투어 서로를 위해 죽겠다고 하고, 都督 潘紹 등 수백 명이 모두 머리를 조아리며 使君(元孚)을 살려주고 자신들을 대신 죽여달라고 하였다. 갈영이 말하기를 "여기에 있는 모든 사람은 北魏의 忠臣이며 義士이다."라고 하고, 그들을 모두 살려주었다.

북위가 源子邕에게 명하여 갈영을 토벌할 적에 裴衍이 表文을 올려 同行하기를 청하자 허락하였다. 원자옹이 말하기를 "배연이 가면 臣은 남기를 청하고 신이 가면 배연이

남기를 청합니다. 만약 반드시 〈두 사람이〉 同行하게 되면 패배가 아침이나 저녁 사이에 있을 것입니다."라고 하였으나, 허락하지 않았다. 그들이 행군하다가 漳水에 이르러서 갈영이 공격하니 과연 패하여 모두 죽었다. 相州에서는 冀州가 함락되었다는 소식을 듣고 사람들이 자신을 보전하지 못할 것이라 여겼다. 相州刺史 李神은 志氣가 태연자약하여 將士들을 어루만지며 면려하고 크고 작은 일에 힘을 기울였다. 갈영이 정예의 군사를 다 동원하여 공격하였으나, 끝내 상주를 함락시키지 못하였다.

葛榮이 圍信都하여 自春至冬하니 冀州刺史元孚가 帥(솔)勵將士하여 晝夜拒守호되 糧儲旣竭이요 外無救援이라 城陷에 與兄祐로 俱執하니 榮이 大集將士하여 議其生死할새 孚兄弟가 爭相爲死①하고 都督潘紹等數百人이 皆叩頭請死하여 以活使君하니 榮曰 此皆魏之忠臣義士也라하고 皆免之하다 魏命源子邕討榮할새 裴衍이 表請同行이어늘 許之한대 子邕이 言衍行臣請留하고 臣行請留衍하노이다 若必同行이면 敗在旦夕이리이다 不許러니 行至漳水하여 榮이 擊之하니 果敗俱死하다 相州가 聞冀州陷하고 人不自保어늘 刺史李神이 志氣自若하여 撫勉將士하고 大小致力하니 榮이 盡銳攻之호되 卒不能克하니라

① 爲(위하다)는 去聲이다.
爲, 去聲.

戊申年(528)

梁나라 高祖 武帝 蕭衍 大通 2년이고 北魏 肅宗 孝明帝 元詡 孝昌 4년이고 敬宗 孝莊帝 元子攸 永安 원년이다.

梁大通二年이요 魏孝昌四이고 敬宗孝莊帝子攸 永安元年이라

【綱】 봄 정월에 杜洛周가 北魏의 定州를 함락시켜서 行臺 楊津을 잡고 마침내 瀛州를 함락시켰다.

春正月에 杜洛周가 陷魏定州하여 執行臺楊津하고 遂陷瀛州하다

【目】 北魏가 다시 楊津을 北道行臺로 삼아 定州를 지키게 하였는데 鮮于脩禮와 杜洛周의 사이에 있었으므로 선우수례와 두낙주가 번갈아 정주로 와서 공격해 포위하였다. 양진

은 양식과 땔나무를 쌓아두고 무기를 수리하여 기회를 보며 항거하고 공격하였다. 사람을 시켜서 몰래 적의 무리들을 설득하니 적의 군사들 중에서 양진에게 호응하는 자가 양진에게 편지를 보내기를 "城을 포위한 이유는 바로 北人(鮮卑族)을 잡기 위한 것이니 마땅이 다 죽여야 합니다. 그렇지 않으면 반드시 근심거리가 될 것입니다."라고 하였다. 양진이 北人들을 다 잡고서 子城[33] 안으로 들어오게 하여 죽이지 않으니 무리들이 양진의 어짊에 감탄하였다.

葛榮이 무리를 거느리고 와서 사람을 보내 양진을 설득하였는데 양진이 갈영의 使者를 목 베어 죽이고 3년 동안을 굳게 수비하였다. 두낙주가 定州를 포위할 때에 북위가 구원하지 못하였다. 長史 李裔가 적군을 이끌고 성으로 들어가 양진을 잡았다. 瀛州刺史 元寧이 城을 가지고 적에게 투항하였다.

魏復以楊津爲北道行臺하여 守定州러니 居鮮于脩禮杜洛周之間이라 迭來攻圍하다 津이 蓄薪糧하고 治器械하여 隨機拒擊하고 使人潛說(세)賊黨하니 賊黨이 有應津者가 遺津書曰 所以圍城은 正爲取北人耳니 宜盡殺之라 不然이면 必爲患하리라 津이 悉收北人하여 內(납)子城中而不殺하니 衆感其仁①이러라 及葛榮統衆하여 使人說津이어늘 津이 斬其使하고 固守三年이러니 洛周가 圍之에 魏不能救라 長史李裔가 引賊入하여 執津하니 瀛州刺史元寧이 以城降賊하다

① 內(들이다)은 納으로 읽는다.
內讀曰納.

【綱】 北魏가 大赦免을 하였다.

魏가 大赦[34]하다

【目】 北魏의 潘嬪이 딸을 낳았는데 胡太后가 거짓으로 皇子라고 말하고 크게 사면령을 내리고 연호를 고쳤다.

魏潘嬪이 生女어늘 胡太后가 詐言皇子라하고 大赦改元①하다

---

33) 子城 : 본성에 딸린 작은 城을 말한다.

34) 魏大赦 : "北魏가 赦免을 한 것은 아직 기록하지 않았는데 여기는 어찌하여 기록하였는가. 나무란 것이다. 이때에 潘嬪이 딸을 낳았는데 胡太后가 거짓으로 皇子라고 말하고 크게 사면령을 내리고 연호를 고쳤으니 사면령에 의리가 없음을 이른 것이 이보다 심한 것이 없었으므로 특별히 기록하여 나무란 것이다.〔魏赦未有書者 此何以書 譏也 於是潘嬪生女 太后詐言皇子 大赦改元 赦之無義謂 莫甚於此 故特書譏之〕" ≪書法≫

① 연호를 武泰로 고쳤다.
改元武泰.

【綱】 北魏의 長孫稚가 蕭寶寅을 토벌하여 패퇴시키니, 소보인이 万俟醜奴에게로 달아났다.

魏長孫稚가 **討蕭寶寅**하여 **敗之**하니 **寶寅**이 **奔万俟醜奴**하다

【目】 蕭寶寅이 馮翊을 포위하니 長孫稚의 군대가 恒農에 이르렀다. 左丞 楊侃이 장손치에게 말하기를 "潼關이 험난한 요충지이고 방어가 이미 견고하니, 〈우리 군대는〉 북쪽으로 蒲坂을 빼앗고 黃河를 건너 서쪽으로 가서 적군의 중심에 들어가서 우리 병사를 死地에 두는 것만 못합니다. 그렇게 하면 華川의 포위가 싸우지 않고도 저절로 풀릴 것이고, 동관을 지키는 적은 반드시 후방을 고려하여 도주할 것이니 팔다리 같은 주변 지역이 해결되고 나면 長安을 앉아서 차지할 수 있을 것입니다."라고 하니, 장손치가 말하기를 "그대의 계획은 좋지만 지금 薛脩義가 河東을 포위하고 薛鳳賢이 安邑을 점거하였으니 宗正珍孫이 虞坂을 지키면서 나아가지 못하고 있다. 〈우리 군대가〉 어떻게 도달할 수 있겠는가."라고 하였다.

양간이 말하기를 "종정진손은 대오 중 한 명의 武士이므로, 남에게 부림을 당할 만하니, 어찌 남을 부릴 수가 있겠습니까. 河東은 蒲坂에 治所가 있고 서쪽으로 黃河가 가깝지만 관할 구역이 대부분 郡의 동쪽에 있습니다. 설수의가 백성들을 몰아 서쪽으로 가서 蒲坂城을 포위하였는데 그의 가솔이 모두 舊村에 머물고 있습니다. 하루아침에 官軍이 이르렀다는 소식을 들으면 모두 반드시 후방을 돌아볼 마음이 생겨서 반드시 소문만 듣고도 스스로 궤멸될 것입니다."라고 하였다.

장손치가 이에 아들 長孫彦을 시켜서 양간과 함께 병사를 거느리고 북쪽으로 황하를 건너서 石錐壁을 점거하게 하고, 양간이 선포하기를 "항복한 자들의 명단을 송부하여 그들을 각각 촌으로 돌아가게 하고 臺軍(官軍)이 세 번 烽火를 들기를 기다려 역시 봉화를 들어 서로 호응하게 하도록 명하였으니, 봉화로 호응함이 없으면 바로 도적의 무리이다. 진격하여 도적들을 屠戮할 것이니, 노획한 것으로 군대에 포상할 것이다."라고 하니, 이에 村民이 서로 알려서 비록 실제로 아직 항복한 자가 없었지만 또한 〈촌민들이〉 거짓으로 봉화를 들었다. 하루 저녁 사이에 火光이 수백 리나 넓게 펴졌다. 蒲坂城을

포위한 적군이 상황을 알지 못하여 각각 흩어져 고향으로 돌아갔다. 설수의와 설봉현이 모두 항복을 청하니, 장손치가 마침내 潼關을 함락시켰다.

마침 조서를 내려 鹽池稅를 폐지하였는데, 장손치가 表文을 올리기를 "臣이 전에 嚴旨(임금의 엄한 분부)를 어기고서 곧바로 河東의 포위를 풀은 것은 長安의 공격을 늦추고 포판성을 급하게 공격한 것이 아니라 진실로 한 번 鹽池를 잃으면 3軍의 식량이 부족해지기 때문입니다. 대략 鹽稅를 논의하면 1년에 絹 기준으로 30만 필의 가치입니다. 옛날에 高祖(孝文帝 元宏)의 태평한 시대에도 오히려 鹽官을 창설하여 감독하게 하였으니 백성과 이익을 다투려는 것이 아니라 이익으로 말미암아 세속을 어지럽힐까 두려워했던 것입니다. 더구나 지금 국가의 재정이 부족하여 6년 치의 곡식을 租稅로 징수하고 있고, 來年의 재물을 調로 거두니, 이것은 모두 남의 私財를 빼앗는 것이지만 부득이한 일입니다. 그렇지만 이것이 어찌 천연적으로 생산된 재물(소금)을 보배로 여겨서 합리적으로 균등히 공급하는 것만 하겠습니까. 臣이 이미 부절로 휘하 부서에 명하여 평상시대로 鹽稅를 거두게 하였습니다."라고 하였다.

소보인의 부하 장수 侯終德이 소보인의 패배를 틈타서 습격하니, 소보인이 万俟醜奴에게로 달아났다.

寶寅이 圍馮翊하니 長孫稚軍至恒農①이어늘 左丞楊侃이 謂稚曰 潼關이 險要하고 守禦가 已固하니 不如北取蒲坂하고 渡河而西하여 入其腹心하여 置兵死地면 則華川之圍가 不戰自解요 潼關之守가 必內顧而走하리니 支節이 旣解면 長安을 可坐取也리라 稚曰 子之計則善矣어니와 然今薛脩義가 圍河東하고 薛鳳賢이 據安邑하니 宗正珍孫이 守虞坂不得進이라 如何可往②이리요 侃이 曰 珍孫은 行(항)陳一夫라 可爲人使니 安能使人이리요 河東은 治蒲坂하고 西逼河하나 封疆이 多在郡東이라 脩義가 驅民西圍郡城한대 其家皆留舊村이라 一旦에 聞官軍至하면 皆有內顧之心하여 必望風自潰矣리라 稚乃使其子彦으로 與侃帥兵北渡하여 據石錐壁③하고 〔侃聲言〕[35] 命送降名者各還村하고 俟臺軍擧三烽하여 當亦擧烽相應하니 無應烽者면 乃賊黨也라 當進擊屠之니 以所獲賞軍하리라하니 於是에 村民이 轉相告語하여 雖實未降者나 亦詐擧烽하다 一宿之間에 火光이 遍數百里하니 賊圍城者不測하여 各散歸라 脩義鳳賢이 俱請降하니 稚遂克潼關하다 會有詔廢鹽池稅④어늘 稚가 上表曰 臣이 前違嚴旨하여 徑解河東하니 非緩長安而急蒲坂이라 誠以一失鹽池면 則三軍이 乏食也라 略論鹽稅건대 一年準絹三十萬匹이니이다 昔에 高祖昇平之年에 猶創鹽官加典護하니 非與物競利라 恐由利亂俗也라 況今國用不足하여 〔租〕[36] 徵六年之粟하고 〔調〕[37] 折來歲之資하니 此皆奪人

35) 〔侃聲言〕: 저본에는 '侃聲言'이 없으나, ≪資治通鑑≫에 의거하여 보충하였다.

私財호되 事不獲已니 豈若寶天產之貨而均贍以理乎아 臣이 已輒符所部하여 依常收稅호이다 蕭寶寅將侯終德이 因其敗하여 襲寶寅하니 寶寅이 奔万俟醜奴하다

① 北魏 顯祖(獻文帝 拓跋弘)는 이름이 弘이니, 弘農을 고쳐서 恒農이라고 하였다.
魏顯祖, 諱弘, 改弘農曰恒農.

② ≪水經注≫에 "虞坂은 곧 ≪春秋左氏傳≫에 말한 顚軨이고 傅巖의 동북쪽 10여 리에 있는데 동서로 골짜기를 끊고 그 가운데에 축조하여 길을 만들었다. 남북의 도로를 가리켜 軨橋라고 말한다. 軨橋의 동북쪽에 虞原이 있고, 큰 길의 동쪽에 虞城이 있으며, 그 城은 북쪽으로 長坂(긴 언덕) 20여 리를 마주하고 있는데 그곳을 虞坂이라고 한다." 하였다.
水經註曰 "虞坂, 卽左傳所謂顚軨, 在傅巖東北十餘里, 東西絶澗, 於中築以成道, 指南北之路, 謂之軨橋. 橋之東北有虞原, 上道東有虞城, 其城北對長坂二十餘里, 謂之虞坂."

③ ≪五代志≫에 "河東郡 虞鄕縣에 石錐山이 있는데 여기에 壘壁을 쌓았다." 하였다.
五代志 "河東郡虞(卿)〔鄕〕[38]縣有石錐山, 於此築壘壁也."

④ 北魏 조정은 鹽稅의 이익을 폐하여 백성에게 주면 민심을 얻을 수 있다고 여긴 것이다.
魏朝蓋謂弛鹽利以與民, 可以得民也.

【綱】 葛榮이 杜洛周를 죽이고 그 무리들을 병합하였다.

葛榮이 殺杜洛周하고 幷其衆하다

【綱】 北魏 太后 胡氏가 酖毒을 먹여 그 군주 元詡를 시해하고 臨洮王 世子 元釗를 세웠다.

◑ 魏太后胡氏進毒弑其主詡하고 而立臨洮王世子釗[①39]하다

36) 〔租〕: 저본에는 '租'가 없으나, ≪資治通鑑≫에 의거하여 보충하였다.

37) 〔調〕: 저본에는 '調'가 없으나, ≪資治通鑑≫에 의거하여 보충하였다.

38) (卿)〔鄕〕: 저본에는 '卿'으로 되어 있으나 ≪資治通鑑≫에 註에 의거하여 '鄕'으로 바로잡았다.

39) 魏太后胡氏……世子釗 : "자기 아들을 죽인 것에 '弑'라고 기록한 것은 어째서인가. 至尊에는 두 명의 임금이 없기 때문이다. 이때에 元詡가 즉위한 지 14년인데 크게 無道한 짓을 하지 않았으니, 太后가 어찌 毒殺할 수 있겠는가. ≪資治通鑑綱目≫에서는 그가 태어날 적에 그 명명한 것을 바로잡아 '魏主의 아들〔魏主之子〕'이라고 하였고, 그가 죽었을 적에 '그 군주〔其主〕'라고 기록하고 태후의 죄를 바로잡아 '시해했다〔弑〕'라고 하였으니, 先君을 높이고 社稷을 중시한 것이 또한 두 임금이 없는 뜻을 밝히기 위한 것이다. 어찌 '자기 아들〔己子〕'이라고 말하여 마음 내키는 대로 죽일 수 있겠는가. ≪자치통감강목≫이 끝날 때까지 婦人이 弑害한 것을 기록한 것은 6번인데(宋나라 丙辰(476)에 자세하다.) '太后가 시해하였다〔太后弑〕'라고 기록한 것은 2번이다.(北魏 馮氏와 胡氏이다.)〔其子也 書弑 何 尊無二上也 於是詡立十四年矣 非大無道 太后安得毒而殺之 綱目於其生也 正其名曰魏主之子 於其死也 書其主而正其罪曰弑 所以尊先君 重社稷 且以明無二上之義也 豈其曰己子 而可以率意殺之哉 終綱目書婦

① 元詡는 향년이 19세였다. 臨洮王은 이름이 寶暉이며, 高祖(孝文帝)의 손자이다.
詡, 壽十九. 臨洮王, 名寶暉, 高祖之孫.

【目】 胡太后가 다시 섭정한 이래로 嬖倖이 권세를 부려서 政事가 해이해지고 盜賊이 벌떼처럼 일어나서 강역이 날마다 줄었다. 魏主(元詡)가 나이를 먹어 점점 장성해지니 호태후는 자신의 행실이 신중하지 못하다고 여겨서 魏主가 아끼고 신임하는 자들을 번번이 일을 만들어 내쫓아서 魏主의 주변을 차단하는 데 힘써서 위주가 밖의 일을 알지 못하게 하였다. 이로 인해 母子의 사이에 혐의가 날로 깊어졌다.

이때에 車騎將軍 六州大都督 爾朱榮의 병력이 강성하니, 劉貴・段榮・尉景・蔡儁이 모두 그에게 귀부하였다. 유귀가 여러 차례 이주영에게 高歡을 추천하자 이주영이 그의 憔悴함을 보고 그를 기이하게 여기지 않았다. 마구간에 성질이 사나운 말이 있었는데 고환에게 명하여 갈기를 자르도록 하니, 고환이 굴레를 씌우거나 발을 잡아매지 않고 갈기를 잘랐는데 끝내 〈말이〉 발로 차거나 이로 물지 않았다. 고환이 몸을 일으켜 이주영에게 말하기를 "惡人을 제어하는 것도 또한 이와 같습니다."라고 하니, 이주영이 그의 말이 기이하다고 생각하여 그를 평상 아래에 앉게 하고 左右를 물리치고 당시의 國事로 방책을 물었다. 고환이 말하기를 "소문에 公께서는 12개의 골짜기에 말을 길러서 색으로 구별하여 무리를 짓게 한다고 하니, 이 말들을 길러서 끝내 어디에 쓰시겠습니까."라고 하였다. 이주영이 말하기를 "너의 생각만 말하라."라고 하니, 고환이 말하기를 "지금 天子는 어리석고 유약하며 太后는 음란하여 총애하는 小人들이 마음대로 권력을 휘

人行弒者六(詳宋丙辰) 而書太后弒者二(魏馮氏胡氏)〕" ≪書法≫

"무릇 사람이 악행을 행하는 것은 비록 혹은 事變에 급박하더라도 반드시 본받는 것이 있어서 행하는 것이다. 北魏 孝文帝(拓拔宏)로부터 文成帝의 황후 馮氏의 죄를 바로잡지 못하였으므로 그 뒤에 淫亂이 이어졌다. 胡氏가 魏國을 濁亂하게 한 까닭을 살펴보면 馮氏와 크게 닮았다. 앞에서 풍씨가 뜻을 얻었으므로 뒤에서 호씨가 잘못을 본받은 것이다. 다만 풍씨는 지략과 술수를 끼고서 일을 다스렸고 또 마침 그때에 拓跋氏가 한창 강성하였으므로 그 敗亡의 재앙을 보지 못하였으나 胡氏에 이르러서는 재앙을 벗어나지 못한 것이다. 則天武后가 唐나라를 어지럽히고 北窓 아래에서 죽었는데 이때에 발 돌릴 새도 없이 곧바로 韋庶人(唐 睿宗의 황후 韋氏)의 역모가 있었다.(이는 모두 胡氏의 부류이다.) ≪資治通鑑綱目≫에서는 앞에서 北魏 太后 馮氏가 그 임금을 시해한 것을 기록하고, 여기서는 北魏 太后 胡氏가 그 임금에게 독을 먹여 시해한 것을 기록하였으니, 뒤에 事變을 처리하는 이가 살펴보면 大義를 밝혀 재앙의 근원을 끊지 않아서야 되겠는가.〔凡人之動於惡 雖或迫於事變 亦必有所則而爲之 魏自孝文不能正文成馮氏之罪 故其後淫亂相踵 觀胡氏之所以濁亂魏國者 大類馮氏 惟馮氏得志於前 故胡氏效尤於後 第馮氏挾智數以御物 又適其時 拓跋方盛 故不見其敗亡之禍 至胡氏則不免矣 武后亂唐 死於牖下 於是不旋踵而有韋庶人之逆(是皆胡氏之類也) 綱目前書魏太后馮氏弒其主 此書魏太后胡氏進毒弒其主 後之處事變者觀之 可不明大義而絶禍源哉〕" ≪發明≫

두르고 조정의 정사가 행해지지 않으니, 明公의 뛰어난 武略을 가지고 이런 기회에 분발해서 鄭儼과 徐紇을 토죄하여 皇帝의 곁을 깨끗하게 한다면 霸業을 채찍만 들고도 이룰 수 있을 것입니다. 이것이 賀六渾의 뜻입니다."라고 하였다. 이주영이 크게 기뻐하여 이로부터 군사의 모책을 세울 때마다 고환을 참여시켰다.

太后가 再臨朝以來로 嬖倖이 用事하여 政事가 縱弛하고 盜賊이 蠭起하여 封疆이 日蹙①이러니 魏主가 年浸長하니 太后가 自以所爲不謹이라하여 凡魏主所愛信者를 輒以事去之하여 務爲壅蔽하여 不使知外事하니 由是로 母子之間에 嫌隙이 日深이러라 是時에 車騎將軍六州大都督爾朱榮이 兵彊하니 劉貴段榮尉景蔡儁이 皆歸之②러라 貴가 屢薦高歡於榮호되 榮이 見其憔悴하고 未之奇也러니 廐有悍馬어늘 命歡翦之③하니 歡이 不加羈絆而翦之호되 竟不蹄齧④이라 起謂榮曰 御惡人도 亦猶是矣라하니 榮이 奇其言하여 坐之牀下하고 屛左右하고 訪以時事하니 歡이 曰 聞公이 有馬十二谷하여 色別爲群하니 畜此竟何用也⑤오 榮이 曰 但言爾意하라 歡이 曰 今天子闇弱하고 太后淫亂하여 嬖孼이 擅命하고 朝政이 不行하니 以明公雄武로 乘時奮發하여 討鄭儼徐紇之罪하여 以淸帝側이면 霸業을 可擧鞭而成하리니 此賀六渾之意也⑥라 榮이 大悅하여 自是로 每參軍謀러라

① 〈'盜賊蠭起 封疆日蹙'은〉 秦·隴의 서쪽과 冀州·幷州 북쪽은 모두 도적들의 지역이 되었고, 淮·汝·沂·泗 지역은 모두 梁나라에게 침범을 당한 것을 말한다.
謂秦隴以西·冀幷以北, 皆爲盜區, 淮·汝·沂·泗之間, 皆爲梁所侵也.
② 6주는 幷州·肆州·汾州·唐州·恒州·雲州이다.
六州, 幷·肆·汾·唐·恒·雲也.
③ 갈기를 다듬지 않은 말에 갈기를 깎음이 翦이다.
髦馬而鬋落之爲翦.
④ 말의 머리를 얽음을 羈라고 하고, 발을 잡아매는 것을 絆이라고 한다.
馬絡首曰羈, 繫足曰絆(官).40)
⑤ 爾朱榮이 기른 말이 많이 번식하여 골짜기로 말을 헤아렸다.
榮畜牧蕃庶, 以谷量馬.
⑥ 賀六渾은 高歡의 字이다.
賀六渾, 高歡字.

【目】胡氏(胡寅)가 다음과 같이 평하였다.

"北魏 중엽에는 門閥로 선비를 뽑았는데, 쇠퇴한 무렵에는 停年으로 사람을 등용하였다. 이에 영웅들이 흩어지고 재주와 지혜가 있는 자가 등용되지 못하니, 진작하여 분발

40) (官) : 저본에는 '官'이 있으나 《資治通鑑》의 註에 의거하여 衍字로 처리하였다.

하게 할 것을 생각하였지만 천하에 비로소 변고가 많게 되었다. 만약 북위의 조정에서 인재를 거두어 등용했더라면 2백 년의 基業이 어찌 쉽게 기울어졌겠는가."

胡氏曰 魏之中葉에 以門地取士어늘 及其衰也에 以停年用人이라 於是에 英雄이 散逸하고 才智가 不用하니 思有以振而發之나 而天下始多故矣라 向使魏朝가 收而用之면 二百年之基業이 豈易傾乎아

【目】 幷州刺史 元天穆이 爾朱榮과 사이좋게 지내어 이주영이 그를 형으로 섬겼다. 이주영이 항상 원천목과 賀拔岳과 함께 몰래 모의하여 병사를 일으켜 洛陽에 침입하여 안으로 嬖倖들을 죽이고 밖으로 群盜들을 깨끗이 청소하려고 하였는데, 두 사람이 모두 이주영에게 이 일을 이룰 것을 권하였다. 이주영이 表文을 올려 청하였으나[41] 조정에서 따르지 않자 마침내 병사를 일으켜 井陘을 점거하였다.

魏主(元詡)가 또한 鄭儼과 徐紇 등을 싫어하여 胡太后에게 압력을 가하였지만 쫓아내지 못하였다. 〈魏主가〉 은밀하게 조서를 내려 이주영에게 병사를 일으켜 京城을 향하게 하여 호태후를 협박하려고 하였다. 이주영이 高歡을 선봉으로 삼아서 上黨에 이르니, 魏主가 다시 은밀히 조서를 내려서 그들을 중지시켰다.

정엄과 서흘은 재앙이 자기들에게 미칠 것을 두려워하여 몰래 호태후와 도모하여 酖毒으로 魏主를 죽이고 속여 皇子(皇女)를 세워 皇帝로 삼았다. 이윽고 조서를 내리기를 "潘嬪의 所生은 실제로 皇女이다. 臨洮王 世子 元釗는 高祖의 손자이니 황제로 세울 만하다."라고 하였다. 마침내 원소를 맞이하여 황제에 卽位시키니 나이가 세 살이었다. 호태후는 오래동안 정사를 독점하려고 했으므로 그를 세운 것이다.

이주영이 그 일을 듣고 크게 화를 내면서 원천목에게 말하기를 "내가 국도로 달려가서 山陵(孝明帝 元詡 무덤)에서 애도하여 간특한 자들을 베어 죽이고 다시 나이가 든 임금을 세우고자 하니 어떠하오."라고 하니, 원천목이 말하기를 "이와 같이 한다면 伊尹과 霍光[42]을 지금 다시 보게 될 것입니다."라고 하고, 이에 〈이주영이〉 표문을 올리기를 "大行皇帝[43]께서 만방을 저버리시고 돌아가시자 천하의 사람들이 모두 황제께서 酖毒으로

41) 表文을……청하였으나 : 《資治通鑑》에 표문의 내용이 자세하다. 이주영은 산동에 도적의 무리가 강성하므로 기병 3천을 相州로 보내 구원할 것을 청하였는데, 胡太后가 이를 허락하지 않았다. 이주영이 재차 상소를 올렸으나 거부되었다.

42) 伊尹과 霍光 : 殷나라의 名相 伊尹은 임금 太甲을 桐宮으로 내쫓아 惡行을 고치게 한 인물이고, 前漢의 霍光은 昌邑王 劉賀를 폐하고 孝宣帝를 迎立한 인물이다.

43) 大行皇帝 : 帝王이나 后妃가 사망한 뒤에 아직 諡號를 정하지 아니한 동안에 사용하는 존칭이다. 大

화를 당하게 되었다고 말을 하는데, 또 皇女를 세워서 공연히 赦免令을 행하여 위로는 天地를 속이고 아래로는 朝野를 미혹하게 하였습니다. 이윽고 어린아이 중에서 임금을 선발하여 실로 간사한 소인들로 조정을 독점케 하여 綱紀를 무너뜨리고 어지럽게 하였습니다. 지금 도적 떼가 들끓고 이웃 나라의 적들이 기회를 엿보고 있는데 아직 말도 못하는 아이로 천하를 안정시키려고 하는 것이 또한 어렵지 않겠습니까. 원컨대 臣이 대궐로 달려가는 것을 허락해주시어 大議에 참여하고, 侍臣에게 皇帝께서 돌아가신 연유를 묻고, 禁衛에게 알지 못하는 정황을 조사하고, 서흘과 정엄의 무리를 司敗(법관)에 보내서, 임금을 죽인 원수와 하늘을 같이한 수치를 씻고 원망하는 원근의 사람들에게 사죄한 후에 다시 宗親을 선택하여 황제의 자리를 계승케 하고자 합니다."라고 하였다.

◑ 幷州刺史元天穆이 與榮善①이라 榮이 兄事之하더니 常與天穆及賀拔岳으로 密謀하여 擧兵入洛하여 內誅嬖倖하고 外淸群盜할새 二人이 皆勸成之러니 表請不聽이어늘 遂擧兵塞井陘한대 魏主가 亦惡(오)儼紇等하여 逼於太后로되 不能去하니 密詔榮擧兵內向하여 欲以脅太后어늘 榮이 以高歡爲前鋒하여 至上黨하니 魏主가 復以私詔止之한대 儼紇이 恐禍及己하여 陰與太后謀하여 酖魏主殺之하고 僞立皇子爲帝러니 旣而요 下詔曰 潘嬪所生은 實皇女也라 臨洮世子釗는 高祖之孫이니 可立이라하고 遂迎釗卽位하니 生三年矣②러라 太后가 欲久專政하여 故立之하다 爾朱榮이 聞之하고 大怒하여 謂元天穆曰 吾欲赴哀山陵하여 翦誅姦佞하고 更(경)立長君하노니 何如오 天穆曰 如此則伊霍을 復見於今矣리이다 乃抗表曰③ 大行皇帝가 背棄萬方에 海內咸稱酖毒致禍어늘 又立皇女하여 虛行赦宥하여 上欺天地하고 下惑朝野하다 已乃選君於孩提之中하여 實使姦豎로 專朝하여 隳亂綱紀하니 今群盜가 沸騰하고 隣敵窺窬어늘 而欲以未言之兒로 鎭安天下가 不亦難乎아 願聽臣赴闕하여 參預大議하고 問侍臣帝崩之由하며 訪禁衛不知之狀하고 以徐鄭之徒로 付之司敗하여 雪同天之恥하고 謝遠近之怨 然後更擇宗親하여 以承寶祚④하야지이다

① 元天穆은 元孤(元鬱律)의 5세손이다.
天穆, 孤之五世孫也.

② 〈'高祖之孫'의〉 孫은 ≪魏書≫ 〈肅宗紀〉에 曾孫으로 되어 있다.
孫, 本紀作曾孫.

③ 抗은 올린다는 뜻이다.
抗, 擧也.

④ 雪은 씻는다는 뜻이다. 임금과 아버지의 원수는 의리상 하늘을 같이 하지 않는다.
雪, 拭也. 君父之讐, 義不同天.

行皇帝는 肅宗인 孝明帝 元詡를 말한다.

【目】胡氏(胡寅)가 다음과 같이 평하였다.

“北魏의 혼란은 世宗(宣武帝 元恪)이 佛法을 신봉하여 정사가 닦이지 않은 데에서 비롯되었고, 다시 肅宗(孝明帝)이 어리고 유약함에 胡太后가 〈국정을 대리하여〉 황제의 명령을 내려서 추악한 행실이 뚜렷이 드러났습니다. 元澄·元雍·元懌은 재주가 부족하고 힘이 약하였으며, 劉騰과 元叉는 권력을 독점하고 재물을 탐하여 六鎭의 兵亂[44]을 불러들였다.

그러나 그 사이에 충성스러운 도모와 지극한 계책으로 國難을 물리치고 紛亂을 해결할 수 있는 자가 없지는 않았다. 그런데 조정에서 이들을 홀대하여 元匡·崔光·袁飜·李崇·張普惠·薛琡·元孚·元深·元順·元纂·辛雄·路思令·楊椿·源子雍과 같은 사람들의 말을 모두 따르지 않았다. 그렇다면 爾朱榮과 高歡이 북위의 해독을 만든 것이 아니라, 북위가 스스로 망했을 뿐이다.”

胡氏曰 魏氏之亂이 始於世宗奉佛하여 政事不修하고 重以肅宗幼弱에 胡后가 稱制하여 穢德彰聞하니 元澄雍懌은 才薄力弱하고 劉騰元叉는 擅權黷貨하여 以召六鎭之兵이나 雖然其間에 非無忠謀至計로 排難解紛者라 而朝廷이 忽焉하여 如元匡崔光袁飜李崇張普惠薛琡元孚元深元順元纂辛雄路思令楊椿源子邕之言을 皆不聽也하니 然則非爾朱榮高歡이 能爲魏毒也라 魏自亡爾①로다

① ≪讀史管見≫에 “元匡이 于忠을 탄핵하여 裵植과 郭祚를 마음대로 죽였으니 마땅히 공개적으로 誅戮해야 한다고 하였으나 따르지 않았다. 崔光이 간언하여 王后는 신하의 집에 찾아가는 예의가 없으니 밖에 유람하시는 일을 멈추라고 청하였으나 따르지 않았다. 袁飜은 南北의 여러 鎭과 郡縣의 僚佐·統軍·戍主가 대부분 뇌물을 주어 그 자리를 얻으므로 〈그 자리에〉 인재를 선택하기를 청하였으나 따르지 않았다. 李崇이 사찰을 건립하는 일을 그만두고 太學을 일으키고 城闕을 쌓기를 청하였으나 따르지 않았다. 張普惠가 綿麻稅를 다시 징수하는 것을 간언하여 백성의 힘을 넉넉하게 하도록 하였으나 따르지 않았다. 薛琡이 백성의 목숨이 長吏에게 달려 있음을 논하고 오로지 年功만 취하고 현명한지 우매한지 묻지 않음을 마땅하지 않다고 하였으나 따르지 않았다. 장보혜가 또 〈柔然의〉 阿那瓌를 전송하여 歸國시킬 때에 강적(柔然)을 구원해주고 도망해온 오랑캐(柔然)를 도와준다고 논의하였으나 따르지 않았다. 元孚가 漢 宣帝와 光武帝가 呼韓邪單于(호한야선우)를 대우한 방법을 대략 따라 蠕蠕(柔然)을 막을 것을 청하였으나 따르지 않았다. 元深이 李崇이 鎭을 고쳐서 州로

44) 六鎭의 兵亂 : 六鎭은 北魏 太武帝 때 설치된 북방의 6개 軍鎭을 말한다. 북위 초기에는 종실의 자제나 주요 무장이 鎭將으로 임명되었으나 洛陽 천도 이후 그 지위가 격하되었다. 523년 6진의 하나인 沃野鎭에서 破六韓拔陵의 반란이 일어나 6진으로 전파되니, 이것이 육진의 난이다. 이 6진의 난 속에서 성장한 사람이 爾朱榮과 高歡이다.

삼을 계책을 쓰지 않아 장차 우려가 西北에만 그치지 않을까 두렵다고 말하였으나 따르지 않았다. 元順이 太后의 나이가 거의 不惑(40세)이 되었지만 〈후세에〉 본받을 것이 없다고 말하였으나 따르지 않았다. 元纂이 恒州 북쪽에 郡縣을 세워서 항복해온 人家를 安置하고 구휼해주자고 말하였으나 따르지 않았다. 辛雄이 上疏하여 전후로 군사를 출동하여 패배가 많고 승리가 적은 것은 賞罰이 밝지 않기 때문이라고 말하였으나 따르지 않았다. 元深이 城陽王 元徽를 外州로 내보내 將士들에게 충성과 힘을 펼치게 할 것을 청하였으나 따르지 않았다. 신웅이 또 夷狄과 漢族이 일으킨 난리는 守令이 적임자가 아니기 때문이니, 청하건대 郡縣을 나누고, 3년마다 〈심사하여〉 재주와 명망이 있는 자를 발탁하여 停年(임기 만료)에 구애받지 않아야 한다고 말하였으나 따르지 않았다. 路思令이 將帥들은 귀족 閑良들의 자제가 많아 적을 평정할 수 없으니 마땅히 무능한 자를 축출하고 유능한 자를 승진시키며 선한 자를 상주고 악한 자를 벌주어야 한다고 말하였으나 따르지 않았다. 楊椿이 蕭寶寅은 혼자 맡겨서는 안 되니 난리가 일어날까 두렵다고 말하였으나 따르지 않았다. 源子邕이 裵衍과 함께 임무를 맡아서 안 되니 패배할까 두렵다고 논하였으나 따르지 않았다." 하였다.

管見[45]"元匡彈于忠擅殺裵·郭, 宜加顯戮而不聽. 崔光諫王后無適臣家之禮, 請息絶遊幸而不聽. 袁飜以南北諸鎭及郡縣僚佐·統軍·戍主, 多以貨賂得之, 請選擇人材而不聽. 李崇請罷修寺之工, 興太學築城闕而不聽. 張普惠諫復徵綿麻之稅, 以寬民力而不聽. 薛琡論元元之命繫于長吏, 不當專取年勞不問賢否而不聽. 普惠又論送阿那瓌歸國, 救勍敵資亡虜而不聽. 元孚請略依漢宣·光武, 待呼韓邪之道, 以防蠕(연)蠕而不聽. 元深言不用李崇改鎭爲州之計, 將恐所慮不止西北而不聽. 元順言太后年垂不惑, 無以儀刑而不聽. 元纂乞於恒州北立郡縣, 安置降戶賑賚之而不聽. 辛雄上疏言前後出師敗多勝少, 由不明賞罰而不聽. 元深請出城陽王徽, 庶將士展其忠力而不聽. 雄又言夷夏之亂以守令非人, 請分郡縣, 爲三年妙選才望, 不拘停年而不聽. 路思令言將帥多貴遊子弟, 不能平賊, 宜黜陟幽明賞善罰惡而不聽. 楊椿言蕭寶寅不可獨任, 恐生亂而不聽. 源子邕論裵衍不可同任, 恐致敗而不聽."

【綱】 3월에 葛榮이 北魏의 滄州를 함락하였다.

三月에 葛榮이 陷魏滄州①하다

① 北魏의 肅宗(元詡) 熙平 2년(517)에 瀛州·冀州를 나누어 滄州를 설치하고, 饒安城에 治所를 두고, 浮陽郡·樂陵郡을 관할하게 하였다.
魏肅宗熙平二年, 分瀛·冀二州置滄州, 治饒安城, 領浮陽·樂陵郡.

---

45) 管見 : 胡寅(1098~1156)의 ≪讀史管見≫을 가리킨다. 胡寅은 字가 明仲, 別稱이 致堂先生이다. 胡安國의 養子이다. 宋나라 때 유학자로, 宋 欽宗 원년(1126)에 秘書省 校書郞으로 출사하였다. 楊時에게 배웠으며, 저서로 ≪讀史管見≫ 이외에 ≪論語詳說≫, ≪斐然集≫ 등이 있다.(≪宋史≫ 〈胡寅傳〉)

【綱】 北魏의 爾朱榮이 晉陽에서 병사를 일으켜서 여름 4월에 河陽에 이르러 長樂王 元子攸를 황제로 세우고, 太后 胡氏와 幼主 元釗를 黃河에 빠뜨려 죽이고, 王公 이하 2천 명을 죽이고, 스스로 都督中外諸軍事가 되고 太原王에 봉하고서 마침내 洛陽에 들어갔다.

◑ **魏爾朱榮**이 **擧兵晉陽**하여 **夏四月**에 **至河陽**하여 **立長樂王子攸**하고 **而沈太后胡氏及幼主釗于河**하고 **殺王公以下二千人**하고 **自爲都督中外諸軍事封太原王**하여 **遂入洛陽**[46]하다

【目】 爾朱榮이 元天穆과 함께 상의하여 彭城武宣王 元勰이 忠勳이 있고, 원협의 아들 長樂王 元子攸가 평소에 아름다운 명망이 있다고 하여 그를 세워 황제로 삼으려고 하였다. 조카 爾朱天光을 보내 고하자 원자유가 허락하였다.

이주영이 銅으로 顯祖(拓拔弘)의 여러 子孫을 만들어 각각 銅像을 주조하였는데, 오직 원자유의 銅像만 완성되었다. 이주영이 마침내 병사를 일으켜서 晉陽에서 출발하니, 靈太后(胡太后)가 소식을 듣고 두려워하여 王公들을 모두 불러서 들어와 논의하게 하였는데, 宗室 大臣이 영태후가 하는 짓을 미워하여 모두 말하려 하는 자가 없었다. 영태후가 마침내 徐紇의 계책을 써서 李神軌를 보내서 군사를 거느리고 이주영을 막고 別將

46) 魏爾朱榮……遂入洛陽 : "반란〔反〕인데 '反'이라고 기록하지 않고 '군사를 일으켰다〔擧兵〕'라고 기록한 것은 어째서인가. 바로 太后가 逆賊이기 때문이다. 그러나 幼主를 물에 빠뜨리고 王公 2천 명을 죽인 데에 이르러서는 爾朱榮도 역적이다. 기록하기를 '마침내 洛陽에 들어갔다.〔遂入洛陽〕'라고 하였으니, '入'은 나쁜 말이다. 그렇다면 元釗는 태후가 임금으로 세운 것인데, 임금으로 인정하여 '幼主'라고 한 것은 어째서인가. 임금으로 인정하여 '幼主'라고 한 것은 바로 이주영을 죄주기 위한 것이다.〔反也 不書反 書擧兵 何 正太后之爲賊也 然至於沈幼主 殺王公二千人 則榮亦賊矣 書曰遂入洛陽 入 惡辭也 然則釗 太后所立也 其成之爲幼主 何 成之爲幼主 所以正罪榮也〕"《書法》

"爾朱榮에게 '反'이라고 기록하지 않은 것은 죄 있는 자를 토벌했기 때문이다. 그러나 '擧兵'이라고 기록하고 '討'라고 기록하지 않은 것은 어째서인가. 이주영은 본래 이익을 도모할 마음을 품고 大義를 빌어서 죄를 물었으니 진정으로 賊을 토벌할 뜻이 있는 것이 아니었다. 胡氏(胡太后)는 죄가 있는데도 '誅'라고 기록하지 않은 것은 이주영이 誅罰한 것을 인정하지 않은 것이다. 여러 신하들은 죄가 없지 않으나 '殺'이라고 기록한 것은 이주영이 죄 없는 사람들에게 살육을 함부로 미치게 한 것을 미워한 것이다. 北魏는 宣武帝(元恪) 이래로 政事가 날로 어긋난 데다 거듭 肅宗이 이어가서 간특한 자들이 조정에 가득하고 과거의 잘못을 이어갔으니, 크게 무너지고 극도로 피폐해지는 데 이르지 않고는 그치지 않는 것이다. 《資治通鑑綱目》의 기록을 살펴보고 魏氏(北魏)의 顚末을 고찰해보면 國家를 소유한 자는 거울로 삼을 수 있을 것이다.〔榮不書反者 討有罪也 然書擧兵 而不書討 何哉 榮本懷謀利之心 假大義以問罪 非眞有討賊之意也 胡氏有罪 而不書誅者 不予榮之誅也 諸臣不爲無罪 而書殺者 惡榮之濫及無辜也 魏自宣武以來 政事日舛 重以肅宗繼之 姦倖盈朝 覆轍相踵 不至於大壞極弊而不止 觀綱目之所書 考魏氏之顚末 有國家者 可以鑑矣〕"《發明》

鄭先護와 鄭季明으로 河橋를 지키게 하였다.

4월에 원자유가 몰래 高渚에서 황하를 건너가서 河陽에서 이주영을 만났다. 황하를 건넌 뒤에 원자유가 卽位하고 이주영을 都督中外諸軍事으로 임명하고 太原王으로 봉하였다. 정선호와 정계명이 성문을 열고 이주영의 군대를 맞아들이고 將軍 費穆 또한 항복하였다. 徐紇과 鄭儼이 모두 도망하였고 영태후는 머리를 깎고 출가하였다. 이주영이 文武百官을 불러 玉璽와 인끈을 받들고 法駕를 갖추어서 河橋에서 皇帝(孝莊帝)를 맞이하였다. 〈이주영이〉 기병을 보내 太后와 幼主를 붙잡고 河陰에 이르러 그들을 황하에 빠뜨려 죽였다.

비목이 비밀리에 이주영을 설득하여 말하기를 "公의 병사와 말이 1만 명이 넘지 않은데 멀리 洛陽을 향해 달려가니, 京師의 많은 군대와 文武百官의 강대한 세력으로 公의 虛實을 알게 된다면 경멸할 마음을 가지게 될 것입니다. 만약 크게 誅罰을 행하고서 다시 親黨을 세우지 않는다면 公께서 북쪽으로 돌아가는 날에 太行山을 지나기 전에 內亂이 일어날까 우려됩니다."라고 하였다. 이주영이 마음속으로 옳다고 생각하여 자신과 친한 慕容紹宗에게 말하기를 "낙양의 人士들을 결국 제어하기 어려울 것이니 모두 죽이고자 하는데 어떻소."라고 하니, 모용소종이 말하기를 "明公께서 義兵을 일으켜 朝廷을 깨끗하게 하셨는데 이제 무고한 많은 선비를 죽여서 天下에 명망을 잃게 되는 것은 장구한 계책이 아닙니다."라고 하였다. 이주영이 따르지 않고 陶渚에 이르러 文武百官을 거느리고 황제의 行宮 서북쪽에 모이게 하여 胡人 기병들을 배치하여 문무백관을 포위하고 〈그들을〉 꾸짖기를 天下가 어지러워지고 肅宗(元詡)이 갑자기 승하하고 조정 신하들이 貪虐한데도 바로잡아 보좌하지 못한 죄가 있다고 하였다. 이어서 기병들을 풀어 그들을 죽이니 丞相 高陽王 元雍, 司空 元欽, 儀同三司 元略 이하로 죽은 자가 2천여 명이었다.

北魏 孝莊帝

爾朱榮이 與元天穆으로 議以彭城武宣王이 有忠勳하고 其子長樂王子攸가 素有令望이라하여 欲立之하다 遣從子天光告之한대 子攸許之①하다 榮이 以銅爲顯祖諸子孫하여 各鑄像할새 唯子攸像成②이어늘 榮이 乃起兵하여 發晉陽하니 靈太后가 聞之하고 懼하여 悉召王公等入議③한대 宗室大臣이 疾太后所爲하여 皆莫肯言이어늘 太后가 乃用徐紇計하여 遣李神軌하여 帥衆拒之하고 別將鄭先護鄭季明으로 守河橋④러니 四月에 子攸가 潛自高渚渡河하여 會榮於河陽하다 濟河卽位하고 以榮爲都督中外諸軍事封太原王하니 先護季明이 開城納之⑤하고 將軍費穆이 亦降하니 徐紇鄭儼이 皆亡走하고 太后落髮出家하다 榮이 召百官하여 奉璽綬하고 備法駕하여 迎於河橋하니라 遣騎執太后及幼主하고 至河陰하여 沈之河하다 費穆이 密說(세)榮曰 公士馬가 不出萬人이어늘 長驅向洛하니 以京師之衆百官之盛으로 知公虛實이면 有輕侮心하리니 若不大行誅罰하고 更樹親黨이면 恐公還北之日에 未度太行(항)而內變이 作矣하노라 榮心然之하여 謂所親慕容紹宗曰 洛中人士를 終難制馭니 欲悉誅之하노니 何如오 紹宗이 曰 明公이 興義兵以淸朝廷이어늘 今乃無故殲夷多士하여 失天下望이 非長策也로다 榮不聽하고 至(者)〔渚〕⑥[47]하여 引百官集於行宮西北하여 列胡騎圍之하고 責以天下喪亂하고 肅宗暴崩하고 朝臣貪虐하되 不能匡弼之罪하고 因縱兵殺之하니 自丞相高陽王雍司空元欽儀同三司元略以下死者二千餘人⑦이러라

① 彭城王 元勰은 시호가 武宣이다. '忠勳'은 孝文帝(元宏)가 병에 걸렸을 때에 시중을 들고 宣武帝(元恪)를 세워서 몹시 충성하고 근면했음을 말한다.
彭城王勰, 諡武宣. 忠勳, 謂侍孝文帝疾, 立宣武帝, 備極忠勤也.

② 胡人들이 像을 주조하여 그것으로 임금을 점쳐 결정하였는데, 그 유래가 오래되었기 때문에 爾朱榮이 이를 본받은 것이다.
胡人鑄像以卜君, 其來尙矣, 故榮效之.

③ 胡太后 시호를 靈이라고 하였다.
胡太后諡曰靈.

④ 鄭先護는 鄭儼之의 從祖(6촌) 형제이다.
先護, 儼之從祖兄弟也.

⑤ 鄭先護는 평소에 敬宗(元子攸)과 잘 지냈다.
先護素與敬宗善.

⑥ ≪北史≫ 〈爾朱榮傳〉을 살펴보면 陶渚는 河陰 서북쪽 3리의 남북쪽 긴 제방의 서쪽에 있다.
案爾朱榮傳, 陶渚在河陰西北三里南北長堤之西.

⑦ 元欽은 元新成의 아들이다.
欽, 新成之子也.

---

47) (者)〔渚〕: 저본에는 '者'로 되어 있으나, ≪資治通鑑≫ 註에 의거하여 '渚'로 바로잡았다.

【目】 胡氏(胡寅)가 다음과 같이 평하였다.

"胡太后는 北魏의 罪人이므로, 爾朱榮이 그를 물에 빠뜨려 죽인 것은 합당하다. 그런데 幼主가 무슨 죄가 있기에 아울러 그를 죽였단 말인가. 북위의 여러 신하들 또한 진실로 죄가 있지만 전부 책망할 수 없다. 이주영이 신하들 중에 姦慝한 자를 죽이고 賢才를 발탁할 수 있었다면 五霸의 功을 세웠을 것이지만, 마침내 威力을 믿고서 방자하게 誅殺을 행하였으니, 그의 不仁함이 또한 심하다. 그러나 혼란한 조정에 벼슬하여 총애를 바라고 이익을 탐하는 자에게는 또한 다소 경계가 될 만하다."

胡氏曰 胡后는 魏之罪人이라 榮之沈之當矣어니와 幼主가 何罪而幷殺之邪아 魏之諸臣이 亦信有罪矣나 然非可盡責也라 榮이 能誅其姦慝而擢其賢才하니 則五伯之功을 立矣어늘 乃恃其威力하여 肆行誅殺하니 其不仁이 亦甚哉인저 雖然仕于昏亂之朝하여 懷寵耽利者에 亦可以少戒哉인저

【目】 爾朱榮이 마침내 軍士들에게 명령하여 "元氏가 이미 멸망했으니 爾朱氏가 흥성할 것이다."라고 하게 하자 모두들 萬歲을 불렀다. 이주영이 또 수십 명을 보내서 칼을 뽑아들고 行宮으로 향하게 하였다. 그들은 魏主(元子攸)의 형 無上王 元劭와 동생 始平王 元子正을 죽이고 魏主를 河橋로 옮겨서 장막의 아래에 두었다.

魏主가 근심하고 분개하여 사람을 보내 이주영에게 諭示하기를 "帝王이 번갈아 나와서 盛衰에 일정함이 없다. 지금 사방이 와해되자 將軍(이주영)이 옷소매를 떨치고 일어나서 향하는 곳마다 가로막을 자가 없다. 이는 하늘의 뜻이지 사람의 힘이 아니니, 마땅히 이때에 일찍 〈스스로 황제가 되어〉 尊號를 바로잡아야 할 것이고, 만약 北魏의 社稷을 보존하려고 한다면 또한 마땅히 다시 친하고 어진 이를 황제로 택하여 그를 보필해야 할 것이다."라고 하였다. 이때에 高歡이 이주영에게 皇帝로 칭할 것을 권하였고 측근들이 대부분 찬동하였다.

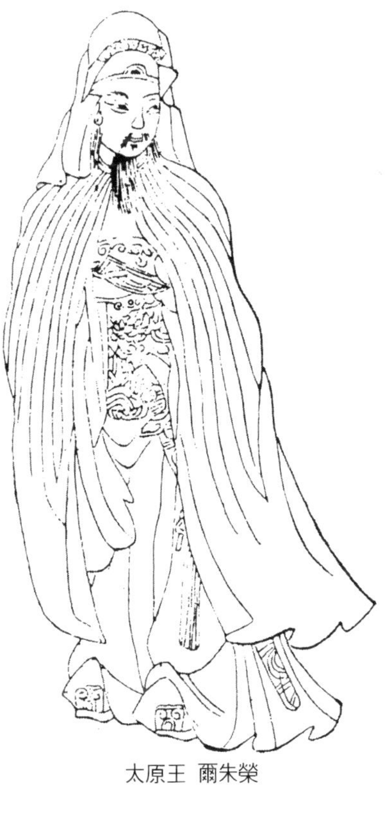

太原王 爾朱榮

賀拔岳이 나아가 말하기를 "장군께서 앞장서서 義兵을 일으켜서 간사한 역적을 제거하는 데 뜻을 두셨다가 큰 공을 세우기도 전에 갑자기 이런 모의를 하시니 곧바로 화를 자초하는 것이고 그 복은 볼 수 없을 것입니다."라고 하였다. 이주영이 마침내 자기를 모습을 금으로 주조하여 金像을 만들고자 했으나, 네 번 모두 주조하는 데 실패하였다. 參軍 劉靈助에게 명하여 길흉을 점치게 하니, 또한 "아직 〈황제가〉 될 수 없습니다."라고 하자, 이주영이 또한 精神이 황홀하여 자신을 지탱하지 못하고 쓰러졌다. 한참 있다가 막 깨어나서 스스로 깊이 후회하며 말하기를 "오직 마땅히 죽음으로 조정에 사죄할 것이다."라고 하였다.

하발악이 고환을 죽여서 천하 사람에게 사죄할 것을 청하자 측근들이 "사방에 전쟁이 많으니 반드시 武將에게 의지해야 합니다. 그를 용서하소서."라고 하니, 마침내 고환을 죽이는 것을 멈추었다. 이주영이 밤에 다시 魏主를 맞이하여 군영으로 돌아오게 하고 머리를 조아리며 죽음을 청하였다.

○榮이 乃令其軍士言호되 元氏旣滅하니 爾朱氏興이라하여 皆稱萬歲하다 榮이 又遣數十人하여 拔刀向行宮하여 殺魏主之兄無上王劭弟始平王子正하고 遷魏主於河橋하여 置之幕下①하니 魏主가 憂憤하여 使人諭榮曰 帝王迭興하여 盛衰無常이라 今四方瓦解에 將軍이 奮袂而起하여 所向無前하니 此는 天意요 非人力也라 宜以此時早正尊號요 若欲(尊)〔存〕48)魏社稷인댄 亦當更擇親賢而輔之니라 時에 高歡이 勸榮稱帝하고 左右가 多同之러니 賀拔岳이 進曰 將軍이 首擧義兵하여 志除姦逆이라가 大勳未立하여 遽有此謀하니 正可速禍요 未見其福이로다 榮이 乃自鑄金爲像호되 凡四鑄不成이라 命參軍劉靈助卜之하니 亦曰未可라한대 榮이 亦精神恍惚하여 不自支持러니 久而方寤하여 深自悔曰 唯當以死謝朝廷하리라 岳이 請殺歡以謝天下한대 左右以四方多事하니 須藉武將이라 請捨之한대 乃止하다 榮이 夜復迎魏主還營하고 叩頭請死하다

① 元劭는 彭城 武宣王 元勰의 嫡嗣(嫡子)이고 또 魏主의 형인데, 봉하여 無上王으로 삼으니, 지위가 높아 그 이상이 없음을 말한 것이다.
劭, 彭城(補)〔嫡〕49)嗣, (上)〔且〕50)魏主兄也, 封爲無上王, 言其尊無上也.

【目】爾朱榮을 따르는 胡人 기병이 조정의 인사를 죽인 것이 이미 많아 감히 洛陽에 들어

48) (尊)〔存〕: 저본에는 '尊'으로 되어 있으나, 《資治通鑑綱目》(《朱子全書》 9, 上海古籍出版社)에 의거하여 '存'으로 바로잡았다.
49) (補)〔嫡〕: 저본에는 '補'로 되어 있으나, 《資治通鑑》 註에 의거하여 '嫡'으로 바로잡았다.
50) (上)〔且〕: 저본에는 '上'으로 되어 있으나, 《資治通鑑》 註에 의거하여 '且'로 바로잡았다.

가지 못하자, 이주영이 마침내 의논하여 遷都하려고 하였다. 그의 부하 장수 汎禮가 이를 굳게 간언하자, 마침내 魏主(元子攸)를 받들고 洛陽城으로 들어가서 大赦免을 하였다.

이때에 문무백관이 모두 사라졌는데 오직 散騎常侍 山偉 한 사람만이 사면령에 拜赦하였다. 낙양성 안에 士民들이 도망하여 숨어서 당직 호위가 텅 비고 관청의 직무도 황폐해졌는데, 이주영이 마침내 사자를 보내 낙양성을 돌아보고 〈백성들을〉 위문하게 하였다. 이에 조정의 인사들이 차츰 나오고 人心이 조금 편안해졌다. 元劭의 아들 元韶를 봉하여 彭城王으로 삼았다.

이주영이 여전히 천도하는 논의를 고집하자 都官尚書 元諶이 爭辯을 하였는데, 이주영이 노하여 말하기를 "河陰의 사건[51]을 그대는 응당 알 것이다."라고 하니, 원심이 말하기를 "天下의 일을 마땅히 천하 사람들과 함께 논의해야 하니 어찌 河陰의 재앙으로 저를 위협하십니까. 저는 나라의 宗室이고 지위가 常伯에 있으니 설사 今日에 머리가 깨지고 창자가 터져 나오더라도 또한 두려울 것이 없습니다."라고 하였다. 이주영이 크게 노하여 원심을 죄로 다스리려고 하였으나 원심의 안색이 태연자약하니 마침내 놓아주었다.

며칠 후에 이주영이 魏主와 함께 높은 곳에 올라가서 낙양의 宮闕이 웅장하고 화려하며 늘어선 나무들이 줄지어 있는 것을 보고 마침내 탄식하기를 "元尙書(元諶)의 말은 바꿀 수 없도다."라고 하였다. 이로 인하여 천도의 논의를 그만두었다.

이주영이 황제를 入見하는 것을 통해서 재차 河橋의 일을 사죄하고 다시 두 마음이 없을 것을 맹세하자 魏主도 이주영의 맹세 때문에 의심하는 마음이 없다고 말하였다. 이주영이 기뻐하여 술을 청하여 마시고 깊이 잠들었다. 魏主가 그를 죽이려고 하였는데 측근들이서 안 된다고 하니, 마침내 중지하였다. 이주영이 한밤중에 비로소 깨어나서 이로부터 다시는 禁中에서 유숙하지 않았다.

이주영이 행동거지가 경박하여 말 타며 활 쏘는 것을 좋아하고 성품이 포악하고 기뻐힘과 노함에 일정함이 없으니 측근들은 항상 죽임을 당할까 근심하였다.

榮의 所從胡騎가 殺朝士既多라 不敢入洛이어늘 榮이 乃議欲遷都하다 其將汎禮가 固諫①이어늘 乃奉魏主入城하여 大赦하다 時에 百官蕩盡호되 唯散騎常侍山偉一人이 拜赦러라 洛中士民이 逃竄하여 直衛空虛하고 官守曠廢어늘 榮이 乃遣使巡城勞問하니 於是에 朝士가 稍出하고 人心이 粗

---

51) 河陰의 사건 : 이주영이 河橋에서 孝莊帝를 맞이하고, 기병을 보내 太后와 幼主를 붙잡고 河陰에 이르러 그들을 황하에 빠뜨려 죽인 사건을 말한다.

安이러라 封劭之子韶하여 爲彭城王하다 榮이 猶執遷都議어늘 都官尙書元諶이 爭之②한대 榮이 怒曰 河陰之役을 君應知之니라 諶이 曰 天下事를 當與天下論之니 奈何以河陰之酷으로 恐元諶乎아 諶은 國之宗室이요 位居常伯하니 正使今日에 碎首流腸이나 亦無所懼③로이다 榮이 大怒하여 欲抵諶罪로되 諶이 顔色自若하니 乃捨之하다 後數日에 榮이 與魏主登高하여 見宮闕壯麗하고 列樹成行(항)하고 乃歎曰 元尙書之言이 不可奪也로다 由是罷議하다 榮이 因入見하여 重謝河橋之事하고 誓言無復二心④한대 魏主가 亦爲榮誓言無疑心이라하니 榮이 喜하여 求酒飮之하고 熟寐어늘 魏主가 欲誅之한대 左右가 不可라하니 乃止러니 榮이 夜半方寤하여 自是不復宿禁中矣러라 榮이 擧止輕脫하여 喜馳射하고 性嚴暴하고 喜慍無恒하니 左右가 恒有死憂라

① 汎은 음이 凡이니 姓이다.
汎, 音凡, 姓也.

② 宋나라는 三公과 比部는 刑法을 주관하고 또 都官尙書를 두어서 軍事・刑獄을 주관하게 하였다. 元諶은 元幹의 아들이다.
宋三公・比部主刑法, 又置都官尙書, 主軍事刑獄. 諶, 幹之子也.

③ 尙書는 옛날 常伯[52]의 직임이다.
尙書, 古常伯之任.

④ 重(거듭)은 直用의 切이다.
重, 直用切.

【綱】 北魏의 徐紇이 太山으로 달아났고 鄭儼이 伏誅되었다.

魏徐紇이 奔太山하고 鄭儼이 伏誅①[53]하다

① 太山郡은 兗州에 속하였다.
太山郡,屬兗州.

【目】 鄭儼이 從兄 滎陽太守 鄭仲明과 함께 郡을 점거하고 병사를 일으킬 것을 도모하다가 部下에게 살해당하였다.

儼이 與從兄滎陽太守仲明으로 謀據郡起兵이라가 爲部下所殺하다

52) 常伯 : 周代의 벼슬 이름으로 임금의 옆에서 民事를 관리하던 대신의 관직명이다. 尙書의 별칭으로 쓰인 것이다.

53) 魏徐紇奔太山 鄭儼伏誅 : "鄭儼은 部下에게 죽임을 당했는데, '伏誅'라고 기록함은 어째서인가. 죄가 마땅히 복주해야 하기 때문이다.〔儼爲部下所殺耳 書伏誅 何 罪宜誅也〕" ≪書法≫

【綱】 北魏의 汝南王 元悅, 臨淮王 元彧, 北海王 元顥가 梁나라로 망명하였다.

魏汝南王悅臨淮王彧北海王顥가 **出奔梁**하다

【綱】 北魏의 郢州·青州·南荊州가 모두 반란하여 梁나라에 귀부하였다.

◑ **魏**郢**青南荊州**가 **皆叛**하여 **附于梁**하다

【綱】 5월에 北魏에서 肅宗(元詡)의 嬪 爾朱氏를 세워서 皇后로 삼았다.

◑ **五月**에 **魏立肅宗嬪爾朱氏**하여 **爲后**[54)]하다

【目】 爾朱榮의 딸이 이전에 肅宗의 嬪이 되었다. 이주영이 魏主(元子攸)에게 딸을 받아들여 皇后를 삼게 하려고 하였는데, 魏主가 그를 의심하였다. 黃門侍郎 祖瑩이 말하기를 "옛날에 晉 文公이 秦나라에서 피난할 적에 懷嬴이 모셨습니다. 이 일은 常道에는 위배되지만 의리에는 합치됩니다.〔反經合義〕 陛下께서 어찌 의심만 하십니까."라고 하여, 마침내 따르니, 이주영이 매우 기뻐하였다.

榮女이 **先爲肅宗嬪**이러니 **榮**이 **欲魏主納以爲后**호되 **魏主**가 **疑之**라 **黃門侍郎祖瑩**이 **曰 昔**에 **文**

54) 魏立肅宗嬪爾朱氏爲后 : "肅宗은 누구인가. 魏主(元子攸)의 숙부이다. 황후를 세우는 데에 '氏'를 기록하는 것은 일상적인데, '肅宗의 嬪을 세웠다.〔立肅宗嬪〕'라고 기록한 것은 매우 추악하게 여긴 것이다. 그렇다면 魏主를 지척하지 않은 것은 어째서인가. 이주영과 신하들을 겸하여 죄준 것이다. 황후를 세우면서 윤리를 어지럽힌 것은 《資治通鑑綱目》에서 반드시 삼가 기록하였다. 그러므로 北魏에는 '肅宗嬪'이라고 기록하고, 唐나라에서는 〈則天武后를〉 '태종의 재인〔太宗才人〕'이라고 기록하고, 閩에서는 두 번 '아버지 하녀〔父婢〕'라고 기록하고, 後晉에서는 '叔母'라고 기록하였으니, 모두 매우 추악하게 여긴 것이다.〔肅宗何 魏主其叔也 立后書氏 恒也 書曰立肅宗嬪 醜之甚矣 然則其不斥魏主 何 兼罪榮與其臣也 立后亂倫 綱目必謹書之 是故魏書肅宗嬪 唐書太宗才人 閩再書父婢 晉書叔母 皆深醜之也〕" 《書法》

"말세의 임금들은 강력한 신하에게 제어를 받아서 자신을 보전할 수 있는 자가 드물었다. 오직 處身을 禮로 하여 天命의 去取를 따른다면 자신을 보전하는 데 가까울 것이다. 爾朱氏가 이미 肅宗에게 嬪이 되었는데, 지금 長樂王(元子攸, 敬宗)이 또 爾朱榮에게 압박을 받아 그녀를 황후로 세웠으니, 진실로 禮로 자신을 지켜서 설사 끝내 재앙을 벗어나지 못하게 되더라도 요컨대 또한 바름을 얻어서 죽을 것이니 남녀 간의 구별을 어지럽히는 데에 이르지는 않을 것이다. 더구나 황후를 세우는 것은 宗廟를 계승하기 위한 것인데 母儀(어머니 규범)를 바르게 하는 데에 또다시 어찌 懷嬴으로 비유할 수 있겠는가. 곧바로 '肅宗의 嬪 이주씨를 세워서 皇后로 삼았다.'라고 기록하였으니, 이주영의 악함이 《資治通鑑綱目》에 매우 자세히 보인다.〔叔末之君 受制强臣 鮮有能自全者 惟處身以禮 以聽天命之去留 則或庶幾焉 爾朱氏既嬪于肅宗 今長樂又迫於榮而立之 苟能以禮自守 縱使終於不免 要亦得正而斃 不至亂男女之別也 況立后所以承宗廟 正母儀 又烏可以懷嬴爲比乎 直書立肅宗嬪爾朱氏爲后 其惡曉然具見於綱目矣〕" 《發明》

公이 在秦에 懷嬴이 入侍하니 事有反經合義라 陛下가 獨何疑焉이니잇고 遂從之하니 榮이 甚悅①이러라

① ≪春秋左氏傳≫ 僖公 23년에 "晉나라 世子 子圉가 秦나라에서 인질로 있을 적에 秦伯이 딸을 아내로 삼아주었다. 자어가 도망쳐 돌아가고 公子 重耳가 秦나라에 들어오자 秦伯이 다섯 딸을 중이에게 들여보냈는데 회영도 그 속에 들어 있었다." 하였다. 秦나라는 嬴氏이다. 자어는 진 문공의 동생이며 惠公의 아들이고, 시호는 懷公이다. 그러므로 〈그 아내를〉 '懷嬴'이라고 일컫은 것이다.
左傳 "晉世子圉質於秦, 秦伯以女妻之. 子圉逃歸, 公子重耳入秦, 秦伯納女五人, 懷嬴與焉." 秦, 嬴氏也. 子圉者, 文公弟, 惠公之子也. 諡懷公, 故號爲懷嬴.

【目】 胡氏(胡寅)가 다음과 같이 평하였다.

"'反經合道(常道에는 위배되나 道에는 부합함)'는 先儒가 '經'을 해석한 말로 道에 해가 되는 것이다. '反'은 위배와 같은 뜻이고 '經'은 곧 상도이다. 이미 상도에 위배되었으니 도에 합치될 수 있겠는가. 이 말이 이미 행해지고 나자 세상의 바른 이치를 어기는 자가 번번이 이것을 가지고 자신을 해명하니 道를 해치는 것이 많다.

혹자가 말하기를 '예컨대 舜임금이 〈부모께〉 고하지 않고 〈장가들었고〉, 禹임금이 아들에게 〈임금 자리를〉 전하고, 湯임금이 桀을 추방하고, 武王이 紂를 죽이고, 周公이 管叔을 죽이고, 仲尼가 아내를 쫓아냈으니, 이와 같은 것이 상도에 위배되는 것이 아닌가?'라고 하니, 말하기를 '이는 聖人이 일을 처리하는 權變이기 때문에 이것을 權이라고 말한다. 權은 저울대의 추와 같아서 추가 전진하고 물러남이 저울대에 달려 있는 물건과 輕重이 꼭 맞게 된다. 그러므로 비록 權이라도 가벼운 것을 무겁게 하지 않고 무거운 것을 가볍게 하지 않음이 마침내 經이 되는 까닭이다. 그러므로 權은 道의 가운데 처하는 것이다. 經을 이루면서 權이 있으면 道의 운용이 한이 없으니 聖人이 아니면 참여할 수 없다. 어찌 속임수를 써서 윤리를 어지럽게 함을 말하겠는가. 祖瑩의 말이 道에 어긋남이 심하다. 晉 文公의 잘못을 또 어찌 본받을 것이겠는가. 집안을 바로잡는 것은 국가를 다스리는 근본이고 초기의 정무는 난리를 다스리는 시원인데, 北魏 元子攸가 邪說에 미혹되어 분별하지 못하고 强臣을 두려워하여 바로잡지 못하였으니, 천명을 일찌감치 추락시킨 것이 여기에 있다.'라고 하였다."

胡氏曰 反經合道는 先儒가 釋經之言而道之蠹也라 反은 猶背也요 經은 卽常也니 旣已背常하니 能合道乎아 此言이 旣行에 世之違犯正理者가 輒以自解하니 其賊道가 多矣로다 或曰 如舜不告하고 禹傳子하고 湯放桀하고 武王誅紂하고 周公殺管叔하고 仲尼出妻하니 若此者가 非反經

乎아 曰 此는 聖人處事之變이라 是之謂權이니 權者는 猶衡之石焉하여 進退前却이 與所懸之物로 輕重適等이라 故雖權也而輕者를 不使之重이요 重者를 不使之輕이 乃所以爲經也라 故權者는 道之中處也니 濟經而有權則道之用이 不窮이니 非聖人不能與라 豈變詐亂倫之謂哉리오 祖瑩之言이 違道甚矣로다 晉文之失을 又何效焉가 正家者는 治國之本이요 初政者는 治亂之原이어늘 魏子攸가 惑於邪說而不能辨하고 惕於强臣而不能正하니 早墜厥命이 於是乎在矣로다

【綱】爾朱榮이 晉陽으로 돌아가서 元天穆을 侍中 錄尙書事로 삼고 領軍將軍을 겸하게 하였다.

爾朱榮이 還晉陽하여 以元天穆爲侍中錄尙書事하고 兼領軍將軍[55)]하다

【目】爾朱榮이 元天穆에게 명령하여 洛陽에 들어가서 朝廷의 중요한 관직을 모두 그의 심복으로 등용하게 하였다.

榮이 令元天穆하여 入洛陽하여 朝廷要官을 悉用其腹心爲之로다

【綱】魏主(元子攸)가 華林園에서 송사를 처리하였다.

魏主가 聽訟于華林園하다

【目】조서를 내려 "孝昌[56)] 이래로 억울함을 하소연할 곳이 없는 자를 華林園 東門에 다 모이게 하여 직접 다스리겠다."라고 하였다.

詔孝昌以來凡有寃抑無訴者를 悉集華林東門하여 親理之하다

【綱】北魏가 조서를 내려 백성이 곡식을 납부하여 관리가 되는 것을 허락하였다.

---

55) 爾朱榮還晉陽……兼領軍將軍 : "爾朱榮은 일찍이 자신을 太原王으로 봉하였는데 '太原王 榮'이라고 기록하지 않은 것은 어째서인가.(高歡이 스스로 丞相이 되었을 적에 '丞相 歡'이라고 기록한 것에 의거한 것이다.) 삭제한 것이다. 이주영이 幼主를 물에 빠뜨려 죽이고 王公들을 죽였으니 역적이므로 삭제한 것이고, 이주영의 몸이 죽을 때까지 그의 작위를 기록하지 않았다. 그렇다면 어찌하여 '魏'라고 기록하지 않았는가. '魏'를 제거한 것은 元天穆이 侍中이 됨이 이주영이 시킨 것임을 드러내기 위함이다.〔榮嘗自封太原王矣 不書太原王榮 何(據高歡自爲丞相 書丞相歡) 削之也 榮沈幼主 殺王公 則賊也 故削之 而終榮之身不書爵 然則曷爲不書魏 去魏 所以見天穆之爲侍中 榮以之也〕" ≪書法≫

56) 孝昌 : 北魏 孝明帝 元詡의 연호이다. 525년부터 528년까지 사용하였다.

魏詔聽民入粟하다

【目】 이때에 喪亂을 겪은 후여서 倉廩이 텅 비어 고갈되었다. 처음으로 조서를 내려서 곡식 8천 石을 조정에 납부한 자는 散侯[57]의 작위를 하사하고 5백 石을 조정에 납부한 자는 出身[58]을 하사하였다.

時에 承喪亂之後하여 倉廩이 虛竭이라 始詔入粟八千石者는 賜爵散侯하고 五百石者는 賜出身①하다

① 北魏 제도에 散侯는 開國侯보다 1품이 낮다.
魏制, 散侯降開國侯一品.

【綱】 梁나라가 將軍 曹義宗을 보내서 北魏의 荊州를 포위하였다.

梁이 遣將軍曹義宗하여 圍魏荊州하다

【目】 曹義宗이 북위의 荊州를 포위하여 둑을 막아 荊州城에 물을 대자 잠기지 않은 성벽이 몇 板[59]뿐이었다. 당시에 북위가 바로 환난이 많아서 구원하지 못하였다. 성중에 양식이 떨어지자 刺史 王羆가 죽을 끓여서 將士들과 함께 균등하게 먹었다. 전쟁에 나갈 때마다 갑옷과 투구를 입지 않고 하늘을 우러러 크게 부르짖으며 말하기를 "荊州城은 孝文帝(元宏)가 세우신 곳이니 하늘이 만약 國家를 돕지 않는다면 화살로 하여금 나의 이마에 맞추게 할 것이다. 그렇지 않으면 내가 반드시 적을 격파할 것이다."라고 하였다. 3년이 지나는 동안에 전후로 육박전이 매우 많았는데도 부상을 입지 않았다.

義宗이 圍魏荊州하여 堰水灌城하니 不沒者가 數板이러라 時에 魏方多難하여 不能救하다 城中이 糧盡한대 刺史王羆煮粥하여 與將士均食하고 每出戰에 不擐甲冑하여 仰天大呼曰 州城은 孝文皇帝所置①니 天若不祐國家면 令箭中王羆額이요 不爾면 王羆必當破賊이라하더니 彌歷三年에 前後搏戰甚衆호되 亦不被傷이러라

① 北魏 孝文帝 太和(477~499) 연간에 荊州에 穰城을 설치하였다.

---

57) 散侯 : 漢代 關內侯와 비슷한 작위로, 작위만 있고 봉지는 없는 것이다.

58) 出身 : 관리가 될 자격을 가리킨다.(≪資治通鑑新註≫) 여기서는 평민의 신분에서 士人으로 대우한 것을 말한다.

59) 板 : 담장의 길이나 넓이의 단위. 담을 쌓을 때 목판을 양 옆에 세워놓고 그 안에 흙을 넣어 다지는데, 한 단위가 1板이다.

魏孝文太和中置荊州於穰城.

【綱】 6월에 元彧이 梁나라에서 北魏로 돌아왔다.

六月에 元彧이 自梁歸于魏[60)]하다

【目】 元彧이 魏主(元子攸)가 황제의 자리를 계승했다는 것을 듣고 돌아가기를 요구하였는데 梁主(蕭衍)가 그의 재주를 아깝게 여겼지만 그의 요구를 거절할 수 없어서 그를 돌려보냈다.

彧이 聞魏主定位하고 求還이어늘 梁主가 惜其才而不能違하여 遣之하다

【綱】 北魏가 侍郎 高乾과 高昂을 면직시켰다.

魏가 免其侍郎高乾高昂官하다

【目】 北魏의 高乾이 동생 高敖曹·高季式과 함께 모두 자신의 목숨을 가벼이 여기고 의리를 중시하는 것을 좋아하였고 魏主(元子攸)와 오랜 친분이 있었다. 爾朱榮이 낙양으로 진격할 적에 〈그들이〉 齊州로 달아났다가 河陰의 난리를 듣고 마침내 流民을 모집하여 河水와 濟水의 사이에 병사를 일으켜 자주 州郡의 군대를 격파하였다. 이때에 와서 마침내 항복하였는데 魏主가 고건과 고오조를 모두 侍郎으로 삼았다.

이주영은 고건 형제가 전에 반란을 하였으니, 다시 近要한 관직에 두어서는 안 된다고 하자, 魏主가 마침내 관직을 해임하여 고향으로 돌아가는 것을 허락하였다. 고오조가 다시 노략질을 하였는데 이주영이 그를 유인하여 잡았다. 고오조의 이름은 昂이었는데 字로 통용되었다.

魏高乾이 與弟敖曹季式으로 皆喜輕俠하고 與魏主有舊①러니 爾朱榮之向洛也에 逃奔齊州라가 聞河陰之亂하고 遂集流民하여 起兵於河濟之間하여 頻破州軍②이러니 至是하여 乃降이어늘 魏主가 以乾及敖曹로 皆爲侍郎하다 爾朱榮이 以乾兄弟가 前爲叛亂하니 不應復居近要라한대 魏主가 乃聽解官歸하니 敖曹가 復抄掠이어늘 榮이 誘執之하다 敖曹는 名은 昂이로되 以字行하더라

60) 元彧自梁歸于魏 : "무릇 망명한 것에 대해 '歸'라고 기록한 것은 착하다는 말이다. 여전히 宗國(梁나라)을 그리워하는 마음이 있었으므로 착하게 여긴 것이다.〔凡奔書歸 善辭也 猶有宗國之心焉 故善之〕"《書法》

① 高乾은 高祐의 조카이다.
乾, 祐之從子也.
② 河·濟는 두 개의 물 이름이다.
河·濟, 二水名.

【綱】 北魏의 河間 사람 邢杲가 謀反하였다.

魏河間邢杲가 反하다

【綱】 万俟醜奴가 황제를 일컬었다.

◑ 万俟醜奴가 稱帝하다

【綱】 가을 8월에 北魏 泰山郡 太守 羊侃이 郡을 점거하고 梁나라에 투항하였다.

○ 秋八月에 魏泰山太守羊侃이 據郡降梁하다

【目】 羊侃은 그의 祖父 羊規가 일찍이 宋나라 〈高祖(劉裕) 때에〉 벼슬하였기 때문에 항상 남쪽으로 돌아가려는 뜻이 있었다. 徐紇이 양간에게 의지하였는데 양간에게 병사를 일으켜 사자를 보내서 梁나라에 항복할 것을 권하였다.

侃이 以其祖規嘗仕宋이라하여 常有南歸之志러니 徐紇이 依之어늘 勸侃起兵하여 遣使降梁하다

【綱】 9월에 葛榮이 北魏의 相州를 포위하였는데 爾朱榮이 갈영을 토벌하여 사로잡으니 冀州·定州·滄州·瀛州·殷州가 모두 평정되었다.

九月에 葛榮이 圍魏相州어늘 爾朱榮이 討擒之하니 冀定滄瀛殷이 皆平하다

【目】 葛榮이 병사를 이끌고 鄴城을 포위하였는데 무리가 백 만이라고 일컬었다. 爾朱榮이 정예 기병 7천을 거느렸는데, 말마다 副馬를 준비케 하여 길을 두 배의 속도로 행군하여 동쪽으로 滏口로 나갈 적에 侯景을 선봉으로 삼았다. 갈영이 말하기를 "이는 상대하기 쉽다."라고 하고, 鄴城에서 북쪽으로 수십 리 진을 쳐서 키 모양으로 펼쳐서 전진하였다. 爾朱榮이 군대를 산골짜기에 매복시키고 奇兵을 만들었는데 督將 이상 군관 세

사람을 나누어 파견해 한 곳에 두고 그곳마다 기병 수백을 두어서 먼지를 날리고 북을 시끄럽게 쳐서 賊에게 많은지 적은지를 헤아리지 못하게 하였다.

또 사람과 말이 육박전을 벌일 적에 칼이 몽둥이만 못하다고 하여 軍士들에게 명하여 각각 짧은 몽둥이〔袖棒〕[61] 하나를 소지하고 말 옆구리에 두게 하였다. 싸움을 할 때에 이르러서는 말을 내달리며 뒤쫓아가는 폐단이 있을까 우려하여 수급을 베는 것을 허락하지 않고 몽둥이로 치게 할 뿐이고, 씩씩하고 용감한 병사들에게 명령하여 지정하는 곳을 향해 충돌하게 하니, 호령이 엄격하고 분명하여 전사들이 함께 분발하였다.

이주영은 직접 적진을 무너뜨리고 賊의 후면으로 나가선 안팎이 협공하여 크게 적을 격파하고 갈영을 사로잡으니 나머지 무리가 다 항복하였다. 〈투항한 무리들에게〉 갈 곳을 임의로 정하게 하니, 그들의 마음이 크게 기뻐하여 수십만의 군중이 하루아침에 다 흩어졌다. 〈그들이〉 100리 밖으로 나가기를 기다려서 마침내 비로소 길을 나누어 죄인을 데리고 가서 편의에 따라 安置하고 그 우두머리를 발탁하여 재주를 헤아려 임무를 맡겼다. 갈영을 檻車로 압송하여 낙양에 도착하자 그를 참수하니, 5州가 모두 평정되었다.

예전에 宇文肱이 鮮于脩禮를 따라 戰死하니 그의 아들 宇文泰가 갈영을 따랐다. 이때에 이르러 이주영이 그의 재주를 아껴서 統軍으로 삼았다.

葛榮이 引兵圍鄴호되 衆號百萬이어늘 爾朱榮이 帥精騎七千하여 馬皆有副①하여 倍道兼行하여 東出滏口할새 以侯景爲前驅하니 葛榮이 曰 此易(이)與耳라하고 自鄴以北으로 列陳數十里하여 箕張而進②이라 爾朱榮이 潛軍山谷하고 爲奇兵호되 分督將已上三人하여 爲一處하고 處有數百騎하여 揚塵鼓譟하여 使賊不測多少하고 又以人馬逼戰에 刀不如棒이라하여 勒軍士各(置)〔齎〕[62] 袖棒一枚하여 置馬側하다 至戰時에 慮廢騰逐하여 不聽斬級하고 以棒棒之而已③요 分命壯勇하여 所向衝突하니 號令嚴明하여 戰士同奮하다 身自陷陳하여 出於賊後하여 表裏合擊大破之하고 擒葛榮하니 餘衆이 悉降하다 縱其所之하니 群情이 大喜하여 數十萬衆이 一朝盡散④이러라 待出百里之外하여 乃始分道押領하여 隨便安置하고 擢其渠帥하여 量才授任하다 檻車送葛榮하여 赴洛斬之하니 五州가 皆平하다 初에 宇文肱이 從鮮于脩禮戰死하니 其子泰가 從葛榮이러니 至是하여 爾朱榮이 愛其才하여 以爲統軍하다

① 魏收의 ≪魏書≫에 "기병 7만 명을 이끌었다." 하였다.
魏收魏書云"帥騎七萬."

61) 짧은 몽둥이〔袖棒〕 : 소매에 넣어둘만 한 작은 몽둥이를 말한다.(張大可 等 注釋, ≪新譯資治通鑑≫, 三民書局, 2017)

62) (置)〔齎〕 : 저본에는 '置'로 되어 있으나, ≪資治通鑑≫에 의거하여 '齎'로 바로잡았다.

② 陳(진지)은 陣으로 읽으니 아래도 같다. '箕張'은 키와 같은 모양으로 펼치는 것이다. 별자리의 형상에 箕宿는 다리를 펼치고 있고 翼宿는 날개를 펼치고 있다고 하는데, 箕는 별이 4개인데 아래의 2개 별은 옴츠러들어 서로 가깝고, 위의 2개 별은 활짝 펼쳐져 나열되어 앞은 넓고 뒤는 좁다. 그러므로 '箕張'이라고 한 것이다.
陳, 讀曰陣, 下同. 箕張, 如箕之張也. 列宿之象, 箕張翼舒, 箕四星, 下二星翕而相近, 上二星開張列陳, 前闊而後狹, 故曰箕張.

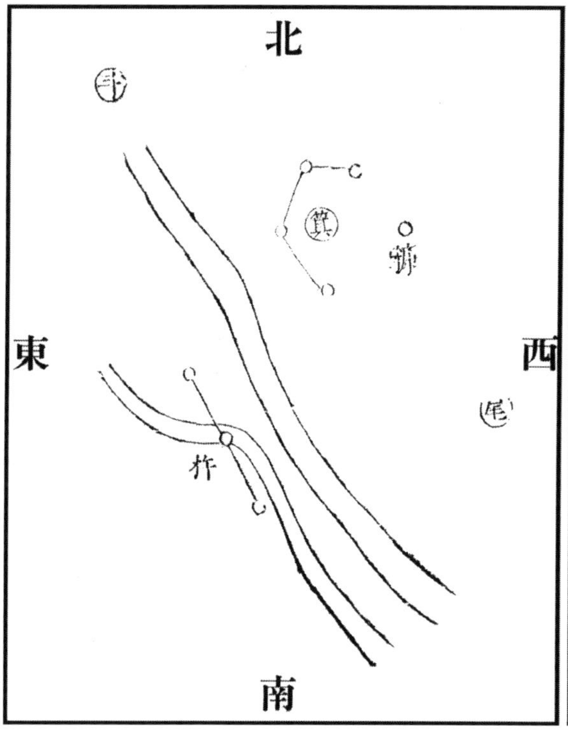

箕宿

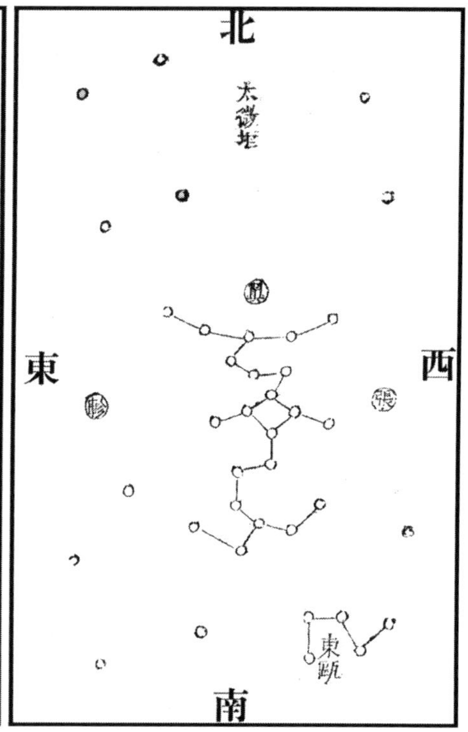

翼宿

③ '斬級'은 斬首로 功級(공의 등급)을 헤아리는 것이다. 棒은 部項의 切이며, 나무 몽둥이이다.
斬級者, 斬首以計功級. 棒, 部項切, 木杖也.

④ ≪資治通鑑≫에 "賊徒가 이미 많아서 만약 바로 분리시킨다면 그들이 의심하며 두려워하여 혹 다시 결집할까 염려되어 마침내 명령을 내려 각각 즐거워하는 바를 따라 親屬끼리 서로 따라서 머물 곳을 임의대로 하게 하니, 이에 투항한 무리들의 마음이 크게 기뻐하였다." 하였다.
通鑑"以賊徒旣衆, 若卽分割, 恐其疑懼, 或更結聚, 乃下令各從所樂, 親屬相隨, 任所居止, 於是群情大喜."

【綱】北魏 爾朱榮이 스스로 大丞相이 되었다.

魏爾朱榮이 自爲大丞相하다

【綱】겨울 10월에 梁나라가 元顥를 세워 魏王을 삼고 將軍 陳慶之를 보내 군사를 거느려서 본국(北魏)에 들여보냈다.

◑冬十月에 梁이 立元顥爲魏王하고 遣將軍陳慶之하여 將兵納之[63]하다

【綱】北魏가 將軍 費穆을 보내서 荊州를 구원하고 〈梁나라〉 曹義宗을 잡았다.

◑魏遣將軍費穆하여 救荊州하고 獲曹義宗하다

【綱】11월에 北魏가 다시 泰山郡을 빼앗으니 羊侃과 徐紇이 梁나라로 달아났다.

◑十一月에 魏가 復取泰山郡하니 羊侃徐紇奔梁하다

【目】北魏가 병사를 보내 瑕丘에서 羊侃을 공격하자, 徐紇이 양간에게 梁나라에 지원병을 요청하자고 설득하였는데, 양간이 그 말을 믿으니 서흘이 마침내 梁나라로 달아났다. 북위가 〈양간을〉 포위함을 더욱 급하게 하였고 남쪽(梁나라)의 군대는 전진하지 못하였다. 양간이 또한 포위망을 뚫고 梁나라로 달아났다. 북위가 다시 泰山郡을 점령하였다.

魏遣兵擊羊侃於瑕丘한대 徐紇이 說(세)侃乞師於梁이어늘 侃이 信之러니 紇이 遂奔梁하다 魏圍益急이요 南軍不進이라 侃이 亦潰圍奔梁하니 魏가 復取泰山하다

63) 梁立元顥爲魏王……將兵納之 : "拓跋이 비록 혼란하였으나 長樂王 元子攸(敬宗)가 이미 천자의 자리에 정식 취임하였으니 이는 그 나라에 임금이 없은 적이 없는 것이다. 梁主(蕭衍)는 마침내 元顥를 세웠고, 또 군사를 보내어 전송하였으니, 무슨 의리인가. '將軍을 보내 군사를 거느려서 본국에 들여보냈다.〔遣將軍將兵納之〕'라고 기록하였으니 '納'은 순조롭지 않은 말이다. 예컨대 ≪春秋公羊傳≫ 莊公 8년에 '魯 莊公이 齊나라를 토벌하여 糾를 들여보냈다.〔莊公伐齊納糾〕'라고 기록한 따위이니, 마치 '저쪽에서 안 받아서 이쪽에서 강제로 군사를 써서 들여보냈다.'라고 말한 것과 같다. 書法이 이와 같으니 살펴보아야 할 것이다.〔拓跋雖亂 然長樂已正尊位 是其國未嘗無君也 梁主乃立元顥 又遣兵送之 何義哉 書遣將軍將兵納之 納者 不順之詞 如春秋書莊公伐齊納糾之類 若曰彼不受而此强以兵納之謂也 書法如此 可以觀矣〕" ≪發明≫

【目】 胡氏(胡寅)가 다음과 같이 평하였다.

"임금을 시해하는 것은 천하의 大惡이니, 사람마다 똑같이 미워하는 것이며 사람마다 시해한 자를 죽일 수 있는 것이다. 徐紇이 직접 그 임금을 시해하였으니, 梁나라를 위하여 계획을 세우는 자가 그 죄를 성토하여 시장과 조정에 시체를 펼쳐두면 君臣의 의리가 밝아지고 가까운 자는 두려워하고 멀리 있는 자는 悅服할 것이다. 그런데 그를 받아들였으니 이것은 사람에게 시해와 반역을 하고도 두려워할 것이 없게 하는 것이다. 뒷날 〈梁 武帝가〉 반역한 신하에게 곤궁함을 당하여 마침내 굶어서 죽었으니, 그 재앙이 유래가 있는 것입니다."

胡氏曰 弑君은 天下之大惡이니 人人之所同惡(오)며 人人之所得殺也라 徐紇이 親弑其君하니 爲梁計者가 聲言其罪하여 肆諸市朝면 則君臣之義明이요 近者畏而遠人悅矣라 乃受而容之하니 是는 教人爲弑逆而無所懼也라 他日에 困於叛臣하여 卒餓而死하니 其禍가 有自來矣로다

【綱】 12월에 北魏 幽州 사람 韓樓가 반란을 일으켰다.

十二月에 魏幽州韓樓가 反하다

【目】 葛榮의 잔당인 韓樓가 다시 幽州를 점거하여 반란을 일으키니 북쪽 변경이 그 환난을 입었다. 爾朱榮이 賀拔勝으로 中山을 수비하게 하니 한루가 하발승을 두려워하여 감히 남쪽으로 나오지 못하였다.

葛榮餘黨韓樓가 復據幽州反하니 北邊이 被其患이라 爾朱榮이 以賀拔勝으로 鎭中山하니 樓가 畏勝不敢南出이러라

己酉年(529)

梁나라 高祖 武帝 蕭衍 中大通 원년이고 北魏 敬宗 孝莊帝 元子攸 永安 2년이다.

梁中大通元年이요 魏永安二年이라

【綱】 봄 정월에 魏主(元子攸)가 그의 아버지 元勰을 追尊하여 皇帝로 삼았다.

春正月에 魏主가 追尊其父勰하여 爲皇帝[64]하다

【目】 魏主가 彭城武宣王(元勰)을 추존하여 文穆皇帝로 삼고 廟號를 肅祖라고 하였다. 장차 神主를 太廟로 옮기고 高祖(孝文帝)를 伯考로 삼고자 하였는데, 臨淮王 元彧이 간언하기를 "東漢 光武帝는 西漢 元帝에 대해서 종족 관계가 소원하여 상복이 끊어졌는데도 도리어 자진해서 아들의 도리로 받들고 들어와 大宗을 계승하여, 〈生父〉 南頓君을 舂陵에다[65] 별도로 제사하였습니다. 하물며 肅祖는 高祖에게 친히 北面하여 신하가 된 것에 있어서겠습니까. 두 분 황후가 모두 配享될 것이니 이는 임금(元宏)과 신하(元勰)가 자리를 나란히 하는 것이고 형수(元宏皇后)와 媤叔(元勰)이 사당의 한 방에 있는 것입니다. 신은 매우 불가하다고 생각합니다."라고 하였다. 魏主가 따르지 않았다. 〈元彧이〉 '帝'를 버리고 '皇'으로 기록하자고 청했는데 또한 따르지 않았다. 이윽고 다시 〈魏主의 형인〉 無上王 元劭를 높여 '帝'로 호칭하자 원욱이 다시 간언하였으나 또한 따르지 않았다.

魏主가 尊彭城武宣王하여 爲文穆皇帝하고 廟號를 肅祖라하다 將遷神主於太廟而以高祖爲伯考어늘 臨淮王彧이 諫曰 漢光武가 於元帝에 屬疎服絶호되 猶身奉子道하고 入繼大宗하여 別祀南頓君於舂陵①이어늘 況肅祖於高祖에 親北面爲臣乎아 二后가 皆將配享이니 此爲君臣竝筵이요 嫂叔同室이라 臣切以爲不可라하노이다 不聽②하다 請去帝著皇호되 亦不聽③하니라 尋復尊無上王劭帝號어늘 彧이 又諫亦不聽하다

---

64) 魏主追尊其父勰爲皇帝 : "哀帝가 그 아버지를 추존하였는데 예절의 합당한지 여부를 논하지도 않았다. 이에 곧바로 文穆皇帝라고 일컬었으니 심한 것이다. 《資治通鑑綱目》에서는 文穆을 기록하지 않았으니 나무란 것은 皇帝라는 말에 있는 것이지 文穆이라는 말에 있는 것이 아니다.〔哀帝追尊其父 未論禮之當否 於是直稱文穆皇帝 甚矣 綱目不書文穆 譏在於皇帝 不在於文穆也〕"《書法》
"魏主가 그 아버지를 추존하였는데 예법에 합당한지 여부를 논하지도 않았다. 이때에 국운이 매우 위태로워 깃대에 매단 술이 흔들리듯 하고〔綴旒〕 전쟁이 교외에서 일어나고 강포한 신하들이 명령을 마음대로 내며 도적들이 가득하였다. 魏主는 두려운 처지에 있으면서 몸도 보전하지 못하니 영광이 어디에 있겠는가. 그런데 자기 아버지를 추존하여 영광스럽게 하였으니 자기 분수를 모름을 많이 내보인 것이다. 또 帝는 天下를 소유한 자를 일컫는데 元勰은 종신토록 北面(신하 노릇함)하다가 온당한 죽음을 얻지 못했거늘 祖宗의 昭穆에 어찌 入廟할 수 있겠는가. 魏主는 모두 이를 생각하지 않았거늘 더구나 爾朱榮은 한창 옹립한 것으로 공로를 내보이고 바로 공로를 미루어 황제의 자리를 차지하지 않았으니, 오히려 재앙을 면하지 못할까 두려워해야 하는데 어찌 지위로 즐거움을 삼아서 禮가 아닌 禮를 거행하여 위로 자기 아버지를 영광스럽게 하려고 할 것이 있겠는가. 곧바로 冊에 기록하였으니 잘못임을 알 수 있다.〔魏主追尊其父 未論禮之當否 是時國祚 危甚綴旒 戎馬在郊 强臣擅命 寇盜充斥 魏主居可畏之地 身之不保 榮於何有 乃欲追榮其父 多見其不知量也 且帝者 有天下之稱 勰終身北面 不得其死 祖宗昭穆 若何入廟 魏主皆不此之思 況爾朱方以扶立示功 正使推而弗居 猶懼不免 烏在以位爲樂 而欲擧非禮之禮 上榮其考哉 直書于冊 繆可知矣〕"《發明》 '綴旒'는 군주가 신하에게 실권을 잃거나 나라가 위태로운 것을 말한다. '旒'는 旗에 매달린 술로 아래에서 마음대로 흔들 수 있음을 뜻한다.

65) 南頓君을 舂陵에다 : 南頓君은 光武帝의 아버지로 劉欽이고, 舂陵은 縣名이다.

① 服이 袒免[66]에 이르게 되면 服이 없어지니 이것을 '服絶'이라고 말한다.
服至袒免(문)則無服, 謂之服絶.

② 筵은 자리라는 뜻이다.
筵, 席也.

③ 著(기록하다)는 則略의 切이다. '帝'를 버리고 '皇'으로 기록하자고 청한 것은 또한 漢나라 悼皇과 共皇[67]을 근거로 삼은 것이다.
著, 則略切. 請去帝著皇, 亦引漢悼皇共皇爲據.

【綱】 여름 4월에 魏王 元顥가 滎城을 함락시키고 皇帝라 칭하였다.

夏四月에 **魏王顥**가 **拔滎城**하고 **稱皇帝**[68]하다

【目】 北魏 元天穆이 군사를 거느리고 邢杲를 공격하려 할 때에 元顥의 군대가 北上한다고 하여 이에 文武 신하들을 모아놓고 의론하니 모두 말하기를 "형고의 무리가 强盛하니 마땅히 먼저 공격해야 합니다."라고 하였다. 尙書 薛琡이 말하기를 "형고는 쥐나 개처럼 물건을 훔치는 좀도둑과 같기 때문에 원대한 뜻을 가지고 있지 않고, 원호는 황실의 근친으로 와서 義擧라고 칭합니다. 그의 세력을 헤아리기 어려우니니 마땅히 먼저 그를 제거해야 합니다."라고 하였다. 원천목이 따르지 않고 병사를 이끌고 동쪽으로 나갔다.

원호가 陳慶之와 함께 빈틈을 타서 진군하여 滎城을 함락하니, 병사 7만 명을 소유하였다. 이에 〈원호가〉 마침내 睢陽城 남쪽에서 황제로 즉위하였다. 〈진경지가〉 北魏의 行臺 濟陰王 元暉業을 考城에서 공격하여 사로잡았다.

魏元天穆이 **將擊邢杲**할새 **以顥北上**이라하여 **乃集文武議之**하니 **皆曰 杲衆**이 **彊盛**하니 (官)〔宜〕[69]

---

66) 袒免 : 斬衰・齊衰・大功・小功・緦麻 등 五服 이외의 친척에 해당하는 喪服 제도이다. 免(문)은 冠을 벗고서 머리를 묶는 것이고, 袒은 윗옷의 왼쪽 소매를 벗어 초상의 격식을 드러내는 것을 말한다.

67) 悼皇과 共皇 : 漢 武帝의 맏아들 戾太子가 巫蠱를 당하여 자결하였는데 宣帝 때 悼皇으로 追封하고, 漢 哀帝가 生父를 共皇으로 추존한 일을 말한다.

68) 魏王顥拔滎城 稱皇帝 : "'스스로 즉위했다〔自立〕'라고 기록하지 않고 '일컬었다〔稱〕'라고 기록한 것은 어째서인가. 元顥가 스스로 일컬은 것을 인정하지 않은 것이다. 社稷에 주인이 있는데 원수의 국가(梁나라)에 의지하여 그 종족을 쳤으니 이것은 다툼이다. 그러므로 ≪資治通鑑綱目≫이 끝날 때까지 원호의 일신을 '魏王'이라고 일컬은 것이다.〔不書自立 書稱 何 不予顥之自稱也 社稷有主 而仗讐國以伐其宗 是爭也 故綱目終顥之身稱魏王〕" ≪書法≫

69) (官)〔宜〕 : 저본에는 '官'으로 되어 있으나, ≪資治通鑑≫에 의거하여 '宜'로 바로잡았다.

以爲先이니라 尙書薛琡曰 邢杲는 鼠竊狗偸라 非有遠志요 顥는 帝室近親이라 來稱義擧하니 其勢難測이니 宜先去之①라 天穆不聽引兵東出이어늘 顥與陳慶之로 乘虛하여 進拔榮城하니 有衆七萬이어늘 遂卽帝位於睢陽城南②하니 攻魏行臺濟陰王暉業於考城하여 擒之③하다

① 元顥는 北海王 元詳의 아들이며 魏主(元子攸)에게는 從兄弟이다.
顥, 北海王詳之子, 於魏主從兄弟也.

② 〈滎城은〉 ≪水經註≫에 "≪春秋≫의 沙隨의 땅인데, 杜預 注에 말하기를 '곧 梁國 寧陵縣 북쪽의 沙陽亭이다.' 하였다. 민간에서 堂城이라고 말한다."라고 하였다. 滎과 堂은 글자가 서로 비슷하니, 생각건대 이 땅(滎城)에 따라 〈'堂'으로〉 글자가 잘못된 것이다.
水經注 "春秋沙隨之地. 杜預注以爲'卽梁國寧陵縣北之沙陽亭.' 俗謂之堂城." 滎·堂字相近, 意卽此地而字訛也.

③ 元暉業은 元景穆의 아들이며 拓跋小新成의 曾孫이다. 前漢 때에는 梁國에 甾縣에 있었고 後漢 章帝 때에 考城이라고 이름을 고쳤으며, 陳留郡에 소속하였고, 晉나라 때에는 〈考城을〉 없앴고, 宋나라(劉宋) 때에는 濟陽郡에 소속하였다.
暉業, 景穆子, 小新成之曾孫也. 前漢梁國有甾縣, 後漢章帝更名考城, 屬陳留郡, 晉省, 宋屬濟陽郡.

【綱】 北魏 元天穆이 邢杲를 토벌하여 평정하였다.

魏元天穆이 討邢杲平之하다

【綱】 5월에 魏王 元顥가 梁國과 滎陽과 虎牢를 점령하였다.

◑ 五月에 魏王顥가 取梁國滎陽虎牢①하다

① ≪資治通鑑綱目提要≫70)에는 王이 主로 되어 있다.
提要王作主.

【目】 元顥가 梁國을 함락하니, 北魏 都督 楊昱이 滎陽을 점거하거늘 陳慶之가 그를 공격하였으나 함락하지 못하였는데, 元天穆 등이 형양에 이르렀다. 梁나라 士卒이 모두 두려워하였는데, 진경지가 안장을 풀고 말을 먹이며 將士들을 깨우치기를 "諸君들이 북위 사람들의 父兄을 죽이며 그들의 子女를 노략질한 것이 많으니, 원천목의 병사들은 모두

70) 資治通鑑綱目提要 : 朱子가 ≪資治通鑑綱目≫을 편찬할 때 사전에 만든 59권의 책을 가리키는데, 현재 전하지 않는다.

원수로 여길 것이다. 그러나 우리 병사는 겨우 7천이고 오랑캐는 병사는 30여만 명이나 되니 오늘 오직 반드시 죽을 각오로 싸워야만 마침내 살아날 수 있다. 마땅히 아직 군대가 다 도착하지 않았을 때에 빨리 성을 빼앗아 점거해야 할 것이다."라고 하고, 마침내 북을 치니 將士들이 개미 떼처럼 성벽에 붙어서 침입하여 양욱을 잡았다. 諸將들이 그를 죽이기를 청하였는데, 원호가 말하기를 "내가 듣건대 梁主(蕭衍)가 袁昂의 충성을 자주 말하였다고 하니, 지금 어찌 〈북위의 충신인〉 양욱을 죽일 수 있겠는가."라고 하였다. 조금 뒤에 원천목 등이 병사를 이끌고 형양성을 포위하였는데, 진경지가 힘써 싸워서 원천목을 격파하고 진군하여 虎牢를 함락하였다.

顥가 克梁國하니 魏都督楊昱이 據滎陽이어늘 慶之가 攻之未拔이러니 元天穆等이 至하니 梁士卒皆恐이어늘 慶之解鞍秣馬하여 諭將士曰 君等이 殺人父兄하며 掠人子女가 多矣니 天穆之衆이 皆仇讐也라 然我衆纔七千이요 虜三十餘萬이니 今日에 唯有必死라야 乃可得生이니 當及其未盡至에 急取其城而據之耳라하고 乃鼓之하니 將士가 蟻附而入하여 執楊昱하니 諸將이 請殺之①어늘 顥曰 我聞梁主가 數稱袁昂之忠이라하니 今奈何殺昱乎②리오 俄而天穆等이 引兵圍城이어늘 慶之力戰破之하고 進拔虎牢하다

① '蟻附'는 將士들이 城에 붙어서 올라가는 것이 마치 개미가 나무와 돌로 된 장벽에 붙어서 높은 곳으로 올라가는 것과 같다고 말한 것이다.
蟻附, 言將士緣城而登, 若蟻之附木石墻壁而登高然.

② 楊昱이 北魏에 항복하지 않은 것은 袁昂이 梁나라에 항복하지 않은 것과 같음을 말한다. 袁昂의 일은 齊 和帝(蕭寶融) 中興 원년(501)에 보인다.
言楊昱之不降魏, 猶袁昂之不降梁也. 袁昂事見齊和帝中興元年.

【綱】魏主 元子攸가 河內로 달아났는데 元顥가 洛陽에 들어가서 陳慶之를 車騎大將軍으로 삼았다.

魏主子攸가 奔河內어늘 顥가 入洛陽하여 以陳慶之爲車騎大將軍[71]하다

---

71) 魏主子攸奔河內……以陳慶之爲車騎大將軍 : "子攸라고 이름을 쓴 것은 어째서인가. 國都를 잃었기 때문이다.〔名子攸 何 失國也〕" ≪書法≫

"子攸라고 어째서 이름을 썼는가. 국토를 잃은 임금이기 때문이다. 하물며 이때에 元顥는 이미 '帝'를 일컬었는데 만약 곧바로 '魏主'라고 기록하면 누가 元顥이고 누가 元子攸인지 알지 못하므로 이름으로 구별했을 뿐이다. 이와 같이 하지 않는다면 어떻게 ≪資治通鑑綱目≫이 되겠는가.〔子攸何以名 失地之君也 況是時顥旣稱帝 若直書魏主 則不知其孰爲顥 孰爲子攸 故名以別之爾 不如是 何以爲綱目〕" ≪發明≫

【目】魏主 元子攸가 낙양을 떠나려고 할 적에 가야할 곳을 알지 못하였는데 혹자가 長安으로 갈 것을 권하자 中書舍人 高道穆이 말하기를 "關中이 황폐해졌으니 어찌 다시 갈 수 있겠습니까. 元顥의 병사들이 많지 않고 빈틈을 타서 깊이 들어왔으니 폐하께서 만약 친히 宿衛兵을 이끌고서 성을 등지고 한 차례 전쟁을 하시고 신들이 死力을 다하면 원호를 반드시 격파할 것입니다. 혹은 승부를 기약하기 어렵다고 우려되시면 車駕가 황하를 건너서 元天穆과 爾朱榮을 불러 병사를 이끌고 나가 토벌하게 하는 것만 못하니, 이것이 萬全의 계책입니다." 하였다. 元子攸가 마침내 河內로 달아났다.

魏主子攸가 將出에 未知所之어늘 或이 勸之長安한대 中書舍人高道穆이 曰 關中이 荒殘하니 何可復往이리오 顥兵이 不多하고 乘虛深入하니 陛下가 若親帥宿衛하여 背城一戰하시고 臣等이 竭其死力하면 破顥必矣니이다 或恐勝負難期면 則車駕가 不若渡河하여 徵天穆及榮하여 引兵進討니 此가 萬全之策也니이다 子攸가 遂走河內하다

【目】臨淮王 元彧과 安豐王 元延明이 백관을 거느리고 魏主 元顥를 맞이하였다. 원호가 洛陽에 들어가서 陳慶之를 車騎大將軍으로 삼았다. 楊椿이 당시에 낙양에 있었는데, 원호가 마음에 그를 꺼렸으나 인망이 있었기 때문에 감히 죽이지는 못하였다. 혹자가 양춘에게 도망칠 것을 권하였으나 양춘이 말하기를 "내가 어디로 도망치겠는가. 바로 앉아서 天命을 기다릴 뿐이다."라고 하였다.

元天穆이 大梁城을 빼앗았는데, 원호가 진경지에게 공격하게 하였다. 원천목이 장차 북쪽으로 달아나려고 하니, 郎中 溫子昇이 말하기를 "원호가 막 낙양에 들어와서 人情이 편안하지 못하니 그를 공격하면 반드시 이길 것입니다. 京邑(낙양)을 평정하여 大駕를 받들어 맞이하는 것은 齊 桓公과 晉 文公[72]이 거행한 일입니다. 이곳을 버리고 북쪽으로 황하를 건너가려고 하니 저으기 大王을 위하여 이를 애석하게 여깁니다."라고 하였는데, 원천목이 그 계책을 쓰지 않았다.

〈北魏의〉 費穆이 虎牢關을 공격하여 함락시킬 지경에 이르렀을 때 원천목이 달아났다는 소식을 듣고 마침내 〈진경지에게〉 항복하였다. 진경지는 大梁城으로 진격하여 함락시켰다. 진경지는 수천 군사를 데리고 銍縣에서 출발하여 낙양에 이르기까지 모두 32개의 성을 빼앗고 47번을 싸웠는데 향하는 곳마다 모두 이겼다.

원호가 黃門郎 祖瑩에게 명하여 편지를 써서 원자유에게 보내기를 "朕이 울면서 梁朝

72) 齊 桓公과 晉 文公 : 두 나라 군주는 春秋時代에 霸業을 이룩하였다.

에 병사를 출동해줄 것을 청했던 것은 맹세코 치욕을 갚는 데에 있소. 바로 爾朱榮에게 죄를 묻고 卿을 호랑이 아가리에서 꺼내려고 했을 뿐이오."라고 하였다. 황하 남쪽의 州郡이 대부분 원호에게 귀부하였다. 齊州刺史 沛郡王 元欣이 문무 관리들을 모아서 어디를 따를지 의론하였는데, 軍司 崔光韶가 큰 소리로 말하기를 "원호가 梁나라에게 지휘를 받고 怨讐의 병사를 이끌고서 宗國(북위)을 전복하려고 하였으니 이것은 북위의 賊臣亂子입니다. 어찌 大王의 집안일로만 이를 갈아 원망할 뿐이겠습니까. 저 下官 등은 모두 조정의 돌봄을 받았으니 감히 우러러 〈대왕께서 원호에게 투항한다는 말을〉 따르지 못하겠습니다."라고 하자, 무리들이 모두 옳다고 하였다. 원흔이 마침내 원호가 보낸 사자의 목을 베었다.

臨淮王彧安豐王延明이 帥百僚迎魏主顥어늘 顥가 入洛陽하여 以慶之로 爲車騎大將軍하다 楊椿이 時在洛陽하니 顥가 意忌之호되 以其人望으로 未敢誅也러니 或이 勸椿出亡한대 椿曰 吾何所逃리오 正當坐待天命耳라하다 元天穆이 拔大梁이어늘 顥가 使慶之로 擊之①하다 天穆이 將北走러니 郎中溫子昇이 曰 顥가 新入하여 人情이 未安하니 擊之必克이라 平定京邑하여 奉迎大駕가 桓文之擧也어늘 捨此北渡하니 竊爲大王惜之하노이다 天穆이 不能用②이러라 費穆이 攻虎牢將拔이러니 聞天穆이 走하고 遂降이어늘 慶之가 進擊大梁下之하다 慶之가 以數千之衆으로 自發銍縣至洛陽히 凡取三十二城하고 四十七戰에 所向皆克③이러라 顥가 命黃門郎祖瑩하여 作書遺子攸曰 朕이 泣請梁朝는 誓在復恥하니 正欲問罪於爾朱요 出卿於虎口耳라하더라 河南州郡이 多附於顥하니 齊州刺史沛郡王欣이 集文武議所從④이어늘 軍司崔光韶가 抗言曰⑤ 元顥가 受制於梁하여 引寇讐之兵하여 以覆宗國하니 此는 魏之賊臣亂子也라 豈唯大王家事所宜切齒리오 下官等이 皆荷朝眷하니 未敢仰從이라한대 衆皆是之어늘 欣이 乃斬顥使⑥하다

① 大梁은 곧 陳留 浚儀縣이다.
大梁, 卽陳留浚儀縣.

② 지난해에 北魏가 元天穆을 太尉로 삼고 上黨王의 爵位를 하사하였다.
上年魏以天穆爲太尉賜爵上黨王.

③ 銍은 作乙의 切이다. 銍縣은 漢나라 때에는 沛郡에 소속하였고, 魏나라(曹魏)와 晉나라 때에는 譙郡에 소속하였다. 지난해에 元顥가 北魏 銍城을 습격하여 점거하였다.
銍, 作乙切. 銍縣, 漢屬沛郡, 魏晉屬譙郡. 上年元顥襲魏銍城而據之.

④ 元欣은 元羽의 아들이다.
欣, 羽之子也.

⑤ 崔光韶는 崔亮의 사촌 아우이다.
光韶, 亮之從父弟也.

⑥ '朝眷'은 조정의 은혜와 돌봄을 받은 것을 말한다.
朝眷, 謂朝廷恩眷也.

【綱】 6월에 北魏 都督 費穆이 伏誅되었다.

六月에 魏都督費穆이 伏誅[73)]하다

【目】 費穆이 洛陽에 이르니 魏主 元顥가 河陰의 일을 문책하여 費穆을 죽였다.

穆이 至洛陽하니 魏主顥가 責以河陰之事而殺之[①]하다

① 費穆이 爾朱榮에게 권하여 王公들을 죽이게 했었다.
穆勸爾朱榮殺王公.

【綱】 北魏의 湖陽이 반란하여 梁나라에 항복하였다.

魏湖陽이 叛降于梁[①]하다

① ≪五代志≫에 보면 春陵郡 湖陽縣은 北魏 때에 西淮安郡과 南襄州에 설치하였다.
五代志, 春陵郡湖陽縣, 後魏置西淮安郡及南襄州.

【綱】 윤6월에 北魏의 爾朱榮이 黃河를 건너니, 魏王 元顥가 달아나다가 죽었고 陳慶之가 달아나서 梁나라로 돌아갔다. 魏主 元子攸가 洛陽으로 돌아오니 이주영이 스스로 天柱大將軍이 되었다.

◑ 閏月에 魏爾朱榮이 渡河하니 魏王顥가 走死하고 陳慶之走歸梁이어늘 魏主子攸가 歸洛陽하니 榮이 自爲天柱大將軍[①74)]하다

① ≪資治通鑑綱目提要≫에는 王이 主로 되어 있다.

---

73) 魏都督費穆伏誅 : "費穆을 주살한 것은 元顥이다. 원호는 帝가 된 것을 인정하지 않았는데 어찌하여 '誅'라고 기록하였는가. 河陰의 일은 비목이 爾朱榮을 도와서 학살을 하였으니 이 또한 역적일 뿐이다. 역적은 사람마다 주살할 수 있는 것이다.〔誅穆者 顥也 不成顥之爲帝 則曷爲以誅書 河陰之役 穆助榮爲虐 是亦賊而已矣 逆賊 人得而誅之〕" ≪書法≫

74) 魏爾朱榮……榮自爲天柱大將軍 : "元顥는 임금이 되지 못해서 또한 魏王으로 기록하였으니, 元顥는 진실로 元子攸의 부류이다. 만일 원호가 성공한다면 한 명의 원자유이고, 원자유가 성공하지 못한다면 또한 한 명의 원호일 뿐이다. 대등하게 기록하였으니 어찌 지나친 것이겠는가.〔顥未成乎君 而亦以魏王書之 顥固子攸之類也 使顥有成 則一子攸 子攸無成 亦一顥爾 等而書之 夫豈過哉〕" ≪發明≫

提要, 王作主.

【目】魏主 元子攸가 洛陽을 떠날 때에 單騎로 가니 侍衛와 後宮은 예전처럼 편안하게 있었다. 원호가 하루아침에 낙양을 얻고 號令이 자기에게서 나오자 사방의 백성들은 美風의 정치를 하리라고 생각하였다. 그러나 원호는 갑자기 교만하고 나태해져서 원호를 가까이 모시는 소인들이 정치에 관여하였고 밤낮으로 술을 방종히 마시며 軍國의 사무를 걱정하지 않았다. 따라온 南兵(梁나라 군사)들이 市街와 마을 사람들을 능멸하며 포악하게 구니 朝野가 실망하였다.

高子儒는 낙양에서부터 원자유를 따랐다. 원자유가 묻자 고자유가 말하기를 "원호의 패배가 아침저녁 사이에 있을 것이니 걱정거리가 못 됩니다."라고 하였다. 爾朱榮이 말을 달려 長子에서 원자유를 알현하였다. 원자유가 그날로 남쪽으로 돌아갈 적에 이주영이 선봉이 되니, 열흘 사이에 병사들이 크게 모였다.

원호가 뜻을 이루고 나자 臨淮王 元彧과 安豐王 元延明과 함께 梁나라를 배반할 것을 도모했는데, 병란이 아직 평정되지 못하였다 하여 陳慶之의 兵力에 의지하였다. 그러므로 겉으론 함께 하였지만 속으로는 다른 생각을 하여 猜忌하는 말이 많았다.

진경지 역시 은밀하게 그들을 방비하며 원호를 설득하기를 "지금 〈梁나라에서부터〉 멀리 와서 이곳 낙양에 이르렀기 때문에 승복하지 않는 자가 여전히 많습니다. 저들이 만약 우리의 虛實을 알아 병사들을 연합하여 사방에서 모여들면 장차 어떻게 막을 수 있겠습니까. 마땅히 다시 양나라에 병사를 청구해야 합니다."라고 하니, 원호가 그의 말을 따르려고 하였는데, 원연명이 말하기를 "진경지의 병사들을 이미 제압하기 어려운데 지금 다시 병사를 더해주면 어찌 다시 남에게 부림을 받으려고 하겠습니까. 大權이 한 번 떠나면 일거일동이 남에게서 결정되니, 北魏의 宗廟가 여기에서 무너질 것입니다."라고 하였다. 원호가 결국 진경지의 말을 듣지 않자, 軍副將 馬佛念이 진경지에게 말하기를 "장군께서 공이 높고 세력이 중하여 魏나라(원호)에게 의심을 받고 있습니다. 하루아침에 예측할 수 없는 변고가 생기면 근심이 없을 수 있겠습니까. 방비가 없는 틈을 타서 원호를 죽이고 낙양을 점거하는 것만 못하니, 이것은 천 년에 한 번 오는 기회입니다."라고 하였으나 진경지가 따르지 않았다.

원호가 이전에 진경지를 徐州刺史로 삼았는데, 진경지가 서주로 가서 鎭守할 것을 굳게 요구하였다. 원호가 마음속으로 그를 꺼려서 서주로 보내지 않았다.

魏主子攸之出也에 單騎而去하니 侍衛後宮이 按堵如故라 顥가 一旦得之하여 號令已出하니 四方이 想其風政이라 而顥遽驕怠하여 近習이 干政하고 日夜縱酒하여 不恤軍國하다 所從南兵이 陵暴市里하니 朝野失望이러라 高子儒가 自洛陽出從子攸①러니 子攸가 問之한대 子儒曰 顥가 敗在旦夕하리니 不足憂也니이다 爾朱榮이 馳見子攸於長子한대 子攸가 卽日南還할새 榮이 爲前驅하니 旬日之間에 兵衆이 大集②이러라 顥가 旣得志에 與臨淮王彧安豐王延明으로 謀叛梁호되 以事難未平이라하여 藉陳慶之兵力이라 故外同內異하여 言多猜忌③하다 慶之亦密爲之備하여 說(세)顥曰 今遠來至此하여 未服者가 尙多하니 彼若知吾虛實하여 連兵四合하면 將何以禦之리오 宜更請兵於梁이니이다 顥欲從之러니 延明이 曰 慶之兵已難制어늘 今更增其衆이면 寧肯復爲人用乎아 大權이 一去에 動息이 由人이니 魏之宗廟가 於斯墜矣리라 顥가 乃不用慶之言한대 軍副馬佛念이 謂慶之曰④ 將軍이 功高勢重하여 爲魏所疑하고 一旦變生不測이면 可無慮乎아 不若乘其無備하여 殺顥據洛이니 此千載一時也라한대 慶之不從하다 顥가 先以慶之爲徐州刺史하니 慶之固求之鎭이어늘 顥가 心憚之하여 不遣이러라

① 高子儒는 高道穆의 형이다.
子儒, 道穆兄也.
② 爾朱榮이 이르고 나자 魏主(元子攸)는 의지하는 곳이 있어 元顥를 공격하였으므로 그날 남쪽으로 돌아간 것이다.
爾朱榮旣至, 魏主有所倚以攻顥, 故卽日南還.
③ 難(난리)은 乃旦의 切이다.
難, 乃旦切.
④ 무릇 1軍에는 主將이 있고 副將이 있다.
凡一軍有主有副.

【目】 爾朱榮의 병사가 도착할 때에 陳慶之는 北中城을 지키고 元顥는 南岸을 점거하였다. 진경지가 3일에 11번을 싸워서 자기의 군사들 중에 죽거나 상한 자가 매우 많았다. 夏州 義士들이 원호를 위하여 河中渚를 지키고 있다가 이주영과 내통하여 河橋를 파괴하여 공을 세울 것을 이주영에게 청하였다. 그러나 河橋을 파괴할 때에 미쳐 이주영의 병사가 도착하지 못하니, 원호는 하교를 파괴한 자들을 모두 죽였다.

이에 이주영은 이미 失望을 하였고 또 배가 없었기 때문에 북쪽으로 돌아갈 것을 의논하고 후일에 병사를 일으킬 것을 도모하였는데, 黃門郎 楊侃이 말하기를 "大王께서 幷州를 출발하는 날에 이미 夏州 義士들이 밀모하여 와서 내응할 것을 알았단 말입니

까. 經略을 널리 펴서 帝室을 바르게 회복하고자 한 것입니다. 병사를 쓸 적에 어찌 〈병사들이〉 흩어지면 다시 결집하고서 상처가 나으면 다시 싸우게 한 적이 없단 말입니까. 더구나 지금은 손실된 것이 없는데, 어찌 한 가지 일이 순조롭지 않다고 해서 여러 모책을 갑자기 폐기할 수 있겠습니까. 지금 사방의 백성들이 우러러보며 公의 이러한 거사를 주목하고 있습니다. 만약 아직 공을 이루지 못한 상태에서 갑자기 군사를 이끌고 다시 돌아가면 민심이 실망하여 제각기 떠날 뜻을 품을 것이니, 승부의 소재를 알 수 없습니다. 뗏목을 많이 만들고 그 사이에 배를 써서 수백 리 안에 모두 〈황하를〉 건너갈 형세를 만드는 것만 못하니, 원호에게 막을 곳을 알지 못하게 하다가 하루아침에 건너가면 반드시 큰 공을 세우게 될 것입니다."라고 하였다. 高道穆이 말하기를 "지금 만약 북쪽으로 돌아가서 원호에게 다시 병사들을 불러들여 완전하게 모이게 한다면 새끼 뱀을 길러 뱀을 만들게 되어 後悔莫及하게 될 것입니다."라고 하였다. 이주영이 마침내 爾朱兆에게 賀拔勝과 함께 뗏목을 묶어 타고 밤에 황하를 건너가게 하였다.

원호는 군대가 무너져 근거지를 잃어 휘하들을 데리고 남쪽으로 달아났다. 진경지가 무리를 거두어 軍陣을 결성하여 돌아갔다. 이주영이 그를 추격하니 진경지의 군사가 죽고 흩어져 거의 전멸하였다. 이에 〈진경지는〉 머리와 수염을 깎고 沙門이 되어 샛길을 통해 建康으로 돌아갔다. 中軍大都督 楊津이 殿中에 들어가 숙직하여 宮庭을 청소하고 府庫를 봉쇄하고, 魏主 元子攸를 北邙으로 나가 맞이하고서 謝罪하며 눈물을 흘렸다. 원자유가 마침내 洛陽에 들어와서 이주영에게 天柱大將軍을 더해주었다. 원호가 臨潁縣에 도착하여 사람에게 죽임을 당하였다. 元彧이 다시 스스로 魏主(원자유)에게 돌아갔고, 元延明이 梁나라로 달아났다.

진경지가 북위에서 양나라로 돌아왔을 적에 특별히 北人을 중시하였는데 朱异가 그 이유를 묻자 〈진경지가〉 말하기를 "내가 처음에는 大江 이북이 모두 戎狄의 고을이라고 생각했는데 洛陽에 이르고 나서 마침내 衣冠과 人物이 江東에서 미칠 수 있는 것이 아니라는 것을 알았다. 어찌 그들을 경시하겠는가."라고 하였다.

爾朱榮兵至에 慶之는 守北中城하고 顥는 據南岸①하다 慶之三日十一戰에 殺傷이 甚衆이러라 有夏州義士가 爲顥守河中渚라가 與榮通謀하여 求破橋立效②러니 及橋破而榮兵이 不至라 顥悉屠之하니 榮既失望이요 又以無船으로 議還北하여 圖後擧어늘 黃門郎楊侃이 曰 大王이 發并州之日에 已知夏州義士之謀指來應之邪아 爲欲廣施經略하여 匡復帝室也라 夫用兵者가 何嘗不散而更合하며 瘡愈更戰이리오 況今未有所損하니 豈可以一事不諧而衆謀頓廢乎아 今四方顒顒하여 視公

此擧③하니 若未有所成하여 遽復引歸면 民情失望하여 各懷去就하리니 勝負所在를 未可知也라 不若多爲桴筏하고 間以舟楫하여 數百里中에 皆爲渡勢하여 使顥不知所防이라가 一旦得渡하면 必立大功④하리라 高道穆이 曰 今若北歸하여 使顥復得徵兵完聚면 養虺成蛇하여 悔無及矣⑤라 榮이 乃使爾朱兆로 與賀拔勝縛筏夜渡⑥하니 顥가 軍潰失據하여 帥(솔)麾下南走어늘 慶之收衆하여 結陳而還이러니 榮이 追之하니 慶之軍士가 死散略盡이라 乃削須髮爲沙門하여 間行還建康하다 中軍大都督楊津이 入宿殿中하여 洒掃宮庭하고 封閉府庫하고 出迎魏主子攸於北邙하여 流涕謝罪하니 子攸가 遂入洛陽하여 加榮天柱大將軍⑦하다 顥가 至臨潁하여 爲人所殺⑧하니 彧이 復自歸於魏主하고 延明이 奔梁하다 慶之自魏還에 特重北人이어늘 朱异問之⑨한대 曰 吾가 始以爲大江以北이 皆戎狄之鄕이어늘 比至洛陽에 乃知衣冠人物이 非江東所及也라 奈何輕之리오

①〈南岸은〉 河橋의 남쪽 언덕이다.
河橋南岸也.

②《水經注》에 "河中渚 위에 河平侯祠가 있고, 황하의 남쪽 연안에 하나의 비석이 있는데 쓰기를 '洛陽의 북쪽 경계이다.' 하였다." 하였다. 생각하건대 이 中渚는 바로 唐나라 시대에 河陽의 中潬城인 듯하다.
水經注曰"河中渚上有河平侯祠, 河之南岸有一碑, 題曰'洛陽北界.'" 意此中渚, 卽唐時河陽之中潬城也.

③'顒顒'은 우러러 바라보는 것이다. 뜻은 喁喁과 같다.
顒顒, 仰望也. 義與喁喁同.

④ 작은 뗏목을 桴라고 하고, 큰 뗏목을 筏이라고 한다. 두 가지는 모두 대나무와 나무를 엮어서 만들어 江河에 띄워 물건을 운반하는 것이다.
小曰桴, 大曰筏. 二者, 皆編竹木以浮江河而運物者.

筏

⑤ 逸書에 "새끼 뱀 때 죽이지 않으면, 큰 뱀이 되었을 때는 어떻게 하겠는가."라고 하였으니, 글의 뜻으로 본다면 '虺'를 작은 뱀으로 여긴 것이다.
逸書曰 "爲虺不摧, 爲蛇柰何." 以文義觀之, 蓋以虺爲小蛇.

⑥ 爾朱兆는 爾朱榮의 조카이다.
兆, 榮之從子也.

⑦ 天柱는 이전에 이런 호칭이 없었는데, 魏主가 爾朱榮의 공이 높은 것으로 해서 특별히 이 관직을 설치하여 총애한 것이다.
天柱, 前無此號, 魏主以爾朱榮功高, 特置以寵之.

⑧ 臨潁縣은 漢나라 이래로 潁川郡에 속하였다.
臨潁縣, 自漢以來屬潁川郡.

⑨ 弃는 음이 異이다.
弃, 音異.

思政殿訓義 資治通鑑綱目 제31권 하

-梁 武帝 中大通 원년(529)~梁 武帝 中大通 4년(532)-

【綱】가을 7월에 北魏가 高道穆을 中尉로 삼았다.

秋七月에 魏以高道穆爲中尉하다

【目】魏主(元子攸)의 손윗누이 壽陽公主가 길을 가다가 淸路[1]를 범하자 高道穆이 그의 수레를 쳐서 부숴버렸다. 수양공주가 울면서 황제에게 호소하자 魏主가 말하기를 "中尉가 청렴하고 강직하니 어찌 사사로이 그를 문책할 수 있겠는가."라고 하였다. 고도목이 魏主를 뵈었는데 魏主가 그를 위로하자 고도목이 관을 벗고 사죄를 하니, 魏主가 말하기를 "朕이 卿에게 부끄럽다. 경이 어찌 사죄를 하는가."라고 하였다.

魏主之姊壽陽公主가 行犯淸路어늘 道穆이 擊破其車하니 公主가 泣訴之한대 魏主가 曰 中尉淸直하니 豈可以私責之리오 道穆이 見魏主어늘 魏主가 勞之한대 道穆이 免冠謝하니 魏主가 曰 朕愧卿이라 卿何謝也오하더라

【綱】北魏가 처음으로 永安五銖錢을 주조하였다.

魏가 始鑄永安五銖錢하다

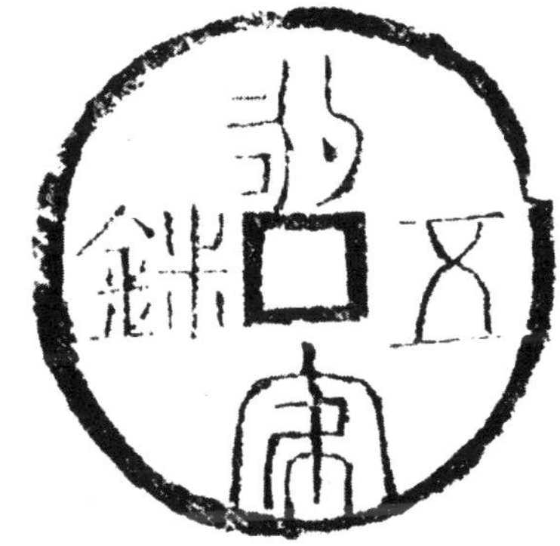

永安五銖錢

【目】北魏에 細錢이 많으니 쌀 한 말의 가치가 거의 千錢이었다. 高道穆이 表를 올리기를 "시장에서 81錢을 주면 銅 1斤을 살 수 있어서 사사로이 薄錢을 주조하니 銅 1斤으로 2백 개의 錢을 만들고도 남습니다. 이미 동전 주조에 많은 이익을 보여주고 동전 주조에 따라서 무거운 형벌을 내리니, 죄에 저촉된 사람이 비록

1) 淸路 : 임금의 행차 때 청소한 御路를 말한다.

많지만 간사하게 주조하는 것이 더욱 많습니다. 지금 동전에 다만 五銖의 문양이 있지만 실제 무게는 2銖도 못 되어서 돈을 물 위에 올려놓았을 때 거의 가라앉지 않으니, 이는 바로 조정의 법률로 방비한 것이 엄격하지 않은 잘못입니다. 마땅히 大錢으로 바꾸어 주조하되 銅 1斤에 70개를 만들고 동전의 문양에 年號를 기재하여 그 시작을 기록한다면 사적으로 주조한 것이 이윤이 없어서 저절로 없어질 것입니다."라고 하였다.

楊侃 역시 조정에 청하여 관청과 백성이 모두 돈을 주조함을 허락해주어 백성들에게 돈을 기꺼이 만들게 하여 폐단이 스스로 고쳐지게 하자고 하자, 이들의 말을 따랐다.

魏多細錢하니 米斗에 幾直(치)千[①]이라 高道穆이 上表曰 在市八十一錢에 得銅一斤하여 私造薄錢하니 斤贏二百[②]이라 旣示之以深利하고 又隨之以重刑하니 抵罪雖多나 姦鑄彌衆이라 今錢이 徒有五銖之文而無二銖之實하여 置之水上에 殆欲不沈하니 此乃朝廷科防不切之過也라 宜改鑄大錢一斤七十하고 文載年號以記其始하면 則私鑄가 無利而自息矣[③]리이다 楊侃이 亦乞聽官民竝鑄하여 使民樂爲而弊自改한대 從之하다

① 幾는 가깝다는 뜻이다.
幾, 近也.
② 銅 1斤으로 薄錢 2백 개를 주조하고도 남는 것을 말한다.
言銅一斤造薄錢二百而贏也.
③ '一斤七十'은 1斤으로 만드는 것이 다만 70錢임을 말한다.
一斤七十, 謂一斤所成止七十錢.

【綱】北魏 巴州가 반란하여 梁나라에 귀부하였다.

魏巴州叛附于梁하다

【目】예전에 北魏는 梁州와 益州가 외지고 먼 곳이라 하여 다시 巴州를 설립하여 여러 獠族을 통솔하게 하였다. 모두 20여만 戶였기 때문에 巴人의 酋長 嚴始欣을 刺史로 삼았다. 엄시흔이 탐욕스럽고 포학하니 여러 요족들이 배반하여 파주성을 포위하였다. 行臺 魏子建이 그들을 어루만져 깨우치자 마침내 〈포위를 풀고〉 흩어졌다. 엄시흔이 죄를 얻을까 두려워하여 은밀하게 梁나라에 항복을 청하였는데 위자건이 엄시흔을 가두었다.

이윽고 北魏가 〈梁州刺史〉 傅豎眼을 行臺로 삼았는데, 부수안이 처음 梁州에 부임하였을 적에 양주 사람이 서로 축하를 하였다. 그런데 얼마 후 부수안이 병이 들었다. 그

의 아들 傅敬紹가 사치하고 음란하여 탐욕스럽고 포학하니 엄시흔이 부경소에게 뇌물을 주고 파주로 돌아가게 되어 마침내 양나라에 항복하였다. 부경소가 은밀하게 南鄭을 점거할 뜻을 가지고 있어서 산중의 주민들을 유인하여 梁州城을 포위하게 하고서 內應하려고 하였다. 양주성을 포위하였는데 부경소의 음모가 누설되어 〈양주성의〉 將士들이 부경소를 잡아 죽였다. 부수안이 부끄럽고 분노하다가 卒하였다.

初에 魏以梁益荒遠이라하여 更立巴州하여 以統諸獠하니 凡二十餘萬戶라 以巴酋嚴始欣爲刺史①러라 始欣이 貪暴하니 諸獠反圍城하다 行臺魏子建이 撫諭之한대 乃散하다 始欣이 恐獲罪하여 陰請降梁이어늘 子建囚始欣하다 旣而魏以傅豎眼爲行臺하니 豎眼이 初至에 州人相賀러니 旣而病하다 其子敬紹가 奢淫貪暴하니 始欣이 賂敬紹得還巴州하여 遂降于梁하다 敬紹가 陰有保據南鄭之志하여 誘山民圍城하여 欲爲內應이러니 圍合而謀泄하여 將士가 殺之하니 豎眼이 恥恚而卒하다

① '巴酋'는 巴人의 酋長이다.
巴酋, 巴人之酋長也.

【綱】 8월에 北魏 太保 楊椿이 사직하였다.

八月에 魏太保楊椿이 致仕[2]하다

【綱】 9월에 梁主(蕭衍)가 同泰寺에서 捨身하였다.

◑ 九月에 梁主가 捨身於同泰寺[3]하다

【目】 梁主(蕭衍)가 同泰寺에 행차하여 大會를 설행할 적에 御服을 벗고 法衣를 입고 淸淨大捨[4]의 의식을 행하여 밥을 먹을 때 소박한 상과 질그릇을 사용하며 小車를 타고

---

2) 魏太保楊椿致仕 : "楊椿은 정미년(527)부터 都督에서 해직되기를 요구한 것이 지금에 3년째이다. 첫 번째는 爾朱榮의 혹독함에서 벗어났고, 두 번째는 북위 元顥의 꺼림에서 벗어났다. 이때에 이른 뒤에 사직하였는데 그것을 기록한 것은 위태롭게 여긴 것이다. 그리하여 끝내 爾朱世隆이 모함해 죽이는 데에서 벗어나지 못했으니 亂世에 살아가기가 어려운 것이로다.〔椿自丁未求解都督 於今三年矣 一免於爾朱之酷 再免於魏顥之忌 於是而後致仕 書 危之也 而卒不免世隆之誣殺 生於亂世 難矣哉〕" ≪書法≫

3) 梁主捨身於同泰寺 : "梁主가 재차 捨身하였다. 이때에 ≪涅槃經≫을 친히 강의하였거늘 어찌하여 기록하지 않았는가. 그 중요한 것을 기록하면 나머지는 생략해도 된다.〔梁主再捨身矣 於是親講涅槃經 曷爲不書 書其重者 則餘者略之可也〕" ≪書法≫

4) 大捨 : ≪釋氏語錄≫에 "三捨는 內外의 몸과 마음을 일시에 모두 버리고 방편에 따라 사물에 응해서 能(인식의 주체)과 所(인식의 대상)를 모두 잊는 것을 大捨라 이르고, 道를 행하고 德을 펴면서 바라는 바

私人[5)]에게 일을 시키고 친히 四衆을 위하여 ≪涅槃經≫을 강의하였다. 여러 신하들이 1억만 錢을 바쳐 代贖하고 표문을 올려 還宮할 것을 청하였는데, 세 번 청한 뒤에야 허락하였다.

梁主가 幸同泰寺設大會할새 釋御服하고 持法衣하고 行淸淨大捨하여 素牀瓦器하며 乘小車하고 役私人하고 親爲四衆하여 講涅槃經①하다 群臣이 以錢一億萬奉贖하고 表請還宮한대 三請乃許하다

① 四衆은 僧과 尼(여승) 및 善男子와 善女人이다. 혹자가 말하기를 "四는 마땅히 士가 되어야 한다." 하였다. 涅은 乃結의 切이다. 槃은 浦官의 切이다. '涅槃'은 釋氏의 경전 이름이며 梵語이다. 涅槃은 中華 말로는 '示寂(寂滅을 보인다.)'이다. 불교에서는 사람이 죽으면 그 정신은 항상 남아 있다고 하니, 불교의 죽음은 寂滅을 보일 뿐이고 참으로 죽는 것이 아니다. 四衆, 僧·尼及善男子·善女人也. 或曰"四當作士." 涅, 乃結切. 槃, 浦官切. 涅槃, 釋氏經名, 梵語. 涅槃, 華言示寂也. 佛以人死其精神常存, 佛之死示寂滅而已, 非眞死也.

捨身佛寺

가 없는 것을 中捨라 이르고, 많은 善行을 닦으면서 바라는 바가 있는 것을 小捨라 이른다." 하였다.

5) 私人 : 집안에서 사사로이 부리는 사람이다.

【目】 胡氏(胡寅)가 다음과 같이 평하였다.

"부처의 행실에는 五要가 있으니, 捨身(육신을 버림)이 그중 하나이다. 梁 武帝(蕭衍)가 帝王이 되어 天子의 지위를 누리면서 안으로는 姬妾을 기르고 밖으로는 백관을 나열하며, 부귀가 높고 자손들이 많고 宮室과 城池로 호위하기를 치밀하게 하였으나 오히려 부족하게 여겨 또다시 장수에게 명하여 군대를 출동시켜 밖에서 다투며 빼앗아 오직 잃을까 두려워하였으니, 捨身이라는 것이 어디 있는가. 이는 君子들이 비난할 뿐만 아니라 佛法을 행하는 達磨 같은 자도 또한 취하지 않을 것이다.

혹자가 말하기를 '그렇다면 달마의 말도 또한 취할 만하지 않습니까.'라고 하니, 대답하기를 '佛法을 행하는 자는 깊고 얕음과 정밀하고 거친 것이 비록 얻은 것이 똑같지 않으나 그 극치를 요약해보면 윤리를 없애는 데로 귀결된다. 이것을 자신에게 행하면 逆이어서 상서롭지 못하고 이것을 남에게 행하면 편벽되어 공평하지 못하다. 이것으로 천하와 국가를 다스린다면 처하는 곳마다 마땅함을 얻지 못하니, 儒者는 버리고 끊는 것이 옳다.'라고 하였다."

胡氏曰 佛行이 有五要하니 舍其一也라 梁武가 爲帝王하여 享天位하여 內蓄姬妾하고 外列官師하니 富貴之崇하고 子孫之衆하고 宮室城池로 守衛之密이로되 猶以未足하여 又命將出兵하여 爭奪于外하여 惟恐失之하니 安在其能舍乎아 不惟君子가 非之라 爲佛之道如達磨者도 亦不取也[①]러라 或曰 然則達磨之言이 不亦可取歟아 曰 爲佛之道者가 淺深精粗가 雖所得이 不同하나 要其極致건대 歸於殄滅倫理라 以之爲己면 則逆而不祥이요 以之爲人이면 則偏而不公이요 以之爲天下國家면 蓋無所處而得其當이니 儒者가 棄而絶之可也라

達磨

① 達磨는 南天竺國 사람이다. 般若多羅에게 得道하여 반야다라가 正法眼藏[6]을 달마에게 전수해줄 적에 말하기를 "震旦(중국)으로 가서 큰 法藥을 설법하라." 하니, 달마가 마침내 큰 바다를 건너 〈중국의〉 南海에 도달하였다. 梁 武帝가 조서를 내려 金陵에 오게 하여 친히 묻기를 "朕이 즉위한 이래로 절을 짓고 佛經을 베끼고 스님에게 度牒(스님의 신분증)을 준 것은 이루 다 셀 수가 없으니, 얼마나 功德이 있는 것이오." 하니,

6) 正法眼藏 : 佛家의 말로 釋迦가 成覺한 極意의 묘리를 가리킨다. 일체의 사물을 밝게 비추는 것을 眼이라 하고, 萬有를 포함하는 것을 藏이라 하며, 正法은 이 眼과 藏을 구비하는 것이다.

達磨大師가 말하기를 "모두 功德이 없습니다." 하였다. 무제가 말하기를 "어찌하여 모두 공덕이 없소." 하니, 달마대사가 말하기를 "이것은 다만 人天(世間·衆生)의 작은 결과이고 有漏(번뇌)의 원인이 될 뿐이어서, 비록 있어도 실제가 아닙니다." 하였다. 무제가 말하기를 "어떻게 하는 것이 진실한 功德이오." 하니, 달마대사가 말하기를 "맑은 지혜가 오묘하고 원만해지면 몸이 절로 空寂(초탈한 靜寂 상태)해집니다. 이와 같아야 공덕이 되니, 속세에서 구할 수 없습니다." 하였다. 후에 江北을 돌아다니다가 嵩山의 少林寺에 이르러 面壁 수행한 지 9년 만에 단정히 앉아서 죽었다.

達磨, 南天竺國人, 得般若多羅, 傳正法眼藏曰 "當往震旦, 設大法(樂)〔藥〕."[7] 遂泛重溟, 達于南海. 梁武帝詔至金陵, 親問曰 "朕卽位以來, 造寺(捨)〔寫〕[8]經度僧, 不可勝數, 有何功德." 師曰 "竝無功德." 帝曰 "何以竝無功德." 師曰 "此但人天小果, 有漏之因, 雖有非實." 帝曰 "如何是眞功德." 師曰 "淨智妙圓, 體自空寂, 如是功德, 不以世求." 後潛回江北, 止于嵩山少林寺, 面壁九年, 端坐而逝.

【綱】北魏가 韓樓를 토벌하여 사로잡으니 幽州가 평정되었다.

魏討韓樓獲之하니 幽州平하다

【目】北魏의 爾朱榮이 大都督 侯淵을 보내서 韓樓를 토벌하려고 할 때에 병졸을 배당함이 매우 적었다. 혹자가 이주영에게 말하자 이주영이 말하기를 "후연은 臨機應變이 그의 장기이니, 만약 대군을 통솔한다면 반드시 잘 운용할 수 있지는 않을 것이다."라고 하였다. 후연이 마침내 군사들의 함성소리를 널리 퍼지게 하고 供具를 많이 설치하여 〈허장성세를 보이고〉 수백 기병을 거느리고 깊이 들어갔다. 薊에서 백여 리 떨어진 곳에 賊을 만나서 후연이 잠복하여 그 배후를 틈타서 크게 격파하였다. 5천 명을 사로잡고 그들 모두에게 말과 무기를 돌려주고서 그들을 풀어주어 薊城으로 들어가게 하였다. 후연의 측근들이 모두 간언하였으나, 후연이 말하기를 "우리의 병사가 적으니 힘껏 싸워서는 안 되기 때문에 기이한 계책을 써서 그들을 이간질해야 이길 수 있소."라고 하였다. 그들이 이미 도착했을 것을 추측하고 기병을 거느리고서 밤중에 전진하여 새벽에 城門을 두드렸다. 한루는 과연 항복한 병졸이 內應을 한다고 의심하여 마침내 달아났는데 후연이 추격하여 한루를 사로잡았다. 북위가 조서를 내려 후연을 平州刺史로 삼아서 范陽에 진수하게 하였다.

---

7) (樂)〔藥〕: 저본에는 '樂'으로 되어 있으나, ≪五燈會元≫에 의거하여 '藥'으로 바로잡았다.
8) (捨)〔寫〕: 저본에는 '捨'로 되어 있으나, ≪五燈會元≫에 의거하여 '寫'로 바로잡았다.

魏爾朱榮이 使大都督侯淵로 討韓樓할새 配卒이 甚少라 或以爲言한대 榮이 曰 侯淵이 臨機設變이 是其所長이니 若總大衆이면 未必能用이니라 淵이 遂廣張軍聲하고 多設供具하여 帥數百騎深入하여 去薊百餘里値賊하여 淵이 潛伏以乘其背大破之하여 虜五千人하고 皆還其馬仗하여 縱使入城[①]하니 左右皆諫이어늘 淵曰 我가 兵少하니 不可力戰이라 爲奇計以間之라야 乃可克也니라 度(탁)其已至하고 帥騎夜進하여 昧旦에 叩其城門[②]하니 樓果疑降卒이 爲內應하여 遂走어늘 追擒之하니 詔以淵爲平州刺史하여 鎭范陽[③]하다

①'馬仗'은 말과 병기이다.
馬仗, 馬及兵仗也.
②'昧旦'은 아직 날이 밝지 않은 때이다.
昧旦, 未明也.
③ 北魏의 平州는 본래 肥如에 治所를 두었는데, 이제 幽州의 范陽으로 옮겨 鎭守한 것이다.
魏平州本治肥如, 今徙鎭幽州之范陽.

【綱】万俟醜奴가 北魏의 東秦州를 침략하여 함락시켰다.

万俟醜奴가 寇魏東秦州하여 陷之[①]하다

① ≪五代志≫에 "上郡은 北魏 때에는 東秦州를 두었고, 후에 고쳐서 北秦州가 되었고, 西魏 때에는 고쳐서 敷州가 되었다." 하였다.
五代志"上郡, 後魏置東秦州, 後改爲北秦州, 西魏改爲敷州."

【綱】겨울 11월에 就德興이 北魏에 항복하니 營州가 평정되었다.

◑冬十一月에 就德興이 降魏하니 營州가 平하다

【綱】北魏는 城陽王 元徽를 太保로 삼았고, 蕭贊을 太尉로 삼았고, 長孫稚를 司徒로 삼았다.

◑魏以城陽王徽爲太保하고 蕭贊爲太尉하고 長孫稚爲司徒하다

【綱】12월에 梁나라가 陳慶之를 北兗州刺史로 삼았다.

◑十二月에 梁이 以陳慶之爲北兗州刺史[①]하다

① 이 北兗州는 淮陰에 治所를 두었을 것이다.
此北兗州當治淮陰.

【目】妖賊 僧彊이 스스로 天子라고 일컫자 土豪 蔡伯龍이 병사를 일으켜 그에게 호응하니 병사가 3만에 이르렀다. 北徐州를 공격하여 함락하거늘 陳慶之가 토벌하여 僧彊을 참수하였다.

有妖賊僧彊이 自稱天子①한대 土豪蔡伯龍이 起兵應之하니 衆至三萬이라 攻陷北徐州어늘 慶之討斬之②하다

① ≪南史≫〈陳慶之傳〉에 "沙門 僧彊이다." 하였다.
陳慶之傳"沙門僧彊."
② 이 北徐州는 鍾離에 治所를 두었다.
此北徐州治鍾離.

庚戌年(530)

梁나라 高祖 武帝 蕭衍 中大通 2년이고 北魏 敬宗 孝莊帝 元子攸 永安 3년이고 魏主 元曄 建明 원년이다.

梁中大通二年이요 魏永安三이고 主曄建明元年이라

【綱】봄 정월에 北魏가 다시 巴州를 빼앗았다.

春正月에 魏가 復取巴州하다

【綱】3월에 北魏가 都督 爾朱天光을 보내 万俟醜奴를 토벌하였다. 여름 4월에 만사추노를 사로잡고 마침내 高平을 함락하여 蕭寶寅을 사로잡고 그들을 모두 죽였다.

◑三月에 魏遣都督爾朱天光討万俟醜奴하다 夏四月에 獲之하고 遂克高平하여 獲蕭寶寅皆誅之[9)]하다

9) 三月……獲蕭寶寅皆誅之："北魏는 破六韓拔陵이 반란함으로부터 그 이후로 도적들이 봉기하였는데

【目】 万俟醜奴가 關中을 침략하여 소란하게 하자, 北魏 爾朱榮이 賀拔岳을 보내서 만사추노를 토벌하게 하였다. 하발악이 사사로이 그의 형 賀拔勝에게 말하기를 "만사추노는 강적입니다. 그를 공격하여 이기지 못하면 진실로 죄를 얻게 되고, 이기면 참소하고 질투하는 자들이 장차 생겨날 것입니다. 爾朱氏 한 사람을 얻어 統帥로 삼아서 그를 보좌하고자 합니다."라고 하니, 하발승이 이주영에게 말하자 이주영이 爾朱天光을 都督으로 삼고 하발악과 侯莫陳悅을 左都督과 右都督으로 삼아서 軍士 천 명을 배속시켜 주었다. 하발악이 赤水의 蜀賊을 공격하여 말 2천 필을 획득하여 賊軍 중에 장건한 사람을 뽑아서 북위의 군대에 충당하였다.

3월에 만사추노가 친히 군사를 거느리고 岐州를 포위하고 尉遲菩薩을 보내서 岐州城의 주변 지역〔圍〕을 공격하고 북위의 木柵에 진격하였는데[10] 하발악이 구원하였다. 울지보살 등이 이미 목책을 함락하고 나서 돌아가니, 하발악이 고의로 만사추노의 관리와 백성들을 죽이며 노략질하여 적군을 도발하였다. 울지보살이 步兵과 騎兵 2만 명을 거느리고 渭水 북쪽에 이르렀는데 하발악의 輕騎 수십이 渭水를 사이에 두고 울지보살과 말을 하였다.

명일에 다시 백여 騎를 이끌고 적군과 말을 하였다. 점차 적군을 이끌어 동쪽으로 가다가 위수가 얕아 건널 수 있는 곳에 이르자 하발악이 바로 말을 달려 동쪽으로 나갔다. 적군들은 하발악이 달아난다고 생각하여 步卒을 버리고 輕騎로 위수를 건너 추격하였다. 하발악은 가로지른 언덕에 의지하여 매복을 배치하고 그들을 기다렸다. 적군이 절반쯤 언덕 동쪽을 지나갈 적에 하발악이 군대를 돌려 공격하니 적군이 패주하였다.

하발악이 명령하여 적군 중에 말에서 내린 자는 죽이지 말라고 하니 적군들이 다 말을 버려서 잠깐 사이에 3천 명을 잡았고 말 또한 버려진 것이 없었다. 마침내 울지보살을 사로잡았다. 이어서 북위가 위수 북쪽으로 건너가서 적군의 보졸 만여 명을 항복받고 적군의 輜重을 거두어 들였다. 만사추노는 소식을 듣고 기주를 버리고 북쪽 安定으로 달아났다.

도적 장수를 비록 낙양으로 보내어 참수해도 '죽였다〔死殺〕'라고 기록할 뿐이었다. 여기서 '주벌했다〔誅〕'라고 기록한 것은 어째서인가. 〈蕭寶寅이〉 '帝'를 칭했기 때문이다. 소보인은 처음에 북위에 의지하여 복수를 하려고 하다가 마침내 북위를 배반하여 난동을 부렸으니 그 죄가 크다. 주벌하지 않으면 어떻게 ≪資治通鑑綱目≫이 되겠는가.〔魏自拔陵反後 盜賊蠭起 賊帥雖送洛斬之 書死殺而已 此其書誅何 稱帝也 寶寅始欲仗魏復讐 終乃反魏作亂 其罪大矣 不誅 何以爲綱目〕" ≪書法≫

10) 尉遲菩薩을……진격하였는데 : 원문의 '攻圍趣柵'에 대해 ≪新譯資治通鑑≫(張大可 等 注釋, 三民書局, 2017)에서는 '圍'는 岐州城 밖의 방어구조물로, '柵'은 木柵으로 보았다.

4월에 이주천광이 汧水와 渭水 사이에 이르러 군대를 정지하고 말을 방목하게 하고 宣言하기를 "가을을 기다려 다시 전진할 것이다."라고 하고, 사로잡은 만사추노의 정찰병을 풀어주었다. 만사추노가 그들의 말을 믿어서 무리를 해산하고 돌아가 농사짓게 하고 험한 곳을 점거하여 營柵을 세웠다. 이주천광은 적군의 세력이 분산된 것을 알고 몰래 삼엄하게 밤중에 출동하여 새벽에 그들의 大柵을 포위하여 함락하고 사로잡은 포로를 모두 풀어 보내주니 여러 영책이 모두 항복하였다. 이주천광이 곧바로 安定에 이르니 만사추노가 달아났는데 추격하여 平涼에서 따라붙었다. 후막진숭이 單騎로 적군에 들어가서 만사추노를 생포하니 적병 무리들이 쓰러졌다. 그 뒤에 북위의 기병들이 더 모여들어 마침내 적군을 크게 격파하였다.

이주천광이 진격하여 高平을 함락시키고 蕭寶寅을 잡아서 모두 洛陽으로 보냈다. 소보인에게 죽음을 내리고, 만사추노를 시장에서 목을 베었다.

万俟醜奴가 侵擾關中이어늘 魏爾朱榮이 遣賀拔岳討之한대 岳私謂其兄勝曰 醜奴는 勍敵也라 攻之不勝이면 固有罪요 勝之면 讒嫉이 將生이니 願得爾朱氏一人하여 爲帥而佐之하노라 勝이 言於榮한대 榮이 以爾朱天光爲都督하고 以岳及侯莫陳悅爲左右都督하여 配軍士千人[①]하니 岳이 擊赤水蜀賊하여 得馬二千匹하여 簡其壯健以充軍[②]하다 三月에 醜奴가 自將圍岐州하고 遣尉遲菩薩하여 攻圍趣柵[③]이어늘 賀拔岳救之하다 菩薩等이 已拔柵還이라 岳이 故殺掠其吏民하여 以挑之하니 菩薩이 帥步騎二萬至渭北이어늘 岳이 以輕騎數十隔水與語하고 明日에 復引百餘騎與語러니 稍引而東하여 至水淺可涉處하여 岳이 卽馳馬東出한대 賊이 以爲走라하여 棄步卒하고 輕騎渡渭追之하다 岳이 依橫岡設伏待之러니 賊이 半度岡東에 岳이 還擊之하니 賊이 敗走라 岳이 令賊下馬者勿殺하니 賊悉投馬어늘 俄獲三千人하고 馬亦無遺라 遂擒菩薩하다 仍度渭北하여 降步卒萬餘하고 收其輜重하니 醜奴가 聞之하고 棄岐州하고 北走安定하다 四月에 天光이 至汧渭之間하여 停軍牧馬하고 宣言俟秋更進이라하고 獲覘者縱之[④]하다 醜奴가 信之하여 散衆歸耕하고 據險立柵이어늘 天光知其勢分하고 密嚴夜發하여 黎明에 圍其大柵拔之하고 所得俘囚를 皆縱遣之하니 諸柵이 皆降이라 天光이 徑抵安定하니 醜奴가 走어늘 追及於平涼하여 侯莫陳崇이 單騎入賊하여 生擒醜奴하니 衆皆披靡러라 後騎益集하여 遂大破之하다 天光이 進克高平하여 執蕭寶寅皆送洛陽하니 賜寶寅死하고 斬醜奴於市[⑤]하다

① 侯莫陳은 오랑캐의 세 글자 姓이며, 본래 北魏의 別部의 호칭이었는데 그것으로 인하여 氏가 되었다.
侯莫陳, 虜三字姓, 本後魏別部之號, 因氏焉.

② ≪水經注≫에 "赤水는 鄭縣의 북쪽에 있으니, 곧 ≪山海經≫의 灌水이다. 북쪽으로 渭水로 흘러간다." 하였다. 蜀賊은 본래 蜀人으로 關中에 옮겨온 자인데 난리를 틈타 서로 모여 賊이 되었다.

水經注 "赤水在鄭縣北, 卽山海經之灌水也, 北注于渭." 蜀賊, 本蜀人之遷關中者, 乘亂相聚爲賊.

③ 尉(울)은 음이 鬱이다. 尉遲는 代北의 複姓이며, 본래 北魏의 別部의 호칭인데 그대로 氏가 되었다. 菩薩은 그의 이름이다.

尉, 音鬱. 尉遲, 代北複姓, 本後魏別部之號, 因氏焉. 菩薩, 其名.

④ 汧水는 汧縣 서북쪽에서 나와서 渭水로 들어간다.

汧水, 出汧縣西北而入于渭.

⑤ ≪九域志≫에 "鎭戎軍은 옛날의 高平 땅이다." 하였다.

九域志 "鎭戎軍, 古高平地也."

【綱】 6월에 梁나라가 元悅을 魏王으로 삼았다.

六月에 梁이 以元悅爲魏王하다

【綱】 가을 7월에 北魏가 万俟醜奴의 나머지 무리들을 토벌하여 멸망시켰다. 三秦·河州·渭州·瓜州·涼州·鄯州가 모두 평정되었다.

○秋七月에 魏討万俟醜奴餘黨을 滅之하니 三秦河渭瓜涼鄯州가 皆平하다

【目】 万俟醜奴가 이미 패배하고 나자 적도들이 모두 항복하였는데 오직 万俟道洛이 무리를 거느리고 도망하여 산중으로 들어갔다. 이때에 高平이 크게 가물어서 爾朱天光이 말에게 먹일 풀이 모자랐으므로 高平城 동쪽 50리로 후퇴하여 주둔하고 長孫邪利를 보내 原州를 지키게 하였는데, 만사도락이 습격하여 장손사리를 죽였다. 이주천광이 諸軍을 거느리고 달려가니 만사도락이 싸움에서 패배하여 무리를 거느리고 산으로 들어가서 험준한 곳을 점거하여 스스로 지켰다. 爾朱榮은 이주천광이 장손사리를 잃고 만사도락을 잡지 못하였다고 하여 使節을 보내 100대의 곤장을 치게 하고 그의 官爵을 깎아내리도록 하였다. 이주천광이 만사도락을 추격하여 사로잡아 항복한 병사 1만 7천 명을 산 채로 파묻었다. 이에 三秦·河州·渭州·瓜州·涼州·鄯州가 모두 항복하니, 이에 이주천광의 官爵을 회복시켰다.

万俟醜奴가 旣敗에 賊黨이 皆降호되 唯万俟道洛이 帥衆逃入山中이라 時에 高平이 大旱하여 爾

朱天光이 以馬乏草로 退屯城東五十里하고 遣長孫邪利守原州러니 道洛이 襲殺之[①]어늘 天光이 帥諸軍赴之하니 道洛이 戰敗하여 帥衆入山하여 據險自守하다 爾朱榮이 以天光이 失邪利不獲道洛이라하여 遣使杖之一百하고 貶其官爵하니 天光이 追擊道洛하여 擒之하여 阬其降卒萬七千人하니 於是에 三秦河渭瓜涼鄯州가 皆降이라 乃復天光官爵[②]하다

① 北魏 太延 2년(436)에 高平鎭을 두었고, 正光 5년(523)에 고쳐서 原州라고 하였으며, 高平城에 治所를 두고, 高平郡·長城郡 2郡을 관할하게 하였다.
魏太延二年置高平鎭, 正光五年改曰原州, 治高平城, 領高平·長城二郡.

② 三秦은 秦·東秦·南秦이다. 河州는 乞伏의 땅이다. 北魏 太武帝(拓跋燾) 眞君 太平 6년(445)에 枹罕鎭을 두었고, 후에 고쳐서 河州로 삼았고, 金城郡·武始郡·洪和郡·臨洮郡을 관할하게 하였다. 渭州는 隴西郡·南安郡·南安陽郡·廣寧郡을 관할하게 하였다. 瓜州는 곧 옛날 敦煌의 땅이다. 鄯州는 禿髮氏의 땅이고, 漢나라 金城西部都尉가 통솔하던 곳이다. 顔師古가 말하기를 "瓜州는 곧 《春秋左氏傳》에 이르기를 '允姓의 戎이 瓜州에 살았다'는 것이다. 그 땅에서 지금도 여전히 큰 오이가 나오는데 긴 것은 여우가 오이 속으로 들어가 먹어도 머리와 꼬리가 나오지 않는다." 하였다.
三秦, 秦·東秦·南秦也. 河州, 乞伏之地也. 魏太武眞君六年, 置枹罕鎭, 後改爲河州, 領金城·武始·洪和·臨洮郡. 渭州, 領隴西·南安·南安陽·廣寧郡. 瓜州, 卽古敦煌之地. 鄯州, 禿髮氏之地, 漢金城西部都尉所統也. 師古曰 "瓜州, 卽左傳所云 '允姓之戎, 居于瓜州'者也. 其地今猶出大瓜. 長者, 狐入瓜中食之, 首尾不出."

【綱】北魏가 宇文泰를 征西將軍 行原州事로 삼았다.

魏가 以宇文泰爲征西將軍行原州事하다

【目】宇文泰가 賀拔岳을 따라서 關中에 들어가 공로로 征西將軍 行原州事로 승진하였다. 이때에 關·隴 지역이 황폐하였기 때문에 우문태가 은혜와 신의로 어루만져 위로하니 백성들이 모두 감격하여 기뻐하며 말하기를 "일찍이 宇文使君(우문태)을 만났다면 우리들이 어찌 반란을 따랐겠는가."라고 하였다.

宇文泰가 從賀拔岳入關하여 以功으로 遷征西將軍行原州事하다 時關隴이 彫弊라 泰가 撫以恩信하니 民皆感悅曰 早遇宇文使君이면 吾輩豈從亂乎아

【綱】9월에 長星[11)]이 나타났다.

九月에 **長星見**(현)하다

【綱】 北魏 爾朱榮이 洛陽에 이르러 太宰 元天穆과 함께 모두 伏誅되었다.

◑ **魏爾朱榮**이 **至洛陽**하여 **與太宰元天穆**으로 **皆伏誅**[12)]하다

【目】 北魏 爾朱榮이 비록 外藩에 살고 있었으나 멀리서 조정을 통제하였다. 魏主(元子攸)의 성품이 정사를 다스리는 데에 부지런하여 자주 친히 소송을 살펴보고 冤獄을 심리하였다. 이주영은 그 소식을 듣고 기뻐하지 않았다. 魏主가 또 吏部尙書 李神儁과 함께 人選 部門을 공평하게 다룰 것을 의론하였다. 이주영이 上曲陽 縣令을 闕補한 적이 있었는데 이신준은 그 사람의 官階가 현령을 맡기에는 현격히 낮아 上奏하지 않았다. 이주영이 大怒하자 이신준이 두려워 관직을 사직하였다. 이주영이 從弟 僕射 爾朱世隆을 吏部尙書까지 겸임하게 하여 계문을 올려 北人을 河南의 諸州의 刺史로 삼기를 청하자 魏主가 허락하지 않았다.

太宰 幷州刺史 元天穆이 말하기를 "天柱大將軍(이주영)이 국가에 큰 공이 있으니 만약 두루 天下 官職을 교체시키기를 청하면 아마 陛下 또한 어기지 못하실 것입니다."라고 하였다. 魏主가 正色하며 말하기를 "천주대장군이 만약 남의 신하가 되지 않으려고 하면 朕 또한 반드시 교체할 것이다. 만약 여전히 신하의 절개를 보존한다면 天下 百官을 교체할 리는 없을 것이다."라고 하였다. 이주영이 이 말을 듣고 크게 성내며 한스러워

---

11) 長星 : 빛나는 긴 꼬리를 끌고 해를 중심으로 포물선을 그리며 운행하는 별로, 예로부터 兵亂을 예고하는 妖星이라 하여 불길한 징조로 여겼다. 종류에 따라 孛·彗·欃槍·蚩尤旗·旬始·枉矢 등으로 나뉘었다.(≪漢書≫ 〈文帝紀〉 注·≪說苑≫ 〈辨物〉)

12) 魏爾朱榮……皆伏誅 : "魏主 元詡가 덕을 그르치고, 요망한 胡太后가 조정을 어지럽히면서, 몰래 酖毒을 사용하여 변고가 궁중에서 일어났다. 爾朱榮이 군사를 동원하여 토벌하였으니 마땅하다. 그러나 河陰의 재앙은 도적도 하지 않을 짓이었는데 지금 또다시 찬달 반역을 노모해 행하였으니 北魏에서 그를 잡아 주륙했던 것이다. ≪資治通鑑綱目≫에서는 그 伏誅된 죄를 바르게 서술하였으니 또한 다행스럽다고 할 것이다. 그러나 魏·晉 이하로 이주영과 같이 비교될 자를 어찌 다 셀 수 있겠는가. 성공하면 帝王이 되고 실패하면 도읍의 시장에 시체가 전시되었다. 하늘이 〈노여워하여〉 아직 전란을 싫어하지 않아 이 무리들에게 천하에서 뜻을 얻도록 하였다. 그러하여 얼마 후 高歡·宇文泰가 그 전철을 밟아서 拓跋氏가 마침내 남은 종족이 없게 되었다. 그러나 이들은 모두 이주영의 무리들인 것이다. 아! 어찌 ≪자치통감강목≫에서 이주영이 〈복주된 것을〉 기록한 것으로 고환 무리들을 기록할 수 있겠는가.〔魏詡失德 孽后亂朝 潛行酖毒 變生宮掖 爾朱榮擧兵討之 宜矣 然而河陰之禍 有寇賊之所不爲者 今又謀行簒逆 魏能取而戮之 綱目正其伏誅之罪 蓋亦幸之云爾 然自魏晉而下 如榮之比 何可勝數 成則爲帝爲王 敗則伏尸都市 天未厭亂 使此徒得志天下 未幾高歡宇文泰 踵其故轍 拓跋氏遂無噍類 然皆榮之黨爾 嗚呼 安得以綱目之書榮者 而書歡輩哉〕" ≪發明≫

하였다.

魏爾朱榮이 雖居外藩이나 遙制朝政이라 魏主가 性勤政事하여 數(삭)親覽辭訟理寃獄하니 榮이 聞之不悅이라 魏主가 又與吏部尙書李神儁으로 議淸治選部하니 榮이 嘗關補曲陽令①이라 神儁이 以階懸不奏②하다 榮이 大怒어늘 神儁이 懼辭位하니 榮이 使其從弟僕射世隆攝選하여 啓北人爲河南諸州한대 魏主가 未許어늘 太宰幷州刺史元天穆이 日 天柱가 有大功하니 若請普代天下官이면 恐陛下亦不得違니이다 魏主가 正色日 天柱가 若不爲人臣이면 朕亦須代어니와 若猶存臣節이면 無代天下百官之理니라 榮聞之하고 大恚恨하다

①'關補'는 먼저 관리를 補任하고 뒤에 吏部에 보고하는 것이다. 曲陽은 바로 上曲陽縣이다. 漢나라와 晉나라 때에는 常山郡에 소속하였고, 北魏 때에는 中山郡에 소속하였다.
關補者, 先補授而後關吏部. 曲陽, 卽上曲陽縣也, 漢・晉屬常山郡, 後魏屬中山郡.

②〈'階懸不奏'는〉 階級이 현격하게 멀어서 그 사람이 縣令으로 보임되기에 합당하지 않음을 말한다.
言階級相去懸絶, 其人不應補爲縣令.

【目】 爾朱皇后는 妬忌하는 성격이어서 자주 분노하여 〈魏主(元子攸)가 사람을 보내 큰 도리로 타일렀다.〉[13] 이주황후가 말하기를 "天子는 나의 집안에서 세웠는데 지금 〈큰 소리 치기를〉 이와 같이 한다. 나의 아버지께서 본래 자신이 황제가 될 수 있었다. 지금도 종종 천하의 일을 결정하신다."라고 하였다. 魏主는 밖으로 爾朱榮에게 핍박을 받고 안으로는 황후에게 협박을 당하여 항상 우울하여 즐겁지 않았는데, 도적들이 아직 평정하지 못하여 이주영과 서로 대치하고 있는 것을 다행으로 여겼다.

爾朱后娟

〈魏主는〉 關・隴 지역이 평정되었다는 소식을 듣고 臨淮王 元彧에게 말하기를 "天下에 곧 도적이 없어지겠구나."라고 하니, 원욱이 말하기를 "臣은 도적들이 평정된 후에 바야흐로 성상의 사려를 괴롭힐까 우려됩니다."라고 하였다. 이주영이 사방에 사변이 없음을 보

13) 魏主(元子攸)가……타일렀다 : ≪資治通鑑≫에는 '屢致忿恚' 뒤에 '帝遣爾朱世隆語以大理'가 있다. 이에 의거하여 보충하여 번역하였다.

고 누차 아뢰기를 "參軍 許周가 臣에게 九錫을 취하기를 권하였는데 臣이 이미 질책하여 떠나게 하였습니다."라고 하여 조정에 넌지시 자신의 심사를 알렸다. 魏主는 이주영에게 구석을 주고 싶지 않아서 그대로 그의 충성스러움을 감탄하는 말로 대답해주었다.

이주영이 사냥을 좋아하여 추위와 더위를 가리지 않고 험준한 곳을 피하지 않으니 士卒들이 고통스러워하였다. 元天穆이 조용히 말하기를 "王께서 勳業이 이미 성대하니 마땅히 四時의 사냥 규칙을 따라야 합니다. 어찌 반드시 한여름에 사냥하러 말을 몰아 和氣를 상하게 하십니까."라고 하니, 이주영이 소매를 걷어 올리며 말하기를 "아직 천하를 통일하지 못했으니 어찌 갑자기 勳業을 말할 수 있겠습니까. 이번 가을에 형과 함께 군사와 군마를 整頓하여 嵩高에서 校獵(울타리를 쳐서 사냥함)하여 貪汙한 조정의 고관들을 울타리 안으로 들여보내 호랑이를 잡도록 하겠습니다. 이어서 魯陽으로 나가서 生蠻을 모두 잡고 북쪽으로는 六鎭에 〈戶口를〉 채워 넣겠습니다. 명년에 정예 기병을 선발하여 長江·淮河로 나가서 〈梁나라〉 蕭衍을 포박해 잡을 것입니다. 그런 다음에 〈형과 함께〉 天子를 받들어 사방을 순행을 해야 마침내 功勳이라고 일컬을 만할 것입니다. 지금 자주 사냥하지 않으면 兵士가 게으르게 될 것이니, 어찌 다시 사용할 수 있겠습니까."라고 하였다.

爾朱后가 性妬忌하여 數(삭)忿恚曰 天子가 由我家置立이어늘 今便如此하니 我父가 本卽自作이라 今亦復(부)決①이니라 魏主가 外逼於榮하고 內迫於后하여 恒怏怏不樂호되 幸寇盜未息하여 與榮相持러니 及聞關隴이 平하고 謂臨淮王(彧)〔彧〕[14]曰 天下에 便無賊矣로다 (彧)〔彧〕曰 臣恐賊平之後에 方勞聖慮耳라하니 榮見四方無事하고 (果)〔累〕[15]奏參軍許周가 勸臣取九錫이어늘 臣已斥去라하여 以諷朝廷한대 魏主가 不欲與하여 因稱歎其忠以答之하다 榮이 好獵하여 不捨寒暑하고 不避險阻하니 士卒이 苦之라 天穆이 從容謂曰 王이 勳業已盛하니 宜順時蒐狩라 何必盛夏馳逐하여 感傷和氣리오 榮이 攘袂曰② 未能混一海內하니 何得遽言勳業이리오 今秋에 欲與兄戒勒士馬하여 校獵嵩高하여 令貪汙朝貴로 入圍搏虎하고 仍出魯陽하여 悉擁生蠻하여 北塡六鎭③하고 明年에 簡精騎하여 出江淮하여 縛取蕭衍然後에 奉天子하여 巡四方이라야 乃可稱勳耳라 今不頻獵이면 兵士가 懈怠리니 安可復用邪아

① 決은 판가름한다는 뜻이니, 天下의 일을 판결함을 말한다.

14) (彧)〔彧〕: 저본에는 '彧'으로 되어 있으나, ≪資治通鑑≫에 의거하여 '彧'으로 바로잡았다. 아래도 같다.

15) (果)〔累〕: 저본에는 '果'로 되어 있으나, ≪資治通鑑綱目≫(≪朱子全書≫ 10, 上海古籍出版社)에 의거하여 '累'로 바로잡았다.

決, 判也, 謂天下事有判決也.

②'攘袂'는 소매를 걷어 올린다는 뜻이다.

攘袂, 捋臂也.

③生蠻은 여러 蠻戶 중에 아직 북위에 귀부하지 않은 자를 말한다. 塡은 음이 田이며 채우다는 뜻이다. 六鎭에서 叛亂하여 鎭戶가 황폐하였으므로 그들을 채우려고 한 것이다.

生蠻, 謂諸蠻戶之未附於魏者. 塡, 音田, 塞也. 六鎭叛亂, 鎭戶荒殘, 故欲塡之.

【目】城陽王 元徽와 侍中 李彧이 魏主(元子攸)에게 爾朱榮을 제거하도록 권하니 侍中 楊侃, 僕射 元羅, 膠東侯 李侃晞 또한 그 도모에 참여하였다.

마침 이주영이 조정으로 들어오기를 청하자 원휘 등이 魏主에게 이주영의 들어온 때를 이용하여 찔러 죽일 것을 권하였는데, 魏主가 의심이 들어 결정하지 못하고 도모가 상당히 누설되어 사람들이 두려움을 품었다.

武衛將軍 奚毅가 建義[16] 초에 왕래하며 명령을 전달하였기 때문에 위주가 그에게 기대함이 매우 많았지만 여전히 이주영의 무리였으므로 감히 그와 함께 실정을 말하지 못하였다. 해의가 말하기를 "만약 반드시 변고가 있게 되면 臣은 차라리 陛下를 위하여 죽을지언정 契胡(이주영)를 섬기지 않을 것입니다."라고 하자, 魏主가 말하기를 "朕이 天柱大將軍의 반역 의도가 없음을 보장하고, 또한 卿의 충성도 잊지 않겠소."라고 하였다.

爾朱世隆은 〈魏主가〉 변고를 일으킬 것이라고 의심을 품어 마침내 匿名으로 글을 써서 이르기를 "天子가 천주대장군을 죽이려고 한다."라고 하고, 그 글을 취하여 이주영에게 고하였다. 이주영은 자신의 강함을 믿고 의심을 하지 않았다.

9월에 〈이주영이〉 洛陽에 이르니 魏主가 바로 그를 죽이려고 하였는데 元天穆이 幷州에 있는 것으로 後患이 있을 것을 두려워하였으므로 차마 행동하지 못하고 아울러 원천목을 불렀다.

어떤 사람이 이주영에게 魏主의 도모를 고해주었는데 이주영이 모두 魏主에게 아뢰었다. 魏主가 말하기를 "外人들은 역시 王(이주영)이 나를 해치려고 한다고 말하니 어찌 믿을 수가 있겠소."라고 하였다. 이에 이주영이 스스로 의심하지 않아서, 조정에 들어와 알현할 때마다 몇 사람만 따르게 하고 兵仗器를 가지지 못하게 하였다. 魏主가 〈이주영을 죽이는 것을〉 중지하려고 하자 성양왕 원휘가 말하기를 "비록 반란을 일으키지

16) 建義 : 528년에는 北魏 孝莊帝 元子攸의 연호가 武泰·建義·永安으로 바뀌었는데, 建義는 이 중 하나이다. 명령을 전달한 일은 바로 이해에 있었다.

는 않았지만 또한 어찌 참을 수 있겠으며 더구나 〈반란을 일으키지 않는다고〉 보장할 수 없는 것에 있어서이겠습니까."라고 하였다.

城陽王徽侍中李彧이 勸魏主除榮[①]하니 侍中楊侃僕射元羅膠東侯李侃晞亦與(예)其謀[②]러니 會榮이 請入朝어늘 徽等이 勸因其入하여 刺殺之한대 魏主가 疑未定而謀頗泄라 人懷憂懼어늘 武衛將軍奚毅가 建義初에 往來通命[③]이라 魏主期之甚重호되 然猶以榮黨으로 不敢與之言情이어늘 毅曰 若必有變이면 臣이 寧死陛下언정 不能事契胡[④]라한대 魏主曰 朕이 保天柱無異心이요 亦不忘卿忠款하노라 爾朱世隆이 疑有變하여 乃爲匿書云 天子가 欲殺天柱라하여 取以白榮한대 榮이 恃其彊하고 不以爲意러라 九月에 至洛陽하니 魏主가 卽欲殺之호되 以天穆在幷州로 恐爲後患하여 故忍未發하고 幷召天穆하다 人有告榮以魏主之謀어늘 榮이 具奏之한대 魏主曰 外人이 亦言王이 欲害我라하니 豈可信邪아 於是에 榮이 不自疑하여 每入謁에 從數人이요 不持兵仗[⑤]이러라 魏主가 欲止한대 城陽王徽曰 縱不反이나 亦何可耐며 況不可保邪[⑥]아

① 元徽의 妃는 魏主의 외삼촌의 딸이며 李彧은 李沖의 손자이고 魏主의 누이의 사위이다.
徽之妃, 魏主之舅女. 彧, 沖之孫, 魏主之姊壻也.
② 元羅는 元叉의 동생이다.
羅, 叉之弟也.
③ '建義初'는 爾朱榮이 예전에 義兵을 일으켰을 때를 말한다.
建義初, 謂榮初起義兵時也.
④ 爾朱氏는 契胡의 종족이다.
爾朱氏, 契胡種也.
⑤ 從(따르다)은 才用의 切이다.
從, 才用切.
⑥ 耐는 참는다는 뜻이다.
耐, 忍也.

【目】이에 앞서 長星(혜성)이 中台에서 나와서 大角星을 쓸며 지나가니 恒州 사람 高榮祖가 말하기를 "옛것을 제거하고 새로운 것을 펼치는 징조입니다."라고 하자, 爾朱榮이 매우 기뻐하였다. 이때에 이르러 郎中 李顯和가 어떤 사람에게 말하기를 "天柱大將軍이 京城에 이르렀는데 어찌 九錫을 내려줌이 없습니까."라고 하니, 都督 郭羅察이 말하기를 "금년에 진실로 禪讓 文書를 지을 수 있으니 어찌 다만 九錫을 내려줄 뿐이겠는가."라고 하였다.

이주영의 부하들은 모두 魏主(元子攸)의 측근들을 능멸하여 업신여겨서 거리끼는 것

이 없었다. 그러므로 그 일이 모두 魏主에게 보고되었다.

奚毅가 또 魏主를 알현하고 〈진언하기 위해〉 틈을 내주기 청하자 魏主가 그의 충성을 알고 마침내 城陽王 元徽 및 楊侃·李彧을 불러서 해의가 한 말을 알려주었다.

元天穆이 〈낙양에〉 도착했을 때에 魏主가 마침내 中書舍人 溫子昇을 불러서 이주영을 죽일 상황을 알려주고 아울러 董卓을 죽인 일을 물었다. 온자승이 本末을 갖추어 진술하니 魏主가 말하기를 "王允이 만약 涼州 사람들을 사면하였다면 반드시 〈자기가 죽는〉 그 지경에 이르지 않았을 것이다."라고 하고, 한참 있다가 또 말하기를 "내가 차라리 高貴鄕公[17)]처럼 죽을지언정 常道鄕公[18)]처럼 살지 않겠다. 만약 이주영과 원천목을 죽이고 그의 무리들을 사면하면 또한 반란하지 않을 것이다."라고 하였다. 應詔 王道習이 말하기를 "爾朱世隆·司馬子如·朱元龍이 특별히 이주영에게 신임과 위탁을 받아서 天下의 虛實을 모두 아니 또한 남겨두어서는 안 됩니다."라고 하니, 원휘와 양간이 모두 말하기를 "만약 이주세륭이 온전하지 못하면 爾朱仲遠과 爾朱天光이 어찌 〈조정으로〉 귀순해올 리가 있겠습니까."라고 하였다. 魏主가 또한 옳다고 생각하여 이에 양간 등 10여 명을 明光殿 동쪽에 매복시켰다. 이주영과 원천목이 나란히 〈조정에〉 들어와 앉아서 음식 먹기를 마치기 전에 일어나서 나갔다. 일이 시행되지 못하여 도모한 것이 마침내 누설되었다. 이주세륭이 또 이주영에게 알려 빨리 출동할 것을 권하였으나 이주영은 따르지 않았다.

先是에 長星이 出中台掃大角①하니 恒州人高榮祖가 曰 除舊布新之象也라한대 榮이 甚悅이러니 至是하여 郎中李顯和가 語人曰 天柱가 至에 那無九錫②고하니 都督郭羅察이 曰 今年에 眞可作禪文이니 何但九錫③이리오 榮의 下人이 皆陵侮魏主左右하여 無所忌憚이라 故其事가 皆上聞이라 奚毅가 又見魏主求間④한대 魏主가 知其誠⑤하고 乃召城陽王徽及楊侃李彧하여 告以毅語러니 及天穆이 至에 魏主가 乃召中書舍人溫子昇하여 告以殺榮狀하고 幷問以殺董卓事하다 子昇이 具通本末⑥하니 魏主曰 王允이 若赦涼州人이면 必不至此⑦니라 良久에 又曰 吾寧爲高貴鄕公死언정 不爲常道鄕公生⑧호리라 若殺榮與天穆而赦其黨이면 亦應不動耳니라 應詔王道習이 曰⑨ 爾朱世隆司馬子如朱元龍이 特爲榮所委任하여 具知天下虛實하니 亦不宜留니이다 徽侃이 皆曰 若世隆不全이면

17) 高貴鄕公 : 삼국시대 魏나라의 文帝 曹조의 손자인 曹髦를 가리킨다. 조모는 字가 彦士인데, 高貴鄕公에 봉해졌다. 사마소를 주살하려고 하였으나 성공하지 못하고 죽었다.

18) 常道鄕公 : 曹操의 손자 曹奐을 가리킨다. 字는 子庚이다. 常道鄕公에 봉해졌으며 司馬昭의 추대를 받아 元帝가 되었다. 이후 司馬炎에게 양위하고 陳留王이 되었다. 晉나라에 자리를 선양했던 일은 晉 武帝 泰始 원년(265)에 보인다.

仲遠天光이 **豈有來理**[⑩]리오 **魏主**가 **亦以爲然**하여 **乃伏侃等十餘人於明光殿東**하니 **榮與天穆**이 **竝入**하여 **坐食未訖**에 **起出**하니 **事不果**하여 **謀遂泄**이라 **世隆**이 **又以告榮**하여 **勸其速發**호되 **榮**이 **不聽**하다

① 三台는 中台의 위의 별이 諸侯와 三公이 된다. 大角은 天王의 자리이다.
三台, 中台上星爲諸侯三公. 大角者, 天王座也.

② 李顯和는 并州·肆州 등 9州의 行臺郎中이 되었다. 당시에 爾朱榮을 따라 洛陽에 이르렀다.
顯和, 蓋爲并·肆九州行臺郎中. 時從榮至洛陽.

③ 河陰의 難에 爾朱榮이 이미 朝士를 불러 禪讓의 文書를 만들었기 때문에 郭羅察이 그렇게 말한 것이다.
河陰之難, 榮已募朝士作禪文, 故羅察云然.

④ '求間'은 바로 請間(진언하기 위해 틈을 내주기를 청한 것)이다.
求間, 卽請間也.

⑤ ≪資治通鑑≫에 "孝莊帝(元子攸)가 곧 明光殿으로 내려가 그와 함께 말하여 그의 충성이 지극함을 알았다." 하였다.
通鑑 "帝卽下明光殿與語, 知其至誠."

⑥ 漢나라 獻帝 때에 董卓의 찬탈하려는 도모가 이미 조짐을 보이자, 王允이 음밀하게 동탁의 부하 장군 呂布와 결탁하여 內應하였는데, 마침 동탁이 조정에 들어가자 여포가 그를 참수하였다. 通은 陳(진술하다)과 같다.
漢獻帝時, 董卓簒謀已兆, 王允陰結卓將呂布爲內應, 會卓入朝, 布斬之. 通, 猶陳也.

⑦ 王允이 이미 董卓을 죽이고 난 뒤에 동탁의 將校들은 涼州 사람이 많았으므로, 왕윤은 이에 그들의 군대를 폐지할 것을 의론하였다. 그러므로 동탁의 部將 李傕이 난리를 일으켜 왕윤을 죽였다.
王允旣殺董卓, 卓之將校多涼州人, 允乃議罷其軍, 故卓部將李傕作亂殺允.

⑧ 曹魏 高貴鄕公이 司馬昭를 죽이려고 하다 이기지 못하고 죽었으며, 常道鄕公은 晉나라에 禪位하고 살아남았다.
謂曹魏高貴鄕公欲誅司馬昭, 不克而死, 常道鄕公禪位于晉而生也.

⑨ 應詔는 漢나라의 侍詔와 같다.
應詔, 猶漢之侍詔也.

⑩ 爾朱仲遠은 이때에 徐州를 진수하고, 爾朱天光은 이때에 關·隴 지역을 진수하였다.
爾朱仲遠時鎭徐州, 天光時鎭關隴.

【目】 그러나 도모에 참여한 자가 모두 두려워하였기 때문에 魏主(元子攸)가 그것을 근심하자 城陽王 元徽가 말하기를 "太子를 낳았다고 말을 하면 爾朱榮이 반드시 들어올 것입니다."라고 하니, 魏主가 그의 말을 따랐다.

마침내 明光殿 東序(동쪽 행랑)에 병사를 매복시키고 皇子를 낳았다고 선포하고 원휘를 보내 이주영에게 알리자 이주영이 마침내 元天穆과 함께 들어왔다. 溫子昇이 미리 사면하는 문서를 만들어서 가지고 〈궁궐을〉 나갈 적에 이주영을 만났다. 이주영이 그 문서를 물었는데, 온자승이 얼굴색도 변하지 않고 말하기를 "칙령입니다."라고 하였다. 이주영이 문서를 취해 보지 않고 들어가 앉았는데 李侃晞 등이 칼를 뽑아 들고 동쪽 문에서 들어왔다. 이주영이 바로 일어나 御坐로 향해 나아가자 魏主가 이전에 무릎 아래에 칼을 가로로 놓아두었는데 마침내 직접 이주영을 베고 원천목도 죽었다. 內外가 기뻐 떠들며 백관들이 들어와 축하하였는데, 魏主가 國門에 올라가 크게 사면령을 내리고 奚毅를 보내 군사를 거느리고 北中城을 수비하게 하였다. 이날 밤에 爾朱世隆이 이주영의 部曲을 거느리고 달아나 河陰에 주둔하였다.

예전에 이주영의 도당인 田怡가 事變이 일어났다는 것을 듣고 宮門을 공격할 것을 의논하였는데 賀拔勝이 그들을 저지하였다. 이주세륭이 달아날 적에 하발승은 또한 그를 따라가지 않으니, 魏主가 그를 매우 가상히 여겼다. 朱瑞가 비록 이주영에게 위임을 받았지만 朝廷과의 사이에서 처신을 잘하니 魏主 또한 그를 잘 대우하였다. 그러므로 주서가 이주세륭을 따라 달아나다가 中道에 돌아왔다.

然預謀者가 皆懼①라 魏主가 患之한대 城陽王徽曰 以生太子爲辭하면 榮必入矣리이다 魏主가 從之하여 乃伏兵明光東序하고 聲言皇子生하고 遣徽馳告榮한대 榮이 遂與天穆俱入이러니 溫子昇이 預作赦文하여 執以出할새 遇榮하니 問之어늘 子昇이 色不變曰 敕이니라 榮이 不取視하고 入坐어늘 李侃晞等이 抽刀從東戶入하니 榮이 卽起趨御坐어늘 魏主가 先橫刀膝下어늘 遂手刃之하고 天穆이 亦死하니 內外喜譟하여 百僚가 入賀어늘 魏主가 登門大赦하고 遣奚毅將兵鎭北中城하다 是夜에 爾朱世隆이 (師)〔帥〕[19]榮部曲하여 走屯河陰하다 初에 榮黨田怡聞變하고 議攻宮門이어늘 賀拔勝이 止之러니 及世隆走에 勝亦不從하니 魏主가 甚嘉之러라 朱瑞가 雖爲榮所委로되 而善處朝廷之間②하니 魏主가 亦善遇之라 故瑞가 從世隆走而中道逃還하다

① '預謀者'는 魏主의 도모에 참여한 자를 말한다.
預謀者, 謂預魏主謀者.

② 朱瑞는 본래 爾朱榮의 行臺郎中이다. 이주영이 魏主를 洛陽에 정착시키고, 주서를 黃門侍郎兼中書舍人으로 삼았다.
瑞, 本榮之行臺郎中也. 榮定魏主於洛陽, 以瑞爲黃門侍郎兼中書舍人.

19) (師)〔帥〕: 저본에는 '師'로 되어 있으나, ≪資治通鑑≫에 의거하여 '帥'로 바로잡았다.

【綱】 北魏의 僕射 爾朱世隆이 반란하여 汾州刺史 爾朱兆와 함께 長廣王 元曄을 長子에서 황제로 세웠다. 겨울 12월에 洛陽에 들어가서 魏主 元子攸를 晉陽으로 옮기고 그를 시해하였다.

魏僕射爾朱世隆이 **反**하여 **與汾州刺史爾朱兆**로 **立長廣王曄于長子**하고 **冬十二月**에 **入洛陽**하여 **遷其主子攸于晉陽而弑之**①[20]하다

①〈元子攸는〉 향년이 24세였다.
壽, 二十四.

【目】 爾朱世隆이 북쪽으로 돌아가려고 하는데 司馬子如가 말하기를 "이러한 때를 당하여 약함을 다른 사람에게 보여서는 안 됩니다. 만약 급히 북쪽으로 달아나면 변고가 신변〔肘腋〕에 생길까 두렵습니다. 병사를 나누어 河橋를 지키게 하고 군대를 돌려 京師를 향하게 하는 것만 못합니다. 그들이 생각지 못할 때 나가면 혹 功을 이룰 수 있을 것입니다. 가령 원하는 것을 얻지 못하더라도 또한 충분히 여력이 있음을 보여서 天下 사람들에게 우리의 강함을 두려워하도록 하여 감히 반란하거나 흩어지지 못하게 해야 합니다."라고 하였다. 이주세륭이 그것을 따라서 河橋를 공격하여 奚毅를 죽이고 北中城을 점거하니, 北魏 조정이 크게 두려워하였다.

高敖曹가 爾朱榮을 따라 洛陽에 이르렀는데 이주영이 죽은 후에 魏主(元子攸)가 그를

---

20) 魏僕射爾朱世隆反……遷其主子攸于晉陽而弑之 : "爾朱兆 역시 배반자인데 다만 '爾朱世隆이 배반했다〔爾朱世隆反〕'라고 기록한 것은 어째서인가. 이주세륭을 죄준 것이다. 魏主가 爾朱榮을 죽일 것을 도모할 적에 '爾朱榮과 元天穆을 죽이고 그 무리들을 사면할 것이다.'라고 하였다. 이주영이 伏誅되고 나서 魏主가 크게 사면하였으니, 爾朱世隆은 그의 친동생이 아니어서 반드시 사면하는 법례에 들었을 것이다. 지금 으뜸으로 반란의 실마리를 만들었으므로 특별히 '反'이라고 기록하고 '汾州刺史 爾朱兆와 함께……'라고 기록하였다. 그렇다면 弑逆이 비록 爾朱兆의 죄라고 하더라도 이주세륭 역시 그 악함을 함께 받아야 한다.〔兆亦反者也 獨書世隆反 何 罪世隆也 魏主之謀誅榮也 曰 殺榮與天穆而赦其黨 榮旣伏誅 魏主大赦 世隆非其親弟 必在赦例矣 今乃首爲亂階 故特書反 而書與汾州刺史爾朱兆云云 然則弑逆雖兆之罪 而世隆亦與受其惡矣〕" ≪書法≫

"爾朱氏의 反逆은 사람과 귀신이 분노하는 것이다. 元曄은 친히 元子攸에게 北面(신하 노릇 함)하였는데 마침내 원엽을 다시 세워 교체시켰으며, 얼마 뒤에 원엽도 온당히 죽지 못하였다. 어찌 애초에 힘써 〈황제의 자리를〉 거부하여 바름을 지켜 죽어 亂臣賊子들에게 재앙을 창도할 바탕이 없도록 하는 것만 했겠는가. ≪資治通鑑綱目≫에서는 위에서 '爾朱世隆의 반란하였다.'고 기록하고 아래에서 '원엽을 황제로 세웠다.'고 기록하였으니 원엽이 반란자에 의해 황제에 즉위됨을 보인 것이다. 이는 또한 반역의 무리일 뿐이니 비록 재앙을 스스로 면하려고 해도 어려울 것이다.〔爾朱反逆人神憤怒 元曄親北面子攸 乃復立而代之 旣而亦不克終 曷若力拒於初 守正而斃 使亂臣賊子 無以爲倡禍之資乎 綱目上書世隆反 下書立曄 則見曄爲反者所立 是亦反逆之徒爾 雖欲自免 難哉〕" ≪發明≫

引見하고 위로하여 권면하였다. 그의 형 高乾이 또한 冀州에서 말을 달려 洛陽에 이르렀다. 魏主가 고건을 河北大使로 삼고 고오조를 直閤將軍으로 삼아 그들을 귀향하게 하여 鄕里의 군사를 모집하여 밖에서 〈조정에〉 호응하는 형세를 이루게 하였다. 魏主가 河橋에서 고오조 등을 송별하면서 술을 들고 물을 가리키며 말하기를 "卿의 兄弟는 冀部(冀州)의 豪傑인지라 士卒들을 목숨을 바치도록 할 수 있을 것이니, 만일 京城에 사변이 있게 되면 朕을 위하여 黃河 가에서 군대를 일으킬 수 있을 것이오."라고 하니, 고건은 눈물을 흘리며 조서를 받고 고오조가 劒을 빼들고 일어나 춤을 추어 반드시 죽음으로써 맹세하였다.

世隆이 欲還北이어늘 司馬子如가 曰 當此之際에 不可以弱示人이니 若亟北走면 恐變生肘腋이라 不如分兵守河橋하고 還軍向京師하여 出其不意면 或可成功이요 假使不得所欲이나 亦足示有餘力하여 使天下畏我之彊하여 不敢叛散이니이다 世隆이 從之하여 攻河橋하여 殺奚毅하고 據北中城하니 魏朝가 大懼러라 高敖曹가 從榮至洛이러니 榮死에 魏主가 引見勞勉之하다 其兄乾이 亦自冀州로 馳赴洛陽이라 魏主가 以乾爲河北大使하고 敖曹爲直閤將軍하여 使歸集鄕曲爲形援할새 送之河橋①하여 擧酒指水曰 卿兄弟는 冀部豪傑이라 能令士卒致死니 京城이 儻有變이면 可爲朕하여 河上一揚塵이니라 乾이 垂涕受詔하고 敖曹가 援劒起舞하여 誓以必死러라

① 高敖曹 兄弟가 鄕里로 돌아갈 적에 동쪽 길로 나가야 하는데 河橋는 洛陽城 북쪽에 있어서, 魏主가 당연히 여기에서 송별하지 않았을 것이다. '河橋' 2字는 반드시 잘못되었을 것으로 생각된다.
敖曹兄弟歸鄕里, 路當東出, 河橋在洛城北, 魏主不應送之於此. 河橋二字, 意必有誤.

【目】10월에 爾朱世隆이 爾朱拂律歸를 보내서 胡人 騎兵 1천 명을 거느리게 하였는데 모두 흰색 孝服(흰 喪服)을 입었다. 낙양성 아래로 이르자 魏主(元子攸)가 사자를 보내서 그에게 말하기를 "太原王(爾朱榮)이 공을 세우고서 끝까지 유지하지 못하여 은밀하게 반란을 도모하였으니, 죄는 이주영의 몸에서 그치고 다른 사람들에게는 모두 묻지 않을 것이다. 만약 항복한다면 官爵이 예전과 같을 것이다."라고 하였다. 이주불률귀가 말하기를 "바라오니 태원왕의 시신을 얻는다면 죽더라도 한이 없을 것입니다."라고 하고, 이어 눈물을 흘리니 여러 胡人들이 慟哭하여 그 곡소리가 城邑에 진동하였다. 魏主가 이주세륭을 토벌하고자 결사대를 모집하니 하루에 1만 명을 얻었다. 이주불률귀 등과 洛陽 城郭 밖에서 싸웠으나 이기지 못하였다. 魏主가 신하들을 모아놓고 널리 의론하니

모두 두려워하여 계책을 낼 줄 몰랐다. 散騎常侍 李苗가 옷자락을 떨치고 일어나면서 말하기를 “지금 조정이 헤아릴 수 없는 위태로움이 있으니 바로 忠臣과 烈士가 절개를 다 바쳐야 하는 날입니다. 臣이 비록 武將은 아니지만 청하건대 1旅의 병사를 거느리고 陛下를 위하여 곧바로 가서 河橋를 끊겠습니다.”라고 하니, 魏主가 허락하였다.

이묘가 사람을 모집하여 馬渚의 上流에서 배를 타고 밤에 내려와 火船을 놓아서 河橋를 불태웠다. 이주세륭의 병사 중에 南岸에 있던 자들이 그것을 바라보고 다투어 하교의 북쪽으로 건너가니 잠시 후에 하교가 끊어져서 물에 빠져 죽은 자가 매우 많았다. 이묘가 小渚(작은 섬)에 정박하였는데 남쪽의 구원병이 이르지 않았다. 이주세륭의 군대가 나아가 이묘를 공격하자 이묘는 물에 뛰어들어 죽었다. 이주세륭이 또한 병사를 거두어 북쪽으로 달아났다.

魏主는 行臺 源子恭에게 조서를 내려 太行山의 丹谷을 수비하게 하고 堡壘를 쌓아 방어하게 하였다. 汾州刺史 爾朱兆가 이주영이 죽었다는 소식을 듣고 汾州에서 기병을 거느리고 晉陽을 점거하였다. 이주세륭이 長子에 이르자 이주조가 와서 이주세륭을 만났다. 그들은 함께 太原太守 長廣王 元曄을 추대하여 황제에 卽位시켰다. 원엽은 元英의 조카이다. 이주세륭의 형 爾朱仲遠이 또한 徐州에서 병사를 일으켜 洛陽으로 향하였다.

魏主가 城陽王 元徽로 內外를 모두 다스리게 하였다. 원휘가 두려워하여 계책을 낼 줄을 모르고 성품은 시기와 질투가 많아서 신하들 중에 책문을 올리는 자가 있으면 번번이 황제에게 채납하지 말라고 권하였다. 또 財貨에 인색하여 포상을 내린 것이 보잘것없었고, 혹은 많은 것도 중간에서 줄였고, 혹은 상을 주었다가 다시 追削하였다. 그러므로 다만 은상을 허비하기만 하고 조정의 은혜가 사람들을 감격시키지 못하였다.

11월에 이주중원이 西兗州를 함락하였는데 賀拔勝이 이주중원과 싸웠으나 이기지 못하여 그에게 항복하였다.

十月에 世隆이 遣爾朱拂律歸하여 將胡騎一千하여 皆白服하고 來郭下①어늘 魏主가 遣謂之曰 太原王이 立功不終하여 陰圖釁逆하니 罪止榮身이요 餘皆不問이라 若降이면 官爵이 如故리라 拂律歸가 曰 願得太原王尸면 生死無恨이니이다 因涕泣하니 群胡가 皆慟哭하여 聲振城邑이라 魏主가 募敢死士討世隆하니 一日에 得萬人이라 與拂律歸等戰於郭外不克하니 魏主가 集群臣博議하니 皆恇懼不知所出이라 散騎常侍李苗가 奮衣起曰 今朝廷이 有不測之危하니 正是忠臣烈士效節之日이라 臣雖不武나 請以一旅之衆으로 爲陛下徑斷河橋②리이다 魏主가 許之하니 苗가 募人從馬渚上流하여 乘船夜下하여 縱火船焚橋하니 爾朱氏兵在南岸者가 望之하고 爭橋北度러니 俄而橋絶하여 溺死

者가 甚衆이러라 苗가 泊小渚러니 南援不至③라 爾朱氏就擊之한대 苗가 赴水死하다 世隆이 亦收兵北遁하니 詔行臺源子恭하여 鎭太行(항)丹谷하고 築壘防之④하다 汾州刺史爾朱兆가 聞榮死하고 自汾州로 (師)〔帥〕21)騎據晉陽이러니 世隆이 至長子에 兆가 來會之하다 共推太原太守長廣王曄卽位하니 曄는 英之弟子也라 世隆兄仲遠이 亦起兵徐州向洛陽하다 魏主가 以城陽王徽로 摠統內外하니 徽가 憂怖하여 不知所出하고 性多忌嫉하여 群臣이 有獻策者면 輒勸勿納하고 又靳財貨하여 賞賜薄少하고 或多而中減하고 或與而復追라 故徒有糜費而恩不感物이러라 十一月에 仲遠이 陷西兗州하니 賀拔勝이 與戰不勝하여 降之⑤하다

① ≪資治通鑑考異≫에 말하기를 "≪魏書≫에 爾朱拂律歸의 이름이 없는데 ≪伽藍記≫에는 이름이 있다. 살펴보면 爾朱度律은 당시에 爾朱世隆의 처소에 있었다. 혹자는 爾朱拂律歸는 바로 이주도률이다." 하였다.
考異曰 "魏書無拂律歸名, 伽藍記有之. 按爾朱度律時在世隆所, 或者拂律歸, 卽度律也."
② 5백 명이 1旅가 된다.
五百人爲一旅.
③ 泊은 머물다는 뜻이다. ≪資治通鑑≫에 "李苗가 병사 백 명쯤을 거느려서 小渚에 머물고 남쪽의 구원병을 기다렸는데 官軍이 이르지 않았다." 하였다.
泊, 止也. 通鑑 "苗將百許人, 泊於小渚, 以待南援, 官軍不至."
④ ≪水經注≫에 "丹水는 上黨郡 高都縣 옛 성 동북쪽 언덕 아래에서 나와서 동남쪽으로 丹谷에 흘러들어간다." 하였다.
水經注 "丹水出上黨高都縣故城東北阜下, 東南流注于丹谷."
⑤ 北魏 太和 연간에 滑臺에 西兗州를 두었다.
魏太和中置西兗州於滑臺.

【目】 예전에 爾朱榮이 조용히 측근들에게 묻기를 "하루아침에 내가 없어진다면 누가 군대를 주관할 수 있겠는가."라고 하였는데, 측근들이 爾朱兆라고 대답하였다. 이주영이 말하기를 "이주조가 비록 용감하지만 〈그의 능력상〉 지휘할 수 있는 병력은 3천 기병에 불과하니 더 많으면 혼란해질 것이다. 나를 대신하여 감당할 수 있는 자는 오직 賀六渾(高歡)뿐이다."라고 하였다. 이어서 이주조에게 경계하기를 "너는 하륙혼의 상대가 못 되니 끝내 그에게 코를 꿰게 될 것이다."라고 하였다. 마침내 高歡을 晉州刺史로 삼았다.

이주조가 병사를 이끌고 낙양을 향할 적에 고환을 부르자 고환이 말하기를 "이주조는 경망하고 우둔함이 이와 같아 감히 悖逆스러운 짓을 하니 우리 형세로는 爾朱氏를 오래

21) (師)〔帥〕: 저본에는 '師'로 되어 있으나, ≪資治通鑑≫에 의거하여 '帥'로 바로잡았다.

섬길 수 없을 것이다."라고 하였다. 마침내 山蜀의 반란이 평정되지 않은 것으로 사양하고 오지 않자 이주조가 마침내 경무장병을 이끌고 黃河를 건너가서 기병이 宮門을 두드리니 宿衛兵들이 흩어져 달아났다.

初에 爾朱榮이 嘗從容問左右曰 一旦無我면 誰可主軍고하니 衆이 以兆對한대 榮이 曰 兆雖勇이나 然所將이 不過三千騎니 多則亂矣라 堪代我者는 唯賀六渾耳니라 因戒兆曰 爾非其匹이니 終當爲其穿鼻니라 乃以高歡爲晉州刺史①러니 及兆가 引兵向洛할새 召歡한대 歡曰 兆가 狂愚如是而敢爲悖逆하니 吾勢不得久事爾朱矣라하고 乃以山蜀未平으로 辭不至②한대 兆가 遂輕兵涉河하여 騎叩宮門하니 宿衛散走라

① '穿鼻'는 제압한다는 뜻이다. 후에 爾朱兆는 秀容川[22]을 보존하였는데 과연 高歡에게 습격을 받아 격파되니, 이주조가 自殺하였다.
穿鼻, 控制之義也. 後爾朱兆保秀容川, 果爲高歡襲破之, 兆自殺.
② 蜀人이 汾晉으로 옮겨 산에 의지하여 사는 사람을 山蜀이라고 말한다.
蜀人徙汾晉, 依山而居者, 謂之山蜀.

【目】魏主(元子攸)가 雲龍門 밖으로 걸어가다가 城陽王 元徽가 말을 타고 달려가는 것을 보았는데, 여러 번 불러도 돌아보지 않고 갔다. 이주조가 魏主를 잡아 가두고 皇子를 내팽개쳐 때려죽이고 병사를 풀어 크게 노략질하여 臨淮王 元彧 등을 죽였다. 원휘가 金 100근과 말 50필을 가지고 있었다. 이전에 洛陽令 寇祖仁이 한 집안에 3명의 刺史가 모두 원휘 자신의 추천으로 선발된 사람이었기 때문에 찾아가서 의탁하였다.

寇祖仁이 사사로이 子弟들에게 말하기를 "금일 富貴가 닥쳐올 것이다."라고 하였다. 마침내 원휘를 겁주어 말하기를 "〈그대를〉 잡으려는 사람이 장차 올 것이다."라고 하여, 원휘를 다른 곳으로 도망가게 하였다. 사람을 시켜서 길에서 원휘를 맞이하여 죽여서, 원휘의 머리를 이주조에게 보냈으나 이주조가 구조인에게 상을 주지 않았다.

이윽고 꿈에 원휘가 자신(이주조)에게 말하기를 "나의 金 200근과 말 100필이 구조인의 집에 있으니 경이 갖도록 하라."라고 하였다. 이주조가 바로 구조인을 잡아 꿈에 의거하여 금과 말을 찾다가 얻지 못하자 구조인을 죽였다.

魏主가 步出雲龍門外하여 遇城陽王徽乘馬走하고 屢呼之호되 不顧而去러라 兆가 執魏主鎖之하고 撲殺皇子하고 縱兵大掠하여 殺臨淮王彧等①하다 徽가 齎金百斤馬五十匹하다 以前洛陽令

22) 秀容川 : 契胡 爾朱氏가 살던 곳이며 北魏 때에 爾朱氏가 대대로 北秀容 酋長이 되었다.

寇祖仁이 一門三刺史가 皆己所引拔이라 故往投之하니 祖仁私謂子弟曰 今日에 富貴至矣로다 乃怖徽云 捕將至라하여 令其逃於他所하고 使人於路邀殺之하여 送首於兆하되 兆不之賞이러니 旣而夢徽가 謂己曰 我有金二百斤馬百匹이 在祖仁家하니 卿可取之하라 兆卽捕祖仁하여 依夢徵之하여 不得하니 殺之하다

① '撲殺'은 내팽개쳐 때려죽임을 말한다. 皇子는 爾朱后의 所生이다.
撲殺, 謂投擲而擊殺之. 皇子, 爾朱后所生也.

【目】 胡氏(胡寅)가 다음과 같이 평하였다.

"사람이 죽으면 기운의 흩어짐이 불과 같아서 다하면 빛이 사라진다. 어찌 사람을 꿈에서 만날 수 있겠는가. 寇祖仁이 원한으로 恩德을 갚았으니 형벌과 살육을 행하는 사람이다. 사람이 주는 재앙이 있지 않으면 반드시 귀신이 내리는 문책이 있을 것이다. 元徽가 일찍이 大權을 잡아서 富貴를 누려 權勢를 쓴 것이 크고 精爽에 지극한 것을 취한 것이 많았다. 몸은 비록 죽었지만 혼백이 가서 흩어지는 것은 느리고 또 山南에서 낙양과의 거리가 하룻길로 가깝다. 원망하는 기운이 혼백과 사귐이 이치상 혹은 이런 일이 있는 것이다."

胡氏曰 人死則氣散이 猶火焉하여 盡則光滅矣라 何爲能見夢於人耶아 祖仁이 以怨報德하니 刑戮之民也라 不有人禍면 必有鬼責矣라 徽嘗持大權하여 享富貴하여 其用物弘而取精多하니 身雖死나 而其遊散也緩하고 且山南距洛이 一日而近耳라 怨氣交魄이 理或有之也①니라

① ≪春秋左氏傳≫ 昭公 7년에 "權勢를 쓴 것이 크고 精爽(精神)에 좋은 것을 취한 것이 많다." 하였다. 그 注에 "權勢를 쓴 것은 매우 크고 넓으며, 精爽을 지극하는 것은 매우 많다." 하였다. 山南은 伊水와 潁水의 남산의 남쪽이다. 원휘가 달아나 산남에 이르러 寇祖仁의 집에 도달했다.
左傳昭七年 "其用物也弘矣, 其取精也多矣." 注 "其用權勢, 則甚弘太, 其致精爽, 則甚衆多." 山南, 伊・潁南山之南也. 徽走至山南, 抵祖仁家.

【目】 爾朱世隆과 爾朱仲遠이 모두 洛陽에 이르니 爾朱兆가 이주세륭을 질책하기를 "叔父께서 조정에 있으면서 어떻게 天柱大將軍(爾朱榮)에게 재앙을 받게 하셨습니까."라고 하고, 칼을 잡으며 눈을 부릅뜨고 말소리와 얼굴색이 매우 사나우니, 이주세륭이 공손하게 사죄한 다음에야 그쳤다. 이 때문에 매우 한스러워하였다.

예전에 魏主(元子攸)가 이주영을 죽였을 때에 河西 도적의 괴수 紇豆陵步蕃에게 조서

를 내려 秀容郡을 습격하도록 하였다. 이때에 이르러 흘두릉보번이 〈병사를 거느리고〉 南下할 때에 병사들의 형세가 매우 성대한지라 이주조가 이주세륭을 머물러두어 洛陽을 수비하게 하고 晉陽으로 빨리 돌아가 그를 막으려 하였다. 魏主를 晉陽에 옮기니 高歡이 그 소식을 듣고 기병을 거느리고 가서 맞이하려고 했으나 미치지 못하였다. 이어서 이주조에게 편지를 보내 禍福을 진술하니 이주조는 고환의 말을 받아들이지 않고 마침내 魏主를 三級佛寺에서 시해하였다.

○世隆仲遠이 皆至洛陽하니 兆責世隆曰 叔父가 在朝하여 如何令天柱受禍오 按劍瞋目하여 聲色甚厲①하니 世隆이 遜謝然後得已러라 由是深恨之러라 初에 魏主가 殺爾朱榮에 詔河西賊帥紇豆陵步蕃하여 襲秀容②이러니 至是步蕃이 南下에 兵勢甚盛이라 兆가 留世隆하여 鎭洛陽하고 亟還晉陽以禦之하다 遷魏主於晉陽하니 高歡이 聞之하고 帥騎邀之하나 不及하다 因與兆書하여 爲陳禍福하니 兆不納하고 竟弑之三級佛寺③하다

① 爾朱世隆은 爾朱榮의 사촌 동생이다. 爾朱兆는 爾朱榮의 조카이므로, 이주세륭을 叔父라고 불렀다.
世隆, 榮從弟. 兆, 榮從子, 故呼世隆爲叔父.
② 紇豆陵은 오랑캐는 3字 姓이다. 步蕃은 그의 이름이며 北河의 서쪽에 살았다.
紇豆陵, 虜三字姓. 步蕃, 其名, 居北河之西.
③ 三級佛寺는 晉陽에 있다.
寺在晉陽.

【目】胡氏(胡寅)가 다음과 같이 평하였다.

"衰亂한 조정에 宗室의 侯·王이 强臣에게 세움을 받아서 일생을 잘 마친 자가 없다. 만약 敬宗(元子攸)이, 爾朱榮이 은밀하게 맞이할 때를 당해서 저들과 자신을 잘 살필 수 있었으면 〈황제 자리를〉 받지 않아야 했을 것이고, 받아서 일으킬 만했으면 사양하지 않았어야 할 것이지마는, 사양하여 용납될 만했으면 이에 일생을 잘 마치는 데 가까웠을 것이다. 이주영이 3대에 걸쳐 養兵하고 斧鉞(권력)을 잡기를 6년이나 하였으니 心腹과 爪牙의 인사들이 많았다. 비록 사람됨이 거칠고 포악하며 가볍고 소홀하여 제거하기를 매우 쉽게 하였으나 그 종족들이 어찌 한 번의 사면으로 수습될 수 있는 것이겠는가. 이는 이주영에게 〈황제에〉 세워진 자가 유약해도 안 될 것이고 강해도 안 될 것이다. 오직 재능을 감추고 말을 공손히 하여 군건하여 그 뜻이 뽑히지 않아야 될 수 있는 것이니 어찌 적당한 사람이 되기가 어렵지 않겠는가."

胡氏曰 衰亂之朝에 宗室侯王이 爲强臣所立하여 未有得令終者也라 若使敬宗이 當爾朱榮密迎之際하여 能審彼己하면 有不受也요 受而足以興이면 有不辭也나 辭而足以容이면 其庶幾耶인저 夫榮養兵三世하고 杖鉞六年하니 其腹心爪牙之士가 衆矣라 雖爲人이 麤暴輕忽하여 去之甚易나 而其族黨이 豈一赦所能收也리오 是則爲榮所立이 弱亦不可요 强亦不可라 惟韜光孫言하여 確乎其不拔[23]이라야 爲可爾니 豈不難其人哉아

【目】 예전에 爾朱世隆 등이 泰寧太守 房謨에게 병사를 徵發하겠다고 하니 방모가 그의 使者를 죽였다. 爾朱兆가 뜻을 얻었을 때에 그의 무리인 是蘭安定이 방모를 잡아서 建州城 감옥에 가두니 泰寧郡 안의 蜀人들이 그 소식을 듣고 모두 배반하였다. 시란안정이 방모에게 허약한 말〔馬〕을 주고서 방모에게 〈반란한 蜀人들에게〉 나가서 慰勞하도록 하니, 여러 賊들이 방모를 향해 멀리서 절을 하였다. 방모가 이전에 타던 말을 將士에게 別給하였는데, 싸움에 패하였을 적에 蜀人이 그 말을 얻어서 잘 길렀다. 아동들과 부녀자들이 다투어 풀과 곡식을 던져주며 말하기를 "이것은 房公의 말이다."라고 하자, 이주세륭이 그 말을 듣고 방모를 長史로 삼았다.

◑ 初에 世隆等이 徵兵於大寧太守房謨하니 謨가 斬其使①러니 及兆得志에 其黨是蘭安定이 執謨繫州獄②하니 郡中蜀人이 聞之皆叛③이라 安定이 給謨弱馬하여 令往慰勞하니 諸賊이 見謨遙拜러라 謨先所乘馬를 別給將士러니 戰敗에 蜀人이 得之하여 善養之하니 兒童婦女가 競投草粟曰 此는 房公馬也라한대 世隆이 聞之하고 以爲長史하다

① 魏收의 ≪魏書≫ 〈地形志〉에 "北魏 孝昌 연간에 泰寧郡을 두었고, 建州에 소속시켰다." 하였다. 그 땅은 唐나라 澤州 沁水縣 경역에 있을 것이다. 大는 마땅히 泰가 되어야 한다.
魏收志 "魏孝昌中置泰寧郡, 屬建州." 其地當在唐澤州沁水縣界. 大, 當作泰.

② 是蘭은 複姓이며, 安定은 그의 이름이다.
是蘭, (復)〔複〕[24]姓也. 安定, 其名.

③ 이것은 泰寧郡에 거주하는 蜀人을 말하니, 또한 汾蜀・絳蜀의 부류이다.
此謂蜀人之居泰寧者, 亦汾蜀・絳蜀之類也.

【綱】 北魏의 紇豆陵步蕃이 爾朱兆를 秀容郡에서 크게 격파하였다. 이주조와 晉

---

23) 確乎其不拔 : ≪周易≫ 〈文言傳〉에 '確乎其不可拔'로 되어 있다.

24) (復)〔複〕 : 저본에는 '復'으로 되어 있으나, 오자이므로 '複'으로 바로잡았다.

州刺史 高歡이 공격하여 흘두릉보번을 죽였다. 이주조가 고환에게 六鎭을 통솔하도록 하였다.

魏紇豆陵步蕃이 **大破爾朱兆於秀容**이러니 **兆及晉州刺史高歡**이 **擊殺之**하니 **兆**가 **使歡統六鎭**[25)]하다

【目】 紇豆陵步蕃이 爾朱兆를 秀容郡에서 크게 격파하고 남쪽으로 晉陽을 핍박하였다. 이주조가 두려워하여 사람을 시켜서 高歡을 불러 병력을 병합하자고 하자, 고환의 僚屬들이 모두 고환에게 부름에 응하지 말라고 권하였으나 고환이 따르지 않고 마침내 갔다. 賀拔焉過兒가 청하여 천천히 가서 이주조를 피폐하게 하라고 청하자 고환이 이따금 머뭇거려 늦추니 흘두릉보번의 병사가 나날이 성대해졌다. 이주조가 자주 패하여 위급함을 알려오자 고환은 마침내 가서 그를 따라 이주조와 함께 병사를 진격시키고 협공하여 크게 격파하고 흘두릉보번을 참수하였다. 이주조가 고환에게 감격하여 서로 함께 맹세하여 兄弟가 되고 고환에게 나아가서 연회를 하며 술을 마셨다.

紇豆陵步蕃이 大破爾朱兆於秀容하고 南逼晉陽하니 兆가 懼하여 使人召高歡幷力한대 僚屬이 皆勸歡勿應召호되 歡이 不聽하고 遂行하다 賀拔焉過兒가 請緩行以弊之①한대 歡이 往往逗留하니 步蕃兵이 日盛이라 兆가 屢敗告急이어늘 歡이 乃往從之하여 與兆進兵合擊하여 大破斬之하니 兆가 德歡하여 相與誓爲兄弟하고 詣歡宴飮하다

① 賀拔은 複姓이다. 焉過兒는 그의 이름이다.
賀拔, 複姓. 焉過兒, 其名也.

【目】 예전에 葛榮의 무리 중에 幷州와 肆州로 유입된 자가 20여만 명이었다. 契胡에게 능멸과 학대를 받아 모두 생계를 유지할 수가 없어서 크고 작은 반란이 26차례나 일어

25) 魏紇豆陵步蕃……兆使歡統六鎭 : "'爾朱兆가 하도록 했다.〔兆使〕'라고 기록한 것은 어째서인가. 다행스러워한 것이다. 어째서 다행스러워하였는가. 고환이 六鎭을 얻지 못하면 爾朱氏가 쉽게 망하지 않았을 것이다. 기록하기를 '이주조가 고환에게 六鎭을 통솔하도록 하였다.〔兆使歡統六鎭〕'라고 하였으니, 하늘이 혼백을 빼앗은 것이다. 그러므로 〈漢 高祖 劉邦의 孫子〉 劉章이 朱虛侯에 봉해져 궁중에 들어가 宿衛를 하자 여러 呂氏들이 주살되었는데, ≪資治通鑑綱目≫에서는 기록하기를 '呂太后가 〈유장을 주허후에〉 封했다.〔太后封〕'라고 하였다. 고환이 六鎭을 얻자 이주씨가 멸망하였는데 ≪資治通鑑綱目≫에서는 기록하기를 '이주조가 하도록 했다.〔兆使〕'라고 기록하였으니, 모두 그렇게 하려 하지 않았는데도 그렇게 된 것이다.〔書兆使 何 幸之也 曷爲幸之 歡不得六鎭 則爾朱未易亡也 書曰 兆使歡統六鎭 天奪之魄矣 是故劉章封朱虛 入宿衛 而諸呂誅 綱目書曰太后封 高歡得六鎭 而爾朱滅 綱目書曰兆使 皆莫之爲而爲者也〕" ≪書法≫

나서 주륙된 자가 반이나 되었는데 여전히 반란을 도모함을 그치지 않았다. 爾朱兆가 이것을 근심하여 高歡에게 대책을 묻자 고환이 대답하기를 "六鎭의 반란한 잔당을 다 죽일 수는 없습니다. 마땅히 心腹을 뽑아서 그들을 다스리게 하여 범죄자가 있거든 그들의 수령을 죄주면 죄를 짓는 자가 적어질 것입니다."라고 하였다. 이주조가 말하기를 "좋다. 누가 적합한가."라고 하니, 賀拔允이 고환에게 그들을 다스리게 하도록 청하였다. 그러자 고환이 하발윤을 때려서 이를 부러뜨리고 말하기를 "天下 일은 取捨가 王에게 달려 있으니 어찌 감히 망령되이 말하는가. 하발윤을 죽일 것을 청합니다."라고 하였다. 이주조는 고환이 충성스럽다고 여겨 마침내 六鎭의 軍民들을 고환에게 맡겼다. 고환은 이주조가 술에 취했으므로 술이 깨면 후회할까 염려하여 마침내 軍營에 나와서 선언하기를 "〈내가 王의〉 위임을 받아 州鎭의 군사를 통솔하게 되었으니, 汾河 동쪽에 집결하여 나의 호령을 받으라."라고 하였다. 마침내 陽曲川에 牙旗(主將이 세우는 기)를 세우니, 軍士들이 평소 이주조를 미워하고 고환에게 소속되는 것을 즐거워하여 모두 이르지 않는 자가 없었다.

初에 葛榮部衆이 流入幷肆者가 二十餘萬이라 爲契胡陵暴하여 皆不聊生하여 大小二十六反에 誅夷者半이로되 猶謀亂不止어늘 兆가 患之하여 問計於歡한대 歡이 曰 六鎭反殘을 不可盡殺①이라 宜選腹心使統之하여 有犯者어든 罪其帥則所罪者가 寡矣리라 兆가 曰 善하다 誰可者오 賀拔允이 請使歡領之한대 歡이 毆允折齒曰 天下事가 取捨가 在王하니 何敢妄言고 請殺之②라커늘 兆가 以歡爲誠이라하여 遂以其衆委焉하니 歡이 以兆醉라 恐醒而悔之하여 遂出宣言호되 受委統州鎭兵하니 可集汾東受號令하라 乃建牙陽曲川③하니 軍士가 素惡兆而樂屬歡하여 莫不皆至러라

① 破六韓拔陵·杜洛周가 패한 이후로 그 무리들이 다 葛榮에게 귀부하였으니, 모두 六鎭 사람들이다.
自破六韓拔陵·杜洛周之敗, 其衆盡歸葛榮, 皆六鎭人也.
② 長廣王(元曄)이 즉위하여 爾朱兆를 大將軍을 삼고 爵位를 높여 王으로 삼았다.
長廣王卽位, 以兆爲大將軍, 進爵爲王.
③ 北魏가 六鎭을 고쳐 州로 삼으니, 葛榮의 무리들이 모두 六鎭의 사람들이므로, 州鎭兵이라고 한 것이다. ≪水經註≫에 "汾水는 汾陽縣에서 남쪽으로 흘러서 陽曲城 서쪽을 지나간다. 陽曲은 秀容郡의 남쪽에 있다." 하였다.
魏改六鎭爲州, 葛榮部衆皆六鎭人, 故曰州鎭兵. 水經註 "汾水自汾陽縣南流, 逕陽曲城西. 陽曲在秀容之南."

【目】 얼마 있다가 〈高歡은〉 또 劉貴를 보내어 爾朱兆에게 청하기를 "幷州와 肆州에 해마다 서리가 내리고 가뭄이 드니, 降戶(항복자)들에게 山東으로 나가 걸식하게 하기를 청합니다."라고 하자, 이주조가 유귀의 말을 따랐다. 慕容紹宗이 간언하기를 "高公(고환)은 뛰어난 재주가 세상을 뒤덮는데 다시 밖에서 大軍을 장악하게 하니 비유하면 蛟龍에게 구름과 비를 빌려주는 것과 같은지라 장차 통제할 수 없을 것입니다."라고 하니, 이주조가 말하기를 "향불을 피워 형제가 되기로 맹세하였으니 무엇을 염려하겠는가."라고 하였다. 모용소종이 말하기를 "親兄弟도 오히려 믿기 어려운데 어찌 향불을 논하겠습니까."라고 하였다. 당시 이주조의 측근이 이미 고환의 金을 받았는지라 이로 인하여 모용소종이 고환과 틈이 있다고 말하자 이주조가 노하여 모용소종을 감옥에 가두고 재촉하여 고환이 빨리 출발하게 하였다.

고환은 도중에 洛陽에서 오던 爾朱榮의 妻 北鄕長公主를 만났는데, 공주가 가지고 있던 말 3백 필을 가지고 있었는데 다 빼앗았다. 이주조가 그 소식을 듣고 마침내 모용소종을 석방하고 물으니 모용소종이 말하기를 "고환은 손아귀 속의 물건과 같습니다."라고 하였다. 이주조가 마침내 스스로 고환을 추격하여 襄垣에 이르니 마침 漳水가 갑자기 불어났으므로 고환이 漳水를 사이에 두고 이주조에게 절하며 말하기를 "〈제가 공주의〉 말을 빌린 것은 다른 뜻이 아니라 山東의 도적을 대비하려고 했을 뿐입니다. 그런데 王께서 참소하는 말을 믿고 저를 추격하여 오셨으니 지금 물을 건너가서 죽을 것을 사양하지 않겠으나 저의 무리들이 곧 배반할까 두렵습니다."라고 하였다.

이주조가 이어서 경무장 말을 타고 물을 건너와 고환에게 사죄하고 목을 길게 빼고는 칼을 주며 고환에게 자기를 목를 베라고 하자 고환이 크게 통곡하며 말하기를 "天柱大將軍(爾朱榮)께서 薨한 후부터 賀六渾 제가 다시 누구를 우러러보겠습니까. 다만 제가 원하는 것은 大家께서 만수무강하시는 데에 힘을 펼쳐 쓰이게 되는 것뿐입니다. 大家께서 어찌 차마 이런 말씀을 하십니까."라고 하니, 이주조가 마침내 칼을 던지고 다시 白馬의 목을 베어서 고환과 함께 맹세를 하고 이어서 留宿하여 밤에 술을 마셨다.

尉景이 壯士를 매복시켜 이주조를 잡으려고 하였는데 고환이 제지하며 말하기를 "지금 이주조를 죽이면 그의 무리들이 반드시 도망하여 돌아가서 뭉칠 것이니, 우리 병사들이 굶주리고 말이 여위어서 함께 대적하지 못한다. 만약 英雄이 이 틈을 타고 일어난다면 해가 됨이 더욱 심할 것이다. 이주조가 비록 날래고 용감하며 흉악하고 사납지만 계책이 없어서 일을 도모하기에 부족하다."라고 하였다. 아침에 이주조가 군영으로 돌아가서 다시 고환을 불렀는데 고환이 막 가려고 하자 長史 孫騰이 고환의 옷을 잡아끌자 마침내 중지하였다.

居無何에 又使劉貴로 請兆호되 以并肆가 頻歲霜旱하니 請令降戶로 就食山東이라한대 兆가 從之①어늘 慕容紹宗이 諫曰 高公이 雄才蓋世어늘 復使握大兵於外하니 譬如借蛟龍以雲雨라 將不可制矣리라 兆曰 有香火重誓하니 何慮邪②아 紹宗曰 親兄弟도 尙不可信이어든 何論香火③리오 時兆左右가 已受歡金이니라 因稱紹宗이 與歡有隙이라한대 兆가 怒하여 囚紹宗하고 趣(촉)歡發④하니 歡이 道逢爾朱榮妻北鄕長公主가 自洛陽來하니 有馬三百匹이어늘 盡奪之⑤한대 兆가 聞之하고 乃釋紹宗而問之하니 紹宗曰 此猶是掌握中物也니라 兆乃自追歡至襄垣하니 會漳水暴漲⑥이라 歡이 隔水拜曰 借馬는 非他라 備山東盜耳어늘 王이 信讒來追하니 今不辭度水而死로되 恐此衆이 便叛일까하노이다 兆가 因輕馬度水謝歡하고 引頸授刀하여 使歡斫之한대 歡이 大哭曰 自天柱之薨으로 賀六渾이 更何所仰고 但願大家千萬歲에 得伸力用耳니 大家가 何忍出此言⑦고 兆가 乃投刀하고 復斬白馬하여 與歡爲誓하고 因留宿夜飮하니 尉景이 伏壯士欲執兆어늘 歡이 止之曰 今殺之면 其黨이 必奔歸聚結이니 兵飢馬瘦하여 不可與敵이라 若英雄이 乘之而起면 則爲害滋甚하니 兆雖驍勇兇悍이나 無謀不足圖也니라 旦日에 兆가 歸營하여 復召歡한대 歡이 將詣之어늘 長史孫騰이 牽歡衣하니 乃止하다

① 幷州・肆州・冀州・定州・瀛州・相州・殷州는 太行(태항)과 常山을 한계로 삼았고, 幷州・肆州는 山西에 있고 나머지 州는 모두 山東에 있다. 高歡이 병사를 이끌고 山東에 나가 먹이려고 했는데, 이것은 바로 爾朱兆를 멀리하고 조용히 병사들의 마음을 거두어 이로 인하여 병사를 일으키려는 것이다.
幷・肆・冀・定・瀛・相・殷以太行・常山爲限, 幷・肆在山西, 餘州皆在山東. 歡欲引衆就食山東, 正欲遠兆, 得以從容收衆心, 因之以起兵也.

② '重誓'는 高歡과 함께 맹세하여 兄弟가 된 것을 말한다.
重誓, 謂與歡誓爲兄弟.

③ 당시에 爾朱兆는 그의 여러 추종자들과 함께 이미 싫어하는 틈을 조성하였다. 그러므로 慕容紹宗이 이 말로 풍자한 것이다.
時爾朱兆與其群從已構嫌隙, 故紹宗以此言諷之.

④ 趣(재촉하다)은 促(촉)으로 읽는다.
趣, 讀曰促.

⑤ 北鄕은 郡 이름이다. 爾朱榮의 妻는 元氏가 아니다. 이주영의 공로로 北鄕長公主에 봉해졌다.
北鄕, 郡名, 榮妻非元氏也. 以榮功封北鄕長公主.

⑥ 襄垣縣은 漢나라 때에는 上黨郡에 소속하였고, 北魏 때에는 鄕郡에 소속하였고, 敬宗 建義

원년(528)에 나누어 襄垣郡을 설치하였다. 《水經》에 "漳水는 屯留縣에서 東北으로 흘러서 襄垣縣 옛 성 남쪽을 지난다." 하였다.

襄垣縣, 漢屬上黨(卽)〔郡〕,[26] 後魏屬鄉郡, 至敬宗建義元年, 分置襄垣郡. 水經"漳(宋)〔水〕[27] 自屯留縣東北流, 逕襄垣縣故城南."

⑦ 天子의 親近한 侍從이 天子를 일컬어 '大家'라고 한다. 이것은 마침내 高歡이 호칭을 지나치게 하여 爾朱兆를 교만하게 만들었다.

天子之親近侍從, 稱天子曰大家. 此乃高歡過呼, 爾朱兆以驕之耳.

【綱】北魏 齊州가 叛亂하니 刺史 蕭贊이 달아나 죽었다.

魏齊州가 **亂**하니 **刺史蕭贊**이 **走死**[28]하다

【目】齊州가 爾朱兆에게 귀부하니 蕭贊이 달아나 陽平에서 죽었는데 梁나라의 어떤 사람이 소찬의 靈柩를 훔쳐서 돌아갔다. 梁主(蕭衍)가 皇子의 禮와 같이 하여 황족의 능묘에 장사를 지냈다.

齊州가 附于爾朱兆하니 贊이 走卒於陽平이어늘 梁人或竊其柩以歸하니 梁主가 猶以子禮葬之陵次①하다

① 陽平縣은 漢에서 東郡에 소속되었고, 魏·晉 이래로 陽平郡에 나누어 소속되었다.

陽平縣, 漢屬東郡, 魏晉以來, 分屬陽平郡.

【目】胡氏(胡寅)가 다음과 같이 평하였다.

"蕭綜의 죄가 크다. 梁武(蕭衍)가 차마 하지 못함이여. 세 치 두께의 오동나무 棺을 써서 들에 장사 지내게 하여 봉분을 만들지 않고 나무를 심지 않는 것이 옳다. 아들을 조상의 여러 陵墓 옆에 안장한 것은 사랑이 지나친 것이다."

---

26) (卽)〔郡〕: 저본에는 '卽'으로 되어 있으나, 《資治通鑑》의 註에 의거하여 '郡'으로 바로잡았다.

27) (宋)〔水〕: 저본에는 '宋'으로 되어 있으나, 《資治通鑑》의 註에 의거하여 '水'로 바로잡았다.

28) 魏齊州亂……走死: "이에 齊州가 爾朱兆에게 귀부하고 蕭贊이 달아나서 陽平에서 죽었으니 차마 北魏를 저버린 사람이 아니다. '卒하였다〔卒〕'라고 기록하지 않고 '죽었다〔死〕'라고 기록한 것은 어째서인가. 아버지를 배반한 사람은 작은 절개를 기록하기에는 부족한 것이다. 그러므로 소찬은 비록 '卒'하였으나 盜賊의 규례를 따라 '死'라고 기록하였으니, 《資治通鑑綱目》에서 惡을 주벌함이 엄격하다.〔於是齊州附爾朱兆 贊走 卒于陽平 則不忍負魏者也 不書卒 書死何 叛父之人 小節不足錄也 故贊雖卒而從盜賊例書死 綱目之誅惡嚴矣〕"《書法》

胡氏曰 蕭綜之罪가 大矣라 梁武之不忍也여 桐棺三寸으로 葬之中野하여 不封不樹가 其可也라 子而祔諸陵은 慈之過也[①]니라

① ≪春秋左氏傳≫ 哀公 2년에 “만약 죄가 있다면 絞首刑을 받아 죽어서 세 치 두께의 오동나무 棺에 넣어 祖上의 墓域에 들어가지 못할 것이니, 이는 下卿에게 내리는 懲罰이다.” 하였다. ≪周易≫ 〈繫辭傳〉에 “옛날에 장사 지내는 사람은 들 가운데에 장사를 지내는데 봉분을 만들지 않고 나무를 심지 않았다.” 하였다.
左傳哀二年 “若其有罪, 絞縊以戮, 桐棺三寸, 無入于兆, 下卿之罰也.” 易繫辭曰 “古之葬者, 葬之中野, 不封不樹.”

【綱】 梁나라가 陳慶之를 南北司州刺史로 삼았다.

梁이 以陳慶之爲南北司州刺史[①]하다

① 梁나라가 南司州를 安陸에 설치하고, 北司州를 義陽에 설치하였다.
梁置南司州於安陸, 北司州於義陽.

【目】 陳慶之가 자주 北魏의 병사를 격파하였고, 마침내 義陽의 수비병을 폐지하고 水陸의 漕運을 정지하니, 江湖의 여러 州가 아울러 休息을 얻었다. 田 6천 頃을 개간하니 2년 후에 倉廩이 꽉 찼다.

慶之屢破魏兵하고 遂罷義陽鎭兵하고 停水陸漕運하니 江湖諸州竝得休息이라 開田六千頃하니 二年之後에 倉廩充實[①]이러라

① ‘江湖諸州’는 瀕江 및 洞庭·彭蠡 사이에 여러 州를 말한다.
江湖諸州, 謂瀕江及洞庭彭蠡間諸州也.

辛亥年(531)

梁나라 高祖 武帝 蕭衍 中大通 3년이고 北魏 節閔帝 元恭 普泰 원년이고 魏主 元朗 中興 원년이다.

梁中大通三年이요 魏節閔帝恭普泰元이고 主郞中興元年이라

【綱】 봄 2월에 北魏 樂平王 爾朱世隆이 君主 元曄을 폐출하고 廣陵王 元恭을 옹립했다.

春二月에 **魏樂平王爾朱世隆**이 **廢其主曄**하고 **而立廣陵王恭**하다

【目】 爾朱世隆의 형제가 은밀히 魏主 元曄이 황실과 먼 친척일 뿐더러 명망도 없다고 하여 가까운 친척을 군주로 옹립하려고 했다. 廣陵王 元恭은 元羽의 아들인데 공부하기를 좋아하고 포부도 갖췄다. 元叉가 제멋대로 권력을 부리자, 〈원공은〉 말 못하는 병이 있는 척했다. 郎中 薛孝通이 爾朱天光을 설득하기를, "광릉왕은 高祖(孝文帝)의 조카로 일찍이 촉망을 받고 있었었으나 조용히 지내고 있은 지 여러 해가 되었으니, 그를 추대하여 군주로 삼으면 하늘과 사람이 모두 진실로 호응할 것입니다."라고 했다. 이주천광이 爾朱彦伯에게 살며시 찾아가게 해서 위협조로 권유하자, 원공이 말하기를, "하늘의 뜻이거늘 무슨 말을 더하겠는가."라고 하니, 이주세륭 등이 크게 기뻐하여 원엽을 폐위시키고 원공을 옹립했다.

邢子才가 사면 문서를 만들 때 敬宗(孝莊帝)이 爾朱榮을 죄없이 죽인 내용을 서술하자, 魏主(節閔帝 元恭)가 말하기를, "永安(孝莊帝)이 힘이 강한 신하를 손수 처단한 것은 덕을 잃은 것이 아니라, 하늘이 혼란을 싫어하지 않았기에[29] 成濟의 재앙을 만났을 뿐이다."라고 했다. 魏主가 8년 동안 입을 닫고 지내다가 이때 비소로 말을 하니, 조정 내외가 모두 기뻐하여 '훌륭한 군주'라고 했다. 내린 조칙에서, "三皇은 皇이라 칭하고 五帝는 帝라 칭하고 三代는 王이라 칭하여 후대로 교체되어 오면서 겸손하게 표현되었는데, 秦나라 이래로 앞 다투어 皇帝라 칭했으니, 지금 帝라 칭한 것만으로도 이미 충분히 표창한 것이다."라고 했다.

예전에 敬宗이 史仵龍에게 太行山을 지키게 했는데, 爾朱兆가 남쪽으로 향할 때 사오룡이 먼저 항복하니 이주조가 그 승세를 타고 洛陽으로 들어갔나. 이때에 이주세륭이 사오룡의 공적을 논하여 千戶侯에 책봉하려 하자, 魏主가 말하기를, "〈사오룡이〉 왕에게는 공이 있으나 국가에는 공훈이 없다."고 하여, 끝내 허락하지 않았다.

爾朱世隆兄弟가 **密議**하여 **以魏主曄**이 **疎遠無人望**이라하여 **欲立近親**이러라 **廣陵王恭**은 **羽之子也**라 **好學有志度**요 **以元叉擅權**으로 **陽得瘖疾**①이러니 **郎中薛孝通**이 **說**(세)**爾朱天光曰**② **廣陵**은

29) 하늘이……않았기에 : 이는 하늘이 아직 태평성대가 출현하기를 생각지 않는다는 뜻이다.(≪新譯資治通鑑≫)

高祖猶子라 夙有令望이나 沈晦不言이 多歷年所하니 若奉以爲主면 則天人允協矣[③]리라커늘 天光이 使爾朱彦伯으로 潛往脇之[④]하니 恭이 乃曰 天이어늘 何言哉리오하니 世隆等이 大喜하여 乃廢曄하고 而立之하다 邢子才가 爲赦文할새 敍敬宗枉殺爾朱榮之狀[⑤]한대 魏主曰 永安이 手剪彊臣은 非爲失德이라 直以天未厭亂이라 故逢成濟之禍耳[⑥]라하다 魏主가 閉口八年이라가 至是乃言하니 中外欣然하여 以爲明主라하다 詔以三皇稱皇하고 五帝稱帝하고 三代稱王하여 遞爲沖挹이어늘 自秦以來로 競稱皇帝하니 今但稱帝도 亦已褒矣[⑦]라하다 初에 敬宗이 使史仵龍으로 守太行(항)[⑧]이러니 及爾朱兆南向에 仵龍이 先降하니 兆가 遂乘勝入洛이러라 至是하여 世隆이 論仵龍功하여 封千戶侯한대 魏主曰 於王에 有功이나 於國에 無勳이라하여 竟不許하다

① 瘖은 음이 陰이며 말을 못하는 것이다.
瘖, 音陰, 不能言也.

② 孝通은 薛聰의 아들이다.
孝通, 聰之子也.

③ ≪禮記≫ 〈檀弓〉에서 "兄弟의 아들은 아들과 같은 사람(조카)이다."라고 했다. 廣陵王 元羽는 高祖의 아우이므로 元恭은 조카이다.
禮曰 "兄弟之子, 猶子也." 廣陵王羽, 高祖之弟, 恭則猶子也.

④ 爾朱彦伯은 爾朱世隆의 형이다. ≪資治通鑑≫에 의하면, 爾朱天光이 爾朱世隆 등과 모의할 때 정말 벙어리인 것으로 의심하여, 爾朱彦伯에게 살며시 찾아가 권유하고 위협하게 했다.
彦伯, 世隆之兄也. 通鑑, 天光與世隆等謀之, 疑其實瘖, 使爾朱彦伯潛往, 敦諭且脅之.

⑤ 邢子才의 이름은 卲인데 字를 사용하였으며, 邢巒의 族弟이다.
子才, 名卲, 以字行, 巒之族弟也.

⑥ 永安은 北魏 敬宗의 年號이다. 成濟는 高貴鄕公을 시해하였다.
永安, 魏敬宗年號. 成濟, 弑高貴鄕公.

⑦ 遞는 바뀌가는 것이고, '沖挹'은 겸손하여 물러나는 것이다. 皇을 帝라 내려 칭하고 帝를 王이라 내려 칭한 것은 바뀌갈수록 겸손한 것을 말한다.
遞, 更易也. 沖挹, 謙沖退挹也. 謂皇降稱帝, 帝降稱王, 蓋遞爲謙下也.

⑧ 仵는 五故의 切이다.
仵, 五故切.

【綱】 北魏 幽州行臺 劉靈助가 반란을 일으켰다.

魏幽州行臺劉靈助가 反하다

【目】 劉靈助는 운수를 예측하여 爾朱氏가 쇠퇴할 것을 알아차리고 병사를 일으키며 '劉氏

가 王이 될 것이다.'라고 하자 幽州·瀛州·滄州·冀州의 많은 백성들이 이에 호응했다.

靈助가 **推筭**하여 **知爾朱氏將衰**하고 **乃起兵**하여 **云 劉氏當王**이라하니 **幽瀛滄冀之民**이 **多從之**①러라

① 北魏 熙平 2년(517)에 瀛州와 冀州 2州를 나눠 滄州를 설치하고 饒安城을 治所로 삼아 浮陽郡·樂陵郡·安德郡 3郡을 관할하게 했다.
魏熙平二年, 分瀛·冀二州, 置滄州, 治饒安城, 領浮陽·樂陵·安德三郡.

【綱】北魏 河北大使 高乾이 信都에서 병사를 일으켜 冀州城을 통해 高歡을 맞이했다.

魏河北大使高乾이 **起兵信都**하여 **以冀州迎高歡**[30)]하다

【目】高乾이 前 河內太守 封隆之 등과 함께 信都를 습격한 뒤 봉융지를 추대해서 州의 업무를 대행하게 하고, 敬宗(孝莊帝 元子攸)을 위해 喪事를 거행하자 將士들이 모두 素服을 입었다. 〈봉륭지가〉 壇에 올라 군중 앞에 서약하고 州郡에 檄文을 보내 함께 爾朱氏를 치자고 했다.

殷州刺史 爾朱羽生이 신도를 습격하니 高敖曹가 미처 갑옷도 걸치지 않고 10여 기병을 이끌고 달려가 공격하자 이주우생이 패해 달아났다. 고오조가 말 타고 창 쓰는 솜씨가 제일이고 부하들도 모두 일당백이었다.

高歡이 壺關에 주둔하고 신도를 공격할 것을 외치니, 신도 사람들이 두려워하자, 고건이 이르기를, "듣자하니 高晉州(고환)의 웅대한 계략이 세상에 으뜸이라 하니 그의 포부가 결코 남의 밑에 있으려 하지 않을 것이다. 뿐만 아니라 爾朱氏가 無道하여 임금을 시해하고 백성을 학대하니 이때야말로 영웅이 공을 세울 때이다. 오늘 이곳에 온 것은 반드시 깊은 생각이 있어서일 터이니, 내가 輕騎를 이끌고 그를 맞이할 것이다. 그대들은 두려워 말라."라고 한 뒤, 살며시 滏口에서 고환을 알현하여 설득하기를, "爾朱氏가 혹독하고 거역하여 그 고통이 사람과 신에게 깊이 얽혀서, 사리를 판단할 줄 아는 모든

---

30) 魏河北大使高乾……以冀州迎高歡 : "'병사를 일으켰다〔起兵〕'라고 기록한 것은 어째서인가. 爾朱氏를 미워한 것이다. 그렇다면 어째서 '爾朱氏를 토벌했다.〔討爾朱氏〕'라고 기록하지 않았는가. 爾朱를 토벌한 이는 高歡이므로, 여기서는 '冀州城을 통해 고환을 맞이했다.〔以冀州迎高歡〕'라고 기록하고, 아래에서는 '고환이 병사를 일으켜 爾朱氏를 토벌했다.〔高歡起兵討爾朱氏〕'라고 기록하였다. 이는 高乾의 공이 고환을 맞이하는 데에서 끝났을 뿐이니 어찌 토벌을 그에게 인정해줄 수 있겠는가. 〔書起兵 何 惡爾朱也 然則曷爲不書討爾朱氏 討爾朱者 高歡也 故此書以冀州迎高歡 下書高歡起兵討爾朱氏 是乾之功 止於迎歡而已 安得以討予之〕" ≪書法≫

이들은 분기할 마음을 먹고 있습니다. 明公께선 본디 위엄과 덕망이 높아 세상이 마음을 기울이고 있으니 만일 병사를 일으킬 때 정의에 근거한다면 저 몹쓸 무리들은 명공의 적이 될 수 없을 것입니다. 저희 州가 작긴 해도 호구 수가 10만 이하가 아니고 곡물 등에 대한 세금이 군자금으로 삼기에 충분하니 부디 잘 생각하소서."라고 하자, 고환이 크게 기뻐하여, 그와 한 군막 안에서 잠을 자며 지냈다.

乾이 與前河內太守封隆之等으로 襲信都하여 奉隆之行州事하고 爲敬宗擧哀하니 將士가 皆縞素러라 升壇誓衆하고 移檄州郡하여 共討爾朱氏한대 殷州刺史爾朱羽生이 襲之하니 高敖曹가 不暇擐甲하고 將十餘騎馳擊之하니 羽生이 敗走하다 敖曹가 馬矟絶世하고 左右도 無不一當百이러라 高歡이 屯壺關하고 聲言討信都하니 衆이 懼어늘 高乾이 曰 吾聞高晉州가 雄略蓋世하니 其志不居人下[①]라 且爾朱가 無道하여 弑君虐民하니 正是英雄立功之會라 今日之來는 必有深謀니 吾當輕馬迎之하리니 諸君은 勿懼하라 乃潛謁歡於滏口하여 說(세)之曰 爾朱가 酷逆하여 痛結人神하니 凡曰有知가 莫不思奮이라 明公이 威德素著하여 天下傾心하니 若兵以義立하면 則屈彊之徒가 不足爲明公敵矣[②]라 鄙州가 雖小나 戶口가 不減十萬이요 穀秸之稅가 足濟軍資니 願熟思之하라 歡이 大悅하여 與同帳寢[③]하다

① 爾朱榮이 高歡을 晉州刺史로 삼았으므로 高晉州라 칭한 것이다.
爾朱榮, 用歡爲晉州刺史, 故稱之.
② 屈彊한 무리는 爾朱氏 도당을 가리킨다.
屈彊之徒, 指爾朱氏之黨也.
③ 秸은 工八의 切이며 볏짚이다.
秸, 工八切, 稾也.

【目】 예전에 趙郡 李顯甫가 호걸과 협객들을 좋아하여 수천 명의 李氏들을 모아 殷州 西山에서 살았는데 그 땅의 범위가 사방 5, 60리였다. 이현보가 세상을 떠나자 그의 아들 李元忠이 그 뒤를 이었는데, 집안이 평소 부유해서 자금을 많이 대출해주고 이자를 받으며 지냈다. 이원충이 대출 문서를 모두 불태워 채무를 면제해주자 마을 사람들이 존경했다.

당시에 도적들이 봉기하여 淸河 사람들이 서쪽 변방을 수비했다가 돌아가는 길에 趙郡을 경유하게 되었는데 길이 순탄치 않자 모두 이원충에게 모두 투항했다. 이원충이 노비들을 보내 그들을 인도하자 도적들이 모두 이들을 피하여 통과케 하였다.

葛榮이 병사를 일으키자 이원충이 종친들을 이끌고 堡壘를 만들어 스스로 지키며 적

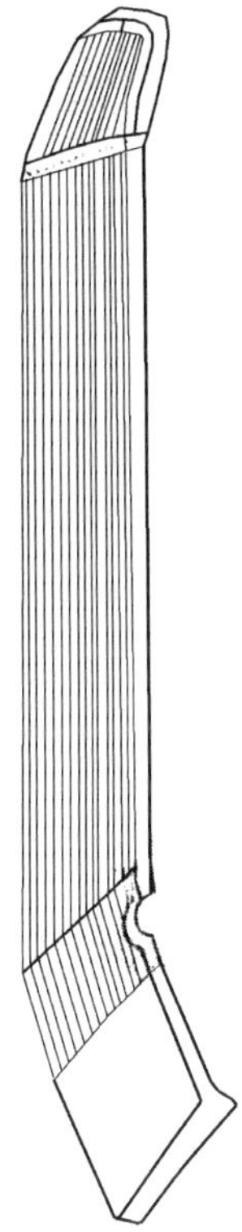

箏

들이 오면 이내 공격해 퇴각시키자 갈영이 군사를 모두 동원해 그를 공격하여 체포했다. 적들이 평정된 뒤 이원충을 南趙郡太守에 임명했으나 술만 즐기며 별다른 공적이 없었다. 爾朱兆가 敬宗을 시해하자, 이원충이 관직을 버리고 귀향하여 병사를 일으켜 그를 토벌하려 했는데, 마침 高歡이 동쪽으로 나오자 이원충이 露車(덮개 없는 수레)를 타고 素箏(치장하지 않은 箏)과 濁酒를 싣고 고환을 맞이했으나 고환이 바로 그를 만나주지 않았다.

이원충이 수레에서 내려 혼자 술잔을 기울인 뒤 문지기에게 이르기를, "지금 國士가 문 앞에 왔다는 이야기를 듣고도 먹던 음식 내뱉고 머리 감는 것을 멈추지[31] 않으니 사람 됨됨이를 알 만하다. 내 명함을 되돌려주고 알리지 말라."라고 했다. 문지기가 보고하고 나서 고환이 이내 그를 만나보고 안으로 인도해 들였다. 술잔이 두 순배쯤 돌자 아쟁을 가져와 연주하여 유장한 노래를 불러 강개함을 나타냈다. 노래가 끝나자, 고환에게, "천하의 형세를 알 만한데도 공께선 아직도 爾朱氏를 섬기려는거요."라고 하니, 고환이 "부귀가 모두 저들에게서 나오니 신하의 직분을 다하지 않을 수 있겠는가."라고 하였다. 이원충이 "영웅이 아니시군요."라고 하자, 고환이 "趙郡(이원충)이 취했군."이라고 하며, 사람을 시켜 부축해 밖으로 나가게 하니, 孫騰이 "이 사람을 하늘이 보내주었으니 그 뜻을 어겨서는 안 됩니다."라고 하여, 고환이 다시 그를 붙들어 이야기를 나누었다. 이원충이 감격하며 눈물을 흘리자 고환도 스스로 슬픔을 감내하지 못했다. 이때 이원충이 대책을 건의하기를, "殷州는 작고 양식과 병기가 부족하므로 큰일을 이루기엔 조건이 충분치 못합니다. 하지만 冀州로 향하게 되면 高乾邕 형제가 반드시 明公의 주인 노릇을 잘해 공급해줄 것입니다. 殷州를 제게 맡겨두십시오. 冀州와 殷州가 하나로 되면 滄州, 瀛州, 幽州, 定州는 서설로 항복할 것입니다."라고 하자, 고환이 급히 이원충의 손을 잡아 감사해하였다.

初에 趙郡李顯甫가 喜豪俠하여 集諸李數千家하여 居殷州西山하니 方五六十里①라 顯甫가 卒커늘 子元忠이 繼之하니 家素富하여 多出貸求利러니 元忠이 悉焚契免責하니 鄉人이 敬之②러라 時에 盜

31) 먹던……멈추지 : 인재를 맞이하는 데에 시급해함을 말한다. '吐哺握沐' 또는 '吐哺握髮'의 준말로, 周公이 머리를 한 번 감는 동안에 세 번이나 젖은 머리를 움켜쥐고 나갔고, 밥 한 끼를 먹는 동안에 입안의 음식을 세 번이나 뱉어냈다.〔一沐三握髮 一飯三吐哺〕"는 고사에서 온 말이다.(≪史記≫ 권33 〈魯周公世家〉)

賊이 蠭起하여 淸河人이 西戍還에 經趙郡할새 以路梗으로 共投元忠③하니 元忠이 遣奴爲導하니 賊이 皆避之러라 及葛榮起에 元忠이 帥宗黨作壘以自保하여 賊至에 輒擊却之한대 榮이 乃悉衆攻圍執之러니 賊이 平에 拜南趙郡太守하니 好酒無政績④이러라 及爾朱兆가 弑敬宗에 元忠이 棄官歸하여 謀擧兵討之러니 會에 高歡이 東出이어늘 元忠이 乘露車하고 載素箏濁酒以迎歡⑤한대 歡이 未卽見이러라 元忠이 下車獨酌하여 謂門者曰 今聞國士到門하되 不吐哺輟洗하니 其人을 可知라 還吾刺勿通也⑥하라 門者가 已告하여 歡이 遽見之하고 引入이러니 觴이 再行에 取箏鼓之하여 長歌慷慨할새 歌闋에 謂歡曰 天下形勢를 可見이로되 公猶事爾朱邪⑦아 歡이 曰 富貴가 皆彼所致니 敢不盡節가 元忠이 曰 非英雄也로다 歡이 曰 趙郡이 醉矣라하고 使人扶出한대 孫騰曰 此君을 天遣來하니 不可違也로라 歡이 乃復留與語할새 元忠이 慷慨流涕하니 歡도 亦悲不自勝이러라 元忠이 因進策曰 殷州는 小하고 無糧仗하니 不足以濟大事라 若向冀州하면 高乾邕兄弟가 必爲明公主人하리니 殷州를 便以賜委⑧하라 冀殷이 旣合하면 滄瀛幽定이 自當弭服矣리라 歡이 急握元忠手하여 而謝焉하다

① 殷州 西山은 廣阿의 西山이다.
殷州西山, 廣阿之西山也.

② 契는 계약서이니 옛날에 이른바 債券이다. '免責'은 원금 상환을 요구하지 않는 것이다.
契, 約也, 卽古所謂券也. 免責, 不責其償也.

③ 梗은 막힘이다.
梗, 塞也.

④ '賊平'은 葛榮이 멸망된 다음을 말한다. 北魏 太和 11년(487)에 趙郡의 平鄕·栢人·中丘와 鉅鹿의 南蠻·鉅鹿·廣阿를 나눠 南鉅鹿郡으로 만들었는데 뒤에 南趙郡으로 바꾸고 殷州에 소속하였다.
賊平, 謂葛榮滅後也. 魏太和之十一年, 分趙郡之平鄕·栢人·中丘, 鉅鹿之南蠻·鉅鹿·廣阿爲南鉅鹿郡, 後改爲南趙郡, 屬殷州.

⑤ 箏은 악기이니 秦나라 蒙恬이 만들었다.
箏, 樂器, 秦蒙恬所造.

⑥ 洗은 先典의 切이니 周公과 漢 高祖의 고사로 高歡을 추궁한 것이다.
洗, 先典切, 以周公·漢祖之事責歡也.

⑦ 闋은 끝남이다.
闋, 終也.

⑧ 乾邕은 高乾의 字이다. 北魏 冀州가 信都를 治所로 삼고 있었는데, 高乾邕 형제가 이를 점거하고 있었으므로 '반드시 明公의 주인 노릇을 잘해 공급해줄 것이다.'라고 한 것이다.
乾邕, 乾字. 魏冀州治信都, 高乾邕兄弟據之, 故云必爲明公主人.

【目】 高歡이 山東에 도착한 뒤 士卒들을 엄히 단속해서 털끝 하나도 침범하지 못하게 하자, 그 소식을 들은 원근 사람들이 모두 귀의했다. 信都에 이르자 封隆之와 高乾이 그를 받아들였다. 高敖曹가 당시에 밖에서 공략을 일삼고 있다가 이 소식을 듣고 고건을 여인네로 여겨서 여인의 치마를 보냈다.

高歡이 아들 高澄을 시켜서 子孫의 예로 고오조를 찾아뵙게 하자, 고오조가 그와 함께 신도로 찾아왔다.

歡이 至山東하여 約勒士卒하여 絲毫不犯하니 遠近이 聞之하고 亦歸心焉이러라 至信都하니 封隆之高乾이 納之러니 高敖曹가 時在外略地라가 聞之하고 以乾爲婦人하여 遺以布裙①하다 歡이 使子澄으로 以子孫禮見之하니 敖曹가 乃與俱來하다

① 裠은 여인의 치마이다.
裠, 婦人下裳也.

【綱】 北魏가 이전 군주 元曄을 東海王에 책봉했다.

魏가 封其故主曄하여 爲東海王하다

【綱】 北魏가 爾朱世隆을 太保로 삼았다.

○魏가 以爾朱世隆爲太保하다

【目】 당시에 爾朱天光이 關右를 전담하여 통치하고 爾朱兆가 幷州와 汾州를 점유하고 爾朱仲遠이 徐州와 兗州를 독차지하고 爾朱世隆이 중앙에서 권력을 행사하여 앞다투어가며 탐욕과 포학을 일삼았다. 그 가운데 이주중원이 더욱 심하여, 管內 부자들을 반란자로 무고하여 여인들과 재물을 몰수하고 남자들을 황하로 내던지자 사람들이 승냥이와 이리처럼 무서워했다. 이 때문에 사방이 모두 爾朱氏를 미워했으나 그 기세를 두려워해서 감히 거역하지 못했다.

時에 天光이 專制關右하고 兆가 奄有幷汾하고 仲遠이 擅命徐兗하고 世隆이 居中用事하여 競爲貪暴한되 而仲遠이 爲尤甚하여 所部富室을 多誣以謀反하여 沒其婦女財物하고 而投其男子於河하니 人이 畏之如豺狼이러라 由是로 四方이 皆惡爾朱氏나 而憚其彊하여 莫敢違也러라

【綱】北魏가 高歡을 渤海王으로 삼았다.

魏가 **以高歡爲渤海王**하다

【目】北魏가 高歡을 渤海王으로 봉한 뒤 그를 불렀으나 오지 않자, 마침내 東道大行臺冀州刺史로 삼았다.

魏가 **封歡爲渤海王**하여 **徵之**호되 **不至**어늘 **乃以爲東道大行臺冀州刺史**[①]하다

① 高歡의 선조는 본디 勃海 사람인데 爾朱氏가 本郡의 王으로 작위를 내려, 그를 유혹해 불러들이려 했다. 東道는 太行山과 恒山 동쪽을 말한다.
高歡之先, 本勃海人, 爾朱氏爵之爲本郡王, 欲以誘致之. 東道, 謂太行(항)・恒山以東也.

【綱】北魏 都督 侯淵이 劉靈助를 토벌하여 죽였다.

魏都督侯淵이 **討劉靈助**하여 **誅之**하다

【目】北魏 都督 侯淵과 叱列延慶이 劉靈助를 토벌하러 固城에 도착했는데, 후연은 적의 수가 많은 것을 두려워해서 關門을 점거해 험준한 곳을 굳게 지킨 채 상황의 변화를 기다리려 하자, 질렬연경이 이르기를, "성 밖에 나가 군영을 설치해서 '병사를 이끌고 서쪽으로 돌아가겠다'는 거짓 소문을 퍼트리면 이 말을 들은 劉靈助가 반드시 느슨해질 터이니 그러한 뒤에 몰래 군사를 움직여 공격하여 전진하면 그를 사로잡을 수 있는 것만 못합니다."라고 하니 후연이 그 말을 따랐다. 성 서쪽으로 나가 주둔하여 '돌아가겠다'고 소문을 내고는 精騎 1천을 추려 한밤중에 곧장 유영조의 군영으로 직진하니 유영조가 패배하여 참수되었다.

예전에 유영조가 병사를 일으킬 때 점을 쳤는데 이르기를, "3월 말에 내가 반드시 定州로 들어가고 爾朱氏는 오래지 않아 멸망할 것이다."라고 했는데, 이때 首級을 담은 함이 정주로 들어와서 과연 〈3월의〉 그 시기대로 되었다.

魏都督侯淵과 **叱列延慶**이 **討劉靈助**하여 **至固城**[①]할새 **淵**이 **畏其衆**하여 **欲據關拒險**하여 **以待其變**이어늘 **延慶**이 **曰 不如出營城外**하여 **詐言西歸**하면 **靈助聞之**하고 **必自寬縱**하리니 **然後潛軍擊之**하여 **往則成擒矣**리라 **淵**이 **從之**하여 **出頓城西**하여 **聲云 欲還**하고 **簡精騎一千**하여 **夜發直抵其壘**하니 **靈助**가 **戰敗斬之**하다 **初**에 **靈助**가 **起兵自占曰 三月之末**에 **我必入定州**요 **爾朱氏**는 **不**

久當滅이라터니 **至是**하여 **首函**이 **入定州**하여 **果如其期**②러라

① 叱列은 오랑캐의 複姓이다. 固城은 中山城 동북과 安國城 서남쪽에 있을 것이다.
叱列, 虜(復)〔複〕[32]姓. 固城, 當在中山城東北, 安國城西南.

② 函은 匱이니, '首函'은 首級을 함 속에 넣은 것이다.
函, 匱也. 首函, 置首於函中.

【綱】 여름 4월에 梁나라 太子 蕭統이 卒하였다.

夏四月에 **梁太子統**이 **卒**하다

【目】 蕭統이 元服(冠禮服)을 입고 나서 梁主(梁 武帝)가 소통에게 조정의 政事를 살피고 처리하게 하자 진위와 오류를 분석하여 미세한 것까지도 반드시 파헤치되, 다만 고쳐 바로잡게만 하고 죄를 추궁하진 않았다. 재판을 진행할 때 보전해주며 용서해주는 것이 많았고 관대함과 온화함으로 대중을 용서하였으며, 기쁨과 노여움을 안색에 드러내지 않고, 독서와 글짓기를 좋아하면서 뛰어난 인재를 이끌어 만나고, 歌妓와 樂工을 기르지 않았으며, 장마철이나 눈이 많이 내릴 때마다 측근들을 서민들의 마을에 두루 보내 가난한 사람을 살펴서 구휼하게 했다. 천성이 효도하고 근신하여, 東宮에 있을 적에는 앉을 때나 섰을 때나 언제나 서쪽을 향하였고, 생모 丁貴嬪이 세상을 떠나자 입에 물 한 모금도 대지 않아 10圍의 허리띠가 절반이나 줄었다. 병이 깊어질 때 梁主에게 걱정을 끼칠까 싶어, 문안을 묻는 敕書에 대해 번번이 직접 애써가며 답장을 썼다. 세상을 떠나자 朝野가 애석하고 참담해했다. 시호를 昭明이라 했다.

昭明太子

統이 **自加元服**으로 **梁主**가 **使省錄朝政**하니 **辨析詐謬**하여 **秋毫必睹**하되 **但令改正**하고 **不加案劾**하며 **斷獄**에 **多所全宥**하고 **寬和容衆**하며 **喜慍**을 **不形於色**하고 **好讀書屬文**①하여 **引接才俊**하고 **不蓄聲樂**하며 **每霖雨積雪**에 **遣左右周行閭巷**하여 **視貧者賑之**②러라 **天性**이 **孝謹**하여 **在東宮**에 **坐起恒西向**③하고

32) (復)〔複〕: 저본에는 '復'으로 되어 있으나, 오자이므로 '複'으로 바로잡았다.

母丁貴嬪이 **卒**에 **水漿**을 **不入口**하여 **腰帶十圍**가 **減削過半**④이러라 **及寢疾**에 **恐貽梁主憂**하여 **敕參問**에 **輒自力手書**⑤러라 **及卒**에 **朝野**가 **惋愕**이러라 **謚曰昭明**⑥이라하다

① 屬(글자를 連綴하다)은 음이 燭이다.
屬, 音燭.
② 行(순시하다)은 去聲이다.
行, 去聲.
③ 반드시 서쪽을 향하는 것은 감히 皇上이 계신 곳을 등지지 않는 것이다.
必西向者, 不敢背上臺也.
④ 1圍는 5寸인데, 또 1圍는 3寸이라 하기도 한다. 혹자는 "두 손을 맞잡아 감싸는 것이 1圍이다."라고 하였다.
一圍五寸, 又一圍三寸. 或云 "兩手合而圍之, 爲一圍."
⑤ 梁 武帝가 안부를 묻는 敕書를 보내면 太子가 번번이 병중에 애쓰며 직접 써서 奏答하는 것을 말한다.
言梁主出敕候問, 太子輒力疾手書, 自爲奏答.
⑥ '惋愕'은 음이 腕鄂이며 깜짝 놀라는 것이다.
惋愕, 音腕鄂, 驚嘆也.

【綱】 梁主(梁 武帝)가 아들 蕭綱을 太子로 삼고, 6월에 손자 蕭歡을 豫章王으로, 蕭譽를 河東王으로, 蕭詧(소찰)을 岳陽王으로 삼았다.

梁主가 **立子綱爲太子**하고 **六月**에 **封孫歡爲豫章王**하고 **譽爲河東王**하고 **詧爲岳陽王**[33)]하다

【目】 예전에 昭明太子가 丁貴嬪의 장례를 치를 때 어떤 道士가, "이곳은 長子에게 이롭지 못하니 地氣를 누르십시요."라고 해서 밀랍으로 만든 거위와 기타 물건들을 무덤 옆에 묻었다. 宮監 鮑邈之가 太子로부터 총애를 받다가 뒤에 소원해졌다. 그가 梁主에게

33) 梁主立子綱爲太子……詧爲岳陽王 : "'梁主'라고 지적해 표현한 것은 어째서인가. 나무란 것이다. 어째서 나무랐는가. 이에 앞서서 梁主가 참소를 믿었고 太子 蕭統이 종신토록 치욕과 울분 속에 스스로 아뢰지 못하였다. 태자가 죽게 되자 梁主는 소통의 아들을 세우려 하였으나 과거 일을 마음에 담아 태자로 세우지 않고 蕭綱을 세웠다. 이를 梁主의 사사로움으로 여기고 天下의 공정함으로 여기지 않았으므로, '主'라고 지적하여 기록하였다. 이로부터 梁나라에서 太子를 세운 것을 모두 기록하지는 않았다.(太子가 大器인 것에 의거한 것이다.) ≪資治通鑑綱目≫이 끝날 때까지 太子를 세운 것에 '主'라고 지적하여 기록한 것은 4번이다.(宋나라 병신년(456)에 자세하다.)〔斥梁主 何 譏也 何譏 先是梁主信讒 太子統終身慙憤 不能自白 及卒 梁主欲立統子 銜其舊事不立 立綱 以是爲梁主之私 而非天下之公也 故斥書主 自是梁立太子不悉書(據太子大器) 終綱目立太子 斥書主者四(詳宋丙申年)〕" ≪書法≫

은밀히 "태자가 저주의 呪術을 했습니다."라고 하자 梁主가 사람을 보내 검사하게 하여 무덤 속에서 밀랍 거위와 기타 물건들이 발굴됐다. 크게 놀란 梁主가 사건을 끝까지 파헤치려 하자 徐勉이 적극 간언하여 중지되고 道士만 처형했다. 이로 인해 태자가 일생 동안 수치와 울분 속에 해명하지 못한 채 지냈다. 태자가 세상을 떠나자 梁主가 소명태자의 長子 華容公 蕭歡을 계승자로 삼으려 하다가 〈소명태자가 呪術한〉 지난 일이 마음에 걸려 한동안 유예하다가 끝내 세우지 않았다.

初에 昭明太子가 葬丁貴嬪할새 有道士云 此地不利長子하니 請厭之라하여 乃爲蠟鵝及諸物하여 埋於墓側[①]이러니 (官)〔宮〕[34]監鮑邈之가 有寵於太子라가 晩而見疎하여 乃密啓梁主云 太子有厭禱[②]라한대 梁主가 遣檢하여 掘得鵝物하고 大驚하여 將窮其事어늘 徐勉이 固諫而止하여 但誅道士하니 由是로 太子가 終身慙憤하여 不能自明이러라 及卒에 梁主가 欲立其長子華容公歡爲嗣라가 銜其舊事하여 猶豫久之하여 竟不立[③]이러라

① 厭은 진압하다는 뜻이며, 아래 글자도 같다.
厭, 鎭也. 下同.

② ≪五代志≫에 의하면, 梁나라 제도에는 東宮에 外監殿局·內監이 있다. 宮監은 바로 唐나라 內直局의 직책이다.
五代志, 梁制, 東宮有外監殿局·內監. 宮監者, 卽唐內直局之職也.

③ 銜은 마음속에 담고 있는 것이다.
銜, 包含在心.

【目】 司馬溫公(司馬光)이 말하였다.

"君子는 正道에서 잠시도 떠나선 안 되고 반걸음도 벗어나선 안 된다. 昭明太子 같은 효성과 梁主 같은 慈愛로도 한 번 嫌疑를 둔 입김에 물들어 태자 자신은 우환으로 죽고 죄가 후손에게까지 미쳐서, 吉事를 구하려다 凶事를 얻어 이를 씻어내지 못했으니 경계하지 않아서야 되겠는가. 그래서 허황된 말을 일삼는 사람과 기기묘묘한 邪術을 君子가 멀리하는 것이다."

司馬公曰 君子之於正道에 不可少頃離也요 不可跬步失也[①]라 以昭明之孝와 武帝之慈로도 一染嫌疑之迹하여 身以憂死하고 罪及後昆하여 求吉得凶하여 不可湔滌이니 可不戒哉아 是以로 詭誕之士와 奇邪之術을 君子遠之[②]라

34) (官)〔宮〕: 저본에는 '官'으로 되어 있으나, ≪資治通鑑≫에 의거하여 '宮'으로 바로잡았다.

① 離(떠나다)는 去聲이다. ≪司馬法≫에 의하면, "한 걸음이 跬인데 跬는 3척이다. 두 걸음이 步인데 步는 6척이다."라고 하였다.
離, 去聲. 司馬法曰 "一擧足曰跬, 跬三尺. 兩擧足曰步, 步六尺."
② '湔滌'은 음이 煎狄이며 두 글자 모두 씻는다는 뜻이다. 詭는 사기 치다는 뜻이고. 誕은 기만하다는 뜻이다. 邪는 一本에 衺로 쓰였으며, '奇衺'는 크게 속임이다.
湔滌, 音煎狄, 皆洗濯也. 詭, 詐也. 誕, 欺也. 邪, 本作衺. 奇衺, 譎詭非常也.

【目】 얼마 뒤에 太子의 同母弟 晉安王 蕭綱을 太子로 삼자 朝野의 사람들이 대부분 정상 순서에 부합하지 않는다고 하였다. 일찍이 蕭綱의 主簿를 역임했던 侍郎 周弘正이 소강에게 아뢰기를, "겸양의 도가 망가진 지 오래이니 바라옵건대 전하께서 目夷의 의리를 중시하고 子臧의 절의를 실천하여 야박하고 경쟁을 일삼는 풍속을 바로잡아 저 〈태자 자리를 양보한〉 吳나라의 기풍을 넓게 펼치소서."라고 했지만 소강이 따르지 못하였다.

소강이 徐摛를 家令[35)]으로 삼고 管記를 겸하게 했는데, 서리의 문체가 가벼우며 미려하였고 春坊의 사람들이 그것을 따라 배우니, 당시 사람들이 이를 宮體라 불렀다. 梁主가 이 소식을 듣고 노하여 서리를 불러 엄하게 꾸짖으려 했는데, 그를 만났을 때 대답이 명쾌하고 민첩한 것을 보고 노여운 마음이 풀려서, 이어서 經史와 불교 등에 대해 물었을 때 서리는 토론을 자유자재로 하자 梁主가 대단히 탄복하여 그 총애가 나날이 깊어졌다. 朱异가 이를 탐탁하지 않게 여겨 친한 사람에게 이르기를, "徐氏 노인이 점차 압박해오니 내 반드시 그 방안을 마련할 것이다."라고 한 뒤 결국 틈을 내어 梁主에게 아뢰기를, "서리가 나이가 들어 자연을 사랑하니 군수 자리 하나 얻는 데 뜻이 있습니다."라고 하였다. 梁主는 서리가 정말 그렇게 하고 싶은 것이라 여겨, "新安이 산수가 아주 좋다."라고 하며 결국 군수로 내보냈다.

얼마 후에 사람들의 뒷말이 계속되자 蕭歡·蕭譽·蕭詧을 책봉하여 그들을 달래주었다.

한참 뒤에 鮑邈之가 사건에 연루됐는데 법으로 사형에 해당되진 않았지만 소강이 昭明太子의 억울함을 떠올리고 눈물을 머금고 그를 죽였다.

◑ 既而立太子母弟晉安王綱爲太子하니 朝野가 多以爲不順[①]이러라 侍郎周弘正이 以嘗爲綱主簿로 乃奏記曰[②] 謙讓道廢가 多歷年所하니 願殿下抗目夷之義하고 執子臧之節하여 改澆競之俗하여 以大吳國之風하소서하되 綱이 不能從[③]이러라 綱이 以徐摛爲家令하고 兼管記하니 摛文體輕

35) 家令: 漢나라 때 皇室 소속 관리로, 皇家의 일을 관장했는데 諸侯國에서도 이 직책을 설치했다. 후대에는 太子家令으로 계승됐다.

麗요 春坊이 學之하니 時人이 謂之宮體④러라 梁主가 聞之하고 怒召摛欲加誚責⑤이러니 及見應對明敏하고 意更釋然하여 因問經史及釋敎⑥한대 摛商較從橫하니 梁主가 深嘆異之하여 寵遇日隆⑦이어늘 朱异不悅하여 謂所親曰 徐叟가 漸來見逼하니 我須早爲之所라하고 遂乘間白梁主曰 摛가 老愛泉石하니 意在一郡이니이다한대 梁主가 謂摛眞欲之라하여 乃謂曰 新安이 大好山水라하고 遂出爲守러니 尋以人言不息⑧이어늘 封歡譽晉等하여 以慰其心⑨이러라 久之에 鮑邈之坐事하여 法不至死로되 綱이 追思昭明之寃하고 揮淚誅之하다

① 代 이을 適孫을 세우는 것이 순리가 된다.
立世適孫爲順.

② 周弘正은 周捨의 형의 아들이다.
弘正, 捨之兄子也.

③ 抗은 들다는 뜻이다. 目夷는 바로 司馬子魚이며, 春秋時代 宋 桓公의 庶子이고, 太子 玆父의 庶兄이다. 환공이 위중하자 太子 자보가 굳건하게 요청하기를, "목이는 윗사람이고 인덕이 있으니 임금님께선 그를 세우소서."라고 했다. 환공이 子魚에게 이를 명하자, 자어가 사양하며 말하기를, "능히 국가를 양보하니 이보다 더 큰 인덕이 어디 있겠습니까. 신은 미칠 수 없습니다."라고 한 뒤 결국 달아나 물러났다. 子臧은 春秋時代 曹 宣公의 庶子이자 負芻의 형이다. 선공이 세상을 떠난 뒤 부추가 태자를 살해하고 스스로 임금에 오르자 晉 厲公이 그를 체포했다. 諸侯들은 자장이 어질다고 하여 그를 임금으로 세우려 하자 자장이 사양하여 宋나라로 달아났다. 澆는 야박함이다. 吳太伯과 아우 仲雍은 모두 周 太王의 아들이자 王季歷의 형이다. 季歷에게 훌륭한 아들 昌이 있어, 태왕이 계력을 후계자로 세워 창에게까지 이어지게하려 하자, 이에 태백과 중옹이 모두 荊蠻으로 달아나서 계력을 피하였다. 태백으로부터 19世가 되는 壽夢에게 네 명의 아들이 있었으니, 그 가운데 가장 어린 아들이 季札이다. 계찰이 똑똑해서 수몽이 그를 임금으로 삼으려 하자 계찰이 그럴 수 없다고 사양한 뒤 결국 집안을 버리고 농부로 살았다.
抗, 擧也. 目夷, 卽司馬子魚. 春秋宋桓公庶子, 而太子玆父庶兄也. 桓公疾, 玆父固請曰"目夷長且仁, 君其立之." 公命子魚. 子魚辭曰"能以國讓, 仁孰大焉, 臣不及也." 遂走而退. 子臧, 春秋曹宣公庶子, 乃負芻之兄. 宣公卒, 負芻殺其太子, 而自立, 晉厲公執之. 諸侯以子臧賢, 欲立之, 子臧辭而犇宋. 澆, 薄也. 吳太伯及弟仲雍, 皆周太王子, 而王季歷之兄也. 季歷有聖子昌, 太王欲立季歷以及昌, 於是太伯・仲雍皆奔荊蠻以避季歷 自太伯十九世至壽夢有子四人, 幼曰季札. 季札賢, 壽夢欲立之, 季札讓不可, 遂弃其室而耕.

④ 摛는 丑之의 切이다. 管記는 직책이 公府의 記室[36]과 같다. 東宮은 春宮을 말하고, 宮坊은 春坊을 말한다. ≪通典≫에 의하면, "太子의 官屬으로 左春坊・右春坊을 두는데 諸局을 거느린다."라고 하였다.

36) 記室: 漢나라 때의 관직명으로, 檄文의 작성, 문서의 기록 등을 담당하였다.

擿, 丑之切. 管記, 職同公府記室. 東宮, 謂之春宮. 宮坊, 謂之春坊. 通典云 "太子官屬, 置左・右春坊, 以領諸局."

⑤'誚責'은 말로 꾸짖는 것이다.
誚責, 以辭相責也.

⑥ 見(보이다)은 賢遍의 切이다.
見, 賢遍切.

⑦'商較'는 商榷(토론)와 같다.
商較, 猶商榷也.

⑧〈'不息'은〉 순하지 않는다는 말이다.
謂不順.

⑨ 蕭譽와 蕭詧은 모두 蕭歡의 아우이다. 詧은 察과 같다.
譽・詧, 皆歡之弟也. 詧與察同.

【綱】北魏 冀州刺史 高歡이 병사를 일으켜 爾朱氏를 토벌했다.

魏冀州刺史 高歡이 **起兵**하여 **討爾朱氏**[37)]하다

【目】高歡이 병사를 일으켜 爾朱氏를 토벌하려 할 때, 斛律金과 庫狄干이 婁昭, 段榮과 함께 모두 적극 권유했다. 고환이 허위로 글을 만들어, '爾朱兆가 六鎭의 백성을 契胡와 결합해 部曲[38)]을 만들려 한다.'라고 하자 무리들이 모두 두려워했다. 또 허위로 幷州의 이주조의 명령서를 만들어, '병사를 징집해 步落稽를 토벌하겠다.'고 하며 병사 일만을

37) 魏冀州刺史高歡起兵 討爾朱氏 : "'氏'라고 쓴 것은 어째서인가. 온 종족이 주살될 만한 것이다. 그러므로 주장자의 이름을 기록하지 않았다. 그러므로 〈漢나라 霍光의〉 霍氏가 온 종족이 모두 반란한 것에는 氏를 기록하였고, 爾朱氏가 온 종족이 주살될 만한 것에는 氏를 기록하였으니 ≪資治通鑑綱目≫의 1자의 筆削이 엄격하다.〔氏者 何 擧族可誅也 故不書主名 是故霍氏擧族皆反 則書氏 爾朱氏擧族可誅 則書氏 綱目一字之筆削嚴矣〕" ≪書法≫

"爾朱의 弑逆은 殺戮을 자행하여 죄악이 귀신과 사람에게 통해서 누구나 모두 주살할 수 있는 것이다. 高歡은 비록 옛 部曲 사람이었으나 의리상 그 사사로움을 다시 따를 수 없어서 토벌함이 마땅하다. 그러나 그 군사들이 도리어 '反'이라고 말하고 고환도 '反'으로 자처하였으니 大義가 밝지 않고 曲直이 顚倒됨이 이와 같아 마침내 허위를 설정하여 그 무리들을 겁주고 爾朱가 시해한 죄를 밝히지 못하는 데에 이르렀으니 또한 잘못이 아닌가. ≪資治通鑑綱目≫에서 '병사를 일으켰다〔起兵〕'라고 기록하고 '토벌했다〔討〕'라고 기록하였으니, 진실로 고환이 자처한 것이 아니어서 그 명분을 바르게 하지 못하였기 때문이다. 이것은 曲直의 준칙이다.〔爾朱弑逆 恣行殺戮 罪貫幽明 人皆得而誅之 高歡雖故部曲 義不得復徇其私 討之宜矣 然其兵衆顧謂之反 而歡亦以反自處 大義不明 曲直顚倒如此 遂至設詐以恐其衆 不能顯明爾朱弑殺之罪 不亦過乎 綱目書起兵 書討 固不以歡之所自處者 不正其名也 此曲直之繩墨也〕" ≪發明≫

38) 部曲 : 魏晉南北朝 시기에 지방의 토호들이 사적으로 운영한 군대 조직이다.

징발해 파견하려 할 때, 孫騰과 尉景이 六鎭 사람들을 위해 5일 정도 머물기를 요청했는데, 이렇게 두 번을 했다. 고환이 직접 교외까지 전송하며 눈물을 닦으며 악수하고 작별하자, 무리들이 모두 소리쳐 통곡했다. 고환이 달래며 말하기를, "너희들과 함께 모두 실향객이 되었으니 의리로 보면 한 집안이다. 그런데 뜻밖에도 위에서 이렇게 징발하는 일이 발생하여 이렇게 되었다. 지금 곧장 서쪽으로 가게 되면 의당 죽게 될 것이고, 軍令의 시기를 놓치면 또 죽게 될 것이고, 契胡에 배속되면 또 죽게 될 것이니, 어찌해야 하겠는가."라고 하자, 무리들이 말하기를, "오직 배반하는 길 뿐입니다."라고 하였다. 고환이 말하기를, "그렇다. 한 사람을 추대하여 주장으로 삼는다면 누가 좋겠는가?"라고 하자, 무리들이 고환을 추대하였다. 고환이 말하기를, "너희들은 葛榮을 보지 못했는가. 백만의 무리를 거느리고 있다 해도 일찍이 법도가 없어 결국 스스로 패망하고 말았다. 지금 나를 주장으로 삼는다면 마땅히 이전과 달라야 할 것이니 漢人들을 능욕하거나 군령을 어기지 말라. 목숨을 내게 맡기면 괜찮겠지만 그렇지 않으면 세상에 웃음거리가 되지 않겠는가!"라고 하자, 무리들이 모두 고개를 조아리며 말하기를, "살고 죽는 것을 명령에 따르겠습니다."라고 했다. 고환이 소를 잡아 군사들을 먹이고 信都에서 병사를 일으킬 적에 감히 爾朱氏를 배반한다고 드러내어 말하지는 않았다.

때마침 李元忠이 병사를 일으켜 殷州를 압박하자 고환이 高乾에게 구원토록 하니, 고건이 輕騎를 이끌고 刺史 爾朱羽生을 만나고서 그대로 그를 참수해 그 首級을 가지고 고환을 알현하였다. 고환이 가슴을 어루만지며 말하기를, "오늘 반란이 결정되었다."라고 하고 이원충을 殷州刺史로 삼고 表文을 올려 이주씨의 죄상을 거론했다.

곡률금은 敕勒의 추장인데 일찍이 懷朔軍主가 되어 병사를 운용할 때 흉노의 법을 사용하여 먼지만 바라보고도 馬兵과 步兵의 숫자를 알고 땅 냄새만을 맡고도 군사들이 얼마만큼 멀리 있는지 예측했다.

歡이 將起兵討爾朱氏할새 斛律金庫狄干이 與婁昭段榮으로 皆勸成之①라 歡이 乃許爲書하여 稱爾朱兆가 將以六鎭人으로 配契胡爲部曲하니 衆皆憂懼러라 又爲幷州符하여 徵兵討步落稽라하여 乃發萬人하여 將遣之②할새 孫騰과 尉景이 爲請留五日호되 如此者再③라 歡이 親送之郊하여 雪涕執別④하니 衆號慟이어늘 歡이 乃諭之曰 與爾로 俱爲失鄕客하니 義同一家⑤라 不意在上徵發이 乃爾라 今直西向하면 已當死요 後軍期하면 又當死요 配國人하면 又當死니 奈何⑥오 衆이 曰 唯有反耳로라 歡이 曰 然하다 當推一人爲主인댄 誰可者오 衆이 推歡한대 歡이 曰 爾不見葛榮乎아 雖有百萬之衆이라도 曾無法度하여 終自敗滅하니 今以吾爲主인댄 當與前異니 毋得陵漢人犯軍令하라 生

死任吾면 則可어니와 不然이면 不能爲天下笑아 衆이 皆頓顙曰 死生唯命⑦하리라하다 歡이 乃椎牛饗士하고 起兵信都할새 亦未敢顯言叛爾朱氏也⑧러라 會에 李元忠이 擧兵逼殷州어늘 歡이 令高乾救之한대 乾이 輕騎入見刺史爾朱羽生하여 因斬之하여 持首謁歡하니 歡이 撫膺曰 今日에 反決矣⑨라하고 乃以元忠爲殷州刺史하고 抗表罪狀爾朱氏하다 斛律金은 敕勒酋長也니 嘗爲懷朔軍主하여 行兵에 用匈奴法하여 望塵에 知馬步多少하고 嗅地에 知軍遠近이러라

① 庫狄은 代北의 複姓이다. 婁昭는 高歡의 처남이고 段榮은 고환의 손아랫동서이다.
庫狄, 代北複姓. 昭, 歡之妻弟. 榮, 歡妻之娣夫也.

② 爾朱兆가 幷州와 汾州에 마음대로 명을 내렸는데, 이 또한 高歡이 허위로 爾朱兆의 명령서를 만든 것이다. 步落稽는 바로 稽胡인데, 匈奴의 別種으로, 劉元海[39] 五部의 후예이다. 혹자는 "山戎・赤狄의 후예이며 離石 서쪽, 安定 동쪽에 거주한다."고 하였다.
爾朱兆, 擅命幷・汾, 此亦高歡僞爲兆符也. 步落稽, 卽稽胡. 蓋匈奴別種, 劉元海五部之苗裔也. 或云"山戎・赤狄之後. 居離石以西, 安定以東."

③ 爲(위하다)는 去聲이다. 孫騰과 尉景이 이미 六鎭 사람들을 위해 머물게 할 것을 요청했었는데, 반드시 또다시 머물게 하기를 원하는 감정을 이용하여 아랫사람들을 선동한 것이다.
爲, 去聲. 孫騰・尉景旣爲鎭人請留, 必又因其願留之情, 扇動之於下也.

④ 雪은 닦는 것이다.
雪, 拭也.

⑤ 高歡 또한 같은 鎭 사람이므로 그렇게 말한 것이다.
歡, 亦鎭戶, 故云然.

⑥ 信都에서 幷州와 汾州로 가는 것은 서쪽으로 향하는 것이 된다. 爾朱는 契胡의 種이므로 契胡를 國人이라 한 것이다.
自信都赴幷・汾爲西向. 爾朱, 契胡種也, 故謂契胡爲國人.

⑦ '頓顙'은 머리를 숙이는 것이다.
頓顙, 俯其首額也.

⑧ 椎는 음이 鎚이며 쳐서 죽이는 것이다.
椎, 音鎚, 擊殺也.

⑨ 撫는 拊(치다)와 같으니, '撫膺'은 가슴을 치는 것이다.
撫, 與拊同. 撫膺, 拍胸也.

【綱】 北魏 廣宗王 爾朱天光이 侍中 楊侃을 살해했다. 가을 7월에 爾朱世隆이 司空 楊津과 太保 楊椿을 살해하고 그 일족을 몰살하자 양진의 아들 楊愔이

---

39) 劉元海 : 劉淵을 가리킨다. 흉노족으로, 16國 시대 漢의 건국자이다. 308년 漢帝라 일컫고 平陽에 도읍했다. 시호는 光文, 묘호는 高祖이다.

信都로 도주했다.

魏廣宗王爾朱天光이 **殺侍中楊侃**하다 **秋七月**에 **爾朱世隆**이 **殺司空楊津太保楊椿**하고 **夷其族**하니 **津子愔**이 **奔信都**하다

【目】北魏 楊播와 그의 아우 楊椿과 楊津은 모두 명성과 덕망이 있었으니 양파는 힘차고 굳세며 양춘과 양진은 겸손하고 공손했다. 집안 대대로 효도하고 우애가 있어 緦麻服[40]을 입는 친척들이 한 솥밥을 먹으며 살면서 백 명에 이르는 남녀 식구들에 대해 누구도 나쁘다는 이견이 없었다. 양춘과 양진은 三公에 이르렀고, 한 가문 안에 太守가 일곱이고 刺史가 서른 둘이었다.

敬宗(孝莊帝)이 爾朱榮을 죽일 적 때 楊播의 아들 양간이 그 도모에 참여했었다. 爾朱兆가 洛陽으로 쳐들어오자 楊侃이 華陰으로 도망갔었는데 이때에 爾朱天光이 그를 살해했다. 당시 양춘이 太保의 신분으로 관직을 그만두고 화음에 있었고, 양진은 司空으로서 낙양에 있었는데 爾朱世隆이 楊氏가 반란을 책동했다고 모함하고 상주하여 그들을 체포해 다스려야 한다고 요청했으나 魏主(節閔帝)가 동의하지 않았는데, 이주세륭이 강하게 간청하자 어쩔 수 없이 담당관에게 해당 사항을 조사하여 보고하도록 했다. 이주세륭이 결국 병사를 파견해 양진의 집을 포위하고 이주천광 역시 병사를 파견해 양춘의 집을 에워싸 동서 양가의 집안 식구들을 모두 살해하자, 魏主가 오랫동안 애석해하고 朝野가 모두 애통하고 분노했다. 마침 밖에 있었던 양진의 아들 楊愔만이 화를 모면해서 고환을 찾아와 집안의 재앙을 읍소한 뒤 이어서 爾朱氏를 토벌할 계책을 이야기하니, 고환이 매우 중시하여 그를 行臺郎中으로 삼았다.

魏楊播及弟椿津이 皆有名德하니 播는 剛毅하고 椿津은 謙恭이라 家世孝友하여 緦服同爨하여 男女百口에 人無間言이라 椿津이 至三公하고 一門에 七太守三十二刺史러라 敬宗之誅爾朱榮也에 播子侃이 預其謀라 爾朱兆가 入洛에 侃이 乃逃歸華陰이러니 至是하여 天光이 殺之러라 時에 椿이 以太保致仕在華陰하고 津이 爲司空在洛이라 爾朱世隆이 誣奏楊氏謀反하여 請收治之하되 魏主不許한대 世隆이 苦請하니 不得已命有司檢案以聞이어늘 世隆이 遂遣兵圍津第하고 天光도 亦遣兵掩椿家하여 東西之族을 皆滅하니 魏主惋悵久之하고 朝野가 無不痛憤①이러라 唯津子愔이 適出獲免하여 往見高歡하여 泣訴家禍하고 因爲言討爾朱氏之策하니 歡이 甚重之하여 以爲行臺郎中하다

40) 緦麻服: 喪禮의 五服 중에 가장 낮은 상복이다. 형제의 증손, 종증조부모의 상을 당하여 입는 상복으로 3개월간 입는다.

① 華陰에 사는 사람이 西族이고 洛陽에 사는 사람이 東族이다. '惋悵'은 크게 실망하는 것이다.
居華陰者爲西族, 居洛者爲東族. 惋悵, 驚惋惆悵也.

【綱】 梁나라가 황실 친척들에게 차등을 두어 湯沐邑과 鄕侯와 亭侯를 하사했다.

梁이 賜其宗戚沐食鄕亭侯을 有差[①]하다

① 婦人에게는 湯沐邑을 하사하고 男子에게는 鄕侯와 亭侯를 봉해주어 입고 먹게 했는데 親屬의 친소의 정도에 따라 차등을 두었다.
婦人賜湯沐邑, 男子封鄕侯・亭侯, 而衣食之, 隨服屬之遠近以爲等差.

【綱】 겨울 10월에 北魏 高歡이 渤海太守 元朗을 황제로 세우고 자신은 丞相이 된 뒤 廣阿에서 爾朱兆 등의 군대를 패퇴시켰다.

◑ 冬十一月에 魏高歡이 立渤海太守元朗하고 自爲丞相하여 敗爾朱兆等軍于廣阿하다

【目】 爾朱仲遠과 爾朱度律 등은 高歡이 병사를 일으켰다는 소문을 듣고도 별로 걱정하지 않았는데 爾朱世隆만 이를 걱정하였다. 孫騰이 高歡에게 권유하기를, "지금 조정과 끊어져 있고 명령을 받을 곳이 없으니 임시로 통솔자를 세우지 않으면 무리들이 뿔뿔이 흩어질 것입니다."라고 하니, 고환이 渤海太守 元朗을 황제로 삼았다. 원랑이 고환을 丞相 都督中外諸軍事로 삼고, 高乾을 侍中 司空으로 삼는 등 차등을 두어 책봉하고 임명했다.

이주중원이 陽平에 주둔하고 爾朱兆가 廣阿에 주둔하고 있었는데 고환이 첩자를 풀어, '이주세륭 형제가 이주조의 살해를 도모한다.'라는 소문을 내고, 이어서 다시 '이주조와 고환이 공모하여 이주중원 등을 살해하려 한다.' 라고 하자, 이로 말미암아 爾朱氏들이 서로 의심하고 시기하여 배회한 채 전진하지 못했다. 이주중원 등이 여러 차례 斛斯椿과 賀拔勝에게 이주조에게 가서 의견을 조율하게 했는데, 이주조가 그들을 체포하니 이주중원 등이 무서워서 병사를 이끌고 남쪽으로 도망갔다. 고환은 이주조가 병력이 많고 세력이 강한 것을 두려워하여 段韶에게 계책을 묻자, 단소가 말하기를, "이른바 많음이란 뭇사람들의 사력을 다하는 마음을 얻는 것이고, 이른바 강함이란 천하의 인심을 얻는 것입니다. 爾朱氏가 위로는 천자를 시해하고 가운데로는 公과 卿을 죽이고 아래로는 백성을 학대했으니, 대왕께서 순리로 거역을 토벌하는 것은 끓는 물을 눈에 붓는 것과 같은데, 〈이주조의〉 군사가 많고 세력이 강함이 무슨 상관이 있겠습니까."라고 하니,

고환이 말하기를, "天命이 없어 성공하지 못할까 싶다."라고 하자, 단소가 말하기를, "이주씨가 포악하고 혼란을 일으켜 민심이 이미 떠났습니다. 하늘의 뜻이 어찌 따르지 않을 리가 있겠습니까."라고 했다. 고환이 결국 진격하여 이주조의 병사를 크게 격파했다.

爾朱仲遠度律等이 聞高歡起兵하고 不以爲慮하되 獨世隆憂之①어늘 孫騰이 說(세)歡曰 今朝廷隔絶하고 號令無所稟하니 不權有所立하면 衆將沮散이리라하여 歡이 乃立渤海太守元朗爲帝②하니 朗이 以歡爲丞相都督中外諸軍事하고 高乾爲侍中司空하여 封拜有差하다 爾朱仲遠이 軍陽平하고 兆軍廣阿어늘 歡이 縱反間云 世隆兄弟가 謀殺兆라하고 復云 兆與歡이 同謀하여 殺仲遠等이라하니 由是로 迭相猜貳하여 徘徊不進이러라 仲遠等이 屢使斛斯椿賀拔勝으로 往諭兆③한대 兆執之하니 仲遠等이 懼하여 引兵南遁하다 歡이 畏兆衆彊하여 以問段韶④한대 韶가 曰 所謂衆者는 得衆人之死요 所謂彊者는 得天下之心이어늘 爾朱氏가 上弑天子하고 中屠公卿하고 下暴百姓하니 王이 以順討逆이 如湯沃雪이니 何衆彊之有⑤리오 歡이 曰 恐無天命하여 不能濟耳로라 韶가 曰 爾朱가 暴亂하여 人心이 已去矣니 天意가 安得有不從者哉리오 歡이 遂進戰하여 大破兆軍하다

① 爾朱度律은 爾朱榮의 從弟이다.
度律, 榮之從弟也.
② 元朗은 元融의 아들이다.
朗, 融之子也.
③ 斛斯는 代北의 複姓이다.
斛斯, 代北複姓.
④ 段韶는 段榮의 아들이다.
韶, 榮之子也.
⑤ 沃은 물을 대는 것이다.
沃, 灌也.

【綱】北魏 南兗州 사람들이 刺史 劉世明을 붙잡아 梁나라에 투항하자, 양나라가 북위로 돌려보냈다.

魏南兗州人이 執刺史劉世明하여 以降于梁하니 梁遣歸魏[41)]하다

41) 魏南兗州人……梁遣歸魏 : "'잡았다[執]'는 훌륭한 말이니, '힘이 부쳐서 잡혔다'라고 말한 것이다. 그러므로 항복은 모두 나무라는 말이지만 오직 잡힌 것은 항복을 나무랄 것이 아니다. 변란에 대처한 것이 劉世明과 같은 이는 부끄러움이 없다고 할 수 있으므로 '돌려보냈다[歸]'라고 기록하였다. 元略·元彧도 일찍이 梁나라에서 北魏로 돌려보냈으나 '보냈다[遣]'라고 기록하지 않았는데 여기서 '遣'이라고 기록한 것은 어째서인가. 梁主를 훌륭하게 여긴 것이다. 사람이 잡혀 온 것과 도망 온 것은 다른데 잡혀 온 자의 뜻을 빼앗지 않고 용서해 보내주었으니 梁主가 이에 임금의 도량이

【目】北魏 南兗州 백성들이 刺史를 겁박해서, 남연주 전체가 梁나라에 투항하자, 梁主(蕭衍)가 劉世明을 征西大將軍으로 삼았으나, 유세명이 받아들이지 않고 북쪽으로 돌려 보낼 줄 것을 요청했다. 洛陽에 도착해서 갖고 있던 符節을 돌려보내고 향리로 돌아와 벼슬하지 않은 채 생을 마쳤다.

魏南兗州民이 劫刺史하여 擧州降梁이어늘 梁主가 以世明爲征西大將軍한대 不受하고 因請北歸할새 至洛陽하여 奉送所持節하고 歸鄕里하여 不仕而卒①하다

① 劉世明은 劉芳의 族子이다. 劉氏는 대대로 彭城에 살았다.
世明, 芳之族子也. 劉氏世居彭城.

壬子年(532)

梁나라 高祖 武帝 蕭衍 中大通 4년이고, 北魏 節閔帝 元恭 普泰 2년이고 魏主 元郎 中興 2년이고 孝武帝 元脩 永熙 원년이다.

梁中大通四年이요 魏普泰二年이요 中興二이요 孝武帝脩永熙元年이라

【綱】봄 정월에 梁나라가 袁昂을 司空으로 삼았다.

春正月에 梁이 以袁昂爲司空하다

【綱】梁나라가 西豐侯 蕭正德을 臨賀王에 책봉했다.

◑梁이 封西豐侯正德爲臨賀王하다

【目】蕭正德이 직접 朱异와 교류했는데, 주이가 "소정덕이 직책에 맞지 않다."고 해서 그를 王에 책봉한 것이다.

正德이 自結於朱异하니 异가 言正德失職이라 故王之①하다

있었다. 기록하기를 '양나라가 북위로 돌려보냈다.〔梁遣歸魏〕'라고 하였으니 양나라를 아름다워한 것이다.〔執 善辭 曰力屈而被執也 故降皆譏辭 惟執以降爲非譏 處變如世明者 可以無愧矣 故書其歸 元略元彧嘗自梁歸魏矣 不書遣 此書遣歸 何 善梁主也 人執以來 與來奔者異矣 而能不奪其志 宥而遣之 梁主於是有君人之度焉 書曰梁遣歸魏 美梁也〕" ≪書法≫

①'失職'이란 梁主(蕭衍)가 일찍이 蕭正德을 養子로 길렀는데, 얼마 뒤에 원래의 爵位로 돌아가면서 여러 아들들과 동등하지 못하게 된 것을 말한다.
失職, 言梁主嘗養正德爲子, 旣而還本爵秩, 不得與諸子齒也.

【綱】 北魏 丞相 高歡이 相州를 함락한 뒤 楊愔을 行臺右丞으로 삼았다.

魏丞相歡이 **克相州**하고 **以楊愔**으로 **爲行臺右丞**하다

【目】 당시에 告文과 檄文과 敎令이 모두 楊愔과 諮議參軍 崔㥄에게서 나왔다.

時에 **文檄敎令**이 **皆出於愔及諮議參軍崔㥄**①하다

① 崔㥄은 崔逞의 5세손이다. 㥄은 음이 陵이다.
㥄, 逞之五世孫也. 㥄, 音陵.

【綱】 2월에 梁나라가 元法僧을 東魏王으로 삼았다.

二月에 **梁**이 **以元法僧爲東魏王**①하다

① 梁 武帝가 元悅을 魏王으로 삼아 西道에서 〈北魏로〉 들어가게 하고, 또 元法僧을 東道에서 들어가게 했으므로 東魏王이라 말한 것이다.
上旣以元悅爲魏王, 使自西道入, 又使元法僧從東道入, 故謂之東魏王.

【綱】 梁나라 邵陵王 蕭綸이 범죄가 있어 파면돼 庶人이 되었다가 이윽고 원래의 봉작을 회복했다.

◑**梁邵陵王綸**이 **有罪**하여 **免爲庶人**이러니 **旣而復之**[42]하다

---

42) 梁邵陵王綸有罪 免爲庶人 旣而復之 : "'이윽고 원래의 봉작을 회복했나.〔旣而復之〕'라고 기록한 것은 무엇인가. 〈梁主(梁 武帝)의〉 지나친 자애를 나무란 것이다. 〈漢나라의〉 전임 槐里令 朱雲이 일을 말하다가 죄를 얻었고 이윽고 석방한 것이 아름다움이 되었다. 邵陵王 蕭綸은 범죄가 있어 파면되었다가 이윽고 원래의 봉작을 회복했거늘 어찌하여 나무라는 말이 되는가. 〈주운이〉 죄를 얻은 것은 부당하게 얻은 것이므로 석방한 것이 아름다움이 되었다. 〈그러나 소륜이 범죄가〉 있는 것은 실제로 있는 것이므로 원래의 봉작을 회복한 것이 나무람이 되었다.〔書旣而復之 何 譏過慈也 故槐里令朱雲言事得罪 旣而釋之爲美矣 邵陵王綸有罪免 旣而復之 則何以爲譏辭 得者 不當得者也 故釋之爲美 有者 所實有者也 故復之爲譏〕" ≪書法≫
"梁主는 浮屠에 빠져서 온 마음으로 살육하지 않았으므로 매사가 고식적이었고, 그 子弟들이 죄가 있는 경우에는 이따금 용서하였다. 사람들은 모두 그 자애가 과도한 것을 알았으나 그 이른바 자애라는 것이 자제들에게 보일 뿐만이 아닌 것을 알지 못했다. 그러나 ≪資治通鑑綱目≫은 梁主의

【目】 蕭綸이 揚州刺史가 되어 시장에서 물건을 살 때 값을 치르지 않자 시장 상인들이 모두 가게 문을 닫았다. 少府丞 何智通의 고발을 올려, 소륜이 견책을 당해 집으로 돌아왔다. 소륜이 사람을 보내 하지통을 찔러 죽였고, 이 일이 발각된 뒤 파면되어 평민이 돼 30일을 갇혀 지내다가 얼마 후 원래의 봉작을 회복하였다.

綸이 爲揚州刺史하여 市物에 不給其直(치)하니 市皆閉邸라 少府丞何智通이 啓聞하여 綸이 被責還第러니 遣人刺智通하여 事覺하여 免爲庶人하여 鎖之三旬이라가 旣而復之하다

【綱】 3월에 魏主 元朗이 鄴城으로 移居하자, 高歡이 스스로 太師가 되었다.

三月에 魏主朗이 入居于鄴하니 高歡이 自爲太師[43]하다

【綱】 윤3월에 北魏 爾朱天光 등이 병사를 모아 鄴城을 공격하자, 高歡이 격파하였다.

◑閏月에 魏爾朱天光等이 會兵攻鄴이어늘 高歡이 擊破之하다

【目】 爾朱世隆이 겸손한 말투로 爾朱兆에게 권유하여 洛陽으로 가게 하고, 또 魏主(節閔帝 元恭)에게 요청하여 이주조의 딸을 맞아들여 皇后로 삼게 하니 이주조가 기뻐하여 爾朱天光·爾朱度律과 함께 다시 친해졌다.

장군 斛斯椿이 은밀히 賀拔勝에게 이르기를, "천하가 爾朱氏를 가슴 깊이 원망하고 있는데 우리들이 그들에게 쓰임이 되면 망할 날이 멀지 않을 것이니 그들을 도모해 해치우는 것만 못하다."라고 하자, 하발승이 말하기를, "이주천광이 이주조와 함께 저마다 한 지역을 차지하고 있으니 그들을 모조리 제거하지 않으면 반드시 후환이 있을 터이니 이를

고식적인 일에 대해 책에 드러내 기록하지 않은 적이 없다. 예컨대 邵陵王과 같은 부류는 이미 범죄가 있어 파면되었는데 또다시 '이윽고 원래 자리로 복귀했다.〔旣而復之〕'라고 기록하였으니 그 관대히 놓아준 잘못을 진실로 자연히 환하게 알 수 있는 것이다. 특별히 기록하고 누차 기록하였으니 또한 영원한 귀감이 되는 것이다.〔梁主溺於浮屠 一意不殺 故每事姑息 至其子弟有罪 往往卲之 人皆知其爲慈愛之過 而不知其所謂慈愛者 不但見之子弟而已 然綱目於梁主姑息之事 未嘗不顯書于冊 如卲陵之類 旣當罪免 又書旣而復之 則其寬縱之失 固自曉然可知 特書屢書 亦所以爲永鑑也〕"《發明》

43) 魏主朗入居于鄴 高歡自爲太師 : "'魏主'라고 기록한 것은 무엇인가. 元朗이 임금이 된 것을 완성시켜준 것이다. 원랑이 임금이 된 것을 완성시켜준 것은 장차 고환을 바르게 죄주려는 것이다. 그러므로 高歡이 스스로 太師가 되니 그 관직(丞相)을 삭제하였고, 〈533년에 고환이〉 爾朱兆를 격파해 죽이게 되자 '大丞相'이라고 기록하였다.〔書魏主何 成朗之爲君也 成朗之爲君 將以正罪歡也 故自爲太師 則削其官 至破殺爾朱兆 乃書大丞相〕"《書法》

어찌해야겠는가."라고 하였다. 곡사춘이 말하기를, "이것은 이루기 쉬운 것이다."라고 한 뒤 이주세륭에게 권유하여, 이주천광 등을 재촉해서 高歡을 함께 치도록 했는데, 이주천광이 오지 않자 곡사춘으로 하여금 찾아가 요청하니 이주천광이 어쩔 수 없이 호응했다.

출발하려 할 적에 雍州刺史 賀拔岳에게 대책을 묻자, 하발악이 말하기를, "대왕의 집안에서 세 지역을 차지하여 병사와 말들이 강성한데 오합지졸인 고환이 어떻게 대적할 수 있겠습니까. 우선 關中을 굳게 지켜 뿌리를 튼튼히 하고 정예 군사를 파견해서 뭇 군사들과 세력을 합치게 되면 진격하여서는 적을 무찌를 수 있고 물러나서는 자신을 온전하게 지킬 수 있을 것이니, 이보다 좋은 것이 없습니다."라고 하였지만 이주천광이 받아들이지 않았다.

爾朱世隆이 卑辭諭兆하여 使之赴洛하고 又請魏主恭하여 納其女爲后하니 兆가 乃悅하여 并與天光度律로 復相親睦하니 將軍斛斯椿이 陰謂賀拔勝曰 天下가 怨毒爾朱어늘 而吾等이 爲之用하면 亡無日矣니 不如圖之로라 勝이 曰 天光이 與兆各據一方하니 去之不盡하면 必爲後患이리니 奈何오 椿이 曰 此易致耳라하고 乃說(세)世隆하여 追天光等하여 共討高歡할새 天光이 不至어늘 使椿往邀之하니 天光이 不得已從之라 將行에 問策於雍州刺史賀拔岳한대 岳이 曰 王家가 跨據三方하여 士馬殷盛[①]하니 高歡烏合이 豈能爲敵이리오 莫若且鎭關中하여 以固根本하고 分遣銳師하여 與衆軍合勢하면 進可以克敵이요 退可以自全이리라하되 天光이 不從하다

① 爾朱兆가 북쪽에서 幷州와 汾州를 차지하고, 爾朱天光이 서쪽에서 關中과 隴右를 전부 차지하고, 爾朱仲遠이 徐州와 兗州를 마음대로 통치하는 것이 '세 지역을 차지한 것'이다.
兆北據幷·汾, 天光西奄關·隴, 仲遠擅命徐·兗, 是跨據三方.

【目】윤3월에 爾朱天光은 長安, 爾朱兆는 晉陽, 爾朱度律은 洛陽, 爾朱仲遠은 東郡으로부터 출발해서 모두 鄴城에서 회합하니 군대의 규모가 20만이었고, 洹水 양안에 주둔했다. 高歡이 출격하여 紫陌에 주둔할 때 高敖曹가 部曲의 병사들을 이끌고 뒤따랐다. 고환이 말하기를, "高都督이 거느리는 병사들은 모두 漢人이어서 일을 이루기 여의치 않을 듯하니 1천 명의 鮮卑人을 주어서 함께 섞고 싶은데 어떻게 생각하시오."라고 하자, 고오조가 말하기를, "제가 거느린 병사들은 오랫동안 연습을 해서 전후 전투에서 鮮卑보다 약하지 않았습니다. 지금 만일 뒤섞게 되면 감정이 서로 소통하지 못해, 승리하게 되면 공을 다투고 물러나게 되면 죄를 서로 미룰 것이니 번거로이 섞을 것이 없을 것입니다."라고 했다. 고환이 2천이 안 되는 馬兵과 3만이 안 되는 步兵으로 韓陵에 원형의 진지를

구축하고 소와 나귀를 끈으로 연결시켜 돌아가는 길을 막아 결사항전의 모습을 보였다.

高敖曹

爾朱兆가 고환을 향해 자신을 배반했다고 꾸짖자, 고환이 말하기를, "본디 온 힘을 바치려 했던 것은 함께 황실을 보좌하려 함이었는데 지금 천자의 존재가 어디에 있는가!"라고 하니, 이주조가 말하기를, "永安(孝莊帝 元子攸)이 天柱大將軍(爾朱榮)을 죄 없이 죽였기에 내가 그 원수를 갚은 것일 뿐이다."라고 하자, 고환이 말하기를, "임금이 신하를 죽인 것인데 무엇을 갚는단 말인가. 오늘 〈이주씨와의〉 모든 정의는 사라졌다."라고 하고 마침내 싸움이 벌어지게 되었다. 고환은 中軍을 거느리고 고오조는 左軍을 거느리고 고환의 堂弟 高岳은 右軍을 거느렸다. 고환이 싸움에서 수세에 몰리자 이주조 등이 승세를 타고 공격해왔다. 고악이 500기병을 이끌고 정면에서 맞닥뜨리고 別將 斛律敦이 흩어진 병사들을 수습해 이주조의 후면을 공격하고 고오조가 1천 기병을 이끌고 측면을 공격하자, 이주조 등이 크게 패퇴했고 하발승이 陣中에서 고환에게 투항했다.

이주조가 慕容紹宗을 만나 가슴을 쓰다듬으며 이르기를, "공의 말을 듣지 않아 이 지경에 이르렀다."라고 하고 輕騎를 이끌고 서쪽으로 달아나려 하자, 모용소종이 큰 깃발을 반대 방향으로 돌리고 호각을 불어 흩어진 병사들을 수습해서 진열을 편성해 물러났다. 이주조는 진양으로 돌아가고 이주중원은 동군으로 달아나고 이주도률과 이주천광은 낙양으로 달아났다.

閏月에 天光이 自長安하고 兆가 自晉陽하고 度律이 自洛陽하고 仲遠이 自東郡하여 皆會于鄴하니 衆號二十萬이요 夾洹水而軍①이러라 高歡이 出頓紫陌할새 高敖曹가 以部曲從②이러니 歡이 曰 高都督所將이 皆漢兵이라 恐不足集事라 欲割鮮卑千人雜之하니 如何오 敖曹가 曰 敖曹所將은 練習已久하여 前後格鬪가 不減鮮卑③라 今若雜之하면 情不相洽하여 勝則爭功하고 退則推罪니 不煩更配也로라하다 歡이 馬不滿二千이오 步兵不滿三萬이라 乃於韓陵에 爲圓陣하고 連牛驢塞歸道하여 以示必死④러니 兆가 望見歡하고 責以叛已한대 歡이 曰 本所以戮力者는 共輔帝室이니 今에 天子가 何在오 兆曰 永安이 枉害天柱하니 我報讐耳로라 歡이 曰 以君殺臣커니 何報之有리오 今日義絶矣라하고 遂戰할새 歡이 將中軍하고 敖曹가 將左하고 弟岳이 將右⑤러라 歡이 戰不利하여 兆等이 乘之어늘 岳이 以

五百騎로 衝其前하고 別將斛律敦이 收散卒하여 躡其後하고 敖曹가 以千騎橫擊之하니 兆等이 大敗하고 賀拔勝이 於陳降歡하니 兆가 對慕容紹宗하여 撫膺曰 不用公言하여 以至於此라하고 欲輕騎西走⑥어늘 紹宗이 反旗鳴角하여 收散卒하여 成軍而去하니 兆는 還晉陽하고 仲遠은 奔東郡하고 度律天光은 走洛陽하다

① ≪水經注≫에 의하면, "洹水가 鄴城 남쪽을 곧장 지난다."고 하였다.
水經注 "洹水逕鄴城南."

② ≪鄴都記≫를 살펴보면 "紫陌은 鄴城 서북쪽 5리쯤에 있다." 하였다. 從(추종하다)은 才用의 切이다.
鄴都記 "紫陌, 在鄴城西北五里." 從, 才用切.

③ 格은 대적함이다.
格, 敵也.

④ ≪五代志≫를 살펴보면 "業縣에 韓陵山이 있다." 하였다.
五代志 "業縣, 有韓陵山."

⑤ 高岳은 高歡의 사촌 아우이다.
岳, 歡之從父弟也.

⑥ '不用公言'이란 慕容紹宗이 爾朱兆에게 高歡으로 하여금 州鎭의 군사를 통솔하지 말도록 권유했으나 이주조가 받아들이지 않은 것을 말한다. '西走'란 鄴城 서쪽에서 晉陽으로 달아나 돌아가는 것이다.
不用公言, 謂紹宗諫兆使歡統州鎭兵而兆不用也. 西走, 自鄴西走歸晉陽.

【綱】 여름 4월에 北魏 將軍 斛斯椿이 爾朱天光과 爾朱度律을 체포하여 鄴城으로 보내니, 爾朱世隆은 처형당하고 爾朱仲遠은 梁나라로 달아났다.

夏四月에 魏將軍斛斯椿이 執爾朱天光度律하여 送鄴하니 世隆이 伏誅하고 仲遠이 奔梁하다

【目】 斛斯椿이 賈顯度와 賈顯智에게 이르기를, "爾朱氏를 먼저 체포하지 않으면 우리들은 죽어서 남을 자가 없을 것이다."라고 하였다. 이에 河橋를 침입해 점거하여 이주씨 무리들을 살해하자, 爾朱度律과 爾朱天光이 달아났는데, 이들을 생포해서 高歡에게 보냈다. 그리고 또 賈顯智를 시켜서 爾朱世隆을 습격하여 체포해 참수하였다. 魏主 元恭이 中書舍人 盧辯에게 鄴城으로 가서 고환을 위로하게 할 때, 고환이 노변에게 魏主 元郎을 뵙도록 하자 노변이 항의하며 따르지 않으니 고환도 그의 뜻을 꺾지 못했다. 侯景이 고환에게 항복하고 爾朱仲遠이 梁나라로 도망가자 이주중원의 부하 喬寧과 張子期가

고환을 찾아 항복하니, 고환이 꾸짖기를, "이주중원이 반역을 일삼을 때 너희가 그들의 군대 앞잡이가 되고 이주중원이 남쪽으로 달아날 때 너희가 그를 다시 배반하여, 천자를 섬길 때는 충성하지 않고 이주중원을 섬길 때는 신의를 지키지 않았으니, 개와 말도 먹이 주는 사람을 알아보는데 너희야말로 개와 말만 못하다."라고 하고 결국 참수했다.

斛斯椿이 謂賈顯度顯智曰 不先執爾朱氏하면 吾屬이 死無類矣리라 於是에 入據河橋하여 殺爾朱氏之黨하니 度律天光이 出走어늘 擒之하여 送高歡하고 又使顯智로 襲執世隆하여 斬之하다 魏主恭이 使中書舍人盧辯으로 勞歡於鄴[①]이어늘 歡이 使見魏主朗한대 辯抗辭不從하니 歡不能奪이러라 侯景이 降於高歡하고 爾朱仲遠이 奔梁하니 仲遠帳下喬寧張子期가 詣歡降[②]이어늘 歡이 責之曰 仲遠이 爲逆에 汝爲戎首하고 仲遠南走에 汝復叛之[③]하여 事天子則不忠하고 事仲遠則無信하니 犬馬도 尙識飼者커니 汝曾犬馬之不如라하고 遂斬之하다

① 盧辯은 盧同의 형의 아들이다.
辯, 同之兄子也.

② 喬寧은 성명이다.
喬寧, 姓名.

③ ≪禮記≫ 〈檀弓〉의 '毋爲戎首' 주석에서, "군대의 중심이 되어 공격하는 것을 '戎首'라 한다." 하였다.
記檀弓毋爲戎首, 注云 "爲兵主來攻伐曰戎首."

【綱】 北魏 雍州刺史 賀拔岳이 爾朱顯壽를 죽였다.

魏雍州刺史賀拔岳이 誅爾朱顯壽하다

【目】 爾朱天光이 동쪽으로 내려갈 때 그의 아우 爾朱顯壽를 남겨 長安을 지키게 하고 侯莫陳悅을 불러 함께 동쪽으로 가려 했다. 賀拔岳은 이주천광이 반드시 패할 것을 알고 侯莫陳悅을 머물게 하여 함께 爾朱顯壽를 도모하려 하자 宇文泰가 말하기를, "후막진열이 장수이긴 해도 사람들을 제어할 수 없으니 만일 먼저 그 무리들을 설복시키면 반드시 사람들이 머물고 싶은 마음이 생길 것입니다. 그리하여 후막진열이 동쪽으로 가게 되면 爾朱氏와 약속한 날에 도착하지 못할 것이고 물러나면 사람들의 마음이 변할까 두려워할 것이니, 이때를 틈타 그에게 권유하면 일을 이루지 못할 것이 없을 것입니다."라고 하자, 하발악이 좋아하며 따랐다. 후막진열이 하발악과 함께 長安을 습격할 때 高歡이 하

발악을 關西大行臺로 삼자, 하발악이 宇文泰를 左丞으로 삼아 모든 일을 그에게 맡겼다.

天光之東下也에 留其弟顯壽鎭長安하고 召侯莫陳悅하여 欲與俱東커늘 岳이 知天光必敗하고 欲留悅하여 共圖顯壽한대 宇文泰가 曰 悅雖爲將이나 不能制物이니 若先說其衆하면 必人有留心이라 悅이 進하면 失爾朱之期하고 退하면 恐人情變動하리니 乘此說之하면 事無不遂리라하니 岳이 喜從之하다 悅이 與岳襲長安한대 歡이 以岳爲關西大行臺하니 岳이 以泰爲左丞하여 事無巨細히 皆委之하다

【綱】 高歡이 洛陽에 들어와 그 군주 元恭과 元朗을 폐위시키고서 平陽王 元脩를 옹립하고 자신은 大丞相이 되었다.

高歡이 入洛陽하여 廢其主恭及朗하여 而立平陽王脩하고 自爲大丞相[44]하다

【目】 魏主 元朗이 邙山에 이르자, 高歡은 그가 황족과의 혈통이 멀다고 하여 魏蘭根을 시켜서 魏主 元恭의 됨됨이를 관찰하게 해서 그를 황제로 다시 추대하려고 했다. 위란근은 원공의 神采가 고명함으로 훗날 제어하기 어렵게 되지 않을까 싶다며 고환에게 폐할 것을 권유하였다.

고환이 백관들을 모아 누구를 세워야 할지 묻자 응답하는 사람이 없었는데, 太僕 綦毋儁이 "원공은 현명하기에 응당 社稷의 주인이 되어야 합니다."라고 해서 고환이 이를 따르려 하였다. 崔㥄이 정색을 하며, "廣陵(元恭)이 이미 반역을 일으킨 胡族(爾朱氏)에

44) 高歡入洛陽……自爲大丞相 : "高歡이 3월부터 스스로 太師가 되었으니, 그 관직(丞相)을 삭제하고 기록하지 않았다. 여기서 다시 '魏'라고 기록하지 않은 것은 어째서인가. 고환의 권세가 극심했기 때문이다. 임금을 폐위한 것을 기록한 것이 많았으나 두 임금을 폐위한 것을 연이어 기록한 것은 없었다. 이에 기록하기를 '그 군주 元恭과 元朗을 폐위시켰다.〔廢其主恭及朗〕'라고 하였으니 고환의 죄를 이루 다 말할 수 있겠는가.〔高歡自三月自爲太師 削其官矣 此復不書魏 何 歡伉也 書廢其主多矣 未有連書廢二主者 於是書曰 廢其主恭及朗 歡罪可勝言哉〕" ≪書法≫

"元朗은 高歡이 임금으로 세웠으니 진실로 고환의 주인이다. 元恭은 爾朱氏가 세웠는데 어찌 아울러 기록하여 고환의 주인이 되게 하였는가. '어지러운 즈음에 백성들은 임금이 없어서는 안 된다. 원공은 비록 이주씨가 세웠으나 京邑에 웅거하고 높은 지위에 정당하게 있던 것이 거의 2년이나 되었으니 北魏의 굳건한 임금이었다. 고환은 홀로 북위의 臣子가 아니란 말인가. 만일 고환이 명분을 바로잡고 정의에 입각하여 반역자들을 토벌해 제거하여 廣陵王을 떠받들어 임금으로 모시어 社稷에는 받듦이 있고 사람과 귀신에는 주인이 있게 했다면 원랑은 굳이 세울 필요가 없었고, 元脩도 세울 필요가 없었다. 어찌 1년 사이에 임금을 3번이나 바꾸는가. 그러나 姦賊의 도당들은 대부분 임금을 폐위하며 즉위시키는 일로 위엄을 보이는데 고환이 비록 역적을 토벌하였으나 사실은 역적이므로 그들과 대등하게 기록한 것은 진실로 지나친 것이 아니다.'〔元朗 歡所立 固歡之主也 恭乃爾朱所立 何以併書爲歡之主乎 曰 擾攘之際 民不可以無主 恭雖爾朱所立 然據京邑 正尊位 垂及二載 魏國固主之矣 歡獨非魏之臣子乎 使歡正名仗義 討除叛逆 奉戴廣陵而君之 社稷有奉 人神有主 則朗固不必立也 脩亦不必立也 何至期月之間 三易其主哉 雖然姦賊之徒 率以廢立示威 歡雖討賊 實亦賊爾 等而書之 固非過也〕" ≪發明≫

게 옹립되었는데 어떻게 천자가 될 수 있겠습니까. 만일 기무준의 말을 듣게 되면 대왕의 군대가 어떻게 義擧가 될 수 있겠습니까."라고 하니, 고환이 마침내 원공을 崇訓寺에 유폐시키고 결국 洛陽으로 돌아왔다.

斛斯椿이 賀拔勝에게 이르기를, "지금 천하 일이 나와 그대의 손에 달려 있으니 만일 먼저 남을 제어하지 않으면 남에게 제압당할 것이다. 고환이 막 도착했으므로 도모하기가 어렵지 않을 것이다."라고 하자, 하발승이 말하기를, "사람이 공을 세웠는데 그를 해치는 것은 상서롭지 못하다."라고 하니 곡사춘이 계획을 멈췄다.

당시 여러 왕들이 대부분 도망가 숨어 있었다. 平陽王 元脩는 元懷의 아들로 시골 집에 숨어 있었는데, 고환이 그를 황제로 옹립하려 하여 곡사춘에게 찾아가게 하였다. 곡사춘은 원수가 친한 王思政을 통해 원수를 만났는데, 원수가 벌벌 떨며, "나를 내다 팔 참인가."라고 하자, 왕사정이 "아닙니다." 하였다. "보장할 수 있겠는가." 하자, "수많은 변화가 도사리고 있는데 어떻게 보장할 수 있겠습니까."라고 했다. 고환이 원랑을 위하여 詔書를 지어 원수에게 帝位를 禪讓했다.

魏主朗이 至邙山하니 高歡이 以爲疎遠이라하여 使魏蘭根觀魏主恭之爲人하여 欲復奉之①어늘 蘭根이 以恭神采高明하여 恐後難制라하여 勸歡廢之한대 歡이 集百官하여 問所宜立하되 莫有應者러니 太僕綦毋儁이 稱恭賢明하니 宜主社稷이라한대 歡이 將從之어늘 崔㥄이 作色曰 廣陵이 既爲逆胡所立이어니 何得爲天子②리오 若從儁言하면 王師何名義擧리오하니 歡이 遂幽恭於崇訓寺하고 遂入洛陽하다 斛斯椿이 謂賀拔勝曰 今天下事가 在吾與君耳니 若不先制人이면 將爲人所制니 高歡이 初至에 圖之不難이로다 勝이 曰 人有功이어늘 而害之는 不祥이라하니 椿이 乃止하다 時에 諸王이 多逃匿이라 平陽王脩는 懷之子也요 匿於田舍어늘 歡이 欲立之하여 使斛斯椿求之한대 椿이 從脩所親王思政하여 見脩하니 脩가 懼曰 賣我邪아 思政이 曰 不也라 曰 敢保之乎아 曰 變態百端이어니 何可保也리오 歡이 乃爲朗作詔策하여 而禪位焉③하다

① 章武王 拓跋太洛은 文成帝(拓跋濬)의 아들이고,[45] 獻文帝(拓跋弘)의 막내아우이다. 탁발태락이 元融을 낳고 원융이 安定王(元朗)을 낳았는데 孝明帝(元詡)에게 있어 緦麻服(8寸)의 친척이어서 혈통이 먼 것이다. 魏收의 《魏書》에 의하면, "章武王 拓跋太洛은 景穆帝(拓跋晃)의 아들로, 元彬을 후계로 삼았는데 원빈의 아들이 元融이다."고 했는데, 그것이 사실이면 혈통이 더욱 먼 것이다.
章武王太洛, 文成之子, 獻文之季弟也. 太洛生融, 融生安定王, 於孝明帝緦麻親也, 故以爲疏

45) 文成帝(拓跋濬)의 아들이고 : 기존의 史書에 근거할 때 원문의 기술은 오류로 보인다. 拓跋太洛은 景穆帝 拓跋晃의 아들이고, 文成帝(拓跋濬)의 아우이어야 한다.

遠. 魏收書"章武王太洛, 景穆之子, 以彬爲後, 彬子融." 審爾, 則愈疏遠矣.

② 廣陵은 節閔帝이며, 앞서서 廣陵王이었다.
廣陵, 卽節閔帝也, 先爲廣陵王.

③ 爲(위하다)는 去聲이다.
爲, 去聲.

【目】元脩가 帝位에 오를 때 代都의 옛 제도를 사용하여 黑氈(검은 모포)을 일곱 사람에게 씌웠는데 高歡도 그중 한 사람이었다. 원수가 흑전 위에서 서쪽 하늘을 향해 절하기를 마치고 御殿에 들어와 고환을 大丞相 天柱大將軍으로 삼았다. 고환이 司馬子如를 行臺尙書 參知軍國으로 삼고 賀拔岳을 불러 冀州刺史로 삼았다.

하발악이 조정에 들어가려 하자, 行臺右丞 薛孝通이 말하기를, "고환이 지금 안으로 뭇 영웅들을 어루만지고 밖으로 강한 적들을 대항하고 있는데 어찌 자기 집을 버리고서 公(귀하)과 關中 땅을 다투겠습니까. 공이 華山을 성곽으로 삼고 黃河를 참호로 삼게 되면 진격했을 땐 山東을 겸유할 수 있고 물러났을 땐 函谷關을 걸어 잠글 수 있는데, 어찌 손이 묶인 채 남에게 제압당하려 하십니까."라고 하니 하발악이, "그대 말이 옳다."라고 하고, 부름에 응하지 않았다.

脩가 卽位에 用代都舊制하여 以黑氈蒙七人하니 歡居其一이라 脩가 於氈上西向拜天畢하고 入御殿하여 以高歡爲大丞相天柱大將軍하다 歡이 以司馬子如로 爲行臺尙書參知軍國하고 徵賀拔岳하여 爲冀州刺史하니 岳이 欲入朝어늘 行臺右丞薛孝通이 曰 歡이 方內撫群雄하고 外抗勍敵하니 安能去其巢穴하여 與公爭關中之地乎아 公이 以華山爲城하고 黃河爲塹하면 進可以兼山東이요 退可以封函谷이니 奈何欲束手受制於人[①]가하니 岳이 曰 君言이 是也라하고 乃不就徵하다

① 後漢 王元이 隗囂에게 말하기를, "제가 대왕을 위해 진흙 한 알로 동쪽 函谷關을 봉쇄하겠습니다."라고 했다.
後漢王元說隗囂曰 "元請以一丸泥爲大王東封函谷關."

【綱】北魏 爾朱度律과 爾朱天光이 죽임을 당하였다.

魏爾朱度律天光이 伏誅하다

【目】高歡이 鄴城으로 돌아와 爾朱度律과 爾朱天光을 洛陽으로 보내어 참수하였다.

高歡이 還鄴하여 送爾朱度律天光於洛陽하여 斬之하다

【綱】 5월에 北魏가 옛 군주 元朗을 安定王에 책봉했다.

五月에 魏가 封其故主朗하여 爲安定王하다

【綱】 魏主 元脩가 옛 군주 元恭을 시해했다.

◐ 魏主脩가 弑其故主恭[46)]하다

【綱】 가을 7월에 北魏 大丞相 高歡이 爾朱兆를 토벌하여 그를 패주시켜서 결국 晉陽을 점거했다.

◐ 秋七月에 魏大丞相歡이 討爾朱兆하여 走之하여 遂據晉陽[47)]하다

【目】 高歡이 武鄕에서 爾朱兆의 군대를 공격하자 이주조가 晉陽을 크게 짓밟고 북쪽 秀容으로 달아나니 幷州가 평정되었다. 고환은 진양이 사방이 막혀 있다 하여 大丞相府를 〈진양에〉 세워 정착했다.

高歡이 擊爾朱兆軍於武鄕하니 兆가 大掠晉陽하고 北走秀容하니 幷州平이러라 歡이 以晉陽四塞①이라하여 乃建大丞相府하여 而居之②하다

① 太原郡의 지세가 동쪽에는 太行山과 常山이 가로막고, 서쪽에는 蒙山이 있고, 남쪽에는 霍太山과 高壁嶺이 있으며, 북쪽에는 東陘關과 西陘關이 지키고 있으므로 또한 '사방이 막힌 땅'이라 한 것이다.

太原郡之地, 東阻太行・常山, 西有蒙山, 南有霍太山・高壁嶺, 北阨東陘・西陘關, 故亦以爲

46) 魏主脩弑其故主恭 : "군주를 폐위한 것에 '시해했다〔弑〕'라고 기록한 것이 많으나 '그 옛 군주〔其故主〕'라고 기록한 것은 없었는데, '그 옛 군주〔其故主〕'라고 기록한 것은 무엇인가. 작위가 없기 때문이다. ≪資治通鑑綱目≫의 필법은 폐위된 군주에게 작위가 있으면 작위를 기록하고 작위가 없으면 '그 옛 군주〔其故主〕'라고 기록하였다. ≪자치통감강목≫에는 '그 옛 군주를 시해했다.〔弑其故主〕'라고 기록한 것이 2번이다.(魏主 元恭, 西魏主 元欽)〔廢主書弑多矣 未有書其故主者 書其故主 何 無爵也 綱目之法 廢主有爵 書爵 無爵 書其故主 綱目書弑其故主二(魏主恭西魏主欽)〕" ≪書法≫

47) 魏大丞相歡……遂據晉陽 : "爾朱兆를 토벌한 것은 올바른 것이다. 이어서 晉陽을 점유한 것은 전횡한 것이 심하였으므로 '점거했다〔據〕'라고 기록하고 '결국〔遂〕'이라고 기록하였다. ≪資治通鑑綱目≫은 高歡에게 이로부터 취한 것이 없다.〔討爾朱兆 正也 因而據有晉陽 則專甚矣 故書據書遂 綱目於高歡自是無取焉〕" ≪書法≫

四塞之地.

② 이때부터 高齊(北齊)가 건국하게 되면서, 결국 晉陽을 陪都(제2의 수도)로 삼았다.
自此至于高齊建國, 遂以晉陽爲陪都.

【綱】 겨울 11월에 魏主 元脩가 安定王 元朗과 東海王 元曄을 시해했다.

冬十一月에 **魏主脩**가 **弑安定王朗**과 **東海王曄**[48)]하다

【綱】 12월에 魏主(元脩)가 汝南王 元悅을 살해했다.

◑ **十二月**에 **魏主**가 **殺汝南王悅**하다

【目】 魏主는 元悅이 친속으로 가깝고 지위 또한 높았으므로 살해했다.

魏主가 **以悅屬近地尊**이라 **故殺之**[①]하다

① 元悅은 孝文帝(元宏)의 아들이고 孝武帝(元脩)의 숙부이다.
悅, 孝文帝子, 武帝叔父也.

【綱】 北魏가 高氏를 황후로 삼았다.

魏가 **立后高氏**하다

【目】 高歡의 딸이다.

歡之女也라

48) 魏主脩弑安定王朗 東海王曄 : "元恭은 '시해했다〔弑〕'라고 기록하는 것이 마땅하다. 元朗·元曄은 임금이 된 지 수개월일 뿐인데 '시해했다〔弑〕'라고 기록한 것은 무엇인가. 하루일지라도 또한 임금과 신하이니, 魏主는 이에 3번 임금을 시해했다.〔恭書弑宜矣 朗曄立數月耳 其書弑 何 一日亦君臣也 魏主於是蓋三弑君矣〕" ≪書法≫
"이때 高歡이 한 나라의 권력을 독점하였으나, 元恭·元朗·元曄의 죽음에 모두 죄를 魏主(元脩)에게 돌린 것은 어째서인가. 원수는 그 지위를 이롭게 여겨서 나라를 다툴 마음이 있었고 후환을 남길까 우려하였으므로 모두 해쳐 없앴다. ≪資治通鑑綱目≫은 지극히 은밀한 것을 미루어 보여주니 이 까닭으로 書法이 이와 같다. 원수가 비록 그 죄를 회피하는 말을 하려 하더라도 할 수 있겠는가.〔是時高歡擅一國之權 然恭朗曄之死 皆歸獄於魏主 何也 脩利於其位 有爭國之心 慮貽後患 故皆戕而滅之 綱目推見至隱 是以書法如此 脩雖欲曲辭其罪 尙可得乎〕" ≪發明≫

思政殿訓義 資治通鑑綱目 제32권 상

-梁 武帝 中大通 5년(533)~梁 武帝 大同 4년(538)-

≪資治通鑑綱目≫ 제32권은 癸丑年(533) 梁나라 武帝 中大通 5년과 北魏 孝武帝 永熙 2년부터 丁卯年(547) 梁나라 武帝 太淸 원년과 西魏 文帝 大統 13년, 東魏 孝靜帝 武定 5년까지이니, 모두 15년이다.

起癸丑梁武帝中大通五年과 魏孝武帝永熙二年하여 盡丁卯梁武帝太淸元年과 魏文帝大統十三年과 東魏孝靜帝武定五年하니 凡十五年이라

癸丑年(533)

梁나라 高祖 武帝 蕭衍 中大通 5년이고 北魏 孝武帝 元脩 永熙 2년이다.

梁中大通五年이요 魏永熙二年이라

【綱】 봄 정월에 北魏 大丞相 高歡이 秀容을 습격하여 爾朱兆를 죽였다.

春正月에 **魏大丞相歡**이 **襲秀容**하여 **殺爾朱兆**[1]하다

【目】 爾朱兆가 秀容에 이르러 군사를 나눠 요새들을 지켰다. 高歡이 이주조를 토벌해야 한다고 외치며 군사를 출격시켰다가 멈추기를 네 차례나 하였다. 이주조의 마음이 나태해지자, 고환이 새해 무렵 연회를 베풀 것이라 추측하고 竇泰에게 정예 기병을 이끌고 가게 하였는데 하루 밤낮 사이에 3백 리를 갔다. 고환이 대군을 이끌고 뒤따라오자 이

---

1) 魏大丞相歡襲秀容 殺爾朱兆 : "앞에서는 '爾朱兆를 토벌했다.〔討爾朱兆〕'라고 기록하였는데 여기서 '주벌했다〔誅〕'라고 기록하지 않은 것은 어째서인가. 高歡이 이미 晉陽을 점거했으니 이주씨와 같아졌을 뿐이다. 이주조가 비록 賊이지마는 고환이 주벌할 수 없는 것이다. 그러므로 이주씨의 죽음에 모두 '誅'라고 기록하고 오직 이주조는 고환이 죽였기 때문에 '殺'이라고만 기록하였다.〔前書討爾朱兆矣 此其不書誅何 歡旣據晉陽 則與爾朱等耳 兆雖爲賊 歡不得而誅之也 故爾朱氏之死 皆書誅 惟兆以歡殺之 止書殺〕" ≪書法≫

주조의 군사들이 깜짝 놀라 달아났고 두태가 추격해 격파하자 이주조가 산속에서 목매 달아 죽었다. 慕容紹宗이 항복하자 고환이 후대했다. 이에 앞서 이주조의 부하들이 모두 남몰래 고환에게 항복 의사를 전했지만 張亮만은 참여하지 않았었는데, 이때가 돼서 고환이 장량을 參軍으로 삼았다.

兆가 至秀容하여 分守險隘어늘 高歡이 揚聲討之하여 師出復止者數四러라 兆意怠어늘 歡이 揣其歲首當宴會하고 遣竇泰하여 以精騎馳之하여 一日一夜行三百里하고 歡이 以大軍繼之하니 兆軍驚走어늘 泰가 追破之하니 兆가 縊死山中하고 慕容紹宗이 降하니 歡이 厚待之하다 先是에 兆左右가 皆密通啓於歡하되 唯張亮이 無之러니 至是하여 歡이 以亮爲參軍하다

【綱】 北魏가 각지의 行臺를 없앴다.[2)]

魏가 罷諸行臺하다

【綱】 北魏가 賀拔勝을 荊州刺史로 삼았다.

◑魏가 以賀拔勝爲荊州刺史하다

【目】 北魏의 侍中 斛斯椿이 南陽王 元寶炬, 將軍 元毘, 王思政과 함께 魏主(元脩)에게 高歡을 제거할 것을 은밀히 권유할 적에 〈궁정에〉 都督의 部曲을 설치하니 각 인원이 수백 명이었다. 關中大行臺 賀拔岳이 重兵을 거느리고 있다 하여 은밀하게 그와 연결하고, 그의 아우 賀拔勝을 荊州刺史로 내보내 고환과 대적하게 하려 하니, 고환이 달갑게 여기지 않았다.

예전에 侍中 司空 高乾이 부친상을 당해 侍中의 자리를 내놓고 있었다. 魏主가 이미 고환을 의심하고 있던 터라 고건이 자신에게 쓰이기를 기대하여 일찍이 함께 맹약을 한 적이 있었는데 고건이 이를 알아차리지 못하고 대답하기를, "신이 몸을 국가에 바쳤는데 어찌 감히 두 마음을 먹을 수 있겠습니까."라고 했었다.

이때가 돼서 고건이 가까운 사람에게 이르기를, "皇上은 功이 있는 현신을 가까이하지 않고 소인배들을 불러들이며, 곧잘 關中에 사람을 보내 왕래하고 또 賀拔 형제를 서

2) 北魏가……없앴다 : 行臺는 출정 때 출정지에 두어 조정을 대표하여 해당 지역의 행정과 군사 업무를 처리하던 기구이다. 행대의 수장은 고관이 겸하는 경우가 많았다. 이때 혁파했으나 얼마 뒤 다시 설치하였다.

로 가깝게 하니 재앙이 장차 일어나 반드시 내게 미칠 것이다."라고 하고 조용히 이를 고환에게 보고했다. 고환이 고건을 并州로 부를 때 고건이 고환에게 魏主에게 帝位를 선양받으라 하니 고환이 그의 입을 가리며, "함부로 말하지 말라. 지금 司空(귀하)을 다시 侍中과 門下省의 일을 모두 맡기겠다."라고 했다. 고환이 여러 차례 고건의 복직을 요청했음에도 魏主가 따르지 않자, 고건은 변고가 장차 일어날 것을 예감하고 徐州刺史를 요청하자 魏主가 따랐다.

魏侍中斛斯椿이 與南陽王寶炬將軍元毗王思政으로 密勸魏主圖高歡할새 增置都督部曲이 各數百員[①]이러라 以關中大行臺賀拔岳이 擁重兵이라하여 密與相結하고 出其弟勝하여 爲荊州刺史하여 欲以敵歡하니 歡이 不悅이러라 初에 侍中司空高乾이 遭父喪하여 解侍中이러니 魏主가 旣貳於歡이라 冀乾爲己用하여 嘗與共立盟約이러니 乾이 不之知하여 對曰 臣이 以身許國이어니 何敢有貳리오하다 及是하여 乾乃謂所親曰 上不親勳賢하고 而招集群小하며 數(삭)遣人往來關中하고 又令賀拔兄弟로 相近하니 禍難將作하여 必及於我리라하고 乃密啓歡한대 歡이 召乾詣幷州어늘 乾이 因勸歡受魏禪하니 歡이 掩其口曰 勿妄言하라 今令司空復爲侍中門下事하여 一以相委라하다 屢啓請之하되 魏主不許어늘 乾이 知變將起하고 求爲徐州한대 從之하다

① 元寶炬는 元愉의 아들이다. 元毗는 元遵의 현손이다.
寶炬, 元愉之子. 毗, 遵之玄孫也.

【綱】 3월에 阿至羅가 北魏에 다시 귀의했다.

三月에 阿至羅가 復附于魏하다

【目】 北魏 正光(520~525) 이전엔 阿至羅가 內地(北魏)에 귀속되어 있었으나 中原이 변고가 많아지자 결국 배반했다. 高歡이 다시 그들을 불러들이자 아지라가 다시 투항했는데, 모두 10만 호였다. 고환이 그들에게 곡식과 직물을 주려하자 회의 참석자들이 낭비일 뿐 이익이 없을 것이라 했으나 고환이 따르지 않았는데, 河西를 정벌할 때 그들로부터 큰 지지를 받았다.

魏正光以前엔 阿至羅가 常內屬이라가 及中原多事에 遂叛이러니 高歡이 招之한대 阿至羅가 復降하니 凡十萬戶라 歡이 與之粟帛하니 議者가 以爲徒費無益이라하되 歡이 不從이러니 及經略河西에 大收其用[①]하다

①〈'大收其用'은〉 曹泥를 구제하고 万俟受洛干을 취한 때를 말한다.
謂救曹泥及取万俟受洛(于)〔干〕[3]時也.

【綱】 北魏 徐州刺史 高乾이 죽임을 당하자 大都督 高敖曹가 晉陽으로 달아났다.

魏徐州刺史高乾이 伏誅하니 大都督高敖曹가 奔晉陽[4]하다

【目】 高乾이 徐州로 부임하려 할 때, 魏主(元脩)는 그가 기밀을 누설했다는 말을 듣고 高歡에게 조서를 내리기를, "乾邕(高乾)이 朕과 약속이 있었는데 지금 이를 뒤집었다."라고 하니 고환 역시 〈고건이 황제와 맹약한 말을〉 듣고 불쾌해하며, 고건이 자신에게 전후로 당시 일의 논의를 보고한 글들을 봉함에 넣어 올렸다. 魏主가 고건을 불러 꾸짖고서 결국 사형을 내리고, 潘紹業에게 비밀 칙서를 내려 그의 아우 高敖曹를 죽이게 하자, 고오조는 晉陽으로 달아나고 고오조의 형 高仲密도 샛길로 진양으로 달아났다.

乾이 將之徐州할새 魏主가 聞其漏泄機事하고 乃詔歡曰 乾邕이 與朕有盟이어늘 今乃反覆이라하니 歡이 聞[5]亦惡(오)之하여 取乾前後啓論時事者하여 封上하니 魏主가 召乾責之하여 遂賜死하고 密敕潘紹業하여 殺其弟敖曹하니 敖曹가 奔晉陽하고 敖曹兄仲密도 亦間行奔晉陽①하다

① 仲密은 이름이 愼인데 字를 사용하였다. 당시 光州刺史였다.
仲密, 名愼, 以字行. 時爲光州刺史.

【綱】 여름 4월에 北魏 靑州 출신 사람 耿翔이 刺史를 살해하고, 梁나라에 항복해오자 양나라가 경상을 刺史로 삼았다.

---

3) (于)〔干〕: 저본에는 '于'로 되어 있으나, ≪資治通鑑≫ 註에 의거하여 '干'으로 바로잡았다.

4) 魏徐州刺史高乾伏誅 大都督高敖曹奔晉陽 : "高乾에겐 일찍이 '병사를 일으켰다.〔起兵〕'라고 기록했었는데, 여기서 '죽임을 당했다.〔伏誅〕'라고 기록한 것은 무엇인가. 고건을 죄준 것이다. 어째서 죄를 주었는가. 기밀 사항을 누설했고 또 고환에게 찬탈할 것을 일깨워준 사람도 이 사람이었다. ≪資治通鑑綱目≫의 筆削이 세심하다.〔乾嘗書起兵矣 此書伏誅 何 罪乾也 曷爲罪之 漏泄機事 且啓歡以簒者 斯人也 綱目之筆削審矣〕" ≪書法≫
"高乾은 진실로 그 임금이 소인배들을 불러 모으는 것을 알았는데 어찌하여 공훈 세운 현인에게 맡기기를 청하여 조정에서 밝게 간언하지 않고 물러나서 뒷말을 하였는가. 또다시 高歡에세 禪讓을 받으라고 권하였으니 배반하며 난동부리는 사람일 뿐이다. 마땅히 ≪資治通鑑綱目≫에서 죽임을 당한〔伏誅〕 죄로 바로잡은 것이 당연하다.〔乾苟知其主招集群小 何不以委任勳賢爲請 顯諫於朝 而乃退有後言 又況勸高歡以受禪 則是反覆交亂之人爾 宜乎綱目正其伏誅之罪也〕" ≪發明≫

5) 聞 : ≪資治通鑑≫에는 '聞其與帝盟'으로 되어 있다.

夏四月에 **魏青州人耿翔**이 **殺其刺史**하고 **降梁**이어늘 **梁**이 **以翔爲刺史**[6)]하다

【目】 胡氏(胡寅)가 다음과 같이 평하였다.

"임금을 시해하는 것은 천하의 大惡이다. 耿翔이 梁나라로 도망갈 때 양나라가 비록 北魏를 싫어했지만 노여워도 禮를 폐기하진 않았으니, 어찌 북위 경내로 옮겨 처단하지 않는단 말인가. 그렇게 되면 正義의 소리가 북쪽에 진동하여 적들이 마음속으로 굴복할 터인데, 이미 죽이지도 않았고 刺史의 높은 지위로 총애까지 하였다. 이는 백성들에게 임금을 시해했을 때의 이익을 가르치는 것이니, 어떻게 국가를 다스린단 말인가."

胡氏曰 弑君은 天下之大惡이라 耿翔이 奔梁에 梁이 雖疾魏나 然怒不廢禮하니 盍移魏境하여 相爲戮之아 則義聲北震하여 敵人悅服矣리니 既不能殺하고 又寵以刺史之尊하니 是教民以弑君之利也니 何以爲國乎리오

【綱】 5월에 北魏의 下邳가 배반하여 梁나라에 항복했다.

---

6) 魏青州人耿翔殺其刺史降梁 梁以翔爲刺史 : "'梁나라가 耿翔을 刺史로 삼았다.〔梁以爲刺史〕'라고 기록한 것은 梁나라를 병통으로 여긴 것이다. 사람이 그 임금을 시해하고서 반란하였는데 그를 받아들이고 이어서 刺史를 대신하게 하였으니 이는 임금을 시해했을 때의 이익으로 아랫사람들을 가르치는 것이다. ≪資治通鑑綱目≫에서 특별히 기록하여 병통으로 여겼다.〔書梁以爲刺史 病梁也 人弑其君以叛 而受之 因使代焉 是以弑君之利教其下也 綱目特書而病之〕" ≪書法≫

"'青州 출신 사람〔青州人〕'이라고 기록하였으니 部屬된 백성임을 보인 것이고, '그 刺史를 살해하였다.〔殺其刺史〕'라고 기록하였으니 그 主將을 해친 실상을 보인 것이고, '梁나라에 항복해오자 양나라가 耿翔을 刺史로 삼았다.'라고 기록하였으니, 양나라가 난동 부린 백성을 받아들여 등용한 죄악을 보인 것이다. 이는 모두 양나라를 죄준 뜻이다. 그런데 刺史에 姓名을 기록하지 않은 것은 의리가 자사를 죽인 데에 달려 있는 것이고 그 성명에 달려 있지 않은 것이다. 옛날 ≪春秋公羊傳≫ 文公 7년에 '宋나라가 그 大夫를 죽였다.〔宋殺其大夫〕'라고 하고, 姓名을 기록하지 않았는데 해석자는 말하기를 '의리가 大夫를 죽인 데에 달려 있는 것이고 그 성명에 달려 있지 않은 것이다.'라고 한 것이 바로 이것과 같은 뜻이 되는 것이다. 비록 그러나 梁主는 逆理와 順理를 돌아보지 않은 것이 하루가 아니었다. 예컨대 반역한 元法僧과 임금을 시해한 徐紇을 모두 받아들여 封爵해주었으니 어찌 한 사람 耿翔에게 어려움이 있겠는가. 陶侃이 말하기를 '方州(州牧)를 죽이면 바로 方州를 임용하고, 宰相을 살해하면 곧 재상을 삼아야 합니까.'라고 하였으니 대등하게 올려주는 것은 또다시 말로 할 수 없는 것이다. 梁主의 소행이 이와 같고 다른 때에도 진실로 괴이할 것이 없으니 그는 또한 이것으로 종말을 맞았던 것이다.〔書青州人 則見其爲部屬之民 書殺其刺史 則見其戕害主將之實 書降梁 梁以爲刺史 則見梁納用亂民之惡 是皆罪梁之意也 若夫刺史不書姓名者 義繫於殺刺史 而不繫於其姓名耳 昔春秋文七年 書宋殺其大夫 不書姓名 釋者謂義繫於殺大夫 不繫於姓名 正與此同意者也 雖然梁主不顧逆順 非一日矣 如元法僧之反逆 徐紇之弑君 皆受而封爵之 夫何有於一耿翔哉 陶侃有言 殺方州 卽用爲方州 害宰相 便爲宰相乎 等而上之 又有不容言者 梁主之所爲若此 他時固無怪 其亦以此終也〕" ≪發明≫ '殺方州 卽用爲方州 害宰相 便爲宰相乎'는 ≪晉書≫ 〈陶侃傳〉에 보인다.

五月에 魏下邳가 叛降于梁하다

【綱】가을 8월에 北魏가 賀拔岳을 雍州刺史로 삼았다.

○ 秋八月에 魏가 以賀拔岳爲雍州刺史하다

【目】예전에 賀拔岳이 行臺郎 馮景을 晉陽으로 보내자 高歡이 풍경과 피를 나눠 마시고 盟約을 하여 하발악과 형제가 되기로 약속했다. 풍경이 돌아와 하발악에게 말하기를, "고환이 奸計와 邪惡이 많으니 믿을 수 없다."라고 하니, 府司馬 宇文泰가 진양으로 가서 고환의 사람 됨됨이를 관찰하겠다고 요청하였다. 고환이 〈우문태를 보고서〉 그의 모습을 기특하게 여기며 말하기를, "이 친구의 모습이 평범하지 않다."라고 하여 머물게 하고 싶었으나 우문태가 굳이 복귀하여 使命의 결과를 보고하겠다고 하거늘 고환이 보내고 나서 이내 후회하여 驛馬를 발동해 급히 關門까지 뒤쫓아갔으나 따라잡지 못하고 돌아왔다.

우문태가 와서 하발악에게 이르기를, "고환이 帝位를 찬탈하지 못한 것은 공의 형제를 두려워해서이니 侯莫陳悅 따위는 신경 쓸 바가 아닙니다. 公이 조용히 대비하면 고환을 도모하는 일은 어렵지 않을 것입니다. 지금 費也頭에게 활을 쏠 수 있는 기마병이 일만 명을 넘고 夏州刺史 斛拔彌俄突의 우수한 병사가 3천 명 남짓이고, 靈州刺史 曹泥와 河西 유민 紇豆陵伊利가 저마다 부하 무리들을 이끌면서 귀속된 곳이 없으니 만일 隴 땅 부근으로 군사를 옮겨 요새를 차지해 위엄을 떨치고 사랑으로 품어주며, 병마를 수습하여 우리 군의 규모를 확대하고 서쪽으로 氐族과 羌族을 모으고 북쪽으로 사막 변방 지역을 어루만지며 長安으로 회군하여 北魏 황실을 보좌한다면 이는 齊 桓公과 晉 文公[7]과 같은 공로일 것입니다."라고 하니, 하발악이 크게 기뻐하여 우문태를 다시 洛陽으로 보내 〈魏主(元脩)에게〉 일을 정해서 고환의 정상에 대해 은밀히 보고하자, 魏主가 기뻐하며 하발악을 都督二十州軍事 雍州刺史로 삼았다.

하발악이 마침내 병사를 이끌고 나가 서쪽 平凉에 주둔하니 곡발미아돌, 흘두릉이리, 비야두의 万俟受洛干, 鐵勒의 斛律沙門 등이 모두 하발악에 귀의했지만, 조니만 고환에게 귀의했다.

하발악은 夏州가 변방의 중요 지점이라 여겨 좋은 刺史를 찾으려 할 때 사람들이 우

7) 齊 桓公과 晉 文公 : 춘추시대 五霸의 대표자로, 제후들을 잘 제어하며 周 王室을 보좌하였다.

문태를 추천하자, 하발악이 말하기를, "左丞(우문태)은 나의 좌우 손과 같은데 어떻게 떠나게 할 수 있겠는가."라고 하고 여러 날을 깊이 생각하다가 결국 表文을 올려 그를 夏州刺史로 임용하게 했다.

初에 賀拔岳이 遣行臺郎馮景하여 詣晉陽한대 高歡이 與景歃盟하여 約與岳爲兄弟어늘 景이 還言於岳曰 歡이 姦詐有餘하니 不可信也라하다 府司馬宇文泰가 請使晉陽하여 以觀歡之爲人이러니 歡이 奇其狀貌曰 此兒視瞻이 非常이라하여 將留之나 泰가 固求復命이어늘 歡旣遣하고 而悔之하여 發驛急追至關이나 不及而返이러라 泰가 至하여 謂岳曰 歡이 所以未簒者는 正憚公兄弟耳니 侯莫陳悅之徒는 非所忌也라 公但潛爲之備하면 圖歡이 不難이리라 今費也頭控弦之騎가 不下一萬이요 夏州刺史斛拔彌俄突勝兵이 三千餘요 靈州刺史曹泥와 河西流民紇豆陵伊利가 各擁部衆하여 未有所屬①하니 若移軍近隴하여 扼其要害②하여 震之以威하고 懷之以惠하며 收其士馬하여 以資吾軍하고 西輯氐羌하고 北撫沙塞하며 還軍長安하여 匡輔魏室하면 此桓文之功也③라하니 岳이 大悅하여 復遣詣洛陽請事하여 密陳其狀한대 魏主가 喜하여 以岳爲都督二十州軍事雍州刺史④하다 岳이 遂引兵하여 西屯平涼⑤하니 彌俄突伊利及費也頭万俟受洛干과 鐵勒斛律沙門等이 皆附於岳하되 唯曹泥附歡⑥이러라 岳이 以夏州被邊要重이라하여 欲求良刺史어늘 衆이 擧宇文泰한대 岳이 曰 左丞은 吾左右手어니 何可廢也리오하고 沈吟累日이라가 卒表用之하다

① ≪新唐書≫ 〈世系表〉에 의하면, "費也頭氏가 鮮卑에 신하로서 복속하였기 때문에 그 주인을 추종하여 宇文氏라 칭한 것이다."라고 했다.
新唐世系表云 "費也頭氏, 臣屬鮮卑, 從其主, 稱宇文氏."
② 隴은 언덕이다.
隴, 坂也.
③ '沙塞'는 靈夏의 변방 밖으로, 북쪽에 사막이 가까이 있다.
沙塞, 靈夏塞外, 北臨沙莫.
④ 20州는 雍・華・東華・岐・南岐・豳・原・河・渭・涇・夏・東夏・秦・南秦・梁・南梁・東梁・巴・益・東益이다.
二十州, 雍・華・東華・岐・南岐・豳・原・河・渭・涇・夏・東夏・秦・南秦・梁・南梁・東梁・巴・益・東益也.
⑤ 〈平涼은〉 이른바 近隴(隴右와 가까운 곳)이란 곳이다.
所謂近隴也.
⑥ 万俟洛은 字가 受洛干이며 万俟普의 아들이다. 鐵勒은 바로 敕勒이다.
万俟洛, 字受洛干, 万俟普之子也. 鐵勒卽敕勒也.

【綱】 9월에 北魏 大丞相 高歡이 자신의 封邑을 나누어 공훈자에게 나눠주었다.

九月에 **魏大丞相歡**이 **分封邑**하여 **以頒勳義**[8)]하다

【目】 高歡이 表文을 올려 王의 爵位를 사양하겠다고 하였으나 윤허하지 않자, 자신의 封邑 십만 호를 나누어 공훈을 세운 이들에게 나눠주게 해달라고 요청하니 윤허하였다.

歡이 **表讓王爵**하되 **不許**어늘 **請分封邑十萬**하여 **以頒勳義**한대 **許之**①하다

①'勳義'란 信都에서 의병 활동에 참여하여 爾朱氏를 정벌하는 데 공을 세운 자들을 말한다. 勳義, 謂自信都從起義, 討爾朱有功勳者也.

【綱】 겨울 12월에 北魏의 사람들이 梁나라 雍州를 침략하였다.

冬十二月에 **魏人**이 **侵梁雍州**[9)]하다

【目】 北魏 荊州刺史 賀拔勝이 梁나라 雍州를 침략하여 下迮戍(하책수)를 함락하고 여러 蠻族들을 선동하자 雍州刺史 廬陵王 蕭續이 싸움에서 여러 차례 패하였다. 漢水 이남이 깜짝 놀라 城邑들이 대부분 함락되자, 이에 沔水 북쪽이 휩쓸려서 폐허가 되었다.

魏荊州刺史賀拔勝이 **侵梁雍州**하여 **拔下迮戍**하고 **扇動諸蠻**①하니 **刺史廬陵王續**이 **屢爲所敗**라 **漢南震駭**하여 **城邑多陷**하니 **於是**에 (河)〔沔〕[10)]**北**이 **蕩爲丘墟矣**②러라

8) 魏大丞相歡分封邑 以頒勳義 : "이에 高歡이 表文을 올려 王의 爵位를 사양하겠다고 하였으나 윤허하지 않자, 자신의 封邑을 나누어 공훈을 세운 이들에게 나눠주게 해달라고 요청하니 윤허하였다. '요청했다〔請〕'라고 기록하지 않은 것은 어째서인가. 주벌하는 뜻이다. 고환은 신하 노릇 안 하는 逆心이 있어 장차 이것으로 人心을 결집시켜 이용하려 하였다. ≪資治通鑑綱目≫에서는 직접 '고환이 封邑을 나누어주었다〔歡分封邑〕'라고 기록하였으니 고환의 역심을 드러낸 것이다.〔於是歡表讓王爵 不許 請分封邑 以頒勳義 許之 不書請 何 誅意也 歡有不臣之心 將以是結人心而用之 綱目直書歡分封邑 所以著高歡之心也〕" ≪書法≫

9) 魏人侵梁雍州 : "이것은 賀拔勝이 한 일인데 '사람〔人〕'이라고 기록한 것은 무엇인가. 나무란 것이다. 魏主가 荊州를 하발승에게 내려준 것은 高歡을 적대시한 것이다. 하발승은 마땅히 군사를 정비하며 말에게 사료를 먹여서 임금의 명령을 기다려야 했거늘 잗달게 梁나라와 사변을 일으켰으니 그의 일이 아니었다. ≪資治通鑑綱目≫에서 '사람〔人〕'이라고 기록하고, '침략〔侵〕'이라고 기록한 것은 매우 나무란 것이다. 그 뒤로 의병에 가담한 군인들이 용감하지 않고 中道에 되돌아가서 결국 侯景에게 쫓김을 받게 되었으니 마땅하다.〔此賀拔勝也 書人 何 譏也 魏主授勝荊州 以敵歡也 勝宜厲兵秣馬 以待上命 乃區區生事於梁 非其事矣 綱目書人 書侵 深譏之也 其後赴義不勇 中道而還 卒爲侯景所逐 宜矣〕" ≪書法≫

10) (河)〔沔〕: 저본에는 '河'로 되어 있으나, ≪資治通鑑≫에 의거하여 '沔'으로 바로잡았다.

① 迮은 側伯의 切이며, 下迮戍는 지명으로 雍州에 있다.
迮, 側伯切, 下迮戍, 地名, 在雍州.
② 蕭續은 梁主(梁 武帝 蕭衍)의 아들이다.
續, 梁主子.

【綱】 北魏 大丞相 高歡이 翟嵩을 關中에 파견했다.

魏大丞相歡이 **使翟嵩**으로 **如關中**하다

【目】 高歡이 賀拔岳과 侯莫陳悅이 강성해질 것을 걱정하자 右丞 翟嵩이 말하기를, "제가 이들을 이간시켜 서로 공격해서 멸망시키게 하겠습니다."라고 하자, 고환이 그를 파견했다.

歡이 **患賀拔岳侯莫陳悅之彊**이어늘 **右丞翟嵩**이 **曰 嵩能間之**하여 **使其自相屠滅**이라한대 **歡**이 **遣之**하다

甲寅年(534)

梁나라 高祖 武帝 蕭衍 中大通 6년이고 北魏 孝武帝 元脩 永熙 3년이고 東魏 孝靜帝 元善見 天平 원년이다. 이해에 북위가 둘로 나뉘어 모두 세 나라가 되었다.

梁中大通六年이요 **魏永熙三年**이요 **東魏孝靜帝善見天平元年**이라 ○**是歲**에 **魏分爲二**하니 **凡三國**이라

【綱】 봄 정월에 北魏 大丞相 高歡이 紇豆陵伊利를 공격하여 체포하였다.

春正月에 **魏大丞相歡**이 **攻紇豆陵伊利**하여 **執之**하다

【目】 高歡이 侯景을 시켜서 紇豆陵伊利를 불렀으나 흘두릉이리가 오지 않자 河西에서 그를 공격해 생포하고 그 部落을 河東으로 옮겼다. 魏主(元脩)가 꾸짖기를, "흘두릉이리는 침략하지도 않고 배반하지도 않은 국가의 순수한 신하였는데 王(高歡)이 갑자기 그를 공격하니, 어찌 일개 行人(使者)을 보내서 먼저 이를 요청한 적이 있는가."라고 하였다.

高歡이 使侯景으로 招紇豆陵伊利하되 伊利不從이어늘 擊之於河西하여 擒之하고 遷其部落於河東①하니 魏主가 讓之曰 伊利가 不侵不叛하여 爲國純臣이어늘 王忽伐之하니 詎有一介行人이 先請之乎②아

① 河西는 五原河의 서쪽이고, 河東 또한 五原河의 동쪽이다.
河西, 五原河之西也, 河東, 亦五原河之東.

② '一介行人'이란 '一介使者'와 유사하다. 혹자가 말하기를, "'一介'는 지극히 미약한 것을 비유한 것이다." 하였다.
一介行人, 猶言一介使者. 或曰 "一介, 喩至微也."

【綱】 北魏 永寧寺의 浮圖가 화재를 입었다.

魏永寧浮圖가 災[11)]하다

【綱】 北魏 泰州刺史 侯莫陳悅이 賀拔岳을 살해하자, 北魏가 宇文泰에게 그 군대를 통솔하게 했다.

◑ 魏泰州刺史侯莫陳悅이 殺賀拔岳이어늘 魏가 以宇文泰로 統其軍①하다

① 泰州는 ≪魏書≫ 〈侯莫陳悅列傳〉에서 秦州로 썼다.
泰州, 本傳作秦州.

【目】 北魏 賀拔岳이 曹泥를 정벌하려 할 때, 도독 趙貴를 夏州로 보내 宇文泰와 함께 일을 도모하게 했다. 우문태가 말하기를, "조니는 외딴 城에 막혀 멀리 있으므로 걱정할 것이 못되지만 侯莫陳悅은 탐욕스럽고 신뢰가 없으니 먼저 도모해야 합니다."라고 했지만, 따르지 않고 후막진열을 高平으로 불러 함께 조니를 토벌했다.

후막진열이 이미 翟嵩의 말을 들었던 터라 하발악을 해치려고 도모했다. 하발악이 여러 차례 후막진열과 만나며 연회를 열어 이야기를 나누자 長史 雷紹가 조심하라고 간언

11) 魏永寧浮圖災 : "火災는 宮闕·宗廟가 아니면 기록하지 않는데 '浮圖가 화재를 입었다〔浮圖災〕'라고 기록한 것은 무엇인가. 나무란 것이다. 北魏의 임금과 신하는 異端의 교화를 崇信하여 그 효과가 이 지경이 되었으므로 기록하여 나무란 것이다. ≪資治通鑑綱目≫이 끝날 때까지 火災를 기록한 것은 15번이고, 浮圖의 화재를 기록한 것은 2번이니(이해(534), 梁나라 병인년(546)) 모두 경계를 내린 것이다.〔火災非宮闕宗廟不書 書浮圖災 何 譏也 魏之君臣 崇信異教 而其效乃爾 故書譏之 終綱目書災十五 而書浮圖災者二(是年 梁丙寅年) 皆所以垂戒也〕" ≪書法≫

을 올렸지만 따르지 않았더니 결국 후막진열이 하발악을 유인해 죽였다. 하발악의 무리들이 감히 움직이지 못했는데 후막진열이 마음에 주저하며 즉시 받아들이지 않고 水洛城으로 되돌아가 주둔하자, 하발악의 무리들이 흩어져 平涼으로 달아나서 누구에게도 귀속되지 않았다.

조귀가 말하기를, "夏州刺史 우문태는 재략이 세상의 으뜸이어서 원근 사람들이 귀의하고 상과 벌이 엄정하고 공평하여 병사들이 그 명령을 따르니 만일 그를 맞이해서 받들면 큰일을 이룰 것입니다."라고 했다.

都督 杜朔周가 輕騎를 타고 우문태 쪽에 가서 喪事를 고하고 그를 맞이해 오겠다고 했다. 두삭주가 이르자 우문태가 장군, 막료, 빈객들과 함께 가야할 지 여부에 대해 논할 때 前 太中大夫 韓褒가 말하기를, "이것은 하늘이 준 기회인데 어찌 의심할 것이 있겠습니까. 후막진열은 우물 안 개구리입니다. 使君께서 가게 되면 반드시 생포할 수 있을 것입니다."라고 했다. 사람들이 "후막진열이 이미 하발악의 무리들을 거느리고 있어 그를 도모하는 것이 실로 어려우니 우선 이곳에 머물러 그 변화를 살펴야 합니다."라고 하자, 우문태가 말하기를, "후막진열이 이미 元帥 하발악을 살해했다면 응당 승세를 타고 곧장 平涼을 점거해야 하는데 水洛城으로 물러나 주둔하고 있으니 나는 그가 무능하다고 생각한다. 얻기 어렵고 잃기 쉬운 것은 기회이니 만일 일찍 가지 않으면 사람들의 마음이 떠날 것이다."라고 하고, 이어서 諸將들과 盟約을 맺어 후막진열을 공격하기로 하고 輕騎를 타고 평량으로 달려갔다.

당시 백성들이 두려워하여 뿔뿔이 도망가는 자들이 많았는데 우문태의 군사들이 그들을 노략질하려 하자, 두삭주가 말하기를, "宇文公께서 지금 죄 있는 자를 치고 백성들을 위로하려 하는데 어찌하여 적을 도와 학대를 일삼는가."라고 하고, 백성들을 잘 보살펴 돌려보내니 원근 사람들이 기쁜 마음으로 그에게 귀의했다. 우문태가 이 소식을 듣고 가상하게 여겼다.

魏賀拔岳이 將討曹泥할새 使都督趙貴로 至夏州하여 與宇文泰謀之한대 泰가 曰 曹泥는 孤城阻遠이라 未足憂나 侯莫陳悅은 貪而無信하니 宜先圖之라하되 不聽하고 召悅하여 會於高平하여 與共討泥할새 悅이 既得翟嵩之言이라 乃謀取岳이러라 岳이 數(삭)與悅宴語어늘 長史雷紹가 諫하되 不聽이러니 悅이 果誘岳斬之하니 岳衆이 皆不敢動하되 而悅이 心猶豫하여 不卽撫納하고 還屯水洛城하니 岳衆이 散還平涼하여 未有所屬①이러라 趙貴가 曰 宇文夏州가 英略冠世하여 遠近歸心하고 賞罰嚴明하여 士卒用命하니 若迎而奉之하면 大事濟矣리라하다 都督杜朔周가 請輕騎告

哀且迎之[②]러니 旣至에 泰가 與將佐賓客으로 議去留한대 前太中大夫韓褒가 曰 此天授也니 又何疑乎아 悅은 井中蛙耳라 使君往하면 必擒之[③]리라하고 衆이 以爲悅이 已有賀拔之衆하여 圖之實難하니 願且留以觀變이라한대 泰가 曰 悅이 旣害元帥어든 自應乘勢直據平涼이어늘 而退屯水洛하니 吾知其無能爲也라 夫難得易失者는 時也니 若不早赴하면 衆心將離라하고 因與諸將으로 同盟討悅하고 輕騎赴平涼하니 時에 民間이 惶懼하여 逃散者多라 軍士가 欲掠之어늘 朔周가 曰 宇文公이 方伐罪弔民이어늘 奈何助賊爲虐乎아하고 撫而遣之하니 遠近이 悅附하고 泰가 聞而嘉之하다

① ≪九域志≫에 의하면, "水洛城은 德順軍 서남쪽 100리 쯤에 있다."고 하였다.
九域志 "水洛城, 在德順軍西南一百里."

② 杜朔周의 본래 성은 赫連이고 曾祖 庫多汗이 난리를 피해 고친 것인데, 宇文泰가 명하여 원래의 성으로 복구하도록 하고 이름을 達이라 했다.
朔周本姓赫連, 曾祖庫多汗避難改焉, 宇文泰命復其舊姓, 名之曰達.

③ 後漢의 馬援이 公孫述을 만나본 뒤 돌아와 隗囂에게 이르기를, "子陽(公孫述)은 우물 안 개구리이다."고 하였다.
後漢馬援往觀公孫述, 歸謂隗囂曰 "子陽, 井底蛙耳."

【目】 高歡이 侯景에게 賀拔岳의 무리를 불러 잘 보살피도록 했는데, 우문태가 安定에서 후경을 만나 말하기를, "賀拔公이 죽었지만 우문태가 여전히 생존해 있는데 卿은 뭘 하는 사람인가!"라고 하자, 후경이 결국 되돌아갔다.

우문태가 平涼에 이르러 하발악의 죽음에 곡하여 애통해하자 장사들이 슬픔과 함께 기쁨을 나타냈다. 고환이 또다시 후경과 張華原, 王基를 보내 우문태를 위로했으나 우문태가 받아들이지 않고 오히려 그들을 겁주어 그곳에 머물게 하려 했는데, 장화원이 굽히지 않자, 우문태가 돌려보냈다.

왕기가 돌아와 말하기를, "우문태는 영웅호걸이니 그가 안정을 찾기 전에 격멸해야 합니다."라고 하자, 고환이 말하기를 "卿은 賀拔岳과 侯莫陳悅을 보지 못했는가. 나는 계책을 써서 힘들이지 않고 그를 취할 것이다."라고 했다.

魏主(元脩)가 元毗를 보내 하발악의 군사들을 위로하여 그들을 洛陽으로 불러들이게 하고, 아울러 후막진열을 부르니 후막진열이 고환에게 귀의한 터라 부름에 응하려 하지 않았다. 우문태가 원비를 통해 表文을 올리기를, "臣 하발악이 갑자기 환란을 당하여 비명에 세상을 떠나서 都督 寇洛 등이 신에게 임시로 軍務를 관장하도록 했습니다. 지금 고환의 무리들이 이미 河東에 도착하고 후막진열이 여전히 水洛城에 있으며 병사들은

대부분 서쪽 지역 사람들이어서 고향을 그리워하고 있으니 부디 잠시 멈추었다 서서히 동쪽으로 이끌고 가게 하소서."라고 했다. 魏主가 우문태를 大都督으로 삼아 즉시 하발악의 군사를 통솔하게 했다.

하발악이 죽자 都督 李虎가 荊州로 달아나 賀拔勝에게 권유하여 하발악의 무리들을 거두도록 했으나 하발승이 따르지 않자 이호가 되돌아가다가 고환의 別將에게 붙잡혀 洛陽으로 보내졌다. 魏主가 마침 關中의 탈취를 도모하고 있던 터이라, 이호를 얻고 나서 대단히 기뻐하여 그를 衛將軍에 임명하여 우문태에게 가게 했다. 이호는 李歆의 玄孫이다.

우문태가 후막진열에게 보낸 편지에서 꾸짖기를, "그대가 국가의 적에게 달라붙어 함께 宗廟를 위태롭게 했다. 내가 이미 병사를 출동시켜 賀拔公을 위해 원수를 갚을 터이니 머지않아 만나게 될 것이다."라고 했다.

歡이 使侯景으로 招撫岳衆이러니 泰가 至安定遇之하여 謂曰 賀拔公이 雖死나 宇文泰가 尙存하니 卿은 何爲者오하니 景이 遂還하다 泰가 至平涼하여 哭岳哀慟하니 將士가 悲喜러라 歡이 復使侯景張華原王基로 勞泰한대 泰가 不受하고 欲劫留之하니 華原이 不屈이어늘 乃遣之하다 基가 還言泰는 雄傑이니 請及其未定하여 擊滅之라하니 歡이 曰 卿은 不見賀拔侯莫陳悅乎아 吾當以計拱手取之하리라하다 魏主가 遣元毗하여 慰勞岳軍하여 召還洛陽하고 幷召侯莫陳悅하니 悅이 附高歡이라 不肯應召어늘 泰因毗上表曰 臣岳이 忽罹非命하여 都督寇洛等이 令臣權掌軍事러니 今高歡之衆이 已至河東하고 侯莫陳悅이 猶在水洛하며 士卒이 多西人이라 顧戀鄕邑하니 乞少停緩하여 徐就東引①하소서하다 魏主가 乃以泰爲大都督하여 卽統岳軍하다 岳之死也에 都督李虎가 奔荊州하여 說(세)賀拔勝하여 使收岳衆한대 勝이 不從하여 而還이라가 爲歡別將所獲하여 送洛陽하니 魏主가 方謀取關中이라 得虎甚喜하여 拜衛將軍하여 使就泰하다 虎는 歆之玄孫也라 泰가 與悅書에 責之曰 君이 黨附國賊하여 共危宗廟하니 吾已發兵하여 爲賀拔公報讐하노니 指日相見②이리라하다

① 河東은 또한 五原河의 동쪽을 말한다.
河東, 亦謂五原河之東.

② 〈'指日相見'은〉 병사를 진격시켜 侯莫陳悅을 토벌한 것을 말한다. ≪春秋左氏傳≫ 僖公 28년에 이르기를, "아침에 서로 만나자."라고 하였다.
言進兵討悅也. 左傳曰 "詰朝相見."

【綱】 여름 4월 초하루에 일식이 있었다.

夏四月朔에 **日食**하다

【綱】 北魏 宇文泰가 侯莫陳悅을 토벌하여 죽이고 마침내 秦隴 지역을 평정하자, 북위가 우문태를 關西大都督으로 삼았다.

◑**魏宇文泰**가 **討侯莫陳悅**하여 **誅之**하고 **遂定秦隴**이어늘 **魏**가 **以泰爲關西大都督**[12]하다

【目】 宇文泰가 병사를 이끌고 隴으로 올라갈 적에 군령이 엄숙하여 털끝 하나도 범하는 일이 없자 백성들이 크게 기뻐했다. 水洛城이 항복하자 侯莫陳悅이 上邽로 물러나 지키며 南秦刺史 李弼을 불러 함께 우문태를 막았다. 그런데 이필이 성 전체를 이끌고 항복하자 후막진열의 군사들이 붕괴되고 후막진열은 목매달아 죽었다. 우문태가 상규에 들어와 관청의 곳간을 열어 병사들에게 상을 주었는데 측근이 銀甕 하나를 훔쳐 돌아오자 우문태가 인지하여 벌을 가하고 銀甕을 쪼개어 장수와 군사들에게 나눠주었다.

후막진열에 속한 孫定兒가 항복하지 않은 채 수만의 무리들을 거느리고 있었는데, 우문태가 劉亮을 보내 습격하게 했다. 유량이 먼저 성 부근 높은 산 위에 큰 깃발을 세우고 자신은 기마병 20기를 거느려서 달려 성안으로 쳐들어갔다. 손정아가 마침 주연을 베풀고 있었는데 유량이 병사를 지휘하여 그를 죽이고 두 명의 騎兵에게 멀리 성 밖에 있는 깃발을 가리키면서 명하기를, "大軍을 불러 들어오게 하라."고 하니 성안 사람들이 모두 벌벌 떨며 감히 움직이는 자가 없었다.

이에 앞서 옛 氐族王 楊紹先이 北魏의 혼란을 틈타 武興으로 도망해 돌아가서 다시

12) 魏宇文泰……爲關西大都督 : "侯莫陳悅과 賀拔岳은 쌍방이 서로 죽였을 뿐인데, '토벌하여 죽였다〔討誅〕'라고 기록한 것은 무엇인가. 후막진열을 죄준 것이다. 魏主가 장차 하발악에게 의지하여 자신을 구원하려 하였는데 후막진열이 하발악을 죽이고, 또 다시 高歡에게 결부하여 부르는 명령을 거부하였으니 이는 賊黨이다. '토벌하였다〔討〕'라고 기록하고, '죽였다〔誅〕'라고 기록한 것이 마땅하다.〔悅岳兩下相殺耳 其書討誅 何 罪悅也 魏主方將仗岳自救 而悅殺之 且復附歡以拒召命 是黨賊也 書討 書誅 宜矣〕" ≪書法≫

"侯莫陳悅과 賀拔岳은 똑같이 方鎭의 大臣인데 후막진열이 갑자기 까닭 없이 하발악을 도륙하였다. 그렇지만 ≪資治通鑑綱目≫은 앞에서 '하발악을 죽였다〔殺岳〕'라고 기록하고 여전히 후막진열의 죄를 드러내지는 않았다. 지금 宇文泰가 후막진열을 공격하여 '토벌하였다〔討〕'라고 기록하고, '죽였다〔誅〕'라고 기록한 뒤에 후막진열의 죄가 비로소 바로잡혔다. 이때에 藩方이 번갈아 일어나서 서로 잡아먹어 오직 무력으로 비교하였다. 그러나 ≪자치통감강목≫은 是非를 구별해 밝혀 書法의 사이에 갖추어 드러내 진실로 亂世라고 해서 그 실상을 조금도 문란하게 하지 않았으니 이것은 이른바 曲直에 대한 繩墨(尺度)이라는 것이다.〔侯莫陳悅賀拔岳均爲方鎭大臣 而悅一旦無故屠之 綱目前書殺岳 猶未見悅之罪也 今宇文泰攻之 書討 書誅 然後悅之罪始正矣 是時藩方錯立 互相呑食 惟力是視 然綱目辨明是非 備見於書法之間 固不以亂世而少紊其實 此所謂曲直之繩墨也〕" ≪發明≫

王이라 칭하였다. 氐族과 羌族, 吐谷渾族이 곳곳에서 반란을 일으켜 南岐에서부터 瓜, 鄯까지 州와 郡을 차지한 것이 헤아릴 수 없이 많았다. 우문태가 이필에게 原州를, 拔也惡蚝에게 南秦州를, 可朱渾道元에게 渭州를 수비하게 하고, 趙貴에게 秦州를 임시 관할하게 하여, 豳, 涇, 東秦, 岐 등의 곡식을 징수하여 군량미를 보급하게 하니 양소선이 무서워하여 藩屬이라 칭하며 人質을 보냈다.

長史 于謹이 우문태에게 말하기를, "明公께서 關中의 요새를 점거하여, 장수와 병사가 용맹스럽고 토지가 비옥합니다. 지금 天子(元脩)께서 洛陽에 계시어 흉악한 무리들에게 압박을 받고 있으니 만일 公의 진심을 진술하여 關右로 遷都를 요청해서 天子를 끼고서 諸侯를 호령하고 황제의 명을 받들어 포악한 무리들을 정벌한다면 이것은 齊 桓公과 晉 文公과 같은 대업이고 천재일우의 기회입니다."라고 하자, 우문태가 훌륭하게 여겼다.

高歡이 다시 사신을 보내 달콤한 말과 후한 예우로 우문태와 교류를 맺으려 했으나 우문태가 받아들이지 않고 그 내용을 봉함하여 魏主에게 전하자, 魏主가 우문태에게 명하여 군사를 이끌고 동쪽으로 가게 하였다. 우문태가 雍州刺史 梁禦에게 長安으로 들어가서 그곳을 점령하게 했다.

魏主가 우문태를 關西大都督 略陽縣公으로 삼고 承制(황제의 권한으로 일을 처결함)하여 관작을 임명하게 하였다.

宇文泰가 引兵上隴할새 軍令嚴肅하여 秋毫無犯하니 百姓大悅이러라 水洛이 降이어늘 悅이 退保上邽하여 召南秦刺史李弼하여 與之拒泰[1]러니 弼이 擧城降하니 悅이 軍潰縊死어늘 泰가 入上邽하여 散府庫하여 以賞士卒하다 左右가 竊一銀甕以歸어늘 泰가 知而罪之하고 剖賜將士하다 悅黨孫定兒가 不下하고 有衆數萬[2]이러니 泰가 遣劉亮襲之한대 亮이 先竪纛於近城高嶺[3]하고 自將二十騎하여 馳入城하니 定兒가 方置酒어늘 亮이 麾兵斬之하고 遙指城外纛하여 命二騎曰 出召大軍하라하니 城中이 皆慴服하여 莫敢動이러라 先是에 故氐王楊紹先이 乘魏亂하여 逃歸武興하여 復稱王하니 氐羌吐谷渾이 所在蜂起하여 自南岐로 至瓜鄯히 跨州據郡者가 不可勝數러라 泰가 令弼로 鎭原州하고 拔也惡蚝로 鎭南秦州하고 可朱渾道元으로 鎭渭州하고 趙貴로 行秦州事하여 徵豳涇東秦岐之粟하여 以給軍하니 楊紹先이 懼하여 稱藩送質[4]이러라 長史于謹이 言於泰曰 明公이 據關中險固之地하여 將士驍勇하고 土地膏腴하니 今天子가 在洛하여 迫於群凶하니 若陳公懇誠하여 請都關右하여 挾天子以令諸侯하고 奉王命以討暴亂하면 此桓文之業이요 千載一時也라하니 泰가 善之하다 高歡이 復遣使하여 甘言厚禮로 以結泰하되 泰가 不受하고 封其書以聞하니 魏主가 命泰하여 引軍而東이어늘 泰가

使雍州刺史梁禦로 **入據長安**하니 **魏主**가 **以泰爲關西大都督略陽縣公**하고 **承制封拜**하다

① 泰州는 치소가 上邽城에 있다. 李弼의 처는 侯莫陳悅의 이모이다.
泰州治上邽城. 弼妻, 悅之姨也.

② 孫定兒는 당시에 豳州刺史였다.
定兒時爲豳州刺史.

③ 竪는 세운다는 뜻이다.
竪, 立也.

④ 拔也는 오랑캐의 複姓이다. 毦는 七吏의 切이니 惡毦는 이름이다. 可朱渾은 오랑캐의 3자 姓이고 道元은 字이며 이름은 元이다.
拔也, 虜複姓. 毦, 七吏切. 惡毦, 名也. 可朱渾, 虜三字姓, 道元其字, 名元.

【綱】 6월에 北魏 大丞相 高歡이 군사를 일으켜 반란했다. 가을 7월에 魏主 元脩가 長安으로 달아나자, 고환이 洛陽으로 들어가 淸河王 元亶을 추대하여 承制하여 일을 결재하게 하였다. 魏主(元脩)가 宇文泰를 大將軍 尙書令으로 삼았다.

六月에 **魏大丞相歡**이 **擧兵反**[13)]하다 **秋七月**에 **魏主脩**가 **奔長安**한대 **歡**이 **入洛陽**하여 **推淸河王亶**하여 **承制決事**러니 **魏主**가 **以宇文泰爲大將軍尙書令**하다

【目】 侍中 封隆之가 高歡에게 말하기를, "斛斯椿 등이 반드시 재앙과 혼란을 일으킬 것입니다."라고 했는데 孫騰이 그 말을 곡사춘에게 누설하여 곡사춘이 이를 魏主(元脩)에게 보고하자 봉융지와 손등이 모두 고환에게로 달아났다.

華山王 元鷙가 徐州에 있었는데, 고환이 大都督 邸珍에게 〈그 성문의〉 열쇠를 빼앗게 했다. 建州刺史 韓賢, 濟州刺史 蔡儁은 고환의 무리이므로 魏主가 그들을 모두 파직했다. 그리고 勳府의 庶子[14)]와 騎官 등에 수백 명을 증설하여 晉陽을 정벌하려고 할 때

---

13) 魏大丞相歡 擧兵反 : "高歡이 재앙을 일으킬 마음을 품은 것은 이미 하루 이틀 된 것이 아니었으나 다만 爾朱氏에 견주어 차이가 있을 뿐이다. 지금 이미 군사를 일으켜 대궐로 향하였으니 반란이 아니고 무엇인가. 고환은 이전에 이주씨를 토벌하고 스스로 반란이라고 말했었는데 지금 이것은 진정 반란한 것이면서 마침내 斛斯椿을 주살하여 스스로 속여 그 是非가 뒤바뀜이 이와 같았다. ≪資治通鑑綱目≫에서 그 명분을 각각 바로잡은 연후에 亂臣賊子들의 죄가 비로소 도피할 곳이 없게 되었다.〔高歡包藏禍心 已非一日 特比之爾朱氏有間爾 今旣擧兵向闕 非反而何 歡前討爾朱 自謂之反 今此眞反 乃以誅斛斯椿自詭 其是非顚倒若此 綱目各正其名 然後亂臣賊子之罪 始無所逃矣〕" ≪發明≫

14) 勳府의 庶子 : 勳府는 軍府의 명칭으로 勳衛의 府이니, 궁중 숙위를 담당한다. 庶子는 勳貴의 자제들이다.(張大可 等 注釋, ≪新譯資治通鑑≫, 三民書局, 2017)

조칙을 내려 엄히 단속하기를, "梁나라를 정벌하려 하니 황하 남쪽의 병사를 징발하여 洛陽으로 오게 하라."라고 했다.

6월에 은밀히 고환에게 조칙을 내려 말하기를, "宇文黑獺, 賀拔勝이 반역의 뜻을 품고 있으므로, 남쪽(양나라)을 정벌한다고 핑계를 대며 조용히 대비하려 하니 왕(고환)은 가까이서 호응하는 군세를 이루어야 할 것이다."라고 하자, 고환이 表文을 올려 말하기를, "臣이 지금 조용히 병마 3만을 이끌고 河東으로부터 黃河를 건너고 또 庫狄干 등을 보내 來違津으로부터 黃河를 건너고 婁昭 등이 荊州를 토벌하고 尉景 등이 江左를 공격하게 하는 등 모두 소속 부대를 이끌어서 삼가 皇上의 처분을 따르고 있습니다."라고 했다.

宇文黑獺

魏主가 고환이 사변의 발생을 알아차렸다는 것을 알고 고환의 군사를 멈추게 하자, 고환 역시 표문을 올려 이르기를, "신이 간신들의 이간질에 의해 하루아침에 의심을 받고 있으니 폐하께서 저의 충심을 믿으신다면 사정을 잘 헤아리시어 속히 간신들을 내쫓으소서."라고 했다.

魏主가 源子恭에게 陽湖를 지키게 하고, 汝陽王 元暹(원섬)에게 石濟를 지키게 하고, 또 賈顯智를 濟州刺史로 삼았는데, 채준이 그 代任을 받아들이지 않자, 魏主가 더욱 노여워하여 고환에게 칙서를 내리기를, "고적간의 말을 들으니 왕이 '본디 유약한 이를 군주로 삼으려 했는데 쓸데없이 나이 많은 임금을 세워서 제어할 수 없게 됐다. 지금 15일 만 출병을 하게 되면 저절로 황제를 폐위시킬 수 있을 것이다.'라고 했다 하니, 이 이야기는 왕 쪽에서 공을 세운 이들이 한 말이지 어찌 간신의 입에서 나온 것이겠는가. 봉융지와 손등이 그쪽으로 도망갔는데도 처벌하지 않으니 왕이 정말 충성을 다한다면 어찌 참수하여 보내지 않는가. 表文에서 서쪽으로 간다고 했지만, 사방 길로 전진하여 남쪽으로 강을 건너 洛陽으로 향하고 한편으로는 동쪽으로 江左에 다가가니, 이 이야기를 들은 자가 어찌 의심하지 않을 수 있겠는가. 왕이 깃발을 들고 남쪽으로 내려온다면 내 비록 한 필의 말과 한 량의 수레가 없다 해도 맨주먹을 불끈 쥐고 분투하여 죽을힘을 다할 것이니 가령 왕에게 죽임을 당하여 능욕을 입고 분신쇄골이 된다 해도 아무 여한이 없을 것이다."라고 했다.

侍中封隆之가 言於高歡曰 斛斯椿等이 必搆禍亂이라하더니 孫騰이 泄其言하여 椿이 白魏主한대 隆之와 及騰이 皆逃就歡[1]이러라 華山王鷙가 在徐州어늘 歡이 使大都督邸珍으로 奪其管鑰[2]하다 建州刺史韓賢濟州刺史蔡儁이 歡黨也라 魏主가 皆罷之하고 又增置勳府庶子騎官各數百人하여 欲伐晉陽[3]할새 下詔戒嚴云 欲伐梁하노니 發河南兵하여 詣洛陽하라하다 六月에 密詔歡曰 宇文黑獺賀拔勝이 有異志라 故假南伐하여 潛爲之備하노니 王宜近爲形援[4]하라 歡이 表曰 臣이 今潛勒兵馬三萬하여 自河東渡하고 又遣庫狄干等하여 自來違津渡하고 婁昭等이 討荊州하고 尉景等이 討江左하여 皆勒所部하여 伏聽處分[5]하노이다 魏主가 知歡覺其變하고 乃止歡軍하니 歡亦表云 臣爲嬖佞所間하여 一旦受疑하니 陛下若垂信赤心커시든 願賜斟量하여 亟令廢出[6]하소서 魏主가 使源子恭으로 守陽湖하고 汝陽王暹으로 守石濟[7]하고 又以賈顯智로 爲濟州刺史하니 蔡儁이 不受代어늘 魏主가 愈怒하여 乃爲敕賜歡曰 聞庫狄干語하니 王云 本欲取懦弱者爲主니 無事立此長君하여 使其不可駕御라 今但作十五日行하면 自可廢之라하니 此論이 自是王間勳人이니 豈出佞臣之口리오 隆之孫騰이 逃去하되 不罪하니 王若盡誠이면 何不斬送가 啓云 西去나 而四道俱進하여 南渡洛陽하고 東臨江左하니 聞者가 寧能不疑[8]리오 王이 若擧旗南指하면 縱無匹馬隻輪이나 猶欲奮拳而爭死하리니 假令還爲王殺하여 幽辱虀粉이라도 了無遺恨[9]이리라

① 《資治通鑑》에 의하면, "封隆之와 僕射 孫騰이 다투어 北魏 군주의 누이 平原公主를 아내로 삼으려 했는데 공주가 봉융지에게 돌아갔다. 손등이 그 말을 斛斯椿에게 누설하고 곡사춘이 이를 황제에게 보고하자 봉융지가 무서워 鄕里로 달아났다. 高歡이 봉융지를 晉陽으로 불렀는데, 때마침 손등이 무장을 한 채 宮省으로 들어와 御史를 멋대로 살해했다가 벌을 받을까 두려워 고환에게 달아났다."라고 하였다.
通鑑 "隆之與僕射孫騰爭尙魏主妹平原公主, 公主歸隆之. 騰泄其言於椿, 椿以白帝, 隆之懼, 逃還鄕里, 歡召隆之詣晉陽, 會騰帶仗入省, 擅殺御史, 懼罪, 亦逃就歡."

② 王鷙는 王斤의 玄孫이고, 王斤은 王孤의 아들이다. 邸珍은 姓名이다.
鷙, 斤之玄孫也. 斤, 孤之子. 邸珍, 姓名.

③ 勳府의 庶子와 騎官은 모두 宿衛하는 사람들이다. 당시 高歡이 晉陽에 있었다
勳府庶子及騎官, 皆宿衛者也. 高歡時居晉陽.

④ 宇文黑獺은 宇文泰의 字이다. 近은 《資治通鑑》에 共으로 되어 있다.
黑獺, 泰字. 近, 通鑑作共.

⑤ 來違津은 平城 서쪽에 있을 것이니, 河津의 중요 지점이다.
來違津, 其地當在平城之西, 河津之要也.

⑥ 斟은 짐작이다. 量은 헤아림이다. 出은 黜이 되어야 한다.
斟, 酌也. 量, 度也. 出, 當作黜.

⑦ 陽胡는 陽壺城으로 邵郡 白水縣에 있다. 白水縣은 漢나라 때의 河東의 垣縣이다. 살펴보면,

陽壺는 崤谷의 북쪽 언덕인데 魏主가 關中으로 들어가려 하였으므로 먼저 源子恭에게 이곳을 지키며 高歡이 길을 막고 습격할 것을 대비한 것이다.

陽胡, 卽陽壺城, 在邵郡白水縣. 白水, 漢河東之垣縣也. 按陽壺卽崤谷之北岸, 魏主欲入關, 故先使子恭守之, 以防歡邀截.

⑧'西去'란 서쪽으로 가서 宇文泰를 공격함을 말한다. '四道俱進'이란 河東, 來違津, 婁昭, 尉景의 군대를 말한다. 누소가 荊州를 토벌하고 위경이 江左에 다가선 것은 모두 남쪽으로 洛陽을 향한 것이다. 하동과 내위진의 군대가 宇文泰를 견제하여 동쪽으로 내려오지 못하게 한 것이다. 高歡의 계책이 실제 여기에서 나온 것인데, 魏主가 그의 속마음을 들여다보고 이렇게 말한 것이다.

西去, 言將西攻宇文泰也. 四道俱進, 謂河東・來違津及婁昭・尉景之兵也. 婁昭討荊州, 尉景臨江左, 皆南指洛陽. 河東・來違津之兵, 則牽制宇文泰, 使不得東下. 高歡之計實出於此, 魏主窺見其心術而言之.

⑨虀는 젓갈이다. 粉은 분쇄이다.

虀, 醢. 粉, 碎也.

【目】王思政이 魏主에게 말하기를, "高歡의 마음을 훤히 알 수 있습니다. 洛陽은 무공을 펼칠 곳이 아닙니다. 宇文泰가 왕실에 충심을 다하고 있으니 지금 그곳으로 가서, 다시 옛 서울로 복귀한다면 어찌 성공하지 못할 우려가 있겠습니까."라고 하자, 魏主가 적극 동의하여, 侍郎 柳慶을 보내, 高平에서 우문태를 만났는데 우문태가 직접 御駕를 맞이하겠다고 했다. 魏主가 다시 조용히 유경에게 말하기를, "짐이 荊州로 가고 싶은데 어떻게 생각하는가."라고 하니, 유경이 "관중은 지세가 뛰어나고 우문태의 지략이 의지할 만하지만 荊州는 要害地가 아닐뿐더러 남쪽으로 梁나라 도적과 가까우니 신은 그것이 옳은 것인지 모르겠습니다."라고 했다.

당시 東郡太守 裴俠이 병사를 이끌고 洛陽으로 오자, 왕사정이 서쪽으로 巡行할 계책을 묻자, 배협이 말하기를, "우문태가 이미 무기를 갖고 있는데 어찌 남에게 그 자루를 내주려 하겠습니까. 비록 그에게 의지하고 싶다 해도 끓는 물을 피하려다 불 속으로 뛰어드는 것과 다름이 없지 않을까 우려됩니다."라고 하니 왕사정이 말하기를, "그렇다면 어떻게 하는 것이 좋겠습니까."라고 하자, 배협이 말하기를, "고환을 도모하게 되면 곧장 다가올 우환이 있고 서쪽으로 巡行하게 되면 장래의 염려가 있으니 우선 關右로 가서 가만히 적당한 방법을 생각하는 것이 좋을 것입니다."라고 하니 왕사정이 동의하여 배협을 魏主에게 추천해서, 左中郎將에 임명했다.

예전에 고환이 鄴城으로 천도하려 하자, 魏主가 안 된다고 했었는데, 이때 다시 遷都를 도모하여 기병을 보내 建興을 지키게 하고 河東과 濟州에 병사를 증파하고, 각 州의 和糴[15]한 곡식을 모아 모두 업성으로 들여오게 했다.

魏主가 고환에게 勅書를 다시 보내어 병사들을 철회하고 수비를 중지하고 相州의 곡식을 보내고 蔡儁에게 代任을 받도록 하고 邸珍에게 徐州를 나가게 하라고 했지만, 고환이 그 조칙을 받들지 않았다.

魏主가 廣寧太守 任祥에게 僕射를 겸직하게 하자, 임상이 관직을 버리고 黃河를 건너가 郡을 점거한 채 고환을 기다렸다. 魏主가 칙서를 내려 고환의 죄악을 낱낱이 거론하고 賀拔勝을 불러 行在所로 달려오게 했는데, 하발승이 掾吏 盧柔에게 의견을 묻자, 노유가 말하기를, "고환이 명령을 어기고 거역하니 公께서 모든 군사를 이끌고 都城으로 가서 목숨을 걸고 그와 승부를 겨루어 생사를 여기에 거는 것이 上策이고, 북쪽으로 魯陽을 막고, 남쪽으로 옛 楚나라 땅을 병합하고, 동쪽으로 兗州・豫州와 연계하고, 서쪽으로 關中을 끌어들이는 것이 中策이고, 三荊의 땅을 전부 주어 梁나라에 보호를 청하게 되면 공로와 명성이 모두 사라질 것이니 下策입니다."라고 하니, 하발승이 웃으면서 대답하지 않았다.

魏主가 우문태를 關西大行臺로 삼고 기병을 보내 그를 맞이하게 했다. 고환이 마침내 병사를 이끌고 남쪽으로 나가서, 斛斯椿을 처벌하는 것을 명분으로 삼고 高敖曹를 선봉으로 삼자, 우문태 또한 각 州와 郡에 檄文을 보내, 고환의 죄악을 낱낱이 거론하고 직접 대군을 거느리고 高平을 출발하여, 그 선발대가 弘農에 주둔했다.

王思政이 言於魏主曰 高歡之心을 昭然可知니 洛陽은 非用武之地라 宇文泰가 乃心王室하니 今往就之하여 還復舊京하면 何慮不克이리잇가 魏主가 深然之하여 遣侍郎柳慶하여 見泰於高平이어늘 泰가 請奉迎輿駕한대 魏主가 復私謂慶曰 朕欲向荊州하노니 何如①오 慶이 曰 關中은 形勝이요 宇文泰는 才略可依어니와 荊州는 地非要害요 南逼梁寇하니 臣愚未見其可케이다 時에 東郡太守裴俠이 帥兵詣洛이어늘 王思政이 問以西巡之計한대 俠이 曰 宇文泰가 已操戈矛어늘 寧肯授人以柄이리오 雖欲投之나 恐無異避湯入火也로라 思政이 曰 然則何如而可오 俠이 曰 圖歡에 有立至之憂하고 西巡에 有將來之慮하니 且至關右하여 徐思其宜耳로라 思政이 然之하여 乃進俠於魏主하여 授左中郎將하다 初에 歡이 欲遷都於鄴커늘 魏主不可러니 至是하여 復謀遷都하여 遣騎鎭建興하고 益河東及濟州兵하고

15) 和糴 : 관청에서 물가를 의논하여 교역한다는 명목으로 백성에게 강제로 식량을 징수하는 제도이다. 北魏에서 시작되었다.

擁諸州和糴粟하여 悉入鄴[②]이러라 魏主가 又以敕喩歡하여 令歸兵罷戍하고 送相州之粟하고 使蔡儁受代하고 邸珍出徐한대 歡이 不奉詔[③]러라 魏主가 以廣寧太守任祥으로 兼僕射한대 祥이 棄官走渡河하여 據郡待歡[④]이러라 魏主가 乃下制書하여 數歡罪惡하고 召賀拔勝하여 赴行在所어늘 勝이 以問掾盧柔한대 柔가 曰 高歡이 悖逆하니 公이 席卷赴都하여 與決勝負하여 死生以之가 上策也요 北阻魯陽하고 南幷舊楚하고 東連兗豫하고 西引關中이 中策也[⑤]요 擧三荊之地하여 庇身於梁하면 功名皆去리니 下策也라하니 勝이 笑而不應[⑥]이러라 魏主가 以宇文泰로 爲關西大行臺하고 令遣騎奉迎한대 歡이 遂勒兵南出하여 以誅斛斯椿爲名하고 以高敖曹爲前鋒이어늘 宇文泰도 亦移檄州郡하여 數歡罪惡하고 自將大軍하여 發高平하여 前軍이 屯弘農하다

① 당시 賀拔勝이 荊州刺史였다.
時賀拔勝爲荊州刺史.

②〈西燕의〉 慕容永이 上黨을 나눠 建興郡을 설치했는데 北魏 때에 建州로 삼았다.
慕容永分上黨置建興郡, 魏爲建州.

③ 相州의 치소는 鄴城이다.
相州治鄴城.

④ ≪五代志≫를 살펴보면 "建州 沁水縣은 과거에 廣寧郡을 설치했었다."라고 하였다.
五代志 "建州沁水縣, 舊置廣寧郡."

⑤ 江陵은 옛 楚나라의 郢都로, 그 경계 안에 있다.
江陵, 舊楚之郢都, 在其界內.

⑥ 三荊은 荊州, 東荊州, 南荊州이다.
三荊, 荊州·東荊州·南荊州也.

【目】 7월에 魏主가 직접 십여만의 병사를 이끌고 河橋에 주둔하고 斛斯椿을 선봉으로 삼아 邙山 북쪽에 진지를 구축했다. 곡사춘이 정예 기병 2천을 이끌고 밤에 黃河를 건너 피로한 적들을 엄습하겠다고 하니, 魏主가 동의하였다. 侍郎 楊寬이 말하기를, "다른 사람에게 병마를 내어주면 다른 변고가 발생될까 우려됩니다. 곡사춘이 만일 공을 세우게 되면, 이는 하나의 高歡을 멸망시키고 또 다른 고환을 발생시키는 것입니다."라고 했다. 魏主가 곡사춘에게 칙서를 내려 발길을 멈추라고 하자, 곡사춘이 탄식하며 말하기를, "요사이 熒惑이 南斗로 들어갔는데 지금 皇上이 근신의 이간질하는 말을 믿고 나의 계책을 쓰지 않으니 어찌 하늘의 뜻이 아니겠는가."라고 했다.

宇文泰가 이 말을 듣고 측근들에게 말하기를, "고환이 며칠 사이에 8, 9백 리를 행군했으니 이는 병법에서 꺼리는 일이다. 마땅히 이 기회를 틈타 공격해야 하나, 主上이

萬乘의 중하신 몸으로 황하를 건너 결전을 벌일 수 없어 나루를 따라 군게 지키고 계시고, 또 만 리의 황하는 적들을 방어하기 어려운데 만일 한 곳이라도 건너오게 되면 大事는 끝장이다."라고 하고, 즉시 趙貴에게 蒲坂에서 황하를 건너 幷州로 가게 하고 李賢에게 정예 기병 1천을 거느리고 洛陽으로 가게 했다.

魏主가 곡사춘에게 潁川王 元斌之와 함께 虎牢를 지키게 하고 賈顯智에게 滑臺를 지키게 했는데, 가현지가 남몰래 고환에게 항복하겠다고 약속했다. 軍司 元玄이 이 사실을 알아차리고 재빨리 돌아와 병사의 증파를 요청하자, 魏主는 大都督 侯幾紹를 보내 滑臺 동쪽에서 싸움이 벌어졌는데 가현지가 군사를 이끌고서 항복하고, 후기소는 전사했으며, 고환이 병사를 이끌고 黃河를 건넜다.

원빈지가 곡사춘과 권력을 다툰 터여서, 돌아와서 魏主를 속여, "고환의 병사가 이미 도착했습니다."라고 하자, 魏主가 곧장 곡사춘을 불러들여 南陽王 元寶炬, 淸河王 元亶, 廣陽王 元湛과 함께 5천의 騎兵을 이끌고 瀍水 서쪽에 야영하게 하였다. 사람들은 魏主가 서쪽으로 갈 것이라 짐작하고 도망가는 자들이 절반이 넘고 이때 원단, 원담도 도망해 돌아갔다.

장군 獨孤信이 單騎로 魏主를 뒤따르자 魏主가 탄식하며 말하기를, "장군이 부모를 떠나고 처자를 버린 채 따라왔으니 세상이 혼란할 때 충신을 알아본다는 말이 어찌 빈 말이겠는가."라고 했다. 이튿날 魏主는 서쪽 長安으로 달려갔는데, 고환이 결국 洛陽으로 들어온 뒤 婁昭와 高敖曹를 보내 날랜 기병을 이끌고 魏主를 추격하게 했으나 따라잡지 못했다.

魏主가 곡식과 마실 거리가 다 떨어져 시냇물만 마셨는데 稠桑에 이르자 都督 毛鴻賓이 맞이하여 술과 음식을 올리면서 비로소 굶주림과 목마름이 해소되었다. 고환이 백관을 모아서, 皇上이 조정에 있을 때 간언하지 않고 밖에 나갈 때 따르지 않은 죄를 물어 僕射 辛雄 이하 몇몇 사람들을 처형한 뒤 淸河王 원단을 大司馬로 삼아 承制하여 일을 처리하였다.

七月에 魏主가 親勒兵十餘萬하여 屯河橋하고 以斛斯椿으로 爲前驅하여 陳於(邙)〔邙〕[16]山之北하니 椿이 請帥精騎二千하여 夜渡河하여 掩其勞弊어늘 魏主가 然之러니 侍郎楊寬이 曰 假兵於人이면 恐生他變이니 椿이 若有功이면 是滅一高歡하고 生一高歡矣니이다 魏主가 敕椿停行하니 椿이 歎曰 頃에 熒惑이 入南斗러니 今上이 信左右間構하여 不用吾計하니 豈天道乎①아하다 宇文泰가 聞

16) (邙)〔邙〕: 저본에는 '邙'으로 되어 있으나, ≪資治通鑑≫에 의거하여 '邙'으로 바로잡았다.

之하고 謂左右曰 高歡이 數日에 行八九百里하니 此는 兵家所忌라 當乘便擊之로되 而主上이 以萬乘之重으로 不能度河決戰하여 方緣津據守하고 且長河萬里가 扞禦爲難이니 若一處得度하며 大事去矣라하고 卽以趙貴로 自蒲坂濟하여 趣幷州하고 遣李賢하여 將精騎一千하여 赴洛陽[②]이어늘 魏主가 使斛斯椿으로 與潁川王斌之鎭虎牢하고 賈顯智로 鎭滑臺[③]러니 顯智가 陰約降於歡이어늘 軍司元玄이 覺之하고 馳還請益師하니 遣大都督侯幾紹赴之하여 戰於滑臺東이러니 顯智가 以軍降하고 紹가 戰死[④]하며 歡이 引軍度河러라 斌之가 與椿爭權하여 還紿魏主云 歡兵이 已至라한대 魏主가 卽召椿還하여 與南陽王寶炬淸河王亶廣陽王湛으로 以五千騎宿於瀍西하니 衆이 知魏主將西하고 亡者過半이요 亶湛도 亦逃歸[⑤]러라 將軍獨孤信이 單騎追魏主[⑥]어늘 魏主가 歎曰 將軍辭父母捐妻子而來하니 世亂識忠臣이 豈虛言也아하다 明日에 西奔長安이어늘 歡이 遂入洛陽하여 遣婁昭高敖曹하여 帥勁騎하여 追魏主나 不及이러라 魏主가 糗漿乏絶하여 唯飮澗水러니 至稠桑하여 都督毛鴻賓이 迎獻酒食하여 始解飢渴[⑦]이러라 歡이 集百官하여 責以處不諫諍出不陪從之罪하여 殺僕射辛雄以下數人하고 推淸河王亶爲大司馬하여 承制決事하다

① ≪晉書≫ 〈天文志〉를 살펴보면 "南斗의 6개 별이 天廟인데 天子의 일이 있게 되면 南斗로 점을 친다. 熒惑은 罰星인데 이곳으로 들어오면 天子의 자리가 불안하다. 훗날 이른바 '天子가 전각을 내려와 달아났다.'가 그것이다."라고 하였다.
晉天文志曰"南斗六星, 天廟也, 將有天子之事, 占於斗. 熒惑, 罰星, 入之, 天子不安其位, 後所謂天子下殿走是也."

② 洛陽으로 가서 魏主를 맞이하는 것이다.
赴洛陽, 以迎魏主也.

③ 元斌之는 元鑒의 아우이다.
斌之, 鑒之弟也.

④ 侯幾는 오랑캐의 複姓이다.
侯幾, 虜複姓.

⑤ 王亶은 王擇의 아들이고 王湛은 王深의 아들이다. '瀍西'는 瀍水의 서쪽이며 河南에 있다.
亶, 擇之子. 湛, 深之子也. 瀍西, 瀍水之西, 在河南.

⑥ 獨孤部는 北魏와 함께 일어났는데, 〈북위의〉 서른여섯 大姓 가운데 하나이다.
獨孤部與魏俱起, 三十六大姓之一也.

⑦ 弘農郡 湖城縣에 稠桑驛이 있다.
弘農郡湖城縣有稠桑驛.

【目】宇文泰가 趙貴와 梁禦에게 기병을 이끌고 魏主(元脩)를 맞이하여 黃河를 따라 서쪽으로 올라갈 때 魏主가 양어 등에게 말하기를, "이 물은 동쪽으로 흐르는데 짐은 서쪽으

로 올라가니 만일 다시 洛陽을 보게 되어 皇陵과 宗廟를 친히 拜謁하게 되면 이는 卿들의 공이다."라고 하고, 魏主와 좌우 신하들이 모두 눈물을 흘렸다.

우문태가 儀仗과 護衛를 갖춰 魏主를 맞이하고 東陽驛에서 알현하며 冠을 벗고 눈물을 흘리며 말하기를, "신이 도적의 포학을 막지 못하여 御駕를 播遷하게 했으니 이는 신의 죄입니다."라고 하자, 魏主가 말하기를, "짐이 부덕하여 도적의 침략을 불러왔다. 지금 社稷을 공에게 맡기노니, 公은 힘쓰도록 하라."고 했다.

마침내 長安으로 들어와서 우문태를 大將軍 雍州刺史 兼尙書令으로 삼아 軍事와 國政을 모두 결정하여 처리하도록 하고, 尙書 두 자리를 별도로 설치하여 機務를 나누어 관장하게 하였는데 毛遐와 周惠達에게 맡도록 했다. 당시 軍國 사무가 막 시작한 즈음이라, 두 사람이 양식을 저장하고 무기를 제조하고 병사와 병마를 선발하여, 北魏의 조정이 이들에게 의뢰했다.

이에 앞서 熒惑이 南斗에 들어와 나갔다가 다시 되돌아와 60일을 머물렀는데 梁主(蕭衍)가, 속담에 '형혹이 남두에 들어오면 천자가 전각을 내려와 달아난다.'라고 하여, 맨발로 전각을 내려가 재앙의 소멸을 기도했었는데, 魏主가 서쪽으로 달아났다는 소식을 듣고 부끄러워하며 말하기를, "오랑캐들도 天象에 호응하는 것인가."라고 했다.

宇文泰가 使趙貴梁禦로 帥甲騎奉迎魏主하여 循河西上할새 謂禦等曰 此水東流어늘 而朕西上하니 若得復見洛陽하여 親謁陵廟하면 卿等功也라하고 魏主及左右가 皆流涕러라 泰가 備儀衛迎魏主하고 謁見於東陽驛하여 免冠流涕曰 臣不能式遏寇虐하여 使乘輿播遷하니 臣之罪也①니이다 魏主가 曰 朕이 不德致寇라 方以社稷委公하노니 公其勉之하라 遂入長安하여 以泰로 爲大將軍雍州刺史兼尙書令하여 軍國之政을 咸取決焉하고 別置二尙書하여 分掌機事하니 以毛遐周惠達로 爲之하다 時에 軍國草創이라 二人이 積糧儲治器械簡士馬하여 魏朝賴之러라 先是에 熒惑이 入南斗하여 去而復還하여 留止六旬하니 梁主가 以諺云 熒惑이 入南斗하면 天子가 下殿走라하여 乃跣足下殿하여 以禳之러니 及聞魏主西奔하고 慙曰 虜亦應天象邪②아하다

① ≪水經注≫를 살펴보면 "渭水가 長安城 북쪽을 지난 뒤 또 동쪽으로 新豊을 지나고 동쪽으로 西陽水와 합류한 뒤 또다시 동쪽으로 東陽水와 합류한다. 두 강물은 모두 남쪽으로 廣鄕原으로 나간다."고 하였다.
水經注 "渭水過長安城北, 又東過新豊, 東合西陽水, 又東合東陽水. 二水竝南出廣鄕原."

【綱】北魏 大丞相 高歡이 華陰에 주둔하고 侯景에게 荊州를 공격하게 하니 賀

拔勝이 梁나라로 도망갔다.

魏大丞相歡이 **屯華陰**하고 **使侯景**으로 **取荊州**하니 **賀拔勝奔梁**하다

【目】高歡이 직접 뒤쫓아서 魏主(元脩)를 맞이해 오려 하여 弘農에 이르고 마침내 潼關을 공격하여 무찌르고 華陰으로 전진하여 주둔했다.

賀拔勝이 부대를 이끌고 서쪽 關中을 향하다가 淅陽에 이르러 고환이 이미 화음에 주둔했다는 소식을 듣고 되돌아가려 하자 行臺左丞 崔謙이 말하기를, "지금 황실이 전복되어 主上이 蒙塵하고 있으니 公께서는 의당 이틀에 갈 길을 하루에 달려가 行在所에서 主上을 뵌 뒤 宇文行臺(宇文泰)와 함께 힘을 합쳐서 大義를 소리쳐 거행한다면 천하가 어찌 멀리서 감지하고 소리 울림처럼 호응하지 않겠습니까. 지금 이를 버리고 물러난다면 저마다 뿔뿔이 흩어지지 않을까 우려되니, 기회를 한 번 잃으면 후회해도 다시 되돌릴 수 있겠습니까."라고 했으나, 따르지 않고 결국 돌아갔다.

고환이 晉陽을 출발할 때부터 여기에 이르기까지 40차례의 表文을 올렸지만 魏主가 답하지 않자, 이내 되돌아가 侯景 등을 荊州로 향하게 하였다. 하발승이 도착하자, 후경이 이를 맞아 공격하니, 하발승이 패하여 梁나라로 달아났다.

高歡이 自追迎魏主하여 至弘農하고 遂攻潼關하여 克之하고 進屯華陰하니 賀拔勝이 帥所部하여 西赴關中이라가 至淅陽하여 聞歡已屯華陰하고 欲還①이어늘 行臺左丞崔謙이 曰 今帝室이 顚覆하여 主上蒙塵하니 公宜倍道兼行하여 朝於行在하고 然後與宇文行臺로 同心戮力하여 唱擧大義하면 天下孰不望風響應이리오 今捨此而退하면 恐人人解體하노니 一失事機하면 後悔何及이리오하되 不聽하고 遂還하다 歡이 自發晉陽으로 至是히 凡四十啓하되 魏主가 皆不報어늘 乃還하여 遣侯景等하여 向荊州러니 勝이 至어늘 景이 逆擊之하니 勝이 敗하여 奔梁하다

① 淅은 思曆의 切이다. 漢나라 때에는 析縣은 弘農郡에 속하였고, 宋나라 ≪永初志≫에는 順陽郡에 속하였고, 魏收의 ≪魏書≫ 〈地形志〉에 의거하면 析陽郡은 析州에 속하였고, ≪五代志≫에 의거하면 과거에 析州 內鄕縣에 淅陽郡을 설치했었다.
淅, 思曆切. 漢析縣屬弘農郡, 宋永初志屬順陽郡, 魏收志析陽郡屬析州, 五代志析州內鄕縣, 舊置淅陽郡.

【綱】北魏 閤內都督 趙剛이 東荊州 병사를 이끌고 長安으로 향하다가 도적을 만나 패망했다.

魏閤內都督趙剛이 以東荊州兵으로 赴長安이라가 遇盜敗沒[17]하다

【目】魏主(元脩)가 洛陽에 있으면서 은밀하게 閤內都督 趙剛을 보내어 東荊州刺史 馮景昭를 불러서 들어와 돕게 했는데 병사가 미처 출발하기 전에 魏主가 이미 關中에 들어왔다. 풍경소가 문무 관리들을 모아 어떻게 해야 할지를 논의할 때, 馮道和가 북방의 高歡의 처분을 기다리자고 하자, 조강이 말하기를, "公은 병사를 이끌고 行在所로 달려가는 것이 마땅합니다."라고 했는데, 오래도록 다시 이야기하는 자가 없자, 조강이 칼을 뽑아 땅에 던지며 말하기를, "공이 만일 충신이 되고 싶다면 풍도화를 참수하고, 적을 따르고 싶다면 속히 나를 죽이시오."라고 하니 馮景昭가 정신이 들어 즉시 무리들을 이끌고 關中으로 달려갔다.

侯景이 병사를 이끌고 穰城을 압박하니 東荊州 백성 楊祖歡이 병사를 일으켜 호응하여, 후경이 그 무리들을 가지고 중도에 풍경소를 邀擊하였는데 풍경소는 전투에 패하고 조강은 蠻族 속으로 사라졌다.

魏主之在洛陽也에 密遣閤內都督趙剛하여 召東荊州刺史馮景昭入援이러니 兵未及發에 魏主가 入關하니 景昭가 集文武議所從할새 馮道和가 請待北方處分①이어늘 剛이 日 公宜勒兵하여 赴行在所로라 久之에 更無言者어늘 剛이 抽刀投地日 公若欲爲忠臣인댄 請斬道和하고 如欲從賊인댄 可速見殺이라하니 景昭感悟하여 卽率衆赴關中이러니 侯景이 引兵逼穰城하니 東荊州民楊祖歡이 起兵應之라 以其衆으로 邀景昭於路한대 景昭는 戰敗하고 剛은 沒蠻中②하다

① 北方은 高歡을 말한다.

---

17) 魏閤內都督趙剛……遇盜敗沒 : "이에 趙剛이 馮景昭를 불러서 들어와 돕게 했는데 이윽고 그것을 따랐으나 풍경소를 기록하지 않은 것은 어째서인가. 趙剛의 공을 아름다워한 것이다. 풍경소가 관망할 적에 조강이 아니면 병사가 출동하지 않았으므로 풍경소를 삭제하였다. 기록하기를 '조강이 東荊州 병사를 이끌고 長安으로 향하였다.'라고 하였으니 공을 소상에게 돌린 것이다. 그러므로 비록 도적을 만나 패망했더라도 ≪資治通鑑綱目≫에서는 반드시 그것을 기록하였다. 이 까닭으로 九江王 黥布가 漢나라에 귀부함이 결정 나지 않았을 적에 隨何가 능히 그것을 하였으니 '수하가 그것을 하였다.〔隨何以〕'라고 기록하였고(漢王 劉邦 3년(B.C. 204)), 陶侃이 난리의 평정에 나아가는 데에 용기를 못 내자 溫嶠가 능히 그것을 하였으니 '溫嶠가 그것을 하였다.〔溫嶠以〕'라고 기록하였고(晉成帝 咸和 3년(328)), 東荊州가 들어와 원조하기를 결행하지 못하자 조강이 능히 그것을 하였으니 '조강이 그것을 하였다.〔趙剛以〕'라고 기록하였으니(이해(534)) 모두 공을 그것을 한 사람에게 돌린 것이다.〔於是剛召馮景昭入援 旣而從之 不書景昭 何 美剛功也 景昭顧望 非剛 兵不行矣 故削之 書曰 趙剛以東荊州兵赴長安 歸功剛也 故雖遇盜敗沒 綱目必書之 是故九江之歸漢未決 而隨何能以之 則書隨何以(漢王邦三年) 陶侃之赴難未勇 而溫嶠能以之 則書溫嶠以(晉成帝咸和三年) 東荊州之入援未果 而趙剛能以之 則書趙剛以(是年) 皆歸功以之者也〕" ≪書法≫

北方, 謂高歡也.

② 北魏 東荊州는 원래 蠻左(蠻夷)가 점거한 지역이다.

魏東荊州, 本蠻左所據之地.

【綱】 겨울 10월에 北魏 大丞相 高歡이 洛陽에서 淸河王의 世子 元善見을 황제로 옹립했다.[18)]

冬十月에 魏大丞相歡이 立淸河世子善見於洛陽하다

【目】 高歡이 洛陽에 이르러서 승려 道榮을 보내 魏主(元脩)에게 表文을 올리기를, "폐하께서 만일 멀리 勅書 한 통을 내리시어 도성 洛陽으로 돌아오실 것을 허락해주시면 신은 마땅히 문무백관을 이끌고 궁전을 깨끗이 청소하겠습니다. 만일 되돌아오실 날짜가 정해지지 않는다면 七廟[19)]가 주인이 없을 수 없고, 모든 나라가 반드시 귀의할 곳이 있어야 하니 신은 폐하를 져버릴지언정 社稷을 저버릴 수는 없습니다."라고 했으나, 魏主가 또한 답하지 않았다.

고환이 百官과 원로들을 모아 옹립할 황제에 대해 논의할 때, 淸河王 元亶이 출입할 적에 이미 警蹕[20)]이라 칭했으므로 고환이 이를 추하게 여겨 결국 〈원단의〉 世子 元善見을 황제로 옹립하고, 원단에게 이르기를, "왕을 황제로 세우고 싶었으나 왕의 아들을 세우는 것만 못하다."라고 하였다. 원단이 스스로 불안해하여 남쪽으로 달아나자 고환이 뒤쫓아가서 데려왔다. 원선견이 帝位에 올랐는데 당시 나이가 11세였다.

歡이 至洛陽하여 又遣僧道榮하여 奉表於魏主曰 陛下若遠賜一制[21)]하사 許還京洛하시면 臣當帥勒文武하여 式淸宮禁이어니와 若返正無日이면 則七廟가 不可無主요 萬國이 須有所歸니 臣寧負陛下언정 不負社稷이니이다하되 魏主가 亦不答이러라 歡이 乃集百官耆老하여 議所立할새 時에 淸河王亶이 出入已稱警蹕이라 歡이 醜之하여 遂立其世子善見爲帝하고 謂亶曰 欲立王이나 不如立王之子로다 亶이 不自安하여 南走어늘 歡이 追還之하다 善見이 卽位하니 時年十一이러라

---

18) 겨울……옹립했다 : 이때부터 北魏가 東魏와 西魏로 분열한다. 元善見을 옹립한 高歡의 정권이 동위라 하고 宇文泰를 중심으로 關中 지역의 정권을 서위라 한다.

19) 七廟: 천자의 宗廟. 太祖와 三昭·三穆 사당의 총칭이다.

20) 警蹕: 황제가 거동할 때 경호하기 위하여 통행을 금하는 것이다.

21) 一制 : ≪資治通鑑新注≫(陝西人民出版社, 1998)에는 '一制'를 '一紙制書'로 풀었다.

【綱】 西魏가 宇文泰를 大丞相으로 삼았다.

魏가 **以宇文泰**로 **爲大丞相**하다

【目】 宇文泰가 潼關을 공격해 高歡의 潼關 守將 薛瑜를 참수하고 長安으로 돌아와 大丞相에 올랐다.

泰가 攻潼關하여 斬高歡守將薛瑜하고 還長安하여 進位大丞相하다

【綱】 梁나라가 東魏를 정벌했다.

梁伐東魏[22)]하다

【綱】 11월에 東魏가 鄴城으로 천도했다.

◑ **十一月**에 **東魏**가 **遷於**鄴하다

【目】 高歡은 洛陽이 서쪽으로 西魏와 가깝고 남쪽으로 梁나라 국경과 가깝다 하여 鄴城으로 遷都를 검토했는데 문서가 하달된 지 3일 만에 바로 실행해 옮겨 40만 호가 경황없이 길을 나섰다. 고환이 뒤에 남아 관련 일들을 처리하고 일을 마친 뒤에 晉陽으로 돌아와서, 司州를 洛州로 개칭하여 元弼을 刺史로 삼아 洛陽에 진수하게 하고, 僕射 司馬子如, 高隆之, 侍中 高岳, 孫騰에게 鄴城에 남아 조정의 일을 함께 주재하게 하고, 곡식 130만 석을 방출하여 옮겨온 백성들을 진휼했다. 11월에 東魏主(孝靜帝 元善見)가 鄴城에 이르러 相州刺史를 司州牧으로 개칭하고 魏郡太守를 魏尹으로 개칭했다.

高歡이 以洛陽西逼西魏南近梁境으로 乃議遷鄴할새 書下三日卽行하여 四十萬戶가 狼狽就道①너라 歡이 留後部分하고 事畢還晉陽할새 改司州爲洛州하여 以元弼로 爲刺史하여 鎭洛陽②하고 僕射司馬子如高隆之와 侍中高岳孫騰으로 留鄴하여 共知朝政③하고 出粟一百三十萬碩하여 以賑遷民④하다 十一月에 東魏主가 至鄴하여 改相州刺史爲司州牧하고 魏郡太守爲魏尹하다

22) 梁伐東魏 : "北魏의 난리가 오래되었는데, 梁나라가 전쟁을 걸어오니 '습격했다〔襲〕'라고 기록하고, '취하였다〔取〕'라고 기록하고, '포위했다〔圍〕'라고 기록하고, '침략했다〔侵〕'라고 기록할 뿐이었다. 여기서 '정벌했다〔伐〕'라고 기록한 것은 무엇인가. 元善見이 즉위한 것은 정식이 아니었으므로 '정벌했다〔伐〕'라고 기록한 것이다.〔魏亂久矣 梁之加兵 書襲 書取 書圍 書侵而已 此其書伐 何 善見之立 非正也 故書伐〕" ≪書法≫

① 書는 高歡이 내린 글을 말한다.
書, 謂歡所下書也.

② 北魏 明元帝가 洛陽을 차지한 뒤 洛州를 설치했는데 孝文帝가 洛으로 천도하고 太和 17년(493)에 司州로 개칭했다. 高歡이 東魏主를 압박해 鄴城으로 천도한 뒤 相州를 司州로 개칭하고 洛陽을 다시 洛州로 개칭했다.
魏明元帝取洛陽, 置洛州, 孝文帝徙都洛, 太和十七年改爲司州. 高歡旣逼東魏主遷鄴, 改相州爲司州, 復以洛陽改爲洛州.

③ 高隆之는 원래 徐氏의 養子인데 高歡이 명하여 아우로 삼았다.
隆之, 本徐氏養子, 歡命以爲弟.

④ 碩은 石과 통용된다.
碩, 通作石.

【綱】 윤12월에 西魏 大丞相 宇文泰가 毒을 올려 임금 元脩를 시해했다.

閏十二月에 **魏大丞相泰**가 **進毒**하여 **弑其君脩**①[23]하다

① 향년이 25세였다.
壽, 二十五.

【目】 **魏主**(元脩)는 宮中이 문란하여 시집가지 않은 사촌누이가 셋이었는데, 平原公主 明月은 南陽王 元寶炬와 동복형제였다. **魏主**를 따라 關中으로 들어왔는데 宇文泰가 사람을 시켜 살해하자 **魏主**가 언짢아하였다. 이로 말미암아 다시 우문태와 틈이 생겨서, 술

---

23) 魏大丞相泰進毒 弑其君脩 : "衰亂한 시대에 임금이 진실로 自立하려 하면 세력이 미약하여 떨쳐 일어나지 못하고, 진실로 남에게 의지하여 즉위하게 되면 또다시 재앙을 받지 않는 자가 없다. 北魏의 孝武帝는 高歡에게 압박받아 믿는 이는 한 사람 宇文泰뿐이었는데 갑자기 고환이 병사를 들어 반란하니 北魏 군주는 도주하여 關中으로 들어가 겨우 호랑이 아가리에서 벗어나 마치 의지함을 얻은 듯하였다. 그러나 곧바로 몸에 酖毒을 받아 그 재앙이 더욱 참혹하였다. 그러한 뒤에 임금이 남에게 목숨을 붙어 있는 경우는 어디 가든지 온당함이 없음을 알겠으니 이것이 바로 裴俠이 말한 '끓는 물을 피하려다 불 속으로 뛰어드는 것과 다름이 없다.〔無異避湯入火〕'라는 것이다. 임금이 ≪資治通鑑綱目≫에 기록한 것을 살펴보고 北魏 군주의 終始를 증험해보면 조심조심 선행에 힘쓰지 않겠는가. 반드시 국가를 편안케 하고 禍亂이 일어나지 않게 하며 姦雄이 일어날 원인을 없애야만 거의 자손들이 타인의 손에 제압을 받지 않게 될 것이다. 그렇지 않아 大勢가 한 번 떠나가면 비록 지혜로운 사람일지라도 어찌할 수 없을 것이다. 서글프다!〔衰亂之世 其君苟欲自立 則勢微力弱 不克振起 苟依人而立 則又未有不受其禍者 魏之孝武 迫於高歡 所恃者 一宇文泰爾 一旦歡擧兵反叛 魏君奔竄入關 僅脫虎口 若可以爲得所依矣 曾未旋踵 而身被酖毒 其禍尤慘 然後知人君寄命於人者 無適而可 此正裴俠所謂無異避湯入火者也 人主觀綱目之所書 驗魏君之終始 其可不兢兢業業 强於爲善 必使國家乂安 禍亂不作 姦雄無自而起 庶幾子孫不受制於他人之手 不然 大勢一去 雖有智者 亦末如之何矣 吁〕" ≪發明≫

을 마시다 鴆酒[24])를 먹여 죽게 하여 사찰에 빈소를 차렸다. 諫議大夫 宋球가 통곡하며 피를 토하고 며칠 동안 마실 것과 먹을 것을 입에 대지 않자 우문태가 명망 높은 儒者라 하여 처벌하지 않았다.

東魏 高歡이 이 소식을 듣고 表文을 올려 魏主의 상을 알리고 喪服을 입을 것을 요청하자, 東魏主(孝靜帝 元善見)가 신하들에게 이를 논의하게 하자, 博士 潘崇和가, "임금이 신하를 대우할 때 예의에 맞게 하지 않으면 신하는 되돌아가 喪服을 입지 않습니다. 그래서 湯王의 백성들이 桀에게 哭하지 않고 周나라 신하가 紂에게 喪服을 입지 않았습니다."라고 했으나, 衛旣隆과 李同軌가, "高皇后(高歡의 장녀)와 永熙(孝武帝)의 단절 사실이 공포되지 않았으므로 의당 喪服을 입어야 한다."라고 하자, 東魏(孝靜帝)가 이를 따랐다.

魏孝武가 閨門無禮하여 從妹不嫁者三人이러니 平原公主明月은 南陽王寶炬之同產也라 從入關이어늘 宇文泰가 使人殺之①한대 魏主가 不悅하니 由是로 復與泰有隙하여 飮酒遇酖而殂하여 殯於佛寺할새 諫議大夫宋球가 慟哭嘔血하고 漿粒不入口者數日이어늘 泰가 以其名儒로 不之罪也러라 東魏高歡이 聞之하고 啓請擧哀制服한대 東魏主가 使群臣議之하니 博士潘崇和가 以爲君遇臣不以禮하면 則無反服이라 是以로 湯之民이 不哭桀하고 周之臣이 不服紂②니이다 衛旣隆李同軌가 以高后於永熙에 離絶未彰으로 宜爲之服이라한대 東魏가 從之③하다

① ≪資治通鑑≫에 의하면, "宇文泰가 元氏 諸王에게 明月公主를 잡아서 살해하게 했다."고 하였다.
通鑑, "泰使元氏諸王取明月殺之."

② ≪禮記≫ 〈檀弓〉에서, "魯 繆公이 子思에게 묻기를, '옛 임금을 위하여 돌아와 복을 입는 것이 예법입니까?'라고 하자, 자사가 말하기를, '옛날 군자는 사람을 등용할 때도 예로 하고 사람을 물리칠 때도 예로 하였습니다. 그래서 옛 임금을 위하여 돌아와 복을 입는 예가 있었던 것입니다. 지금의 군자는 사람을 등용할 땐 임금이 무릎 위에 올려놓을 것처럼 하려다가 사람을 물리칠 땐 임금이 마치 깊은 연못에 빠뜨릴 것처럼 하려 하니, 오랑캐의 괴수가 되지 않는 것만도 다행이지 않습니까. 어찌 돌아와 복을 입는 예가 있을 수 있겠습니까.'"라고 하였다.
記檀弓 "魯繆公問於子思曰 '爲舊君反服, 禮與.' 子思曰 '古之君子, 進人以禮, 退人以禮, 故有舊君反服之禮也. 今之君子, 進人君將加諸膝, 退人君將隊諸淵, 毋爲戎首, 不亦善乎, 又何反服之禮之有.'"

③ 예전에 高歡이 魏主(孝武帝)를 帝位에 세우고는 자신의 長女를 皇后로 삼게 했는데, 魏主가

24) 鴆酒 : 짐새의 깃털로 담근 술이니, 일종의 독주이다.

서쪽으로 달아날 때 황후가 따라가지 않고 남았다.
歡初立孝武, 納其長女以爲皇后, 魏主之西奔, 后留不從.

【綱】 西魏 獨孤信이 荊州를 함락했는데, 東魏가 습격하자 독고신이 梁나라로 달아났다.

魏獨孤信이 **克荊州**러니 **東魏人**이 **襲之**어늘 **信**이 **奔梁**[25)]하다

【目】 東魏가 이미 荊州를 탈취했는데 西魏가 獨孤信을 荊州刺史로 삼아 그를 달랬다. 蠻族의 추장 樊五能이 淅陽郡을 격파하여 西魏에 호응하자 東魏의 荊州刺史 辛纂이 그를 공격하려 하였는데, 郎中 李廣이 말하기를, "석양은 지세가 깊으며 험난하고 안팎에 수많은 蠻族들이 있으니, 지금 병력을 조금 파견하면 적을 제압할 수 없고 병력을 많이 파견하면 뿌리가 허약해질 것입니다. 만일 뜻대로 되지 않았을 땐 州城을 보존하기 어려울 것입니다. 臺軍(朝廷의 군대)이 머지않아 도착할 것이라 하니, 公은 荊州 소속 성들과 굳게 약속하여 그들로 하여금 성벽을 굳게 갖추고 백성들을 돌보며 기회를 기다리게 해야 합니다. 설령 석양을 잃는다 해도 아까울 것이 없습니다."라고 했지만 신찬이 따르지 않았다가 패하였다.

성안의 백성들이 獨孤信을 부르자 東魏가 田八能을 보내 이를 가로막고, 또 張齊民을 보내 독고신의 후미로 출격하게 하자, 독고신이 무리들에게 이르기를, "지금 병사들이 1천 명이 안 되고 앞뒤로 공격을 받고 있으니 만약 뒤돌아 장제민을 공격하게 되면 土民들이 우리가 후퇴하는 것이라 하여 반드시 와서 우리를 요격할 것이다. 그러니 진격해 전팔능을 공격하면 장제민이 저절로 붕괴될 것이니 이렇게 하는 것이 나을 것이다."라고 하고 결국 전팔능을 공격하고 승세를 틈타 穰城을 습격했다.

신찬이 나와 싸우다가 대패하여 성안으로 되돌아갔는데, 성문이 미처 닫히기 전에 독

25) 魏獨孤信克荊州……信奔梁 : "앞에서 '高歡이 형주를 취하였다.〔歡取荊州〕'라고 기록하였고, 지금에 이겼는데 '東魏 荊州'라고 하지 않은 것은 어째서인가. 땅이 西魏 땅이니 東魏가 소유할 수 없으므로, 이로부터 동위가 서위를 공격하면 '침략했다〔侵〕'라고 기록하고, 서위가 동위를 공격하면 '정벌했다〔伐〕'라고 기록하고, 동위가 서위의 땅을 빼앗으면 '서위의 어느 땅을 빼앗았다.〔取魏某地〕'라고 기록하고, 서위가 동위의 땅을 빼앗으면 곧바로 '어느 땅이다.〔某地〕'라고 기록할 뿐이니 서위가 정통이기 때문이다. 《資治通鑑綱目》의 인정해주거나 않는 것이 분명하다.〔前書歡取荊州矣 於是克之 不爲東魏荊州 何 土魏土也 東魏不得而有之 故自是東魏攻魏 則書侵 魏攻東魏 則書伐 東魏取魏地 則書取魏某地 魏取東魏地 則直書某地而已 魏正也 綱目之予奪明矣〕" 《書法》

고신의 선봉장 武川 출신 楊忠이 문지기에게 소리쳐 꾸짖기를, "대군이 이미 도착했고 성안에 호응하는 사람이 있는데 너희들이 살려고 한다면 어찌 피해 달아나지 않는가." 라고 하니, 문지기들이 모두 뿔뿔이 흩어졌다. 양충이 무리들을 이끌고 성안으로 들어와서 신찬을 참수해서 뭇사람들에게 내보이니 성안 사람들이 모두 벌벌 떨며 굴복했다.

독고신이 병사를 나눠 三荊을 평정했는데 그로부터 반년 뒤에 東魏 高敖曹와 侯景이 병사들을 이끌고 갑자기 성 아래로 이르자, 독고신이 병사의 부족으로 대적하지 못하여 양충과 함께 모두 梁나라로 도망갔다.

東魏가 既取荊州러니 魏가 以獨孤信으로 爲刺史하여 招懷之하다 蠻酋樊五能이 攻破淅陽郡하여 以應魏어늘 東魏刺史辛纂이 欲討之①한대 郎中李廣이 曰 淅陽이 深險하고 表裏群蠻하니 今少遣兵하면 不能制賊이요 多遣이면 則根本虛弱이니 脫不如意인댄 州城難保라 聞臺軍이 不久應至②라하니 公但約勒屬城하여 使完壘撫民以待之하라 雖失淅陽이라도 不足惜也로라하되 纂이 不從이라가 而敗하다 城民이 召獨孤信이러니 東魏가 遣田八能拒之하고 又遣張齊民하여 出信後어늘 信이 謂其衆曰 今士卒이 不滿千人이요 首尾受敵③하니 若還擊齊民하면 士民이 謂我退走라하여 必來邀我④리니 不如進擊八能破之하면 齊民自潰矣라하고 遂擊破八能하고 乘勝襲穰城하니 辛纂이 出戰이라가 大敗하여 還趣城할새 門未及闔이어늘 信前驅武川楊忠이 叱門者曰 大軍이 已至하고 城中에 有應하니 爾等이 求生인댄 何不避走오하니 門者가 皆散이러라 忠이 帥衆入城하여 斬纂以徇하니 城中이 慴服이러라 信이 分兵定三荊이러니 居半歲에 東魏高敖曹侯景이 將兵奄至城下하니 信이 兵少不敵하여 與楊忠皆犇梁하다

① 辛纂은 辛雄의 從父兄이다.
纂, 雄之從父兄也.
② 臺軍은 東魏가 파견한 군사를 말한다.
臺軍, 謂東魏所遣軍也.
③ 〈'首尾受敵'은〉 田八能이 그 앞을 막고 張齊民이 그 뒤를 공격한 것을 말한다.
謂田八能拒其前, 張齊民出其後也.
④ 士民은 淅陽의 백성을 말한다.
士民, 謂淅陽之民.

乙卯年(535)

梁나라 高祖 武帝 蕭衍 大同 원년이고, 西魏 文帝 元寶炬 大統 원년이고, 東魏 孝靜帝 元善見 天平 2년이다.

梁大同元年이요 魏文帝寶炬大統元年이요 東魏天平二年이라

【綱】 봄 정월 초하루에 西魏 大丞相 宇文泰가 南陽王 元寶炬를 옹립하였다.

春正月朔에 魏大丞相泰가 立南陽王寶炬하다

【目】 西魏 宇文泰가 뭇 신하들과 함께 황제를 누구로 세울지에 대해 논할 때, 대부분 廣平王 元贊을 추대했는데, 濮陽王 元順이 눈물을 흘리며 우문태에게 말하기를, "高歡이 先帝를 핍박하여 내쫓고 어린 임금을 세워 권력을 제멋대로 행사하니, 明公께선 의당 그가 한 것과 반대로 해야 합니다. 廣平王은 어리니 나이가 든 분을 세워서 모시는 것만 못합니다."라고 하니, 우문태가 南陽王 元寶炬를 황제로 옹립했다.

魏宇文泰가 與群臣議所立할새 多擧廣平王贊①이어늘 濮陽王順垂涕謂泰曰② 高歡이 逼逐先帝하고 立幼主하여 以專權하니 明公은 宜反其所爲라 廣平이 沖幼하니 不如立長君而奉之라하니 泰가 乃立南陽王寶炬하다

① 元贊은 孝武帝(元脩)의 형의 아들이다.
贊, 孝武之兄子也.
② 元順은 元素의 증손이다.
順, 素之曾孫也.

【綱】 西魏 將軍 李虎가 靈州를 함락시켰다.

魏將軍李虎가 克靈州하다

【目】 宇文泰가 李虎 등을 보내 曹泥를 공격할 때 이호 등이 費也頭의 무리를 불러 잘 달래어 함께 靈州를 공격하니, 40일 만에 조니가 항복을 요청했다.

宇文泰가 遣李虎等하여 擊曹泥한대 虎等이 招諭費也頭之衆하여 與之共攻靈州하니 凡四旬에 曹泥가 請降하다

【綱】 西魏 大丞相 宇文泰가 스스로 都督中外諸軍事가 되고 安定公에 책봉했다.

魏大丞相泰가 自爲都督中外諸軍事하고 封安定公하다

【目】 西魏가 宇文泰을 都督中外諸軍 錄尙書事 大行臺에 임명하고 安定王에 책봉하자 우문태가 王爵과 錄尙書를 고사하니 安定公에 책봉했다.

魏가 以泰로 爲都督中外諸軍錄尙書事大行臺하고 封安定王한대 泰가 固辭王爵及錄尙書하니 乃封安定公하다

【綱】 西魏가 乙弗氏를 황후로 세웠다.

魏가 立后乙弗氏①하다

① 乙弗은 오랑캐의 複姓이다.
乙弗, 虜複姓.

【目】 황후가 인자하고 포용하고 절약하고 검소하고 질투하지 않아 魏主(元寶炬)가 중시했다.

后가 仁恕節儉하고 不妬忌하여 魏主가 重之러라

【綱】 東魏 大丞相 高歡이 稽胡를 공격해 劉蠡升을 참수하였다.

東魏大丞相歡이 擊稽胡하여 斬劉蠡升하다

【目】 劉蠡升이 天子라 자칭하며 雲陽谷에 거주했는데 東魏의 邊境이 언제나 해를 당해 胡荒이라 불렀다. 高歡이 습격해 크게 격파하자 그 부하들이 유여승을 참수해 항복했다.

蠡升이 自稱天子하고 居雲陽谷할새 魏之邊境이 常被其患하여 謂之胡荒①이러니 歡이 襲擊大破之한대 其下가 斬之以降하다

① 〈'胡荒'은〉 본디 胡種인 그들이 漢人들을 침략하니 마치 그 지역이 荒服(중앙에서 멀리 떨어진 곳) 밖에 있는 듯하다는 말이다.
言其本胡種, 侵擾漢民, 若在荒服之外者也.

【綱】 東魏 大丞相 高歡이 스스로 相國이 되자, 黃鉞을 내리고 특별한 예우를 하려 했으나 거듭 사양하며 받지 않았다.

東魏大丞相歡이 自爲相國이어늘 假黃鉞加殊禮한대 復辭不受[26]하다

【綱】東魏 사람이 西魏 華州를 습격했으나 이기지 못했다.

◑東魏人이 襲魏華州나 不克하다

【目】東魏 大行臺[27]尙書 司馬子如가 都督 竇泰와 韓軌 등을 거느리고 潼關을 공격할 때 西魏 宇文泰가 霸上에 주둔하고 있었다. 사마자여가 蒲津에서 밤새 河水를 건너 華州를 침입했는데 刺史 王羆가 아직 잠에서 일어나지 않고 있다가 문 밖에 웅성거리는 소리를 듣고 옷도 걸치지 않고 맨발인 채로 몽둥이를 들고서 큰소리를 치며 나갔다. 〈도망가는 東魏의 병사를〉 쫓아가서 東門에까지 이르자 부하들이 모여들어 동위 부대를 격파해서 패주시켰다.

東魏大行臺尙書司馬子如가 帥都督竇泰韓軌等하여 攻潼關이어늘 魏宇文泰가 軍于霸上이러니 子如가 從蒲津宵濟하여 攻華州入之①하니 刺史王羆가 未起라가 聞閤外匈匈有聲하고 袒跣持梃하여 大呼而出하여 逐至東門하니 左右가 稍集하여 擊破하고 走之하다

① ≪五代志≫에 "後魏(北魏)가 鄭縣에 東雍州를 설치했는데 西魏가 華州로 개칭했다." 하였다. 五代志 "後魏置東雍州於鄭縣, 西魏改曰華州."

【綱】西魏가 24조의 새 제도를 만들었다.

魏가 作新制二十四條하다

【目】西魏 宇文泰는 병사들이 쉬지 못하고 관리와 백성들이 피로에 지쳤다는 이유로 有司에게 명하여, 고금의 제도 중에 시의에 적합하게 다스릴 수 있는 것을 살펴서 24조의 새 제도를 만들게 하여 황제에게 上奏하여 시행했다.

26) 東魏大丞相歡……復辭不受 : "'거듭 사양하였다〔復辭〕'라고 기록한 것은 무엇인가. 나무란 것이다. 이미 자기 스스로 〈相國이〉 되고 다시 스스로 사양하니 그 속임이 심하다. ≪資治通鑑綱目≫에서는 위에 '자기 스스로 〈상국이〉 되었다.〔自爲〕'라고 기록하고 아래에서 '거듭 사양하며 받지 않았다.〔復辭不受〕'고 기록한 것은 세 사람이다.(司馬昭, 劉裕, 高歡이니, 權臣은 행적이 똑같은 것이다.)〔書復辭 何 譏也 旣自爲之 復自辭之 其譎甚矣 綱目上書自爲 下書復辭不受者 三人焉(司馬昭劉裕高歡 權臣一轍也)〕" ≪書法≫

27) 大行臺 : 첫째는 大行臺의 장관의 명칭으로 쓴 것인데 이 앞에서 西魏가 宇文泰를 대행대에 임명했다는 것이 그것이다. 둘째는 관서의 명칭이다. 北魏에서 설치되었는데, 尙書省에서 주요 지역에 파견하여 설치한 기구로 關西大行臺, 東道大行臺 등이 그 예이다. 이는 해당 지역의 군사와 행정을 관할한다. 보통 대행대의 尙書令이 장관이 되고, 그 아래 尙書僕射, 尙書, 郎中 등이 있다. 대행대는 南朝의 梁나라, 北朝의 東魏, 西魏에도 설치되었고, 唐나라 전기까지 이어졌다.

魏宇文泰가 以軍旅未息吏民勞弊로 命所司하여 斟酌古今可以便時適治者하여 爲二十四條新制하여 奏行之하다

【綱】西魏 大丞相 宇文泰가 蘇綽을 行臺左丞으로 삼았다.

魏大丞相泰가 以蘇綽爲行臺左丞[28]하다

【目】宇文泰가 蘇綽을 行臺郞中으로 삼아서 일 년 남짓 지났을 때까지 그에 대해 알지 못했지만, 行臺에서 모두 능력이 있다고 일컬어, 의혹되는 일이 있으면 모두 그에게 찾아가 해결했다. 우문태가 僕射 周惠達과 일에 대해 의논할 때 주혜달이 나가서 의논해 오겠다고 하고 이를 소작에게 이야기했다. 소작이 방법을 제시해주어 주혜달이 이를 우문태에게 보고하면 우문태가 훌륭하다고 하며, "누가 경에게 이런 건의를 하였는가?"라고 물으니, 주혜달이 "소작입니다."라고 대답하고, 또 "소작에게 왕을 보좌할 재능이 있습니다."라고 칭찬했다.

우문태가 公卿들과 함께 昆明池에 가서 물고기 잡는 것을 구경할 때, 漢代의 옛 倉池에 이르러, 좌우 수행원들에게 이에 대해 물었을 때 아는 자가 없었는데, 소작을 불러 물으니, 소작이 상세히 대답했다. 우문태가 기뻐하고 천지조화의 시작과 역대의 흥망 자취에 대해 묻자, 소작이 물 흐르듯이 대답했다. 결국 밤늦게까지 붙들고서 政事에 대해 묻고 누워서 그의 말을 들었는데, 소작이 정사의 요체에 대해 진술하자, 우문태가 벌떡 일어나 衣冠을 정제하고 반듯하게 앉아 저도 모르게 무릎이 자리 앞으로 나아가며 새벽까지 이야기가 이어졌지만 싫증 내지 않았다. 이른 아침에 주혜달에게 말하기를, "소작은 참으로 기특한 인물이오. 그에게 정사를 맡기겠소." 하고 즉시 左丞에 임명하여 기밀 사무를 관장하게 하니, 이로부터 총애와 대우가 나날이 높아졌다. 소작이 비로소 공문서의 절차와 격식을 정하여 政府 下達 문서는 붉은 글씨로 작성하고 하급 기관에서 上奏하는 문서는 검은 글씨로 작성하게 하고,[29] 그리고 계산 장부와 호적에 관한 법을

---

28) 魏大丞相泰以蘇綽爲行臺左丞 : "관직을 임명하는 데에 '아무개가 아무개로〔某以某〕'라고 기록하는 것은 전횡한 것을 나무란 것인데, 여기서 '宇文泰가 아무개로〔泰以〕'라고 기록한 것은 무엇인가. 우문태를 아름다워한 것이다. 우문태가 여기에서 인재를 잘 등용하였으므로 아름다워하였다.〔凡拜官書某以某 譏專也 此書泰以 何 美泰也 泰於是能用才矣 故美之〕" ≪書法≫

29) 공문서의……하고 : 원문은 '朱出墨入'이다. '朱出'은 정부 하달 문서를 붉은 글씨로 쓴 것이고, '墨入'은 관원의 상주 문서를 검은 글씨로 쓴 것이다.(≪資治通鑑新注≫, 陝西人民出版社, 1998)

제정하였는데, 후대 사람들이 대부분 이를 따라 사용했다.

昆明池圖

宇文泰가 用蘇綽爲行臺郞中하여 居歲餘에 未之知也로되 而臺中이 皆稱爲能하여 有疑事어든 皆就決之러라 泰가 與僕射周惠達論事할새 惠達이 請出議之하고 以告綽하고 綽이 爲之區處하여 惠達入白之하면 泰가 稱善曰 誰與卿爲此議者오하니 惠達이 以綽對하고 且稱綽有王佐之才러라 泰가 與公卿으로 如昆明池觀漁할새 行至漢故倉池①하여 顧問左右하되 莫有知者어늘 召綽問之한대 具以狀對하니 泰가 悅하여 因問天地造化之始와 歷代興亡之跡하니 綽이 應對如流라 遂留至夜하여 問以政事하고 臥而聽之러니 綽이 陳爲治之要한대 泰가 起하여 整衣危坐하여 不覺膝之前席하여 語達曙不厭이러라 詰朝謂惠達曰 蘇綽은 眞奇士라 吾方任之以政이라하고 卽拜左丞하여 參典機密하니 自是寵遇日隆이러라 綽이 始制文按程式朱出墨入及計帳戶籍之法하니 後人이 多遵用之②러라

① ≪水經注≫에 의하면, "章門 서쪽에 닿는 泬水의 지류가 飛渠(공중에 설치한 水槽)를 통해 성 안으로 끌어들여지고 이 물길이 동쪽으로 가서 倉池를 만드는데 창지는 未央宮 서쪽에 있다. 창지에 漸臺가 있는데 漢나라 병사가 떨쳐 일어날 때 王莽이 이 점대에서 죽었다."라고

하였다.

水經注 "泬水枝渠至章門西, 飛渠引水入城, 東爲倉池, 池在未央宮西. 池有漸臺, 漢兵起, 王莽死於此臺."

②'計帳'은 이듬해 課役(賦稅)의 큰 수치를 적어 度支(탁지)에 보고한 내용이다. '戶籍'은 戶口를 정리한 문서이다.

計帳者, 具來歲課役之大數, 以報度支. 戶籍者, 戶口之籍.

【綱】 여름 5월에 西魏 大丞相 宇文泰가 스스로 柱國을 겸임했다.

夏五月에 **魏大丞相泰**가 **自加柱國**①하다

①〈柱國은〉 바로 柱國大將軍의 관직이다.

卽柱國大將軍之官.

【綱】 가을 7월에 西魏 東益州가 배반하여 梁나라에 항복했다.

◑ **秋七月**에 **魏東益州**가 **叛**하여 **降于梁**하다

【綱】 8월에 東魏가 새 황궁을 지었다.

◑ **八月**에 **東魏**가 **作新宮**하다

【綱】 西魏 趙剛이 東荊州 땅을 가지고 서위에 항복하였다.

◑ **魏趙剛**이 **以東荊州**로 **歸于魏**[30]하다

【目】 蠻族 지역에 있던 趙剛이 東魏 東荊州刺史 李愍을 찾아가서 西魏에 귀의할 것을 권유하자 이민이 그대로 따랐다. 조강이 이를 통해 長安에 오게 되었는데 우문태가 조강을 光祿大夫로 삼았다. 조강이 우문태에게 賀拔勝과 獨孤信 등을 梁나라에서 불러들이라고 권유하자, 우문태가 조강을 시켜서 찾아가 요청하게 했다.

---

30) 魏趙剛……歸于魏 : "'趙剛이 〈東荊州를〉 가지고〔趙剛以〕'라고 기록한 것은 무엇인가. 다시 功을 조강에게 돌렸기 때문에 李愍을 기록하지 않은 것이다. 東荊州는 東魏 지역인데 '東魏 東荊州'라고 기록하지 않은 것은 어째서인가. 1자〔尺〕 땅도 모두 西魏 것이기 때문이다.〔書趙剛以 何 再歸功剛也 故不書李愍 東荊州 東魏地也 不書東魏東荊州 何 尺土皆魏也〕" ≪書法≫ '再歸功剛也'와 관련하여 처음 功을 조강에 돌린 것은 본서 171쪽 綱의 '魏閤內都督趙剛 以東荊州兵'의 ≪書法≫ 참조.

趙剛이 自蠻中으로 往見東魏東荊州刺史李愍하여 勸令附魏한대 愍이 從之라 剛이 由是로 得至長安이어늘 宇文泰가 以剛으로 爲光祿大夫러라 剛이 說(세)泰하여 召賀拔勝獨孤信等於梁한대 泰가 使剛往請之하다

【綱】 겨울 11월에 梁나라 侍中 徐勉이 卒하였다.

冬十一月에 梁侍中徐勉이 卒하다

【目】 徐勉은 비록 기골이 范雲에 미치지 못하지만 또한 아부하며 구차하게 행동하진 않았다. 그래서 梁나라에서 대대로 훌륭한 재상으로 범운과 서면을 거론하였다.

勉이 雖骨鯁不及范雲이나 亦不阿意苟合이라 故梁世言賢相者稱范徐云이러라

【綱】 西魏 梁州가 배반하여 梁나라에 항복하였다.

魏梁州가 叛하여 降于梁하다

【綱】 東魏가 高洋을 太原公에 책봉하였다.

◑東魏가 封高洋하여 爲太原公하다

【目】 高洋은 高歡의 아들이다. 내면은 명쾌하고 결단력이 있지만 외형은 어리숙해 보여 사람들이 모두 비웃고 무시했다. 고환만은 특이하게 여겨, 長史 薛琡에게 이르기를, "이 아이는 지식과 사고가 나보다 앞선다."라고 했다. 어렸을 때 고환이 자식들의 생각을 살펴보기 위해 저마다 헝클어진 실을 가다듬게 했는데 고양만 홀로 칼을 뽑아 단칼에 자르면서 말하기를, "헝클어진 것은 반드시 잘라버려야 한다."고 했다. 또 저마다에게 병사들을 배정해 각처로 나가게 하고 都督 彭樂(팽락)에게 鐵甲騎兵을 이끌고 허위로 공격하게 하자, 형 高澄 등은 모두 두려워하며 좌절했지만 고양만은 홀로 무리를 이끌고 그들과 대적하였고 팽락이 투구를 벗고 실제 정황을 이야기했음에도 그를 생포해 바쳤다.

洋은 歡之子也라 內明決하되 而外如不慧하여 衆皆嗤鄙之나 獨歡이 異之하여 謂長史薛琡曰 此兒識慮過吾라하다 幼時에 歡이 嘗欲觀諸子意識하여 使各治亂絲①한대 洋이 獨抽刀斬之하고 曰 亂者必斬이라하다 又各配兵四出하고 使都督彭樂으로 帥甲騎僞攻之하니 兄澄等은 皆怖撓하되 洋은 獨

勒衆與格하고 欒이 免冑言情하되 猶擒以獻이러라

①'幼時'란 高洋의 어린 시절을 말한다.
幼時, 謂洋幼少時.

【綱】12월에 東魏가 비로소 文武 百官의 俸祿을 주었다.

十二月에 東魏가 始賦文武官祿하다

【綱】西魏가 柔然과 和親을 맺었다.

◑魏가 與柔然和親[31)]하다

【目】柔然의 頭兵可汗이 東魏에 혼인 맺기를 요구하자 高歡이 常山王의 여동생을 蘭陵公主로 삼아 아내로 삼아주고 西魏 또한 조약을 맺어 和親하니, 이로 말미암아 유연이 서위를 다시 침략하지 않았다.

柔然頭兵可汗이 求婚於東魏어늘 高歡이 以常山王妹로 爲蘭陵公主하여 妻之하고 魏亦與約和親하니 由是로 不復爲寇하다

丙辰年(536)

梁나라 高祖 武帝 蕭衍 大同 2년이고 西魏 文帝 元寶炬 大統 2년이고 東魏 孝靜帝 元善見 天平 3년이다.

梁大同二年이요 魏大統二年이요 東魏天平三年이라

【綱】봄 정월에 東魏 大丞相 高歡이 西魏 夏州를 습격해 빼앗자, 서위 靈州와

31) 魏與柔然和親 : "이에 柔然이 혼인을 東魏에 요구하자, 高歡이 常山王의 여동생을 蘭陵公主로 삼아 아내로 삼아주고 西魏 또한 元翌의 딸을 化政公主로 삼아 可汗의 아우에게 아내로 삼아주었는데, 동위를 기록하지 않은 것은 어째서인가. 유연은 본래 서위의 신하인데 혼인을 동위에 요구하자 동위가 따라준 것은 그래도 괜찮지만 서위에 혼인을 요구하지 않았는데 스스로 유연과 和親하였으니, 서위의 굴욕이 심하다. 특별히 서위가 유연과 和親한 것을 기록하였으니 서글퍼한 것이다.〔於是柔然求婚東魏 高歡以常山王妹爲蘭陵公主妻之 魏亦以元翌女爲化政公主 妻可汗弟 不書東魏 何 柔然本魏臣也 求婚東魏 東魏從之 猶可也 未嘗求魏 自與和親 魏之屈甚矣 特書魏與柔然和親 傷之也〕" ≪書法≫

涼州 역시 배반하여 고환에게 귀의했다.

春正月에 東魏大丞相歡이 襲魏夏州하여 取之하니 魏靈涼州가 亦叛하여 附于歡[32)]하다

【目】高歡이 직접 1만여 騎兵을 이끌고 西魏 夏州를 습격할 때 밥을 지어 먹지 않고 4일 만에 도착해서 긴 창을 묶어 사다리를 만들고 한밤에 성안으로 들어가 刺史 斛律俄彌突를 생포한 뒤 그대로 그를 등용하고, 張瓊을 남겨두어 병사를 이끌어 지키게 하고, 곡률아미돌의 부락을 옮겨놓고서 되돌아왔다.

西魏 靈州刺史 曹泥가 그의 사위 涼州刺史 劉豐과 함께 다시 배반하여 東魏에 항복하자 서위 병사들이 그들을 포위하여 성안으로 물을 대니, 성이 4척 정도만 남기고 물에 잠겼다. 고환이 阿至羅의 騎兵을 출동시켜 곧장 靈州를 지나가서 西魏의 군사의 배후를 에워싸니, 서위의 군사가 후퇴하자, 고환이 조니와 유풍을 맞이하고 그들 휘하의 5천 戶를 취하여 〈晉陽으로〉 돌아왔다.

高歡이 自將萬騎하여 襲魏夏州할새 不火食四日而至하여 縛矟爲梯하고 夜入其城하여 擒刺史斛律俄彌突하여 因而用之하고 留張瓊하여 將兵鎭守하고 遷其部落以歸하다 魏靈州刺史曹泥가 與其壻涼州刺史劉豐으로 復叛하여 降東魏어늘 魏人이 圍之하여 水灌其城하니 不沒者四尺이라 歡이 發阿至羅騎하여 徑度靈州하여 繞出魏師之後하니 魏師가 退어늘 歡이 迎泥及豐하고 拔其遺戶五千以歸하다

【綱】2월에 東魏 大丞相 高歡이 世子 高澄을 鄴城으로 들여보내 정사를 돌보도록 하자 동위가 그를 尙書令 京畿大都督으로 삼았다.

二月에 東魏大丞相歡이 遣其世子澄하여 入鄴輔政하니 東魏가 以爲尙書令京畿大都督[33)]하다

---

32) 東魏大丞相歡……附于歡 : "東魏에 귀의하였는데 '高歡에게 귀의했다.〔附于歡〕'라고 기록한 것은 무엇인가. 동위에 귀의한 것은 바로 逆賊(고환)에게 귀의한 것이다. '동위에 귀의하였다.〔附東魏〕'라고 기록하면 잘못인 줄 알지 못하므로 특별히 '고환에게 귀의했다.〔附于歡〕'라고 기록하여 〈역적에게 귀의한 것을 밝힌 것이니,〉 이것은 ≪資治通鑑綱目≫에서 특별히 기록한 것이다. 西魏 사람들이 동위에 귀의하면 '叛'이라고 기록하고, 동위 사람들이 서위에 귀의하면 '叛'이라고 기록하지 않았으니, 서위에 귀의하는 것은 바른 것이다.〔附東魏也 書附于歡 何 附東魏 卽附賊也 書附東魏 則未知其爲非也 故特書附于歡 此綱目之特筆也 凡魏人附東魏 則書叛 東魏人歸魏 則不書叛 歸魏 正也〕" ≪書法≫

33) 東魏大丞相歡……東魏以爲尙書令京畿大都督 : "이것은 曹操가 아들 曹丕로 丞相副로 삼은 옛 지혜이다. 高歡의 封爵은 모두 '스스로〔自〕'라고 기록하였는데 高澄을 尙書令으로 삼은 것에는 어찌하여

【目】東魏 渤海王(高歡)의 世子 高澄이 열다섯의 나이에 鄴城으로 들어와 정사를 보좌할 때, 법의 시행이 엄준하고 일 처리에 막힘이 없자 내외가 깜짝 놀라 숙연했고, 崔暹을 불러들여 左丞을 삼아 그를 친애하고 신임하였다.

예전에 고징이 고환의 첩과 간통했는데 이 사실을 어느 하녀가 고발하자 고환이 고징에게 杖刑을 가해 유폐시키고 婁妃[34] 역시 격리시켜 만날 수 없게 했다. 고환이 北魏 敬宗의 皇后 爾朱氏를 맞이해 총애를 하고 아들 高瀲를 낳아 그를 후계로 삼으려 했다. 고징이 司馬子如에게 구원을 요청하였는데, 사마자여가 고환을 만날 때 일부러 모르는 것처럼 하여 누비를 만나게 해달라고 하자, 고환이 그 전후 사정을 이야기하였다. 사마자여가 말하기를, "누비는 왕의 結髮 부인이므로, 일찍이 본가 재산으로 왕을 모셨고, 왕이 懷朔에 계실 땐 杖刑을 맞아 등에 온전한 피부가 없을 정도였지만 누비가 밤낮으로 왕을 시봉하였고, 함께 幷州로 도주해 와서 말똥을 땔감으로 하고 직접 신발을 만들기도 했으니 그 은혜와 情義를 어찌 잊을 수 있겠습니까. 게다가 婁領軍(婁昭)의 공로를 어찌 흔들 수 있겠습니까. 일개 여인이란 草芥와 같거늘 하물며 믿을 수 없는 하녀의 말이야 더 말할 나위가 있겠습니까."라고 했다.

婁妃

신발〔靴〕

고환이 사마자여에게 다시 鞫問을 하게 했는데, 사마자여가 하녀가 고발한 말을 번복하게 하고서

'고환이 아무개로〔高歡以〕'라고 기록하지 않았는가. 위에서 '고환이 아무개를 보내서〔高歡遣〕'라고 기록하고, 아래에서 '東魏가 아무개로〔東魏以〕'라고 기록하였으니 임금이 아무개로 하지 않을 수 없음을 보인 것이다. ≪資治通鑑綱目≫에서 글이 번잡한데도 줄이지 않았으니 그 뜻을 알 수 있다. 〔此曹操以子丕爲丞相副之故智也 高歡封爵皆書自 澄爲尙書令 則曷爲不書高歡以 上書高歡遣 下書東魏以 見其主之不得不以也 綱目辭繁而不殺 意可見矣〕" ≪書法≫

34) 婁妃 : 501~562. 北齊 武明皇后로 이름은 昭君이며 鮮卑族이다 高歡의 아내로 高澄과 北齊 文宣帝 高洋, 孝昭帝 高演, 武成帝 高湛의 生母이다.

고환에게 보고하기를, "정말 허언이었습니다."라고 하니, 고환이 크게 기뻐하여 父子와 夫婦가 서로 울고 다시 원래의 관계로 돌아갔다.

東魏渤海世子澄이 **年十五**에 **入鄴輔政**할새 **用法嚴峻**하고 **事無凝滯**어늘 **中外震肅**이요 **引崔暹爲左丞**하여 **親任之**①러라 **初**에 **澄通於歡妾**이어늘 **一婢**가 **告之**한대 **歡**이 **杖澄而幽之**하고 **婁妃**도 **亦隔絶不得見**②이러라 **歡**이 **納魏敬宗之后爾朱氏**하여 **有寵**이요 **生子潡**하여 **欲立之**③러라 **澄**이 **求救於司馬子如**한대 **子如**가 **入見**에 **僞爲不知者**하여 **請見婁妃**어늘 **歡**이 **告其故**한대 **子如**가 **曰 妃**는 **是王結髮婦**라 **常以家財奉王**④하고 **王在懷朔**할새 **被杖背無完皮**어늘 **妃晝夜供侍**하고 **同走幷州**하여 **然馬矢**하고 **自作靴**하니 **恩義**를 **何可忘也**⑤리오 **且婁領軍之勳**을 **何宜搖動**⑥이리오 **一女子**는 **如草芥**어늘 **況婢言不必信邪**아 **歡**이 **因使子如更鞫之**한대 **子如盡反**(번)**其辭**⑦하여 **乃啓歡曰 果虛言也**라하니 **歡**이 **大悅**하여 **父子夫婦**가 **相泣**하고 **復如初**러라

① 崔暹은 崔挺의 族孫이다.
暹, 挺之族孫也.

② 婁妃는 高澄의 어머니이다.
婁妃, 澄母也.

③ 潡는 余周의 切이다.
潡, 余周切.

④ '結髮'은 처음 成人이 된 것이니 남자는 20세, 여자는 15세 때에 비녀를 꽂고 冠을 쓴 것에서 그 의미를 취한 것이다.
結髮, 始成人也, 謂男年二十, 女年十五, 時取笄冠爲義也.

⑤ 然은 燃과 같다. 矢는 屎와 같으니, 똥이다. ≪隋書≫ 〈禮儀志〉에 의하면, "靴는 胡의 신발이다. 활동하기에 편리함을 취하여 군복에 사용한다."라고 하였다.
然, 與燃同. 矢, 與屎同, 糞也. 隋志 "靴, 胡履也. 取便於事, 施於戎服."

⑥ 婁妃의 아우 婁昭가 당시 領軍將軍이었다.
妃弟昭, 時爲領軍將軍.

⑦ 反(번복하다)은 음이 翻이다.
反, 音翻.

【綱】 東魏 大丞相 高歡이 陳元康을 功曹로 삼았다.

東魏大丞相歡이 **以陳元康**으로 **爲功曹**하다

【目】 高季式이 陳元康을 高歡에게 추천하면 말하기를, "이 사람은 한밤 어둠 속에서도

문서를 만들 수 있으니 매우 노련한 관리입니다."라고 하자, 고환이 그를 불러, 한 번 보자마자 바로 功曹 직책을 임명하여 기밀 사무를 관장하게 했다. 당시에 軍國에 업무가 많았는데 진원강은 질문에 모르는 것이 없었다. 功曹 趙彦深과 함께 機密 사무를 관장했는데 진원강은 성격이 부드럽고 근신하여, 고환이 아주 가까이하여, "이 사람은 하늘이 내게 내린 것이다."라고 하였다.

高季式이 薦元康於高歡하여 曰 是能夜中闇書니 快吏也①로라 歡이 召之하고 一見에 卽授功曹하여 掌機密하니 時에 軍國多務하되 元康이 問無不知러라 與功曹趙彦深으로 同知機密하되 而元康이 性柔謹하니 歡이 甚親之하여 曰 此人은 天賜我也②라하다

① 高季式은 高敖曹의 아우이다.
季式, 敖曹弟也.
② 彦深의 이름은 隱인데 字를 사용하였다.
彦深名隱, 以字行.

【綱】3월에 梁나라 處士 陶弘景이 卒하였다.

三月에 梁處士陶弘景이 卒35)하다

【目】陶弘景이 학문이 넓고 養生을 좋아했는데 齊나라에서 벼슬하여 奉朝請36)이 되었다가 관직을 그만두고 茅山에 은거했다. 梁主(蕭衍)가 일찍이 그와 어울렸는데 帝位에 오르고 나서 그에 대한 사랑과 예우가 매우 두터웠고 매번 그의 편지를 받을 때면 향을 사르고 경건히 받아 읽었고 여러 차례 손수 쓴 敕書로 그를 초청했지만 도홍경은 나오지 않았다. 국가에 큰일이 있을 때면 반드시 먼저 자문을 구하니 당시 사람들이 그를 '山中宰相'이라 불렀다. 세상을 떠나기에 앞서 지은 시에서 "夷甫는 거침없이 살고, 平叔은 空만을 논했다, 昭陽殿이 결국 單于의 궁전 될 줄 누가 알랴."라고 했다. 당시 사대

35) 梁處士陶弘景卒 : 특별히 기록한 것이다. 布衣의 경우에는 黃憲을 卒이라고 하였고(漢 安帝 延光 원년(122)), 管寧을 卒이라고 하였고(漢 後主 延熙 4년(241)), 徵士(임금에게 초빙된 선비)의 경우에는 陶潛을 卒이라고 하였고(宋 文帝 元嘉 4년(427)), 處士의 경우에는 陶弘景을 卒이라고 하였으니(이해(536)), 모두 특별히 기록한 것이다. 處士를 卒이라고 기록한 것은 ≪資治通鑑綱目≫이 끝날 때까지 한 사람뿐이다.〔特筆也 布衣 卒黃憲(漢安帝延光元年) 卒管寧(漢後主延熙四年) 徵士 卒陶潛(宋文帝元嘉四年) 處士 卒陶弘景(是年) 皆特筆也 處士書卒 終綱目一人而已矣〕" ≪書法≫

36) 奉朝請 : 고위 관리가 퇴임하면 예우 차원에서 특별히 임명하는 벼슬로, 실무는 보지 않고 행사가 있을 때만 궁에 나오고, 평생 녹봉을 받았다.

부들이 앞다투어 玄學만 논하고 군사의 일을 익히지 않았기에 도홍경이 이를 언급한 것이다.

弘景이 博學好養生이라 仕齊爲奉朝請하고 棄官隱居茅山①이러라 梁主가 早與之游러니 及卽位에 恩禮甚篤하고 每得其書하면 焚香虔受하고 屢以手敕招之하되 弘景이 不出이라 國家가 每有大事어든 必先諮之하니 時人이 謂之山中宰相이러라 將沒에 爲詩曰 夷甫任散誕이요 平叔坐論空이라 豈悟昭陽殿이 遂作單于宮②가 時에 士大夫가 競談玄理하고 不習武事라 故弘景이 詩及之라

① 胡三省이 말하였다. "茅山은 지금의 建康府 句容縣 남쪽 50리쯤에 있다."
胡三省曰 "茅山, 在今建康府句容縣南五十里."

② 夷甫는 王衍의 字이다. '任散誕'은 멋대로 스러지며 방자하게 행동하는 것을 말한다. 平叔은 何晏의 字이다. '論空'은 虛無에 대해 담론하는 것을 말한다. ≪南史≫ 〈陶弘景傳〉에서 말하기를, "훗날 侯景의 찬탈이 정말 昭陽殿에서 일어났다."라고 하였다.
夷甫, 王衍字. 任散誕, 謂任意消散放誕也. 平叔, 何晏字. 論空, 謂談論虛無也. 弘景傳曰 "後侯景簒, 果在昭陽殿."

【目】 胡氏(胡寅)가 다음과 같이 평하였다.

"陶弘景이 산속에 살며 조정 일에 관여한 것은 '그 자리에 있지 않으면 그 정책을 도모하지 않는다'[37]는 의리가 아니고, 또 이 즈음을 만나서 政事의 실책이 어찌 작다 하겠는가. 〈梁 武帝가〉 자신의 몸가짐에선 浮屠(佛敎)를 섬기고 집안을 이끎에선 정의와 方正함이 없고 국가를 다스림에선 政事와 형벌이 강구되지 않고 적을 대응함에선 군사 방면에 아무 명성이 없어, 수십 년 동안 혼란과 멸망에 달려 들어가는데도 도홍경이 황제의 마음을 일깨울 한마디 말을 남겼다는 말을 듣지 못했으니, 임종 즈음의 시가 또한 무슨 보탬이 되겠는가."

胡氏曰 弘景이 居山中而預朝政은 非不在其位不謀其政之義矣요 而當是之時하여 政事之失이 亦豈少哉리오 處身則事浮屠하고 處家則無義方하고 治國則政刑不修하고 對敵則師旅無名하여 數十年間에 駸駸入於亂亡하되 而不聞弘景有一言以省帝心也니 臨終之詩가 亦何益哉리오

【綱】 여름 4월에 梁나라가 江子四를 右丞으로 삼았다.

夏四月에 梁이 以江子四로 爲右丞하다

---

37) 그 자리에……않는다 : ≪論語≫ 〈泰伯〉의 "그 지위에 있지 않으면 그 정사를 논하지 않는 것이다.〔不在其位 不謀其政〕"를 인용한 것이다.

【目】江子四가 封事를 올려 國事의 득실에 대해 극진히 이야기하자, 梁主(蕭衍)가 조칙을 내리기를, "옛사람이, '지붕의 누수가 위에서 발생할 때 알아차리는 것은 아래에 있다.'고 하였다. 짐이 잘못이 있을 때 자신은 느끼지 못하니 강자사가 지적한 것을 尙書가 수시로 검사하여 신속히 보고하도록 하라."고 하였다.

子四가 上封事하여 極言得失한대 梁主가 詔曰 古人有言屋漏在上에 知之在下라하니 朕有過失에 不能自覺하노니 子四所言을 尙書時加檢括하여 速以啓聞하라하다

【綱】가을 7월에 西魏 賀拔勝이 梁나라로부터 서위로 귀의했다.

秋七月에 魏賀拔勝이 自梁歸于魏하다

【目】梁主(蕭衍)가 賀拔勝 등을 매우 후하게 대우했다. 하발승이 高歡을 정벌할 것을 요청했으나 허락하지 않았는데, 하발승이 朱异와 깊게 관계를 맺으면서 西魏로 돌아올 수 있었고, 史寧・盧柔와 함께 모두 북쪽으로 돌아왔다. 梁主가 南苑에서 전별하자 하발승이 梁主의 은혜를 생각하여 이후로 남쪽을 향하는 새나 동물을 보면 모두 활을 쏘지 않았다.

襄城에 이를 때 東魏 고환이 侯景을 보내 輕騎를 이끌고 가서 그를 막아서게 하자 하발승 등이 산길을 통해 도망해 돌아갔다. 宇文泰가 노유를 추천해 從事中郎으로 삼아서 蘇綽과 함께 기밀 사무를 공동으로 관장하게 했다.

梁主가 待賀拔勝等甚厚러니 勝이 請討高歡한대 不許어늘 厚結朱异하여 乃得歸하여 與史寧盧柔로 皆北還①할새 梁主가 餞之南苑하니 勝이 懷梁主恩하여 自是로 見鳥獸南向者하면 皆不射之러라 至襄城하야 東魏高歡이 遣侯景하여 以輕騎邀之어늘 勝等이 自山路逃歸②하니 宇文泰가 引柔爲從事中郎하여 與蘇綽으로 對掌機密하다

① 盧柔가 지난해 賀拔勝을 따라 梁나라로 도망갔었다.
柔蓋去年從勝奔梁.

② 賀拔勝 등이 배로 이동했는데 淮水에서 潁水로 들어가고 영수에서 汝水로 들어가서 물길을 거슬러 서쪽으로 가고 산길로 접어들어 三鴉에서 武關을 빼앗은 것이다.
勝等舟行, 蓋自淮入潁, 自潁入汝, 泝流而西, 入山路, 自三鴉取武關也.

【綱】9월에 東魏 行臺 侯景이 梁나라를 침략하자 梁나라 陳慶之가 격파했다.

九月에 東魏行臺侯景이 侵梁이어늘 梁陳慶之가 擊破之[38)]하다

【綱】 겨울 12월에 東魏와 梁나라가 화평하였다.

◑冬十二月에 東魏及梁이 平하다

【綱】 北魏에 큰 기근이 들었다.

◑魏가 大饑하다

【目】 사람들이 서로 잡아먹어서 죽은 자가 10명 중 7, 8명이었다.

人相食하여 死者什七八이러라

丁巳年(537)

梁나라 高祖 武帝 蕭衍 大同 3년이고 西魏 文帝 元寶炬 大統 3년이고 東魏 孝靜帝 元善見 天平 4년이다.

梁大同三年이요 魏大統三年이요 東魏天平四年이라

【綱】 봄 정월에 東魏 大丞相 高歡이 西魏를 침공하자 서위 대승상 宇文泰가 격파하고 동위의 장군 竇泰를 죽였다. 고환의 別將이 서위의 洛州를 습격하여 刺史 泉企를 붙잡았다.

春正月에 東魏大丞相歡이 侵魏어늘 魏大丞相泰가 擊破之하고 殺其將竇泰러니 歡別將이 襲魏洛州하여 執其刺史泉企[39)]하다

---

38) 東魏行臺侯景侵梁 梁陳慶之擊破之 : "梁나라가 東魏를 침공함에는 '伐'이라고 기록하였는데 여기서 '侵'이라고 기록한 것은 무엇인가. 동위의 自立을 인정하지 않은 것이다. 그러므로 동위가 군사를 보낸 것에는 모두 '侵'이라고 기록하였다.〔梁加東魏書伐 此其書侵 何 不予東魏之自立也 故凡東魏加人 皆書侵〕" 《書法》

39) 東魏大丞相歡侵魏……執其刺史泉企 : "西魏에서 高歡의 20가지 죄를 거론하였는데 어찌하여 '討'라고 기록하지 않았는가. 宇文泰 역시 임금을 시해한 역적일 뿐이다. 혹자가 말하기를 '魏主(元寶炬)가 고환의 죄를 거론하였는데 허물을 우문태에게 돌리는 것이 옳은가.'하니, 이에 답변하기를 '魏主는

【目】예전에 魏主(西魏 文帝)가 조칙을 내려 高歡의 20가지 죄를 거론하자, 고환 역시 檄文을 내어 이르기를, "宇文泰와 斛斯椿이 반역의 무리가 되었다."라고 했다. 이때에 와서 고환이 司徒 高敖曹를 보내 上洛을 공격하고 大都督 竇泰에겐 潼關을 공격하게 하고 자신은 蒲坂에서 군사를 이끌고서 세 개의 浮橋를 만들어 黃河를 건너려 했다.

西魏 우문태가 廣陽에 주둔하고 諸將들에게 이르기를, "적들이 우리의 삼면을 견제하고 浮橋를 만들어 반드시 黃河를 건널 것임을 보이고 있으니, 이는 우리 군대를 끌어들여, 두태를 서쪽으로 들어갈 수 있게 하려는 것이다. 두태가 여러 차례 승리하여 교만해져 있으니 그를 습격하면 반드시 무찌를 수 있을 것이다. 두태를 물리치면 고환은 싸우지 않고도 저절로 달아날 것이다."라고 하였다. 이에 대해 제장들이 모두, "병사를 나눠 방어하는 것만 못하다."라고 하자, 우문태가 말하기를, "적들이 浮橋를 만든다 해도 곧장 건널 수는 없을 것이니, 5일이 안 돼서 내가 반드시 두태를 붙잡고 말 것이다."라고 하니 蘇綽과 達奚武가 역시 동의를 표했다.

浮橋

우문태가 長安으로 돌아와 그 계책을 숨긴 채 조카 直事郎中 宇文深에게 계책을 묻자, 우문심이 말하기를, "두태는 高歡의 용맹한 장수입니다. 지금 대군이 蒲坂을 공격하면 고환이 이를

임금(元脩)을 시해한 자(우문태)에게 세워지고 그것을 받아들여 역적을 토벌하지 않았으니 이 사람 역시 임금을 시해한 사람이다. 더구나 이때 국가 명령이 우문태의 손에 있었으니 어떻게 魏君으로 명분을 삼을 수 있겠는가. 그러므로 우문태가 고환을 토벌할 수 없는 것은 마치 고환이 우문태를 토벌할 수 없는 것과 같으니 사실은 그 죄가 균등하다.'고 하였다. 이것이 《資治通鑑綱目》에서 曲直을 나누지 않고 으레 서로 공벌한 것으로 기록한 이유이다.〔魏數歡罪二十 何以不書討 泰亦弑君之賊爾 或曰 魏主數歡之罪 而歸咎於泰 可乎 曰 魏主爲弑君者所立 受之而不討賊 是亦弑君之人也 況是時國命在於泰手 何得以魏君爲名哉 故凡泰之不能討歡 猶歡之不能討泰 其實厥罪惟均 此綱目之所以不分曲直 例以交伐書之也〕" 《發明》

방어하고 두태가 구원하러 올 것이니 이것은 우리가 안팎으로 공격을 받아서 위험한 길입니다. 따라서 정예 병사를 선발해서 조용히 小關으로 나가게 되면 두태가 조급해져 반드시 와서 결전을 벌일 것이고, 고환은 신중하여 바로 구제하지 않을 것이니, 우리가 서둘러 공격하면 두태를 반드시 사로잡을 수 있을 것이고, 두태를 사로잡으면 고환의 기세는 저절로 꺾일 것이고, 이때 군사를 되돌려 공격하면 승부를 결정지을 수 있는 것이 나을 것입니다."라고 하자, 우문태가 기뻐하며 말하기를, "이것이 나의 생각이다."라고 하고, 겉으로는 隴右를 지키려 한다고 소문을 내고 조용히 군사를 동쪽으로 보냈다. 두태가 갑자기 군사가 온다는 말을 듣고 황하를 건너자, 우문태가 이를 격파하여 병사들이 모두 전멸했고 두태도 자살하니, 고환이 부교를 철거하고 퇴각했다.

初에 魏主가 下詔하여 數高歡二十罪어늘 歡亦移檄하여 謂宇文泰斛斯椿이 爲逆徒러니 至是하여 歡이 遣司徒高敖曹하여 攻上洛하고 大都督竇泰攻潼關하고 而自將軍蒲坂하여 造三浮橋하여 欲度河어늘 魏宇文泰가 軍廣陽①하고 謂諸將曰 賊이 掎吾三面하고 作浮橋하여 以示必度하니 此는 欲綴吾軍하여 使竇泰로 得西入耳라 泰가 屢勝而驕하니 襲之하면 必克하리니 克泰하면 則歡이 不戰自走矣리라 諸將이 皆曰 不如分兵禦之로라 宇文泰가 曰 賊雖作橋나 未能徑度리니 不過五日하여 吾取竇泰必矣라하니 蘇綽과 達奚武가 亦以爲然②이러라 宇文泰가 還長安하여 隱其計하고 以問族子直事郎中深③한대 深이 曰 竇泰는 歡之驍將이라 今大軍이 攻蒲坂하면 則歡拒守하고 而泰救之리니 吾表裏受敵하여 此危道也니 不如選輕銳하여 潛出小關④하면 竇泰는 躁急하여 必來決戰이요 歡은 持重하여 未卽救하리니 我急擊하면 泰必可擒也요 擒泰면 則歡勢自沮요 回師擊之하면 可以決勝하리라 宇文泰가 喜曰 此吾心也라하고 乃聲言欲保隴右하고 而潛軍東出하니 竇泰가 猝聞軍至하고 度河어늘 宇文泰가 擊破之하여 士衆이 皆盡하고 竇泰가 自殺하니 高歡이 撤浮橋而退하다

① 魏收의 ≪魏書≫ 〈地形志〉를 살펴보면 "景明 원년(500)에 廣陽縣을 설치했으며 馮翊郡에 속하였다." 하였다.
魏收志 "景明元年, 置廣陽縣, 屬馮翊郡."

② 達奚는 代北의 複姓이며 원래 東胡의 종족이었다.
達奚, 代北複姓也, 本東胡種.

③ 晉 武帝가 直事郎을 설치했는데 尙書省 여러 曹의 郎의 위에 있다.
晉武帝置直事郎, 在尙書諸曹郎之上.

④ 小關은 潼關 왼쪽에 있으며 唐나라 때 禁谷이라 했다.
小關, 在潼關之左, 唐時謂之禁谷.

【目】高敖曹가 商山에서 떠돌며 전투를 벌여 전진하여 향하는 곳마다 대적할 자가 없어서 결국 上洛까지 침공했다. 上洛郡 출신 泉岳과 그의 아우 泉猛略이 杜窋 등과 함께 城을 뒤엎어 호응할 것을 도모했었는데, 洛州刺史 泉企가 이 사실을 알고 천악과 천맹략을 죽이자 두줄이 도주하여 고오조에게 투항하거늘 고오조가 그를 鄕導로 삼아 상락을 공격했다. 천기가 열흘 동안 굳게 지킬 때 두 아들 泉元禮와 泉仲遵이 온 힘을 다해 싸웠는데, 천중준이 눈을 잃었고 결국 성이 함락되었다. 천기가 고오조를 보고 말하기를, "내가 힘이 부족한 것일 뿐 마음속으로 굴복한 것은 아니다."라고 했다.

고오조가 두줄을 洛州刺史로 삼고 결국 藍田關으로 들어가려 하다가 竇泰의 군사가 몰살되었다는 소식을 듣고 되돌아와서 천기와 천원례에게 수행하게 했다. 천기가 사사로이 두 아들에게 경계의 말을 전하기를, "나는 남은 삶이 얼마 되지 않으나 너희들은 才能과 器局이 공을 세울 만하니 나 때문에 끝내 신하의 節義를 망가뜨리지 말라."고 했다. 천원례가 도망해 돌아와서 천중준과 함께 남몰래 명문 귀족들과 친교를 맺어, 두줄을 습격해 죽이자, 西魏가 천원례에게 洛州刺史를 世襲하게 했다.

東魏 郎中 杜弼이 관직에 있으면서 탐욕과 오욕을 일삼는 자들을 처벌하자고 요청하자, 高歡이 말하기를, "지금 都督과 將軍의 가속들이 대부분 西魏의 關西 지역에 있어서 宇文黑獺(宇文泰)이 항상 그들을 불러 잘 달래고 있는데, 이들이 가야 할지 말아야 할지 마음을 정하지 못한 상태요, 江東의 吳 땅에 蕭衍이라는 원로가 있는데 衣冠과 禮樂을 중시하여 中原 士大夫들이 '正朔'[40]이 있는 곳처럼 추앙하고 있으니, 내가 그들을 용인하지 않으면 도독과 장군들이 모두 우문흑달에게 돌아가고 사대부들이 모두 소연에게 귀의할까 우려되오. 사람들이 뿔뿔이 흩어지면 어떻게 국가를 다스리겠소. 조금만 기다리시오. 내가 잊지는 않을 것이오."라고 했다.

이때에 이르러 병사들을 이끌고 西魏를 막으려 할 때 두필이 내부의 적을 먼저 제거할 것을 요청하자, 고환이 "그가 누구요?"라고 묻자, 두필이, "勳貴 가운데 백성을 약탈한 자들이 그들입니다."라 하니, 고환이 대답하지 않고 군사들을 시켜 모두 화살을 장전한 채 활을 당기고 칼을 들고 창을 치켜들은 채 길가에 나열하게 하고 두필에게 그 사이를 걷게 했다. 두필이 두려움에 떨며 땀을 흘리자, 고환이 조용히 타이르기를, "화살을 장전한 채 쏘지 않고 칼을 든 채 공격하지 않고 창을 든 채 찌르지 않는 것만으로 그대가 넋을 잃고 간담이 써늘하거늘, 하물며 勳臣들은 몸소 적의 칼날에 맞서고 수많

40) 正朔 : 새해를 맞아 帝王이 반포하는 달력으로, 正朔의 소재는 곧 세상의 중심을 의미한다.

은 죽음 속에서 살아왔으니 탐욕과 비루한 행동을 했다 해도 취해야 할 것은 그 장점인데 어떻게 여느 사람들과 똑같이 볼 수 있겠소."라고 하니, 두필이 머리를 숙이며 사죄했다.

敖曹가 自商山轉鬪而進하여 所向無前이라 遂攻上洛①할새 郡人泉岳과 及弟猛略이 與杜窋等으로 謀翻城應之②러니 洛州刺史泉企가 知之하고 殺岳及猛略③하니 窋이 走歸敖曹어늘 敖曹가 以爲鄕導하여 而攻之한대 企가 固守旬餘에 二子元禮仲遵이 力戰하여 仲遵은 傷目하고 城遂陷이러라 企가 見敖曹하여 曰 吾力屈이요 非心服也라하다 敖曹가 以杜窋로 爲洛州刺史하고 欲遂入藍田關이라가 聞竇泰軍沒하고 而還하여 以企及元禮로 自隨④어늘 企가 私戒二子하여 曰 吾는 餘生無幾나 汝曹는 才器足以立功이니 勿以吾故로 遂虧臣節하라하다 元禮가 逃還하여 與仲遵으로 陰結豪右하여 襲窋殺之어늘 魏가 以元禮로 世襲洛州刺史하다 東魏郎中杜弼이 以在位貪汚로 請治之한대 歡이 曰 今督將家屬이 多在關西⑤하여 宇文黑獺이 常招誘之하니 人情이 去留未定이요 江東에 復有一吳翁蕭衍이 專事衣冠禮樂하여 中原士大夫가 望之以爲正朔所在하니 我若不相假借하면 恐督將이 盡歸黑獺하고 士子悉奔蕭衍이라 人物이 流散하면 何以爲國이리오 宜少待하라 吾不忘之로라 至是하여 將出兵拒魏할새 弼이 請先除內賊이어늘 歡이 問爲誰오 弼이 曰 諸勳貴掠奪百姓者가 是也로라 歡이 不應하고 使軍士로 皆張弓注矢하고 擧刀按矟하여 夾道羅列하고 命弼冒出其間하니 弼이 戰慄流汗이어늘 歡이 乃徐諭之하여 曰 矢注不射하고 刀擧不擊하고 矟按不刺로도 爾猶亡魂失膽이어늘 況諸勳人이 身犯鋒鏑하고 百死一生하니 雖或貪鄙나 所取者大니 豈可同之常人哉리오하니 弼이 頓首謝하다

① 杜佑가 말하기를, "商山은 商州 上洛縣에 있다."
杜佑曰 "商山, 在商州上洛縣."
② 泉은 姓이다. 窋은 竹律과 丁骨의 두 가지 切이다.
泉, 姓也. 窋, 竹律・丁骨二切.
③ 이것은 北魏 太和 연간에 개칭한 洛州이니, 上洛을 治所로 삼았다. 당시에 西魏에 속했다.
此魏太和中所改洛州也, 治上洛, 時屬西魏.
④ ≪新唐書≫ 〈地理志〉에 의하면, "京兆의 藍田縣에 藍田關이 있는데 옛 嶢關이다."라고 하였다.
唐志 "京兆藍田縣, 有藍田關, 故嶢關也."
⑤ 이것은 可朱渾道元・万俟普・劉豐生 등의 部曲을 지칭한다.
此指言可朱渾道元・(方)〔万〕[41]俟普・劉豐生等部曲也.

41) (方)〔万〕: 저본에는 '方'으로 되어 있으나, ≪資治通鑑≫ 註에 의거하여 '万'으로 바로잡았다.

【目】高歡이 군사들에게 號令을 내릴 때, 鮮卑族에게 말할 경우는 "漢나라 사람이 너희의 종이다. 남자는 너희를 위해 경작하고 여인은 너희를 위해 베 짜며 너희에게 곡식과 옷감을 보내어 너희로 하여금 몸을 따뜻하게 하고 배를 부르게 하니 너희가 어찌 그들을 무시할 것이겠는가."라고 하고, 漢族에게 이야기할 경우는 "鮮卑는 너희의 객이다. 너희로부터 곡식과 비단을 얻고 너희를 위해 적을 공격하여 너희를 편안하게 하니 너희가 어찌 그들을 미워할 것이겠는가."라고 했다.

당시 선비족이 모두 한족을 경시했지만 오직 高敖曹만은 두려워했다. 고환이 장수와 군사들에게 호령할 땐 늘 선비족 말을 사용하다가도 고오조가 대열 안에 있으면 한족 말을 썼다. 고오조가 일찍이 丞相府에 찾아갔을 때 수위가 들이지 않자, 고오조가 그를 활로 쏘았지만 고환이 이를 알고도 책임을 묻지 않았다.

歡이 每號令軍士할새 其語鮮卑엔 則曰 漢民이 是汝奴라 夫爲汝耕하고 婦爲汝織하고 輸汝粟帛하여 令汝溫飽하니 汝何爲陵之오하고 其語華人엔 則曰 鮮卑는 是汝作客이라 得汝一斛粟一匹絹하고 爲汝擊賊하여 令汝安寧하니 汝何爲疾之①리오하다 時에 鮮卑가 共輕華人하되 唯憚高敖曹러라 歡이 號令將士에 常鮮卑語라가 敖曹在列하면 則爲之華言이러라 敖曹가 嘗詣相府할새 門者不納이어늘 敖曹가 射之하되 歡이 知而不責이러라

① '作客'은 고용하는 객과 같다는 말이다.
作客, 言如傭作之客也.

【綱】여름 6월에 東魏가 梁나라에 사신을 보냈다.

夏六月에 東魏가 遣使如梁하다

【目】東魏가 散騎常侍 李諧를 梁나라에 보내니, 梁主(蕭衍)가 그와 이야기를 나눌 때 물 흐르는 것처럼 대답했다. 그를 전송할 때 눈에서 사라질 때까지 쳐다보며 좌우 신하들에게 이르기를, "경들은 언제나 '북쪽 지역엔 인물이 없다.'라고 하더니 이런 사람은 어디서 온 것인가."라고 했다.

당시 南北이 우호를 맺어 왕래할 때, 저마다 빼어난 인물들을 내세워 자랑하려 들었다. 사신을 나가거나 사신을 접대할 때 반드시 당대의 인물을 최대한 선정했다. 양나라 사신이 鄴城에 이르면 업성이 발칵 뒤집혀 연회를 베풀 때면 高澄이 늘 주변 사람을 보내 이를 지켜보게 해서, 한마디 말로 상대 사신을 제압하면 손뼉을 쳤다. 東魏 사신이

建康에 올 때도 마찬가지였다.

東魏가 遣散騎常侍李諧하여 聘于梁①하니 梁主가 與語에 應對如流라 因目送之②하고 謂左右曰 卿輩가 常言北間無人物이러니 此等이 何自而來오하다 是時에 南北通好하여 務以俊乂相誇라 銜命接客을 必盡一時之選③하니 每梁使가 至鄴하면 鄴下가 爲之傾動이라 宴日에 高澄이 常使左右覘之하여 一言制勝하면 爲之拊掌이러니 魏使가 至建康에도 亦然이러라

① 李諧는 李平의 손자이다.
諧, 平之孫也.
② 〈'目送之'는〉 다 나갈 때까지 바라보는 것이다.
以目瞻之訖其出也.
③ '銜命'은 사행 일을 맡은 사람이다. '接客'은 主客(빈객을 영접하는 일을 맡은 자)이다.
銜命, 奉使者也. 接客, 主客也.

【綱】 西魏의 獨孤信이 梁나라에서 서위로 돌아왔다.

魏獨孤信이 自梁歸于魏하다

【目】 獨孤信이 북방으로 돌아가겠다고 하자, 梁主(蕭衍)가 허락했다. 독고신의 부모가 모두 山東에 있어 梁主가 독고신에게 〈東魏와 西魏 중〉 어디로 갈지를 묻자 독고신이 말하기를, "임금을 섬기는 자는 감히 사적인 부모를 생각하며 두 마음을 품어선 안 됩니다."고 하니 梁主가 신의가 있다고 하며 많은 예물로 전송했다.

독고신이 楊忠과 함께 長安에 오자 西魏가 驃騎大將軍으로 삼고, 宇文泰가 양충의 용맹을 아껴서 자기 주변에 두었다.

獨孤信이 求還北커늘 梁主許之러니 信父母가 皆在山東①이라 梁主가 問信所適한대 信이 曰 事君者는 不敢顧私親而懷二心이니이다하니 梁主가 以爲義하여 禮送甚厚러라 信이 與楊忠으로 皆至長安하니 魏가 以爲驃騎大將軍하고 宇文泰가 愛忠之勇하여 留置帳下하다

① 北魏 孝武帝가 서쪽으로 옮길 때, 獨孤信이 부모를 버리고 따라갔다.
魏孝武西遷, 信棄父母, 追從之.

【綱】 가을 8월에 西魏 大丞相 宇文泰가 東魏를 정벌하여 恒農에서 승리하고, 河北의 城과 堡들에 사신을 보내 항복할 것을 권유했다.

秋八月에 **魏大丞相泰**가 **伐東魏**하여 **克恒農**하고 **遣使**하여 **喩降河北城堡**하다

【目】 西魏 宇文深이 宇文泰에게 恒農을 탈취할 것을 권유하자, 우문태가 東魏를 정벌하며 于謹을 선봉으로 삼아 항농을 함락했다. 당시 河北의 여러 성들이 대부분 동위에 귀속되어 있었는데, 左丞 楊檦가 그곳으로 가서 그들을 달래겠다고 하여, 그곳 토호들과 함께 병사를 일으켜 邵郡의 太守와 縣令들을 붙잡아 참수하고, 이어서 동위 각 城과 堡들을 찾아가 달래자, 한 달 무렵에 많은 성들이 귀의했다.

魏宇文深이 **勸宇文泰**하여 **取恒農**커늘 **泰**가 **伐東魏**하여 **以于謹爲前鋒**하여 **拔恒農**하다 **時**에 **河北諸城**이 **多附東魏**러니 **左丞楊檦**가 **請往說**(세)**之**①하여 **乃與土豪擧兵**하여 **收邵郡守令斬之**하고 **說**(세)**諭東魏城堡**하니 **旬月之間**에 **歸附甚衆**②이러라

① 左丞은 行臺左丞이다. 檦는 標와 같다.
左丞, 行臺左丞也. 檦, 與標同.

② ≪五代志≫를 살펴보면 "絳郡 垣縣에 後魏(北魏)가 邵郡과 白水縣을 설치했다." 하였다.
五代志 "絳郡垣縣, 後魏置邵郡及白水縣."

【綱】 梁나라가 長干塔을 수리했다.

梁이 **修長干塔**[42)]하다

【目】 梁主(蕭衍)가 長干寺의 阿育王塔을 수리할 때 부처의 손톱, 머리카락, 舍利가 나오자 절을 찾아가 無礙食[43)]을 거행하고 대사면령을 내렸다.

梁主가 **修長干寺阿育王塔**할새 **出佛爪髮舍利**라 **幸寺**하여 **設無礙食**하고 **大赦**①하다

① ≪資治通鑑綱目集覽≫에 의하면, "長干寺는 지금의 天禧寺이며 金陵城 남쪽 5리쯤에 있다. 지명이 長干里인데 阿育王塔이 존재하며 부처의 손톱, 머리카락, 舍利가 나왔다. 이전에 이것이 탑 안에 보관되어 있었는데 지금 출현해서 공양을 베푼 것이다." 하였다.

---

42) 梁修長干塔 : "절을 지은 것을 많이 기록하였으나 塔을 수리한 것은 없었다. 탑을 수리한 것을 기록한 것은 나무란 것이다. 탑을 수리한 것을 기록한 것은 여기에서 시작되었다. ≪資治通鑑綱目≫이 끝날 때까지 탑을 지은 것을 기록한 것은 2번인데(이해(537), 병인년(546)) 모두 梁나라이다.〔書作寺多矣 未有書修塔者 書修塔 譏也 書修塔始此 終綱目書作塔二(是年 丙寅年) 皆梁也〕" ≪書法≫

43) 無礙食 : 無遮會, 無碍會라고 한다. 聖凡, 道俗, 귀천, 상하 따위의 구별 없이 일체 평등으로 財施와 法施를 행하는 대법회이다.

集覽 "長干寺, 今名天禧寺, 在金陵城南五里, 地名長干里. 阿育王塔在焉, 出佛爪髮舍利. 先是, 藏於塔中, 今出之, 而設齋焉."

【綱】 윤9월에 梁나라가 武陵王 蕭紀를 益州刺史로 삼았다.

閏九月에 **梁**이 **以武陵王紀**로 **爲益州刺史**①하다

① 蕭紀는 梁主(蕭衍)의 〈여덟째〉 아들이다.
紀, 梁主子.

【綱】 東魏 大丞相 高歡이 西魏를 침략했는데 겨울 10월에 서위 大丞相 宇文泰가 渭曲에서 맞아 싸워 크게 패퇴시켰다.

◑ **東魏大丞相歡**이 **侵魏**하니 **冬十月**에 **魏大丞相泰**가 **迎戰渭曲**하여 **大敗之**[44]하다

【目】 東魏 高歡이 20만 병사를 이끌고서 蒲津으로 향하고 高敖曹를 시켜서 3만의 병사를 이끌고 황하 이남으로 가게 했다. 당시 關中에 기근이 들고 西魏 宇文泰가 거느린 병사들이 1만 명이 안 된 채 恒農에 50여 일 동안 주둔해 있었는데, 고환이 머지않아 황하를 건넌다는 소식을 듣고 병사들을 이끌고 관중으로 들어가자, 고오조가 결국 항농을 포위했다. 長史 薛琡이 고환에게 말하기를, "서위 사람들이 해를 이어 기근이 들었으므로 목숨을 무릅쓰고 陝州로 들어가 창고 곡식을 탈취하려고 했는데, 지금 고오조가 이미 섬주를 포위하여 곡식이 나올 수가 없습니다. 길에 병사들만 배치하여 野戰을 벌이지 않은 채로 麥秋(음력 4, 5월)까지 가게 되면 그 백성들이 저절로 굶어 죽을 터인데, 元寶炬와 宇文黑獺(宇文泰)이 항복하지 않을 것을 어찌 걱정할 필요가 있겠습니까. 부디 황하를 건너지 말기 바랍니다."라고 하고, 侯景이 말하기를, "지금 이 출병은 규모가 대단히 큰데 만에 하나 승리하지 못하면 대번에 수습하기 어려울 것이니, 군대를 前軍과 後軍 둘로 나눠 전진하여 전군이 승리하면 후군이 온 힘을 다하고, 전군이 실패하면 후군이 그에 대비해야 하는 것이 낫습니다."라고 했으나, 고환이 따르지 않고 포진에서

44) 東魏大丞相歡……大敗之 : "'맞아 싸웠다[迎戰]'라고 기록한 것은 무엇인가. 인정해준 것이다. 그러므로 周瑜에게 '맞아 싸웠다[迎擊]'라고 기록했고(漢 獻帝 建安 13년(208)), 張悌에게 '맞아 싸웠다[迎戰]'라고 기록했고(晉 武帝 太康 원년(280)), 宇文泰에게 '맞아 싸웠다[迎戰]'라고 기록했으니(이해(537)), 모두 인정해준 것이다.[迎戰何 予之也 是故周瑜書迎擊(漢獻帝建安十三年) 張悌書迎戰(晉武帝太康元年) 宇文泰書迎戰(是年) 皆予之也]" ≪書法≫

황하를 건넜다.

고환이 馮翊에 이르러 서위의 刺史 王羆에게 이르기를, "어찌하여 항복하지 않는 것인가."라고 하자, 왕비가 큰 소리로 외치기를, "이 城은 나 왕비의 무덤이니 죽고 싶으면 오라."라고 하니 고환이 공격할 수 없음을 알고 洛水를 건너 許原 서쪽에 주둔했다.

우문태가 渭水 남쪽에 이르러 여러 州에 병사들을 징발했으나 모두 모이지 않았다. 고환을 공격하려 하자, 제장들이 衆寡不敵이라는 이유를 들어 고환이 다시 서쪽으로 가는 것을 기다렸다 그 형세를 관망하자고 하니, 우문태가 말하기를, "고환이 만일 長安에 도착하면 人情이 크게 요동칠 것이니 지금 막 도착할 즈음에 공격해야 한다."라고 하고, 곧바로 위수에 浮橋를 만들어 군사들에게 3일 치 양식만 휴대하게 한 뒤 輕騎兵을 이끌고 위수를 건넜다.

東魏 高歡이 將兵二十萬하여 趣蒲津하고 使高敖曹로 將兵三萬하여 出河南할새 時에 關中이 饑하고 魏宇文泰所將이 不滿萬人이라 屯恒農五十餘日이러니 聞歡將濟河하고 乃引兵入關하니 敖曹가 遂圍恒農이러라 長史薛琡이 言於歡曰 西人이 連年飢饉이라 故冒死入陝州하여 欲取倉粟①이어늘 今敖曹가 已圍陝城하여 粟不得出하니 但置兵諸道하여 勿與野戰하고 比及麥秋하면 其民이 自應餓死리니 寶炬黑獺이 何憂不降이리오 願勿渡河라하고 侯景이 曰 今茲擧兵이 形勢極大하니 萬一不捷하면 猝難收斂이니 不如分爲二軍하여 相繼而進하여 前軍若勝하면 後軍이 全力하고 前軍이 若敗하면 後軍이 承之라하되 歡이 不從하고 自蒲津으로 濟河하다 至馮翊하여 謂魏刺史王羆曰 何不降가 羆가 大呼曰 此城은 是王羆冢이니 欲死者인댄 來하라 歡이 知不可攻하고 乃涉洛하여 軍於許原西②하다 泰가 至渭南하여 徵諸州兵하되 皆未會러니 欲進擊歡커늘 諸將이 以衆寡不敵으로 請待歡更西하여 以觀其勢한대 泰가 曰 歡이 若至長安하면 人情이 大擾리니 今及其新至하여 可擊也라하고 卽造浮橋於渭하여 令軍士로 齎三日糧하고 輕騎度渭라

① 魏收의 ≪魏書≫ 〈地形志〉를 살펴보면 太和 11년(487)에 陝州를 설치하여 陝城에 治所를 두고 恒農郡을 兼有하고, 西恒農郡·澠池郡·石城郡·河北郡을 관할하였다.
魏收志, 太和十一年, 置陝州, 治陝城, 帶恒農郡, 領西恒農·澠池·石城·河北郡.

② ≪漢書≫ 〈地理志〉에 의하면, "馮翊 懷德縣 남쪽에 荊山이 있고 산 아래에 彊梁原이 있는데, 洛水가 동남쪽으로 흘러 渭水로 들어간다."라고 했는데, 許原은 洛水 남쪽에 있는 것이다.
漢志 "馮翊懷德縣南有荊山, 山下有彊梁原, 洛水東南入渭." 許原蓋在洛水之南.

【目】 10월에 沙苑에 이르니 東魏 군사와의 거리가 60리였다. 諸將들이 모두 두려움에 떨었지만 宇文深만 홀로 〈宇文泰에게〉 축하하며 말하기를, "高歡이 河北 지역을 안정시

켜 민심을 크게 얻었으니, 이것으로 자신을 지킨다면 쉽게 도모할 수 없었습니다. 지금 孤軍을 이끌고 黃河를 건너는 것은 뭇사람들이 원하는 것이 아닌데 고환만 竇泰를 잃은 것을 수치로 여겨 다른 사람의 諫言을 물리치고 왔으니, 이것은 이른바 '분노하여 일으킨 군사'이므로 한 번 싸움으로 사로잡을 수 있을 것입니다. 저에게 兵符 하나를 내주시어, 王羆의 병사들을 출동시켜, 고환의 퇴로에서 그들을 막아서서 하나도 놓치는 것이 없게 할 것입니다."라고 했다.

우문태가 順昌公 達奚武를 보내 고환의 군사를 정탐하게 하였다. 달해무가 세 명의 기병을 대동했는데 모두 고환의 병사 복장을 했다. 저물 무렵 고환의 군영에서 백 보쯤 떨어진 곳에서 말에서 내려 조용히 적들의 口令을 훔쳐 듣고, 이어서 말에 올라 마치 밤에 경계 임무를 담당하는 사람처럼 군영을 돌아다니다 군법을 어기는 자가 발견되면 이따금 매질도 해가며 적들의 정세를 모두 탐지하여 돌아왔다.

고환이 우문태가 왔다는 말을 듣고 병사들을 한곳으로 모을 때, 李弼이 우문태에게 말하기를, "저들은 숫자가 많고 우리는 부족하여 평지에서 鎭을 설치할 수가 없습니다. 이곳에서 동쪽으로 10리쯤 되는 곳에 渭曲이 있는데 이곳을 먼저 점거하여 기다려야 합니다."라고 하자, 우문태가 그 말을 따라 물을 등지고 동서로 陣을 치고 李弼과 趙貴를 좌우 拒[45]로 삼고 將士들에게 명하여 모두 갈대 속에서 창을 눕히고 있다가 북소리를 들으면 곧장 일어서 나오도록 약속했다.

저녁 무렵 동위 병사들이 이르자, 斛律羌擧가 이르기를, "宇文黑獺(우문태)이 온 나라 병사들을 이끌고 와서 결전을 벌이려 하는데 위곡 지역은 갈대숲이 깊고 진흙땅이어서 힘을 펼칠 수가 없으니, 우선 저들과 대치하지 말고 조용히 정예 부대를 조직해 곧장 長安을 엄습하는 것이 낫습니다. 이렇게 본거지가 무너지고 나면 우문흑달은 싸우지 않고도 사로잡을 수 있을 것입니다."라고 하니, 고환이 말하기를, "불을 질러 태워버리는 것이 어떻겠는가?"라고 하자, 侯景이 말하기를, "우문흑달을 생포해서 백성들에게 보여주어야 하니, 만일 불에 태워 죽인다면 누가 이를 믿겠습니까."라고 하니, 彭樂이 기세를 떨치며 싸우자고 하기를, "숫자가 우리가 많고 적들이 적은데 무찌르지 못할 걸 어찌 걱정할 것이 있겠습니까."라고 하니 고환이 이를 따랐다.

十月에 至沙苑하니 距東魏軍六十里①라 諸將이 皆懼하되 宇文深이 獨賀曰 歡이 鎭撫河北하여 甚得衆心이라 以此自守하면 未易(이)可圖어늘 今懸師度河는 非衆所欲이어늘 獨歡이 恥失竇泰하여

45) 拒 : ≪資治通鑑≫의 註에는 "杜預가 이르기를 '拒는 方陣(방형의 진)이다.'라고 하였다." 하였다.

愎諫而來하니 所謂忿兵이라 可一戰擒也니 願假深一節하여 發王羆之兵하여 邀其走路하여 使無遺類리라하다 泰가 遣順昌公達奚武하여 覘歡軍하니 武가 從三騎하되 皆效歡將士服하여 日暮에 去營數百步下馬하여 潛聽得其軍號하고 因上馬歷營을 若警夜者하여 有不如法하면 往往撻之하여 具知敵之情狀하여 而還하다 歡이 聞泰至하고 引兵會之어늘 李弼이 謂泰曰 彼衆我寡하여 不可平地置鎭이라 此東十里에 有渭曲하니 可先據以待之라하니 泰가 從之하여 背水東西爲陳[46]하고 李弼趙貴로 爲左右拒하고 命將士하되 皆偃戈於葦中하여 約聞鼓聲而起②하라하다 晡時에 東魏兵이 至어늘 斛律羌擧가 曰 黑獺이 擧國而來하여 欲一死決③에 渭曲이 葺深土濘하여 無所用力하니 不如緩與相持하고 密分精銳하여 徑掩長安이니 巢穴이 旣傾이면 則黑獺은 不戰成擒矣리라 歡이 曰 縱火焚之가 何如오 侯景이 曰 當生擒黑獺하여 以示百姓이니 若燒死면 誰復信之리오 彭樂이 盛氣請鬪曰 我衆賊寡하니 何憂不克이리오하니 歡이 從之하다

① ≪水經注≫에, "沙苑은 渭水 북쪽에 있으니 사원 남쪽은 바로 漢나라 懷德縣의 古城이다." 하였다.
水經注 "沙苑在渭北, 沙苑之南, 卽漢懷德縣故城."
② 拒는 陣의 이름인데 李弼이 右拒가 되고 趙貴가 左拒가 된 것이다. 葦는 큰 갈대이다.
拒, 陣名. 弼爲右拒, 趙貴爲左拒. 葦, 大葭也.
③ 〈'欲一死決'은〉 죽을힘을 다해 싸워 승부를 겨룬다는 말이다.
言欲盡死力戰以決勝負.

【目】東魏 병사들은 西魏 병사가 적은 것을 보고 앞다퉈서 진격하며 대오가 헝클어지자, 宇文泰가 북을 울리니 사졸들이 모두 일어나 싸움을 벌였고, 李弼 등이 鐵騎를 이끌고 적진의 옆구리를 공격하니 동위 병사들은 중간이 단절되어 결국 크게 격파되었다.

高歡이 병사들을 수습해 다시 싸우려 했으나 무리들이 이미 전부 가버렸다. 斛律金이 이르기를, "뭇사람의 마음이 떠나버리면 더 이상 쓸 수가 없으니 속히 河東으로 가야 합니다."라고 했다. 고환이 길을 내달려 밤중에 黃河를 건넜는데, 전투에서 8만의 甲士와 18만 건의 병장기를 잃었다.

우문태가 황하 언덕까지 추격하여 2만여 명의 갑사들을 골라 남게 하고, 나머지는 모두 돌아가게 했다. 李穆이 말하기를, "고환이 간담이 무너졌으니 속히 추격하면 사로잡을 수 있을 것입니다."라고 했지만 우문태가 듣지 않고 물러나 渭南에 병사를 주둔했다. 징발했던 병사가 막 이르자 전투를 벌였던 곳에 사람마다 버드나무 한 그루씩 심게 해

46) 陳 : 陣(진지)과 같은 의미로 쓰였다.

서 그들의 武功을 기념했다.

侯景이 高歡에게 말하기를, "宇文黑獺(우문태)이 갑자기 승리한 탓에 교만해져 반드시 대비하지 않을 것이니 정예병 2만을 이끌고 곧장 무찌르겠습니다."라고 하거늘, 고환이 이를 婁妃에게 묻자, 누비가 말하기를, "설령 그의 말대로 된다 해도 후경이 돌아올 리 있겠습니까. 우문흑달을 얻고 후경을 잃으면 무슨 이익이 있겠습니까."라고 하니 고환이 그 계책을 저지했다.

高敖曹는 고환이 패배했다는 소식을 듣고 恒農을 포기하고 퇴각하여 洛陽을 지켰다.

東魏兵이 望見魏兵少하고 爭進擊之하여 無復行列이어늘 泰가 鳴鼓하니 士皆奮起合戰하고 李弼等이 帥鐵騎橫擊之하니 東魏兵이 中絶하여 遂大破之①하다 歡이 欲收兵更戰이나 衆已盡去러니 斛律金이 曰 衆心離散하면 不可復用이니 宜急向河東이라하다 歡이 乃馳去夜度河하니 喪甲士八萬人과 鎧仗十八萬이러라 泰가 追至河上하여 選留甲士二萬餘人하고 餘悉縱歸러라 李穆이 曰 高歡이 破膽矣니 速追之하면 可獲이라하되 泰가 不聽하고 還軍渭南이러니 所徵之兵이 甫至어늘 乃於戰所에 人種柳一株하여 以旌武功이러라 侯景이 言於歡曰 黑獺이 驟勝而驕하니 必不爲備라 願得精騎二萬하여 徑得取之라커늘 歡이 以告婁妃한대 妃가 曰 設如其言이나 景이 豈有還理리오 得黑獺하고 而失景하면 何利之有리오하니 歡이 乃止하다 高敖曹가 聞歡敗하고 釋恒農하고 退保洛陽하다

① 이때 東魏 병사가 左拒에 모이자 于謹 등이 싸움을 벌였는데 李弼이 右拒의 騎兵을 이끌고 적의 옆구리를 공격한 것이다.
時東魏之師萃于左拒, 于謹等與之合戰, 李弼引右拒之騎兵橫擊之.

【綱】西魏 大丞相 宇文泰가 東魏를 정벌하자 동위 秦州가 항복하였다. 우문태가 결국 汾과 絳을 평정했다.

魏大丞相泰가 伐東魏한대 東魏秦州降커늘 泰가 遂略定汾絳[47)]하다

【目】西魏가 行臺 王季海에게 獨孤信과 함께 洛陽으로 가게 하고, 李顯은 三荊으로 가게 하고, 賀拔勝과 李弼은 蒲坂을 포위하게 했다.

47) 魏大丞相泰……泰遂略定汾絳 : "東魏 지역을 東魏라고 기록하지 않고 '東魏 秦州'라고 기록한 것은 무엇인가. 西魏는 본래 秦州를 소유하였다. '東魏 秦州'라고 기록하여 西魏에서 蒲坂이라 한 것과 구별한 것이다.〔東魏地 不書東魏 書東魏秦州 何 魏自有秦州也 書東魏秦州 所以別其爲蒲坂也〕" ≪書法≫

高歡이 西魏를 정벌할 때 포판의 백성 敬珍이 그의 從祖兄 敬祥에게 이르기를, "고환이 皇上(北魏 孝武帝 元脩)을 축출하자 천하의 충성스럽고 의로운 인사들이 모두 그의 뱃속에 칼날을 찌르고 싶어 합니다. 〈고환이〉 지금 또다시 병사를 이끌고 서쪽으로 진격한다 하니 제가 형과 함께 병사를 일으켜 그의 귀로를 끊고 싶습니다. 이것은 천재일우의 기회입니다."라고 하자, 경상이 그 말을 받아들여 鄕里의 백성들을 규합했는데 그 숫자가 만여 명에 이르렀다.

마침 고환이 沙苑에서 패해 돌아오자 경상과 경진이 무리들을 이끌고 그를 막아서 많은 무리들을 참수하거나 생포했고, 賀拔勝과 李弼이 河東에 이르자 경상과 경진이 여섯 縣 10여만 호를 이끌고 귀의하였다. 宇文泰가 경진을 平陽太守로 삼고 경상을 行臺郎中으로 삼았다.

東魏 秦州刺史 薛崇禮가 포판을 지키고 있었는데 別駕인 그의 族弟 薛善이 설숭례에게 말하기를, "고환이 임금을 축출한 죄가 있는데 저와 형이 衣冠을 입은 후예로서 대대로 국가의 은혜를 입어오다가 지금 황실의 대군이 이미 가까이 와 있는데도 우리들이 고환을 위해 지키고 있습니다. 하루아침에 성이 함락되어 우리들의 머리가 장안에 보내지고 역적이라 기록되면 죽어서도 부끄러움이 남을 것이니 지금이라도 귀의하면 그래도 나을 것입니다."라고 하자, 설숭례가 머뭇거리며 결정하지 못하자, 설선이 일가족과 함께 관문지기를 참수하고 서위의 병사들을 맞아들였다. 우문태가 포판에 진군하여 汾과 絳을 탈취하여 평정하고 성문을 연 모의에 참여한 모든 薛氏들을 모두 五等의 작위를 하사하였다. 설선이 말하기를, "반역자들을 배반하고 군주에게 귀순한 것은 신하의 당연한 절의이니. 어떻게 모든 집안이 외람되이 책봉을 받는단 말인가."라고 하고, 아우 薛愼과 함께 굳게 사양하며 받지 않았다.

魏가 遣行臺王季海하여 與獨孤信으로 趣洛陽하고 李顯은 趣三荊하고 賀拔勝李弼은 圍蒲坂하다 高歡之西伐也에 蒲坂民敬珍이 謂其從祖兄祥曰① 高歡이 迫逐乘輿어늘 天下忠義之士가 皆欲倳刃於其腹②하니 今又稱兵西上하니 吾欲與兄起兵하여 斷其歸路하노니 此는 千載一時也라하니 祥이 從之하여 糾合鄕里하니 有衆萬餘러라 會에 歡이 自沙苑敗歸어늘 祥珍이 帥衆邀之하여 斬獲甚衆하고 賀拔勝李弼이 至河東이어늘 祥珍이 帥六縣十餘萬戶하여 歸之하니 宇文泰가 以珍爲平陽太守하고 祥爲行臺郎中하다 東魏秦州刺史薛崇禮가 守蒲坂할새 其族弟善이 爲別駕하여 言於崇禮曰 高歡이 有逐君之罪어늘 善與兄이 忝衣冠緖餘하여 世荷國恩이라가 今大軍已臨하되 而猶爲歡守하니 一旦城陷하여 送首長安하고 署爲逆賊하면 死有餘愧리니 及今歸款하면 猶爲愈也라하되 崇禮가 猶豫不決이어늘

善이 與族人으로 斬關納魏師하니 宇文泰가 進軍蒲坂하여 略定汾絳[③]하고 凡薛氏預開城之謀者를 皆賜五等爵한대 善이 曰 背逆歸順은 臣子常節이어니 豈容闔門俱叨封邑이리오하고 與其弟愼으로 固辭不受하다

① 敬은 姓이다.
敬, 姓也.

② 倳는 側吏의 切이니 칼을 꽂는 것이다. 혹은 剚로 쓰기도 한다.
倳, 側吏切, 揷刃也. 或作剚.

③ ≪五代志≫에 의하면, "文城郡은 東魏 때에 南汾州를 설치했는데, 後周(北周) 때에 汾州로 바꿨다. 絳郡은 後魏(北魏) 때에 東雍州를 설치했는데 後周 때에 絳州로 바꿨다." 하였다.
五代志 "文城郡, 東魏置南汾州, 後周改爲汾州. 絳郡, 後魏置東雍州, 後周改爲絳州."

【綱】 西魏가 洛陽과 豫州를 취하자 潁州·梁州·廣州·陽州 등이 모두 항복했다.

魏取洛陽豫州하니 **潁梁廣陽等州**가 **皆降**하다

【目】〈西魏의〉 獨孤信이 新安에 이르니 〈東魏의〉 高敖曹가 병사를 이끌어 북쪽으로 黃河를 건넜고, 독고신이 洛陽을 압박하자 洛州刺史 廣陽王 元湛이 성을 버리고 鄴城으로 되돌아가거늘 독고신이 결국 金墉城을 점령했다.

〈北魏〉 孝武帝가 서쪽으로 옮겨갔을 때 散騎常侍 裴寬이 아우들에게 이르기를, "천자가 이미 서쪽으로 가셨는데 우리가 동쪽으로 高氏에게 귀속될 수는 없다."라고 하고 식구들을 이끌고 大石嶺으로 달아났다가 독고신이 낙양에 들어왔다는 소식을 듣고 산을 내려가 만났다. 潁州長史 賀若統(하야통)이 성안의 모든 백성들을 이끌고 서위에게 투항하자 서위 都督 梁迴이 이를 점거하니, 梁州·滎陽·廣州가 모두 투항했다.

11월에 東魏 行臺 任祥이 潁川을 공격하자 宇文泰가 大都督 宇文貴에게 구원하게 했는데 제장들이 모두, "저들이 숫자가 많고 우리가 적어 예봉을 다툴 수가 없습니다."라고 하자, 우문귀가 말하기를, "저들이, 우리들의 병사가 적어 반드시 진격하지 못할 것이라 하여 병력을 합쳐 영천을 공격하게 되면 潁川城이 반드시 위태로워질 것입니다. 지금 나아가 먼저 영천을 점거하면 성을 지킬 수 있을 것이고, 또 불의에 출격하므로 반드시 격파할 수 있을 것입니다."라고 하고, 결국 신속히 달려가 영천을 점거하고 성곽을 등지고 진지를 구축하였다. 그들이 오기를 기다렸다가 연합 작전으로 크게 격파하여 만여 명의 병사들을 사로잡았다가 모두 풀어주고, 승세를 타고 추격하여 크게 패배시켰다.

동위 장군 是云寶가 陽州刺史를 살해하여 서위에 투항했다. 서위 都督 韋孝寬이 豫州를 공격해 점령하고 荊州刺史 郭鸞이 東荊州를 공격했는데, 東荊州刺史 慕容儼이 밤낮으로 맞서 싸우며 2백여 일을 고전하다가 빈틈을 타고 출격하여 크게 격파하자, 당시 東魏의 黃河 남쪽 여러 州들이 대부분 지켜내지 못했지만 동형주만은 온전했다.

獨孤信이 至新安하니 高敖曹가 引兵北度河①하고 信이 逼洛陽하니 洛州刺史廣陽王湛이 棄城歸鄴이어늘 信이 遂據金墉城하다 孝武之西遷也에 散騎常侍裴寬이 謂諸弟曰 天子旣西하시니 吾不可以東附高氏라하고 帥家屬하여 逃於大石嶺이러니 聞信入洛하고 乃出見之②러라 潁州長史賀若統이 擧城降魏어늘 魏都督梁迥[48]이 入據之하니 梁州滎陽廣州가 皆降③이러라 十一月에 東魏行臺任祥이 攻潁川이어늘 宇文泰가 使大都督宇文貴로 救之러니 諸將이 咸以爲彼衆我寡라 不可爭鋒이라한대 貴가 曰 彼謂吾兵少하여 必不敢進이라하여 合攻潁川하면 城必危矣리니 今進據潁川하면 有城可守요 又出其不意라 破之必矣라하고 遂疾趨據潁川하고 背城爲陳하여 以待其至하여 合戰大破之하여 俘其士卒萬餘人하여 悉縱之하고 乘勝追擊하여 大敗之하니 東魏將是云寶가 殺其陽州刺史하여 以降④하다 魏都督韋孝寬이 攻豫州拔之⑤하고 荊州刺史郭鸞이 攻東荊州러니 刺史慕容儼이 晝夜拒戰二百餘日이라가 乘間出擊하여 大破之하니 時에 東魏河南諸州가 多失守하되 喩東荊州가 獲全하다

① 新安縣은 漢나라 때에는 弘農郡에 속하였고 晉나라 때에는 河南尹에 속했는데 東魏 天平 초에 新安郡을 설치한 뒤 洛州에 예속시켰다.
新安縣, 漢屬弘農郡, 晉屬河南尹, 魏天平初置新安郡, 屬洛州.

② ≪水經注≫에 "洛陽 남쪽에 新城縣이 있고 신성현 경내에 大石嶺이 있는데 來儒의 물이 그 남쪽을 경유한다." 하였다.
水經注 "洛陽之南有新城縣, 縣界有大石嶺, 來儒之水逕其南."

③ 魏收의 ≪魏書≫ 〈地形志〉를 살펴보면 "天平 초에 潁州를 설치했는데 長社城에 治所를 두고 許昌郡·潁川郡·陽翟郡을 거느렸으며, 武定 7년(549)에 鄭州로 개칭했다." 하였다. 若는 음이 惹(야)이니, 賀若(하야)는 代北의 複姓이다. 魏收의 ≪魏書≫ 〈地形志〉를 살펴보면 "천평 초에 梁州를 설치하여 大梁城에 治所를 두고 陽夏郡·開封郡·陳留郡·汝南郡·潁川郡·汝陽郡·義陽郡·新蔡郡·初安郡·襄陽郡·城陽郡·廣陵郡을 거느렸다." 하였다.
魏收志 "天平初置潁州, 治長社城, 領許昌·潁川·陽翟郡, 武定七年, 改爲鄭州." 若, 音惹. 賀若, 代北複姓. 魏收志 "天平初, 置梁州, 治大梁城, 領陽夏·開封·陳留·汝南·潁川·汝陽·義陽·新蔡·初安·襄陽·城陽·廣陵郡."

④ 魏收의 ≪魏書≫ 〈地形志〉를 살펴보면 "天平 초에 陽州를 설치하여 宜陽에 治所를 두고 宜陽郡·金門郡을 거느렸다." 하였다.

48) 迥 : 저본에는 '迴'으로 되어 있으나, ≪新譯資治通鑑≫에서는 '迥'로 교감하였다.

魏收志 "天平初置陽州, 治宜陽, 領宜陽・金門郡."

⑤ 孝寬은 이름이 叔裕인데 字를 사용하였다.
孝寬, 名叔裕, 以字行.

【綱】東魏의 濮陽・陽平에 도적들이 일어나자, 濟州刺史 高季式이 토벌하여 평정했다.

東魏濮陽陽平盜起어늘 濟州刺史高季式이 討平之하다

【目】東魏의 濮陽 백성들이 도적이 되자 濟州刺史 高季式이 토벌하여 생포하고, 또다시 陽平의 도적까지 공격하여 평정했다. 혹자가 고계식에게 이르기를, "도적들이 경내를 침범하지 않는데도 私軍을 동원해 먼 길 전쟁을 벌였다가 만에 하나 실패하면 어찌 죄를 얻지 않겠는가?"라고 하자, 고계식이 말하기를, "그대는 어찌 不忠을 이야기하는가. 나는 국가와 그 안위를 함께하고 있으니, 이 일 때문에 죄를 얻더라도 아무 여한이 없다."라고 했다.

東魏濮陽民이 爲盜어늘 濟州刺史高季式이 討擒之하고 又擊陽平賊하여 平之한대 或謂季式曰 盜不侵境이어늘 而使私軍遠戰이라가 萬一失利하면 豈不獲罪乎①아 季式이 曰 君何言之不忠也오 我與國家로 同安共危어니 以此獲罪라도 亦無所恨이로다

① 高季式이 스스로 키우는 部曲이 官으로부터 옷과 음식을 제공받지 않았으므로 '私軍'이라 이른 것이다.
季式所自養部曲, 不衣食於官, 故謂之私軍.

戊午年(538)

梁나라 高祖 武帝 蕭衍 大同 4년이고 西魏 文帝 元寶炬 大統 4년이고 東魏 孝靜帝 元善見 元象 원년이다.

梁大同四年이요 魏大統四年이요 東魏元象元年①이라

① 碭郡이 큰 코끼리를 잡아 鄴城에 보낸 것을 계기로 연호를 元象으로 바꿨다.
碭郡獲巨象送鄴, 改元元象.

【綱】봄 정월 초하루에 일식이 있었다.

春正月朔에 日食하다

【綱】2월에 東魏가 行臺 侯景을 보내 虎牢에서 군사들을 정돈하게 하고, 다시 汾州·潁州·豫州·廣州 네 州를 다시 점령하였다.

◑二月에 東魏가 遣行臺侯景하여 治兵虎牢하여 復取汾潁豫廣四州하다

【綱】西魏가 皇后 乙弗氏를 폐위하고 柔然의 여인 郁久閭氏를 皇后로 삼았다.

◑魏가 廢其后乙弗氏하고 立柔然女郁久閭氏하여 爲后[①49)]하다

郁久閭氏(蠕蠕公主)

49) 魏廢其后乙弗氏 立柔然女郁久閭氏爲后 : "무릇 廢立에 廢한 것을 연이어 쓰는 것은 세운〔立〕 것에 기인한다. 그러므로 陰氏가 있은 이후에 郭氏가 廢해졌고(漢 光武 建武 17년(41)), 郁久閭氏가 있은 이후에 乙弗氏가 廢해졌고(이해(538)), 武氏가 있은 이후에 王氏가 廢해졌다.(唐 高宗 永徽 6년(655)) ≪資治通鑑綱目≫에서 이를 모두 연이어 기록한 것은 재앙의 근본을 기억하기 위한 것이다. 魏(北魏, 西魏)에 柔然을 더해 기록할 적에 늘 '伐'을 썼으니, 유연을 신하로 삼은 것이다. 여기에 와서 유연의 여인을 황후로 삼고 또다시 과거의 황후를 죽였으니 西魏가 이때에 진작되지 못함이 심하다. 기록하기를 '柔然의 여자를 皇后로 삼았다.'고 하였으니 매우 나무란 것이다.〔凡廢立 聯書所廢 因所立也 是故有陰氏 而後郭氏廢(漢光武建武十七年) 有郁久閭氏 而後乙弗氏廢(是年) 有武氏 而後王氏廢(唐高宗永徽六年) 綱目皆聯書之 所以志禍本也 魏加柔然 常書伐 臣之也 至是乃后其女焉 又爲之殺故后 魏於是不振甚矣 書曰立柔然女 深譏之也〕" ≪書法≫

"≪春秋≫에서는 中國을 중심에 두고 諸夏를 외부로 하였으며, 諸夏를 중심에 두고 夷狄을 외부로 하였으니, 모자와 신은 거꾸로 둘 수는 없는 것이고 미리와 발은 위치를 그르쳐서는 안 되는 것이다. 中夏가 이적을 제어한다는 말은 들었어도 이적이 중하를 제어한다는 말은 못 들었다. 魏氏(西魏)가 부도덕하여 蠕蠕의 여인을 황후로 세우려 하였고 죄가 없는데도 그 황후를 내쫓았다. 이것은 이적이 제하를 제어한 것이다. 중국이 서로 左衽(오랑캐가 됨)을 하게 되고 人類가 변하여 禽獸가 되었으며 異類(오랑캐)를 中國의 어머니로 삼고 母后를 머리 깎게 하였다. ≪資治通鑑綱目≫은 여기에서 매우 신중하며 매우 두려워하였으므로 특별히 柔然의 여인을 들어 기록하였으니 魏氏의 죄를 드러내어 매우 미워한 것이다. 이 책임을 질 자는 宇文黑獺(宇文泰)을 버리고 누구에게 돌릴 것인가.〔春秋內中國而外諸夏 內諸夏而外夷狄 冠履不可以倒置 首足不可以失所 聞以夏而制夷矣 未聞以夷而制夏也 魏氏不道 欲立蠕蠕之女 乃以無罪而黜其后 是以夷狄而制諸夏矣 中國胥爲左衽 人類變爲禽獸 以異類而母中國 以母后而就髡鬄 綱目於此 謹之甚 懼之甚 故特揭柔然女以書之 所以著魏氏之罪而深惡之也 任是責者 舍黑獺其誰歸〕" ≪發明≫

① 郁久閭는 蠕蠕國(柔然)의 姓이다.
郁久閭, 蠕蠕國之姓.

【目】 예전에 柔然의 頭兵可汗이 자기 나라로 돌아가게 되면서 北魏를 섬겨 최대한으로 예우하였다. 그러나 永安(528~530) 이후로는 더는 臣下라 칭하지 않으며 侍中, 黃門 등의 관직을 설치하고 北魏의 淳于覃을 얻어서 그를 총애하고 신임하여 文翰을 담당하게 하였다.

이 즈음에 와서 변방에 곧잘 우환이 발생하자 西魏 宇文泰가 혼인을 맺어 그들을 달래려 하여, 舍人 元翌의 딸을 化政公主로 삼아 頭兵可汗의 아우에게 결혼시키고 또 魏主(西魏 文帝)에게 말하여 乙弗皇后를 폐위시켜 比丘尼로 삼고, 扶風王 元孚에게 두병가한의 딸을 맞이해 와서 皇后로 삼게 하였다.

두병가한이 결국 東魏 使者를 머물게 하고 悼后를 西魏로 보냈다. 유연이 장막을 구축할 때 문과 좌석이 모두 동쪽을 향하고 있었다. 원부가 그들에게 남쪽을 향하게 하라고 하자, 도후가 말하기를, "내가 魏主를 아직 보지 못했으니 진실로 柔然의 여인이다. 서위 儀仗은 남쪽을 향하라, 나는 동쪽을 향하겠다."라고 하였다.

初에 柔然頭兵可汗이 始得返國하여 事魏盡禮라가 永安以後에 不復稱臣하고 置侍中黃門等官하고 得魏淳于覃하여 親寵任事하여 使典文翰이러니 及是하여 數(삭)爲邊患이어늘 魏宇文泰가 欲結婚以撫之하여 以舍人元翌女로 爲化政公主하여 妻頭兵弟하고 又言於魏主하여 以乙弗后로 爲尼하고 使扶風王孚로 迎頭兵女하여 爲后하니 頭兵이 遂留東魏使者하고 而送悼后於魏①할새 柔然營幕에 戶席이 皆東向이라 孚가 請正南面한대 后曰 我未見魏主하니 固柔然女也라 魏仗은 南面하라 我自東向하리라하다

① 郁久閭后의 시호가 悼이다.
郁久(閒)〔閭〕[50]后, 謚曰悼.

【綱】 가을 7월에 梁나라가 대사면령을 시행하였다.

秋七月에 梁이 大赦[51]하다

---

50) (閒)〔閭〕: 저본에는 '閒'으로 되어 있으나, ≪資治通鑑≫ 註에 의거하여 '閭'로 바로잡았다.

51) 梁大赦 : "長干塔을 수리하고는 대사면령을 내린 것을 기록하지 않았는데 여기에서 舍利를 얻고 대사면령을 한 것은 어째서 기록하였는가. 梁主가 異教(불교)에 빠져서 한 번 대사면령을 내린 것도 심하거늘 또다시 거듭할 수 있단 말인가. 비록 생략하려 해도 할 수 없는 것이다.〔修長干塔大赦 不

【目】 여래(부처)의 舍利를 얻은 이유에서였다.

以得如來舍利故也①라

① 如來는 부처와 같은 말이다. 本覺(본래 지닌 청정한 성품)을 '如'라 하고, 지금 깨우친 것을 '來'라고 하므로, '如來'라 한 것이다.
如來, 猶言佛也. 本覺曰如, 今覺曰來, 故名如來.

【綱】 8월에 東魏가 병사를 보내 西魏 金墉을 포위하자 서위 大丞相 宇文泰가 구원에 나서서 동위 장군 高敖曹를 참수하고 다시 싸움을 벌이다 불리하자 군대를 이끌고 되돌아갔다.

八月에 東魏가 遣兵하여 圍魏金墉이어늘 魏大丞相泰가 救之하여 斬其將高敖曹하고 復戰不利어늘 引還하다

【目】 東魏의 侯景・高敖曹 등이 金墉에서 西魏의 獨孤信을 포위하고 高歡이 大軍을 이끌고 뒤따랐다. 魏主(西魏 文帝)가 宇文泰와 함께 동쪽으로 갈 때 千騎를 이끈 李弼과 達奚武가 선봉이 되어 穀城에 이르자 후경 등이 진지를 구축해 기다리려고 하였는데, 공격을 자청한 莫多婁貸文이 진격에 나서 이필과 조우하여 패하여 죽었다. 우문태가 瀍水 동쪽으로 진군하였는데 후경 등이 밤에 포위를 풀고 떠나자 우문태가 輕騎를 이끌고 황하 가까지 추격하였다. 후경이 진지를 구축하면서 북쪽으로 河橋를 점거하고 남쪽으로 邙山을 의탁하여 우문태와 전투를 벌일 때 놀라 뛴 말에 의해 우문태가 땅에 떨어졌고 동위 병사가 추격해오자 측근들이 모두 뿔뿔이 흩어졌다. 李穆이 우문태에게 욕을 하며 채찍으로 때리자 추격자들이 우문태인지 의심하지 않았고, 그 틈에 이목이 우문태에게 말을 내주어 함께 달아났다. 이때 서위 군대가 다시 떨쳐나서 동위 군대를 공격해 크게 격파하였다.

고오조가 우문태를 얕보고 깃발을 치켜세우며 적진을 압박하자 서위 병사가 맹렬히 공격해 全軍이 몰살하였다. 고오조가 單騎로 달아나 河陽 南城으로 투탁할 때 守將 高永樂이 고오조와 원한이 있어 성문을 닫은 채 받아들이지 않았고, 추격자가 그를 참수하였다. 高歡이 이 소식을 듣고 肝膽을 잃은 듯하였다.

우문태가 고오조를 참수한 자에게 포상으로 1만 段의 베와 비단을 하사하기로 약정

書 於是得舍利大赦 則何以書 梁主溺於異教 一赦甚矣 又可再乎 雖欲略之 不可得也]" ≪書法≫

하여, 해마다 조금씩 주었는데 北周가 멸망할 때까지도 다 주지 못하였다.

서위가 또다시 동위 장수 宋顯 등을 죽이고 1만 5천 명의 甲士를 사로잡았는데 이때 황하에 뛰어들어 죽은 자가 만여 명으로 헤아렸다. 하지만 이날 쌍방이 포진한 것이 너무 넓고 앞뒤 양끝의 간격이 너무 멀어서 아침부터 未時(오후 1~3시)까지 수십 합의 싸움이 벌어졌는데 운무가 사방에 짙게 드리워 서로 알아볼 수가 없었다. 서위의 諸軍이 전투에서 불리해지자 군영을 불사르고 돌아갈 때 儀同三司 長孫子彦를 남겨두어 金墉을 지키게 하였다.

王思政이 긴 창을 들고 적진을 무너뜨리고 깊이 들어가서 상처를 입고 기절하였다. 왕사정이 싸울 때마다 늘 해진 옷과 망가진 갑옷을 입어, 적군이 그가 장수인 걸 몰랐으므로 죽음을 모면하였다.

將軍 蔡祐가 말에서 내려 10여 인의 측근들을 거느리고 동위의 군사를 공격해 많은 수를 살상하였다. 동위의 병사가 그를 포위하자, 채우가 활시위를 가득 당긴 채 사방으로 저항하였다. 동위의 군대가 두꺼운 갑옷에 긴 칼을 든 사람을 모아 그를 곧장 공격하게 해서, 채우와의 거리가 30보쯤이었을 때 측근들이 활을 쏘라고 하자 채우가, "우리들의 목숨이 이 한 발에 달려 있는데 어찌 그냥 쏠 수 있겠는가."라고 하였다. 10보쯤 다가섰을 때 채우가 활을 쏘니 활시위 소리가 나자마자 적군이 쓰러졌다. 동위의 병사가 조금 물러서자 채우가 천천히 병사를 이끌고 돌아왔다.

채우가 전쟁에 나설 때면 항시 병사보다 앞장섰고, 전쟁에서 돌아와서는 諸將이 모두 功을 다투었으나 끝까지 한마디 말이 없었다. 우문태가 매번 탄식하기를, "承先이 자기 입으로 공을 말하지 않으니 내 마땅히 그를 대신해 공을 논할 것이다."라고 하였다.

이어서 왕사정을 東道行臺로 삼아 恒農을 맡아 다스리게 하였다.

東魏侯景高敖曹等이 圍魏獨孤信于金墉하고 高歡이 帥大軍繼之어늘 魏主가 與宇文泰로 俱東할새 李弼達奚武가 帥千騎爲前驅하여 至穀城①하니 侯景等이 欲整陳以待其至러니 莫多婁貸文이 請擊之하여 進遇李弼敗死②하다 泰가 進軍瀍東한대 景等이 夜解圍去③어늘 泰가 帥輕騎追至河上하니 景이 爲陳하되 北據河橋하고 南屬(촉)邙山④하여 與泰合戰할새 泰馬驚逸墜地어늘 東魏兵이 追及之하니 左右가 皆散이러라 李穆이 以策抶泰罵之하니 追者不疑⑤어늘 穆이 因以馬授泰하여 與俱逸하니 魏兵이 復振하여 擊東魏兵하여 大破之하다 高敖曹가 意輕泰하여 建旗蓋以陵陳이어늘 魏人이 盡銳攻之하니 一軍이 皆沒이라 敖曹가 單騎走投河陽南城할새 守將高永樂이 與敖曹有怨하여 閉門不受하고 追者가 斬之하니 高歡이 聞之하고 如喪肝膽⑥이러라 泰가 賞斬敖曹者布絹萬段하여 歲歲稍與之한대 比及周亡에 猶未能足이러라 魏가 又殺東魏將宋顯等하고 虜甲士萬五千人할새

赴河死者가 以萬數러라 然是日에 置陳旣大하여 首尾懸遠이라 從旦至未히 戰數十合한대 氛霧四塞하여 莫能相知⑦라 魏諸軍이 戰不利하여 燒營而歸할새 留儀同三司長孫子彦하여 守金墉⑧하다 王思政이 擧矟陷陳하여 被創悶絶이러니 思政이 每戰에 常著破衣弊甲하니 敵이 不知其將帥라 故得免하다 將軍蔡祐가 下馬하여 (師)〔帥〕[52] 左右十餘人하여 擊東魏兵하여 殺傷甚衆이러니 東魏人이 圍之어늘 祐가 彎弓持滿하여 四面拒之⑨하니 東魏人이 募厚甲長刀者하여 直進取之하여 去祐三十步어늘 左右가 勸射之한대 祐가 曰 吾曹之命이 在此一矢하니 豈可虛發가 將至十步에 祐乃射之하니 應弦而倒라 東魏兵이 稍却이어늘 祐가 徐引還하다 祐가 每戰에 常爲士卒先하고 戰還에 諸將이 皆爭功하되 祐가 終無所言이러니 泰가 每歎曰 承先이 口不言勳하니 我當代其論敘⑩라하고 因以王思政으로 爲東道行臺하여 使鎭恒農하다

① ≪漢書≫ 〈地理志〉를 살펴보면 河南郡에 穀城縣이 있다.
漢志, 河南郡, 有穀成縣.

② 莫多婁는 오랑캐의 3자 姓이고 貸文은 그 이름이다.
莫多婁, 虜三字姓. 貸文, 其名.

③ 瀍水는 河南 穀城縣 北山에서 발원하여 동쪽으로 흘러 千金渠와 합류하고, 다시 동쪽으로 흘러 洛陽縣 남쪽을 지나고, 다시 동쪽으로 흘러 偃師縣을 지나고, 다시 동쪽으로 흘러 洛水로 유입한다.
瀍水, 出河南穀城縣北山, 東與千金渠合, 又東過洛陽縣南, 又東過偃師縣, 又東入于洛.

④ 侯景이 진지를 구축할 때 북쪽으로 河橋를 점거한 것은 전쟁에 승패를 생각하여 먼저 북쪽으로 돌아갈 길을 확보한 것이다. 屬(의탁하다)은 之欲의 切이다.
景置陳北據河橋者, 慮兵有利鈍, 先保固其北歸之路也. 屬, 之欲切.

⑤ 策은 말채찍이다. 抶은 丑栗의 切이며 때리는 것이다.
策, 馬箠也. 抶, 丑栗切, 打也.

⑥ 河陽 南城은 河橋 南岸에 있으며 北岸은 바로 北中城이다. 高永樂은 高歡의 從祖兄(육촌형)의 아들이다.
河陽南城, 在河橋南岸, 北岸卽北中城. 永樂, 歡之從祖兄子也.

⑦ 氛(안개)은 敷文의 切이다. 霧는 기운이 뭉쳐 있는 것이다.
氛, 敷文切. 霧, 氣氤氳也.

⑧ 長孫子彦은 長孫稚의 아들이다.
子彦, 稚之子也.

⑨ '持滿'은 화살을 활에 장전하여 시위만 가득 당긴 채 화살을 쏘지 않은 것이다.
持滿, 謂注矢於弓弩, 而引滿之, 不發矢也.

⑩ 承先은 蔡祐의 字이다.

52) (師)〔帥〕: 저본에는 '師'로 되어 있으나, ≪資治通鑑≫에 의거하여 '帥'로 바로잡았다.

承先, 祐字.

【綱】西魏 長安에 반란이 발생하자 大丞相 宇文泰가 토벌하여 평정하였다.

魏長安이 亂이어늘 大丞相泰가 討平之하다

【目】西魏가 동쪽을 정벌할 때 關中을 지키는 병사가 적었다. 전후에 걸쳐 사로잡힌 東魏의 병사들이 민간에 흩어져 살다가 서위 군대가 패퇴하였다는 말을 듣고 반란을 모의하였다. 李虎가 周惠達 등과 함께 太子 元欽의 명을 받들어 나아가 渭水 북쪽에 주둔하자 關中이 크게 소용돌이쳤다. 이때를 틈타 趙青雀 등이 결국 반란을 일으켜 長安의 子城(大城에 속한 小城)을 점거하고 雍州 백성 于伏德이 咸陽太守 慕容思慶과 함께 각기 항복한 병사들을 수습하여 돌아오는 서위의 병사들을 막아서자, 長安의 大城 백성들이 힘을 합쳐 조청작에 맞서 여러 차례 격파하였다.

魏主(西魏 文帝)가 閿鄉에 머물고 있었는데, 宇文泰가 병사와 말이 피로에 지쳐 신속히 진격할 수 없다고 하고, 또 조청작 등이 오합지졸이어서 걱정거리가 되지 못한다고 하고 말하기를, "제가 長安에 가서 輕騎 1만으로 나아가면 반드시 얼굴을 앞으로 하고 손을 뒤로 결박하여 항복시킬 것입니다."라고 하자, 散騎常侍 陸通이 諫言하기를, "賊의 逆謀가 오래전부터 계획된 것인데 어찌 가벼이 볼 수 있겠습니까. 뿐만 아니라 賊이 '東寇(동위의 군대)가 머지않아 올 것이다.'라는 거짓말을 퍼트리고 있으니, 만일 輕騎로 가게 되면 백성들이 더욱더 놀라 동요할 것입니다. 지금 군대가 피로에 지쳐 있긴 해도 정예병이 여전히 많으니 明公의 위엄으로 大軍을 모두 이끌고 당당히 나서면 어찌 무찌르지 못할 걱정이 있겠습니까."라고 하였다. 우문태가 이 말을 따라 병사를 이끌고 서쪽으로 진입하니 父老들이 기쁨과 아쉬움을 나타내고 남녀들이 경축하였다.

華州刺史 宇文導가 咸陽을 습격해서 모용사경을 참수하고 우복덕을 사로잡았으며 남쪽으로 渭水를 건너 우문태와 만나 조청작을 격파하였다.

魏之東伐也에 關中守兵이 少라 前後所虜東魏士卒이 散在民間이라가 聞魏兵敗하고 謀作亂이어늘 李虎가 與周惠達等으로 奉太子欽하여 出屯渭北하니 關中이 大擾러라 於是에 趙青雀等이 遂反하여 據長安子城하고 雍州民于伏德이 與咸陽太守慕容思慶으로 各收降卒하여 以拒還兵[①]이어늘 長安大城民이 相帥(솔)以拒青雀하여 屢破之러라 魏主가 留閿鄉[②]이러니 宇文泰以士馬疲弊로 不可速進이라하고 且謂青雀等이 烏合이라 不能爲患이라하여 曰 我至長安하여 以輕騎臨之하면 必當面

縛이라한대 散騎常侍陸通이 諫曰 賊逆謀가 久定이어늘 安可輕也리오 且賊이 詐言東寇將至하니 若以輕騎臨之하면 百姓益當驚擾[③]라 今軍雖疲弊나 精銳尙多하니 以明公之威로 摠大軍以臨之하면 何憂不克이리오하니 泰가 從之하여 引兵西入하니 父老悲喜하고 士女相賀러라 華州刺史宇文導가 襲咸陽하여 斬思慶하고 擒伏德하며 南渡渭하여 與泰相會하여 攻靑雀破之[④]하다

① 趙靑雀은 沙苑 전투에서 포로로 잡은 東魏의 都督이다. 後魏(北魏)가 咸陽郡의 治所를 石安縣에 설치하였다. 石安은 漢나라의 渭城縣이고 秦나라의 咸陽인데 石勒이 石安으로 개칭하였다. '降卒'이란 西魏에 항복해 민간에 흩어져 살던 東魏의 병사들이다. '還兵'은 洛西에서 돌아오는 서위 병사이다.
靑雀, 沙苑所虜東魏都督也. 後魏置咸陽郡於石安縣. 石安, 漢渭城縣, 秦之咸陽也, 石勒改曰石安. 降卒, 東魏之卒降于西魏散在民間者也. 還兵, 西魏之兵自洛西還者也.

② 閺은 음이 旻이다. 閺鄕은 漢나라의 湖縣 경계에 있었는데 隋나라가 湖城縣을 閺鄕縣으로 개칭하였다.
閺, 音旻. 閺鄕, 在漢湖縣界, 隋改湖城縣爲閺鄕縣.

③ '東寇'란 東魏 병사를 말한다.
東寇, 謂東魏之兵.

④ 宇文導는 宇文泰의 형의 아들이다.
導, 泰之兄子也.

【綱】東魏 大丞相 高歡이 金墉을 함락하니 西魏의 군사가 달아났다.

東魏大丞相歡이 拔金墉하니 魏師가 走하다

【目】高歡이 晉陽에서 騎兵을 이끌고 黃河를 건널 때 別將을 보내 西魏 군사를 추격하게 했는데 崤縣까지 추격하였다가 따라잡지 못했다. 자신이 직접 金墉을 공격하니 長孫子彦이 성을 버리고 달아나자 고환이 金墉城을 부수고 돌아갔다.

歡이 自晉陽으로 將騎濟河할새 遣別將追魏師하여 至崤不及하고 自攻金墉하니 長孫子彦이 棄城走어늘 歡이 毁金墉而還[①]하다

① 魏收의 ≪魏書≫ 〈地形志〉를 살펴보면 "太和 11년(487)에 崤縣을 설치하여 恒農郡에 소속시켰는데 三崤山에서 그 縣의 이름을 취한 것이다."라고 하였다.
魏收志 "太和十(二)〔一〕[53]年, 置崤縣, 屬恒農郡, 因三崤山以名縣."

53) (二)〔一〕: 저본에는 '二'로 되어 있으나, ≪資治通鑑≫ 註에 의거하여 '一'로 바로잡았다.

【綱】東魏 范陽 사람들이 병사를 일으켜 西魏에 호응하자 東魏가 토벌하여 평정하였다.

東魏范陽人이 **起兵應魏**어늘 **東魏**가 **討平之**[54)]하다

【目】范陽 출신 盧仲禮와 從弟 盧景裕가 병사를 일으켜 西魏에 호응했는데 東魏가 이들을 토벌하여 평정하였다.

노경유는 본디 儒生이므로 高歡이 풀어주어 子弟를 가르치게 하였다. 노경유는 강론이 정밀하였다. 논란하는 이가 혹은 헐뜯기도 하고 큰소리 치며 험한 얼굴빛을 내도 노경유는 정신과 풍채가 또렷하고 태도와 성조가 한결같아서 여유롭게 대응하여 그 틈을 찾을 수 없었다. 본성이 맑고 조용하여 관직 생활에 누차 오르내림이 있었으나 失意를 내색하지 않았다. 해진 옷에 거친 음식을 먹으면서도 담담하게 편안해했고, 마치 손님을 맞이하듯 종일 단정하고 엄숙한 자세를 유지하였다.

范陽盧仲禮及從弟景裕가 起兵應魏어늘 東魏가 討平之하다 景裕는 本儒生이라 歡이 釋之하여 使教諸子하다 景裕가 講論精微라 難者가 或相詆訶하여 大聲厲色하되 而景裕가 神彩儼然하고 風調如一하여 從容往復에 無際可尋①이러라 性이 淸靜하여 歷官屢有進退호되 無得失之色하고 弊衣麤食하되 恬然自安하고 終日端嚴하여 如對賓客이러라

① '詆訶'는 헐뜯고 비난함을 말한다. 調(조절하다)는 徒釣의 切이다. '風調如一'이란 節操가 변하지 않는 것이다.
詆訶, 謂毁呰譏誚也. 調, 徒釣切. 風調如一, 言節操不變也.

54) 東魏范陽人起兵應魏 東魏討平之 : "〈范陽 사람은〉 盧景裕 兄弟인데 '叛'이라고 기록하지 않고 '병사를 일으켰다〔起兵〕'라고 기록한 것은 무엇인가. 西魏에 호응한 것은 바른 것이다. 郭質이 병사를 일으켰을 적에는 이름을 기록하였는데 여기서는 다만 '사람〔人〕'이라고 기록한 것은 무엇인가. 노경유는 필사적인 지조를 내지 못하였고 구차하게 高歡에게서 죽음을 면하였으니 또한 기록하기에 부족하다. 그러므로 東魏에다 '토벌했다〔討〕'라고 기록할 수 있었다. ≪資治通鑑綱目≫에서 '사람〔人〕'이라고 기록하고 그 이름을 기록하지 않았으니 의리를 지키지 못한 것을 경계함이 깊은 것이다.〔盧景裕兄弟也 不書叛 書起兵 何 應魏 正也 郭質起兵 則書名 此但人之 何 景裕不能死志 苟免於歡 則亦不足錄也已 故東魏得書討 綱目人之 而不書其名 其爲不能守義之戒深矣〕" ≪書法≫

"위에서 '병사를 일으켜 西魏에 호응하였다〔起兵應魏〕'라고 기록하였으니, 마치 勤王하는 뜻이 있는 것 같으나 아래에서 '東魏가 토벌하여 평정하였다〔東魏討平之〕'라고 기록하였으니, 이는 반란한 사람일 뿐이다. 高歡이 비록 임금을 축출한 죄가 있으나 宇文泰 역시 임금을 시해한 악행이 있으니 그러므로 書法이 이와 같다.〔上書起兵應魏 若有勤王之意 下書東魏討平之 則是叛亂之人爾 蓋高歡雖有逐君之罪 而宇文泰亦有弑逆之惡 是以書法如此〕" ≪發明≫

【綱】 겨울 12월에 西魏가 洛陽과 廣州를 다시 빼앗았다.

冬十二月에 魏가 復取洛陽及廣州하다

【目】 西魏 是云寶가 洛陽을 습격하고 趙剛이 廣州를 습격하여 모두 함락하였다. 이에 襄州와 廣州 서쪽의 城과 鎭들이 다시 서위에 귀속되었다.

魏是云寶가 襲洛陽하고 趙剛이 襲廣州하여 皆拔之하니 於是에 自襄廣已西城鎭이 復爲魏①하다

① 魏收의 ≪魏書≫ 〈地形志〉를 살펴보면 "孝昌(525~528) 연간에 襄州를 설치해서, 襄城郡·舞陰郡·南安郡·期城郡·北南陽郡·建城郡을 관할하였다." 하였다.
魏收志 "孝昌中置襄州, 領襄城·舞陰·南安·期城·北南陽·建城郡."

【綱】 東魏가 허가 없이 사찰을 건립하는 것을 금지하였다.

東魏가 禁擅立寺하다

【目】 北魏가 正光(520~525) 이후로 각지에 전쟁이 많으므로, 백성들이 賦役을 피하여 比丘와 比丘尼가 돼서, 그 수가 2백만 명에 이르고 사찰이 3만여 곳에 달하였다. 이때에 이르러 비로소 長吏(지방의 수령)에게 조칙을 내려, 허가 없이 사찰을 건립한 자들을 그 비용을 따져 불법으로 다스렸다.

魏自正光以後로 四方多事라 民避賦役하여 多爲僧尼가 至二百萬人과 寺三萬餘區러니 至是하여 始詔長吏하여 擅立寺者를 計庸하여 以枉法論①하다

① 庸은 비용, 노동, 고용을 뜻한다. '計庸'은 들어간 비용을 계산하는 것이다.
庸, 用也, 勞也, 雇也. 計庸, 謂計其功庸.

【綱】 도적이 西魏 廣州刺史 李延孫을 살해하였다.

盜가 殺魏廣州刺史李延孫[55]하다

---

55) 盜殺魏廣州刺史李延孫 : "죽인 사람은 長史인데 '盜'라고 기록한 것은 무엇인가. 李延孫은 아버지 李長壽로부터 東魏를 따르지 않고 늘 깨끗이 정리하는 것을 자신의 책무로 여겼으니 西魏의 忠臣이다. 서위의 충신을 죽였으니 이는 黨賊이다. 또한 賊일 뿐이므로 '盜'라고 기록한 것이다.〔殺之者 長史也 其書盜 何 延孫自父長壽不從東魏 每以澄淸爲已任 則魏之忠臣也 殺魏忠臣 是黨賊也 亦賊而已矣 故書盜〕" ≪書法≫

【目】 예전에 北魏 伊川의 土豪 李長壽가 防蠻都督에 임명됐는데, 孝武帝(元脩)가 서쪽 關中으로 옮겨갈 때, 이장수가 그 무리들을 이끌고서 東魏에 저항하였다. 西魏가 그를 廣州刺史로 삼았는데 侯景이 그를 공격하여 살해하였다. 이장수의 아들 李延孫이 다시 그 병사들을 수습하자 북위의 대신들이 모두 그에게 귀의하였다. 이연손이 대신들에게 자금을 대주고 호송을 담당해 關中까지 이르게 하자, 東魏 高歡이 이를 걱정하여 여러 차례 병사를 파견해 공격했으나 이기지 못하였다.

이연손이 伊州와 洛州를 깨끗이 정리하는 것을 자신의 책무로 여기자, 서위가 韋法保를 東洛州刺史로 삼아 이연손을 돕게 하였다. 위법보가 도착하고 나서 이연손과 병사를 연합해 伏流에 營柵을 설치했는데, 이해에 이연손이 그의 長史에 의해 살해당하자 위법보가 그 영책을 점거하였다.

初에 魏伊川土豪李長壽가 爲防蠻都督①할새 孝武가 西遷에 長壽가 帥其徒하여 拒東魏어늘 魏가 以爲廣州刺史한대 侯景이 攻殺之라 子延孫이 復收其兵하니 魏之貴臣이 皆往依之러라 延孫이 資遣衛送하여 使達關中하니 東魏高歡이 患之하여 數(삭)遣兵攻之하되 不能克이러라 延孫이 以澄淸伊洛으로 爲己任이어늘 魏가 以韋法保로 爲東洛州刺史하여 助之②한대 既至에 與延孫連兵하여 置柵於伏流③러니 是歲에 延孫이 爲其長史所殺이어늘 法保가 卽據其柵하다

① ≪五代志≫를 살펴보면, "河南郡 陸渾縣에 北齊가 伊川郡을 설치해서 南陸渾縣을 관할하게 하였다." 하였다. 春秋時代에 秦나라와 晉나라가 陸渾의 戎族을 伊川으로 옮겼으므로, 이를 郡 이름으로 삼은 것이다. 伊闕 남쪽 큰 산과 긴 골짜기에 蠻族들이 많이 살았는데, 北魏가 都督을 설치해 방어하였다.
五代志 "河南郡陸渾縣, 齊置伊川郡, 領南陸渾縣." 春秋時秦・晉遷陸渾之戎於伊川, 故郡以爲名. 伊闕以南大山長谷, 蠻多居之, 魏置都督以防焉.

② 韋法保는 이름이 祐인데 字를 사용하였다. 李長壽의 사위이다. 西魏의 洛州는 上洛에 治所를 두고, 洛陽 땅을 東洛州로 삼았다.
法保, 名祐, 以字行, 長壽之壻也. 西魏洛州治上洛, 以洛陽之地爲東洛州.

③ 伏流城은 伊川郡의 治所이다. 隋나라가 南陸渾縣을 伏流로 개칭하였다.
伏流城, 伊川郡治所. 隋改南陸渾縣曰伏流.

【綱】 西魏가 宜陽을 빼앗자, 行臺 王思政이 玉壁에 성을 쌓은 뒤, 그곳으로 가서 진수하였다.

魏取宜陽하니 行臺王思政이 城玉壁하고 徙鎭之하다[56]

【目】東魏의 장군 段琛 등이 宜陽을 점거하여 牛道恒을 보내 西魏 변방의 백성들을 유인하자, 韋孝寬이 이를 걱정거리로 여겨서 우도항이 귀순하였다는 거짓 글을 만들어 간첩을 통해 단침 군영에 떨어트리자 단침이 정말 그를 의심하였다. 위효관이 의심하는 틈을 타고 습격해 단침과 우도항을 사로잡으니 결국 崤山과 澠池가 정리됐다. 王思政은 玉壁이 험요한 지역이라 하여 성곽의 축조를 요청하고, 恒農에서 옮겨가 진수하였다.

東魏將段琛等이 據宜陽하여 遣牛道恒하여 誘魏邊民이어늘 韋孝寬이 患之하여 乃詐爲道恒書歸款하여 使諜遺之琛營한대 琛果疑之①라 孝寬이 乘其猜阻하여 襲而擒之하니 崤澠이 遂淸②이러라 王思政이 以玉壁險要라하여 請築城하고 自恒農徙鎭之③하다

① 遺는 본음대로 읽으니 떨어트림이다.
遺, 如字,[57] 墜失也.
② 崤·澠은 崤山과 澠池이다.
崤澠, 崤山及澠池也.
③ ≪五代志≫를 살펴보면, 이전에 絳郡 稷山에 勳州를 설치했다. 훈주는 바로 玉壁이다.
五代志, 絳郡稷山舊置勳州. 勳州卽玉壁也.

【綱】東魏가 停年格[58]을 수정하였다.

東魏가 改停年格하다

【目】東魏가 高澄에게 吏部尙書를 대행하게 했는데, 이때 비로소 崔亮의 연한에 따른 관직 승진 제도를 개정하여, 덕망과 재능이 있는 자를 발탁하여 임명하고, 또 尙書郎을 도태시켜서 개인의 인품과 가문이 적합한 자를 선발하여 충원하였다. 재능과 명망 있는 인사를 모두 자기 집으로 불러 함께 연회를 즐겼다.

東魏가 以高澄으로 攝吏部尙書한대 始改崔亮年勞之制하여 銓擢賢能하고 又沙汰尙書郎하여 妙選人地以充之하고 凡才名之士를 皆引致門下하여 與之遊宴하다

---

56) 魏取宜陽 行臺王思政城玉壁 徙鎭之 : "城은 기록하지 않고 반드시 관문 요새가 있은 뒤에 기록한다. 그러므로 이로부터 모두 玉壁을 네 번 기록했다.〔城不書 必關要而後書 故自是凡四書玉壁〕" ≪書法≫
57) 如字 : 한 글자에 여러 독음이 있는 경우 本音대로 읽으라는 것이다.
58) 停年格 : 관원을 재직 기간만 따져 승진시키는 제도이다.

思政殿訓義 資治通鑑綱目 제32권 하

-梁 武帝 大同 5년(539)~梁 武帝 太淸 원년(547)-

己未年(539)

梁나라 高祖 武帝 蕭衍 大同 5년이고 西魏 文帝 元寶炬 大統 5년이고 東魏 孝靜帝 元善見 興和 원년이다.

梁大同五年이요 魏大統五年이요 東魏興和元年이라

【綱】 봄 정월에 梁나라가 何敬容을 尙書令으로 삼았다.

春正月에 梁이 以何敬容爲尙書令하다

【目】 晉·宋 이후로 宰相들이 모두 문장 짓는 일을 즐겼으나, 何敬容은 홀로 관문서와 맡은 업무의 처리에 전념하며 밤낮으로 쉬지 않아 세속 사람들로부터 비웃음을 샀다. 徐勉과 周捨가 세상을 떠난 이후로 권력을 잡은 자가 外朝는 하경용, 內省은 朱异였다. 하경용은 질박하고 성실하며 꾸밈이 없었고 기강을 세우는 것을 자신의 임무로 삼았으나, 주이는 문장이 민첩하고 해박하고, 세상 명예를 여러모로 추구하였으며, 主上의 마음을 잘 엿보아 아부하였다. 권력을 잡은 지 30년 동안에 많은 사람에게서 뇌물을 받고 사람들을 눈과 귀를 속이니 원근의 사람들이 분노하고 질시하였다. 정원, 주택, 완상물, 음식, 음악, 여인들이 당대에 최고의 극치였고, 쉬는 날마다 수레와 말이 문 앞을 매웠으나 王承, 王稚, 褚翔만은 가지 않았다.

自晉宋以來로 宰相이 皆以文義自逸하되 敬容이 獨勤簿領하여 日旰不休하여 爲俗所嗤①러라 自徐勉周捨가 旣卒로 當權要者가 外朝는 則何敬容이요 內省은 則朱异②라 敬容은 質慤無文하고 以綱維爲己任이나 异는 文華敏洽하고 曲營世譽하며 善伺主意爲阿諛라 用事三十年에 廣納貨賂하고 欺罔視聽하니 遠近이 莫不忿疾이러라 園宅玩好飮膳聲色이 窮一時之盛하여 每休下에 車馬塡門하되 唯王承王稚及褚翔이 不往③이더라

① 何敬容은 何昌寓의 아들이다. '勤簿領'은 문서 관리와 같은 업무에 부지런하다는 말이다.
敬容, 昌寓之子也. 勤簿領, 謂勤於簿書及所領之事.
② 三公과 卿, 監, 尙書가 外朝官이고 門下省이 內省이다.
三公·卿·監·尙書爲外朝官, 門下省爲內省.
③ 休沐(휴가)하는 날에 省에서 사저로 돌아는 것이 '休下'이다. 王承과 王稚는 王暕의 아들이고 褚翔은 褚淵의 증손이다.
休沐之日, 自省中出還私第爲休下. 承·稚, 暕之子. 翔, 淵之曾孫也.

【綱】西魏 大丞相 宇文泰가 行臺에 학교를 설치하였다.

魏大丞相泰가 **置行臺學**[1]하다

【目】宇文泰가 行臺에 학교를 설치하여 丞郞과 府佐에게 낮에는 公務를 보고 밤에는 이곳에서 강습하게 하였다.

泰가 於行臺에 置學하여 令丞郞府佐로 旦治公務하고 晩就講習[①]하다

① 令은 하여금이다.
令, 使也.

【綱】여름 5월에 東魏가 高氏를 황후로 책봉하였다.

夏五月에 **東魏**가 **立后高氏**하다

【目】〈高氏는〉 高歡의 딸이다.

歡之女也.

【綱】가을 9월에 東魏가 鄴에 城을 축조하였다.

秋九月에 **東魏**가 **城鄴**하다

【綱】겨울 10월에 西魏에서 陽武門에 종이와 북을 두어 〈시세의 득실을 논하

1) 魏大丞相泰置行臺學 : "'宇文泰가 설치하였다.〔泰置〕'라고 기록한 것은 무엇인가. 우문태를 가상하게 여긴 것이다.〔書泰置 何 嘉泰也〕" ≪書法≫

는〉 말을 구하였다.

◑ **冬十月**에 **魏置紙筆于陽武門**하여 **以求言**[2)]하다

【綱】 11월에 東魏가 興光曆을 시행하였다.

◑ **十一月**에 **東魏行興光曆**하다

【目】 校書郎 李業興이 만든 것이니 시행하였다.

校書郎李業興所修也니 行之[①]하다

① 漢나라의 蘭臺와 後漢의 東觀은 모두 책을 보관하던 곳으로 당시 문학에 뛰어난 선비들이 그곳에서 교정을 하게 하였기 때문에 校書라는 직책이 있었는데, 교서의 임무는 있었지만 관직은 설치되지 않았다. 그러므로 郎官이 그 임무를 보면 校書郎이라고 불렀으며, 郎中이 그 임무를 보면 校書郎中이라고 불렀다. 後魏(北魏)에 이르러서야 비로소 祕書校書郎을 두었다. 漢之蘭臺及後漢東(讎)〔觀〕,[3)] 皆藏書之室, 當時文學之士, 使讎校於其中, 故有校書之職, 蓋有校書之任而未爲官也. 故以郎居其任, 則謂之校書郎, 以郎中居其任, 則謂之校書郎中. 至後魏, 始置祕書校書郎.

【綱】 梁나라가 여러 州를 나누어 5品으로 만들었다.

梁分諸州하여 **爲五品**하다

【目】 朱异가 아뢰기를 "근래에 설치한 州가 차츰 많아져서 크기가 고르지 않으니, 청컨대 5品으로 나누어 직위와 봉록의 높고 낮음과 부하 관료의 많고 적음을 모두 이 기준으로 차이를 두어야 합니다."라고 하니, 조칙을 내려 그대로 따르게 하였다.

이에 上品은 20州였고, 다음 품계는 10州였고, 그 다음 품계는 8州였고, 그 다음 품계는 23州였고, 下品은 21州였다.

梁主(蕭衍)가 한창 정벌을 일삼아 경계 지역을 널리 개척하여 북쪽으로는 淮水·汝水를

---

2) 魏置紙筆于陽武門 以求言 : "모두 東魏에 없던 것이니, 특별히 기록하여 가상하게 여긴 것이다. ≪資治通鑑綱目≫이 끝날 때까지 '말을 구하였다.〔求言〕'고 쓴 것은 1번이고(이해(539)), '바른말을 구하였다.〔求直言〕'고 쓴 것은 5번이다.(漢 文帝 2년(B.C. 178)에 자세하다.)〔皆東魏所未有也 特書嘉之 終綱目書求言一(是年) 求直言五(詳漢文帝二年)〕" ≪書法≫

3) (讎)〔觀〕 : 저본에는 '讎'로 되어 있으나, ≪資治通鑑≫ 註에 근거하여 '觀'으로 바로잡았다.

넘고, 동쪽으로는 彭城에 이르고, 서쪽으로는 牂柯를 개척하고, 남쪽으로는 俚洞을 평정하여 州와 郡을 설치하여 혼란이 매우 많았다. 그중 下品은 모두 다른 나라에서 항복한 사람들이라 명칭만 있고 실제 땅이 없어 賦稅와 貢物이 〈조정에〉 도달하는 일이 드물었다. 5品 이외에 또 20여 州가 있는데 어느 지역에 설치했는지를 모르니, 모두 107州였다. 또 변경에 있는 수비 지역이 비록 거느리는 백성이 많지 않았지만 그곳의 장수를 중시하려 하여 모두 郡을 건립하였으니, 州와 郡이 비록 많았지만, 호구 수는 날마다 줄어들었다.

朱异奏頃來置州稍廣而小大不倫하니 請分爲五品하여 其位秩高卑 參僚多少를 皆以是爲差라하니 詔從之[①]하다 於是에 上品二十州하고 次品十州하고 次品八州하고 次品二十三州하고 下品二十一州라 梁主方事征伐하여 恢拓境宇하여 北踰淮汝하고 東距彭城하고 西開牂柯하고 南平俚洞하여 建置州郡하여 紛綸甚衆[②]이라 其下品皆異國降人이라 有名無地하여 職貢罕通하고 五品之外에 又有二十餘州한대 不知處所하니 凡一百七州라 又有邊境鎭戍가 雖領民不多나 欲重其將帥하여 皆建爲郡하니 州郡雖多로되 而戶口日耗矣러라

① 參僚는 바로 參佐(부하 관료)이다.
參僚, 卽參佐.

② 〈俚洞은〉 交州와 廣州 경계 밖에 俚人(南方의 少數民族)들이 몹시 험준한 곳을 의지하여 각자 洞을 만든 것이다.
交·廣界表, 俚人依阻深險, 各自爲洞.

【綱】 西魏가 禮樂을 제정하였다.

魏制禮樂[4]하다

【目】 西魏가 서쪽으로 옮긴 뒤로 禮樂의 제도가 무너졌는데, 宇文泰가 僕射 周惠達과 郎中 唐瑾에게 명을 내려 옛 제도를 수정하게 하여 이때에 이르러 조금 규모가 갖추어졌다.

魏自西遷以來로 禮樂散逸이러니 宇文泰命僕射周惠達郎中唐瑾하여 損益舊章하여 至是稍備하다

---

4) 魏制禮樂 : "長安으로 옮긴 초창기에 宇文泰가 이를 생각하였으니 기록하여 인정해준 것이다.〔長安草創 泰念及此 書予之也〕" ≪書法≫
"옛날 〈≪漢書≫ 〈叔孫通列傳〉에〉 魯나라 두 선비가 말하기를 '백 년 동안 공덕을 쌓은 이후에 禮樂을 일으킬 수 있다.'라고 하였다. 지금 西魏는 날마다 전쟁을 하면서도 예악을 제정하려고 하였다. ≪資治通鑑綱目≫에서는 이에 따라 책에 기록하였으니 또한 가련히 여겨 진취시켜준 것이다.〔昔魯兩生謂百年積德而後禮樂可興 今魏日尋干戈 乃欲制此 綱目因書于冊 亦所以矜而進之〕" ≪發明≫

庚申年(540)

梁나라 高祖 武帝 蕭衍 大同 6년이고, 西魏 文帝 元寶炬 大統 6년이고, 東魏 孝靜帝 元善見 興和 2년이다.

梁大同六年이요 魏大統六年이요 東魏興和二年이라

【綱】봄 2월에 柔然이 西魏를 침략하니, 魏主(文帝 元寶炬)가 예전 황후 乙弗氏를 죽였다.

春二月에 柔然侵魏하니 魏主殺其故后乙弗氏[5)]하다

【目】西魏 文后가 이미 비구니가 되고 나서 별궁에 살았는데, 悼后가 오히려 그녀를 시기하였다. 柔然이 도후를 위해 나라의 군대를 일으켜 남쪽으로 침략하자, 魏主가 마침내 문후에게 자진할 것을 명령하였다. 宇文泰가 여러 군대를 소집하여 沙苑에 주둔하게 하고서 유연을 대비할 적에 周惠達이 병사와 군마를 출동시켜 京城을 수비하여 여러 거리에 참호를 만들고 雍州刺史 王羆를 불러 논의하려 하였는데, 왕비가 使者에게 말하기를 "만약 蠕蠕(柔然)이 渭水의 북쪽에 도착하였다면 나 王羆는 스스로 향리의 무리들을 이끌고 그들을 물리칠 것이니, 어찌 천자께서 계시는 도성 안에서 이와 같은 놀랍고 시끄러운 일이 있어야 되겠소."라고 하였다. 유연이 夏州에 도착하였다가 퇴각하였는데, 얼마 지나지 않아 도후도 병에 걸려 죽었다.

魏文后旣爲尼하여 居別宮호되 悼后猶忌之라 柔然爲之擧國南侵이어늘 魏主乃賜文后自盡하다 宇文泰召諸軍屯沙苑하여 以備柔然할새 周惠達發士馬守京城하여 塹諸街巷하고 召雍州刺史王羆議之한대 羆謂使者曰 若蠕蠕至渭北하면 王羆自帥(솔)鄕里破之하리니 何爲天子城中에 作如此驚擾①오하다 柔然至夏州而退러니 未幾에 悼后亦遇疾殂하다

5) 柔然侵魏 魏主殺其故后乙弗氏 : "옛사람은 '한 사람이라도 죄 없는 이를 죽이고서 천하를 얻음은 하지 않았거늘'(≪孟子≫ 〈公孫丑 上〉) 하물며 죄가 없는데도 한 국가의 國母를 죽였으니 또다시 일에 보탬이 되지 않을 것이다. 宇文黑獺(宇文泰)이 나라를 다스리면서 외국의 수모를 막지 못하고 魏主는 외적에게 압박을 받아 뜻을 굽혀 살육을 행하였다. ≪資治通鑑綱目≫은 위에서 '柔然이 西魏를 침략하였다.〔柔然侵魏〕'라고 기록하고 아래에서 '魏主가 예전 황후를 죽였다.〔魏主殺其故后〕'라고 기록하였으니, 自立하지 못하고 제어를 받음이 분명함을 보인 것이다. 아! 두려워할 만하구나!〔古人殺一不辜而得天下 有所不爲 況以無罪殺一國母 而又無補於事乎 黑獺當國 不能制禦外侮 魏主迫於寇 屈意行戮 綱目上書柔然侵魏 下書魏主殺其故后 則見不能自立 受制明矣 吁 可畏也哉〕" ≪發明≫

① 王羆는 京兆 사람이다.
羆, 京兆人.

【綱】 여름 윤5월 초하루에 일식이 있었다.

夏閏五月朔에 日食하다

【綱】 가을 8월에 梁나라 司空 袁昻이 卒하였다.

◑ 秋八月에 梁司空袁昻卒하다

【目】 袁昻은 疏를 남겨 추증하는 시호를 받지 않겠다고 하였는데 梁主(武帝 蕭衍)가 허락하지 않으니 시호를 穆正이라고 하였다.

昻遺疏하여 不受贈諡호되 梁主不許하니 諡曰穆正이라하다

【綱】 겨울 11월에 吐谷渾이 東魏로 使者를 파견하였다.

冬十一月에 吐谷渾遣使如東魏하다

【目】 吐谷渾에서는 莫折念生이 반란을 일으킨 뒤로 北魏와 왕래를 하지 않았다. 慕容伏連籌가 卒하자, 아들 慕容夸呂가 즉위하여 비로소 可汗이라고 칭하였으니, 그 지역은 동서로 3천 리이며, 남북으로 1천여 리였다. 이해에 처음으로 使者를 파견하여 柔然의 길을 빌려서 東魏에 빙문하였다.

吐谷渾自莫折之亂으로 不通于魏러니 伏連籌卒에 子夸呂立하여 始稱可汗하니 其地東西三千里요 南北千餘里러라 是歲에 始遣使假道柔然하여 聘於東魏하다

辛酉年(541)

梁나라 高祖 武帝 蕭衍 大同 7년이고, 西魏 文帝 元寶炬 大統 7년이고, 東魏 孝靜帝 元善見 興和 3년이다.

梁大同七年이요 魏大統七年이요 東魏興和三年이라

【綱】가을 7월에 西魏가 宇文測을 大都督 行汾州事로 삼았다.

秋七月에 魏以宇文測爲大都督行汾州事하다

【目】宇文測은 宇文深의 형이다. 정치를 하면서 간소하면서도 은혜를 베풀어, 관리와 백성들의 마음을 얻었다. 汾州는 지역이 東魏와 인접하여 동위 사람들이 자주 와서 노략질하였는데, 우문측이 그들을 사로잡았다가 포박을 풀어주고는 만나 보아 빈객의 예로 대우해주고 아울러 양식을 지급하여 호송하여 경계 밖으로 내보내니, 동위 사람들이 크게 부끄러워하여 다시는 노략질을 하지 않았다. 어떤 사람이 우문측이 경계 밖의 사람들과 내통하였다고 고발하자, 宇文泰가 화를 내며 말하기를 "우문측은 나를 위하여 변방을 안정시키고 있으니, 어찌하여 나의 골육을 이간질한단 말인가."라 하고, 명을 내려 그의 목을 베었다.

測은 深之兄也라 爲政簡惠하여 得士民心이러니 汾州地接東魏하여 東魏人數來寇抄어늘 測擒獲之하여 解縛引見하여 待以客禮하고 幷給糧餼하여 衛送出境하니 東魏人이 大慙하여 不復爲寇러라 或告測交通境外者어늘 宇文泰怒曰 測爲我安邊하니 何得間我骨肉고하고 命斬之하다

【綱】9월에 西魏가 관원의 수를 줄이고, 屯田을 설치하고, 여섯 조목을 반포하였다.

九月에 魏省官員하고 置屯田하고 頒六條하다

【目】宇文泰가 당시의 정치를 개혁하여 나라를 강하게 하고 백성들을 부유하게 하는 법을 만들려고 하자, 度支尙書 蘇綽이 그 일을 도와 이루어 관원을 줄이고 각 부문에 두 명의 長을 두고 아울러 屯田을 설치하여 軍國에 도움이 되도록 하였다. 또 6조목의 詔書를 만드니, 첫째는 마음을 깨끗이 하는 것이고, 둘째는 교화를 돈독히 하는 것이며, 셋째는 토지의 이익을 다하는 것이고, 넷째는 현량한 인재를 발탁하는 것이며, 다섯째는 獄訟을 불쌍히 여기는 것이고, 여섯째는 賦役을 고르게 하는 것이었다. 우문태가 항상 이것을 좌석의 오른쪽에 두어 百司들에게 그것을 익히고 암송하도록 하였고, 6조목과 計帳[6]에 통달하지 못한 사람은 관직에 있을 수 없도록 하였는데, 얼마 뒤에 또 새로

6) 計帳 : 北朝 때부터 唐나라와 宋나라 때에 걸쳐 인구를 파악하기 위하여 호적으로 작성한 대장이다.

12조목을 더 제정하였다.

宇文泰欲革時政하여 爲彊國富民之法한대 度支尙書蘇綽이 贊成其事하여 減官員하고 置二長하고 幷置屯田하여 以資軍國하고 又爲六條詔書하니 一曰淸心이요 二曰敦敎化요 三曰盡地利요 四曰擢賢良이요 五曰恤獄訟이요 六曰均賦役이라 泰常置諸坐右하여 令百司習誦之하고 非通六條及計帳者면 不得居官이러니 旣而요 又益新制十二條하다

【綱】 겨울 10월에 東魏가 麟趾格을 반포하였다.

冬十月에 東魏頒麟趾格하다

【目】 東魏에서 조서를 내려 여러 관료들에게 麟趾閣에서 법제를 논의하여 제정하게 하였는데, 그것을 '麟趾格'이라 하고 시행하였다.

東魏詔群官於麟趾閣에 議定法制하여 謂之麟趾格이라하여 行之하다

【綱】 12월에 梁나라 交州 사람 李賁이 반란을 일으키자 군대를 보내어 토벌하였다.

十二月에 梁交州李賁反이어늘 遣兵討之하다

【目】 交趾 사람 李賁은 대대로 豪族이었는데, 관직에 올랐지만 뜻을 얻지 못하였다. 또 幷韶라는 사람이 있었는데 시문을 짓는 데 재주가 많아 선발시험에 응시하여 관직을 구하자, 尙書 蔡撙이 幷氏 성을 가진 사람치고 이전에 현명한 인재가 없었다고 하면서 廣陽門郎에 제수하였다. 병소가 수치스럽게 여겨 마침내 이분과 함께 반란을 일으킬 것을 도모하였다. 마침 交州刺史인 武林侯 蕭諮가 가혹하고 난폭하여 무리들의 마음을 잃고 있었다. 두 사람이 여러 州의 호걸들과 연계하여 함께 반란을 일으켰는데, 梁主(武帝 蕭衍)가 소지를 파견하여 高州刺史 孫冏, 新州刺史 盧子雄과 함께 군사를 거느리고 그를 공격하게 하였다.

交趾李賁이 世豪右호되 仕不得志하고 又有幷韶者가 富詞藻하여 詣選求官[①]한대 尙書蔡撙以幷姓이 無前賢이라하여 除廣陽門郎[②]하니 韶恥之하여 遂與賁으로 謀作亂이러니 會交州刺史武林侯諮以刻暴으로 失衆心이라 二人因連結數州豪傑하여 俱反[③]이어늘 梁主遣諮하여 與高州刺史孫冏新州

里長이 호주에게 명하여 가족의 수, 나이, 田宅 따위를 신고하면 縣은 이를 정리하여 다음해 課役을 기입하였다.

刺史盧子雄하여 將兵擊之④하다

① 選은 選曹이니, 전형하는 일을 주관하였다.
選, 謂選曹也, 主銓選事.
② 廣陽門은 建康城 서쪽 방면 남쪽 끝 제일 첫 번째 문이다.
廣陽門, 建康城西面南頭第一門.
③ 沈約의 ≪宋書≫〈州郡志〉를 살펴보면 "永平郡에 武林縣이 있다."라고 하였다. 蕭諮는 蕭恢의 아들이다.
沈約志 "永平郡有武林縣." 諮, 恢之子也.
④ ≪五代志≫를 살펴보면 "梁나라 大通 연간(527~529)에 番州의 合浦縣을 분할하여 高州를 세웠는데, 隋나라 海康縣의 경계에 있다. 端州의 新興縣에 양나라가 新州를 세웠다."라고 하였다.
五代志 "梁大通中, 割番州合浦縣立高州, 在隋海康縣界. 端州新興縣, 梁立新州."

【綱】 東魏에 큰 풍년이 들었다.

東魏大稔[7)]하다

【目】 北魏에서는 喪亂이 일어난 뒤로 농민과 상인들이 생업을 잃어 六鎭에 살던 백성들은 齊 지역과 晉 지역으로 가서 밥을 얻어먹었다. 동서로 분열되고 해마다 전쟁을 하여, 공적으로나 사적으로 모두 곤경에 빠져 백성들 대부분이 굶어 죽었다. 그러자 高歡이 명을 내려 여러 州의 黃河 가에 모두 창고를 설치하여 곡식을 저장하게 하고, 서로

---

7) 東魏大稔 : "'큰 풍년이 들었다.〔大稔〕'라고 기록한 것은 여기에서 시작되었다. ≪資治通鑑綱目≫이 끝날 때까지 '큰 풍년이 들었다.〔大稔〕'라고 기록한 것은 4번이고(이해(541), 唐 高宗 永徽 원년(650), 德宗 貞元 3년(787), 憲宗 元和 6년(811)) '매우 곡식이 익었다.〔大熟〕'라고 기록한 것은 1번이다.(晉 孝武帝 太元 7년(382))〔書大稔始此 終綱目書大稔四(是年 唐高宗永徽元年 德宗貞元三年 憲宗元和六年) 大熟一(晉孝武帝太元七年)〕" ≪書法≫
"전날에 梁나라에는 '크게 풍년이 들었다.〔大有年〕'라고 기록하였으나 북쪽 지역은 듣지 못하였다. 지금 魏氏(北魏)가 東과 西로 分裂되어 전쟁이 그치지 않아 백성을 보기를 짐승처럼 하니 어찌 이른바 근본에 힘쓰고 농사를 권하는 정치가 있는가. 그런데 이해에 '東魏에 큰 풍년이 들었다.〔東魏大稔〕'라고 기록하였으니, 마치 매우 가상히 여겨 기뻐하고 다행스럽게 여긴 듯하다. 그러나 일개 국가만 겨우 풍년이 들었으면 다른 나라가 흉년이 들었음을 알 수 있고 한 해만 겨우 풍년이 들었으면 다른 해가 흉년이 들었음을 또한 알 수 있다는 것을 모르는 것이다. ≪資治通鑑綱目≫이 이를 기록한 것은 바로 이른바 탄미함은 넉넉함에서 나타나지 않고 부러워함은 늘 부족함에서 나온다는 것이기 때문이다. 아! 슬프다.〔前日梁書大有年 而北境則未聞也 今魏氏東西分裂 用兵不息 視民如禽獸 烏有所謂務本劭農之政 而是歲書東魏大稔 若可深嘉而喜幸之者 然不知一國僅稔 則他國之歉爲可知 一歲僅稔 則他歲之歉又可知 綱目書此 正所謂歎美不見於有餘 羨慕常生於不足者也 吁〕" ≪發明≫

육로와 수로로 운반하여 이로써 군사들에게 공급하고 기근에 대비하도록 하였고, 또 沿海에서는 소금을 굽게 하니, 軍國의 비용이 조금 넉넉해졌다. 또 여러 州에서 조달하는 비단을 옛날의 규정대로 하지 않으므로 백성들이 매우 고통을 겪는다고 여겨 황제에게 아뢰어 모두 40尺을 1匹로 하게 하였다.

그런데 이때에 이르자, 동방에서는 여러 해 동안 풍년이 들어 곡식 1斛이 9錢에 이르렀으므로, 산동에 사는 백성들은 점차 회복하여 소생하였다. 臨淮王 元孝友가 말하기를 "법령과 제도에는 100家를 族이라고 하고, 25家를 閭라고 하며, 5家를 比라고 합니다. 100家 안에는 帥가 25명 있는데, 징발을 모두 면제해주었으니, 고통과 즐거움이 고르지 않고 다시 蠶食함이 있어 폐단이 된 지 오래입니다. 京邑에 있는 여러 坊에는 혹은 7, 8백 家에 오직 한 명의 里正과 두 명의 史가 있을 뿐이지만 여러 일에 누락됨이 없으니, 청컨대 閭마다 단지 두 개의 比를 설치하면 族을 헤아려보아도 〈부역을 면제받는〉 12丁戶를 줄일 수 있어서 한 해에 바치는 絹과 番兵에 이점이 아주 많을 것입니다." 라고 하였다. 이 일이 尙書에 하달되었으나 중지되고 실행되지 못하였다.

魏自喪亂以來로 農商失業하여 六鎭之民이 就食齊晉하여 東西分裂하고 連年戰爭하여 公私困竭하여 民多餓死어늘 高歡命諸州濱河에 皆置倉積穀하고 以相轉漕하고 供軍旅하여 備饑饉하고 又於傍海에 煮鹽하니 軍國粗贍하고 又以諸州調絹을 不依舊式하니 民甚苦之라하여 奏令悉以四十尺爲匹①이러니 至是하여 東方連歲大稔하여 穀斛至九錢이라 山東之民이 稍復蘇息矣러라 臨淮王孝友言②호되 令制에 百家爲族하고 二十五家爲閭하고 五家爲比하고 百家之內에 有帥(수)二十五하여 徵發皆免하니 苦樂不均하고 復有蠶食하여 爲弊久矣라 京邑諸坊에 或七八百家에 唯一里正二史로되 庶事無闕하니 請每閭에 止爲二比하면 計族省十二丁하여 貲絹番兵이 所益甚多하리이다 事下尙書나 寢不行③하다

① 調(조달하다)는 徒釣의 切이다. '不依舊式'은 척도를 옛 규정대로 따르지 않는 것을 말한다.
調, 徒釣切. 不依舊式, 謂尺度不依舊式也.

② 元孝友는 元彧의 아우이다.
孝友, 彧之弟也.

③ '貲絹'은 재산을 따져서 비단을 납입하는 것을 말한다. 番兵은 번갈아 가며 교대하여 군사가 되는 것을 말한다.
貲絹, 謂計貲輸絹. 番兵, 謂番代爲兵.

【目】 胡氏(胡寅)가 다음과 같이 평하였다.

"농민은 천하의 큰 근본이라 軍國에 드는 비용이 모두 그에게 의지한다. 그러나 오

직 王道를 아는 자만이 농민을 걱정할 줄 알고, 仁政을 가탁하는 사람은 그 다음이고, 무력을 믿고 격렬히 전쟁하여 죽이는 자는 대부분 이를 마음에 두지 않는다. 高歡이 무력을 사용한 지 이때에 이르러 10년째인데, 농민을 구휼하는 조칙을 반포하지 않고, 농업을 권장하는 정치를 시행하지 않았으며, 다만 규정대로 비단을 조달하고 창고를 설치하여 곡식을 저장했다는 일만 들었을 뿐이니, 우선 힘써야 할 일을 알았다고 말할 수 있겠는가. 이때에 河南에는 전쟁이 벌어져 황폐해져 무성한 풀밭이 되었지만 비구와 비구니가 2백만 명에 이르렀다. 만일 서로 짝을 지어 전란을 겪어 황폐해진 땅을 주고 그들의 소와 종자를 지급하여 田官을 두어 감독하게 했다면 3, 4년이 안되어 양식이 풍족하고 군대가 넉넉해졌을 것이니, 부강함을 누가 막을 수 있었겠는가."

胡氏曰 農者는 天下之大本이라 軍國之用이 無不資焉이어늘 然惟知王道者가 乃知恤農하고 假仁者가 次之하고 恃力鏖兵者는 多不以經意[①]하나니 高歡用武가 至是十年이로되 恤農之詔를 不頒하며 劭農之政을 不施하고 但聞准式調絹置倉儲穀而已니 可謂知所先務乎[②]아 是時에 河南戰爭하여 鞠爲茂草나 而僧尼至二百萬人하니 若使自相配偶하여 授以荒餘之地하고 給其牛種하여 置田官하여 督護之면 不四三年에 足食足兵하리니 富疆孰禦焉이리오

① 鏖(죽이다)는 於刀의 切이니, 괴롭게 공격하여 많이 죽이는 것이다.
鏖, 於刀切, 謂苦擊而多殺也.

② 劭는 권면한다는 뜻이다.
劭, 勸勉也.

壬戌年(542)

梁나라 高祖 武帝 蕭衍 大同 8년이고, 西魏 文帝 元寶炬 大統 8년이고, 東魏 孝靜帝 元善見 興和 4년이다.

梁大同八年이요 魏大統八年이요 東魏興和四年이라

【綱】 봄 정월에 梁나라 安成의 요망한 사람이 난을 일으키자 3월에 江州司馬 王僧辯이 난을 토벌하여 평정하였다.

春正月에 梁安成妖人이 作亂이어늘 三月에 江州司馬王僧辯이 討平之하다

【目】安成의 명망이 있는 종족 劉敬躬이 妖術로 백성들을 현혹하여 마침내 郡을 점거하여 반란을 일으키니 남방에서는 오랫동안 군사 훈련을 하지 않았으므로 인심이 동요하고 놀랐다. 江州刺史 湘東王 蕭繹이 司馬 王僧辯을 파견하여 유경궁을 토벌하여 참수하였다. 왕승변은 해박하고 말을 잘하며 민첩하고 풍채가 엄숙하여 비록 활을 쏘아 갑옷의 비늘을 뚫지 못하더라도 뜻과 기운은 높고 원대하였다.

安成望族劉敬躬이 以妖術惑衆하여 遂據郡反하니 南方久不習兵이라 人情擾駭어늘 江州刺史湘東王繹이 遣司馬王僧辯하여 討斬之[①]하다 僧辯該博辯捷하고 器宇肅然하여 雖射不穿札이라도 而志氣高遠[②]이러라

① 蕭繹은 梁主(蕭衍)의 아들이다.
繹, 梁主子.
② 갑옷을 엮어 빗살처럼 배열한 것을 札이라 한다.
編甲如櫛齒相比曰札.

【綱】西魏가 처음으로 6軍을 설치하였다.

魏初置六軍하다

【綱】가을 8월에 東魏가 侯景을 河南大行臺로 삼았다.

○秋八月에 東魏以侯景爲河南大行臺하다

【綱】겨울 10월에 東魏의 大丞相 高歡이 西魏의 玉壁을 포위하였다가 이기지 못하고 돌아왔다.

◑冬十月에 東魏大丞相歡圍魏玉壁하여 不克而還하다

【目】高歡이 西魏를 공격하여 汾州와 絳州에서부터 진입하여 군영을 40리에 걸쳐 연결시키자, 宇文泰가 王思政을 시켜서 玉壁을 지키게 하여 그 길을 차단하게 하였다. 고환이 옥벽을 포위한 지 9일이 되었을 때 큰 눈이 내려서 士卒들이 많이 죽었으므로, 마침내 포위를 풀고 떠났다.

高歡擊魏하여 入自汾絳하여 連營四十里어늘 宇文泰使王思政守玉壁하여 以斷其道한대 歡圍玉

壁九日에 遇大雪하여 士卒多死라 遂解圍去하다

【綱】 12월에 梁나라 盧子略이 난을 일으키자, 廣州參軍 陳霸先이 난을 토벌하여 평정하였다.

十二月에 梁盧子略이 作亂이어늘 廣州參軍陳霸先이 討平之하다

【目】 孫冏과 盧子雄이 李賁을 토벌하는데, 봄이라 瘴氣가 한창 발생하였으므로 가을이 될 때까지 기다릴 것을 요청하였는데, 武林侯 蕭諮가 재촉하여 출정했다가 군사들이 궤멸되어 돌아왔다. 소자가 誣告로 주청하여 손경과 노자웅이 머뭇거리면서 전진하지 않았다고 하니, 그들에게 죽음을 내렸다. 노자웅의 아우인 盧子略과 杜僧明, 周文育 등이 무리를 인솔하고 廣州를 공격하였는데, 參軍인 吳興 사람 陳霸先이 정예 군사 3천 명을 거느리고 그들을 격파하고 두승명과 주문육을 사로잡았다. 진패선은 두 사람의 용맹이 보통 사람들보다 뛰어나다고 여겨 그들을 풀어주어 主帥로 삼았는데, 조서를 내려서 진패선을 直閤將軍으로 삼았다.

孫冏盧子雄이 討李賁할새 以春瘴方起로 請待至秋①한대 武林侯諮趣(촉)之하여 衆潰而歸②러니 諮誣奏冏及子雄逗留라하니 賜死하다 子雄弟子略及杜僧明周文育等이 帥(솔)衆攻廣州③어늘 參軍吳興陳霸先이 帥精甲三千하여 擊破之하고 擒僧明文育하니 霸先以二人驍勇過人이라하여 釋之以爲主帥러니 詔以霸先爲直閤將軍하다

① 瘴은 熱病이다. 남쪽 지역은 瘴氣가 있고 더운데 봄의 기운이 짙어지면 瘴氣가 발생한다. 장기에 감염된 사람은 반드시 죽기 때문에 군대가 출동할 때 더욱 두려워한다.
瘴, 熱病也. 南方瘴熱, 春氣深則瘴起. 染之者必死, 軍行尤畏之.

② 趣(재촉하다)은 促으로 읽는다.
趣, 讀曰促.

③ 여기에서 구두를 뗀다.
句.

癸亥年(543)

梁나라 高祖 武帝 蕭衍 大同 9년이고, 西魏 文帝 元寶炬 大統 9년이고, 東魏 孝靜帝 元善見 武定 원년이다.

梁大同九年이요 魏大統九年이요 東魏武定元年이라

【綱】봄 2월에 東魏의 北豫州刺史 高仲密이 虎牢 지역을 가지고 西魏에 항복하였다. 3월에 서위의 大丞相인 宇文泰가 군대를 거느리고 고중밀에게 호응하여 동위 大丞相인 高歡과 邙山에서 전투를 치르다가 대패하여 돌아왔다.

春二月에 東魏北豫州刺史高仲密이 以虎牢降魏하다 三月에 魏大丞相泰가 帥(솔)軍應之하여 及東魏大丞相歡戰于邙山이라가 大敗而還[8)]하다

【目】東魏의 御史中尉 高仲密이 崔暹의 누이동생과 혼인하고서 얼마 뒤에 버리자, 이로 말미암아 최섬과 틈이 벌어졌다. 〈고중밀이〉 선발하여 등용한 御史들이 대부분 그의 親黨이었기에 高澄이 아뢰어서 다시 선발하게 하니, 고중밀은 최섬이 자기를 〈고징에게〉 모함했다고 의심하여 더욱 원망하였다. 고중밀의 후처인 李氏가 아름답고 지혜가 있어 고징이 그녀를 보고서 좋아하였는데, 이씨가 따르지 않고서 고중밀에게 일러바치자 고중밀이 더욱 원망하였다. 얼마 뒤에 〈고중밀이〉 北豫州刺史로 나가게 되어 몰래 외부에서 반란을 모의하였는데, 高歡이 의심하여 奚壽興을 파견하여 군사에 관한 일을 관장하게 하였다. 고중밀이 그를 잡아서 虎牢 지역을 가지고 西魏에 항복하자 고환은 고중밀의 배반한 일이 최섬 때문이라고 생각하여 그를 죽이려고 하였는데, 고징이 그를 위해 살려달라고 굳게 요청하자 고환이 최섬을 풀어주었다.

東魏御史中尉高仲密이 取崔暹之妹하여 旣而棄之하니 由是與暹有隙이라 選用御史가 多其親黨이러니 高澄奏令改選하니 仲密疑暹構己하여 愈恨之라 仲密後妻李氏가 艶而慧①라 澄見而悅之어늘 李氏不從하여 以告仲密하니 仲密益怨이러니 尋出爲北豫州刺史하여 陰謀外叛②이어늘 高歡疑之하여 遣奚壽興하여 典其軍事한대 仲密執之하여 以虎牢降魏어늘 歡以事由崔暹이라하여 將殺之러니 高澄爲之固請한대 歡乃釋之하다

① 崔暹의 누이동생이 떠난 뒤에 李氏가 繼室이 되었으므로, 後妻라고 한 것이다.
崔暹之妹旣去, 李氏繼室, 故曰後妻.

8) 東魏北豫州刺史高仲密……大敗而還 : "高仲密은 실로 반란하였는데 어째서 기록하지 않았는가. 高澄은 無道하여 男女의 구별을 어지럽혔고 심지어 변방의 재앙을 초래하였다. 그러므로 ≪資治通鑑綱目≫은 특별히 '虎牢 지역을 가지고 西魏에 항복하였다.〔以虎牢降魏〕'라고 기록하고 반란이라고 기록하지 않았으니 고징을 죄준 것이다.〔仲密實叛 何以不書 高澄無道 亂男女之別 至啓邊禍 故綱目特書以虎牢降魏而不書叛者 罪高澄也〕" ≪發明≫

② 北豫州는 虎牢에 治所를 두었다.
北豫州治虎牢.

【目】 西魏의 宇文泰가 군사들을 인솔하여 高仲密에게 호응하여 3월에 河橋의 南城을 포위하였다. 高歡이 군사 10만을 거느리고 황하 북쪽에 도착하니, 우문태가 군대를 瀍水 가로 퇴각시키고 상류에서 火船을 내려보내어 하교를 불사르려 하였다. 斛律金이 張亮을 시켜 작은 전함 100여 척에 긴 쇠사슬을 싣고서 화선이 도착하는지 엿보다가 못을 가지고 화선에 박고 쇠사슬을 끌어서 연안 쪽으로 향하게 하니,[9] 하교가 마침내 온전하게 되었다.

고환이 黃河를 건너 邙山을 점거하여 진을 쳤는데, 며칠 뒤에 우문태가 輜重을 남겨두고 밤중에 기습하자 고환이 이 소식을 듣고 진영을 정돈하고서 기다렸다. 동틀 무렵에 우문태의 군사가 도착하자 東魏의 彭樂이 수천의 기병을 거느리고 서위의 군대에 돌진하니, 향하는 곳마다 서위의 군사가 무너져 마침내 서위의 군영으로 달려 들어가 우문태의 督將과 僚佐 48명을 포로로 잡으니, 諸軍이 승리의 기세를 타고 서위를 공격하여 그들을 크게 격파하고 3만여 명을 참수하였다.

火船

魏宇文泰帥(솔)諸軍하여 應仲密하여 三月에 圍河橋南城이어늘 高歡將兵十萬하여 至河北하니 泰退軍瀍上하고 縱火船於上流하여 以燒河橋라 斛律金使張亮하여 以小艇百餘로 載長鎖하여 伺

9) 張亮을……하니 : 쇠사슬 끝에 못을 달아 그 못을 火船에 박아 끌어낸 것이다. ≪北史≫ 〈張亮列傳〉에 "張亮이 작은 전함 100여 척을 마련하여 긴 쇠사슬을 싣고 쇠사슬 끝에 못을 달고서 火船이 도착하려 하자 즉시 작은 배를 빨리 몰아 못을 가지고 화선에 박고 쇠사슬을 끌어서 연안 쪽으로 향하게 하니 화선이 다리에 도달할 수 없었다.〔亮乃備小艇百餘 皆載長鎖 鎖頭施釘 火船將至 卽馳小船 以釘釘之 引鎖向岸 火船不得及橋〕"라고 하였다.

火船將至하여 以釘釘之하고 引鎖向岸하니 橋遂獲全①이라 歡渡河하여 據邙山爲陳한대 數日에 泰留輜重하고 夜襲之어늘 歡聞之하고 正陳以待러니 黎明에 泰至어늘 東魏彭樂이 以數千騎衝魏軍하니 所向奔潰하여 遂馳入魏營하여 虜泰督將僚佐四十(入)〔八〕[10] 人하니 諸軍乘勝擊魏하여 大破之하여 斬首三萬餘級하다

① 艇은 작은 배이다. 鎖는 쇠사슬이다. 위의 釘은 음이 丁이니, 쇠못이다. 아래의 釘(못을 박다)은 丁定의 切이다.
艇, 小船也. 鎖, 鐵鎖也. 上釘, 音丁, 鐵釘也. 下釘, 丁定切.

【目】 高歡이 彭樂을 시켜 宇文泰를 추격하게 하였는데, 우문태가 급박해지자 팽락에게 말하기를 "어리석은 놈아, 오늘 나를 없애면 내일 어찌 네가 있겠느냐. 어찌 군영으로 급히 돌아가 너의 금은보화를 가지지 않느냐."라고 하니, 팽락이 그 말대로 우문태의 金帶 한 자루를 가지고 돌아와 고환에게 말하기를 "宇文黑獺(우문태)이 요행이 제 칼날을 면했으나, 간담이 서늘할 것입니다."라고 하였다. 고환은 그가 우문태를 놓친 것에 분노하여 그의 머리를 잡아 연속으로 처박고 칼을 들어 내리치려고 한 것이 세 차례나 되었으며, 오래도록 입을 다문 채 이를 갈았다. 팽락이 말하기를 "5천 명의 기병을 내어주시기 바라오니 다시 왕을 위하여 그를 잡아오겠습니다."라고 하니, 고환이 말하기를 "그대가 그를 놓아준 것이 무슨 생각에서 한 짓인데, 다시 잡아오겠다는 것인가."라고 하였다.

彭樂

다음 날 다시 전투를 치루는데, 우문태가 中軍이 되어 右軍인 若干惠(야간혜)와 함께 합세하여 東魏를 공격하여 그들을 크게 격파하고 步卒을 모두 포로로 잡았다. 고환이 말〔馬〕을 잃자 赫連陽順이 말에서 내려 고환에게 말을 내주었는데, 고환이 말을 타고 도주할 적에 따르는 자들은 7명뿐이었다. 추격하던 군사가 뒤따르자, 都督 尉興慶이 맞서 싸우다가 화살이 모두 떨어져서 죽었다.

歡使樂追泰한대 泰窘하여 謂樂曰 癡男子아 今日無我면 明日豈有汝邪아 何不急還營하여 收

10) (入)〔八〕: 저본에는 '入'으로 되어 있으나, ≪資治通鑑≫에 의거하여 '八'로 바로잡았다.

汝金寶오하니 樂從其言하여 獲泰金帶一囊以歸하여 言於歡曰 黑獺漏刃이나 破膽矣라하니 歡怒其失泰하여 捽其頭하여 連頓之하고 擧刃將下者三하고 噤齘良久①어늘 樂曰 乞五千騎하노니 復爲王取之하리라하니 歡曰 汝縱之何意而言復取邪아하다 明日에 復戰할새 泰爲中軍하여 與右軍若干惠로 合擊東魏하여 大破之하고 悉俘其步卒②하다 歡失馬어늘 赫連陽順이 下馬以授歡하니 歡走할새 從者七人이라 追兵至하니 都督尉興慶이 拒戰矢盡而死하다

① 捽(잡다)은 昨沒의 切이니, 머리카락을 잡는다는 뜻이다. 頓은 머리를 처박는 것이다. 噤은 渠飮의 切이니, 입을 닫는다는 뜻이다. 齘는 下戒의 切이니, 이빨을 간다는 뜻이다.
捽, 昨沒切, 持頭髮也. 頓, 下首也. 噤, 渠飮切, 口閉也. 齘, 下戒切, 齒相切也.

② 若干의 음은 惹奸이니, 오랑캐의 複姓이며, 惠는 이름이다.
若干, 音惹奸, 虜複姓, 惠其名也.

【目】東魏에서 항복한 군사들이 宇文泰에게 高歡이 있는 곳을 알려주자, 우문태가 용맹한 군사 3천 명을 모아서 모두 짧은 무기로 무장시켜서 賀拔勝에게 배속시켜 공격하도록 하였다. 하발승이 긴 창을 쥐고 추격하여 몇 리를 달려가서 긴 창의 끝이 고환에게 닿아 고환의 숨이 거의 끊어질 뻔 했는데, 段韶가 하발승의 말을 쏘아 넘어뜨려 죽이자, 고환이 마침내 도망쳤다. 하발승이 탄식하며 말하기를 "오늘 활과 화살을 잡지 않은 것은 하늘의 뜻이구나."라고 하였다. 左軍 趙貴 역시 전세가 불리했는데, 동위의 군사들이 다시 떨쳐 일어나니, 우문태가 함께 싸워도 전세가 불리하여 마침내 달아나 關中으로 들어가서 渭水 가에 주둔하였다.

고환이 전진하여 陝州에 도착하니, 우문태가 開府儀同三司 達奚武를 파견하여 방어하게 하자, 行臺郎中 封子繪가 고환에게 말하기를 "東西를 하나로 통일하는 것은 바로 오늘에 달려 있습니다. 만약 다시 지체하고 주저하신다면 후회한들 무슨 소용이 있겠습니까."라고 하니, 고환이 깊이 수긍하였다. 장수들이 모두 들판에는 푸른 풀이 없고 병사와 군마가 피로에 지쳐 있으니 먼 곳까지 추격해서는 안 된다고 하였는데, 陳元康이 말하기를 "두 영웅이 교전한 세월이 이미 오래되었는데 지금 다행히 크게 승리하였습니다. 하늘이 우리에게 기회를 준 것이어서 때를 놓쳐서는 안 되니, 승리의 기세를 타고 추격해야 합니다."라고 하였다. 고환이 말하기를 "만약 복병을 만난다면, 어떻게 하오."라고 하니, 진원강이 말하기를 "이전에 沙苑에서 전세가 불리했을 때에도 저들은 오히려 복병을 두지 않았는데, 지금 이처럼 달아나고 패배한 상황에서 어찌 멀리까지 계책을 도모하겠습니까. 만약 놓아두고 추격하지 않는다면 반드시 후환이 될 것입니다."라

고 하였다. 고환은 그 말을 따르지 않고 돌아갔고, 다만 劉豊生을 시켜 수천 명의 기병을 거느리고 우문태를 추격하게 하였다.

東魏降者가 告泰以歡所在어늘 泰募勇敢三千人하여 皆執短兵하여 配賀拔勝攻之한대 勝執槊逐之하여 馳數里에 槊刃垂及하니 歡氣殆絶이러니 段韶射勝馬斃之하니 歡遂逸去라 勝歎曰 今日에 不執弓矢는 天也로다하다 左軍趙貴亦戰不利어늘 東魏兵復振하니 泰與戰에 又不利라 遂遁入關하여 屯渭上하다 歡進至陝하니 泰使開府儀同三司達奚武로 拒之어늘 行臺郎中封子繪言於歡曰 混壹東西가 正在今日하니 若復遲疑면 後悔何及[①]이리오하니 歡深然之러라 諸將咸以爲野無靑草하고 人馬疲瘦하니 不可遠追라하여늘 陳元康曰 兩雄交爭하여 歲月已久러니 今幸而大捷하니 天授我也라 時不可失이니 當乘勝追之라하다 歡曰 若遇伏兵이면 奈何오하니 元康曰 前沙苑失利에도 彼尙無伏이어든 今奔敗若此하니 何能遠謀리오 若捨而不追면 必成後患이리라하다 歡不從而歸하고 獨使劉豊生將數千騎追泰하다

① 封子繪는 封隆之의 아들이다.
子繪, 隆之之子也.

【目】 예전에 宇文泰가 王思政을 玉壁에서 불러들여 虎牢 지역을 지키게 하려고 하였는데, 부임하기 전에 우문태가 패배하였다. 마침내 幷州刺史로 삼아서 恒農 지역을 지키게 하였는데, 왕사정이 성에 들어와서는 성문을 열고 갑옷을 벗고 누워서 장수와 병졸들을 위로하는 데에 힘쓰면서 두려워할 것이 못 됨을 보였다. 며칠 뒤에 劉豊生이 도착하였는데, 왕사정을 꺼려서 감히 진격하지 못하고 군사를 이끌고 돌아갔다. 왕사정이 마침내 성곽을 보수하고 城樓와 望樓를 세우고, 농경지를 경영하여 꼴과 군량을 비축하니, 이로 말미암아 恒農 지역은 방어 태세를 갖추게 되었고, 우문태도 關中과 隴右에 사는 세력 있는 자들을 폭넓게 모집하여 군사력을 증강시켰다.

高仲密이 배반을 꾀할 적에 몰래 사람을 파견하여 冀州의 호걸들을 선동하여 안에서 호응하게 하였는데, 東魏에서 高隆之를 파견하여 역마를 타고 달려가서 위무하게 하니, 이로 말미암아 안정될 수 있었다. 高澄이 고륭지에게 음밀히 편지를 써서 말하기를 "고중밀의 일파 가운데 함께 西魏로 간 사람들은 그들의 가솔들을 체포하여 장래의 일을 징계하여야 한다."라고 하니, 고륭지가 은혜로운 聖旨가 이미 시행되어 이치상 다시 고칠 수가 없고, 만약 다시 체포하여 죄를 다스린다면 백성들에게 불신을 보이는 것이니, 혹시라도 분란이 일어난다면 손실이 적지 않다고 하고서 마침내 高歡에게 아뢰어 그 일을 그만두게 하였다.

初에 泰召王思政於玉壁하여 將使鎭虎牢러니 未至而敗라 乃以爲并州刺史하여 守恒農한대 思政入城하여 開門解衣而臥하여 慰勉將士하여 示不足畏러니 後數日에 豐生至하여 憚之引還이어늘 思政乃修城郭하고 起樓櫓하고 營農田하여 積芻粟하니 由是로 恒農始有守禦之備하고 泰亦廣募關隴豪右하여 以增軍旅하다 高仲密之將叛也에 陰遣人扇動冀州豪傑하여 使爲內應[①]이어늘 東魏遣高隆之하여 馳驛慰撫하니 由是得安이러라 高澄密書與隆之曰 仲密枝黨與之俱西者는 宜悉收其家屬하여 以懲將來라하니 隆之以爲恩旨既行하여 理無追改하고 若復收治면 示民不信이니 脫致驚擾면 所虧不細라하여 乃啓歡罷之하다

① 高乾 형제가 본래 信都에서 병사를 일으켰는데, 高仲密이 일부러 그 호걸들을 선동하여 그들을 시켜 河北에서 호응하도록 하였다.
高乾兄弟本起兵於信都, 仲密故扇動其豪傑, 使爲應於河北.

高澄

【綱】 여름 4월에 淸水의 氐族이 西魏를 배반하자, 서위에서 使者를 파견하여 그들을 회유하여 항복시켰다.

夏四月에 淸水氐叛魏어늘 魏遣使喩降之하다

【目】 淸水에 사는 氐族의 酋長 李鼠仁이 西魏가 패배한 틈을 타서 요충지를 점거하고 반란을 일으켰다. 獨孤信이 여러 차례 공격하였으나 이기지 못하자, 宇文泰가 典籤인 趙昶을 보내어 타이르도록 하였다. 여러 추장들 중에 따르려는 자도 있었고 거부하는 자도 있었는데, 거부하던 자가 조창에게 칼을 들이대 죽이려 하였으나 조창은 정신과 안색이 태연하여 말투와 기운이 더욱 엄정해지니, 이서인이 감동하고 깨달아 결국 무리들을 이끌고 항복하였다. 우문태는 곧장 조창을 都督으로 삼아 그곳을 관할하게 하였다.

淸水氐酋李鼠仁이 乘魏之敗하여 據險作亂[①]이어늘 獨孤信屢擊之不克이러니 宇文泰遣典籤趙昶往諭之한대 諸酋長或從或否하여 其不從者는 欲刃昶호되 昶神色自若하여 辭氣逾厲하니 鼠仁感悟하여 遂相率降이어늘 泰卽以昶爲都督하여 使領之하다

① 淸水縣은 漢나라 때에는 天水郡에 소속하였고, 晉나라 때에는 略陽郡에 소속하였다. ≪五代

志≫에 이르기를 "後魏(北魏)에서 淸水郡을 설치하였는데, 隋나라에서 郡을 없애고 縣으로 만들어 秦州에 소속시켰다."라고 하였다.
淸水縣, 漢屬天水郡, 晉屬略陽郡. 五代志曰 "後魏置淸水郡, 隋廢郡爲縣, 屬秦州."

【綱】 東魏가 다시 虎牢를 빼앗았다.

東魏復取虎牢하다

【目】 宇文泰가 첩자를 보내어 몰래 虎牢에 들어가게 하여 守將 魏光에게 굳게 지키도록 시켰는데, 侯景이 그를 사로잡아서 편지의 내용을 고쳐서 "신속히 퇴각하라."라고 하고서 첩자를 놓아주어 성으로 들여보냈다. 위광이 밤중에 도주하였는데, 후경이 高仲密의 처자식을 사로잡아서 鄴城으로 압송하니 北豫州와 洛州가 다시 東魏의 영토가 되었다. 高歡이 高乾은 의로운 공훈이 있고, 高昻은 왕을 위하여 죽은 일이 있으며, 高季式은 앞서 고중밀의 반란을 스스로 보고하였다고 여겨서 모두 그들을 위하여 連坐에서 면제해달라고 요청하였다. 고중밀의 처는 사형에 해당되었는데, 高澄이 그녀를 〈妾으로〉 받아들였다.

宇文泰遣諜하여 潛入虎牢하여 令守將魏光固守러니 侯景獲之하여 改其書云 宜速去라하고 縱諜入城하니 光宵遁이어늘 景獲高仲密妻子하여 送鄴하니 北豫洛二州復入于東魏하다 高歡以高乾有義勳하고 高昻死王事하고 季式先自告라하여 皆爲之請하여 免其從坐하다 仲密妻當死러니 高澄納之①하다

① 의로운 공훈이 있다는 것은 信都에서 군사를 일으켜 高歡을 받든 일을 말한다. 왕을 위하여 죽은 일은 河陽에서 전사한 일을 말한다. 앞서 스스로 보고하였다는 것은 먼저 永安戍에서 도망쳐 고환에게 보고한 일을 말한다. 高仲密이 반란을 일으킬 때에 高季式이 영안수에 있었는데, 고중밀이 소식을 전해 알리자 고계식이 달려가 고환에게 보고하였다.
有義勳, 謂起兵於信都以奉歡也. 死王事, 謂戰死於河陽也. 先自告, 謂先自永安戍奔告歡也. 仲密之叛, 季式在永安戍, 仲密遣信報之, 季式走告歡.

【綱】 西魏가 侯景을 司空으로 삼았다.

魏以侯景爲司空하다

【綱】 가을 8월에 東魏가 斛律金을 大司馬로 삼았다.

◑ 秋八月에 東魏以斛律金爲大司馬하다

【綱】 겨울 11월에 東魏가 肆州에 長城을 축조하였다.

◑冬十一月에 東魏築長城于肆州하다

【目】 서쪽으로는 馬陵에서부터 동쪽으로는 土墱에 이르렀다.

西自馬陵東至土墱①이러라

① 馬陵은 東魏에서 수자리를 설치한 지역이다. 墱은 丁鄧의 切이다. 土墱은 지명으로, 肆州의 경내에 있다.
馬陵, 蓋東魏置戍之地. 墱, 丁鄧切. 土墱, 地名, 在肆州境內.

甲子年(544)

梁나라 高祖 武帝 蕭衍 大同 10년이고, 西魏 文帝 元寶炬 大統 10년이고, 東魏 孝靜帝 元善見 武定 2년이다.

梁大同十年이요 魏大統十年이요 東魏武定二年이라

【綱】 봄 3월에 東魏가 高澄을 大將軍 領中書監으로 삼았다.

春三月에 東魏以高澄爲大將軍領中書監하다

【目】 高歡은 대부분 晉陽에 있었던 터라 孫騰, 司馬子如, 高岳, 高隆之에게 조정의 일을 맡겼는데, 鄴城에서는 그들을 '四貴'라고 불렀으니 그 권세가 불길처럼 거세어 오만방자하고 교만하며 탐욕스러웠다. 고환이 그들의 권세를 줄여 빼앗고자 하였으므로 高澄을 領中書監으로 삼고, 門下省의 기밀 업무를 옮겨 中書省으로 모두 귀속시키고 文武 관원에 대한 상벌을 모두 고징에게 물어 의논하였다. 손등이 고징을 만날 적에 공경을 다하려 하지 않자, 고징이 좌우에 있는 사람들을 꾸짖어 그를 끌어내려서 칼자루의 고리로 때리고서 그를 문밖에 서 있게 하였다. 고환이 여러 公들에게 말하기를 "내 아들이 장성해가고 있으니 공들은 그를 피해야 할 것이오."라고 하니, 이에 公卿 이하의 관리들 가운데 〈고징을 보면〉 두려워하지 않는 사람이 없었다. 庫狄干은 고징의 고모부였으나 定州에서 와서 배알하려 할 적에 3일 동안이나 문밖에 서 있다가 마침내 만날 수 있었다. 고징은 심

복을 東魏主(元善見)의 좌우에 두고자 하여 崔季舒를 발탁하여 中書侍郞으로 삼았다.

高歡多在晉陽하여 委孫騰司馬子如高岳高隆之以朝政한대 鄴中謂之四貴라하니 權勢熏灼하여 專恣驕貪이어늘 歡欲損奪其權이라 故以澄領中書監하고 移門下機事하여 摠歸中書하고 文武賞罰을 皆稟於澄[①]이러니 孫騰見澄에 不肯盡敬이어늘 澄叱左右牽下하여 築以刀環하여 立之門外어늘 歡謂群公曰 兒子浸長하니 公宜避之라하니 於是에 公卿以下無不聳懼하여 庫狄干澄姑之壻也로되 自定州來謁할새 立門外三日에 乃得見이러라 澄欲置腹心於東魏主左右하여 擢崔季舒爲中書侍郞[②]하다

① 門下省의 여러 일은 侍中과 給事中 등이 관장하는데, 지금 高歡이 옮겨서 中書省으로 모두 귀속시킨 것은 高澄의 권세를 무겁게 해주기 위해서이다.
門下省衆事侍中·給事中等掌之, 今歡移而摠歸中書, 所以重澄之權.

② 崔季舒는 崔挺의 조카이다.
季舒, 挺之從子也.

【綱】 여름 4월에 梁나라 尙書令 何敬容이 죄를 지어 면직되었다.

夏四月에 梁尙書令何敬容有罪免[①]하다

① 何敬容의 첩의 동생이 관청의 미곡을 도둑질하여 편지를 보내어 領軍인 河東王 蕭譽에게 부탁을 하였는데, 하경용은 이 일에 연좌되어 면직되었다.
敬容妾弟盜官米, 以書屬領軍河東王譽, 敬容坐免官.

【目】 何敬容이 다시 太子詹事가 되었는데, 일찍이 玄圃에서 老莊을 강론하였다. 하경용이 사람들에게 말하기를 "옛날에 西晉이 玄虛[11)]를 숭상하여 中原을 오랑캐로 타락시켰는데, 지금 東宮이 다시 그런 짓을 하고 있으니, 江南도 오랑캐가 될 것이다."라고 하였다.

敬容復爲太子詹事러니 嘗於玄圃에 自講老莊[①]이어늘 敬容謂人曰 昔西晉祖尙玄虛하여 使中原淪於胡羯이러니 今東宮復爾하니 江南亦將爲戎乎인저하다

① 蕭齊[12)] 이후로 東宮에 玄圃를 두었다. 崑崙山에 세 등급이 있는데, 하나는 樊桐이고, 두 번째는 玄圃이고, 세 번째는 層城이니, 太帝가 거처하는 곳이다. 東宮은 太帝가 거처하는 곳에 버금가므로, 玄圃를 세운 것이다.
自蕭齊以來, 東宮有玄圃. 崑崙之山三級, 一曰樊桐, 二曰玄圃, 三曰層城, 太帝之所居. 東宮次於帝居, 故立玄圃.

---

11) 玄虛 : 道佛의 虛無의 학을 일컫는 말로, 특히 老莊學을 가리킬 때 많이 쓰는 말이다.
12) 蕭齊 : 蕭道成이 세운 齊나라를 말하는데, 479년에 일어나 502년에 망하였다.

【目】 胡氏(胡寅)가 다음과 같이 평하였다.

"何敬容의 말이 옳다. 그러나 老莊의 폐해가 佛教보다 심하지는 않았는데, 하경용이 10여 년 동안 大臣으로 있으면서 武帝가 佛教를 신봉하면서 자기 자신을 버려서 國政을 살피지 않는 것을 보았으나 한마디 말도 간언하여 멈추게 한 적이 없었다. 그런데 지금 太子의 스승이 되어 속으로 老莊의 그릇됨을 알고서도 면전에서 아뢰지 않고 사사로이 동료들과 논의하였으니, 나라가 오랑캐가 되는 것이 어찌 작은 연고이겠는가. 이런 일을 숨길 수 있다면 어느 것인들 숨기지 못하겠는가. 하경용은 이 때문에 불충이 극심하다."

胡氏曰 何敬容之言이 是也인저 然老莊之害未甚於佛이어늘 敬容爲大臣十餘年에 見武帝奉佛舍身하여 不修國政호되 曾無一言諫止之하고 今傅儲君에 心知老莊之非호되 又不面陳하고 而私與同列論議하니 且國將爲戎이 豈小故也아 此而可隱이면 孰不可隱이리오 敬容於是乎不忠之甚矣로다

【綱】 5월에 西魏의 大都督 琅邪公 賀拔勝이 卒하였다.

五月에 魏大都督琅邪公賀拔勝卒하다

【目】 宇文泰가 항상 사람들에게 말하기를, "장수들이 적을 마주할 적에 정신과 낯빛이 모두 동요하였으나 賀拔公만은 적의 진지에 다다라서도 평상시와 같았으니, 진정 큰 용기가 있는 사람이다."라고 하였다.

宇文泰常謂人曰 諸將對敵에 神色皆動호되 唯賀拔公臨陳如平時하니 眞大勇也라하더라

【綱】 가을 7월에 西魏가 度量衡을 개정하고 새로운 제도를 반포하였다.

秋七月에 魏更權衡度量하고 頒新制하다

【目】 西魏에서 度量衡을 개정하고, 尙書 蘇綽에게 명을 내려 36개 조항의 법례를 가감하여 반포하여 시행하게 하고, 현명하며 재주 있는 사람을 조사해 선발하여 牧守와 令長으로 삼아서 모두 새로운 제도에 의거하여 보내니, 몇 년 사이에 백성들이 이를 편하게 여겼다.

魏更權衡度量하고 命尙書蘇綽損益三十六條之制하여 頒行之①하고 搜簡賢才爲牧守令長하여 皆依新制而遣焉하니 數年之間에 百姓便之러라

① 24개 조항에 새로 제정한 12개 조항을 합쳐 모두 36개 조항이다.

二十四條幷新制十二條, 總爲三十六條.

【綱】 東魏에서 崔暹을 中尉로 삼고, 宋遊道를 左丞으로 삼았다.

東魏以崔暹爲中尉하고 **宋遊道爲左丞**하다

【目】 北魏는 正光[13] 연간 이후로 정치와 형벌이 느슨해지고 풀려서 관직에 있는 사람들이 대부분 탐욕스러웠다. 高歡이 계문을 올려 宋遊道를 御史中尉로 삼으려고 하였는데, 高澄이 崔暹을 御史中尉로 삼고 송유도를 尙書左丞으로 삼아줄 것을 청하고는 〈최섬과 송유도에게〉 말하기를 "경들 가운데 한 사람은 南臺에 있고 한 사람은 北省에 있어서 마땅히 천하를 숙연하게 해야 할 것이오."라고 하였다. 최섬이 畢義雲 등을 御史로 삼으니, 당시 사람들이 자리에 적합한 사람을 선발했다고 칭찬하였다. 고징이 여러 공들과 함께 東山으로 가다가 길에서 최섬을 만났는데, 〈고징의〉 선발대가 赤棒[14]에 얻어맞자, 고징이 말을 돌려 피하였다. 尙書令 司馬子如와 太師 咸陽王 元坦은 재화를 탐내어 만족할 줄 몰랐는데 최섬이 그들을 탄핵하여 관직을 삭탈하였고, 나머지 사람들도 죽거나 쫓겨난 사람이 매우 많았다.

魏自正光以後로 **政刑弛縱**하여 **在位多貪汙**어늘 **高歡啓以宋遊道爲御史中尉**한대 **澄請以崔暹爲之**하고 **以遊道爲尙書左丞**하여 **謂曰 卿一人**은 **處南臺**하고 **一人**은 **處北省**하여 **當使天下肅然**①이라하다 **暹選畢義雲等爲御史**하니 **時稱得人**②이라하더라 **澄與諸公出**하여 **之東山**할새 **遇暹於道**한대 **前驅爲赤棒所擊**하니 **澄回馬避之**③러라 **尙書令司馬子如太師咸陽王坦**이 **貪黷無厭**이어늘 **暹彈之**하여 **削其官爵**하고 **其餘死黜者甚衆**④이라

① 御史臺는 宮門의 서남쪽에 있기 때문에 '南臺'라고 부르고, 尙書省은 북쪽에 있기 때문에 '北省'이라고 하였다.
御史臺在宮門西南, 故名南臺. 尙書省在北, 故曰北省.

② 畢義雲은 畢衆敬의 曾孫이다.
義雲, 衆敬之曾孫也.

③ 당시에 鄴都에서 東山을 정비하여 연회를 하는 곳을 만들었다.
時於鄴都治東山, 爲遊宴之地.

---

13) 正光 : 北魏 孝明帝의 年號(520~525)이다.

14) 赤棒 : 붉은 몽둥이로, 高官이 행차할 적에 앞서 길을 인도하는 儀仗이 지니고 있는 병기 가운데 하나이다.

④ 元坦은 元樹의 동생이다.
坦, 樹之弟也.

【目】 高歡이 鄴城에 있는 여러 貴人들에게 편지를 보내 말하기를, "崔暹이 憲臺에 있는데, 咸陽王(元坦)과 司馬令(司馬子如)은 모두 내가 布衣 신분일 때부터 교분이 있던 옛 친구로 동시에 죄를 얻었으나 내가 구원해줄 수 없으니 그대들은 신중히 행동하시오."라고 하였다.

宋遊道가 尙書省의 과실 수백 조항을 아뢰어 논박하고 상서성의 豪吏를 아울러 채찍질하고 내쫓자, 高隆之가 송유도를 무고하여 신하답지 못한 말을 하였으니 그 죄가 사형에 해당한다고 하였다. 黃門侍郞 楊愔이 말하기를 "개를 기르는 것은 짖게 하기 위해서인데, 지금 자주 짖는다고 개를 죽이면 앞으로 다시는 짖을 개가 없을까 두렵습니다."라고 하였다. 송유도는 마침내 연좌되어 제명되었다.

그 후에 고환이 鄴城에 이르자 百官이 紫陌[15]에서 맞이하였는데, 고환이 최섬의 손을 잡고 위로하였으나, 최섬은 실로 교묘한 속임수를 속에 품고 있었다. 高澄이 東魏의 琅邪公主를 받아들였는데, 최섬이 반드시 간언할 것이라 생각하여 최섬이 들어와 일에 대해 자문을 할 때에 다시 얼굴빛을 거짓으로 꾸미지 않았다. 3일이 지난 뒤에 최섬이 품고 있던 刺를 앞에 떨어뜨리자, 고징이 무엇에 쓰려는지 물으니, 최섬이 황송해하며 말하기를 "아직 公主를 뵙지 못했습니다."라고 하였다. 고징이 크게 기뻐하여 최섬의 팔을 잡고 들어가 만나게 해주었다. 崔季舒가 어떤 사람에게 말하기를 "최섬이 항상 내가 아첨을 한다고 화를 내더니, 자신이 아첨하는 것은 나보다 심하오."라고 하였다.

歡與鄴下諸貴書曰 崔暹居憲臺에 咸陽王司馬令은 皆吾布衣之舊로 同時獲罪호되 吾不能救하니 諸君은 其慎之어다하다 遊道奏駁尙書違失數百條하고 省中豪吏를 竝鞭斥之러니 高隆之誣遊道有不臣之言하니 罪當死라하여늘 黃門侍郞楊愔曰 畜狗는 求吠니 今以數吠로 殺之면 恐將來에 無復吠狗일까하노라하다 遊道竟坐除名하다 後歡至鄴하니 百官迎於紫陌이어늘 歡握崔暹手而勞之나 然暹實巧詐러라 高澄納魏琅邪公主한대 意暹必諫하여 暹入諮事에 不復假以顔色①이러니 居三日에 暹懷刺墜之於前②이어늘 澄問何爲오하니 暹悚然曰 未得通公主니이다하니 澄大悅하여 把暹臂入見之하다 崔季舒語人曰 崔暹이 常忿吾佞이러니 及其自作에 乃過於吾라하더라

① 예전에 東魏의 高陽王 元斌에게는 서출의 누이동생 元玉儀가 있었는데, 그 집안에서 형제로 받아들이지 않아 孫騰의 妓女가 되었다가 손등이 또 버렸다. 高澄이 우연히 길에서 만나

15) 紫陌 : 도성의 큰길, 또는 도읍지의 성 밖 교외의 큰길을 말한다.

기뻐하며 그녀를 받아들였고, 드디어 특별히 총애를 받아 琅邪公主로 책봉되었다.

初, 魏高陽王斌有庶妹玉儀, 不爲其家所齒, 爲孫騰妓, 騰又棄之. 高澄遇諸塗, 悅而納之, 遂有殊寵, 封琅邪公主.

② ≪續世說≫에 "옛날에는 종이가 없어서 대나무를 깎아 성명을 썼기 때문에 '刺'라고 하였으며, 후대에는 종이에 썼기 때문에 '名紙'라고 하였다."라고 하였다.

續世說 "古者(末)〔未〕[16]有紙, 削竹木以書姓名, 謂之刺. 後以紙書, 謂之名紙."

【綱】 겨울 10월에 東魏에서 〈호적에 올려 있지 않은〉 戶口를 조사하여〔括戶〕 부역을 균등하게 하였다.[17]

冬十月에 東魏括戶均賦하다

【目】 東魏에서 喪亂을 겪은 뒤로 戶口가 실제 수대로 기록되지 않고 徭賦가 균등하지 않다고 여겨 孫騰과 高隆之를 括戶大使로 삼아서 여러 州에 나누어 순행하게 하여 호적에 기록되지 않은 60여만 가구를 찾아내고 僑居하는 사람들을 모두 강제로 본래 호적에 소속된 곳으로 돌아가게 하였다.

東魏以喪亂之後에 戶口失實하고 徭賦不均이라하여 以孫騰高隆之爲括戶大使하여 分行諸州하여 得無籍之戶六十餘萬하고 僑居者를 皆勒還本屬①하다

① 括은 조사한다는 뜻이다. 行(순행하다)은 去聲이다. 僑는 寓居한다는 뜻이다.

括, 檢也. 行, 去聲. 僑, 寓也.

乙丑年(545)

梁나라 高祖 武帝 蕭衍 大同 11년이고, 西魏 文帝 元寶炬 大統 11년이고, 東魏 孝靜帝 元善見 武定 3년이다.

梁大同十一年이요 魏大統十一年이요 東魏武定三年이라

---

16) (末)〔未〕: 저본에는 '末'로 되어 있으나, ≪資治通鑑≫ 註에 의거하여 '未'로 바로잡았다.

17) 東魏가……하였다 : 원문의 '括戶'는 逃戶나 숨은 사람들을 찾아내어 원적지로 돌려보내는 것으로 '括客'이라고 하였다. 東魏의 高隆之가 括戶大使가 된 것이 사적에 보인다. 이 정책은 隋나라와 唐나라로 이어졌으며, 특히 租庸調制의 유지를 위해 시행되었다. 특히 唐 玄宗 때 宇文融의 括戶政策이 유명하다.

【綱】 봄 정월에 東魏에서 晉陽宮을 지었다.

春正月에 **東魏作晉陽宮**하다

【目】 高歡이 말하기를, "幷州는 軍器가 모이는 곳이어서 항시 여인들의 힘[18)]이 필요하니, 청컨대 宮을 설치하여 유배당해 노예가 된 사람들을 거처하게 하소서."라고 하니, 이에 晉陽宮을 설치하였다.

高歡言幷州는 軍器所聚라 動須女功하니 請置宮以處配沒之口라한대 於是에 置晉陽宮하다

【綱】 3월에 西魏가 突厥로 使臣을 보냈다.

三月에 **魏遣使如突厥**[19)]하다

【目】 突厥은 본래 西方에 있는 작은 나라로 姓이 阿史那氏인데, 대대로 金山(중앙아시아의 알타이산맥)의 남쪽에 살았다. 돌궐의 추장 土門이 비로소 강대해져 자주 西魏의 서쪽 변경을 침략하였는데, 이때에 이르러 서위에서 돌궐로 사신을 보내니, 돌궐 사람들이 모두 기뻐하며 말하기를, "大國의 使臣이 도착했으니 우리 나라도 앞으로 흥성할 것이다."라고 하였다.

突厥은 本西方小國이니 姓阿史那氏요 世居金山之陽이러라 其酋長土門이 始彊大하여 頗侵魏西邊①이러니 至是하여 魏使至其國하니 人皆喜曰 大國使者至하니 吾國其將興矣②라하더라

① 突厥은 대대로 金山에 살았는데, 쇠를 잘 다루었다. 金山의 형상이 투구 모양처럼 생겼는데 그들의 풍속에 투구를 '突厥'이라고 불렀으므로, 이로 인해 國號로 삼은 것이다.
突厥世居金山, 工於鐵作. 金山狀如兜鍪, 其俗呼兜鍪爲突厥, 因爲國號.

② '其國'의 아래에 마땅히 '國'字가 더 있어서 아래 구절에 붙여야 한다.
其國之下當更有國字, 屬(촉)下句.

【綱】 여름 6월에 西魏에서 〈大誥〉를 지었다.

夏六月에 **魏作大誥**[20)]하다

18) 여인들의 힘 : 여자들이 깃발이나 군복 등을 제작하는 것을 말한다.

19) 魏遣使如突厥 : "突厥이 비로소 ≪資治通鑑綱目≫에 나타났다.〔突厥始見綱目〕" ≪書法≫

20) 魏作大誥 : "王莽이 〈大誥〉를 지었을 적에는 기록하지 않았는데 여기서는 어찌하여 기록한 것인가.

【目】晉氏[21] 이래로 文章을 짓는 것이 형식적인 겉치레를 다투자 西魏의 宇文泰가 그 폐단을 고치고자 하여 蘇綽에게 명을 내려 〈大誥〉를 짓도록 하고는 여러 신하들에게 보여주어 政事에 힘쓰라고 경계하고, 이어서 명령을 내리기를 "지금부터 文章은 모두 이 문체를 따르도록 하라."라고 하였다.

晉氏以來로 文章競爲浮華어늘 魏宇文泰欲革其弊하여 命蘇綽作大誥하여 宣示群臣하여 戒以政事하고 仍命自今文章을 皆依此體①하라하다

① 宇文泰가 蘇綽에게 명을 내려 〈周書〉를 모방하여 〈大誥〉[22]를 짓도록 하였다.
泰令綽倣周書作大誥.

【綱】梁나라가 군대를 보내어 李賁을 토벌하여 패배시켰다.

梁遣兵討李賁敗之하다

【目】李賁이 스스로 '越帝'라 칭하고 百官을 두었는데, 梁나라에서 交州刺史 楊瞟를 파견하여 이분을 토벌하도록 하면서 陳霸先을 司馬로 삼았다. 定州刺史 蕭勃이 西江에서 양표와 만나 거짓으로 유세하여 양표를 머물러 있게 하자, 양표가 諸將을 모아놓고 계책을 물으니, 진패선이 말하기를, "定州(소발)가 눈앞에 있는 편안함만을 도모하여 큰 계책을 돌아보지 않고 있습니다. 節下[23]께서는 황제의 말씀을 받들어 죄를 지은 자를 정벌하여 마땅히 죽음을 걸어야 하는데, 어찌 머뭇거리며 나아가지 않아 도적을 키우고 군사들의 기세를 꺾어서야 되겠습니까."라고 하고, 마침내 군사들을 정돈하여 먼저 출병하였다. 양표가 진패선을 선봉으로 삼았는데, 이분이 패배하여 嘉寧城으로 달아나자 그를 포위하였다.

賁自稱越帝하고 置百官이어늘 梁遣交州刺史楊瞟하여 討賁할새 以陳霸先爲司馬①러니 定州刺史蕭勃이 會瞟於西江하여 詭說(세)留瞟②어늘 瞟集諸將問計한대 霸先曰 定州偸安目前하고 不顧大

왕망은 거짓이었고 西魏는 진실이었으므로 서위를 기록해주고 왕망을 기록해주지 않은 것이다.〔莽作大誥 不書 此何以書 莽詐而魏實也 故書魏 不書莽〕" ≪書法≫

21) 晉氏 : 晉 王朝를 말한다.

22) 大誥 : 원래는 ≪書經≫ 〈周書〉의 편명이다. 周 武王이 죽은 뒤 어린 成王이 즉위하고 周公이 섭정을 하였는데, 管叔과 蔡叔 등이 '주공이 나라를 넘본다.'라는 유언비어를 퍼뜨리고 결국 반란을 일으켰다. 주공이 이를 토벌하고 나서 大道를 설명하는 글을 지어 천하에 반포한 것이 〈大誥〉이다.

23) 節下 : 符節을 지닌 사람이라는 뜻으로, 장수에 대한 경칭이다.

計하니 **節下奉辭伐罪**하여 **當死生以之**니 **豈可逗撓不進**하여 **長寇沮衆乎**③아하고 **遂勒兵先發**이라 **驃以霸先爲前鋒**하니 **賁敗奔嘉寧城**이어늘 **圍之**④하다

① 驃는 匹妙와 紕招의 두 가지 切이다.
驃, 匹妙・紕招二切.

② ≪五代志≫를 살펴보면 "鬱林郡은 梁나라 때에는 定州를 설치하였다."라고 하였다. 蕭勃은 蕭昺의 아들이다.
五代志 "鬱林郡, 梁置定州." 勃, 昺之子也.

③ 長(키우다)은 知兩의 切이다.
長, 知兩切.

④ 沈約의 ≪宋書≫ 〈州郡志〉를 살펴보면 "吳나라 孫晧 建衡 3년(271)에 交趾를 분할하여 新興郡을 세우고, 아울러 嘉寧縣을 세웠으며, 晉武帝 太康 3년(282)에 郡의 이름을 고쳐 '新昌'이라 하였다." 하였다.
沈約志 "吳孫晧建衡三年, 分交趾, 立新興郡, 幷立嘉寧縣. 晉武帝太康三年, 更郡曰新昌."

【綱】 겨울에 梁나라가 贖刑法을 복구하였다.

冬에 **梁復贖刑法**[24]하다

【綱】 梁나라 散騎常侍 賀琛이 글을 올려 일을 논하였는데, 詔書를 내려 질책하였다.

◑ **梁散騎常侍賀琛**이 **上書論事**한대 **詔詰責之**[25]하다

---

24) 梁復贖刑法 : "〈梁 武帝가 즉위한 지〉 44년 동안에 파기하고 회복한 것이 모두 3번 기록되었다. ≪資治通鑑綱目≫에서 贖刑을 기록한 것은 모두 3번인데 다 梁나라이다.〔四十四年立 罷復凡三書矣 綱目書贖刑三 皆梁也〕" ≪書法≫

25) 梁散騎常侍賀琛上書論事 詔詰責之 : "앞에서는 江子四가 右丞이 된 것을 기록하였는데 諫言을 따름을 가상히 여긴 것이다. 梁主(蕭衍)는 이로부터 잘 죽지 못할 조짐을 보인 것이다. 일을 논한 것을 기록한 것은 평범한 말이고, 질책한 것을 기록한 것은 극심한 말이니, 질책할 것이 아닌데 크게 질책한 것이다. 梁主는 이 까닭에 잘 죽지 못한 것이다. ≪資治通鑑綱目≫은 上疏에 일을 논함을 기록한 것이 2번인데, 賀琛은 詔書를 내려 질책한 것을 기록하였고(이해(545)), 康澄은 융숭한 조서를 내려 회답한 것을 기록하였으니(後唐 壬辰年(932)) 합하여 살펴보면 梁主는 부끄러움이 있다.〔前書江子四爲右丞 美從諫也 梁主自是漸不克終矣 書論事 平辭也 書詰責之 甚辭也 非所責而厚責焉 梁主所以無令終也 綱目書上疏論事二 賀琛 書詔詰責之(是年) 康澄 書優詔答之(後唐壬辰年) 合而觀之 梁主爲有愧矣〕" ≪書法≫
"梁主가 賀琛의 간언에 노한 것은 司馬公 光의 논평이 적당하다. ≪資治通鑑綱目≫은 특별히 '詰責'으로 기록하였으니, 나라를 홍성시킨 王이 諫言한 신하를 상주며 착한 말을 들으면 절한 것과는 다르다.〔梁主怒賀琛之諫 司馬公光論之當矣 綱目特以詰責書之 異乎興王賞諫臣 聞善則拜者矣〕" ≪發明≫

【目】賀琛이 啓文을 올려서 네 가지의 일을 진술하였는데, 첫 번째는 다음과 같다.

"지금 북방의 변경이 머리를 조아려 복종하고 있으니, 바로 이때가 인구를 늘리고 물자를 비축하며, 백성을 잘 가르쳐야 할 시기이지만, 천하의 戶口가 줄어드는데 변경 밖은 더욱 심합니다. 郡에서는 州의 번다하고 촉박하게 구는 정사를 견디지 못하고, 縣에서는 郡의 수탈을 견디지 못하므로 백성들이 명령을 감당하지 못해 각각 유랑하여 옮겨 다니는 데 힘쓰니, 이것이 어찌 牧守의 잘못이 아니겠습니까. 동쪽 변경에 戶口가 텅 비어 있으니, 모두 使命이 번잡하고 빈번하여 둔하고 어리석은 지방 관리들은 손을 공손히 모으고서 〈使臣이〉 물고기를 잡고 사냥을 하듯이 수탈하는 것을 들어주고, 간교한 관리들은 그로 인해 다시 탐욕을 부리고 잔혹하게 굴기 때문입니다. 비록 해마다 生業으로 되돌아가라는 조서를 내리며, 빈번히 조세를 절감해주는 은혜를 내리셔도 백성들은 그들이 살던 곳으로 돌아갈 수가 없습니다."

琛啓陳四事①하니 一曰 今北邊稽服하니 正是生聚敎訓之時나 而天下戶口減落호되 關外彌甚하여 郡不堪州之控摠하고 縣不堪郡之裒削이라 民不堪命하여 各務流移하니 此豈非牧守之過歟②아 東境戶口空虛하니 皆由使命繁數(삭)하여 駑困拱手하여 聽其漁獵하고 黠吏因之하여 重爲貪殘이라 雖年降復業之詔하며 屢下蠲賦之恩이라도 而民不得反其居也③니이다

① 賀琛은 賀瑒의 조카이다. 하창은 賀循의 玄孫이다.
琛, 瑒之弟子也. 瑒, 循之玄孫.

② 稽(조아리다)는 음이 啓이다. '北邊稽服'은 東魏가 〈柔然과〉 서로 화친한 것을 말한다. '生聚敎訓'은 "越나라가 10년 동안 인구를 늘리고 물자를 비축하며 10년 동안 백성을 잘 가르치면"이라고 한 伍子胥의 말을 인용한 것이다. 關外는 淮州, 汝州, 潼州, 泗州 등 새롭게 회복한 州와 郡으로, 변경의 관문 밖에 있는 곳을 말한다. '控摠'은 어떤 본에는 '倥偬'으로 되어 있는데, 음이 孔總으로, 괴롭게 한다는 뜻이다. 일설에는 "일에 늘렸다 줄였다 하는 것이 많아 한가할 겨를이 없다."라고 하였다. 裒는 취하여 거둔다는 뜻이고, 削은 깎아낸다는 뜻이다.
稽, 音(落)〔啓〕.[26] 北邊稽服, 謂東魏通和也. 生聚敎訓, 用伍子胥越十年生聚十年敎訓之言. 關外, 謂淮・汝・潼泗新復州郡在邊關之外者. 控摠, 或作倥偬, 音孔總, 困苦也, 一曰"事多增(韵)〔損〕[27]不暇給也." 裒, 聚斂也. 削, 刻剝也.

③ 東境은 三吳 지역을 이른다. 使(사신 가다)는 疏吏의 切이니, 아래의 使者도 같다. 數(자주)은 음이 朔이다. '漁獵'은 물고기를 잡고 사냥을 하듯이 백성을 수탈하는 것을 말한다. 重

26) (落)〔啓〕: 저본에는 '落'으로 되어 있으나, ≪資治通鑑≫ 註에 의거하여 '啓'로 바로잡았다.

27) (韵)〔損〕: 저본에는 '韵'으로 되어 있으나, ≪御批資治通鑑綱目≫의 ≪集覽≫에 의거하여 '損'으로 바로잡았다.

(다시)은 直用의 切이다.
東境, 謂三吳之地. 使, 疏吏切, 下使者同. 數, 音朔. 漁獵, 言掊克其民若漁獵然. 重, 直用切.

【目】 두 번째는 다음과 같다.

"지금 지방 관리들이 탐욕스럽고 잔혹한 까닭은 진실로 지나치게 사치스러운 풍속으로 말미암아 그렇게 된 것입니다. 지금 술 마시며 즐길 때에 서로 다투어 호화로움을 자랑하여 쌓아놓은 과일이 언덕과 같고 늘어놓은 안주가 비단과 같지만, 손님과 주인이 다만 배를 채울 만큼만 취할 뿐입니다. 또 妓女를 기르는 사내는 등급의 한계와 구분이 없어 음란하고 사치스러운 일이 풍속을 이루어 날마다 더욱 심해지니, 사람들로 하여금 청렴과 결백을 지키게 하려고 해도 어찌 그렇게 될 수 있겠습니까. 진실로 마땅히 엄하게 금지하는 제도를 만들어서 절약하고 검소하도록 인도하고, 겉만 화려하게 하는 풍속을 살펴 조정에 아뢰어 그들의 귀와 눈을 변하게 해야 합니다."

二曰 今守宰所以貪殘은 良由風俗侈靡하여 使之然也라 今之燕喜에 相競誇豪하여 積果成丘하고 列肴如綺호되 而賓主之間이 裁取滿腹①하고 又畜妓之夫가 無有等秩하여 淫侈成俗하여 日見滋甚하니 欲使人守廉白인들 安可得邪아 誠宜嚴爲禁制하여 道以節儉하고 糾奏浮華하여 變其耳目이니이다

① 燕은 마신다는 뜻이다.
燕, 飮也.

【目】 세 번째는 다음과 같다.

"폐하께서 四海를 근심하고 염려하여 힘써 일하는 것을 꺼리지 않으시니, 百司에 이르러서도 일을 아뢰지 않는 경우가 없습니다. 다만 좁은 소견을 지닌 사람들이 다투어 거짓말을 하여 승진을 구하여 나라의 大體를 논하지 않고 오로지 가죽 위의 털을 불어서 허물을 찾아내는 데 힘써서 매우 혹독하게 하는 것을 능력으로 여기고, 과실을 들추어내어 내쫓는 것을 자신의 일로 여깁니다. 행적은 비록 公事를 받드는 것과 비슷하지만 일로 보면 다시 그 위세와 복록을 이루려는 것입니다. 진실로 바라건대 공평하게 처리하는 것이 효과를 보도록 책임을 지우고, 간사하고 사특한 마음을 물리치게 하면 아래에서는 안정되고 위에서는 편안하여 요행을 바라다가 일어나는 근심이 없게 될 것입니다."

三曰 陛下憂念四海하여 不憚勤勞하시니 至於百司히 莫不奏事로되 但斗筲之人이 詭競求進하여

不論國之大體하고 惟務吹毛求疵하여 以深刻爲能하고 以繩逐爲務하니 迹雖似於奉公하나 事更成其威福①이라 誠願責其公平之效하고 黜其讒慝之心하시면 則下安上謐하여 無僥倖之患矣②리이다

① '吹毛求疵'는 털을 불어 그 허물을 찾는 것이니, 까다롭게 세세히 따지는 것을 말한다. '繩逐'은 그 과실을 찾아내어 내쫓는 것을 말한다.
吹毛求疵, 謂吹毛以求其疵瘢, 言其苛細也. 繩逐者, 繩糾其過失而斥逐之也.

② 謐은 편안하다는 뜻이다.
謐, 安也.

【目】 네 번째는 다음과 같다.

"지금 천하가 무사하나 여전히 날마다 겨를이 없으니, 의당 일을 줄이고 비용을 줄여 백성을 양육하고 재물을 모아야 합니다. 마땅히 안으로 職官의 직무를 줄여야 하니 각각 담당하는 부서를 조사하여 없앨 일이 있으면 없애고, 줄일 일이 있으면 줄여야 합니다. 건물을 짓는 데에 급하지 않은 일이 있거나, 징수하거나 요구하는 데에 늦출 수 있는 일이 있으면 모두 멈추거나 줄여서 비용을 줄이고 백성을 쉬게 해야 합니다. 재물을 비축하는 것은 큰일에 쓰기 위함이며, 백성을 양육하는 것은 큰일에 부리기 위함입니다. 만약 작은 일이라서 재물에 손해를 끼치기에 충분치 않다고 말한다면, 한 해가 끝날 때까지 낭비를 줄이지 못할 것이고, 사소한 부역이라서 백성들에게 방해가 되기에 충분치 않다고 한다면 한 해가 끝날 때까지 끊이지 않을 것입니다. 이와 같이 한다면 〈나라를〉 부유하고 강성하게 하며, 원대함을 도모하는 일은 계획하기가 어렵습니다."

四曰 今天下無事나 而猶日不暇給하니 宜省事息費하여 養民聚財라 應內省職掌하니 各檢所部하여 有宜除하면 除之하고 有宜減하면 減之니 興造有非急者커나 徵求有可緩者면 皆宜停省以息費休民이니이다 夫畜其財者는 將以大用之也요 養其民者는 將以大役之也라 若言小事不足害財면 則終年不息矣요 以小役不足妨民하면 則終年不止矣리니 如此則難可以語富彊而圖遠大矣리이다

【目】 啓文을 아뢰자 梁主(蕭衍)가 크게 진노하여 主書를 앞으로 불러 입으로 勅書의 내용을 불러주며 말하기를, "朕이 천하를 소유한 지 40여 년인데, 公車[28]의 바른 말을 날마다 듣고 보았으니, 卿은 스스로 범속한 사람과 동일시하여 단지 명성이나 얻으려고

28) 公車 : 漢나라 때 상소 및 徵召에 대한 일을 관장하던 官署의 이름이다.

길거리에 널리 퍼트려 말하기를, '나는 國政에 대해 아뢰었는데, 한스럽게도 조정에서 채택하지 않았다.'라고 해서는 안 되오. 어찌하여 분별하여 드러내놓고 어떤 刺史가 제멋대로 포악하게 굴며, 어떤 太守가 탐욕을 부리고 잔혹하게 하며, 어떤 使臣이 물고기를 잡고 사냥을 하듯이 백성을 수탈한다고 말하지 않는 것이오. 士民이 먹고 마시는 데에 잘못이 있는 경우, 만약 더욱 엄하게 금지시킨다면 더욱 번거롭고 어지럽게 될 것이오. 만약 조정을 가리킨 것이라면 나는 이러한 일을 한 적이 없소. 옛날에 祭物로 쓰던 짐승을 오랫동안 도살하지 않았고, 조정의 회동에 채소를 마련할 뿐이고, 나는 공적인 연회가 아니면 나라의 음식을 먹지 않았소. 건물을 세우고 지을 적에는 모두 고용하여 일을 이루었고, 30여 년 동안 房室(여인)과 떨어져 지냈으며, 조각하거나 장식한 물건을 궁에 들이지 않았고, 술을 마시지 않고 음악을 좋아하지 않아 조정의 曲宴(사사로운 연회)에서 음악을 연주하지 않았소. 3更[29]까지 政務를 처리하면서 하루에 항상 한 끼를 먹었소. 옛날에는 허리둘레가 10圍였는데 지금은 2尺이 줄어들었으니, 누구를 위하여 이렇게 한 것이겠소. 다른 사람을 구원하기 때문에 그렇게 된 것이오.

啓奏에 梁主大怒하여 召主書於前하여 口授敕書曰 朕有天下四十餘年에 公車讜言을 日關聽覽하니 卿不宜自同闒茸하여 止取名字하고 宣之行路하여 言我能上事로되 恨朝廷之不用①이라 何不分別顯言某刺史橫暴某太守貪殘某使者漁獵邪②오 士民飮食過差를 若加嚴禁하면 益增苛擾요 若指朝廷인댄 我無此事로라 昔之牲牢를 久不宰殺하고 朝中會同에 菜蔬而已③요 我非公宴이면 不食國家之食하고 凡所營造를 皆以雇借成事하고 絶房室三十餘年하며 雕飾之物을 不入於宮하고 不飮酒不好音하여 朝中曲宴에 未嘗奏樂이라 三更治事하며 日常一食하여 昔腰十圍러니 今裁二尺하니 爲誰爲之오 救物故也④니라

① 闒(변변치 못하다)은 吐盍의 切이다. 偦(범상하다)은 而隴의 切이다. '闒茸'은 변변치 못하다는 뜻이며, 용렬하다는 뜻이다. 上(올리다)은 時掌의 切이다.
闒, 吐盍切. 偦, 而隴切. 闒茸, 不肖也, 劣也. 上, 時掌切.

② 橫(방자하다)은 戶孟의 切이다.
橫, 戶孟切.

③ ≪周禮≫를 살펴보면 "왕은 요리에 여섯 가지 희생을 쓰니, 말, 소, 양, 돼지, 개, 닭이다."라고 하였다. 또 이르기를 "왕이 날마다 한 번 성찬을 드는데, 鼎이 12개이다."라고 하였고, 그 注에 "희생을 죽여 성찬을 드는 것을 '擧'라 한다. 鼎이 12개라는 것은 牢鼎이 9개이고, 陪鼎이 3개이다."[30]라고 하였다. 梁主(蕭衍)는 佛教를 신봉하여 도살을 하지 않았다.

---

29) 3更 : 밤 11시부터 새벽 1시 사이의 깊은 밤을 말한다. 밤을 5更으로 나눈 3번째 시각이다.

周禮"王膳用六牲, 謂馬・牛・羊・豕・犬・雞也." 又曰"王日一擧, 鼎十有二." 注"殺牲盛饌曰擧, 鼎十有二, 牢鼎九, 陪鼎三." 梁主事佛, 乃不宰殺.

④ 更(밤 시각)의 음은 庚이다. '爲誰'의 爲(위하다)는 去聲이니, 아래의 '手爲'의 爲도 같다.
更, 音庚. 爲誰之爲, 去聲. 下手爲同.

【目】卿은 또 百司들이 일을 아뢰면서 거짓말을 하여 다투어 승진을 구하는 일을 금지시키기를 바라고 있소. 한쪽 편의 말만 들으면 간사함이 생겨나고 홀로 임무를 맡으면 혼란이 발생하기 마련이오. 秦나라 二世皇帝는 趙高에게 〈정치를〉 위임하였고 元后[31]는 王莽에게 〈정치를〉 맡겼는데 〈그들이〉 사슴을 가리켜 말이라고 한 것을 또한 본받을 수가 있겠소. 治, 署, 邸, 肆 가운데 어떤 것을 마땅히 없애야 하며, 어떤 것을 마땅히 줄여야 하겠소. 어느 곳에 짓는 건물이 급하지 않으며, 어느 곳에서 거두고 요구하는 것을 늦출 수가 있겠소. 각각 그 일을 말하여 갖추어 아뢰고, 나라를 부유하게 하고 군대를 강성하게 하는 술법과 백성을 쉬게 하고 부역을 줄이는 마땅한 방법을 함께 갖추어 열거하시오. 만약 구체적으로 열거하지 않는다면 이는 나를 기망하는 것이오."라고 하였다. 賀琛은 다만 사과만 하였을 뿐, 감히 다시 말을 하지 못하였다.

卿又欲禁百司奏事하여 詭競求進하니 偏聽生姦하고 獨任成亂하나니 二世之委趙高와 元后之付王莽에 呼鹿爲馬를 又可法歟아 治署邸肆에 何者宜除며 何者宜減고 何處興造非急이며 何處徵求可緩고 各出其事하여 具以奏聞하고 富國彊兵之術과 息民省役之宜를 竝宜具列하라 若不具列이면 則是欺罔①이라하니 琛但謝過而已요 不敢復言이러라

① 治는 일을 다스리는 곳이고, 署는 거처하여 머무르는 곳이다. 邸는 왕들의 저택과 여러 郡에서 조회할 때 숙박하는 곳이다. 肆는 시장의 점포이다.
治, 理事之所. 署, 舍止之所. 邸, 諸王列第及諸郡朝宿之區. 肆, 市列也.

【目】梁主(蕭衍)는 사람됨이 효성스럽고 자애로우며 공손하고 검소하였으며, 널리 학문을 익히고 문장을 잘 지었으며, 政事에 부지런하여 겨울에도 일을 보면서 추위를 무릅쓰고 붓을 잡아 손이 이 때문에 터지고 갈라졌다. 天監[32] 연간부터 佛法을 신봉하면서

30) 牢鼎이……3개이다 : 牢鼎은 희생을 담은 솥이고, 陪鼎은 연회 때에 정해진 요리 외에 추가한 요리를 이르니 솥을 추가한 것이다.

31) 元后 : 漢 元帝의 王皇后를 가리킨다.

32) 天監 : 梁主(蕭衍) 때의 年號로 502년에서 519년까지이다.

오랫동안 齋戒하며 하루에 한 끼를 먹으면서도 오로지 채소국과 현미밥을 먹을 뿐이었다. 몸에는 베옷을 입었으며 목면으로 만든 검은 장막을 사용하였고, 冠 하나를 가지고 3년을 쓰고 이불 하나로 2년을 썼으며, 後宮들은 옷이 땅에 끌리지 않도록 하였다. 성품이 술을 마시지 않았고, 祭祀와 큰 饗宴과 佛法과 관계된 일이 아니면 음악을 연주한 적이 없었다. 비록 어두운 방에 있더라도 항상 衣冠을 정돈하였고, 잠시 앉아 있거나 아주 더울 때에도 소매를 걷어 올린 적이 없었으며, 환관과 낮은 직급의 신하를 만날 적에도 마치 큰 손님을 만난 것처럼 하였다.

그러나 士人들을 지나칠 정도로 우대하여 州牧과 郡守들이 대부분 백성들을 침탈하였으며, 使臣들은 郡縣을 간섭하고 어지럽게 하였다. 또 가까이 있는 사람을 좋아하고 小人들에게 일을 맡겨 상당히 가혹하게 살피는 일로 피해를 주었으며, 많은 佛塔과 寺廟를 만들어서 공적으로나 사적으로나 비용을 소모하게 하였다. 江南이 오랫동안 안정되어 풍속이 사치스럽고 화려해졌기에 賀琛이 啓文을 아뢰었던 것인데, 梁主는 그가 사실대로 아뢴 것을 싫어했기 때문에 화를 낸 것이다.

梁主爲人이 孝慈恭儉하고 博學能文하며 勤於政務하여 冬月視事에 執筆觸寒하여 手爲皴裂①하고 自天監中用釋氏法하여 長齋一食호되 惟菜羹糲飯而已②요 身衣布衣하고 木綿皁帳하며 一冠三載하고 一衾二年하며 後宮衣不曳地③하고 性不飮酒하고 非祭祀饗宴及諸法事면 未嘗作樂④이러라 雖居暗室이나 恒理衣冠하고 小坐盛暑에 未嘗褰袒하며 對內豎小臣에 如遇大賓⑤이러라 然優假士人을 太過하여 牧守多侵漁百姓하며 使者干擾郡縣하고 又好親任小人하여 頗傷苛察하고 多造塔廟하여 公私費損이라 江南久安하여 風俗奢靡라 故琛啓에 及之하니 梁主惡其觸實이라 故怒하니라

① 皴(주름)은 七倫의 切이니, 피부가 미세하게 일어나는 것이다.
皴, 七倫切, 皮細起也.

② 糲는 거친 상태로 도정하지 않은 것이다.
糲者, 麤而不鑿也.

③ '身衣'의 衣(입다)는 於旣의 切이다. 木綿은 江南에서 많이 생산되는데, 봄 2, 3월 그믐 때에 파종한다. 싹이 난 뒤에는 한 달에 세 차례 사방에 김을 매는데, 때를 놓쳐 김을 매지 못하면 잡초에 의해 황폐화되어 말라 죽어버린다. 여름이 되어 점점 무성지고, 가을에 이르러 누런 꽃이 피고 열매를 맺는다. 열매가 익을 때가 되면 껍질이 사방으로 터지는데, 그 속에서 터져 나오는 것이 綿과 같다. 土人이 덩이쇠로 된 紡錘로 그 씨앗을 갈아 제거하고 솜처럼 된 것을 채취하는데, 대나무로 작은 활을 만드니, 길이가 1尺 4, 5촌쯤 되는데, 활줄을 끌어다 솜을 튕겨 고르고 가늘게 만든다. 이를 말아서 작은 통으로 만들어 물레에 넣어 실을 뽑으면 자연스레 실오리가 추출되는데 누에고치 실을 켜는 모양과 같으며, 수고스레 길

쌈을 하지 않아도 짜서 베를 만들 수 있다. 閩과 廣 지역에서 생산된 것이 더욱 아름답고 촘촘하다.

身衣之衣, 於旣切. 木綿, 江南多有之, 以春二三月之晦下子種之. 旣生, 須一月三薅其四旁, 失時不薅, 則爲草所荒穢, 輒萎死. 入夏漸茂, 至秋生黃花結實. 及熟時, 其皮四裂, 其中綻出如綿. 土人以鐵鋌碾去其核, 取如綿者, 以竹爲小弓, 長尺四五寸許, 牽弦以彈綿, 令其勻細. 卷爲小筩, 就車紡之, 自然抽緖, 如繅絲狀, 不勞紉緝, 織以爲布. 自閩廣來者, 尤爲麗密.

④'法事'는 불교를 신봉하여 梵唄를 하는 것이다.
法事, 謂奉佛爲梵唄.

⑤'小坐'는 궁궐 안에서 편히 앉아 있는 것을 말한다.
小坐, 宮中便坐也.

【目】司馬溫公(司馬光)이 다음과 같이 평하였다.

"梁나라 高祖(蕭衍)가 유종의 미를 거두지 못한 것은 당연하다. 賀琛의 간언 역시 절실하고 곧음에 이르지 못하였으나, 고조가 이미 드러내놓고 진노하여 자신의 단점을 보호하고 자신의 장점을 자랑하면서 대답하기 어려운 상황으로 곤란하게 하고, 반드시 궁색한 말을 하도록 질책한 것이다. 그렇다면 그 밖에 하침보다 더 절실하고 곧은 간언을 아뢰려는 자가 있어도 누가 감히 나아가 말을 할 수 있겠는가. 이로 말미암아 간사하고 아첨하는 자들이 앞에 있는데도 보지 못하고 큰 계책이 뒤집히고 바뀌어도 알지 못하여, 이름이 더럽혀지고 몸이 위태로워졌으며 나라가 전복되고 제사가 끊어졌으니, 어찌 슬프지 않겠는가."

司馬公曰 梁高祖之不終也는 宜哉로다 賀琛之諫亦未至於切直이나 而高祖已赫然震怒하여 護其所短하고 矜其所長하여 困以難對之狀하고 責以必窮之辭라 然則自餘切直之言過於琛者가 誰敢進哉리오 由是姦佞居前而不見하고 大謀顚錯而不知하여 名辱身危하고 覆邦絶祀하니 豈不哀哉①아

①'姦佞居前'은 朱异와 周石珍의 무리를 말한다. '大謀顚錯'은 侯景을 받아들였는데 다시 東魏와 화친한 것을 말한다.
姦佞居前, 謂朱异·周石珍輩也. 大謀顚錯, 謂納侯景, 復與東魏和也.

【目】梁主(蕭衍)가 文雅를 돈독히 숭상하고 刑法을 소략하게 하여 公卿과 大臣부터 모두 감옥에 가두고 鞫問하려는 뜻이 없었다. 간악한 관리는 권력을 휘두르고 법을 희롱하여 뇌물이 오가는 것이 시장과 같았으며, 잘못되고 지나친 경우가 많았다. 대체로 2년형 이상에 해당하는 죄인이 1년에 5천 명에 이르렀다.

◑ 梁主敦尙文雅하고 疏簡刑法하여 自公卿大臣으로 咸不以鞠獄爲意라 姦吏招權弄法하여 貨賂成市하고 枉濫者多라 大率二歲刑已上이 歲至五千人①이러라

① 鞠은 본래 鞫으로 쓰니, 죄인을 추궁한다는 뜻이다.
鞠, 本作鞫, 窮理罪人也.

【目】 梁主(蕭衍)는 연로하고 또 佛敎의 계율을 정성스럽게 지켜 매번 무거운 죄를 판결할 때마다 종일토록 기뻐하지 않았고, 어떤 사람이 반역을 꾀하다가 발각되었는데도 눈물을 흘리며 그를 용서하였다. 이로 말미암아 王侯들이 더욱 횡포를 부려 백주대낮에도 살인을 저지르며 한밤중에 약탈을 하였으니, 梁主는 이러한 폐단을 깊이 알았지만 자애로움에 빠져서 금지시킬 수가 없었다.

◑ 梁主年老하고 又持佛戒하여 每斷重罪에 則終日不懌하고 或謀反逆事覺이라도 亦泣而宥之①라 由是로 王侯益橫하여 或白晝殺人하며 暮夜剽掠②하니 梁主深知其弊로되 而溺於慈愛하여 不能禁也러라

① 〈'亦泣而宥之'는〉 臨賀王 蕭正德 父子와 같은 자들이 이들이다.
如臨賀王正德父子是也.
② 橫(방자하다)은 戶孟의 切이다.
橫, 戶孟切.

【綱】 西魏에서 使臣을 보내어 瓜州刺史인 鄧彦을 잡았다.

魏遣使하여 執其瓜州刺史鄧彦33)하다

【目】 西魏에서 東陽王 元榮을 瓜州刺史로 삼아 그의 사위인 鄧彦과 함께 가도록 하였다. 元榮이 죽자, 瓜州에서 으뜸가는 명망 있는 집안에서 원영의 아들 元康을 刺史로 삼아 달라고 表文을 올렸으나, 등언이 원강을 죽이고 그 자리를 빼앗았다. 그런데 서위는 토

33) 魏遣使 執其瓜州刺史鄧彦 : "'잡았다〔執〕'는 無罪한 사람을 잡은 것이다. 鄧彦은 죄가 없지 않으나 '執'으로 기록한 것은 무엇인가. 거짓을 사용한 것을 나무란 것이다. 등언이 元康을 죽이고 그 자리를 빼앗았으니 토벌함이 옳다. 이미 刺史로 삼았는데 또다시 사신을 보내 등언을 잡았으니 형벌이 아니다. 《資治通鑑綱目》은 거짓을 사용한 것을 나무랐으니, 이 때문에 등언은 '瓜州'라고 기록하고(이해(545)), 王弁은 '開州'라고 기록한 것이다.(唐 憲宗 元和 14년(819))〔執者 執無罪也 彦不爲無罪而以執書之 何 譏用詐也 彦殺元康 奪其位 討之可也 旣以爲刺史 而又遣使執之 非刑矣 綱目譏用詐 是故鄧彦書瓜州(是年) 王弁書開州(唐憲宗元和十四年)〕" 《書法》

벌을 하지 못하고 그대로 등언을 자사로 삼았는데, 여러 차례 불렀으나 오지 않았다. 宇文泰가 申徽를 河西大使로 삼아 명령을 내려 등언을 도모하도록 하니, 신휘가 50명의 기병을 이끌고 가서 도착해서는 賓館에 머물렀다. 등언이 알현하자 신휘가 등언을 사로잡고, 이로 인해 詔書를 널리 알려 관리들과 백성들을 위로하여 타이르고, 또 말하기를 "大軍이 뒤따라 도착할 것이다."라고 하니, 성안에는 감히 준동하는 사람이 없었다.

魏東陽王榮爲瓜州刺史하여 與其壻鄧彦偕行이러니 榮卒에 瓜州首望이 表榮子康爲刺史①한대 彦殺康而奪其位호되 魏不能討하고 因以彦爲刺史러니 屢徵不至어늘 宇文泰以申徽爲河西大使하여 令圖彦②한대 徽以五十騎行하여 旣至에 止於賓館하니 彦入謁이어늘 徽執之하고 因宣詔하여 慰諭吏民하고 且云 大軍續至라하니 城中無敢動者러라

① 각 州의 큰 姓氏가 望族이다. '首望'은 또다시 한 州의 望族 가운데 으뜸이다.
各州之大姓, 是爲望族. 首望者, 又一州望族之首.
② 申徽는 申鐘의 6世孫이다.
徽, 鐘之六世孫也.

丙寅年(546)

梁나라 高祖 武帝 蕭衍 中大同 원년이고, 西魏 文帝 元寶炬 大統 12년이고, 東魏 孝靜帝 元善見 武定 4년이다.

梁中大同元年이요 魏大統十二年이요 東魏武定四年이라

【綱】 봄 3월에 梁主(蕭衍)가 同泰寺에서 佛書를 강론하였다. 여름 4월에 동태사의 浮圖에 화재가 발생하자, 다시 지었다.

春三月에 梁主講佛書於同泰寺하다 夏四月에 同泰浮圖災어늘 復作之[34]하다

34) 梁主講佛書……復作之 : "魏主가 佛書를 강론한 것에 '친히〔親〕'라고 기록한 것은 특이하게 여긴 것이다.(기축년(509)) 여기에서 '親'이라고 기록하지 않은 것은 어째서인가. 일찍이 두 번이나 捨身을 하였으니 친히 강론한 것은 특이하게 여길 것이 못 된다. 사전에 두 번이나 ≪涅槃經≫을 강론하였으나 기록하지 않았는데(이해(545), 中大同 3년(547)) 여기서는 어째서 기록하였는가. 浮圖에 화재가 발생했기 때문에 기록한 것이다. 위에서 '同泰寺에서 佛書를 강론하였다.〔講佛書同泰寺〕'라고 기록하고, 이어서 '동태사의 浮圖에 화재가 발생하였다.〔同泰浮圖災〕'라고 기록하여, 두 번이나 동태사를 기록하였으니 感應의 효과를 드러낸 것이다. 그런데 다시 지었으니 어리석음이 또한 심하다. 기록하여 매우 나무란 것이다.〔魏主講佛書書親 異之也(己丑年) 此其不書親 何 嘗再捨身 則親講不

【目】 梁主(蕭衍)가 同泰寺에 행차하여 ≪三慧經≫을 강론하였다. 4월에 강론을 해산하였는데, 이날 저녁에 동태사의 浮圖(불탑)에 화재가 발생하자, 梁主가 말하기를, "이는 마귀의 짓이니, 마땅히 法事를 널리 일으켜야 한다."라고 하고, 드디어 12층의 浮圖를 짓기 시작하여 완공을 앞두었는데, 侯景의 난을 만나서 중지하게 되었다.

梁主幸同泰寺하여 講三慧經하고 四月에 解講이러니 是夕에 浮圖災어늘 梁主曰 此魔也니 更宜廣爲法事①라하고 遂起十二層浮圖하여 將成에 値侯景亂乃止하다

① 魔는 眉波의 切이니, 마귀이다.
魔, 眉波切, 鬼魔也.

【綱】 5월에 西魏의 涼州와 瓜州에서 난을 일으키자, 토벌하여 평정하였다.

五月에 魏涼瓜州亂이러니 討平之하다

【目】 西魏에서 史寧을 涼州刺史로 삼으니, 前 刺史 宇文仲和가 州를 점거하고 교대하는 사람을 받아들이지 않았는데, 瓜州의 백성 張保가 刺史를 죽이자, 晉昌의 백성 呂興이 太守를 죽이고는 장보에게 호응하였다. 宇文泰가 獨孤信과 怡峯을 파견하여 史寧과 함께 그들을 토벌하도록 하였는데, 사녕이 관리와 백성들을 깨우쳐 타이르자 대개 모두가 귀의하였으나, 오로지 우문중화만이 城을 점거하고 항복하지 않았다. 이에 이르러 독고신이 습격하여 우문중화를 사로잡았다.

魏以史寧爲涼州刺史하니 前刺史宇文仲和가 據州不受代어늘 瓜州民張保가 殺刺史하니 晉昌民呂興이 殺太守하여 以應之①하다 宇文泰遣獨孤信怡峯하여 與史寧討之②할새 寧曉諭吏民하니 率皆歸附호되 獨宇文仲和가 據城不下러니 至是하여 獨孤信이 襲擒之하다

① 晉昌郡은 隋나라의 常樂縣 경계에 두었을 것이다.
晉昌郡, 當置於隋常樂縣界.
② 怡峯은 성명이다.

足異矣 前再講涅槃 不書(是年 中大同三年) 此何以書 爲浮圖災書也 上書講佛書同泰寺 繼書同泰浮圖災 再書同泰 所以著感應之效也 而復作之 愚亦甚矣 書 深譏之〕" ≪書法≫

"人火를 火라 하고 天火를 災라 한다. 梁主가 國事를 버려두고 佛書를 강론하였으니, 하늘이 이미 그 浮圖에 불을 질러 경고한 것이다. 그런데도 깨닫지 못하고 더욱 증설하여 넓혔다. ≪資治通鑑綱目≫에서 '災'라고 기록하고 '다시 지었다.〔復作〕'라고 기록하였으니, 매우 나무란 것이다.〔人火曰火 天火曰災 梁主捨國事而講佛書 天旣火其浮圖以警之矣 猶不知悟 方更增而廣之 綱目書災 書復作 所以深譏之也〕" ≪發明≫

怡峯, 姓名.

【目】 예전에 張保가 州의 主簿인 令狐整을 죽이고자 하였으나 그가 명망이 있어 인심을 잃을까 두려워하여 비록 겉으로는 서로 공경하였지만 속으로는 매우 꺼렸다. 영호정이 거짓으로 가까이 붙어 있으면서 그로 인해 사람을 시켜 장보를 설득하기를 "지금 東軍이 涼州를 압박하고 있으니, 양주의 형세가 고립되고 위태로운 상황이라, 마땅히 급히 정예병을 나누어 그곳을 구원해야 합니다. 令狐延保가 文武의 자질을 겸비하였으니, 병사들을 거느리고 가게 한다면 성공하지 못할 일이 없을 것입니다."라고 하니, 장보가 그 말대로 따랐다.

영호정이 가다가 玉門에 이르러 호걸들을 불러 모아 장보의 죄상을 말하고 말을 달려 되돌아가서 장보를 습격하였다. 먼저 晉昌에서 승리하여 呂興의 목을 베고 瓜州로 진격하니, 과주 사람들이 평소에 영호정을 믿고 복종하였으므로 모두 장보를 버리고 와서 항복하자, 장보는 吐谷渾으로 달아났다. 여러 사람들이 논의하여 영호정을 추대하여 刺史로 삼으려하자, 영호정이 말하기를, "우리들은 장보가 일으킨 반역으로 인해 州 전체에 사는 사람들이 모두 不義에 빠질까 두려워하였소. 그런 까닭으로 함께 그를 토벌하여 죽인 것인데, 지금 다시 추대를 받는다면 이는 더욱 심하게 그를 본받는 것이요."라고 하였다. 이에 西魏에서 파견한 使臣인 張道義를 추대하여 行州事로 삼고 상황을 갖추어서 보고하였으며, 〈영호정은〉 종족과 고향 사람들 3천여 명을 이끌고 들어가 조회하였으니, 여러 차례 진급하여 侍中에 이르렀다.

初에 張保欲殺州主簿令狐整호되 以其人望으로 恐失衆心하여 雖外相敬이나 內忌之[①]하더라 整陽爲親附하여 因使人說(세)保曰 今東軍逼涼州하니 彼勢孤危라 宜急分精銳하여 以救之니 令狐延保가 兼資文武하니 使將兵以往이면 蔑不濟矣리라하니 保從之[②]하다 整行及玉門하여 召豪傑하여 述保罪狀하고 馳還襲之[③]할새 先克晉昌하여 斬呂興하고 進擊瓜州하니 州人素信服整이라 皆棄保來降하니 保奔吐谷渾하다 衆議推整爲刺史하니 整曰 吾屬以張保逆亂으로 恐闔州之人이 俱陷不義라 故相與討誅之하니 今復見推면 是效尤也[④]니라 乃推魏使者張道義하여 行州事하고 具以狀聞하고 而帥(솔)宗族鄕里三千餘人하여 入朝하니 累遷侍中하다

① 令의 음은 零이다. 令狐는 複姓이고 整은 그의 이름이니, 瓜州의 望族이다.
令, 音零. 令狐, 複姓. 整, 其名. 瓜州之望也.

② 東軍은 獨孤信의 군대가 동쪽인 長安에서 온 것을 말한다. 延保는 令狐整의 字이다.

東軍, 謂獨孤信之軍東自長安來. 延保, 整字.

③ ≪五代志≫를 살펴보면 "瓜州의 玉門縣에는 後魏(北魏)때에 會稽郡을 두었고, 또 玉門郡을 두었다."라고 하였다.
五代志 "瓜州玉門縣, 後魏置會稽郡, 又有玉門郡."

④ ≪春秋左氏傳≫에 이르기를 "남을 욕하면서 그대로 본받는다면 죄가 더 크다."라고 하였다.
左傳曰 "尤而效之, 罪又甚焉."

【綱】가을 7월에 梁나라가 短錢[35]의 사용을 금지하였다.

秋七月에 梁禁用短錢하다

【目】이에 앞서 江東에서는 建康과 三吳·荊州·郢州·江州·湘州·梁州·益州에서만 錢을 사용하였고, 그 나머지 州와 郡에서는 곡식과 비단을 섞어서 사용하였으며, 交州·廣州에서는 오로지 금과 은을 화폐로 사용하였다. 梁나라가 五銖錢과 女錢을 주조하면서부터 두 종류를 함께 통용하도록 하고, 여러 가지 옛날 錢은 쓰지 못하게 하였다. 普通[36] 연간에 다시 鐵錢을 주조하였으니, 이로 말미암아 사적으로 錢을 주조하는 사람이 많아져서 물가가 급등하여 교역을 하는 사람들은 심지어 수레에 錢을 실어 다시 숫자를 계산하지 않았다. 또 어떤 지역에서는 80文을 100文으로 치기도 하였고, 어떤 지역에서는 70文을 100文으로 치기도 하였으며, 어떤 지역에서는 90文을 100文으로 치기도 하였다. 梁主(蕭衍)가 이를 근심하여 詔書를 내렸으나 사람들이 따르지 않으므로, 錢陌(돈을 세는 단위)이 더욱 줄어들어 말년에 이르러서는 마침내 35文을 100文으로 쳤다.

先是에 江東에 唯建康及三吳荊郢江湘梁益이 用錢하고 其餘州郡은 雜以穀帛하고 交廣은 專以金銀爲貨러니 梁自鑄五銖及女錢으로 二品竝行하고 禁諸古錢①이라가 普通中에 更鑄鐵錢하니 由是私鑄者多하여 物價騰踊이라 交易者至以車載錢하여 不復計數하고 又或以八十爲百하며 或以七十爲百하며 或以九十爲百하니 梁主患之하여 乃下詔禁之나 而人不從이라 錢陌益少하여 至于季年하여 遂以三十五로 爲百云②이러라

① 杜佑가 말하기를, "梁 武帝가 錢을 주조하였는데, 동전에 구멍〔好〕을 뚫고 둘레〔肉〕를 만들고 구멍과 둘레에 테두리〔周郭〕를 만들어 '五銖'의 문양을 새겼다. 무게는 2銖 3絫 2黍이며, 100文은 무게가 1근 2냥이다. 또 따로 주조한 錢은 둘레의 테두리를 제거하여 '公式女錢'

35) 短錢 : 실제 가치는 1백 錢이 안 되나 1백 전으로 삼아 사용하던 돈으로 短陌이라고도 한다.
36) 普通 : 梁主(蕭衍) 때의 年號로, 520년에서 526년까지이다.

이라 하였으니, 지름이 1寸이고 '五銖'의 문양을 새겼다. 무게는 새로 주조한 五銖錢과 같았으며, 두 가지 錢을 함께 통용하였다. 말년에 이르러 또 兩柱錢을 만들었다.

杜佑曰 "梁武帝鑄錢, 肉好周郭, 文曰五銖, 重二銖三絫二黍, 其百文則重一斤二兩. 又別鑄除其肉郭, 謂之公式女錢, 徑一寸, 文曰五銖, 重如新鑄五銖, 二錢竝行. 及其末也, 又有兩柱錢."

② 《漢書》〈食貨志〉를 살펴보면 '仟佰之得'의 註에 "仟은 千錢을 말하고, 佰은 百錢을 말한다. 지금 풍속에 百錢을 '一佰'이라고 하는 것과 같다." 하였다. 〈佰은〉 '陌'과 통용한다.

漢志仟佰[37]之得註 "仟謂千錢, 佰謂百錢, 今俗猶謂百錢爲一佰." 通作陌.

【綱】 8월에 梁나라가 邵陵王 蕭綸을 南徐州刺史로 삼았다.

八月에 梁以邵陵王綸爲南徐州刺史[38]하다

【目】 梁主(蕭衍)가 나이가 많았는데, 여러 아들이 마음속으로 서로 낮추려고 하지 않아 서로 시기하였다. 邵陵王 蕭綸을 丹陽尹으로 삼고, 湘東王 蕭繹을 江州에 있게 하였으며, 武陵王 蕭紀를 益州에 있게 하여 모두 권력이 人主와 같았다. 太子 蕭綱이 이를 싫어하여 항상 정예병을 선발하여 東宮을 지키도록 하였고, 소륜을 내보내어 南徐州刺史로 삼았다.

梁主年高하니 諸子心不相下하여 互相猜忌라 邵陵王綸을 爲丹陽尹하고 湘東王繹을 在江州하고 武陵王紀를 在益州하여 皆權侔人主하니 太子綱惡之하여 常選精兵하여 以衛東宮하고 出綸爲南徐州刺史하다

【目】 胡氏(胡寅)가 다음과 같이 평하였다.

"梁 武帝가 人倫을 해치는 道를 따라 君臣 사이의 의리와 父子 사이의 은혜에 어두워 올바른 방법으로 자식을 가르치지 못하였으며, 집안 일이 크게 무너졌다. 이미 한창 國政을 다스릴 적에 여러 아들이 벌써 서로 도모하려는 마음을 품었는데도 알지 못했다. 蕭綱이 만약 부친의 일을 계승하는 것을 자신의 임무로 여겨 공경하고 효도하여 형제들과 화합했다면 비록 위급한 환난이 있더라도 외부로부터의 수모를 막을 수 있었을 것이다. 형제보다 친한 사이는 없는데, 오히려 병력을 모아 대적하였으니, 자신의 혈육이 아닌 사람 가운데 누구를 실제 믿을 수가 있었겠는가. 아, 武帝는 나라를 잘 보존하지 못하였고, 簡文帝(蕭綱)가 이를 거듭하였으니, 비록 망하지 않으려 해도 어쩔 수가 없었다."

37) 佰 : 《漢書》에는 '佰'이 '伯'으로 되어 있다.

38) 梁以邵陵王綸爲南徐州刺史 : "梁主가 친히 임금 자리에 있었는데도 아들들이 이미 다툴 마음을 지니고 있었으므로, 아들이 州의 刺史로 나가자 그것을 자세하게 기록하였다.〔梁主親在上 而諸子已有爭心矣 故其刺州也 悉書之〕" 《書法》

胡氏曰 武帝從殄倫之道하여 昧於君臣之義와 父子之恩하니 義方不修하며 家政大壞라 已方臨御而諸子已有相圖之心호되 不能知也①라 綱若以幹蠱爲任하여 起敬起孝하여 燮和兄弟면 則雖有急難이나 外侮其禦矣라 莫親於兄弟어늘 尙且蓄兵以待之하니 則非吾同氣者가 誰實可信이리오 烏呼라 武帝不善保國하고 重以簡文하니 雖欲不亡이나 不可得也②니라

① '殄倫'은 彝倫을 해쳐 멸하는 것이니, 佛道를 일삼는 자가 倫理를 해쳐 멸하게 하는 데로 귀의하는 것이다. '義方不修'는 자식을 가르치지 않는 것을 말한다. ≪春秋左氏傳≫ 隱公 3년에 "石碏이 말하기를 '아들을 사랑한다면 그에게 바른길로 가도록 가르쳐서 잘못된 곳으로 빠져들지 않게 해야 한다.'라고 하였다." 하였다.

殄倫, 殄滅彝倫 (■)〔也〕.[39] 爲佛之道者, 歸於殘滅倫理. 義方不修, 謂不敎子也. 左傳 "石碏曰 '愛子, 敎之以義方, 弗納於邪.'"

② 簡文帝는 바로 太子 蕭綱이다.

簡文, 卽太子綱.

韋孝寬

【綱】 東魏가 石經을 鄴城으로 옮겼다.

東魏遷石經于鄴[40]하다

【目】 모두 52개의 비석이었다.

凡五十二碑러라

【綱】 西魏에서 韋孝寬을 幷州刺史로 삼아 玉壁을 지키게 하였다.

魏以韋孝寬爲幷州刺史하여 守玉壁①하다

---

39) (■)〔也〕: 저본의 글자는 판독할 수 없으나, ≪資治通鑑綱目≫ 奎7512 판본에 의거하여 '也'로 바로잡았다.

40) 東魏遷石經于鄴 : "기록한 것은 經書를 존중한 것이다. ≪資治通鑑綱目≫은 石經을 누차 기록했다. 그러므로 석경을 세운 것을 기록하고(漢나라 靈帝 熹平 4년(175)), 석경을 보충한 것을 기록하고(梁나라 戊戌年 北魏(518)), 석경을 옮긴 것을 기록하고(이해 東魏(546)), 석경을 洛陽으로 옮긴 것을 기록하고(陳나라 己亥年(579) 北周), 석경이 이룩된 것을 기록하였다.(唐나라 文宗 開成 3년(838))〔書尊經也 綱目於石經屢書之 是故立石經書(漢靈帝熹平四年) 補石經書(梁戊戌年魏) 遷石經書(是年魏) 徙石經于洛陽書(陳己亥年周) 石經成書(唐文宗開成二年)〕" ≪書法≫

① 西魏가 幷州刺史를 설치하고 玉壁에 僑治[41]하였다.
西魏置幷州刺史, 僑治玉壁.

【目】 西魏에서 王思政을 옮겨 荊州刺史로 삼고, 그로 하여금 자신을 대신할 사람을 천거하도록 하였다. 왕사정이 韋孝寬을 천거하니, 宇文泰가 그대로 따랐다.

魏徙王思政하여 爲荊州刺史하고 使之擧可代者한대 思政擧孝寬하니 宇文泰從之하다

【綱】 梁나라에서 李賁을 토벌하여 패배시켰다.

梁討李賁하여 敗之하다

【目】 李賁이 다시 무리를 이끌고 獠族 지역에서 나와 典澈湖에 주둔하니, 많은 병사들이 꺼려하여 호수 입구에 머무르면서 감히 나아가지 못하였다. 陳霸先이 말하기를, "우리 군대는 출병한 지가 오래이며 원조도 없으니, 남의 뱃속에 들어온 것과 같아 만약 전투를 하여 승리하지 못하면 어찌 온전히 살기를 바라겠는가. 지금 저들이 여러 차례 도망친 덕에 사람들의 마음이 굳건하지 않으니, 바로 함께 나아가 백 번이라도 죽음을 무릅쓰고 온 힘을 다해 빼앗아야 하는데, 아무런 까닭 없이 머물러 있으니, 제때에 해야 할 일을 놓치게 된다."라고 하였으나, 諸將이 모두 호응하지 않았다. 그런데 그날 밤 강물이 갑자기 7丈이나 불어나 호수 안으로 쏟아지자, 진패선이 자신의 휘하 병력을 이끌고 물길을 타고 앞서 나가고, 많은 군대가 북을 치고 함성을 지르며 함께 앞으로 나가니, 이분의 무리들이 크게 무너져 다시 獠族 지역으로 달아났다.

李賁復帥衆하여 自獠中으로 出屯典澈湖하니 衆軍憚之하여 頓湖口하여 不敢進①이어늘 陳霸先曰 我師老而無援하니 入人心腹하여 若戰不捷이면 豈望生全이리오 今藉其屢奔하여 人情未固하니 正當共出百死하여 決力取之이늘 無故停留하니 時事去矣로다 諸將皆莫應이러니 是夜江水가 暴起七丈하여 注湖中이어늘 霸先勒所部兵하여 乘流先進하고 衆軍鼓譟俱前하니 賁衆大潰하여 復竄獠中하다

① 典澈湖는 新昌郡의 경계에 있을 것이다.
典澈湖, 當在新昌郡界.

41) 僑治 : 어느 지역이 망한 뒤 다른 지역에 治所를 두고, 이전 명칭은 그대로 유지하는 것을 말한다.

【綱】 겨울 10월에 梁나라가 岳陽王 蕭詧을 雍州刺史로 삼았다.

冬十月에 梁以岳陽王詧로 爲雍州刺史하다

【目】 梁主(蕭衍)가 蕭詧 형제를 버리고 太子 蕭綱을 세웠는데, 마음으로 늘 부끄러워하여 〈소찰 형제를〉 여러 아들에게 버금가도록 총애하였으므로, 그들에게 번갈아 東揚州刺史를 맡도록 하여 그들의 마음을 위로해주었다. 소찰 형제 역시 마음속으로 불만을 품고 있었는데, 이때에 이르러 소찰이 梁主가 늙고 쇠약하며 조정에서 대부분 정치가 제대로 이루어지지 않는다고 여겨 마침내 재물을 모으고 선비들에게 자신을 낮추어 용감한 사람들을 불러 모으니, 좌우에 있는 사람이 수천 명에 이르렀다. 襄陽은 지세가 험준한 요새이며 梁나라가 大業을 닦은 터전이니, 큰 공을 꾀할 수 있다고 여기고 私慾을 극복하고 정치를 하여 士民을 어루만지고 돌보며 자주 은혜를 베풀고 도리에 맞는 간언을 받아들이니, 관할 지역에서 잘 다스린다고 칭송하였다.

梁主捨詧兄弟하고 而立太子綱하니 內常愧之하여 寵亞諸子라 使迭爲東揚州하여 以慰其心이라 詧兄弟亦內懷不平이러니 至是하여 詧以梁主衰老하고 朝多秕政[①]이라하여 遂蓄財下士하여 招募勇敢하니 左右至數千人이라 以襄陽形勝梁業所基니 可圖大功[②]이라하여 乃克己爲政하여 撫循士民하고 數(삭)施恩惠하며 延納規諫하니 所部稱治러라

① 秕(쭉정이)는 卑履의 切이니, 곡식의 알이 차지 않은 것이다. 그러므로 정치가 제대로 이루어지지 않는 것을 비유한다.
秕, 卑履切, 不成粟也. 故以喩政之不成.

② 梁主(蕭衍)가 襄陽에서 병력을 일으켜 천하를 얻었다.
梁主自襄陽起兵以得天下.

【綱】 11월에 東魏의 大丞相 高歡이 西魏를 침략하여 玉壁을 포위했다가 이기지 못하고 돌아왔다.

十一月에 東魏大丞相歡이 侵魏하여 圍玉壁하여 不克而還하다

【目】 東魏의 高歡이 山東의 모든 병력을 동원하여 西魏를 정벌하려고 玉壁에 이르러 포위하여 공격하면서 밤낮으로 쉬지 않았는데, 서위의 韋孝寬이 기회와 상황에 따라 방어하였다. 성안에 물이 없어 汾水에서 물을 길어왔는데, 고환이 분수의 물줄기를 옮기도

록 시켜 하룻밤 사이에 일을 마치고, 또 성의 남쪽에 土山을 쌓아서 그곳에 올라 성으로 들어가고자 하니, 위효관이 나무를 묶어 城樓에 연결시켜 이를 막았다. 고환이 땅을 파서 10개의 길을 만들자, 위효관이 긴 해자를 파서 그들을 기다렸는데, 매번 땅을 뚫다가 해자에 도달하면 번번이 그들을 사로잡아 죽였다. 땔나무로 가로막아 불을 질러 가죽으로 만든 풀무로 바람을 불어 번지도록 하니, 땅 길 속에 있던 자들이 모두 불에 탔다. 고환이 공격용 수레로 성벽을 부수자, 위효관이 베를 꿰매어 장막을 만들어 공격해오는 방향에 따라 허공에 매달아 펼치니, 수레가 성벽을 무너뜨리지 못했다. 고환이 또 장대에 소나무와 麻骨을 묶어서 기름을 뿌려서 불을 붙여서 베를 불태워 城樓를 불사르려고 하자, 위효관이 긴 갈고리를 만들어서 멀리서 잘라내었다. 고환이 또 성의 사방에 땅굴을 파서 그 사이에 들보와 기둥을 설치하고 불을 놓아 태우자 기둥이 부러지면서 성이 무너졌는데, 위효관이 또 무너진 곳을 따라 木柵을 세워 이를 막으니, 적들이 성안으로 들어갈 수가 없었다.

東魏高歡悉山東之衆하여 伐魏하여 至玉壁하여 圍而攻之하여 晝夜不息이어늘 魏韋孝寬이 隨機拒之러니 城中에 無水하여 汲於汾하니 歡使移汾하여 一夕而畢①하고 又於城南에 起土山하여 欲乘之以入이어늘 孝寬縛木接樓以禦之라 歡鑿地爲十道어늘 孝寬掘長塹邀之하니 每穿至塹에 輒擒殺之라 塞柴投火하여 以皮排吹之하니 在地道內者가 亦皆焦爛②이라 歡以攻車撞城이어늘 孝寬縫布爲幔하여 隨其所向하여 懸空張之하니 車不能壞라 歡又縛松麻於竿하여 灌油加火하여 以燒布焚樓어늘 孝寬作長鉤하여 遙割之③라 歡又於城四面에 穿地하여 中施梁柱하고 縱火燒之하니 柱折城崩④이어늘 孝寬隨處豎木柵以扞之하니 敵不得入이라

① 汾水의 상류를 터서 물줄기를 옮겨서 성 가까이로 흐르지 못하게 한 것이다.
於汾水上流決而移之, 不使近城.

② 排(풀무)는 一本에는 韛로 되어 있으니, 步拜의 切로, 가죽 주머니인데 바람을 불어 불을 붙이는 것이다. 가죽 주머니를 잡고 바람을 불어 불길이 땅길 속으로 들어가기 때문에 그 속에 있던 적들이 모두 불에 타서 죽었다.
排, 本作韛, 步拜切, 韋囊也, 所以吹火. 鼓排吹之, 火氣入地道, 故敵人在其中者, 皆焦爛.

③ 마른 소나무 장작과 麻骨(삼대)은 불을 붙이기가 쉽기 때문에 적들이 사용한 것이다. '長鉤'는 굽은 칼날이다. 杜佑가 말하기를 "鉤竿은 창과 같아 양쪽에 굽은 칼날이 있는데, 물건을 갈고리처럼 걸 수 있다."라고 하였다.

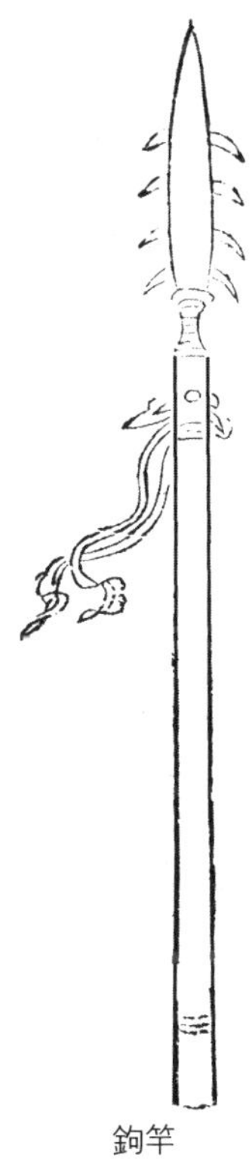

鉤竿

松薪麻骨之燥者, 燒之易燃, 故敵用之. 長鉤, 卽鉤刀也. 杜佑曰"鉤竿如槍, 兩旁有曲刃, 可以鉤物."

④ 高歡이 예전에 이런 방법을 써서 鄴城을 공격하여 劉誕을 사로잡았기 때문에 玉壁에서 다시 이 방법을 쓴 것이다.
歡嘗用此術, 攻鄴以擒劉誕, 故復用之於玉壁.

【目】 성 밖에서는 공격하는 계책을 다 썼으나, 성안에서는 지키고 방어하는 데 여유가 있었고, 또 〈韋孝寬이〉 土山을 빼앗아서 점거하니, 高歡은 어찌할 방도가 없어 이에 祖珽을 시켜 〈위효관을〉 설득하여 항복하도록 하자, 위효관이 말하기를, "공격하는 사람은 스스로 수고롭고, 방어하는 사람은 항상 편안하오. 나 위효관은 關西의 남자로, 항복하는 장군은 되지 않을 것이오."라고 하였다. 조정이 이에 성안에다 포상을 내걸며 사람을 불러 모으기 위한 화살을 쏘았는데, "위효관의 목을 베는 자에게는 太尉로 임명하고, 郡公에 봉해줄 것이다."라고 적혀 있었다. 위효관이 뒷면에 글을 써서 성 밖으로 다시 화살을 쏘았는데, "고환의 목을 베는 자에게는 이와 동일하게 포상할 것이다."라고 적혀 있었다. 東魏가 고생스레 50일 동안 공격하였는데, 전사한 士卒 7만 명을 하나의 무덤에 함께 매장하였다. 고환은 지혜와 힘이 모두 소진되어 그로 인해 병이 나서 포위를 풀고 떠났는데, 軍中에서는 와전되어 위효관이 定功弩[42]로 승상을 쏘아 죽였다고 하였다. 고환이 그 소식을 듣고 힘을 내어 앉아 여러 貴公들을 보고는 斛律金으로 하여금 〈敕勒歌〉를 연주하도록 하고 스스로 화답하며 서럽게 눈물을 흘렸다.

城外盡攻擊之術이로되 而城中守禦有餘하고 又奪據其土山하니 歡無如之何하여 乃使祖珽說(세)之使降①이어늘 孝寬曰 攻者自勞하고 守者常逸하니 孝寬關西男子라 必不爲降將軍也리라 珽乃射募格於城中云 能斬孝寬者는 拜太尉하고 封郡公호리라하다 孝寬題書背하여 返射城外云 能斬高歡者는 准此②라하다 東魏苦攻五十日에 士卒死者七萬人을 共爲一塚하다 歡智力皆困하여 因而發疾하여 乃解圍去하니 軍中訛言하여 孝寬以定功弩射(석)殺丞相이라하니 歡聞之하고 勉坐見諸貴하여 使斛律金作敕勒歌하고 自和之하여 哀感流涕③라

① 祖珽은 祖瑩의 아들이다. 珽은 他鼎의 切이다.
珽, 瑩之子也. 珽, 他鼎切.

② '募格'은 포상을 내세워 사람을 모으는 것이다.
募格者, 立賞格以募人.

---

42) 定功弩 : 멀리 나가는 대형 화살의 일종이다.(≪資治通鑑新注≫, 陝西人民出版社, 1998)

③ 斛律金은 敕勒部 사람이므로, 〈敕勒歌〉를 부르도록 시킨 것이다.
斛律金, 敕勒部人也, 故使作敕勒歌.

【綱】東魏의 大將軍 高澄이 晉陽으로 갔다.

東魏大將軍澄如晉陽하다

【目】高歡이 병이 나서 太原公 高洋을 시켜 鄴城을 진수하게 하고 高澄을 부르니, 고징이 晉陽으로 갔다.

高歡病하여 使太原公洋으로 鎭鄴而徵澄하니 赴晉陽하다

高歡

【綱】西魏의 度支尙書 蘇綽이 卒하였다.

魏度支尙書蘇綽卒하다

【目】蕭綽은 성품이 충성스럽고 검소하여 항상 喪亂이 평정되지 않은 것을 자신의 책임으로 여겼고, 어진 사람과 능력 있는 사람을 추천하고 선발하여 여러 가지 政務에 기강이 바로 섰는데, 宇文泰가 마음을 미루어 그를 신임하였다. 우문태가 외부로 나갈 일이 있을 때면 항상 미리 서명한 빈 종이를 소작에게 주어서 처분이 필요한 일이 있으면 일에 따라 집행하도록 하였다. 소작이 항상 말하기를, "나라를 위하는 길은 마땅히 자애로운 아버지처럼 사람들을 사랑하고, 엄격한 스승처럼 사람들을 가르치는 것이다."라고 하였다. 늘 公卿들과 논의할 때면 낮부터 밤까지 일의 크고 작음에 관계없이 손바닥을 가리키는 것처럼 쉽게 처리하였는데, 피로가 누적되어 병이 나서 죽었다.

우문태가 매우 애통해하면서 公卿에게 말하기를, "蕭尙書는 평생토록 청렴하고 사양하였는데 내가 그의 평소 뜻을 온전히 해주려고 하니, 보통 사람들이 다 이해하지 못할까 우려되오. 만일 후하게 謚號를 내리면 또 오랫동안 알고 지내던 마음에 어긋남이 있을 것이니, 어찌하면 좋겠소?"라고 하였다. 令史 麻瑤가 순서를 뛰어넘어 나아가 말하기를 "검소하고 간략하게 하는 것이 그의 아름다움을 드러내는 것입니다."라고 하니, 우문태가 그의 말을 따라 베로 싼 수레 한 대에 싣게 하고서 武功에 돌아가 장사 지내도록 하였다. 우문태와 여러 公들이 걸어서 전송하면서 땅에 술을 부으며 말하기를, "그대는 나의 마음을 알아주었고 나는 그대의 뜻을 알아주어 함께 천하를 평정하려고 하였는데, 갑자기 나를 버리고 가니 어찌한단 말인가."라고 하고, 이어서 소리를 내어 슬피 울다가 손에서 술잔이 떨어지는 줄도 몰랐다.

綽性忠儉하여 常以喪亂未平으로 爲己任하고 薦賢拔能하여 紀綱庶政이어늘 宇文泰推心任之라 或出遊에 常預署空紙以授綽하여 有須處分하면 隨事施行이라 綽嘗謂爲國之道는 當愛人如慈父하고 訓人如嚴師[①]라하다 每與公卿論議에 自晝達夜하여 事無巨細히 若指諸掌이러니 積勞成疾而卒이어늘 泰深痛惜之하여 謂公卿曰 蘇尙書平生廉讓이러니 吾欲全其素志하니 則恐悠悠之徒有所未達이라 如厚加贈謚면 又乖宿昔相知之心하니 何爲而可[②]오하니 令史麻瑤越次進曰 儉約은 所以彰其美也[③]라하니 泰從之하여 歸葬武功하여 載以布車一乘[④]이라 泰與群公步送之하여 酹酒言曰[⑤] 爾知吾心하고 吾知爾志하여 方欲共定天下어늘 遽捨吾去하니 奈何오하고 因擧聲慟哭하여 不覺巵落於手하다

① 嘗은 ≪資治通鑑≫에 '常'으로 되어 있다.
嘗, 通鑑作常.

② ≪列子≫ 〈楊朱〉篇을 살펴보면, "老子가 말하기를, '명성은 실질의 손님인데, 悠悠한 사람은 명성을 좇으면서 그치지 않는다.'라고 하였다." 하였는데, 그 注에 "悠悠한 사람은 헛된 명성을 구하는 데 전념하면서 그칠 줄을 모르는 사람이다."라고 하였다.
列子楊朱篇 "老子曰 '名者, 實之賓而悠悠者, 趨名不已.'" 注"悠悠之人, 專於求虛名, 而不知止."

③ ≪唐六典≫에 이르기를 "魏晉時代 이후로 令史의 직임에 인재를 등용하는 것이 늘 경시되었으며, 齊・梁・後魏(北魏)・北齊에서 비록 품계에 들었으나, 더욱 미미해졌다."라고 하였다.
唐六典曰 "魏晉以來, 令史之任, 用人常輕, 齊・梁・後魏・北齊雖預品秩, 益又微矣."

④ 蕭綽은 武功 사람이니, 향리로 돌려보내 장사 지내게 한 것이다.
綽, 武功人, 歸葬鄕里.

⑤ 酹(붓다)는 盧對의 切이니, 제사를 마치고 술을 땅에 붓는 것이다.
酹, 盧對切, 餟祭以酒沃地也.

丁卯年(547)

梁나라 高祖 武帝 蕭衍 太淸 원년이고, 西魏 文帝 元寶炬 大統 13년이고, 東魏 孝靜帝 元善見 武定 5년이다.

梁太淸元年이요 魏大統十三年이요 東魏武定五年이라

【綱】 봄 정월 초하루에 일식이 있었다.

春正月朔에 日食[43]하다

【目】 해가 다 먹히지 않은 것이 마치 갈고리 모양과 같았다.

不盡如鉤러라

【綱】 梁나라가 湘東王 蕭繹을 荊州刺史로 삼았다.

梁以湘東王繹으로 爲荊州刺史하다

【目】 예전에 湘東王 蕭繹이 荊州刺史가 되어 작은 과실이 있었는데, 廬陵王 蕭續이 그와 교대하고서 狀啓를 올려 〈조정에〉 보고하였다. 이때에 이르러 소속이 세상을 떠나니, 소역이 그 소식을 듣고 기뻐서 閤門으로 뛰어 들어가다가 그 때문에 나막신이 부러졌다. 梁主(蕭衍)가 다시 소역을 형주자사로 삼았다.

初에 繹爲荊州에 有微過라 廬陵王續代之하여 以狀聞①이러니 至是續卒하니 繹聞之喜하여 入閤而躍할새 屧(섭)爲之破②러라 梁主復以繹刺荊州하다

① 살펴보건대 蕭繹이 荊州에 있을 때, 李桃兒라는 宮人이 있어 재능으로 발탁되었는데, 소역이 돌아올 때에 李氏를 데리고 왔다. 당시에는 營內(行宮)의 戶口[44]에는 禁令이 엄중하여 蕭續이 狀啓를 올려 보고하였다.
案繹在荊州, 有宮人李桃兒者, 以才慧得進, 及還, 以李氏行. 時得營戶禁重, 續具狀以聞.

② 屧은 蘇協의 切로, 나막신이다. 〈'屧爲之破'는〉 謝安의 나막신 굽이 부러진 것[45]과 같은 것이다.
屧, 蘇協切, 屐也. 猶謝安屐齒之折也.

---

43) 春正月朔 日食 : "일식이 정월 초하루에 있었는데 다 먹히지 않아서 마치 갈고리 모양과 같았으니, 이는 아마 侯景이 반란하고 梁나라가 滅亡할 징조일 것이다. 글로 써 기록하였으니, 하늘의 경계를 조심하는 이는 살필 수 있을 것이다.〔日食正旦 不盡如鉤 是殆侯景反叛 梁國滅亡之兆歟 書以志之 謹天戒者 可以觀矣〕" ≪發明≫

44) 營內(行宮)의 戶口 : 원문은 '營戶'인데 ≪南史≫ 〈廬陵威王列傳〉에는 '行宮戶'로 되어 있다.

45) 謝安의……것 : 東晉의 謝安이 바둑을 두고 있을 때, 그의 조카 謝玄이 苻堅의 군대를 격파했다는 보고서를 접하고는 아무 내색도 하지 않고 그대로 바둑을 둔 뒤에 내실로 돌아와서 문지방을 넘다가 너무 기쁜 나머지 "나막신 굽이 부러지는 것도 몰랐다.〔不覺屐齒之折〕"라는 고사가 있다.(≪晉書≫ 권79 〈謝安列傳〉)

【綱】東魏의 大丞相 勃海王 高歡이 卒하였다.

東魏大丞相勃海王高歡卒[46)]하다

【目】高歡은 성품이 진중하고 세밀하여 하루 종일 엄숙하게 있으니, 사람들이 그 속을 헤아릴 수가 없었고, 군대를 지휘할 때에는 엄숙하였으며, 〈남의 의견을〉 듣고 판단할 때 밝게 살폈다. 평소에 검소한 것을 숭상하여 검이나 말안장과 말굴레를 금이나 옥으로 장식하지 않았다. 병이 위독해지자 世子 高澄에게 말하기를 "侯景이 河南을 전적으로 다스린 지가 14년이라 늘 펄펄 날뛰어 발호할 뜻을 지니고 있다. 돌아보건대 나는 잘 길러줄 수 있지만, 네가 마음대로 부릴 수 있는 사람은 아니다. 지금 사방이 아직 안정되지 않았으니, 갑작스레 喪을 공표하지 말거라. 庫狄干과 斛律金은 모두 성품이 강직하니, 결코 너를 저버리지 않을 것이며, 후경을 대적하여 감당할 수 있는 사람은 오직 慕容紹宗뿐이다. 내가 일부러 그를 귀하게 대하지 않았으니 남겨서 너에게 물려준다."라고 하였다. 또 말하기를 "段孝先은 충성스럽고 현명하고 인자하고 후덕한 데다 지혜와 용기를 겸비하였으니, 군대의 큰일을 그와 함께 논의해야 한다."라고 하고, 마침내 세상을 떠났다. 고징이 〈고환의〉 喪을 공표하지 않았는데, 오직 行臺丞 陳元康만 그 사실을 알았다.

歡性深密하여 終日儼然하니 人不能測하고 馭軍嚴肅하며 聽斷明察이라 雅尙儉素하여 刀劒鞍勒에 無金玉之飾이러라 病篤에 謂世子澄曰 侯景專制河南十四年矣라 常有飛揚跋扈之志하니 顧我能畜養이나 非汝所能駕御也라 今四方未定하니 勿遽發哀하라 庫狄干斛律金이 竝性遒直하니 終不負

46) 東魏大丞相勃海王高歡卒 : "賀善의 贊에 말하였다. '高歡이 군사를 일으킨 뒤로 「爾朱氏를 토벌했다.〔討爾朱氏〕」라고 기록하고, 이윽고 바로 「스스로 승상이 되었다.〔自爲丞相〕」, 「스스로 태사가 되었다.〔自爲太師〕」라고 기록하고, 「그 임금 元恭과 元朗을 폐위시켰다.〔廢其主恭及朗〕」, 「스스로 大丞相이 되었다.〔自爲大丞相〕」라고 기록하고, 爾朱氏가 도망간 뒤에는 바로 「마침내 진양을 점거하였다.〔遂據晉陽〕」라고 기록하였다. 그러므로 비록 爾朱兆를 죽였으나, ≪資治通鑑綱目≫은 「주살했다〔誅〕」라고 기록하지 않고, 「죽였다〔殺〕」라고 기록하고, 그에 따라서 군사를 들어 반란한 것으로 기록하였다. 東魏가 건국되고 나자 첫 번째로 「스스로 相國이 되자, 黃鉞을 내리고 특별 예우를 가하였다.〔自爲相國 假黃鉞 加殊禮〕」라고 기록하고, 「世子 高澄을 鄴城으로 들여보내 정사를 돌보도록 하였다.〔遣其世子澄入鄴輔政〕」라고 기록하고, 그가 西魏를 대적하자 두 번이나 「宇文泰에게 패배했다.〔爲泰所敗〕」라고 기록하고, 두 번이나 「玉壁을 포위했으나 이기지 못하였다〔圍玉壁 不克〕」라고 기록하였다. 고환이 이긴 것으로 기록된 것은 金墉을 빼앗은 것과 邙山에서 전투한 것일 뿐이다. ≪자치통감강목≫은 고환에게서 채택한 것이 없다.'〔賀善贊曰 高歡自起兵 書討爾朱氏 旣而卽書自爲丞相 自爲太師 書廢其主恭及朗 自爲大丞相 爾朱旣走 卽書遂據晉陽 故雖殺兆 綱目不書誅 書殺 而隨以擧兵反書矣 東魏旣建 首書自爲相國 假黃鉞 加殊禮 書遣其世子澄入鄴輔政 其敵魏也 再書爲泰所敗 再書圍玉壁 不克 其以勝書者 拔金墉 戰邙山而已 綱目於高歡 蓋無取焉〕" ≪書法≫

汝[①]요 堪敵侯景者가 唯有慕容紹宗이라 我故不貴之하여 留以遺汝하노라 又曰 段孝先이 忠亮仁厚하고 智勇兼備하니 軍旅大事를 宜共籌之[②]라하고 遂卒하니 澄秘不發喪이어늘 唯行臺丞陳元康知之러라

① 遒(굳건하다)는 玆秋의 切이니, 굳건하다는 뜻이며 견고하다는 뜻이다.
遒, 玆秋切, 健也, 固也.

② 孝先은 段韶의 字이다.
孝先, 韶字.

【綱】 東魏의 大行臺 侯景이 河南을 가지고 西魏에 항복하였다.

東魏大行臺侯景이 以河南으로 降魏하다

【目】 侯景은 오른쪽 다리 한쪽이 짧아서 말타기와 활쏘기는 잘하지 못했지만, 계책은 잘 내었다. 諸將인 高敖曹와 彭樂 등이 모두 용맹으로는 당시에 으뜸이었는데, 후경이 항상 그들을 경시하였다. 한번은 高歡에게 말하기를 “병력 3만을 얻어 천하를 횡행하기를 바라니, 반드시 강을 건너 蕭衍 노인을 사로잡아서 太平寺의 주지로 삼을 것입니다.”라고 하니, 고환이 병력 10만을 거느리게 하여 河南을 전적으로 다스리게 하였다. 후경이 평소에 高澄을 경시하였는데, 한번은 말하기를 “高王(高歡)이 살아 있을 때에는 내가 감히 다른 뜻을 품을 수 없지만, 왕이 죽으면 나는 선비족의 작은 아이(高澄)와 함께 일을 할 수가 없을 것이다.”라고 하였다. 고환의 병이 위독해지자, 고징이 거짓으로 고환의 편지를 만들어서 후경을 불렀다.

侯景

景右足偏短하여 弓馬非其長이나 而多謀筭이라 諸將高敖曹彭樂等이 皆勇冠一時호되 景常輕之러라 嘗言於高歡호되 願得兵三萬하여 橫行天下하노니 要須濟江하여 縛取蕭衍老公하여 以爲太平寺主[①]하노이다하니 歡使將兵十萬하여 專制河南하다 景素輕高澄이러니 嘗曰 高王在에 吾不敢有異어니와 王沒이면 吾不能與鮮卑小兒共事矣라하더니 及歡疾篤에 澄詐爲歡書하여 以召景이라

① 太平寺는 鄴城에 있다.
太平寺, 蓋在鄴.

【目】이에 앞서 侯景이 高歡과 약속하기를, "지금 군대를 장악하고 먼 지역에 있으니, 사람들이 쉽게 거짓말을 할 것입니다. 편지를 보내실 때에는 뒷면에 작은 점을 찍어주십시오."라고 하였다. 이때에 이르러 후경은 자신이 받은 편지에 점이 없었기에 거절하고 가지 않았으며, 또 고환의 병이 위독해졌다는 소식을 듣고는 行臺郎 王偉의 계책을 써서 병력을 거느리고 스스로 굳게 지켰다. 고환이 세상을 떠나자 드디어 河南을 가지고 西魏에 항복하니, 서위에서는 후경을 太傅 大行臺로 삼았다. 후경이 豫州刺史, 襄州刺史, 廣州刺史를 사로잡고 몰래 군대를 보내어 西兗州를 습격하였는데, 刺史 邢子才가 갑자기 들이쳐서 그들을 사로잡고 그로 인해 東方에 있는 여러 州로 격문을 보내어 각기 대비하도록 하니, 高澄이 韓軌를 파견하여 여러 군대를 거느리고 후경을 토벌하도록 하였다.

先是에 景與歡約曰 今握兵在遠하니 人易爲詐라 所賜書背에 請加微黠하소서 至是하여 景得書無黠이라 辭不至하고 又聞歡疾篤하여 用其行臺郎王偉計하여 擁兵自固러니 歡卒에 遂以河南降魏어늘 魏以景爲太傅大行臺러라 景執豫襄廣州刺史하고 潛遣兵하여 襲西兗州어늘 刺史邢子才가 掩捕獲之하고 因散檄東方諸州하여 各爲之備하니 高澄遣韓軌하여 督諸軍討之하다

【綱】2월에 西魏에서 宮刑을 폐지하였다.

二月에 魏除宮刑[47]하다

【目】西魏에서 詔書를 내려 지금부터 宮刑에 해당하는 사람은 관직만 빼앗고 형벌을 집행하지 말라고 하였다.

魏詔自今應宮刑者를 直沒官勿刑하라하다

【綱】侯景이 다시 河南을 가지고 반란을 일으켜 梁나라에 붙자, 양나라가 후경을 河南王에 봉하고 군대를 보내어 원조하였다.

侯景復以河南叛附于梁이어늘 梁封景爲河南王하고 遣兵援之[48]하다

47) 魏除宮刑 : "'宮刑을 제거하였다.〔除宮刑〕'라고 기록한 것은 무엇인가. 權道를 인정해준 것이다. 肉刑(體刑)은 漢나라 文帝로부터 비로소 제거하였는데, 이때에 여전히 宮刑을 사용한 것은 西魏의 과실이다. ≪資治通鑑綱目≫에서 '宮刑을 제거하였다.〔除宮刑〕'라고 기록한 것은 꾸짖은 말이 없으니 인정해준 것이다. ≪자치통감강목≫이 끝날 때까지 형벌을 신중히 행하는 정사에 '제거했다〔除〕'고 기록한 것은 10번이다.(漢 惠帝 4년(B.C. 191)에 자세하다.)〔書除宮刑何 予權也 肉刑自漢文帝始除之矣 於是猶用宮刑 魏之過也 綱目書除宮刑 無貶辭 蓋予之矣 終綱目恤刑之政 書除十(詳漢惠帝四年)〕" ≪書法≫

【目】侯景이 또 郎中 丁和를 보내어 梁나라에 表文을 올려서 河南의 13州를 가지고 歸附하겠다고 청하자, 梁主(蕭衍)가 여러 신하들을 불러 조정에서 논의를 하였다. 僕射 謝擧 등이 모두 말하기를 "근래에 東魏와 화친을 하여 변경에 사변이 없었는데, 지금 그곳에서 반란을 일으킨 신하를 받아들이는 것은 마땅하지 않습니다."라고 하니, 梁主가 말하기를 "이런 기회는 얻기가 어려우니, 어찌 융통성이 없이 대처하는 것이 마땅하겠는가."라고 하였다.

景又遣郎中丁和하여 奉表于梁하여 請擧河南十三州內附①어늘 梁主召群臣廷議한대 僕射謝擧等이 皆曰 頃與魏和하여 邊境無事하니 不宜納其叛臣②이니이다하니 梁主曰 機會難得이니 豈宜膠柱리오하다

① 13州는 豫州, 廣州, 潁州, 荊州, 襄州, 兗州, 南兗州, 濟州, 東豫州, 洛州, 陽州, 北荊州, 北揚州이다. 洛과 陽은 2州의 이름이다.
十三州, 豫・廣・潁・荊・襄・兗・南兗・濟・東豫・洛・陽・北荊・北揚也. 洛・陽, 二州名.
② 大同 2년(536)에 東魏에서 화친을 청하였고, 이때부터 使臣이 오가는 일이 끊이지 않았다.
大同二年, 東魏請和, 自是交聘使命不絶.

---

48) 侯景復以河南……遣兵援之 : "앞에 '河南을 가지고 西魏에 항복하였다.〔以河南降魏〕'라고 기록하여 '반란〔叛〕'이라고 기록하지 않고 여기서는 '반란〔叛〕'이라고 기록한 것은 무엇인가. 서위에 귀순한 것은 정상이다. 서위를 배반하고 梁나라에 귀부한 것은 비정상이므로 '반란〔叛〕'이라고 기록하였다. 그렇다면 어찌하여 '西魏 후경〔魏侯景〕'이라고 기록하지 않았는가. 후경의 마음은 서위에 순수하게 하지 않았다. 그러므로 '다시 무엇을 가지고〔復以〕'라고 기록한 것은 '이미 서위에 항복하고서 다시 양나라에 귀부했다.〔旣以降魏 復以附梁〕'라고 한 것과 같다. 그의 반복무상함을 알 수 있는데도, 받아주고 봉해주었으니 이 때문에 서위는 후경을 大行臺로 삼았으나 기록하지 않았고, 양나라는 봉하여 河南王으로 삼았는데 기록하였으니 탐냄을 나무란 것이다.〔前書以河南降魏 不書叛 此其書叛何 歸魏 正也 背魏附梁 則非正矣 故書叛 然則曷爲不書魏侯景 景之心不純乎魏也 故書復以 若曰旣以降魏 復以附梁 其反覆可見矣 而受之 而封之 是故魏以景爲大行臺不書 梁封爲河南王則書 譏貪也〕" ≪書法≫
"梁主가 반란자를 기쁘게 받아들인 것은 이욕의 마음이 가린 것이다. 그러므로 逆順과 是否를 모두 잘 살피지 못하여 마침내 재앙을 입었다. ≪資治通鑑綱目≫은 위에서 '侯景이 西魏에 항복하였다.〔景降魏〕'라고 기록하였으나 서위는 움직이지 않았고, 여기서는 '후경이 양나라에 귀부하자, 양나라가 즉시 후경을 王의 작위에 봉하고 군대를 보내어 원조하였다.〔景附梁 梁卽封以王爵 遣兵援之〕'라고 기록하고, 아래에서는 '서위가 후경을 불러서 들어와 조회하라고 하였는데, 후경이 명령을 따르지 않으니, 서위의 군대가 이에 돌아갔다.〔下書魏召景入朝 景不受命 魏師乃還〕'라고 기록하였으니, 여기에서 양나라와 서위의 국가를 위해 방책을 꾀하는 득실의 차이를 알 수 있다. 어찌 옛 주인에게 배반하고서 새 임금에게 배반하지 않을 수 있는 자가 있겠는가. 후세에 ≪資治通鑑綱目≫의 기록을 살펴보면 양나라의 覆轍(실패의 교훈)을 증험할 뿐만 아니라, 또한 반란한 신하를 불러들이는 자들의 경계가 될 수 있는 것이다.〔梁主喜納叛人 蓋利心蔽之 故逆順是否 皆不能察 卒受其禍 綱目上書景降魏 而魏不爲動 此書景附梁 梁卽封以王爵 遣兵援之 下書魏召景入朝 景不受命 魏師乃還 於此可見梁魏謀國得失之分 豈有能叛其故主 而不能叛其新君者哉 後世卽綱目之所書 驗梁氏之覆轍 亦可爲招納叛臣者之戒也〕" ≪發明≫

【目】 이에 앞서 정월 을묘일(17일)에 梁主(蕭衍)가 中原의 지방관들이 모두 자신의 땅을 가지고 와서 항복하는 꿈을 꾸고서 다만 朱异를 만나 그 일을 말하였는데, 주이가 아뢰기를 "이는 천하가 하나로 통일되는 조짐입니다."라고 하였다. 丁和가 도착하여 侯景이 실제 정월 을묘일로 〈반란을 일으킬〉 계획을 세웠다고 말하니, 梁主가 더욱 신기하게 여겼다. 그러나 속으로는 아직 결정하지 못하여 혼자서 말하기를 "우리 나라는 마치 금사발과 같아 한 곳도 흠이 없는데, 지금 갑자기 후경의 땅을 받는 것이 어찌 사리에 마땅한 일이겠는가. 혹여 분란이 생기면 후회한들 무슨 소용이 있겠는가."라고 하였다. 주이가 梁主의 마음을 헤아려 알고 대답하기를, "지금 후경이 東魏의 땅 절반을 떼어서 오려고 하니, 하늘이 그의 마음을 이끈 것이 아니라면 어찌 이렇게 될 수 있겠습니까. 만약 거절하고 받아들이지 않는다면 뒤에 歸附하려는 사람들의 희망을 끊어버리게 될까 두려우니, 바라건대 폐하께서는 의심하지 마십시오."라고 하였다.

先是正月乙卯에 梁主夢中原牧守皆以地來降하고 但見朱异告之한대 异曰 此宇內混壹之兆也니이다하다 及丁和至에 稱景定計를 實以正月乙卯라한대 梁主愈神之호되 然意猶未決하여 嘗獨言호되 我國家如金甌하여 無一傷缺하니 今忽受景地가 詎是事宜리오 脫致紛紜이면 悔之何及①가 朱异揣知梁主意하고 對曰 今景分魏土之半以來하니 自非天誘其衷이면 何以至此리오 若拒而不納이면 恐絶後來之望이니 願陛下無疑하소서하다

① '獨言'은 한가한 때에 侍臣과 묻고 답하는 것이 아니라 혼자 그 일에 대해 말하는 것이다. 이는 梁主가 侯景의 땅을 받고 싶어서 항상 생각이 거기에 있어 혼자 말을 멈출 수 없었기 때문이다.
獨言者, 宴閑之時, 非因與侍臣問答, 獨言其事. 蓋梁主欲受景地, 念茲在茲, 而不能(白)〔自〕[49]已於言也.

【目】 梁主(蕭衍)는 이에 侯景을 大將軍으로 삼아 河南王 都督河南北諸軍事에 봉하였고, 司州刺史 羊鴉仁, 督兗州 桓和, 仁州刺史 湛海珍 등을 보내어 군사 3만을 이끌고 懸瓠로 나아가 후경을 맞아들이도록 하였다. 平西諮議 周弘正이 점을 잘 쳤는데, 이에 앞서 사람들에게 말하기를 "몇 년 뒤에 나라에 응당 兵亂이 발생할 것이다."라고 하였다. 후경을 받아들였다는 소식을 듣고는 말하기를 "난리가 일어나는 발단이 여기에 있다."라고 하였다.

梁主乃以景爲大將軍하여 封河南王都督河南北諸軍事하고 遣司州刺史羊鴉仁과 督兗州桓

49) (白)〔自〕: 저본에는 '白'으로 되어 있으나, ≪資治通鑑≫ 註에 의거하여 '自'로 바로잡았다.

和와 **仁州湛海珍等**하여 **將兵三萬**하여 **趣懸瓠以應之**①하다 **平西諮議周弘正**이 **善占候**러니 **前此謂人曰 國家數年後**에 **當有兵起**라하더니 **及聞納景**하고 **曰 亂階在此矣**라하더라

①〈"督兗州桓和 仁州湛海珍等"이〉 ≪資治通鑑≫에는 "督兗州刺史桓和 仁州刺史湛海珍等"이라고 되어 있으며, ≪梁紀≫에는 "土州刺史桓和"라고 되어 있다. ≪五代志≫에 "漢나라 東郡 土山縣을 梁나라에서 '龍巢'라고 하였으며, 土州와 東永寧郡, 西永寧郡, 眞陽郡 3개의 郡을 두었다."라고 하였다. 魏收의 ≪魏書≫ 〈地形志〉에 "梁나라에서 仁州를 설치하고 赤坎城에 治所를 두었는데, 臨淮郡을 끼고 已吾縣과 義城縣을 관할하였다."라고 하였다.
通鑑 "督兗州刺史桓和仁州刺史湛海珍等", 梁紀作 "(士)〔土〕[50]州刺史桓和." 五代志 "漢東郡土山縣, 梁曰龍巢, 置(士)〔土〕州及東西二永寧・眞陽三郡." 魏收志 "梁置仁州, 治赤坎城, 帶臨淮郡領已吾・義城縣."

【目】 胡氏(胡寅)가 다음과 같이 평하였다.

"꿈이란 그 단서가 한 가지가 아니지만, 武帝(蕭衍)의 꿈은 평소의 생각이 잠결에 나타난 것이다. 그러나 국가의 큰 계책은 마땅히 의리에 근거하여 그 可否를 결정해야 하는데, 어찌하여 하나의 꿈에 의지하여 결정한단 말인가. 황제(蕭衍)가 이미 사심을 이겨내지 못하였고, 朱异가 또 아첨하여 일을 조성하였으니, 슬프도다. 또 정월 병오일(8일)에 高歡이 세상을 떠났고, 侯景이 신해일(13일)에 西魏에 항복하여 한창 豫州, 襄州, 廣州, 兗州 등 몇 개의 州를 도모하였으니, 을묘일(17일)과 신해일의 거리가 겨우 4일인데, 무슨 겨를에 남쪽으로 귀의하려는 계책을 결정했겠는가. 丁和가 아마도 꿈 이야기에 대해 이미 들었거나 혹여 주이가 그에게 말을 해준 것인가. 황제가 일찍 살피지 못하고 그 일을 더욱 신기하게 여겼으니, 아마도 탐욕이 마음을 가렸기 때문에 제대로 보지 못한 것이리라."

胡氏曰 夢固非一端이나 **武帝之夢**은 **想所生也**라 **然國家大計**를 **當以義理斷其可否**어늘 **豈有憑一夢而決者乎**아 **帝旣不能自克**하고 **朱异又諂以成之**하니 **悲夫**로다 **且正月丙午**에 **高歡卒**하고 **而侯景以辛亥降西魏**하여 **方圖豫襄廣兗等數州**하니 **乙卯距辛亥**가 **纔四日**이니 **豈暇定南歸之計**리오 **丁和蓋已聞夢**이어나 **或朱异告之歟**아 **帝曾不察而益神其事**하니 **蓋貪欲蔽心**이라 **故莫能見也**니라

【綱】 3월에 梁主(蕭衍)가 同泰寺에서 捨身[51]하였다.

三月에 **梁主捨身於同泰寺**[52]하다

50) (士)〔土〕: 저본에는 '士'로 되어 있으나, ≪資治通鑑≫ 註에 의거하여 '土'로 바로잡았다.
51) 捨身 : 속세를 떠나 佛門에 들어가는 것을 말한다.

【綱】 여름 4월에 東魏의 大將軍 高澄이 鄴城으로 갔다.

◑**夏四月**에 **東魏大將軍澄如鄴**[53)]하다

【目】高澄이 여러 州에서 변란이 일어날까 걱정하여 이에 직접 나가서 순회하며 어루만졌고, 이로 인하여 鄴城에 들어가서 알현하니 東魏主(元善見)가 그와 잔치를 벌였는데, 고징이 일어나서 춤을 추자, 識者들은 그가 끝을 잘 맺지 못하리라는 것을 알았다.[54)]

澄慮諸州有變하여 乃自出巡撫하고 因朝于鄴하니 東魏主與之宴할새 澄起舞하니 識者知其不終이러라

【綱】 6월에 東魏에서 군대를 보내어 侯景을 토벌하자, 西魏에서 병력을 보내어 구원해주고 후경을 불러 들어와 조회하라고 하였는데, 후경이 명령을 따르지 않으니, 서위의 군대가 이에 돌아갔다.

六月에 **東魏遣兵討侯景**이어늘 **魏遣兵救之**하고 **徵景入朝**한대 **景不受命**하니 **魏師乃還**[55)]하다

---

52) 梁主捨身於同泰寺 : "梁主가 捨身한 것은 ≪資治通鑑綱目≫에서 모두 3번 책에 기록하였다. 그러나 그 몸이 여전히 있어 끝내 버리지 못했으니 부처에게 버리자 부처가 받지 않았다. 얼마 뒤에 마침내 侯景에게 버렸는데 그 몸만 버렸을 뿐만 아니라 또한 그 子孫, 국가까지도 아울러 버렸으니 슬퍼할 만하구나.〔梁主捨身 綱目凡三書于冊 然其身猶在 卒莫之捨 捨於佛而佛不受 未幾 遂捨於侯景 不惟捨其身 且併其子孫家國捨之 可哀也哉〕" ≪書法≫

53) 東魏大將軍澄如鄴 : "鄴은 무엇인가. 東魏가 도읍한 곳이다. 晉陽에는 '가다〔如〕'라고 기록하는 것이 괜찮으나 여기서 '가다〔如〕'라고 기록한 것은 무엇인가. 高澄이 신하 노릇을 안 한 것이다. 그러므로 竇憲이 신하 노릇을 안 한 것에는 '조회하다〔朝〕'라고 기록하지 않고 '회합하다〔會〕'라고 기록하고(漢 和帝 永元 3년(91)), 고징이 신하 노릇을 안 한 것에는 '조회하다〔朝〕'라고 기록하지 않고 '가다〔如〕'라고 기록하였다.(이해(547)) ≪資治通鑑綱目≫은 1字의 筆削이 엄하다.〔鄴者何 東魏所都也 晉陽書如 可也 此其書如何 澄不臣也 是故竇憲不臣 則不書朝 書會(漢和帝永元三年) 高澄不臣 則不書朝 書如(是年) 綱目一字之筆削嚴矣〕" ≪書法≫

54) 東魏主(元善見)가……알았다 : 高澄의 부친인 高觀이 죽은 지 얼마 안 되었는데, 고징이 술잔치를 벌이고 춤추는 것을 보고 識者들이 그가 제명에 죽지 못할 것을 안 것이다.

55) 東魏遣兵討侯景……魏師乃還 : "侯景은 이전에 西魏에 항복했는데 '반란〔叛〕'이라고 기록하지 않은 것은 東魏에 河南을 부여해주지 않아서이다. 여기서 '토벌〔討〕'이라고 기록한 것은 무엇인가. 西魏에 귀순한 것은 정상이지만 다시 배반하고 梁나라에 귀부하였다면 후경을 진실로 토벌할 수 있는 것이다. 그러므로 東魏에게 '토벌〔討〕'이라고 기록할 수 있는 것이다. 그렇다면 '구원해주다〔救之〕'라고 기록한 것은 나무란 것이 아닌가. 후경이 이미 다시 양나라에 귀부했는데 서위는 구원해주었으나 부르고 나자 오지 않으니 그 후에 〈서위의〉 군대가 마침내 되돌아왔다. ≪資治通鑑綱目≫은 말이 번잡해도 줄이지 않았으니 서위를 병통으로 여기고 후경을 미워한 것이다. 만일 동위가 토벌

【目】東魏의 高澄이 將軍 元柱 등을 파견하여 수만의 병력을 이끌고서 侯景을 습격하였으나 대패하였다. 후경은 梁나라의 羊鴉仁 등의 군대가 아직 도착하지 않았다고 여겨 마침내 潁川으로 물러나 지켰다. 東魏에서 다시 韓軌 등의 군대를 보내어 후경을 포위하니, 후경이 두려워하여 東荊州, 北兗州, 魯陽, 長社 네 곳의 城을 떼어 西魏에 뇌물로 주면서 구원해줄 것을 요청하였다. 僕射 于謹이 말하기를 "후경은 어려서부터 兵事에 익숙하여 간사한 속임수를 예측하기 어렵습니다. 높은 爵位를 내려 그의 변화를 지켜보는 것만 못하니, 아직 군대를 파견해서는 안 됩니다."라고 하였다. 荊州刺史 王思政이 말하기를 "기회를 틈타 나아가서 취하는 것만 못합니다."라고 하고, 곧바로 군대를 이끌고 노양에서 陽翟으로 향하였다. 宇文泰가 이 소식을 듣고, 太尉 李弼과 儀同 趙貴를 보내어 병력을 이끌고 潁川으로 나아가도록 하였다.

東魏高澄이 遣將軍元柱等하여 將兵數萬하여 襲景大敗한대 景以梁羊鴉仁等軍猶未至라하여 乃退保潁川이어늘 東魏復遣韓軌等兵하여 圍之하니 景懼하여 割東荊北兗州魯陽長社四城하여 賂魏以求救①어늘 僕射于謹曰 景少習兵하여 姦詐難測하니 不如厚其爵位하여 以觀其變이니 未可遣兵이니이다 荊州刺史王思政이 以爲不若因機進取라하고 卽引兵하여 自魯陽向陽翟②이어늘 宇文泰聞之하고 遣太尉李弼과 儀同趙貴하여 將兵赴潁川하다

① 東魏의 東荊州는 北陽城에 治所를 두고, 荊州는 魯陽에 치소를 두었으며, 潁州는 長社에 치소를 두었다. 당시에 北兗州는 없었고, 오직 北荊州는 伊陽에 치소를 두어 西魏와 접경을 이루었으니, 아마도 歷史家가 '荊'을 '兗'으로 잘못 기록한 것이리라.
東魏東荊州治北陽城, 荊州治魯陽, 潁州治長社. 時無北兗州, 唯北荊州治伊陽, 與西魏接境, 豈史家誤以荊爲兗耶.

② 陽翟縣은 漢나라 때에는 潁川郡에 속하였고, 晉나라 때에는 河南尹에 속하였다. 魏收의 《魏書》 〈地形志〉에는 "興和 원년(539)에 陽翟郡을 나누어 설치하여 潁州에 소속하였다."라고 하였다.
陽翟縣, 漢屬潁川郡, 晉屬河南尹. 魏收志 "興和元年, 分置陽翟郡, 屬潁州."

【目】侯景은 梁主(蕭衍)가 자신을 책망할까 두려워 使臣을 보내어 啓文을 올려 아뢰기를 "폐하의 군대를 아직 만나지 못하였는데 죽음이 번갈아 닥쳤으니, 關中에 구원해주기를

하였기〔討〕 때문에 서위가 구원하였다〔求〕 기록한 것이 서위를 꾸짖은 것으로 여긴다면 본래의 뜻을 그르치는 것이다.〔景前降魏 不書叛 不與東魏以河南也 此其書討 何 降魏 正也 復叛附梁 則景固可討矣 故東魏得書討 然則書救之 非譏歟 景旣復附于梁 魏方救之 旣徵不至 然後乃還 綱目辭繁不殺 所以病魏而惡景也 若謂以討書救爲譏魏 則失其旨矣〕" 《書法》

요청한 것은 스스로 눈앞에 닥친 〈위급함에서〉 벗어나기 위함이었고, 4州의 땅을 떼어 버린 것은 일이 부득이해서였습니다. 豫州의 동쪽 지역과 齊海의 서쪽 지역을 모두 聖朝에 바칠 것이니, 이는 반드시 맞이하여 접수해야 할 일입니다. 바라건대 변경 지역에 칙령을 내리셔서 각기 重兵을 설치하고 臣과 서로 호응하여 서로 어긋나지 않도록 해주시기 바랍니다."라고 하니, 梁主가 넉넉한 詔書로 화답하였다.

景恐梁主責之하여 遣使奉啓曰 王旅未接에 死亡交急하니 求援關中은 自救目前이요 割棄四州는 事非得已①라 其豫州以東齊海以西를 悉歸聖朝니 事須迎納이라 願敕境上하여 各置重兵하여 與臣影響하여 不使差互하소서하니 梁主優詔報之②하다

①'王旅未接'은 羊鴉仁 등의 병력이 도착하지 않았음을 말한다.
王旅未接, 謂羊鴉仁等軍未至也.

②'影響'은 그림자가 형체를 따르고 메아리가 소리에 응하듯이 피차가 호응하여 기회를 잃지 않는 것을 말한다.
影響, 言若影之隨形, 響之應聲, 彼此相應, 不失機會也.

【目】韓軌 등이 西魏의 군대가 곧 도착한다는 소식을 듣고는 병력을 이끌어 鄴城으로 돌아가니, 侯景이 李弼과 趙貴를 만날 때를 이용하여 사로잡고 그들의 군대를 빼앗고자 하였다. 조귀가 이를 의심하여 가지 않고, 후경을 軍營으로 유인하여 사로잡고자 하였으나 이필이 저지하였다. 羊鴉仁이 군대를 거느리고 汝水에 이르니, 이필이 군대를 이끌고 長安으로 돌아갔다. 王思政이 潁川으로 들어가 점거하니, 후경은 군대를 이끌고 나가서 懸瓠에 주둔하였고, 다시 使臣을 보내어 서위에 병력을 요청하니, 宇文泰가 同軌의 防主(성을 방어하는 관직 이름)인 韋法保 등을 시켜서 군대를 이끌고 그를 돕게 하였다. 左丞 王悅이 우문태에게 말하기를 "후경이 이미 高氏의 은덕을 배반하였으니, 어찌 조정에 절개를 다 바치겠습니까. 지금 세력을 그에게 보태주고 군대로 그를 구원해준다면 조정이 앞으로 웃음거리가 될까 우려됩니다."라고 하였다. 우문태가 이에 후경을 불러 조회하러 들어오게 하였다.

韓軌等이 聞魏師將至하고 引兵還鄴하니 景欲因會執弼與貴而奪其軍이러니 貴疑之不往하고 欲誘景入營而執之어늘 弼止之하다 羊鴉仁遣兵至汝水하니 弼等引兵還長安이어늘 王思政入據潁川하니 景引軍出屯懸瓠하고 復使乞兵於魏어늘 宇文泰使同軌防主韋法保等으로 將兵助之①한대 左丞王悅이 言於泰曰 彼既能背德於高氏하니 豈肯盡節於朝廷이리오 今益之以勢하고 援之以兵하면 竊恐朝廷이 貽笑將來也일까하노이다하니 泰乃召景入朝하다

① ≪五代志≫를 살펴보면 "河南 宜陽縣은 後周(北周) 때 나누어 熊耳縣과 同軌郡을 설치하였다. 北周와 北齊가 宜陽을 경계로 삼고 同軌를 郡의 이름으로 한 것은 장차 여기로부터 병력을 출동하여 東西를 통일시켜 천하의 군대로 하여금 궤적을 함께한다(천하 통일시키겠다)는 것을 말한 것이다. 防主는 관직의 명칭이다.
五代志"河南宜陽縣, 後周分置熊耳縣·同軌郡. 周·齊以宜陽爲界, 以同軌名郡者, 言將自此出兵混壹東西, 使天下軍同軌也." 防主, 官名.

【目】侯景은 반란을 일으키려는 계획이 아직 이루어지지 않았기에 韋法保 등을 잘 대해주었는데, 위법보의 長史 裴寬이 말하기를 "후경은 교활하고 속임수에 능하니, 반드시 關中으로 들어가려고 하지 않고 公에게 의탁하려 할 것이니, 믿을 수 없을까 걱정입니다. 만약 병사를 매복시켰다가 그의 목을 베면 역시 한때의 큰 공로가 될 것입니다. 만일 그렇게 하지 않는다면 즉시 엄중하게 그를 방비해야 합니다."라고 하였다. 위법보는 그렇다고 여겨 〈후경을〉 떠나 드디어 鎭守하는 곳으로 돌아왔다. 왕사정 역시 후경이 속임수를 쓰고 있음을 깨달아서 여러 군대를 나누어 포진하여 후경의 7州와 12鎭을 점거하였다. 후경이 과연 거절하고 조회하러 들어오지 않자, 宇文泰가 이에 여러 군대를 불러 돌아오게 하고, 왕사정을 都督河南諸軍事에 임명하였다. 후경이 드디어 결심을 하여 梁나라에 항복하자, 洋鴉仁이 마침내 懸瓠로 들어갔다. 高澄이 후경에게 서신을 보내어 후경이 돌아오면 豫州刺史로 임명해주고 처자식을 돌려보내겠다고 회유하였지만 후경은 그 말을 따르지 않았다.

景叛計未成이라 厚撫法保等이어늘 法保長史裴寬曰 侯景狡詐하니 必不入關하고 欲託款於公하니 恐未可信이라 若伏兵斬之면 亦一時之功也어니와 不爾면 卽應深爲之防이니라 法保然之하여 遂辭還鎭①하니 王思政亦覺其詐하여 分布諸軍하여 據景七州十二鎭이러니 景果辭不入朝어늘 泰乃召諸軍還하고 以思政都督河南諸軍事하니 景遂決意降梁이어늘 鴉仁遂入懸瓠하다 高澄以書諭景使還하면 許以爲豫州刺史하고 而還其妻子호되 景不聽하다

① 〈'遂辭還鎭'은 韋法保가〉 侯景을 떠나 同軌로 돌아온 것이다.
辭景而還同軌也.

【綱】가을 7월에 梁나라에서 貞陽侯 蕭淵明을 보내어 여러 장수를 감독하여 東魏를 침략하였다.

秋七月에 梁遣貞陽侯淵明하여 督諸將하여 侵東魏[56]하다

【目】 梁主(蕭衍)가 詔書를 내려 크게 군사를 일으켜서 東魏를 정벌할 때에 鄱陽王 蕭範을 元帥로 삼고자 하였는데, 朱异가 말하기를 "파양왕은 영웅호걸로 기개가 세상을 뒤덮고 사람들이 죽을힘을 다하게 만들 수 있습니다. 그러나 가는 곳마다 잔인하고 포악하게 행동하니, 백성들을 어루만질 재목은 아닙니다. 게다가 폐하께서 예전에 北顧亭에 올라 말씀하시기를, '江右 지역에는 반란의 기운이 있고 골육지친이 군대의 우두머리가 되리라.'라고 하셨으니, 지금 신중히 선택하셔야 합니다."라고 하였다. 梁主가 말하기를 "蕭會理는 어떤가."라고 하니, 주이가 대답하기를, "폐하께서는 적당한 인물을 얻으셨습니다."라고 하였다. 마침내 소회리와 貞陽侯 蕭淵明에게 여러 장수를 나누어 감독하게 하니, 소회리가 나약하고 교만하여 소연명에게 禮를 갖추지 않았는데, 소연명이 주이에

---

56) 梁遣貞陽侯淵明……侵東魏 : "梁나라에 대해서는 일찍이 '東魏를 정벌하였다.〔伐東魏〕'라고 기록하였다. 여기서는 어째서 '침략〔侵〕'이라고 기록하였는가. 반란자를 받아들였으니 진실로 남을 정벌하기에 부족한 것이다.〔梁嘗書伐東魏矣 此則曷爲以侵書 受其叛人 則固不足以伐人矣〕" 《書法》

"무릇 군대에 대해서는 죄를 선포하고 토벌하는 것을 '伐'이라 하고, 군대를 은밀히 출동하여 적의 국경으로 쳐들어가는 것을 '侵'이라 한다. 지금 分注(目)에서 '梁主(蕭衍)가 詔書를 내려 크게 군사를 일으켜서 東魏를 정벌하였다.〔梁主下詔大擧伐東魏〕'라고 기재하였는데, 《資治通鑑綱目》(綱)에서는 '침략〔侵〕'이라고 기록하고 또 '貞陽侯 蕭淵明에게 여러 장수를 위에서 감독하게 하였다.〔貞陽侯督諸將于上〕'라고 기록한 것은 무엇인가. 藩侯(諸侯)로 大軍을 총괄 감독하게 한 것은 군대를 은밀히 출동하여 적의 국경으로 쳐들어간 것이 아님이 명백한데도 書法이 이와 같으니 무슨 이유가 있는가. 일찍이 《周易》을 살펴보건대, 師卦 六五爻는 師卦(䷆)의 主爻인데 그 爻辭에 '밭에 짐승이 있으면 〈토죄 정벌의〉 말을 받들어 토벌함이 이로우니, 허물이 없으리라.〔田有禽 利執言 无咎〕'라고 하였으니, 이른바 '밭에 짐승이 있다〔田有禽〕'는 것은 만약 짐승이 밭에 들어와서 곡식을 해치면 마땅히 사냥하여 잡을 뿐이다. '말을 받들어 토벌함이 이롭다〔利執言〕'에 있어서는 이로움이 임금의 말을 받들어 가서 토벌함에 있으니, 그 죄를 명백하게 하여 토벌하므로 허물이 없게 될 수 있는 것이다. 이것은 말을 집행하는 뜻이다. 지금 侯景이 나라를 背叛하고 西魏로 귀부하자 서위에서 받아들이지 않으니 마침내 다시 땅을 들어서 梁나라에 귀부하였다. 이는 진실로 저들의 叛臣賊子인데 저들에게 있어서는 국토를 잃은 것이 마치 밭에 짐승이 있는 것과 같아 마땅히 토벌해야 할 것이지만, 양나라에 있어서는 애당초 집행할 만한 말이 없는 것이다. 지금 도리어 〈양나라에서〉 크게 군사를 일으켜서 나아가서 東魏를 정벌하였으니 이 군사를 일러 무슨 군사라 하겠는가. 크게 군사를 일으켜 남의 나라를 정벌하면서 명분이 없으니 그 士氣는 이미 쓸쓸하게 결핍된 것이다. 《자치통감강목》은 명분을 따라 실질을 구하여 '크게 군사를 일으켰다.〔大擧〕'고 分注의 아래에 기재하고 '서위를 침략했다〔侵魏〕'고 《자치통감강목》(綱)의 위에 기록하였으니 이른바 샘을 맑게 하고 뿌리를 바로잡는 것이어서 돌이켜 나에게 있는 것을 구하여 나에게 결함이 없은 뒤에 남을 비난할 수 있다는 뜻이다. 비루하구나, 梁 武帝여. 어찌 이것을 알겠는가.〔凡兵 聲罪致討曰伐 潛師入境曰侵 今分注載梁主下詔大擧伐東魏 而綱目則以侵書之 且又書貞陽侯督諸將于上 何哉 夫以藩侯而揔督大軍 則非潛師入境明矣 書法如此 豈有說邪 嘗觀於易 師之六五 爲一卦之主 其爻辭有曰 田有禽 利執言 无咎 所謂田有禽者 若禽獸入于田中 侵害禾稼 則宜獵取之爾 至於利執言者 利在奉辭往伐 明其罪以致討 故得无咎 此則執言之義也 今侯景背叛其國 歸魏而魏不納 遂復挈地以附於梁 是固彼之叛臣賊子 在彼則失其境土 若田之有禽 所當致討 而在梁則初無言可執 今反大擧而往伐之 斯師也 其謂謂之何師哉 大擧以伐人之國 而乃無名 則是其氣已索然餒矣 綱目循名責實 以大擧載於分注之下 而以侵魏書於綱目之上 所謂澄源正本 反求在我 無諸己而後 可以非諸人之義也 陋哉梁武 何足以知此〕" 《發明》

게 이를 몰래 고하니, 〈조정에서 사람을 시켜〉 뒤쫓아가서 〈소회리를〉 돌아오게 하고 〈소연명으로〉 교체하였다.

梁主下詔하여 **大擧伐東魏**할새 **欲以鄱陽王範**으로 **爲元帥**①어늘 **朱异曰 鄱陽雄豪蓋世**하고 **得人死力**이나 **然所至殘暴**하니 **非弔民之材**요 **且陛下昔登北顧亭**하여 **謂江右有反氣**하고 **骨肉爲戎首**라 하시니 **今宜詳擇**②이니이다하니 **梁主曰 會理何如**③오하니 **對曰 陛下得之矣**로소이다하다 **遂以會理與貞陽侯淵明**으로 **分督諸將**④하니 **會理庸懦驕倨**하여 **不禮淵明**한대 **淵明密告朱异**하니 **追還代之**하다

① 蕭範은 蕭恢의 아들이다.
範, 恢之子也.

②'登北顧亭'은 京口에 행차했을 때를 말한다. 大同 10년(544)에 梁主가 京口城 北固樓에 올라 '北顧樓'라고 이름을 고쳤다. 江州, 郢州, 揚州, 南徐州는 江左 지역이고, 豫州, 南豫州, 南兗州는 江右 지역이다.
登北顧亭, 謂幸京口時也. 大同十年, 梁主幸京口城北固樓, 更名北顧. 江·郢·揚·南徐之地爲江左, 豫·南豫·南兗之地爲江右.

③ 蕭會理는 南康王의 이름으로, 蕭續의 아들이다.
會理, 南康王名, 續之子也.

④ 蕭淵明은 蕭懿의 아들이다.
淵明, 懿之子也.

【綱】 東魏의 大將軍 高澄이 晉陽으로 돌아와 스스로 都督中外諸軍 錄尙書事 勃海王이 되었다.

東魏大將軍澄還晉陽하여 **自爲都督中外諸軍錄尙書事勃海王**하다

【目】 高澄이 晉陽으로 돌아가려고 할 때에 그의 동생 高洋을 京畿大都督으로 삼아서 鄴城에 남겨두고 드디어 진양으로 돌아가서 〈高歡의〉 喪事를 발표하였다. 東魏主(元善見)가 고환을 相國 齊王으로 추증하고 九錫[57]을 갖추어서 특별한 예우를 하였다. 고징을 大丞相 都督中外諸軍事 錄尙書事로 삼았는데, 고징이 승상을 사양하니 허락하였다. 고징은 漳水의 서쪽에 齊獻武王(高歡)을 虛葬하고, 몰래 鼓山에 있는 石窟의 佛頂 옆을 뚫어 墓穴을 만들어서 靈柩를 넣어 막고는 여러 匠人들을 죽였다. 北齊가 망하게 되자, 어

57) 九錫 : 천자가 공로가 있는 제후나 대신을 예우하여 내려주는 기물로, 車馬, 衣服, 樂器, 朱戶, 納陛, 虎賁, 弓矢, 秬鬯을 말한다.

떤 장인의 아들이 그 사실을 알고 석굴을 발굴하여 금을 가지고 달아났다.

高澄將歸晉陽할새 以其弟洋으로 爲京畿大都督하여 留鄴하고 遂歸發喪하니 東魏主贈歡相國齊王하고 備九錫殊禮하다 以澄爲大丞相督中外錄尙書事한대 澄辭丞相하니 許之하다 澄虛葬齊獻武王於漳水之西하고 而潛鑿鼓山石窟佛頂之旁爲穴하여 納其柩而塞之하고 殺群匠①이러니 及齊亡에 一匠之子知之하여 發石取金而逃하다

① 魏收의 ≪魏書≫〈地形志〉에 "魏郡 臨漳縣에 鼓山이 있다."라고 하였다.
魏收志 "魏郡臨漳縣有鼓山."

【綱】 東魏의 大將軍 高澄이 鄴城으로 들어가서 임금(元善見)을 궁궐에 유폐시키고 侍讀 荀濟 등을 죽이고 돌아왔다.

東魏大將軍澄入鄴하여 幽其主於宮中하고 殺侍讀荀濟等而還58)하다

【目】 東魏主(元善見)는 힘이 좋고 활을 잘 쏘았으며 文學을 좋아하였는데, 당시 사람들이 그에게 孝文帝(元宏)의 풍도가 있다고 하니, 高澄이 몹시 꺼려하였다. 예전에 高歡이

58) 東魏大將軍澄入鄴……殺侍讀荀濟等而還 : "'들어갔다〔入〕'는 미워하는 말이다. '들어갔다〔入〕'라고 기록하고, '임금(元善見)을 유폐했다.〔幽其主〕'라고 기록하고, '아무개 등을 죽이고 돌아왔다.〔殺某等而還〕'라고 기록하였으니 高澄의 흉포함을 알 수 있다.〔入 惡辭也 書入 書幽其主 書殺某等而還 澄之凶燄可見矣〕" ≪書法≫

"高歡이 임금을 축출하고는 죽을 때까지 北面(신하 노릇 함)하여 임금을 섬기기에 禮를 다하였으니 바로 그 추악함을 덮으려 한 것이었다. 그러나 軍國의 大權이 고환의 손아귀에 있었으니 비록 거짓 꾸밈을 했더라도 섬기는 데에 무슨 도움이 되겠는가. 앞에서는 사관이 기록하기를 '高歡은 몸을 구부리고 숨을 죽인 채 향로를 들고 東魏主를 걸어서 좇아갔다.〔其鞠躬屛氣 執香步從魏主〕'라고 기재하여 고환이 임금을 섬기는 데에 공손함을 보였으니, 어찌 〈≪春秋左氏傳≫ 襄公 26년의〉 '國政은 甯氏가 主宰하고 寡人은 祭祀만을 主宰할 것이다.〔政由甯氏 祭則寡人〕'라는 것을 알겠는가. 이는 바로 姦雄 중에 가장 나쁜 놈일 뿐이다. 한 번 전하여 아들이 마침내 狂悖를 드러냈는데 임금을 힐책한 것을 살펴보면 도리어 '〈임금님께서〉 어찌 배반할 생각을 하십니까?'라고 하였으니, 君臣의 분수가 뒤집히기를 이와 같이 하였다. 이것은 아마 부친의 훈계를 받아서 그러한 것일 것이다. ≪資治通鑑綱目≫은 '고징이 鄴城으로 들어가서 임금을 궁궐에 유폐시켰다.〔澄入鄴 幽其主於宮中〕'라고 기록하였으니 그 미워함은 또한 曹操·司馬懿보다 큰 것이다. 荀濟가 처음에 고징을 주살하려고 계획하였는데, '死節'로 기록되지 못한 것은 도모함이 정상적 도리를 얻지 못하였으므로 다만 '殺'이라고만 기록하고 그 관직을 제거하지 않았으니 또한 인정해주면서도 완전히 인정해준 것은 아니다. 그 뜻이 은미하다.〔高歡逐君 終身北面 事君盡禮 正將以蓋其醜也 然軍國大權 在其掌握 雖有虛文 何補於事 前史載其鞠躬屛氣 執香步從魏主 以見其事上之恭 豈知政由甯氏 祭則寡人 此正姦雄之尤者爾 一傳而子遂著狂悖 觀其詰責乃主 顧謂何意而反 君臣之分 倒置如此 是豈得於過庭之訓而然乎 綱目書澄入鄴 幽其主於宮中 其惡又浮於曹馬矣 荀濟始謀誅澄 而不得以死節書者 謀之不得其道 故止書殺 而不去其官 亦予之而不盡予者也 其旨微矣〕" ≪發明≫

君主를 내쫓았던 추악함을 스스로 병통으로 여겨 東魏主를 섬길 적에 禮를 갖추어서 아주 공경하고 일의 크고 작음에 관계없이 반드시 보고하여 可否에 대한 그의 뜻을 따랐으며, 늘 모시고 잔치를 할 적에는 엎드려서 장수를 빌었다. 東魏主가 法會를 열어 輦을 타고 焚香을 하러 갈 적에 고환은 향로를 들고 걸어서 쫓아가 몸을 구부리고 숨을 죽인 채 東魏主의 안색을 우러러 보았다.

고징이 國政을 맡게 되자, 거만함이 갑자기 심해져서 崔季舒를 시켜서 東魏主의 동정을 살피도록 하였다. 고징이 한번은 東魏主를 모시고 술을 마시다가 커다란 술잔을 들어서 東魏主에게 권하였는데, 東魏主가 분노를 참지 못하고 말하기를 "옛날부터 망하지 않은 국가가 없으니, 나 역시 이렇게 살아서 무엇 하겠는가."라고 하였다. 그러자 고징이 화가 나서 최계서를 시켜서 東魏主를 주먹으로 치도록 하고 옷을 떨치며 나갔다. 東魏主는 근심과 치욕을 참을 수 없어서 謝靈運의 詩를 읊기를 "韓나라가 망하니 子房[59]이 떨치며 일어났고, 秦나라가 황제를 칭하자 魯連[60]이 수치스러워하였네."라고 하였다.

東魏主多力善射하고 好文學하니 時人以爲有孝文風烈이라하니 高澄이 深忌之러라 始高歡이 自病逐君之醜①하여 事魏主에 禮甚恭하고 事無大小히 必以聞하여 可否聽旨하고 每侍宴에 俯伏上壽러라 魏主設法會乘輦行香에 歡執香爐步從하여 鞠躬屛氣하여 承望顔色이러니 及澄當國에 倨傲頓甚하여 使崔季舒로 察魏主動靜이러라 澄嘗侍飮할새 擧大觴屬魏主②하니 魏主不勝忿曰 自古로 無不亡之國하니 朕亦何用此生爲리오하다 澄怒罵하고 使季舒로 拳毆魏主하고 奮衣而出하니 魏主不堪憂辱하여 詠謝靈運詩曰 韓亡子房奮이요 秦帝魯連恥라하다

①〈'自病逐君之醜'는〉 孝武帝(元修)를 내쫓아 關中으로 들어가게 한 것을 말한다.
謂逐孝武帝使入關也.
② 屬(권하다)은 之欲의 切이다.
屬, 之欲切.

【目】 侍讀 荀濟가 東魏主(元善見)의 뜻을 알아차리고 이에 祠部郎中 元瑾과 華山王 元大

59) 子房 : 漢 高祖 劉邦의 신하 張良의 字이다. 戰國時代 韓나라에서 누대에 걸쳐 재상을 배출한 가문 출신으로 韓나라가 망하자 유방의 策士가 되어 漢나라 창업에 지대한 공을 세웠다.(≪史記≫ 권55 〈留侯世家〉)

60) 魯連 : 魯仲連을 가리킨다. 전국시대 齊나라 사람으로, 秦나라를 황제로 높이자는 新垣衍의 제안을 받고 "내가 동해에 몸을 던져 죽을지언정 진나라의 백성이 될 수는 없다.〔連有蹈東海而死耳, 吾不忍爲之民也.〕"라고 하였다.(≪史記≫ 권83 〈魯仲連列傳〉)

器 등과 高澄을 죽이기로 모의하였다. 이에 궁중에 土山을 만들어서 성의 북쪽을 향하여 땅굴을 뚫어서 千秋門에 이르도록 하니, 문지기가 이것을 알아차리고 高澄에게 알렸다. 고징이 이에 병사들을 정돈하여 궁으로 들어가 東魏主를 보고도 절을 하지 않고 앉으면서 말하기를 "폐하께서는 어찌 배반할 생각을 하십니까?"라고 하니, 東魏主가 정색을 하며 말하기를 "옛날부터 신하가 군주를 배반했다는 말은 들어도 군주가 신하를 배반했다는 말은 듣지 못했소. 왕이 스스로 배반하고자 하면서 어찌 나를 책망하는 것이오. 반드시 弑逆을 저지르고자 한다면 늦추든 재촉하든 왕에게 달려 있소."라고 하였다. 고징이 평상에서 내려와 머리를 조아리며 크게 소리를 내어 울면서 사죄하였는데, 3일이 지난 뒤에 東魏主를 含章堂에 유폐하고 순제 등은 저자에서 烹刑에 처하고서 드디어 晉陽으로 돌아갔다.

侍讀荀濟知魏主意하고 乃與祠部郎中元瑾華山王大器等으로 謀誅澄①할새 於宮中作土山하여 開地道向北城하여 至千秋門하니 門者覺之하여 以告澄한대 澄勒兵入宮하여 見魏主不拜而坐曰 陛下何意反고하니 魏主正色曰 自古唯聞臣反君이요 不聞君反臣이라 王自欲反하니 何乃責我오 必欲弑逆인댄 緩速在王이니라 澄乃下牀叩頭하고 大啼謝罪러니 居三日에 幽魏主於含章堂하고 烹濟等於市하고 遂還晉陽②하다

① 元大器는 元鷙의 아들이다.
大器, 鷙之子也.

② 含章堂은 《周易》 坤卦의 "아름다움을 속에 품고 곧은 덕을 지킬 수 있다."는 의미에서 취하였으니, 필시 鄴宮의 內殿 곁에 있었을 것이다.
含章堂, 蓋取坤卦含章可貞之義, 必在鄴宮之內殿左右.

【目】 예전에 荀濟가 어려서 江東에 살면서 학문에 박식하고 문장을 잘 지어서 梁主(蕭衍)와 布衣 시절의 벗으로 지냈다. 梁主가 큰 뜻을 품고 있는 줄 알았지만 자신의 기개를 자부하여 복종하지 않으면서 늘 다른 사람에게 말하기를 "방패의 코 위에다 먹을 갈아 檄文을 쓸 일을 만나게 될 것이오."라고 하니, 梁主가 매우 불편해하였다. 〈梁主가〉 즉위하게 되자 어떤 사람이 순제를 梁主에게 천거하니, 梁主가 말하기를 "풍속을 어지럽히고 배반하기를 좋아하니, 등용할 수가 없소."라고 하였다. 순제가 글을 올려 梁主가 佛法을 숭상하여 신봉하고 塔寺를 건립하는 데 사치하고 낭비하는 일에 대해 간언하니, 梁主가 크게 진노하여 그의 목을 베려고 하자, 朱异가 몰래 순제에게 알리니, 순제가 東魏로 달아났다.

高澄이 순제를 侍讀으로 삼았는데, 〈고징을 죽이려는 모의가〉 실패로 돌아가자 그 供招에, "나이가 들어 쇠퇴해져도 공로와 이름을 세우지 못하는 것을 스스로 상심했기 때문에 天子를 옆에 끼고 權臣을 주살하고자 하였소."라고 하였다. 고징이 그를 사형에서 면제해주려고 친히 묻기를 "荀公은 어찌하여 반역할 생각을 하였소."라고 하니, 순제가 말하기를 "詔書를 받들어 고징을 죽이려고 하였는데, 어찌 반역이라 하는 것이오."라고 하였다. 마침내 순제를 烹刑에 처하였다.

初에 濟少居江東하여 博學能文하여 與梁主有布衣之舊러니 知梁主有大志나 然負氣不服하여 常謂人曰 會於盾鼻上에 磨墨檄之라하니 梁主甚不平①이러라 及卽位에 或薦之한대 梁主曰 亂俗好反하니 不可用也라하여늘 濟上書諫梁主崇信佛法塔寺奢費하니 梁主大怒하여 欲斬之어늘 朱异密告之한대 濟逃奔東魏하다 澄以爲侍讀이러니 及敗下에 辨曰② 自傷年紀摧頹功名不立이라 故로 欲挾天子誅權臣이라하니 澄欲宥其死하여 親問之曰 荀公何意反고하니 濟曰 奉詔誅高澄하니 何謂反邪아하니 遂烹之하다

① 방패는 병기이니, 몸을 가리는 것이다. 방패에 코가 있다는 것은 방패 뒷면에 솟아 있는 부분이 있기 때문에 코라고 한 것이니, 梁主가 만약 불시에 擧兵을 하면 자신 역시 병력을 일으켜 방패의 코 위에서 먹을 갈아 檄文을 써서 그의 죄를 聲討할 것이라고 말한 것이다.
盾, 兵器也, 所以蔽身. 盾之有鼻, 蓋盾背有隆起處, 故謂之鼻, 言梁主若有非常之擧, 亦當起兵, 於盾鼻上磨墨作檄以聲其罪.

② 辨은 獄辭(供招)이다.
辨, 獄辭也.

【綱】9월에 梁나라에서 泗水에 둑을 쌓아 東魏의 彭城을 공격하였다. 겨울 11월에 東魏의 行臺 慕容紹宗이 梁나라 군대를 공격하여 패배시키고 蕭淵明을 사로잡았다.

九月에 梁堰泗水하여 以攻東魏之彭城[61)]하다 冬十一月에 東魏行臺慕容紹宗擊敗之하고

61) 梁堰泗水 以攻東魏之彭城 : "공격에는 方略을 기록한 것이 없었는데, 秦나라에는 '河溝를 터서 공격하였다.〔決河溝〕'라고 기록한 것(丙子年(B.C. 225))은, 황하 틈을 거듭 열었기 때문이다. 여기는 泗水인데 기록한 것은 무엇인가. 梁나라를 병통으로 여긴 것이다. 양나라는 일찍이 淮水에 둑을 쌓아 壽陽을 공격하였으나 얻은 것이 잃은 것을 보상하지 못하였다. ≪資治通鑑綱目≫에서는 梁나라가 3번 둑을 쌓은 것을 삭제하여 기록하지 않았는데, 이때에 사람을 보내 彭城을 공격하면서 계책에 다시 이 둑 쌓는 일을 내었으나 마침내 이로운 바가 없으므로 특별히 기록하여 나무란 것이다.〔攻未有書方略者 秦書決河溝(丙子年) 重開河隙也 此泗水耳 其書 何 病梁也 梁嘗堰淮以攻壽陽矣 得不償失 綱目於其三築 削之不書 於是遣攻彭城 計復出此 而竟無所益 故特書譏之〕" ≪書法≫

獲蕭淵明하다

【目】 梁主(蕭衍)가 侍中 羊侃에게 명을 내려 蕭淵明과 함께 寒山에서 泗水에 둑을 쌓아 彭城 쪽으로 물을 대게 하되 팽성을 얻을 때까지 기다렸다가 진군하여 侯景과 掎角之勢를 이루게 하였다. 둑이 완성되자 東魏의 徐州刺史 王則이 농성하며 굳게 지켰는데, 양간이 소연명에게 물길을 타고 성을 공격하도록 권하였으나 따르지 않았다. 諸將들이 소연명과 군대의 일을 논의하였으나 소연명은 대답을 하지 못하고 다만 "때가 되면 알맞게 처리할 뿐이오."라고 하였다.

동위에서 大都督 高岳을 보내어 팽성을 구원하도록 할 적에 潘樂을 副都督으로 삼고자 하였는데, 陳元康이 말하기를 "반락은 임기응변에 더뎌서 慕容紹宗만 못하고, 게다가 先王(高歡)의 遺命이 있었습니다."라고 하였다. 이에 모용소종을 東南道行臺로 삼아 고악과 반락을 함께 가도록 하였다. 후경이 모용소종이 온다는 소식을 듣고는 말안장을 두드리며 두려운 기색으로 말하기를 "누가 선비족 아이(高澄)에게 모용소종을 풀어 보내어 오도록 하였는가. 만약 그렇다면 高王(高歡)이 정녕 아직 죽지 않은 것인가."라고 하였다.

梁主命侍中羊侃하여 與淵明으로 堰泗水於寒山하여 以灌彭城호되 俟得彭城하여 乃進軍與侯景掎角이러니 堰成에 東魏徐州刺史王則嬰城固守어늘 侃勸淵明乘水攻之한대 不從이라 諸將與議軍事에 淵明不能對하여 但云 臨時制宜而已러라 東魏遣大都督高岳하여 救彭城할새 欲以潘樂爲副한대 陳元康曰 樂緩於機變하여 不如慕容紹宗하고 且先王之命也라하고 乃以紹宗으로 爲東南道行臺하여 與岳樂偕行이라 景聞紹宗來하고 叩鞍有懼色曰 誰教鮮卑兒解遣紹宗來오 若然이면 高王定未死邪아하다

【目】 慕容紹宗이 군사 10만을 거느리고 槖駝峴(낙타현)을 점거하자, 羊侃이 蕭淵明에게 그들이 먼 곳에서 온 틈을 타 공격하도록 권하였는데, 듣지 않았다. 양간이 이에 자신의 휘하에 있는 병력을 이끌고 나가 강둑 위에 주둔하였다. 모용소종이 도착하여 軍營을 공격하였는데, 소연명은 술에 취하여 일어날 수가 없었고, 諸將들은 모두 감히 나아가지 못했다. 兗州刺史 胡貴孫이 홀로 휘하의 병력을 이끌고 전투를 벌여 200명의 목을 베니, 東魏의 군대가 패하여 달아났다.

紹宗帥衆十萬하여 據槖駝峴①이러니 羊侃勸淵明乘其遠來擊之한대 不從이어늘 侃乃帥所領하여

出屯堰上②하다 紹宗至하여 攻營이어늘 淵明醉不能起하고 諸將皆不敢出이라 兗州刺史胡貴孫이 獨帥麾下與戰하여 斬首二百하니 東魏兵敗走하다

① 槖駝峴은 산 이름이다.
槖駝峴, 山名.
② 羊侃은 蕭淵明이 반드시 패배할 것임을 알았기 때문에 나아가 둑 위에 주둔하여 거느리고 있던 병력을 온전히 하여 퇴각하려고 한 것이다.
侃知淵明必敗, 故出屯堰上, 欲全所領而退.

【目】 예전에 侯景이 늘 梁나라 군사들에게 경계하기를, "패배한 적의 뒤를 추격해도 2리를 넘지 말라."라고 하였다. 慕容紹宗이 전투를 벌이려고 할 적에 梁나라 군사들이 날래고 사나웠기에 자신의 병사들이 버틸 수 없을까 걱정하여 將卒을 이끌어 말하기를 "내가 퇴각하는 척하면서 吳의 어린애[62]들을 유인하여 앞으로 나오게 할 것이니, 너희들은 그들의 뒤편을 공격하라."라고 하였다. 이때에 이르러 梁나라 군사들이 후경의 말을 따르지 않고 승리한 틈을 타고 깊숙이 들어가니, 東魏의 將卒들이 모용소종의 말을 믿고 다투어 갑자기 공격하자 양나라 군사들이 대패하였다. 蕭淵明과 胡貴孫이 모두 사로잡혔고 실종되거나 죽은 병졸들이 수만 명이었다. 羊侃이 군대의 대열을 이룬 채 천천히 돌아가니, 梁主(蕭衍)가 그 소식을 듣고는 놀라서 거의 의자에서 떨어질 뻔하다가 탄식하며 말하기를 "나는 다시 晉家를 만들 수 없는 것인가."라고 하였다.

初景이 常戒梁人曰 逐北不過二里라하더니 紹宗將戰할새 以梁人輕悍하니 恐其衆不能支하여 引將卒謂之曰 我當陽退하여 (誤)〔誘〕[63]吳兒使前하리니 爾擊其背라하더니 至是하여 梁人不用景言하여 乘勝深入하니 東魏將卒이 以紹宗之言으로 爲信하여 爭掩擊之하니 梁兵大敗라 淵明貴孫이 皆爲所虜하고 失亡士卒이 數萬人이러라 羊侃結陣徐還하니 梁主聞之하고 驚駭하여 幾欲墜牀歎曰 吾得無復爲晉家乎①아하다

① 〈'吾得無復爲晉家乎'는〉 오랑캐에게 〈中原을〉 빼앗긴 것을 말한다.
謂爲夷狄所取也.

【目】 예전에 高澄이 杜弼을 軍司로 삼아서 정치의 요체를 물어보았는데, 두필이 말하기

62) 吳의 어린애 : 南朝의 梁나라가 있던 지역이 옛날 吳나라 땅이므로, 梁나라의 군사를 얕잡아 보고 한 말이다.
63) (誤)〔誘〕: 저본에는 '誤'로 되어 있으나, ≪資治通鑑≫에 의거하여 '誘'로 바로잡았다.

를 "천하의 큰일은 상을 주고 벌을 내리는 것보다 더한 것이 없습니다. 한 사람에게 상을 주어 천하의 사람들을 기쁘게 만들고 한 사람에게 벌을 주어 천하의 사람들을 두렵게 만드니, 두 가지 일에 실수를 하지 않으면 저절로 다 좋아지게 됩니다."라고 하니, 고징이 크게 기뻐하였다.

이때에 이르러 두필을 시켜서 檄文을 짓게 하여 梁나라 조정에 보냈는데, 대략 이르기를, "侯景은 시골 출신의 사내로 바람과 구름이 일어나는 때를 만나[64] 지위는 三公의 반열에 있고 식읍은 1만 家인데도 분잡한 짓을 그치지 않으니, 역시 그 뜻을 알 수 있습니다. 그런데 그대들이 후경에게 예리한 무기를 주고 재물의 보관을 소홀히 하고 있는 것을 깨닫게 해주어 그 형세로 하여금 간악한 짓을 용납하도록 하고 그 시기로 하여금 편승할 수 있도록 한다면, 끝내 고집을 부려도 꺾을 수 없고 포악하게 굴어도 길들이기가 어려우니, 長江과 淮河의 선비들과 荊州와 揚州의 인물들을 마음대로 부려 화살과 돌 아래에서 죽고 안개와 이슬 속에서 요절하게 만들까 두렵습니다.

初에 高澄以杜弼로 爲軍司하여 問以政要한대 弼曰 天下大務가 莫過賞罰이라 賞一人하여 使天下之人喜하고 罰一人하여 使天下之人懼니 二事不失이면 自然盡善이라한대 澄大悅이러니 至是하여 使弼作檄하여 移梁朝略曰 侯景以鄙俚之夫로 遭風雲之會하여 位班三事하고 邑啓萬家로되 而離披不已하니 意亦可見①이어늘 彼乃授之以利器하고 誨之以慢藏하여 使其勢得容姦하고 時堪乘便②하면 終恐倔彊不掉하며 狼戾難馴하니 橫使江淮士子와 荊揚人物로 死亡矢石之下하며 夭折霧露之中③하노라

① '三事'는 三公이다. 三事의 반열에 있다는 것은 職位가 三公의 반열에 있음을 말한다. '離披'는 분산하여 수습하고 단속할 수 없다는 뜻이다.
三事, 三公也. 班三事, 謂職位在三公之班列. 離披, 分散不可收束之意.

② ≪老子≫에 이르기를 "나라의 利器는 남에게 주어서는 안 된다."라고 하였다. ≪周易≫에 이르기를 "재물을 허술하게 보관하는 것은 훔쳐가라고 가르쳐주는 것이다."라고 하였다. 藏(재물·창고)은 徂浪의 切이니, 아래의 '府藏'의 藏도 같다.
老子曰 "國之利器, 不可以授人." 易曰 "慢藏誨盜." 藏, 徂浪切, 下府藏同.

③ 倔(고집스럽다)은 屈과 통용하니, 掉는 움직인다는 뜻이다. ≪春秋左氏傳≫ 昭公 11년을 살펴보면 "꼬리가 커서 흔들기 어렵다."라고 하였는데, 이리는 성품이 탐욕스럽고 포악하니, 대체로 '狼戾'라고 하면 탐욕스럽고 포악함을 말한다. 일설에는 "'狼'이 '很'이 되어야 한다."고 하였다. 橫(방자하다)은 戶孟의 切이다.

---

64) 바람과……만나 : 한 시대에 聖君과 賢臣이 서로 만나는 것을 말한다. ≪周易≫ 乾卦 〈文言傳〉에 "구름은 용을 따르고, 바람은 범을 따른다.〔雲從龍 風從虎〕"라고 한 데서 유래하였다.

倔, 通作屈. 掉搖動也. 左傳"尾大不掉", 狼性貪而暴戾, 凡言狼戾, 謂貪而戾也. 一說"狼, 當作很." 橫, 戶孟切.

【目】그대들의 梁主(蕭衍)는 평소에 경박하고 음흉하였는데, 나이가 들어서는 사람을 등용하고 내칠 적에 도리에 어긋나게 하였고, 폐하고 세우는 데에 잘못이 있으며, 마음을 속이고 풍속을 어지럽게 하며, 지혜가 있는 것처럼 꾸며 어리석은 사람을 놀라게 하고, 독기를 속에 가득 품고서 망령되게 힘써 佛敎戒律을 지키며, 조급히 굴고 남과 경쟁하는 마음이 가슴속에 가득하면서도 맑고 깨끗하게 다스린다고 속입니다. 그리하여 재앙과 이변이 하늘에서 내려오고 원망하고 비방하는 소리가 아래에서 일어납니다. 음험하고 조급한 풍속을 퍼뜨리고 경박한 자손에게 일을 맡겨 朋黨의 길을 터놓았고 兵權이 밖에 있으니, 반드시 앞으로 골육지친의 사이에서 재앙이 발생할 것이고 심복들 사이에서 분쟁이 일어날 것입니다. 강한 쇠뇌가 성벽에 부딪히고 긴 창이 대궐을 가리켜서 한갓 참새 새끼를 찾다가 텅 빈 창고에서 구원을 받을 수 없는 신세가 될 것인데, 공연히 곰의 발바닥을 청한들 어찌 경각에 달린 목숨을 늘릴 수 있겠습니까. 밖에서 무너지고 안에서 붕괴되는 것은 지금이 실로 그때입니다."라고 하였다. 그 후에 梁나라 황실이 재앙으로 무너져 모두 두필의 말처럼 되었다.

彼梁主者는 輕險有素러니 老耄及之하여 用舍乖方하고 廢立失所①하며 矯情動俗하고 飾智驚愚하며 毒螫滿懷어늘 妄敦戒業하고 躁競盈胸이어늘 謬治淸靜하니 災異降於上하고 怨讟興於下라 傳險躁之風俗하고 任輕薄之子孫하여 朋黨路開하며 兵權在外하니 必將禍生骨肉하며 釁起腹心하여 彊弩衝城하며 長戈指闕하여 徒探雀鷇하여 無救府藏之虛하리니 空請熊蹯에 詎延晷刻之命이리오 外崩中潰가 今實其時②라하더니 其後에 梁室禍敗가 皆如弼言하다

① '用舍乖方'은 周捨를 면직하고 顧琛을 질책하고서 朱异를 등용한 것을 말한다. '廢立失所'는 昭明太子(蕭統)의 일을 마음에 간직하고서 適孫을 세우지 않고 太子 蕭綱을 세운 것[65]을 말한다. 用舍乖方, 謂免周捨責顧琛而用朱异也. 廢立失所, 謂銜昭明而不立世適孫, 乃立太子綱也.

② 戰國時代에 趙나라 옛 太子 趙章이 난을 일으키자 公子 趙成과 李兌가 군대를 일으켜 조장과 대치하였는데, 조장이 패배하여 主父(武靈王)에게 달아나니, 조성과 이태가 주부의 궁궐을 포위하여 조장을 사로잡아 죽이고, 드디어 주부를 포위하였다. 주부가 나가려고 하였으나 나갈 수가 없어 참새를 찾아 잡아먹다가 3개월 남짓 있다가 굶어 죽었다. 蹯(발바닥)은

65) 昭明太子(蕭統)의 일을……것 : 昭明太子가 咀呪의 사건에 휘말려 울분으로 죽자 梁主(蕭衍)가 소명태자의 長子 華容公 蕭歡을 계승자로 삼으려 하다가 유예하여 끝내 세우지 않고 아들 蕭綱을 太子로 삼은 일을 말한다.(본서 辛亥年(531) 참조)

音이 煩이다. '熊蹯'은 곰의 발바닥이다. ≪春秋左氏傳≫을 살펴보면 "文公 원년에 楚 成王이 王子 羋職을 세우려고 太子 羋商臣을 내쳤는데, 미상신이 궁궐의 병사들로 成王을 포위하였다. 성왕이 곰의 발바닥을 먹은 뒤에 죽고 싶다고 하였으나 들어주지 않으니, 성왕이 목을 매어 죽었다."라고 하였다. 그 注에 "곰의 발바닥은 익히기가 어려우니, 시간을 끌다가 외부에서 구원병이 오기를 바란 것이다."라고 하였다.

戰國趙故太子章作亂, 公子成李兌起兵距章, 章敗走主父, 成兌因圍主父宮, 獲章殺之, 乃遂圍主父. 主父欲出不得, 探雀鷇而食之, 三月餘, 餓死. 蹯, 音煩. 熊蹯, 熊掌也. 左傳"文元年, 楚成王欲立王子職, 而黜太子商臣, 商臣以宮甲圍成王, 王請食熊蹯而死, 弗聽, 王遂縊." 注"熊蹯難熟, 冀久將有外救至也."

【目】胡氏(胡寅)가 다음과 같이 평하였다.

"허물을 고치는 것은 帝王의 성대한 節操이고, 聖人의 지극한 가르침이다. 梁主(蕭衍)가 비록 侯景을 받아들여 장수들을 이끌고 출병하게 하였으나 이미 東魏의 군대에게 패배하였으니, 이전의 잘못을 징계하여 오히려 멈출 수 있었는데, 어찌하여 갑자기 西晉처럼 되는 데[66] 이른 것인가. 또 더구나 杜弼이 檄文을 보내어 과오를 가리켜 말한 것이 비록 비난하는 내용과 연관되지만 일의 이치로 보면 짐작할 수 있다. 梁 武帝가 만약 마음을 비우고 기운을 편안히 하여 반성하여 자신을 질책하고 弊政을 다 개혁하며 군대의 기강을 단속하여 밝히고 장수를 선발하여 관직을 주어 험준한 長江과 淮河를 견고하게 하여 지켰다면 비록 侯景을 선봉으로 서게 하고 高澄이 뒤이어 도착하게 하였더라도 오히려 근심할 것이 없었을 터인데, 지혜가 여기에 미치지 못하여 패망에 이르렀으니, 아마도 梁나라의 덕이 끝났음을 알리자 하늘이 실로 버린 것인가. 그렇지 않다면 어찌 그리도 우매한 것인가."

胡氏曰 改過者는 帝王之盛節이요 聖人之至教也라 梁武雖納侯景遣將出師하나 既敗於魏人하니 則懲創前非하여 猶可及止니 豈至遽如西晉乎아 又況杜弼檄文指陳闕失이 雖涉詬詈나 而事理可推라 梁武若能虛心平氣하여 反躬自責하고 盡革弊政하며 修明軍紀하고 選授將帥하여 固江淮之險以堅守면 則雖侯景前驅하고 高澄繼至라도 猶不足慮어늘 而智不及此하여 以至於亡하니 豈梁德告終하여 天實厭之歟아 不然이면 何其迷也리오

66) 갑자기……데 : 佛教에 의해 국가가 피폐해짐을 말한다. ≪續資治通鑑長編≫ 116권 〈仁宗〉에 "만약 불교를 다스리지 않으면 풍속을 파괴시켜서 西晉처럼 될 것이다.〔苟釋不治 則敗亂風俗 將如西晉之季〕"라고 하였다.

【綱】 12월에 梁나라가 元貞을 세워 咸陽王으로 삼았다.

十二月에 梁立元貞하여 爲咸陽王하다

【目】 侯景이 王偉를 파견하여 梁主(蕭衍)에게 유세하기를 "高澄이 元善見을 金墉에 유폐시키고 元氏 60여 명을 죽였으니, 河北의 인심은 모두 그들의 主君을 생각하고 있습니다. 청컨대 元氏 한 사람을 세워서 백성들의 바람을 따라주소서. 이와 같이 하면 폐하께서는 끊어진 〈王統을〉 이어주었다는 명성을 얻을 것이고, 臣 후경은 공적을 세운 효과가 있을 것입니다."라고 하였다.

梁主가 옳다고 여겨서 太子舍人 元貞을 咸陽王으로 삼아 병력을 주어 돌아가서 東魏의 임금이 되도록 하되, 장강을 건너기를 기다려 즉위하도록 하고, 儀仗과 護衛를 乘輿(황제)에 버금가게 주었다. 元貞은 元樹의 아들이다.

侯景遣王偉하여 說(세)梁主曰 高澄이 幽元善見於金墉하여 殺諸元六十餘人하니 河北物情이 俱念其主하나니 請立元氏一人하여 以從人望하소서 如此則陛下가 有繼絶之名하고 臣景有立功之效라한대 梁主然之하여 以太子舍人元貞으로 爲咸陽王하고 資以兵力하여 使還主魏호되 須度江卽位①라하고 儀衛를 以乘輿之副給之라 貞은 樹之子也②라

① 須는 기다린다는 뜻이다.
須, 待也.
② 元樹는 元禧의 아들이다.
樹, 禧之子.

【綱】 侯景이 渦陽에서 東魏의 군대를 패배시켰다.

侯景敗東魏兵於渦陽하다

【目】 慕容紹宗이 군사를 이끌고 侯景을 공격하니, 후경은 輜重[67]이 수천 량이고, 말이 수천 필이며, 士卒이 4만 명이었는데 渦陽으로 물러나 지켰다. 모용소종은 士卒이 10만 명이어서 깃발과 갑옷을 번득이며 북을 두드리면서 계속해서 앞으로 진격하였다. 후경이 전투를 치르는 병사들에게 명을 내려 모두 짧은 갑옷을 입고, 짧은 칼을 잡고서

67) 輜重 : 군대의 여러 가지 군수 물품을 통틀어 말한다.

東魏의 진영으로 들어가 다만 몸을 숙이고 보다가 군사들의 정강이와 말의 다리를 찍도록 하니, 東魏의 군대가 마침내 패배하였다. 모용소종이 譙城으로 달아나니, 裨將 斛律光과 張恃顯이 그를 탓하자, 모용소종이 말하기를 "나는 많은 전투 경험이 있으나 후경과 같이 이기기 어려운 사람은 본 적이 없소. 그대들이 한번 그를 공격해보시오."라고 하였다. 곡률광 등이 갑옷을 입고 출정하려는데, 모용소종이 그들에게 경계하기를 "渦水를 건너지 마시오."라고 하였다.

斛律光

慕容紹宗이 引軍擊侯景하니 景輜重數千兩이요 馬數千匹이요 士卒四萬人이라 退保渦陽이러니 紹宗士卒이 十萬이라 旗甲耀日하여 鳴鼓長驅而進하니 景命戰士하여 皆被短甲하고 執短刀하여 入東魏陳하여 但低視斫人脛馬足하니 東魏兵遂敗라 紹宗奔譙城하니 裨將斛律光張恃顯이 尤之①어늘 紹宗曰 吾戰多矣로되 未見如景之難克者也라 君輩試犯之하라 光等이 被甲將出이어늘 紹宗戒之曰 勿渡渦水하라하다

① 斛律光은 斛律金의 아들이다.
光, 金之子也.

【目】 두 사람이 渦水의 북쪽에 진을 치고, 斛律光이 가볍게 무장한 말을 타고 활을 쏘니, 侯景이 곡률광에게 말하기를 "그대는 功勳을 세우려고 왔고, 나는 죽음이 두려워 도망을 치는 것이오. 나는 그대 아버지의 벗인데, 어찌 나에게 활을 쏘는 것이오. 그대가 어찌 스스로 渦水를 건너 남쪽으로 가지 말아야 할 것을 알겠소! 모용소종이 그대에게 가르침을 준 것이구려."라고 하니, 곡률광이 응답하지 않았다. 후경이 그의 무리인 田遷을 시켜서 곡률광의 말을 쏘도록 하여 말의 가슴을 맞히니 곡률광이 말을 바꿔 타고 숲에 숨었는데, 또 맞추자 퇴각하여 진지로 돌아갔다. 후경이 張恃顯을 사로잡았다가 풀어주었다. 곡률광이 譙城으로 달려 들어가자, 모용소종이 말하기를 "지금 과연 승부가 정해진 것이 어떠하오. 그런데 나를 탓할 수 있겠소."라고 하였다. 段韶가 몰래 바람을 따라 불을 놓자, 후경이 騎兵을 이끌고 물에 들어갔다가 나와서 뒤로 물러나 달아났는데, 풀이 축축해져서 불이 다시 타오르지 않았다.

二人軍於水北하고 光輕騎射(석)之하니 景謂光曰 爾求勳而來요 我懼死而去하니 我汝之父友라 何爲射(석)我①오 汝豈自解不渡水南이리오 慕容紹宗이 敎汝也로다하다 光無以應이러라 景使其徒田遷으로 射(석)光馬洞胸하니 光易馬隱樹어늘 又中之하니 退入於軍이라 景擒侍顯而捨之라 光走入譙城이어늘 紹宗曰 今定何如而尤我也오하다 段韶潛於上風에 縱火어늘 景帥(솔)騎入水하여 出而却走하니 草濕이라 火不復然이러라

① 斛律光의 아버지 斛律金이 侯景과 함께 爾朱氏와 高歡을 섬겼기 때문에 스스로 아버지의 벗이라고 한 것이다.
光父金, 與景同事爾朱・高歡, 故自謂父友.

【綱】西魏가 鄭穆을 京兆尹으로 삼았다.

魏以鄭穆爲京兆尹하다

【目】西魏의 岐州가 오랫동안 난리를 겪었는데, 刺史 鄭穆이 처음 부임하였을 때에는 戶口가 3천이었다가 정목이 어루만지고 편안하게 하자, 몇 년 사이에 4만여 戶에 이르렀다. 考課의 점수가 여러 州 가운데 가장 높으니, 宇文泰가 〈정목을〉 발탁하여 京兆尹으로 삼았다.

魏岐州久經亂하니 刺史鄭穆初到에 有戶三千이러니 穆撫循安集하니 數年에 至四萬餘戶러라 考績爲諸州之最하니 宇文泰擢爲京兆尹하다

思政殿訓義 資治通鑑綱目 제33권 상

-梁 武帝 太淸 2년(548)~梁 簡文帝 大寶 원년(550)-

≪資治通鑑綱目≫ 제33권은 戊辰年(548) 梁나라 武帝 太淸 2년, 西魏 文帝 大統 14년, 東魏 孝靜帝 武定 6년부터 甲戌年(554) 梁나라 元帝 承聖 3년, 西魏 恭帝 원년, 北齊 文宣帝 天保 5년까지이니, 모두 7년이다.

起戊辰梁武帝太淸二年과 魏文帝大統十四年과 東魏孝靜帝武定六年하여 盡甲戌梁元帝承聖三年魏恭帝元年齊文宣帝天保五年하니 凡七年이라

戊辰年(548)

梁나라 高祖 武帝 蕭衍 太淸 2년이고, 西魏 文帝 元寶炬 大統 14년이고, 東魏 孝靜帝 元善見 武定 6년이다.

梁太淸二年이요 魏大統十四年이요 東魏武定六年이라

【綱】 봄 정월에 東魏의 慕容紹宗이 侯景을 공격하니, 후경의 무리가 궤멸되어 달아나 壽春을 습격하여 점거하였는데, 梁나라가 후경을 南豫州牧으로 삼았다.

春正月에 **東魏慕容紹宗**이 **擊侯景**하니 **景衆潰走**하여 **襲據壽春**이어늘 **梁以爲南豫州牧**[1)]하다

---

1) 東魏慕容紹宗擊侯景……梁以爲南豫州牧 : "'점거하다〔據〕'라고 기록한 것은 무엇인가. 梁나라를 병통으로 여긴 것이다. 侯景이 韋黯을 설득하여 성에 들어갈 수 있었는데 즉시 자신의 將帥를 보내어서 사방의 문을 나누어 지키도록 하였다. 몸을 의탁하여 의리에 귀순하지 않은 것이 명백한데도 또한 후경을 南豫州牧으로 삼았으니, 심하구나, 梁主의 앞이 가려짐이여. 그러므로 '점거하다〔據〕'라고 기록하여 병통으로 여긴 것이다.〔書據 何 病梁也 景說黯得入 卽遣其將分守四門 則非委身歸義明矣 方且以爲南豫州牧 甚矣哉 梁主之蔽也 故書據病之〕" ≪書法≫

"侯景이 몸을 의탁하여 梁나라에 귀순하였으니 생각건대 마땅히 신하의 절개를 성실하게 지켜서 양나라 조정의 명을 따르는 것이 옳다. 지금 그렇게 하지 않았으므로 ≪資治通鑑綱目≫에서는 위에서 '후경의 무리가 궤멸되어 달아났다.〔侯景衆潰走〕'라고 기록하고, 아래에서 '壽春을 습격하여 점거하였다.〔襲據壽春〕'라고 기록하였으니, 후경이 반역 행위를 하여 신하 노릇 하지 않을 것이 이미 여

【目】慕容紹宗이 鐵騎兵 5천으로 侯景을 협공하니, 후경이 자신의 군사들에게 속여 말하기를 "너희들의 가족들은 이미 高澄에게 살해되었다."라고 하니, 군사들이 그의 말을 믿었다. 모용소종이 멀리서 소리치며 말하기를 "너희 가족들은 모두 안전하니, 만약 돌아온다면 관직과 공훈은 예전처럼 대우할 것이다."라고 하였다. 후경의 병사들이 남쪽으로 건너가는 것을 좋아하지 않아 드디어 크게 무너졌는데, 후경이 몇 명의 騎兵과 淮河를 건너 조금씩 흩어진 병력을 수습하여 步兵과 騎兵 800명을 얻어서 밤낮으로 두 배의 속도로 행군하니, 추격하는 군사가 감히 따라오지 못하였다. 〈후경이〉 使者를 보내어 모용소종에게 말하기를 "저를 만약 사로잡는다면 公이 또한 어디에 쓰이겠는가."라고 하니, 모용소종이 마침내 후경을 놓아주었다.

慕容紹宗以鐵錡五千으로 夾擊侯景하니 景詆其衆曰 汝家屬已爲高澄所殺이라하니 衆信之하니 紹宗遙呼曰 汝家屬竝完하니 若歸면 官勳如舊①하리라 景士卒이 不樂南渡하여 遂大潰하니 景與數騎濟淮하여 稍收散卒하여 得步騎八百人하여 晝夜兼行하니 追軍不敢逼이라 使謂紹宗曰 景若就擒인댄 公復何用이리오하니 紹宗乃縱之하다

① 歸는 다시 東魏로 돌아가는 것을 말한다. 官은 각자 사람들이 이전에 있던 관직이다. 勳은 勳官의 등급이다.
歸, 謂復歸東魏. 官者, 各人先所居之官. 勳, 勳階也.

【目】胡氏(胡寅)가 다음과 같이 평하였다.

"慕容紹宗의 재주는 진실로 侯景을 제압할 수 있었으니, 高歡이 진실로 사람을 잘 알아본 것이다. 그러나 일부러 그를 귀하게 대우하지 않고서 자신의 아들에게 남겨주었으니, 그 때문에 모용소종을 대우하는 데 미진한 점이 있었다. 唐 太宗에 이르러 역시 이런 방법을 사용하여 李世勣을 高宗에게 맡겨주었는데, 후대에 평론하는 자들이 이로 인

기에서 싹텄음을 알 수 있다. 만일 蕭氏(梁 武帝)가 지모가 있었다면 당연히 군사를 일으켜 주살해야 하고 그렇지 않으면 빨리 변경의 장수에게 명하여 수비를 엄중히 하게 하여 마구 날뛰는 재앙을 제어해야 하였다. 만일 발호하더라도 불과 변경을 침략할 뿐이어서 종묘사직의 大計에는 대번에 잘못될 것이 없었다. 하늘이 그 혼백을 빼앗아 梁主가 깨닫지 못했고 또다시 그에 따라 벼슬까지 봉해주었다. 도적에게 병기를 빌려주고 도둑에게 양식을 주어 호랑이에게 날개를 달아주어서 자신이 멸망을 초래하였으니 슬프다. 그렇다면 南豫州의 임명을 책에 기록하였으니 어찌 梁主의 잘못을 보기에 부족하겠는가.〔景旣委身歸梁 謂宜恪守臣節 聽命梁朝可也 今乃不然 故綱目上書景衆潰走 下書襲據壽春 以見其逆節不臣 已萌於此 使蕭氏而有謀焉 自當擧兵誅之 否則亟命邊將 嚴飭守備 以制其豕突之患 縱使跳梁 不過侵軼疆場 其於宗社大計 未遽失也 天奪其魄 梁主不悟 又從而封爵之 借寇兵 資盜糧 傅虎以翼 自取覆亡 哀哉 然則南豫州之命 書之于冊 豈不足見梁主之謬乎〕" ≪發明≫

해 두 명의 君主를 현명하게 여겨 말하기를 '차라리 자신이 사람을 잘 알아보았다는 명성을 가지지 않을지언정, 자신의 자손들이 전적으로 현명한 신하를 얻는 이익을 누리게 하였다.'라고 하였는데, 이는 모두 잘못된 것이다.

평소에 현명한 인재를 양성하여 자손들에게 남겨주려면 성의를 미루고 예의를 다하여 각각 그에 맞는 도리를 얻어야 하는데, 어찌 사적인 뜻과 작은 지혜를 써서 저울질하여 낮게 대우하다가 자손에게 이익과 봉록으로 그를 유혹하도록 한단 말인가. 만일 그 신하가 이익과 봉록에 마음이 이끌리는 사람이라면 괜찮지만, 만일 그 신하가 三公의 자리로도 자신의 절개를 바꾸지 않는 사람이라면 어찌 등용할 수 있겠는가. 저 모용소종과 이세적은 모두 이익과 봉록에 마음을 둔 사람일 뿐이다. 그러므로 모용소종은 후경을 추격하면서 자신의 힘을 다하지 않았고, 이세적은 고종을 섬기며 자신의 충성을 다하지 않았으니, 임금과 신하의 득실이 어찌 분명하고 징험이 있는 것이 아니겠는가."

胡氏曰 紹宗之才는 誠足以制景하니 高歡信知人矣로되 而故不貴之하여 以遺其子하니 則所以待紹宗者有未盡焉하니라 至唐太宗하여 遂亦用此하여 委李世勣於高宗이어늘 後之論者가 以此兩君爲賢하여 曰 寧其身無受知人之名이언정 而使其子孫으로 專享得賢之利라하니 是皆失之也라 平日에 儲養賢才하여 以遺子孫인댄 推誠盡禮하여 各得其道어늘 豈用私意小智하여 軒輊屈之라가 而使子孫以利祿誘之①리오 使其臣利祿之人也인댄 則可어니와 使其臣不以三公易其介也인댄 又安得而用之리오 彼紹宗與勣은 皆利祿之人耳라 故紹宗逐侯景不盡其力하고 而李勣은 事高宗不竭其忠하니 君臣得失이 豈不明且驗邪아

① ≪後漢書≫ 〈馬援傳〉을 살펴보면 "남이 앞에서 낮출 수 없도록 앞에 위치하고 남이 뒤에서 높일 수 없도록 뒤에 위치하는 것이 신이 부끄럽게 여기는 점입니다."[2]라고 하였는데, 顔師古가 말하기를 "남을 위해 〈자신의 태도의〉 경중을 바꾸지 않는 것을 말한다."라고 하였다. 後漢馬援傳 "居前不能令人輊, 居後不能令人軒, 臣所恥也." 師古曰 "言爲人不能輕重."

【目】 侯景이 패배하고 난 뒤에 어디로 가야 할지 몰랐는데, 梁馬頭의 戍主[3]인 劉神茂가 평소 監州事 韋黯에게 용납을 받지 못하다가 후경이 온다는 소식을 듣고는 일부러 가서

2) 남이……점입니다 : 원문의 輊와 軒은 ≪詩經≫ 〈小雅 六月〉에 보인다. 輊는 수레의 앞이 숙여져서 전진하는 것이고, 軒은 수레의 앞이 들려져서 후진하는 것이다.

3) 戍主 : 戍將이라고도 하는데 남북조시대에 설치되어 隋唐 시기에도 두었다. 戍는 지방 군사행정구역의 하나로 남북조시대에 변경 지역 중 군사요지에 설치되었으며 州에 소속되었는데, 그 장관이 戍主이고 그 아래 戍副, 掾, 隊主, 隊副 등을 두었으며, 관할 지역의 군무와 방위를 담당하면서 민정과 재정에도 관여하였다. 戍主는 그 지위가 縣令에 상응하였으며 郡守를 겸하는 경우도 있었다.

그를 문안하였다. 후경이 묻기를, "壽陽이 여기에서 멀지 않으니, 가서 의탁하고자 하는데 위암이 나를 받아들이겠소."라고 하니, 유신무가 말하기를 "위암은 監州일 뿐입니다. 왕께서 만약 그곳에 가신다면 반드시 나와서 맞이할 것이니, 그로 인해 그를 사로잡으면 일을 이룰 수 있습니다. 성을 얻은 후에 천천히 啓文을 올려 보고하면 조정에서는 왕께서 남쪽으로 돌아오는 것을 기뻐하여 반드시 책망하지 않을 것입니다."라고 하였다. 후경이 그의 손을 잡고 말하기를 "하늘의 가르침이오."라고 하였다.

◑ 景既敗에 不知所適이러니 梁馬頭戍主劉神茂가 素爲監州事韋黯所不容이라 聞景至하고 故往候之[①]한대 景問曰 壽陽去此不遠하니 欲往投之하노니 韋黯其納我乎아 神茂曰 黯監州耳라 王若至彼면 必出迎하리니 因而執之면 可以集事요 得城之後에 徐以啓聞하면 朝廷喜王南歸하여 必不責也리라 景執其手曰 天教也로다하다

① 韋黯은 韋叡의 아들이다. 의도가 있는 것이 '故'이다.
黯, 叡之子也. 有意見之爲故.

【目】 드디어 밤에 성 아래에 도착하였는데, 韋黯은 도적이라 여겨 갑옷을 입고 성벽 위로 올라갔다. 侯景이 자기의 무리를 보내어 알리기를 "河南王(侯景)이 전쟁에 패배하여 와서 의탁하려 하니, 속히 성문을 열기 바란다."라고 하였다. 위암이 말하기를 "이미 칙령을 받들지 않았으니, 감히 명령에 따르지 못하겠다."라고 하였다. 후경이 劉神茂에게 말하기를 "일이 성공하지 못하겠소."라고 하니, 유신무가 말하기를 "위암은 겁이 많고 지혜가 적으니, 설득하여 항복시킬 수 있습니다."라고 하였다.

마침내 徐思玉을 보내어 들어가서 위암을 만나게 하여 말하기를 "하남왕이 조정에서 중시를 받는 것은 그대가 아는 사실이요. 지금 전투에 패배하여 와서 의탁하려고 하는데, 어찌 받아들이지 않을 수 있소."라고 하니, 위암이 말하기를 "나는 명령을 받아 성을 지키고, 하남왕은 스스로 패배하였으니, 우리의 일과 무슨 상관이 있겠는가."라고 하였다. 서사옥이 말하기를 "나라에서 그대에게 국경을 지키는 임무를 주었는데, 만약 東魏의 병력이 와서 하남왕이 〈그들에게〉 죽임을 당한다면 그대가 어찌 홀로 살아남을 수 있겠소. 비록 살아남더라도 무슨 낯으로 조정을 보겠소."라고 하니, 위암이 성문을 열고 후경을 받아들였는데, 후경이 자신의 將帥를 보내어서 사방의 문을 나누어 지키도록 하였다.

遂行夜至城下한대 韋黯以爲賊也라하여 授甲登陴[①]어늘 景遣其徒告曰 河南王戰敗來投하니 願

速開門하라 黯曰 旣不奉敕하니 不敢聞命하노라 景謂神茂曰 事不諧矣로다 神茂曰 黯懦而寡智하니 可說下也니라 乃遣徐思玉하여 入見黯曰 河南王爲朝廷所重은 君所知也라 今失利來投어늘 何得不受리오 黯曰 吾受命守城하고 河南自敗하니 何預吾事리오 思玉曰 國家付君以閫外之略이어늘 若魏追兵至하여 河南見殺인댄 君豈得獨存이리오 縱存이라도 亦何顔以見朝廷邪아하니 黯乃開門納景이어늘 景遣其將하여 分守四門하다

① 陴는 성 위의 성가퀴이다.
陴, 城上女垣也.

【目】 梁나라 조정에서는 侯景이 패배했다는 소식을 듣고 모두 근심하였다. 詹事 何敬容이 太子에게 말하기를 "후경이 마침내 죽게 되었다면, 조정의 큰 복이 될 것입니다."라고 하였다. 태자가 놀라 얼굴빛이 바뀌어 그 까닭을 묻자, 하경용이 대답하기를, "후경은 번복하며 반란을 일으키는 신하이니, 끝내 나라를 어지럽힐 것입니다."라고 하였다. 후경이 패배한 일로 자신을 폄직시켜달라고 요구하였는데 梁主(蕭衍)가 허락하지 않고, 후경을 南豫州牧으로 삼았다.

梁朝聞景敗하고 咸以爲憂어늘 詹事何敬容이 言於太子曰 得景遂死인댄 深爲朝廷之福일까하노이다 太子失色問故어늘 敬容曰 景은 翻覆叛臣이니 終當亂國하리이다 景以敗乞自貶이어늘 梁主不許하고 以景爲南豫州牧하다

【目】 光祿大夫 蕭介가 간언하기를, "臣이 듣건대 흉악한 사람의 성품이 변하지 않는다 하니 천하의 악한 사람이 똑같습니다. 侯景은 흉악하고 교활한 재주를 가지고 高歡의 비호를 받았으나 고환의 무덤에 흙이 마르기도 전에 즉시 배반하여 반란을 일으켰다가 반역을 일으킨 힘이 미치지 못하자 이에 다시 죽음을 피하여 關西로 달아났습니다. 宇文泰가 용납하지 않았기 때문에 다시 우리에게 의탁하였으니, 폐하께서 이전에 받아주신 것은 바로 〈漢나라 때에〉 항복한 胡族에게 屬國[4]을 설치하여 〈匈奴를 견제한〉 것처럼 하고자 하여서 〈후경이 東魏와〉 한 번 싸우는 효과를 얻기를 기대했을 뿐이었는데, 지금 이미 군대를 잃고 땅을 잃었으니, 다만 이는 변경에 있는 匹夫에 지나지 않습니다. 그런데 폐하께서는 匹夫를 아껴 우방국(東魏)을 버리고 계시니, 신은 삼가 취하지

4) 屬國 : 漢나라 때 귀부한 이민족을 안치하기 위해 설치한 행정구역이다. 이는 漢나라의 북·서·동쪽의 변경에 두었다. 속국에는 屬國都尉, 屬國長史 등을 두었다.

못하겠습니다. 만약 오히려 그가 晩年에 功效를 이루기를 기다리더라도 저 후경은 마치 신발을 벗어버리듯이 고향과 나라를 버렸고, 지푸라기를 버리듯이 君主와 부모를 등졌으니, 어찌 멀리에서 聖德을 사모하여 長江과 淮河의 순수한 신하가 되리라는 것을 알겠습니까."라고 하였는데, 梁主(蕭衍)가 그 계책을 쓰지 않았다. 蕭介는 蕭思話의 손자이다.

光祿大夫蕭介諫曰 臣聞凶人之性不移라하니 天下之惡一也라 侯景以凶狡之才로 荷高歡卵翼之遇로되 歡墳未乾에 卽還反噬라가 逆力不逮하여 乃復逃死關西러니 宇文不容이라 故復投身於我하니 陛下前者所以受之는 正欲比屬國降胡하여 冀獲一戰之效耳[①]어니와 今旣亡師失地하니 直是境上之匹夫어늘 陛下愛匹夫而棄與國하시니 臣竊不取[②]하노이다 若猶待其歲暮之效라도 則彼棄鄕國如脫屣하고 背君親如遺芥[③]하리니 豈知遠慕聖德하여 爲江淮之純臣乎아 梁主不能用하다 介는 思話之孫也라

① 漢나라는 변방의 郡에 屬國을 설치하여 항복해오는 胡族을 살게 하여 그들로 하여금 匈奴를 정탐하게 하였다.
漢邊郡置屬國以處降胡, 使偵伺匈奴.

② 우방국은 東魏를 말한다.
與國, 謂東魏.

③ 芥는 지푸라기이다.
芥, 草芥也.

【綱】 2월에 東魏가 梁나라에 화친을 요구하였다.

二月에 **東魏求成于梁**[5)]하다

---

5) 東魏求成于梁 : "'화친을 요구한 것〔求成〕'은 무엇인가. 비루한 말이다. 이는 高澄의 속임수이고 侯景이 반란을 결정한 것이므로 신중하게 기록한 것이나.〔求成 何 卑辭也 此高澄詭計 侯景所以決反者也 故謹書之〕" ≪書法≫

"梁나라가 그들의 반란한 신하를 받아들이고 강토를 침입하였으니, 그들이 바야흐로 양나라의 옳지 않은 짓에 분개하여 군사를 일으켜 죄를 묻는 데 겨를이 없어야 하는데, 어인 일로 도리어 화친을 요구한단 말인가. 이것은 지혜로운 자를 기다릴 것도 없이 그 이간질하는 것을 알 수 있다. 양나라 신하 傅岐들이 후경의 간악한 도모를 드러내지 않은 것이 아니었으나 梁主가 깨닫지 못하여 그 계략 속에 떨어졌으니 매우 어리석고 지극히 잘못됨이 심한 것이라고 말할 수 있다. 기록하기를 '東魏에서 양나라에 화친을 요구하였다.〔東魏求成于梁〕'라고 하였으니, 까닭이 없이 요구한 것이므로 書法의 뜻을 알 수 있다.〔梁納其叛臣 侵其境土 彼方忿梁不義 興師問罪之不暇 何事反乃求成 此不待智者而後知其間矣 梁臣傅岐輩 非不發其奸謀 而梁主曾不之悟 遂墮其計中 可謂至愚極謬之甚者 書曰東魏求成于梁 無故而求 書法之意可見矣〕" ≪發明≫

【目】 蕭淵明이 鄴城에 도착하자, 東魏主(元善見)가 閶闔門에 올라 포로를 받아들이고 〈소연명을〉 꾸짖고는 풀어주어 晉陽으로 보내니, 高澄이 그를 몹시 우대하였다. 侯景이 패배하고 난 뒤에 羊鴉仁 역시 義陽으로 돌아가니, 東魏에서 드디어 懸瓠와 項城을 얻어서 예전의 경계 지역을 모두 회복하였다. 고징이 梁나라에 자주 편지를 보내어 우호관계를 맺자고 요구하였지만, 양나라에서는 아직 허락하지 않았다.

고징이 소연명에게 말하기를 "만약 梁主(蕭衍)가 예전의 우호관계를 잊지 않는다면 사람들을 모두 즉각 돌려보내고, 후경의 가솔들도 역시 똑같이 보내주겠소."라고 하였다. 소연명이 사람을 보내어 啓文을 받들고 양나라로 돌아가자, 梁主가 조정 신하들과 의논하였는데, 朱异 등은 모두 좋다고 하였으나 司農卿 傅岐가 홀로 말하기를 "고징이 이간질하여 후경을 시켜서 스스로 의심하여 난을 일으키도록 하려는 것일 뿐이니, 만약 우호관계를 맺는 것을 허락하면 바로 그의 계략 속으로 떨어지게 됩니다."라고 하였다. 주이 등이 화친을 맺어야 한다고 고집하였는데, 梁主도 전쟁에 싫증이 나서 마침내 허락하였다. 〈소연명의〉 使者가 돌아오다가 壽陽에 들렀는데, 후경이 그 사실을 알고는 체포하여 물으니 모두 자복하였다. 이에 梁主에게 계문을 올려 말하기를 "고징은 賈季가 翟에 있는 것을 꺼리고 隨會가 秦나라에 있는 것을 싫어하니, 그가 盟約을 요구하고 화친을 청한 것은 자신의 우환을 없애기를 바라는 것입니다. 만약 臣이 죽어서 도움이 된다면 만 번 죽어도 사양하지 않겠지만, 오직 먼 후대에 훌륭한 역사를 더럽히게 될까 두렵습니다."라고 하였다.

蕭淵明이 至鄴城에 東魏主升閶闔門하여 受俘하고 讓而釋之하여 送於晉陽하니 高澄待之甚厚러라 侯景既敗에 羊鴉仁亦還義陽하니 東魏遂得懸瓠項城하여 悉復舊境하다 高澄數(삭)遺書하여 求好於梁호되 梁未之許러니 澄謂淵明曰 若梁主가 不忘舊好인댄 諸人竝即遣還이요 侯景家屬도 亦當同遣호리라 淵明遣人하여 奉啓還梁이어늘 梁主與朝臣議之러니 朱异等은 皆以爲便이라호되 司農卿傅岐獨曰 此高澄設間하여 欲令侯景으로 自疑而作亂耳니 若許通好인댄 正墮其計中이라하니 异等固執宜和라한대 梁主亦厭用兵이라 乃許之라 使還過壽陽이러니 侯景知之하고 攝問한대 具服[①]이어늘 乃啓梁主曰 高澄忌賈在翟이요 惡(오)會居秦하니 求盟請和는 冀除其患[②]이니 若臣死有益인댄 萬殞無辭어니와 惟恐千載에 有穢良史일까하노이다

① '攝問'은 그 사람을 체포하여 심문하는 것이다.
攝問, 收錄其人而問之也.

② 翟은 狄과 같다. ≪春秋左氏傳≫ 文公 13년에 "晉 靈公 초기에 賈季는 翟으로 달아났고, 隨會

는 秦나라로 달아났는데, 秦나라 사람들이 수회의 계략을 이용하자, 晉나라 사람들이 걱정하였다. 〈晉나라〉 六卿이 諸浮에서 서로 만났는데, 趙宣子가 말하기를 '수회는 秦나라에 있고 가계는 翟에 있어 禍難이 날로 다가오고 있으니 어쩌면 좋겠는가?'하였다."라고 하였다. 翟, 與狄同. (在)〔左〕[6]傳 "晉靈公之初, 賈季奔翟, 隨會奔秦, 秦人用其謀, 晉人患之. 六卿相見於諸浮, 趙宣子曰 '隨會在秦, 賈季在翟, 難日至矣, 將若之何.'"

【目】〈侯景이〉 또 朱异에게 편지를 보내고 금 300냥을 주었는데, 주이는 금을 받고 그의 啓文은 전하지 않았다. 梁主(蕭衍)가 드디어 使臣을 보내어 高澄을 弔問하자, 후경이 또 계문을 올려 말하기를 "臣은 高氏와 골이 이미 깊은데 지금 폐하께서 다시 그들과 화친을 맺고자 하시니, 臣에게 어떠한 처지에 놓이게 하시렵니까."라고 하였다. 梁主가 그에게 답하기를, "짐은 이미 公과 함께 大義를 이미 정하였으니, 어찌 성공했다고 그대를 받아들이고 패배했다고 그대를 버리겠는가."라고 하였다.

후경이 이에 거짓으로 鄴城에서 보내는 편지를 만들어서 蕭淵明과 侯景을 바꾸기를 요구하였는데, 梁主가 허락하려고 하자, 傅岐가 말하기를 "후경이 궁지에 몰려서 귀의하였는데 그를 버리는 것은 상서롭지 않고, 또 많은 전투를 겪은 끝에 어찌 손을 묶고 굴레를 받고자 하겠습니까."라고 하였다. 謝擧와 朱异가 말하기를 "후경은 패배하여 달아난 장수이니, 使者 한 명의 힘으로 처리할 수 있습니다."라고 하였다.

梁主가 그 말대로 따라 다시 편지를 보내어 말하기를 "貞陽侯(蕭淵明)가 아침에 〈梁나라에〉 도착하면 후경은 저녁에 〈東魏에〉 돌아오게 하겠소."라고 하니, 후경이 좌우에 있는 사람에게 말하기를 "나는 진실로 吳老公[7]의 情義가 야박함을 알았다."라고 하였다. 王偉가 후경에 유세하기를, "지금 앉은 채로 그 말을 들어도 죽고, 大事를 일으켜도 죽으니, 오직 왕께서는 도모하십시오."라고 하니, 이에 비로소 반란을 일으킬 계책을 세워 성에 사는 백성들을 모두 불러 모아 軍士로 삼게 하고, 바로 市估(商稅)와 田租를 중지하였으며, 백성의 자녀를 모두 將士들에게 주었다.

又致書於异하고 餉金三百兩한대 异納金而不通其啓러니 梁主遂遣使弔澄이어늘 景又啓曰 臣與高氏로 釁隙已深이어늘 今陛下復與連和하시니 使臣何地自處이리잇고 梁主報之曰 朕與公으로 大義已定하니 豈有成而相納하고 敗而相棄乎아 景乃詐爲鄴中書하여 求以淵明易景한대 梁主將許之어늘 傅岐曰 侯景以窮歸義하니 棄之不祥이요 且百戰之餘에 寧肯束手受縶이리오 謝擧朱异

6) (在)〔左〕: 저본에는 '在'로 되어 있으나, ≪資治通鑑≫ 註에 의거하여 '左'로 바로잡았다.

7) 吳老公 : 吳 지역에 있는 늙은이라는 뜻으로, 梁 武帝 蕭衍을 가리킨다.

曰 景奔敗之將이니 一使之力耳니라 梁主從之하여 復書曰 貞陽旦至면 侯景은 夕返하리라 景謂左右曰 我固知吳老公의 薄心腸이라 王偉說(세)景曰 今坐聽이라도 亦死요 擧大事라도 亦死니 唯王은 圖之하라 於是에 始爲反計하여 屬城居民을 悉召募爲軍士하고 輒停責市估及田租하고 百姓之女를 悉以配將士①하더라

① '市估'는 시장으로 들여오는 상인의 물건에 따라 그 값을 매겨 세금을 거두는 것이다.
市估, 應商旅之物入市者, 估其直(치)而收稅.

【綱】 3월에 梁나라의 交州司馬 陳霸先이 李賁을 토벌하여 평정하였다.

三月에 梁交州司馬陳霸先이 討李賁平之[8]하다

【目】 屈獠洞에서 李賁을 참수하자, 이분의 형 李天寶가 나머지 병력을 거두어 愛州를 포위하였는데, 交州司馬 陳霸先이 무리를 인솔하여 그를 토벌하여 평정하였다. 詔書를 내려 진패선을 西江督護 高要太守 督七郡諸軍事로 삼았다.

屈獠洞에 斬李賁이어늘 賁兄天寶가 收餘兵하여 圍愛州①러니 交州司馬陳霸先이 帥衆討平之한대 詔以霸先으로 爲西江督護高要太守督七郡諸軍事②하다

① ≪五代志≫에 "九眞郡은 梁나라 때에 愛州를 설치하였다."라고 하였다.
五代志 "九眞郡, 梁置愛州."
② 漢 武帝 때에 蒼梧郡을 설치하여 高要縣이 예속되었고, 梁나라 때에는 郡을 설치하였다.
漢武時, 置蒼梧郡, 高要縣隸焉, 梁置郡.

【綱】 여름 4월에 東魏가 군대를 보내어 西魏의 潁川을 포위하였다.

夏四月에 東魏遣兵하여 圍魏潁川하다

【目】 東魏에서 高岳, 慕容紹宗, 劉豐生 등을 파견하여 보병과 기병 10만을 거느리고서 潁川에서 西魏의 王思政을 공격하도록 하였는데, 王思政이 명을 내려서 북을 눕히고 깃발을 뉘여서 사람이 없는 것처럼 하였다. 고악은 병력을 믿고 사방으로 성을 넘어 공격

---

8) 梁交州司馬陳霸先 討李賁平之 : "한 사람 李賁을 4번 책에 기록하여 전후로 도합 8년이 지나서 비로소 평정해 멸망시켰다. 梁나라의 軍政이 이와 같으니 기타 큰 적군이 있으면 어떻게 방어하겠는가. 〔一李賁而四書于冊 首尾凡歷八載 始克平殄 梁之軍政如此 他有大敵 其何以禦之乎〕" ≪發明≫

하게 하였는데, 왕사정이 날래고 용맹한 병사를 뽑아서 성문을 열고 나가 싸우게 하니, 고악의 군대가 패배하여 달아났다. 〈고악이〉 다시 土山을 쌓아 밤낮으로 공격하였는데, 왕사정이 방편에 따라 방어하여 그들의 土山을 빼앗고 그곳에 망루와 성가퀴를 설치하여 방어를 도왔다.

東魏遣高岳慕容紹宗劉豐生等하여 將步騎十萬하여 攻魏王思政於潁川이어늘 思政命臥鼓偃旗하여 若無人者한대 岳恃其衆하여 四面陵城이어늘 思政選驍勇하여 開門出戰하니 岳兵敗走러니 更築土山하여 晝夜攻之어늘 思政隨方拒守하여 奪其土山하고 置樓堞以助防守하다

【綱】 5월에 西魏가 宇文泰를 太師로 삼았다.

五月에 魏以宇文泰爲太師하다

【綱】 梁나라가 散騎常侍 徐陵을 파견하여 西魏로 보냈다.

◑梁遣散騎常侍徐陵하여 如魏①하다

① 徐陵은 徐摛의 아들이다. '魏'가 ≪資治通鑑≫에 '東魏'로 되어 있다.
陵, 摛之子也. 魏, 通鑑作東魏.

【目】 〈梁나라가 西魏와〉 다시 우호관계를 맺었다.

復修好也라

【綱】 가을 7월 초하루에 일식이 있었다.

秋七月朔에 日食하다

【綱】 東魏에서 南郊의 道壇을 철폐하였다.

◑東魏罷南郊道壇①[9]하다

9) 東魏罷南郊道壇 : "일찍이 '天師道場을 세웠다.〔立天師道場〕'라고 기록하였는데, 여기에서 '道壇을 철폐하였다.〔罷道壇〕'라는 기록이 있으니, 道士가 대부분 참람하였기 때문이다. ≪資治通鑑綱目≫이 끝날 때까지 道敎를 축출한 것이 4번이니 東魏가 南郊의 道壇을 철폐한 것이 첫 번째이고(이해(548)), 北齊가 道士를 沙門으로 만든 것이 두 번째이고(丁亥年(567)) 北周가 佛·道 2敎를 철폐한 것이 세 번

① 北魏의 太武帝(拓跋燾)가 寇謙之를 숭상하고 신봉하여 南郊에 道壇을 설치하였다.
魏太武帝崇信寇謙之, 置南郊道壇.

【目】 高澄은 道士들이 대부분 거짓되고 참람하다고 여겼기 때문에 道壇을 철폐하였다.

高澄以道士多僞濫이라하여 故罷之하다

【綱】 8월에 東魏가 군대를 보내어 長江과 淮河 지역을 경략하도록 하여 23개 州를 빼앗았다.

八月에 東魏遣兵略地江淮하여 取二十三州①하다

① 侯景이 梁나라를 혼란스럽게 만든 뒤에, 이듬해에 東魏가 비로소 淮南 지역을 모두 소유하였으니, 史官이 결말을 궁구하여 말한 것이다.
侯景旣亂梁, 明年, 東魏始盡有淮南之地, 史究其終言之.

【綱】 梁나라의 侯景이 壽陽에서 반란을 일으키자, 梁主(蕭衍)가 邵陵王 蕭綸을 보내어 諸軍을 감독하여 그를 토벌하도록 하였다.

◑ 梁侯景反壽陽이어늘 梁主遣邵陵王綸하여 督諸軍討之하다

【目】 侯景이 壽陽에 온 뒤로 요구하는 것이 끝이 없었으나 梁나라에서 요구를 다 들어주었다. 후경이 王氏와 謝氏 가문의 여인과 혼인하기를 청하자 梁主(蕭衍)가 말하기를 "왕씨와 사씨 가문은 고귀하여 배필로 맞지 않으니, 朱异와 張綰 가문 이하에서 배필을 찾으시오."라고 하였다. 후경이 성을 내고 원망하여 表文과 上疏의 내용을 점점 도리에 어긋나고 오만하게 하였는데, 또 徐陵 등이 西魏에 使臣으로 갔다는 소식을 듣고는 반역

째이고(甲午年(574)) 唐나라가 僧·道를 도태시킨 것이 네 번째이다.(武德 9년(626)) 北周는 2教를 폐기한 지 겨우 7년 만에 '회복했다〔復〕'라고 기록했고, 唐나라는 僧·道를 도태시킨 지 1, 2개월이 안 되어 '회복했다〔復〕'라고 기록했으니, 모두 佛教를 겸했기 때문에 회복이 쉬웠던 것이다. 東魏가 道壇을 철폐하고 북제에서 道士로 沙門을 만든 것에 이르렀지만 〈이외에는〉 마침내 알려진 것이 없다. 道·佛은 모두 異端이지만 이로 말미암아 살펴보면 불교가 사람을 미혹시키는 것이 또다시 도교보다 심하다.〔嘗書立天師道場矣 於是而有罷道壇之書 道士多濫故也 終綱目道教之黜四 東魏罷南郊道壇 一也(是年) 齊以道士爲沙門 二也(丁亥年) 周廢佛道二教 三也(甲午年) 唐沙汰僧道 四也(武德九年) 周廢二教 纔七年而書復 唐汰僧道 不一二月而書復 皆兼佛教 故其復易也 至魏罷道壇 齊以道士爲沙門 則遂無聞焉 道佛皆異端也 由是觀之 佛之惑人 又甚於道矣〕"《書法》

의 모의가 더욱 심해졌다. 元貞은 후경이 다른 마음을 품고 있음을 알고서 조정으로 돌아가게 해달라고 啓文을 올리자, 후경이 말하기를 "黃河 북쪽의 일은 비록 성공을 거두지 못하였으나, 長江 남쪽은 어찌 잃을까를 걱정하겠소."라고 하였다. 원정이 두려워 建康으로 도망쳐 돌아와서 사실대로 갖추어 보고하였는데, 梁主가 不問에 부쳤다.

후경은 臨賀王 蕭正德이 여러 차례 탐욕과 포학함으로 인해 죄를 지어서 몰래 決死隊를 양성하여 나라에 변고가 일어나기를 바라는 것을 알고는 徐思玉을 보내어 〈소정덕에게〉 편지를 전하기를, "天子의 연세가 많고 간악한 신하가 나라를 어지럽히니, 大王께서 계승하여 太子가 되셨어야 하는데 도중에 폐출을 당하였으니,[10] 저는 비록 민첩하지 못하지만 스스로 힘을 보태고자 합니다."라고 하였다. 소정덕이 크게 기뻐하며 답장을 보내기를 "내가 조정의 안을 맡고 公이 조정의 밖을 맡으면 어찌 이루지 못할 일이 있겠소. 일의 기회는 신속함에 달려 있으니, 지금이 바로 그때요."라고 하였다.

侯景自至壽陽으로 徵求無已로되 梁皆與之러니 景請娶於王謝어늘 梁主曰 王謝는 門高非偶니 可於朱張以下에 訪之①라한대 景恚恨하여 表疏를 稍悖慢이러니 又聞徐陵等使魏하고 反謀益甚이어늘 元貞知景有異志하고 累啓還朝러니 景謂曰 河北은 事雖不果나 江南은 何慮失之리오 貞懼하여 逃歸建康하여 具以事聞호되 梁主不問하다 景知臨賀王正德屢以貪暴得罪하여 陰養死士하여 幸國家有變하고 遣徐思玉하여 致牋曰 天子年尊하고 姦臣亂國하니 大王屬當儲貳어늘 中被廢黜하니 景雖不敏이나 實思自效하노라 正德大喜하여 報之曰 僕爲其內요 公爲其外면 何有不濟리오 機事在速하니 今其時矣니라

① 朱·張은 朱异와 張綰의 族屬이다.
朱·張謂朱异·張綰之族也.

【目】 合州刺史 鄱陽王 蕭範이 몰래 侯景이 모반할 것이라고 啓文을 올렸는데, 朱异가 필시 그럴 리가 없다고 하니, 梁主(蕭衍)가 이에 소범에게 답장하기를 "후경이 외롭고 위태로워 목숨을 의지하고 있는데, 어찌 반란을 일으킬 수 있겠는가."라고 하였다. 소범은 다시 合肥의 군사로 후경을 토벌하게 해달라고 청하였으나 梁主가 허락하지 않았다. 주이가 소범의 使者에게 말하기를 "鄱陽王이 마침내 조정에 한 명의 빈객(侯景)을 받아들이는 것을 허락하지 않는 것인가."라고 하고, 이로부터 소범의 啓文을 다시 〈梁主에게〉 전달하지 않았다.

---

10) 大王께서……당하였으니 : 梁 武帝가 臨川王 蕭宏의 아들인 蕭正德을 아들로 삼았는데, 蕭統이 태어나자 소정덕을 本家로 돌려보내고 西豊侯로 삼았다. 이후에 臨賀王에 봉해졌다.

후경이 羊鴉仁을 맞이하여 함께 반란을 일으키려 하자, 양아인이 그의 使者를 잡아서 그 사실을 조정에 보고하니, 주이가 말하기를 "후경이 무슨 일을 할 수 있겠는가."라고 하고, 使者를 감옥에 가두었다가 얼마 뒤에 풀어서 보내주었다. 후경이 더욱 두려워하는 바가 없어 梁主에게 啓文을 올리기를 "바라건대 江西 지역을 모두 제가 총괄하도록 해주십시오. 만약 허락하지 않으시면, 곧장 갑옷으로 무장한 騎兵을 인솔하여 閩과 越로 향할 것입니다."라고 하였다. 梁主가 使臣을 보내어 그를 회유하였는데, 후경이 마침내 壽陽에서 반란을 일으켜 中領軍 朱异, 少府卿 徐驎, 太子右衛率 陸驗, 制局監 周石珍을 주살하는 것으로 명분을 삼았으니, 주이 등은 모두 간사하고 아첨하며 교만하고 탐욕스러우며 君主의 눈을 가리고 권력을 농단하여 당시 사람들에게 미움을 받았기 때문에 후경이 이를 핑계로 삼아 군사를 일으킨 것이다.

合州刺史鄱(파)陽王範이 密啓景謀①한대 朱异以爲必無此理라하여늘 梁主乃報範曰 景孤危寄命하니 安能反乎리오하니 範復請自以合肥之衆으로 討之어늘 梁主不許라 朱异謂其使曰 王遂不許朝廷에 有一客邪아하고 自是不復通範啓하니라 景邀羊鴉仁同反이어늘 鴉仁執其使以聞한대 异曰 景何能爲리오하고 以使者付獄이러니 俄解遣之라 景益無所憚하여 啓梁主호되 乞控督江西하노니 如不許인댄 卽帥甲騎向閩越이라한대 梁主遣使喩解之러니 景遂反於壽陽하여 以誅中領軍朱异少府卿徐驎太子右衛率陸驗制局監周石珍으로 爲名②하니 异等皆以姦佞驕貪蔽主弄權으로 爲時人所疾이라 故景託以興兵하니라

① 梁나라는 合肥에 合州를 설치하였다.
梁置合州於合肥.
② 驎은 離珍의 切이다.
驎, 離珍切.

【目】 예전에 傅岐가 소문을 듣고 朱异를 질책한 적이 있었는데, 주이가 말하기를 "밖에서 비방하는 것을 오래 전부터 알고 있으나, 마음에 진실로 부끄러움이 없으니 어찌 다른 사람의 말로 근심하겠소."라고 하였다. 부기가 사람들에게 말하기를 "朱彦和(朱异)는 곧 죽을 것이오. 아첨을 믿고서 용납되기를 구하고 말을 함부로 하여 간언을 거절하며, 환난이 닥칠 것이라는 말을 듣고서 두려워하지 않고 악행을 알고서도 고치지 않으니, 하늘이 그의 감별력을 빼앗아갔는데 오래갈 수가 있겠소."라고 하였다.

후경이 서쪽으로 馬頭를 공격하고 자신의 將帥 宋子仙을 보내어 동쪽으로 木柵을 공

격하도록 하여 戍主 曹璆 등을 사로잡았다. 梁主(蕭衍)가 그 소식을 듣고서 웃으며 말하기를 "그가 무슨 일을 할 수 있겠는가. 나는 채찍을 꺾어 그에게 매질을 해야겠다."라고 하고, 조칙을 내려 鄱陽王 蕭範, 封山侯 蕭正表, 司州刺史 柳仲禮, 散騎常侍 裴之高를 四道都督으로 삼고, 邵陵王 蕭綸에게 符節을 가지고서 모든 군대를 아울러 감독하여 후경을 토벌하도록 하였다.

初에 傅岐嘗以所聞으로 責异한대 异曰 外間謗讟은 知之久矣어니와 心苟無愧하니 何卹人言이리오 岐謂人曰 朱彦和將死矣①로다 恃諂以求容하고 肆辯以拒諫하며 聞難而不懼하고 知惡而不改하니 天奪其鑑이니 其能久乎아하더라 景西攻馬頭하고 遣其將宋子仙하여 東攻木柵하여 執戍主曹璆等②한대 梁主聞之笑曰 是何能爲리오 吾折箠笞之耳③라하고 詔以鄱陽王範封山侯正表와 司州刺史柳仲禮와 散騎常侍裴之高로 爲四道都督하고 邵陵王綸持節하여 兼督衆軍以討景④하다

① 彦和는 朱异의 字이다.
彦和, 异字.

② 侯景은 渦陽에서 패배한 뒤로 남쪽으로 馬頭로 달려갔는데, 戍主 劉神茂가 그를 맞이해 문안하고 壽陽으로 들어갔으니, 當塗의 馬頭는 수양의 동쪽에 있다. 그런데 지금 또 수양에서 서쪽으로 마두를 공격하였으니, 이 마두는 수양의 서쪽에 있다. 木柵은 荊山의 서쪽에 있다. 璆는 음이 求이며, 또 渠幽의 切이다.
景自渦陽之敗, 南走馬頭, 戍主劉神茂迎候之以入壽陽. 當塗之馬頭也, 在壽陽東. 今又自壽陽西攻馬頭, 則此馬頭在壽陽之西. 木柵在荊山西. 璆音求, 又渠幽切.

③ 箠는 채찍이고, 笞는 치는 것이다.
箠, 策也. 笞, 擊也.

④ ≪五代志≫에 "封山縣은 合浦郡에 속한다."라고 하였다. 蕭正表는 蕭宏의 아들이다. 柳仲禮는 柳慶遠의 손자이며, 유경원은 柳元景의 조카이다. 裴之高는 裴邃의 조카이다.
五代志 "封山縣, 屬合浦郡." 正表, 宏之子. 仲禮, 慶遠之孫也, 慶遠, 元景之弟子也. 之高, 邃之兄子也.

【綱】 겨울 10월에 梁나라 臨賀王 蕭正德이 반란을 일으켜 侯景의 군대를 이끌고 長江을 건너자, 梁主(蕭衍)가 宣城王 蕭大器와 將軍 羊侃에게 명을 내려 군대를 감독하여 그들을 막게 하였다.

冬十月에 梁臨賀王正德叛하여 引侯景兵渡江이어늘 梁主命宣城王大器將軍羊侃하여 督軍禦之[11]하다

【目】 侯景은 臺軍(官軍)이 자신을 토벌한다는 소식을 듣고 王偉에게 책략을 물으니, 왕위가 말하기를 "邵陵王(蕭綸)이 만일 도착하면 반드시 곤란하게 될 것이니, 동쪽으로 향하기로 결정하여 곧장 建康을 갑자기 습격하는 것만 못합니다. 臨賀王(蕭正德)이 내부에서 반란을 일으키고 大王께서 외부에서 공격하시면 천하는 평정할 거리도 못 됩니다. 전쟁에서는 어설프더라도 신속하게 싸우는 것을 귀하게 여기니, 지금 즉시 진격해야 합니다."라고 하였다.

후경이 이에 사냥하러 나간다고 거짓으로 핑계를 대고 10월에 譙州를 습격하여 刺史 蕭泰를 사로잡고 歷陽을 공격하였다. 太守 莊鐵이 성을 가지고 항복하고 이어서 후경을 설득하기를,

羊侃

11) 梁臨賀王正德叛……督軍禦之 : "梁主는 군대를 동원할 적마다 대부분 그 자제들을 기용하여 통솔케 하였다. 그러나 일을 망치고 국가를 그르친 자들이 전후로 이어져서 조금의 공로도 기록할 것이 없었다. 지금 侯景이 반란하였는데 ≪資治通鑑綱目≫은 '邵陵王 蕭綸을 보내어 諸軍을 감독하여 그를 토벌하도록 하였다.〔遣邵陵督軍討之〕'라고 기록하고, 分注(目)에 '蕭正德을 督諸軍(都督京師諸軍事)으로 삼아서 丹陽郡에 주둔하도록 하였다.〔正德督諸軍屯丹陽〕'라고 기재하였다. 얼마 안 되어 소정덕이 배반하여 역적과 결합하였는데 梁主는 다시 宣城都督(宣城王 蕭大器)에게 명하여 막게 하였으나 끝내 또한 역적에게 저항하지 못하였다. 대저 梁室의 패배는 비록 梁主의 어리석음에 원인이 있으나 子弟들끼리 서로 알력이 있어서 더욱 재앙을 부채질하였다. 그러므로 약으로 구제할 수 없었거늘 또다시 하물며 소정덕과 같은 흉악한 패악자들이 있는 것이랴. 梁主는 조금도 살피지 못했고, 뒷날 〈소정덕이〉 侯景에게 속았고 〈성안에 들어가〉 다시 울면서 梁主를 만났다. 그러나 梁主는 조금도 반란한 죄를 배척하지 않고 장차 서로 함께 수고한 것을 위로하기를 예전과 같이 하였다. 자식을 아는 이는 아버지만 한 이가 없는데 梁主처럼 잘못된 이는 없었다. ≪자치통감강목≫은 한 번 기록하고 두 번 기록하였으니 또한 후세에 사사로이 사랑하는 자의 귀감이 되기에 충분한 것이다.〔梁主每擧兵 率用其子弟統之 然而敗事誤國者 先後相踵 曾未有寸功可紀 今侯景反叛 綱目書遣邵陵督軍討之 而分注載以正德督諸軍屯丹陽 未幾 正德叛與賊合 梁主復命宣城都督 卒亦不能抗賊 大抵梁室之敗 雖原於梁主之昏耄 而子弟互相傾軋 愈扇其禍 是以不可救藥 又況兇狠頑悖有如正德 梁主曾不少察 他日爲侯景所賣 乃復泣見 然梁主略不斥其反叛之罪 方且相與勞苦如初 知子莫若父 未有如梁主之謬者 綱目一書再書 亦足爲後世私其所愛者之鑑也〕" ≪發明≫

"국가가 태평한 시절이 오래되어 사람들이 전투하는 법을 익히지 않았는데, 대왕이 擧兵하였다는 소식을 듣고는 안팎이 놀라 떨고 있으니, 이 기회를 틈타 속히 건강으로 진격하면 병사들은 칼에 피를 묻히지 않고서 큰 공을 이룰 수 있습니다. 그러나 만약 조정에서 서서히 대비하여 연약한 군사 천 명을 보내어 곧바로 采石을 점거하도록 한다면 대왕께서는 비록 정예병 100만이 있더라도 성공할 수가 없을 것입니다."라고 하였다. 후경이 장철을 嚮導로 삼아서 군사를 이끌고 長江에 이르렀다. 梁主(蕭衍)가 尙書 羊侃에게 책략을 물으니, 양간이 청하기를, "2천 명의 군사로 급히 채석을 점거하고, 소릉왕에게 壽陽을 기습하여 빼앗도록 하여 후경이 나아가려 하여도 앞으로 갈 수 없도록 하고, 물러나려 하여도 소굴을 잃게 한다면 오합지졸 무리들이 저절로 무너질 것입니다."라고 하였다.

侯景聞臺軍討己하고 問策於王偉한대 偉曰 邵陵若至면 必爲所困이리니 不如決志東向하여 直掩建康하니 臨賀는 反其內하고 大王은 攻其外하면 天下는 不足定也라 兵貴拙速하니 今宜卽進이니이다 景乃詐稱出獵하고 十月에 襲譙州하여 執刺史蕭泰①하고 攻歷陽하니 太守莊鐵이 以城降하여 因說(세)景曰 國家承平歲久하여 人不習戰이어늘 聞大王擧兵하고 內外震駭하니 宜乘此際하여 速趨建康이면 可兵不血刃而成大功이어니와 若使朝廷으로 徐得爲備하여 遣羸兵千人하여 直據采石하면 雖有精甲百萬이나 不得濟矣리라 景以鐵爲導하여 引兵臨江이어늘 梁主問策於尙書羊侃한대 侃請以二千人으로 急據采石하고 令邵陵王으로 襲取壽陽하여 使景進不得前하고 退失巢穴이면 烏合之衆이 自然瓦解하리라

① 이곳의 譙州는 渦陽의 譙州가 아니다. 魏收의 ≪魏書≫ 〈地形志〉에 "梁나라가 新昌城에 譙州를 설치하여 高塘郡, 臨徐郡, 南梁郡, 新昌郡을 관할하게 하였다."라고 하였으니, 그 지역은 唐나라 때의 廬州와 和州 사이에 있을 것이다. 蕭泰는 蕭範의 아우이다.
此譙州非渦陽之譙州. 魏收志 "梁置譙州於新昌城, 領高塘・臨徐・南梁・新昌郡." 其地當在唐廬・和二州之間. 泰, 範之弟也.

【目】朱异가 말하기를 "侯景은 필시 강을 건널 뜻이 없을 것입니다."라고 하고, 마침내 그 논의를 중지하니, 羊侃이 말하기를 "이제 패배하겠구나."라고 하였다. 梁主(蕭衍)가 蕭正德을 督諸軍(都督京師諸軍事)으로 삼아서 丹陽郡에 주둔하도록 하였는데, 소정덕이 큰 배 수십 척을 보내어 갈대를 싣는다고 거짓으로 핑계를 대고 몰래 후경이 강을 건너게 해주었다. 당시에 梁主가 將軍 王質을 보내어 군사 3천 명을 거느리고 강을 살피도록 하였는데, 臨川太守 陳昕이 啓文을 올려 "采石은 위급할 때에 반드시 중요한 鎭이 되

는데, 왕질의 군대는 유약하니 잘 처리하지 못할까 염려됩니다."라고 하니, 梁主가 왕질을 불러들이고 진흔에게 그를 대신하도록 하였다. 왕질이 채석을 떠났는데 진흔이 아직 도착하지 않자, 후경이 그 소식을 듣고 기뻐하여 말하기를 "나의 일이 성공하겠구나."라고 하고, 이에 강을 건너니, 말 수백 필과 군사 8천 명이 있었다.

朱异曰 景必無渡江之志라하고 遂寢其議하니 侃曰 今玆敗矣라하더라 梁主以正德으로 督諸軍하여 屯丹陽한대 正德遣大船數十艘하여 詐稱載荻하고 密以濟景하니라 時梁主遣將軍王質하여 將兵三千巡江이러니 臨川太守陳昕이 啓以采石은 急須重鎭이로되 而質軍輕弱하니 恐不能濟①하노이다하니 梁主召質還하고 而以昕代之라 質去而昕未至하니 景聞之喜曰 吾事辦矣로다하고 乃濟江하니 有馬數百匹兵八千人이러라

① 陳昕은 陳慶之의 아들이다. '恐其不能濟'는 나랏일을 이루지 못할까 염려된다는 말이다. 昕, 慶之之子也. 恐其不能濟, 謂恐其不能濟國事也.

【目】 이날 저녁에 梁나라 조정에서 비로소 명을 내려 엄하게 경계를 하도록 하였다. 南津校尉 江子一이 水軍을 이끌고서 侯景에게 맞서려고 하였는데, 그의 병력이 모두 궤멸되었고, 강자일 역시 돌아왔다. 후경이 慈湖에 이르자, 建康의 사람들이 크게 놀랐다. 梁主(蕭衍)가 臺城 안팎의 군사를 太子에게 맡기고, 宣城王 蕭大器를 都督城內諸軍事로 삼고, 羊侃을 軍師將軍으로 삼아 그를 보좌하도록 하고, 舍人 賀季를 보내어 板橋에서 후경을 위로하도록 하였는데, 하계가 말하기를 "이번의 擧兵은 무슨 명분입니까."라고 하니, 후경이 말하기를 "皇帝가 되고 싶을 뿐이오."라고 하였다.

백성들이 후경이 이르렀다는 소식을 듣고 다투어 성으로 들어가니, 公私間에 혼란스러웠는데, 양간이 구획을 나누고 배치하고 방비하여 모두 宗室의 성원을 그 사이에 두었다. 군인들이 다투어 무기고로 들어갔는데, 양간이 명을 내려 몇 명의 목을 베자, 곧바로 멈추었다. 이때는 梁나라가 건립된 지 47년으로, 경내에 아무 일이 없었는데, 적들이 이르러 갑자기 들이닥치자 공사간에 놀라고 두려워하였다. 군대의 지휘를 모두 양간에게 결정하게 하니, 양간은 담력과 힘이 모두 씩씩하여 태자가 몹시 의지하였다.

是夕에 梁朝始命戒嚴하다 南津校尉江子一이 帥舟師欲邀景이러니 其徒皆潰하고 子一亦還①하다 景至慈湖하니 建康大駭라 梁主悉以內外軍으로 付太子하고 以宣城王大器로 都督城內諸軍事하고 羊侃으로 爲軍師將軍하여 副之②하고 遣舍人賀季하여 勞景于板橋③한대 季曰 此擧何名고 景曰 欲爲帝耳라하다 百姓聞景至하고 競入城하니 公私混亂이어늘 羊侃區分防擬하여 皆以宗室間之④하고

軍人爭入武庫어늘 侃命斬數人하니 方止하다 是時에 梁興四十七年에 境內無事러니 賊至猝迫하니 公私駭震이라 軍旅指撝를 一決於侃하니 侃膽力俱壯이라 太子深仗之하더라

① 江子一은 江子四의 형이다.
子一, 子四之兄也.
② 蕭大器는 太子 蕭綱의 長子이다.
(人)〔大〕[12]器, 太子綱長子.
③ 張舜民이 말하기를 "秦淮河를 벗어나 서남쪽으로 가서 동쪽 연안을 따라가다가 작은 협곡 사이를 지나 10리쯤 가면 板橋店을 지난다."라고 하였다.
張舜民曰 "出秦淮西南行, 循東岸, 行小夾中, 十里過板橋店."
④ 分(나누다)은 扶問의 切이다. '區分'은 구획하여 배치하는 것이다. 間(사이에 두다)은 古莧의 切이다.
分, 扶問切. 區分, 區處部分也. 間, 古莧切.

【綱】蕭正德이 侯景을 이끌고 梁나라 臺城을 포위하였는데, 11월에 후경이 소정덕을 皇帝라고 칭하였다.

蕭正德引侯景圍梁臺城이러니 十一月에 景以正德稱帝[13]하다

12) (人)〔大〕: 저본에는 '人'으로 되어 있으나, 《資治通鑑》 註에 의거하여 '大'로 바로잡았다.

13) 蕭正德引侯景……景以正德稱帝 : "'梁나라 臺城〔梁臺城〕'라고 기록한 것은 무엇인가. 蕭正德을 도외시한 것이다. 소정덕은 도적을 끌어들여 국도를 포위하였으니 君父를 무시한 것이므로 도외시하였다. 《資治通鑑綱目》은 '황제를 칭하였다.〔稱帝〕'라고 기록한 것이 5번이다.(漢나라 劉嬰, 劉盆子, 梁나라 蕭正德, 蕭莊, 僭 卓巖明)〔書梁臺城 何 外正德也 正德引盜圍國 無君父矣 故外之 綱目書以稱帝五(漢劉嬰 劉盆子 梁蕭正德 蕭莊 僭卓巖明)" 《書法》

"'梁나라 蕭正德이 侯景을 이끌고 梁나라 臺城을 포위하였다.〔梁蕭正德引侯景圍臺城〕'라고 기록하지 않고, '소정덕이 후경을 이끌고 양나라 대성을 포위하였다.〔蕭正德引侯景圍梁臺城〕'라고 기록한 것은 소정덕이 아버지를 배반하고 후경이 임금을 배반하여 君臣·父子의 의리가 모두 끊어져 이미 梁나라의 臣子가 아니었으므로 양나라에 연계시키지 않고, '양나라 대성을 포위하였다.〔圍梁臺城〕'라고 하였다. 이에 앞서서 후경이 처음 반란하였을 적에 기록하기를 '양나라 후경〔梁侯景〕'이라고 했고 소정덕이 처음 반란하였을 적에 기록을 '양나라 臨賀王 소정덕〔梁臨賀王正德〕'이라고 하였는데 여기에 이르러서는 비로소 단절하였으니 書法의 謹嚴함이 이와 같다. 비록 그러나 후경은 번복하는 叛臣이니 비록 양나라에 항복했다고 하더라도 실로 양나라를 도모하려는 마음이 있었다. 지금 이미 壽陽에서 반란을 일으킨 뒤에 자기가 그 도당들과 곧바로 建康을 엄습하려는 도모를 하였다. 그러나 《資治通鑑綱目》은 한편으로 '소정덕이 후경의 군사를 이끌고 長江을 건넜다.〔蕭正德引景兵渡江〕'라고 하고, 한편으로 '소정덕이 후경을 이끌고 대성을 포위하였다.〔蕭正德引景圍臺城〕'라고 하였다. 만일 소정덕이 아니었다면 후경이 자기의 뜻을 이루려 했겠는가. 후경의 반란은 진실로 자기의 뜻만으로 할 리가 없었다. 그러나 만일 소정덕이 안에서 반란하지 않았다면 오히려 이와 같이 치열한 데에 이르지는 않았을 것이다. 《자치통감강목》에서 정색하고 기록한 것은 한편으로 梁主가 子弟를 총애한 잘못을 보이고, 한편으로 소정덕이 凶悖하여 아버지를 배반한 죄를 보

【目】 侯景이 朱雀桁의 남쪽에 이르렀는데, 太子는 여전히 蕭正德의 마음을 모르고서 宣陽門을 지키게 하였다. 庾信이 朱雀門을 지키고 있다가 大桁(배다리)을 열어서 적의 예봉을 꺾고자 하였는데, 소정덕이 저지하였다. 얼마 뒤에 후경이 도착하자, 유신이 무리를 이끌고 大桁을 열고서 후경의 군대를 보니, 모두 철가면을 착용하고 있었다. 드디어 군대를 버리고 달아나자, 소정덕의 무리가 다시 大桁을 닫고 후경을 건너게 하여 소정덕이 무리를 이끌고 후경을 맞이하였다. 후경의 군대가 승세를 타고 대궐 아래에 도착하니, 성안에서는 두려워하였다. 羊侃이 거짓으로 화살에 날려온 편지를 받았다고 하면서 말하기를 "邵陵王과 西昌侯의 구원병이 이미 가까운 길에 도착하였다."라고 하니, 무리들이 이에 조금 안정을 찾았다.

景至朱雀桁南호되 太子猶未知正德之情하여 使守宣陽門이러라 庾信守朱雀門이라가 欲開大桁하여 以挫賊鋒이어늘 正德止之러니 俄而景至하여는 信乃帥衆開桁하여 見景軍하니 皆著(착)鐵面이라 遂棄軍走어늘 正德之黨이 復閉桁度景하여 正德帥衆迎之어늘 景軍乘勝至闕下하니 城中恟懼라 羊侃詐稱得射書云호되 邵陵王西昌侯援兵이 已至近路라한대 衆乃少安①이러라

였을 뿐이다. 아, 梁主가 반란 신하를 받아들이기를 좋아하고 子弟를 등용하기를 좋아하고 반역자들을 용서하기를 좋아하고 일을 고식적으로 하기를 좋아하여 마침내 禍亂이 일어났는데 이 몇 가지에서 벗어난 것이 아니거늘, 하물며 浮屠의 학문(불교)에 빠져서 그에 따라 윤리를 단절시키는 가르침(불교)을 따라서 君臣의 의리를 버리며 父子의 친함을 버렸으니, 마침내 신하가 임금을 배반하게 하였고 자식이 아버지를 배반하게 하였다. 그러므로 소정덕에게 명하였으나 소정덕이 배반하고 邵陵王 蕭綸에게 명하였으나 소릉왕 소륜이 배반하고 柳仲禮에게 명하였으나 유중례가 배반하고, 심지어 蕭正表가 鍾離에서 배반하고 袁君正이 吳郡에서 배반하고 元景仲이 廣州에서 배반하고 莊鐵이 豫章에서 배반하였다. 비록 아들과 손자 중에 蕭繹·蕭紀·蕭譽·蕭詧과 같은 이가 있어도 지체하며 관망하면서 서로 잡아먹으려고 하지 않는 이가 없어 조금도 君父를 구원할 뜻이 없었다. ≪자치통감강목≫은 이를 책에 모두 기록하였으니, 대개 後人들에게 감개로 삼아 그 前轍을 밟아서 멸망을 자초하지 않게 하려 하였다. 그런데 소정덕은 평소 분수에 넘치는 욕심을 품었는데, ≪자치통감강목≫은 반드시 '후경이 소정덕을 황제라고 칭하였다.〔景以蕭正德稱帝〕'고 기록한 것은 또다시 亂臣賊子들이 서로 이끌어서 악행을 하는 짓을 드러내기 위한 것이다. 아버지를 무시하고 임금을 무시하는 것은 짐승과 무엇이 다르겠는가.〔不曰梁蕭正德引侯景圍臺城 而曰蕭正德引侯景圍梁臺城者 正德叛父 侯景叛君 君臣父子之義俱絶 已非梁之臣子 故不繫之梁 而曰圍梁臺城也 前此侯景初反之時 書曰梁侯景 正德初叛之時 書曰梁臨賀王正德 至此則始絶之 書法之謹嚴如此 雖然侯景翻覆叛臣 雖曰降梁 實有謀梁之心 今旣反於壽陽 已與其黨有直掩建康之謀 然綱目一則曰 正德引景兵渡江 一則曰 正德引景圍臺城 向微正德 景其肯遂已乎 曰侯景之反 固無但已之理 然使正德不內叛 則猶未至若是之烈 綱目正色書之 一以見梁主寵愛子弟之失 一以見正德凶悖叛父之罪爾 嗚呼 梁主好納叛臣 好用子弟 好宥反逆 好事姑息 卒之禍亂之作 不出於是數者 又況溺浮屠之學 從殄倫之敎 棄君臣 絶父子 遂使臣叛其君 子叛其父 是以命正德而正德叛 命邵陵而邵陵叛 命柳仲禮而仲禮叛 甚至蕭正表叛於鍾離 袁君正叛於吳郡 元景仲叛於廣州 莊鐵叛於豫章 雖有子及孫如繹如紀如譽如詧 莫不遷延顧望 互相呑食 略無拯救君父之意 綱目悉書之于冊 蓋欲使後人鑑之 毋至蹈其覆轍 自取滅亡者也 若夫正德素懷非望之心 而綱目必書景以正德稱帝者 又以著亂臣賊子 更相援引之惡爾 無父無君 於禽獸乎何殊〕" ≪發明≫

① 邵陵王 蕭綸의 군대는 당시에 이미 강을 건너 鍾離로 향하였고, 西昌侯 蕭淵藻는 당시에 京口를 수비하고 있었다.
邵陵王綸兵時已渡江向鍾離, 西昌侯淵藻時鎭京口.

【目】 石頭城이 侯景에게 항복하자 후경은 于子悅을 파견하여 그곳을 지키도록 하고, 군사를 정렬하여 臺城을 에워싸고는 화살로 啓文을 성안으로 쏘아 말하기를 "폐하께서 만약 朱异 등을 죽이시면 臣은 말고삐를 거두고 북쪽으로 돌아가겠습니다."라고 하였다. 梁主(蕭衍)가 그들을 죽이려고 하자, 太子가 말하기를 "적들은 주이 등을 명분으로 삼았을 뿐이니, 그들을 죽여도 위급함에서 구할 방법이 없고 다만 장래의 웃음거리만 될 뿐이니, 적들이 평정되기를 기다려서 그들을 죽여도 늦지 않습니다."라고 하니, 梁主가 마침내 멈추었다.

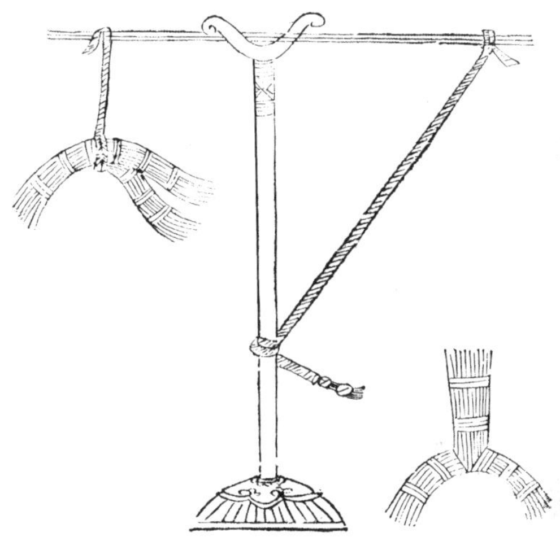
飛炬

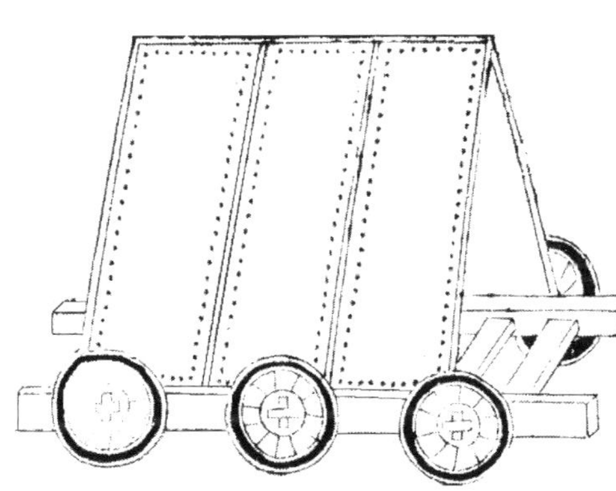
尖頭木驢

후경이 이미 성을 한 바퀴 에워싸고는 여러 갈래로 함께 공격하였는데, 북을 치고 휘파람을 불어서 떠들썩한 소리가 땅을 뒤흔들었다. 수백 개의 木驢를 만들어서 성을 공격하였는데, 성 위에서는 돌을 던져서 그것을 부수었다. 후경이 다시 뾰족한 木驢를 만들자 돌로 부술 수가 없었는데, 羊侃이 雉尾炬를 만들게 하여 기름과 밀랍을 붓고 그것을 모아 던져서 불태우자, 〈후경이〉 공격해도 이기지 못하고 병사들 중에는 죽거나 나친 사람이 많았다. 마침내 길게 堡壘를 쌓아 안팎을 끊어버리니, 朱异와 張綰은 군사를 내보내 공격할 것을 논의하였다.

石頭降景이어늘 景遣于子悅守之하고 列兵繞臺城하여 射(석)啓於城中曰 陛下若誅异等인댄 臣則斂轡北歸호리이다 梁主將誅之러니 太子曰 賊以异等爲名耳니 殺之無救於急이요 適足貽笑將來리니 俟賊平誅之가 未晚이니이다 梁主乃止하다 景繞城既匝하여 百道俱攻할새 鳴鼓吹脣하여 喧

聲震地①러라 作木驢數百하여 攻城이어늘 城上投石碎之한대 景更爲尖項하니 石不能破②어늘 羊侃使作雉尾炬하여 灌以膏蠟하여 叢擲焚之③하니 攻旣不克하고 士卒死傷多라 乃築長圍하여 以絶內外어늘 朱异張綰이 議出兵擊之④하다

①'吹脣'은 이빨로 입술을 물어 공기를 만들어 부는 것인데, 그 소리가 매의 소리와 같다. 그 아래 단계는 손가락을 입술 사이에 넣고 분 다음에 소리를 내는 것인데, '嘯指'라고 한다.
吹脣者, 以齒齧脣作氣吹之, 其聲如鷹隼. 其下者以指夾脣吹之, 然後有聲, 謂之嘯指.

②杜佑가 말하기를 "나무로 등마루를 만드는데, 길이는 1장이고 지름은 1척 5촌이다. 아래에는 6개의 다리를 놓는데 아래는 넓고 위는 뾰족하며, 높이는 7척으로 그 속에 6명을 수용할 수 있다. 젖은 소가죽으로 표면을 씌우고 사람이 그 아래에 숨어서 마주 들고는 곧장 성 아래로 들이박는데, 나무와 돌과 철과 불길로도 물리칠 수 없어 이를 이용해 성을 공격하니, 木驢라고 한다."라고 하였다. 《南史》 〈侯景傳〉을 살펴보면 "적들이 또 뾰족한 木驢를 만드니, 모양이 널〔櫝〕의 형상과 비슷했는데, 돌로 부술 수가 없다."라고 하였다.
杜佑曰 "以木爲脊, 長一丈, 徑一尺五寸, 下安六脚, 下闊而上尖, 高七尺, 內可容六人. 以濕牛皮蒙之, 人蔽其下, 舁, 直抵城下, 木石鐵火所不能敗, 用以攻城, 謂之木驢." 景傳 "賊又作尖項木驢, 狀似櫝, 石不能破."

③杜佑가 말하기를 "鷰尾炬는 갈대를 엮어서 만드는데, 나누어 두 갈래로 만든다. 모양이 제비 꼬리와 같으며 기름과 밀랍을 부어 불을 붙여 성에서 아래로 떨어뜨려서 사람을 시켜 木驢를 타고서 불태우게 한다." 하였다. 羊侃은 雉尾炬를 만들 때에 철 화살촉을 끼워서 기름을 부어 목려 위에 던져서 불태우게 하였다.
杜佑曰 "鷰尾炬, 縛葦草爲之, 分爲兩岐, 如鷰尾狀, 以油蠟灌之, 加火, 從城墜下, 使人騎木驢而燒之." 侃之作雉尾炬也, 施鐵鏃, 以油灌之, 擲驢上焚之.

④張綰은 張弘策의 아들이다.
綰, 弘策之子也.

【目】羊侃이 말하기를 "내보내는 군사가 만약 적으면 적을 쳐부수기에 충분하지 않아 다만 銳氣가 꺾일 것이고, 〈내보내는 군사가〉 만약 많은데도 하루아침에 유리함을 잃게 되면 문은 좁고 다리는 작아서 반드시 크게 군사를 망실한 데에 이를 것입니다."라고 하니, 朱异 등이 따르지 않고서 1천여 명의 군사를 시켜서 나가 싸우도록 하였는데, 선봉이 아직 交戰을 하지 않았는데도 물러나서 달아나 다리를 차지하려고 다투다가 물에 빠져서 죽은 군사가 태반이었다. 양간의 아들 羊鷟이 侯景에게 사로잡혀서, 그를 데리고 양간에게 보이자, 양간이 말하기를 "나는 宗族을 모두 동원하여 主君에게 보답해도 오히려 부족할까 한스러운데, 어찌 아들 하나를 따지겠소. 일찍 그를 죽이기를 바라오."

라고 하였다. 며칠 있다가 다시 데리고 오자, 양간이 활을 당겨서 그를 쏘니, 후경은 그가 충성스럽고 의롭다고 여기고 역시 양작을 죽이지 않았다.

羊侃曰 出人若少면 不足破賊하여 徒挫銳氣요 若多則一旦失利면 門隘橋小하여 必大致失亡이라한대 异等不從하여 使千餘人出戰이러니 鋒未及交에 退走爭橋하여 赴水死者太半이라 侃子鷟이 爲景所獲하여 執以示侃[①]이어늘 侃曰 我傾宗報主라도 猶恨不足이어든 豈計一子리오 幸早殺之하라하니 數日에 復持來어늘 侃引弓射(석)之한대 景以其忠義라하고 亦不之殺하다

① 鷟은 士角의 切이다.
鷟, 士角切.

【目】 11월 초하루에 蕭正德이 皇帝의 자리에 오르고, 侯景을 丞相으로 삼았다. 후경이 東府를 공격한 지 3일 만에 승리하고서 소리 높여 말하기를 "梁主(蕭衍)는 이미 죽었다."라고 하니, 비록 성안에 있는 사람이라도 역시 그렇게 믿었다. 太子가 梁主에게 성을 순시할 것을 청하니, 〈梁主가 순시하자〉 군중의 마음이 조금 편안해졌다. 江子一이 패배하고 돌아오자 梁主가 그를 질책하였는데, 강자일이 절을 하고 사죄하며 말하기를 "臣은 몸을 나라에 바치고 항상 죽을 자리를 얻지 못할까 두려워하였는데, 지금 거느리던 부하가 모두 신을 버리고 떠났으니, 신이 혼자 몸으로 어찌 적을 칠 수가 있겠습니까. 만약 적이 마침내 이곳에 이른다면 신은 맹세코 몸을 부수어 이전의 죄를 속죄하겠습니다."라고 하였다.

이때에 이르러 자신의 아우인 左丞 江子四, 東宮主帥 江子五와 함께 휘하의 군사 100여 명을 이끌고 문을 열고 나가 싸웠는데, 강자일이 곧바로 적의 진영에 이르러 지름길로 앞으로 나가 적들을 공격하였으나 따르던 군사들이 감히 뒤를 잇지 못하자, 적들이 강자일의 어깨를 베어서 죽였다. 강자사와 강자오가 서로 말하기를 "형님과 함께 나왔는데, 무슨 면목으로 혼자 돌아가겠는가."라고 하고, 모두 투구를 벗고 적진으로 달려가서 죽었다.

十一月朔에 正德卽帝位하고 以景爲丞相하다 景攻東府三日에 克之하고 聲言梁主已殂라하니 雖城中이나 亦以爲然이어늘 太子請梁主巡城하니 衆心粗安하다 江子一之敗還也에 梁主責之한대 子一拜謝曰 臣以身許國하여 常恐不得其死러니 今所部皆棄臣去하니 臣以一夫로 安能擊賊이리오 若賊遂能至此인댄 臣誓當碎身하여 以贖前罪라하더라 至是하여는 與弟左丞子四東宮主帥子五로 帥所領百餘人하여 開門出戰할새 子一直抵賊營하여 徑前刺賊이러니 從者不繼하니 賊解其肩而死어늘 子四子五相謂曰 與兄俱出하니 何面獨旋이리오 皆免冑赴賊死하다

【目】侯景이 예전에 建康에 도착해서는 조만간에 함락할 수 있다고 여겨 號令이 엄정하였으니, 병졸들이 감히 함부로 행동하지 못하였는데, 누차 공격해도 이기지 못하자 인심이 흩어지고 기가 꺾였다. 후경은 구원병이 사방에서 모여들면 하루아침에 궤멸될까 두려웠고, 또 군대 안에서는 군량이 모자라 마침내 군사를 풀어서 백성들의 쌀과 금, 비단 및 자녀들을 약탈하였다. 이후로는 쌀 한 되가 7, 8만 錢에 이르렀으며, 사람들이 서로 잡아먹고 굶어 죽는 사람이 열에 대여섯이었다.

후경이 군사와 백성을 내몰아 성 동쪽과 서쪽에 土山을 쌓았는데, 지치고 여윈 사람들을 죽여서 산을 메우니, 통곡 소리가 땅을 울렸다. 성안에서도 역시 土山을 쌓아서 이에 대응하였는데, 太子와 宣城王(蕭大器) 이하는 모두 직접 흙을 지고 삼태기와 가래를 잡고서 土山 위에 4丈 높이의 망루를 세웠고, 결사대 2천 명을 모아서 두 土山에 분배하여 밤낮으로 교전을 하였다. 마침 큰 비가 내려서 성안에 있는 土山이 무너지자, 적들이 그 틈을 타고 곧바로 들어왔는데, 羊侃이 횃불을 많이 던지게 해서 거대한 불길을 만들어서 적들의 진로를 차단하고 서서히 안에서 성을 쌓으니, 적들이 전진할 수가 없었다.

후경이 노예로 항복한 사람들을 모아서 모두 면천하여 良民으로 만들어주니, 이에 여러 노예들 중에서 나가서 후경에게 간 사람이 천 명을 헤아릴 정도였으며, 사람마다 은혜에 감동하여 후경을 위하여 목숨을 바쳤다.

景初至建康하여 謂朝夕可拔이라하여 號令嚴整하니 士卒不敢侵暴러니 及屢攻不克하여는 人心離沮라 景恐援兵四集하면 一旦潰去하고 又軍中乏食이라 乃縱士卒하여 掠奪民米及金帛子女하니 是後는 米一升에 直(치)七八萬錢이요 人相食하고 餓死者什五六이러라 景驅士民하여 於城東西에 起土山할새 有疲羸者는 殺以塡山하니 號哭動地러라 城中亦築土山하여 以應之할새 太子宣城王以下가 皆親負土畚鍤[①]하여 於山上에 起樓四丈하고 募敢死士二千人하여 分配二山하여 晝夜交戰[②]이러니 會大雨하여 城內山崩이라 賊乘之垂入이어늘 羊侃令多擲火爲城하여 以斷其路하고 徐於內築城하니 賊不能進[③]이러라 景募人奴降者하여 悉免爲良하니 於是에 群奴出就景者가 以千數어늘 景厚撫之하니 人人感恩하여 爲之致死라

① 畚의 음은 本이니, 흙을 담는 것이다. 鍤은 가래이다.
畚, 音本, 所以盛土. 鍤, 鍬也.

② 두 山은 동쪽의 土山과 서쪽의 土山이다.
二山, 東土山・西土山也.

③ '擲火爲城'이 ≪資治通鑑≫에는 '擲火爲火城'으로 되어 있다.
擲火爲城, 通鑑作擲火爲火城.

【目】 侯景이 쌓는 土山이 조금씩 성의 망루에 가까워오자, 將軍 柳津이 명을 내려 땅속에 길을 만들어서 토산의 흙을 가져오도록 하니, 토산이 무너져서 적들을 압사시켜 모조리 죽였다. 또 성안에 飛橋(高空 橋梁)를 만들어서 두 개의 土山 위에 묶어서 걸자, 후경의 군사가 모두 달아났는데, 횃불을 던져 동쪽 土山의 망루와 목책을 불태워 모두 없애니, 적들의 시신이 매우 많았다. 적들이 다시 玄武湖에 있는 물을 끌어다 臺城에 물을 대니, 궐문 앞은 모두 물바다가 되었다.

陳昕이 후경에게 사로잡혔는데, 〈후경이〉 진흔을 이용하려고 하자, 진흔이 안 된다고 하니, 후경이 그의 무리인 范桃棒을 시켜서 〈진흔을〉 가두게 하였다. 진흔이 그로 인해 범도봉을 설득하여 그에게 王偉와 宋子仙을 죽이고 항복하도록 하니, 범도봉이 그 말을 따라 몰래 진흔을 보내어 밤에 줄을 타고 성안으로 들어가도록 하였다. 梁主(蕭衍)가 크게 기뻐하여 銀에다 새긴 증표를 범도봉에게 하사하여 王에 책봉하고 후경의 군사를 가질 수 있도록 허락하였다. 太子가 범도봉이 거짓으로 항복을 한 것인지 두려워 公卿을 불러서 마침 회의를 하였는데, 朱异와 傅岐가 말하기를 "범도봉의 항복은 필시 거짓이 아닐 것입니다. 범도봉이 이미 항복하였으니, 역적 후경은 필시 놀랄 것입니다. 이를 틈타서 공격하면 크게 격파할 수 있을 것입니다."라고 하니, 태자가 말하기를, "우리가 굳게 성을 지켜 외부의 구원병을 기다리는 것이 완전히 온전한 계책이니, 지금 성문을 열고 범도봉을 받아들였다가 만일 변고가 생기면 후회해도 소용이 없소."라고 하였다. 주이가 가슴을 치며 말하기를 "기회를 잃었으니, 社稷은 끝이 났구나."라고 하였다. 얼마 후에 범도봉의 일이 발각되어 후경이 그를 체포하여 죽였는데, 진흔은 이 일을 알지 못하고 기일에 맞춰 나왔다. 후경이 그를 핍박하여 편지를 성안으로 쏘게 하여 이르기를 "범도봉이 지금 먼저 들어간다."라고 하고, 그로 인해 후경이 옷 속에 갑옷을 입고 〈진흔을〉 따르고자 하였으나, 진흔이 거부하여 기필코 죽으려고 하자, 후경이 마침내 그를 죽였다.

景土山稍逼城樓어늘 將軍柳津이 命作地道하여 以取其土하니 山崩壓賊且盡①하고 又於城內에 作飛橋하여 懸罥二土山上하니 景衆皆走②어늘 擲炬焚其東山樓柵하여 蕩盡하니 賊死甚衆이라 賊復引玄武湖水하여 以灌臺城하니 闕前皆爲洪流③러라 陳昕爲景所擒하여 欲用之어늘 昕不可라한대 景使其黨范桃棒으로 囚之어늘 昕因說桃棒하여 使殺王偉宋子仙而降한대 桃棒從之하여 潛遣昕夜縋入城이어늘 梁主大喜하여 鐫銀券賜桃棒하고 許以封王하여 卽有景衆④호되 太子恐其詐하여 召公卿會議하니 朱异傅岐曰 桃棒降이 必非謬라 桃棒旣降하니 賊景必驚하리니 乘此擊之면 可大破也라하니

太子曰 吾守堅城하여 以俟外援이 萬全策也니 今開門納桃棒이라가 萬一爲變하면 悔無所及이리라 朱异拊膺曰 失此하니 社稷事去矣로다하다 俄而桃棒事泄하여 景拉殺之러니 陳昕不知하고 如期而出한대 景逼使射書城中하여 言桃棒今入이라하고 因衷甲隨之호되 昕不肯하여 期以必死하니 景乃殺之하다

① 柳津은 柳仲禮의 아버지이다. 《資治通鑑》에는 '山'자 위에 '外'자가 있다.
津, 仲禮之父也. 通鑑山上有外字.

② 罩(그물)는 陟敎의 切이다. 세상 사람들이 '魚罩'라고 하는데, 위로부터 아래로 대바구니를 짜서 '罩'를 만든다.
罩, 陟敎切. 世人謂魚罩, 自上籠下爲罩.

③ 玄武湖는 建康 上元縣 북쪽 10리쯤에 있다.
玄武湖在建康上元縣北十里.

④ 鐫은 子全의 切이니, 조각하며 아로새긴다는 뜻이다. 券은 묶으며 맨다는 뜻이니, 서로 약속하고 결합한 것을 확고히 한 것이니, 은으로 만든 것이다.
鐫, 子全切, 刻也, 雕也. 券, 約也, 綣也, 相約束繾綣爲限也, 以銀爲之.

【綱】 梁나라 荊州刺史 湘東王 蕭繹이 격문을 보내어 군사를 파견하여 나아가 구원하게 하였다.

梁荊州刺史湘東王繹이 移檄遣兵赴援[14)]하다

【目】 荊州刺史 湘東王 蕭繹이 자신이 감독하고 있는 湘州刺史 河東王 蕭譽와 雍州刺史 岳陽王 蕭詧, 江州刺史 當陽公 蕭大心, 郢州刺史 南平王 蕭恪 등에게 격문을 보내어 군

14) 梁荊州刺史湘東王繹 移檄遣兵赴援 : "'군사를 파견하였다〔遣兵〕'라고 기록한 것은 무엇인가. 蕭繹을 죄준 것이다. 그렇다면 어째서 죄를 주는가. 君父가 환난에 있으면 자식이 된 이는 마땅히 자신이 직접 命에 달려가기를 마치 〈손이〉 머리를 구원하듯이 해야 하는데 군사를 파견한 것에 그쳤으니 그 죄가 크다. 《資治通鑑綱目》이 끝날 때까지 '들어가 구원하였다〔入援〕'라고 기록한 것은 12번이고(晉 愍帝 建興 4년(316)에 자세하다.) '환난에 달려갔다〔赴難〕'라고 기록한 것은 3번이고(晉 成帝 咸和 4년(329)에 자세하다.) '들어가 호위하였다〔入衛〕'라고 기록한 것은 3번이다.(晉 懷帝 永嘉 2년(308)에 자세하다.)〔書遣兵何 罪繹也 則曷爲罪之 君父在難 爲之子者 宜身親奔命 如救頭然 而止遣兵 其罪大矣 終綱目書入援十二(詳晉愍帝建興四年) 赴難三(詳晉成帝咸和四年) 入衛三(詳晉懷帝永嘉二年)〕" 《書法》

"만일 蕭繹이 진실로 君父를 구원할 마음이 있었다면 자신이 몸소 대중을 거느리고 밤낮으로 달려가서 臺城의 재앙을 푸는 것이 옳았는데 머뭇거리며 나아가지 않은 것은 과연 어찌 된 것인가. 그러므로 《資治通鑑綱目》은 여기에서 '군사를 거느려서 들어가 구원하였다〔將兵入援〕'라고 기록하지 않고, '군사를 파견하여 나아가 구원하게 하였다.〔遣兵赴援〕'라고 기록하여 죄준 것이다.〔使繹誠有救君父之意 自當身將大衆 晝夜星馳 以解臺城之厄可也 逡巡不進 果何爲哉 故綱目於此 不書將兵入援 而書遣兵赴援以罪之也〕" 《發明》

사를 파견하여 들어가 구원하도록 하고, 司馬 吳曄, 天門太守 樊文皎 등을 보내어 군사를 거느리고 江陵에서 출발하도록 하였다. 또 世子 蕭方等을 보내어 군사를 거느리고 들어가 구원하도록 하니, 소방등은 재주가 뛰어나고 말타기와 활쏘기를 잘하여 전투를 치를 때마다 직접 화살과 돌을 무릅쓰고 죽음으로 절개를 지키는 것이 자신의 임무라고 여겼다. 소역은 얼마 뒤에 정예병 3만을 거느리고 江陵에서 출발하였다.

荊州刺史湘東王繹이 移檄所督湘州刺史河東王譽와 雍州刺史岳陽王詧과 江州刺史當陽公大心과 郢州刺史南平王恪等하여 發兵入援하고 遣司馬吳曄과 天門太守樊文皎하여 將兵發江陵①하고 又遣世子方等하여 將兵入援하니 方等有俊才善騎射하여 每戰親當矢石하여 以死節自任이러라 繹尋自將銳卒三萬하여 發江陵하다

① 蕭大心은 蕭大器의 동생이다. 蕭恪은 蕭偉의 아들이다. 曄은 曅과 같다.
大心, 大器之弟. 恪, 偉之子也. 曄與曅同.

【目】侯景이 편지를 써서 성안의 병사와 백성에게 고하기를 "梁나라는 근년 이후로 권력을 지니고 총애를 받는 신하가 권력을 쥐고서 일반 백성들을 수탈하여 자신의 욕심을 채웠소. 公들은 한번 보시오. 지금 國家의 연못과 동산, 王公의 저택, 僧尼의 寺塔이 있고, 자리에 있는 여러 관료들은 수많은 妻妾들을 소유하고 수천 명의 종들을 소유하여 밭을 갈지 않고 베를 짜지 않지만, 비단옷을 입고 맛있는 음식을 먹으니, 백성에게서 수탈하지 않았다면 어디에서 이를 얻을 수 있었겠소. 내가 궁궐로 달려가는 이유는 권력이 있고 아첨하는 신하들을 지목하여 죽이려는 것이지, 社稷을 위태롭게 하려는 것이 아니요. 지금 성안에서는 사방에서 들어와 구원해주기를 바라지만, 내가 보건대 王侯와 諸將들의 뜻은 자신의 몸을 보전하는 데 있으니, 누가 힘을 다하고 목숨을 바쳐 나와 승부를 겨룰 수 있겠소."라고 하였다.

景以書告城中士民曰 梁自近歲以來로 權倖用事하여 割剝齊民하여 以供嗜欲이라 公等試觀컨대 今日國家池苑과 王公第宅과 僧尼寺塔과 及在位庶僚는 姬姜百室과 僕從數千하여 不耕不織이나 錦衣玉食하니 不奪百姓이면 從何得之①리오 僕所以趨赴闕庭은 指誅權佞이요 非傾社稷이어늘 今城中이 指望四方入援이나 吾觀王侯諸將이 志在全身하니 誰能竭力致死하여 與吾爭勝負哉아하다

① 姬는 본래 周나라의 성씨로, 여러 나라의 여인들 가운데 귀하게 여긴다. 그러므로 부인의 아름다운 호칭을 부를 때 모두 '姬'라고 한다. 齊나라와 紀나라는 모두 姜氏인데, 그 여인들이 귀하여 대부분 天子와 諸侯의 后妃가 되었기 때문에 귀한 사람의 妻妾을 '姬姜'이라고

한다.

姬本周姓, 貴於衆國之女, 所以婦人美號皆稱姬. 齊·紀皆姜姓, 其女貴多爲天子諸侯后妃, 故謂貴人妻妾爲姬姜.

【綱】梁나라 邵陵王 蕭綸이 군대를 돌려 구원하러 나아갔는데, 侯景이 그를 공격하여 크게 무너트렸다.

梁邵陵王綸還軍赴援이러니 侯景擊之하니 大潰라

【目】邵陵王 蕭綸이 출발하여 鍾離에 이르러서 侯景이 이미 采石을 건넜다는 소식을 듣고는 밤낮으로 두 배의 속도로 길을 달려 군대를 돌려서 들어가 구원하였는데, 드디어 보병과 기병 3만을 거느리고 京口에서 서쪽으로 올라왔다. 후경이 군대를 파견하여 소륜을 막자, 譙州刺史 趙伯超가 말하기를 "만약 黃城의 大路를 따라가면 반드시 적과 만날 것입니다. 지름길로 鍾山으로 향하다가 갑자기 廣莫門을 점거하여 적이 예상하지 못한 데 나아가는 것만 못하니, 〈그렇게 하면〉 성의 포위망이 반드시 풀리게 될 것입니다."라고 하였다. 소륜이 그 말을 따라 야간에 행군하다가 길을 잃어서 20여 리를 돌아서 아침에 蔣山에 군영을 설치하였는데, 후경이 보고는 크게 놀라 약탈한 婦女와 진귀한 재화를 모두 石頭에 보내고 배를 마련하여 달아나려고 하다가 군대를 나누어서 소륜을 공격하였는데, 소륜이 전투를 하여 그들을 격파하자, 후경은 覆舟山 북쪽에 군사를 포진시켰다.

邵陵王綸이 行至鍾離하여는 聞侯景已渡采石하고 晝夜兼道하여 旋軍入援할새 遂帥步騎三萬하여 自京口西上한대 景遣軍拒之어늘 譙州刺史趙伯超曰 若從黃城大路면 必與賊遇니 不如徑指鍾山이라가 突據廣莫門하여 出賊不意니 城圍必解矣①리라하니 綸從之하여 夜行失道하여 迂二十餘里하여 旦營于蔣山②한대 景見之大駭하여 悉送所掠婦女珍貨於石頭하고 具舟欲走러니 分兵攻綸이어늘 綸與戰破之한대 景陳兵於覆舟山北이라

① 鍾山은 바로 蔣山이다. 吳나라 孫權이 蔣子文[15]의 사당을 이 산에 세우고, 또 자신의 조부의 이름인 '鍾'을 피하여 '蔣山'으로 이름을 고쳤다.

鍾山, 卽蔣山, 吳孫權立蔣子文廟於是山, 又以其祖諱鍾, 改名蔣山.

15) 蔣子文 : 後漢 廣陵 사람이다. 秣陵尉가 되었다가 죽었는데, 孫權이 건업에 도읍하자, 장자문이 항상 백마를 타고 白羽扇을 쥐고 나오는 영험을 보여서 마침내 鍾山에 사당을 짓고 모셨으며, 蔣侯에 봉하였다.

② 迂(멀다)는 于와 紆 두 가지 음이 있으니, 굽다는 뜻이고 멀다는 뜻이다.
迂, 于・紆二音, 曲也, 遠也.

【目】 蕭綸이 군대를 玄武湖로 전진시키고 〈侯景과〉 대치하고 싸우지 않다가, 저녁에 이르러 후경이 다음 날 만나서 싸우기로 다시 약속하니, 소륜이 허락하였다. 安南侯 蕭駿이 후경의 군대가 퇴각하는 것을 보고는 달아나는 것으로 여기고 즉시 壯士들과 추격하였는데, 후경이 군대를 돌려 그들을 공격하자 소준이 패배하여 달아나 소륜의 군대가 있는 곳으로 달려갔다. 후경이 승세를 타고 그들을 추격하니, 여러 군대가 모두 무너졌다. 소륜이 朱方으로 달아나니, 후경이 西豐公 蕭大春과 主帥 霍俊 등을 사로잡아 돌아와서 성 아래에 이르러 사람을 보내 "邵陵王(蕭綸)이 이미 亂軍에게 죽임을 당하였다."라고 말하도록 시켰는데, 곽준이 홀로 말하기를 "소릉왕이 조금 불리해졌지만, 이미 모든 군사가 京口로 돌아왔으니, 성안에서 다만 굳게 지키기만 하면 구원병이 곧 도착할 것이다."라고 하였다. 적이 칼로 곽준의 등을 가격하자, 곽준의 말과 얼굴빛이 더욱 사나워졌는데, 蕭正德이 그를 죽였다.

綸進軍玄武湖하여 相持不戰이라가 至暮에 景更約明日會戰이어늘 綸許之러니 安南侯駿이 見景軍退하고 以爲走라하여 卽與壯士逐之①한대 景旋軍擊之하니 駿敗走하여 趣綸軍이라 景乘勝追擊之하니 諸軍皆潰하여 綸奔朱方②하니 景擒西豐公大春主帥霍俊等하여 還至城下하여 使言曰 邵陵已爲亂兵所殺③이라호되 俊獨曰 王小失利언정 已全軍還京口하니 城中但堅守하면 援軍尋至하리라하다 賊以刀毆其背한대 俊辭色彌厲하니 正德이 殺之하다

① 晉 武帝(司馬炎)때에 江安을 나누어 安南縣을 설치하였다. 蕭駿은 蕭懿의 손자이다.
晉武帝分江安, 立安南縣. 駿, 懿之孫也.
② 丹徒는 春秋時代에 朱方 지역인데, 당시에 蘭陵 武進縣이 되었다.
丹徒, 春秋朱方之地, 時爲蘭陵武進縣.
③ 沈約의 ≪宋書≫ 〈州郡志〉에 "西豐縣은 臨川郡에 속하니, 吳나라가 세웠다."라고 하였다. 蕭大春은 蕭大器의 아우이다.
沈約志 "西豐縣屬臨川郡, 吳立." 大春, 大器之弟也.

【綱】 12월에 梁나라 鄱陽王 蕭範과 南康王 蕭會理가 군대를 이끌고 구원하러 들어갔다.

十二月에 梁鄱陽王範南康王會理가 將兵入援하다

【目】 鄱陽王 蕭範이 그의 世子 蕭嗣를 보내어 西豫州刺史 裴之高와 建安太守 趙鳳擧와 함께 각각 군대를 이끌고 들어와 구원하게 할 때에 蔡洲에 진을 치고서 상류의 여러 군대를 기다렸다. 封山侯 蕭正表가 鍾離를 지키다가 배반하여 侯景에게 붙자, 후경이 그를 南郡王으로 삼았다. 소정표가 이에 歐陽에 목책을 세워서 지원군을 차단하고 병력 1만 명을 이끌고 廣陵을 습격하고자 하였다. 廣陵令 劉詢이 그 사실을 南兗州刺史 南康王 蕭會理에게 알리니, 12월에 소회리가 유순을 시켜서 군사들을 이끌고 밤에 〈소정표를〉 습격하여 격파하도록 하니, 〈유순은 소정표의〉 무기와 군량을 거두어 소회리에게 돌아가서 그와 함께 구원하러 들어갔다.

鄱陽王範이 遣其世子嗣하여 與西豫州刺史裴之高와 建安太守趙鳳擧로 各將兵入援할새 軍于蔡洲하여 以待上流諸軍①이러니 封山侯正表가 鎭鍾離라가 叛附侯景한대 景以爲南郡王하니 正表乃於歐陽에 立柵하여 以斷援軍하고 帥衆一萬하여 欲襲廣陵②이어늘 廣陵令劉詢이 以告南兗州刺史南康王會理하니 十二月에 會理使詢帥兵하여 夜襲破之하니 收其兵糧하여 歸就會理하여 與之入援하다

① 晉 安帝(司馬德宗) 때에 廬江郡을 나누어 晉熙郡과 懷寧縣을 설치하였는데, 梁나라 때에 西豫州를 설치하였다. 蔡洲는 建康 上元縣 서쪽 25리쯤에 있다.
晉安帝分廬江郡, 立晉熙郡及懷寧縣, 梁置西豫州. 蔡洲在建康上元縣西二十五里.

② ≪水經註≫를 살펴보면 "邗溝(운하의 이름)의 물줄기는 위로 歐陽에 이어지고, 江水를 끌어다 埭(區陽埭)로 주입하는데 그 물이 60리를 가서 廣陵城에 이른다."라고 하였다.
水經註 "邗溝水上承歐陽, 引江入埭, 六十里至廣陵城."

【綱】 梁나라 將軍 羊侃이 卒하였다.

梁將軍羊侃卒하다

【目】 建康城 안에서는 더욱 두려워하였다.

城中益懼하더라

【綱】 梁나라 散騎常侍 韋粲, 東西道都督 裴之高, 柳仲禮 등이 각각 군대를 이끌고 구원하러 들어갔는데, 유중례를 추대하여 大都督으로 삼았다.

梁散騎常侍韋粲及東西道都督裴之高柳仲禮等이 各以兵入援할새 推仲禮爲大都督하다

【目】梁主(蕭衍)가 衡州刺史 韋粲을 불러 散騎常侍로 삼고, 歐陽頠(구양외)를 監州事로 삼았다. 위찬은 廬陵에 도착하여 〈侯景이〉 난리를 일으켰다는 소식을 듣고 부하를 선발하여 날랜 정예병 5천을 얻어서 두 배의 속도로 〈행군하여〉 구원하러 갔다. 豫章에 도착하여 후경이 이미 강을 건넜다는 소식을 듣고는 內史 劉孝儀에게 가서 문의하였는데, 유효의가 말하기를 "필시 이와 같다면 당연히 勑令이 있어야 하는데, 아마도 그렇지 않은 듯하오."라고 하였다. 유효의가 술자리를 마련하자 위찬은 화를 내어 술잔을 땅에 던지면서 말하기를 "적이 이미 강을 건넜다면 곧장 궁궐을 압박하여 수로와 육로를 모두 차단했을 것인데, 어찌 알릴 겨를이 있었겠소. 설령 칙령이 없다고 한들 어찌 스스로 편안할 수 있겠소. 나 위찬이 오늘 무슨 마음으로 술을 마시겠소."라고 하고, 즉시 말을 달려서 군사를 배치하여 출발하려 하였는데, 마침 江州刺史 當陽公 蕭大心이 使者를 보내어 위찬을 맞이하였다.

위찬이 이에 말을 달려가서 소대심을 보고 말하기를 "江州는 京師와의 거리가 가장 가까우니, 殿下께서는 정리로 따져볼 때 맨 앞에 있어야 합니다. 다만 中流의 임무(江州를 맡은 임무)가 중요하여 당연히 위아래로 호응해야 하니, 지금 군대를 옮겨 湓城을 수비하게 하고 偏將을 보내어 저를 따라 가게 해주시면 충분합니다."라고 하였다. 소대심이 그렇다고 여겨 中兵 柳昕을 보내어 군대를 이끌고 위찬을 따르도록 하였다.

梁主徵衡州刺史韋粲하여 爲散騎常侍하고 以歐陽頠로 監州事①한대 粲至廬陵하여 聞亂하고 簡閱部下하여 得精兵五千하여 倍道赴援이러니 至豫章하여는 聞景已渡江하고 以問內史劉孝儀한대 孝儀曰 必如此인댄 當有勑이니 或恐不然일까하노라하다 孝儀置酒어늘 粲怒하여 以杯抵地曰 賊已渡江인댄 便逼宮闕하여 水陸俱斷하니 何暇有報리오 假令無勑이나 豈得自安이리오 韋粲今日에 何情飮酒리오하고 卽馳馬出하여 部分將發이러니 會江州刺史當陽公大心이 遣使邀粲이어늘 粲乃馳往見大心曰 江州去京最近②하니 殿下情計는 誠宜在前이어니와 但中流任重하여 當須應接이니 今宜移鎭湓城하고 遣偏將賜見隨足矣③라 大心然之히여 遣中兵柳昕하야 帥兵隨粲하다

① ≪五代志≫를 살펴보면 "梁나라에서 南海郡 含洭縣에 衡州를 두었다."라고 하였다. 韋粲은 韋放의 아들이다. 頠는 魚毁의 切이다.
案五代志 "梁置衡州於南海郡含洭縣." 粲, 放之子也. 頠, 魚毁切.

② 沈約의 ≪宋書≫ 〈州郡志〉에 "江州와 京師와의 거리는 물길로 1400리이다."라고 하였다.
按沈約志 "江州去京水行一千四百里."

③ 湓城은 湓水의 성으로 尋陽에 있다.
湓城, 湓水之城也, 在尋陽.

【目】韋粲이 南洲에 도착하니, 外弟인 司州刺史 柳仲禮 역시 보병과 기병을 이끌고 橫江에 이르렀는데, 위찬이 즉시 군량과 무기를 보내고 아울러 私財를 털어 전투 병사들에게 포상을 내렸다. 裴之高가 張公洲에서 배를 보내어 유중례를 건너게 하니, 위찬과 유중례는 마침내 李孝欽, 羊鴉仁, 陳文徹과 병력을 합쳐 新林에 주둔하였다. 위찬이 논의를 하여 유중례를 추대하여 大都督으로 삼았는데, 배지고가 자신의 나이와 지위로 유중례보다 아랫자리에 있는 것을 부끄러워하였다.

위찬이 무리들에게 소리 높여 말하기를 "지금 함께 국가가 처한 어려움에 달려와 그 大義가 적을 섬멸하는 데 있으니, 柳司州를 추대하는 이유는 바로 오랫동안 변방을 지켜서 앞서 侯景에게 꺼끄러운 대상이 되었고, 또 병사와 말이 精銳라 그보다 앞서는 자가 없기 때문이오. 만일 나이와 지위를 논하자면 모두 나 위찬의 아래에 있으나 다만 社稷을 위한 계책이니, 다시 논의해서는 안 되오. 지금의 상황에서는 將帥 사이의 화합이 중요하니, 만약 마음이 같지 않으면 大事는 실패할 것이기에 나 위찬이 여러 군대를 위하여 배지고에게 해명하기를 청하는 것이오."라고 하였다.

粲至南洲하니 外弟司州刺史柳仲禮가 亦帥步騎하여 至橫江이어늘 粲卽送糧仗하고 幷散私財하여 以賞其戰士하고 裴之高는 自張公洲로 遣船渡之[①]하니 粲仲禮遂與李孝欽羊鴉仁陳文徹로 合軍屯新林하다 粲議推仲禮爲大都督한대 裴之高自以年位로 恥居其下어늘 粲抗言於衆曰 今者同赴國難하여 義在除賊이니 所以推柳司州者는 正以久捍邊疆하여 先爲侯景所憚이요 且士馬精銳하여 無出其前일새라 若論年位한대 皆在粲下로되 直以社稷之計로 不得復論이라 今日形勢는 貴在將和니 若人心不同이면 大事去矣라 粲請爲諸軍解之하노라하다

① 張公洲는 蔡洲인 듯하다.
張公洲, 蓋卽蔡洲.

【目】이에 배 한 척으로 裴之高의 진영으로 가서 매우 질책하며 말하기를 "지금 二宮(황제와 태자)이 위태롭고 핍박을 받아 교활한 도적들의 죄악이 매우 크니, 신하들이 당연히 마음을 합쳐야 하는데, 어찌 스스로 모순되는 행동을 서로 해서야 되겠소. 豫州(裴之高)가 반드시 다른 마음을 먹으려 한다면 창끝과 화살촉이 곧장 예주에 향할 것이오."라고 하였다. 배지고가 눈물을 흘리며 사과하고 마침내 柳仲禮를 추대하여 大都督으로 삼았다. 宣城內史 楊白華가 그의 아들을 보내어 군대를 이끌고 뒤따라 이르게 하니, 지원군이 크게 모여 무리가 10여만 명이었다.

侯景은 배지고의 동생과 조카와 아들과 손자를 인질로 잡아 군영 앞에 늘어세우고 가마솥과 칼과 톱을 그 뒤에 놓고 말하기를 "裴公(배지고)이 항복하지 않으면 지금 바로 이들을 삶아버리겠소."라고 하였다. 배지고는 활을 잘 쏘는 병사를 불러서 그의 아들을 쏘게 하였는데 맞추지 못했다. 유중례가 밤중에 위찬의 군영에 들어가서 여러 군대를 배치하고서 다음 날 전투를 치를 적에 장수들이 각각 점거하여 지키는 곳이 있었다. 위찬을 시켜서 靑塘에 주둔하도록 하였는데, 위찬이 청당은 石頭로 들어가는 길에 해당하니, 적들이 반드시 그 길을 다툴 것이라고 생각하여 매우 두려워하였다. 그러자 유중례가 말하기를 "청당은 요충지라 형이 아니면 지킬 수가 없으니, 만약 군사가 적다고 의심된다면 다시 군대를 보내어 돕도록 하겠습니다."라고 하고, 마침내 直閤將軍 劉叔胤을 시켜서 위찬을 돕게 하였다.

乃單舸로 至之高營하여 切讓之曰 今二宮危逼하여 猾寇滔天하니 臣子當戮力同心이니 豈可自相矛楯이리오 豫州必欲立異인댄 鋒鏑便有所歸[①]리라 之高垂泣致謝하고 遂推仲禮爲大都督하다 宣城內史楊白華가 遣其子하여 將兵繼至러니 援軍大集하니 衆十餘萬이라 景囚之高弟姪子孫하여 列於陳前하고 以鼎鑊刀鋸로 隨其後하고 謂曰 裴公不降이면 今卽烹之호리라 之高召善射者하여 使射其子러니 不中하다 柳仲禮以晦夜에 入韋粲營하여 部分衆軍[②]하여 旦日會戰할새 諸將各有據守라 令粲으로 頓靑塘[③]한대 粲以靑塘이 當石頭中路하니 賊必爭이라하여 頗憚之어늘 仲禮曰 靑塘要地를 非兄不可니 若疑兵少인댄 當更遣軍相助호리라하고 乃使直閤將軍劉叔胤으로 助之하다

① ≪韓非子≫에 "창과 방패를 파는 사람이 말하기를 '내 창은 예리하여 뚫지 못하는 물건이 없소.'라고 하고, 또 말하기를 '내 방패는 견고하여 어떤 물건도 뚫을 수가 없소.'라고 하였다. 어떤 사람이 묻기를 '그대의 창으로 그대의 방패를 뚫는 것이 가능하오?'라고 하니, 팔던 사람이 대답하지 못했다."라고 하였는데, 후세에 矛楯의 설은 여기에 근원을 둔다. '鋒鏑便有所歸'는 裴之高를 공격할 것을 말한다.
韓非子 "有鬻矛楯者曰 '吾矛之利, 物無不陷也.' 又曰 '吾楯之堅, 物莫能陷也.' 或問之曰 '以子之矛, 陷子之楯, 可乎.' 鬻者不能對." 後世矛楯之說祖此. 鋒鏑便有所歸, 言將攻之高也.

②〈'柳仲禮以晦夜入韋粲營'이〉 ≪資治通鑑≫에는 '丙辰晦柳仲禮夜入韋粲營'으로 되어 있다.
通鑑丙辰晦柳仲禮夜入韋粲營.

③ 靑塘은 바로 靑溪塘이다.
靑塘, 卽靑溪塘也.

【綱】 西魏의 太師 宇文泰가 그의 封國의 신하인 王茂를 죽였다.

魏太師泰殺其國臣王茂

【目】西魏의 太師 宇文泰가 安定國의 신하 王茂를 죽였는데, 그의 죄가 아니었다. 左丞 柳慶이 간언하자 우문태가 진노하여 말하기를 "卿은 죄인과 같은 무리이니, 마땅히 연좌되어야 하오."라고 하고 유경을 앞에서 체포하였다. 그런데 유경은 말과 얼굴빛에 흔들림이 없이 말하기를 "저 유경이 듣건대, 主君이 일에 가려지는 것이 밝지 못한 것이 되고, 신하가 알면서도 간쟁하지 않는 것이 不忠이 된다고 하였습니다. 저 유경은 이미 충성을 다하였으니, 감히 죽음을 아까워하지 않지만, 다만 공께서 밝지 못하게 될까 두렵습니다."라고 하였다. 우문태가 깨닫고 속히 왕무를 사면시켜주려고 하였으나 이미 늦어버렸다. 이에 왕무의 가족에게 금전과 비단을 하사하면서 말하기를 "이것으로 나의 잘못을 드러낸다."라고 하였다.

魏太師泰가 殺安定國臣王茂而非其罪[①]어늘 左丞柳慶諫한대 泰怒曰 卿黨罪人하니 亦當坐로다하고 執慶於前호되 慶辭色不撓曰 慶聞君蔽於事가 爲不明이요 臣知而不爭이 爲不忠이라하니 慶旣竭忠하니 不敢愛死어니와 但懼公爲不明耳일까하노라 泰寤하여 亟使赦茂호되 不及이라 乃賜茂家錢帛曰 以旌吾過[②]하노라

① 宇文泰는 安定公에 봉해졌으므로, 封國의 신하가 있는 것이다.
泰封安定公, 故有國臣.

② 亟은 빠르다는 뜻이다. 旌은 드러내어 기록한다〔識〕는 뜻과 같다. 識는 음이 誌(기록하다)이다.
亟, 疾也. 旌猶表識(지)也. 識音誌.

己巳年(549)

梁나라 高祖 武帝 蕭衍 太淸 3년이고, 西魏 文帝 元寶炬 大統 15년이고, 東魏 孝靜帝 元善見 武定 7년이다.

梁太淸三年이요 魏大統十五年이요 東魏武定七年이라

【綱】봄 정월에 侯景이 梁나라의 지원군을 습격하니, 韋粲이 그에게 죽임을 당하였는데, 柳仲禮가 후경을 공격하여 패배시켰다.

春正月에 侯景襲梁援軍하니 韋粲死之어늘 柳仲禮擊景敗之하다

【目】 정월 초하루에 柳仲禮가 군영을 大桁으로 옮겼는데, 마침 큰 안개가 일어나 韋粲의 군대가 헤매다가 길을 잃어 靑塘에 이르렀을 즈음에는 이미 한밤중이라 木柵을 세웠으나 완성하지 못하였다. 侯景이 급히 정예병을 이끌고 위찬을 공격하자, 위찬이 軍主 鄭逸을 시켜 그들을 맞아 싸우도록 하고, 劉叔胤에게 명을 내려 水軍으로 그들의 후면을 차단하도록 하였는데, 유숙윤이 감히 진격하지 못하니 정일이 결국에 패배하였다. 후경이 승세를 타고 위찬의 군영으로 들어가자 좌우에 있는 사람들이 위찬을 이끌어서 적들을 피하려고 하였는데, 위찬이 움직이지 않고 子弟들을 꾸짖어 힘써 싸우게 하여 마침내 아들 韋尼와 세 명의 아우인 韋助, 韋警, 韋構 및 사촌아우 韋昻과 함께 모두 전사하였으니, 친척으로 죽은 사람이 수백 명이었다.

유중례가 밥을 먹다가 젓가락을 던지고 갑옷을 입고는 휘하에 있는 100명의 騎兵과 말을 달려 그를 구원하러 가서 후경과 전투를 하여 크게 격파하였는데, 수백 명의 목을 베었고 물에 빠뜨려 죽인 군사가 1천여 명이었다. 유중례의 창이 막 후경에게 닿으려고 할 적에 적들이 뒤에서 유중례의 어깨를 베어 후경이 죽음을 면할 수 있었다. 이로부터 〈후경은〉 감히 다시 남쪽 연안을 건너지 않았고 유중례도 기력이 쇠하여 다시 전투를 하자고 말하지 않았다. 邵陵王 蕭綸이 다시 흩어진 병력을 정비하여 동쪽 길에서 도착하여 大桁의 남쪽에 군영을 세우고, 역시 유중례를 추대하여 大都督으로 삼았다.

正月朔에 柳仲禮徙營大桁이러니 會大霧라 韋粲軍迷失道하여 比及靑塘하여는 夜已過半이라 立柵未合이러니 侯景亟帥(솔)銳卒攻之어늘 粲使軍主鄭逸로 逆擊之하고 命劉叔胤하여 以舟師截其後[①]러니 叔胤不敢進하니 逸遂敗라 景乘勝入粲營이어늘 左右牽粲避賊하니 粲不動하고 叱子弟力戰하여 遂與子尼及弟助警構從弟昻으로 皆戰死하니 親戚死者數百人[②]이러라 仲禮方食이라가 投箸被甲하여 與其麾下百騎로 馳往救之할새 與景戰大破之하니 斬首數百級이요 溺死千餘人이라 仲禮稍將及景이러니 而賊自後斫之中肩하여 景得免이라 自是不敢復濟南岸하고 仲禮亦氣衰하여 不復言戰矣러라 邵陵王綸復收散卒하여 自東道至하여 列營桁南하고 亦推柳仲禮爲大都督하다

① 〈"以舟師截其後"는〉 秦淮河를 건너는 길을 차단하는 것이다.
截其渡淮之路.

② 韋助, 韋警, 韋構는 아우 세 명의 이름이다.
助·警·構, 三弟名.

【綱】梁나라의 中領軍 朱异가 卒하였다.

梁中領軍朱异卒[16]하다

【目】朝野에서 侯景의 재앙을 모두 朱异의 탓으로 돌리자, 주이는 부끄럽고 분통스러워하다가 병이 나서 죽었다. 梁主가 주이를 애통해하며 안타까워하여 특별히 僕射에 추증하였다.

朝野以侯景之禍로 共尤朱异라 异慚憤發疾卒하니 梁主痛惜하여 特贈僕射하다

【目】胡氏(胡寅)가 다음과 같이 말하였다.

"侯景이 강을 건널 수 있었던 것은 蕭正德이 배를 보내어 건너게 원조해주었기 때문이고, 소정덕이 배반할 수 있었던 것은 朱异가 그를 잘못 천거했기 때문이다. 후경은 본래 亂臣이며, 소정덕은 본래 賊子이기는 하지만, 주이는 亂臣과 賊子를 만들어낸 중개자 역할을 하였는데, 梁 武帝는 끝내 깨닫지 못하였다. 만일 주이가 은혜로운 영화와 봉록을 받아 장구한 계책을 생각했다면 소정덕이 외부에서 반란을 일으키고 돌아왔을 때 그의 죄를 바로 잡아 啓文을 올려 먼 변방 지역으로 내쳤다면 자식들 중에 不孝를 마음에 둔 자가 역시 경계를 할 줄 알았을 것이며, 후경이 자신의 나라를 배반하고 梁나라로 왔을 때 그의 실정을 밝혀 계문을 올려 국경 밖에서 막았다면 신하들 중에 불충한 마음을 먹은 자가 또한 두려워할 줄을 알았을 것이다. 그런데 두 가지를 모두 그르쳤으니, 그렇다면 후경과 소정덕이 양나라를 멸망시킨 것이 아니라, 바로 주이가 멸망시킨 것이다."

胡氏曰 侯景能濟江은 由正德舟楫之勤요 正德能反噬는 由朱异失職之薦이라 景固亂臣이며 正德固賊子어니와 异는 乃亂賊之媒也어늘 而梁武終不悟焉이라 使异荷榮祿之恩爲久長之慮인댄 當正德外叛而歸에 正名其罪하여 啓上黜之遠服이면 則子有不孝之心者가 亦知戒矣①라 當侯景叛國而來하여 照灼其情하여 啓上拒之境外면 則臣有不忠之意者가 亦知懼矣어늘 二者皆失之하니 然則非景與正德能亡梁也라 乃朱异亡之耳로다

① '遠服'은 ≪書經≫ 〈虞書 禹貢〉의 '要服'과 '荒服'이다.

16) 梁中領軍朱异卒 : "梁나라에 재앙을 맞게 한 자는 朱异이다. 그런데 관직을 기록하고 '卒'이라고 기록한 것은 무엇인가. 〈梁主가〉 형벌을 그르침을 나무란 것이다.〔禍梁者异也 書官書卒 何 譏失刑也〕" ≪書法≫

遠服, 禹貢要服・荒服也.

【綱】梁나라의 北徐州刺史 蕭正表가 徐州를 가지고 반란을 일으켜 東魏에 항복하였다.

梁北徐州刺史蕭正表以州叛降東魏하다

【綱】梁나라의 지원군이 侯景을 공격하다가 天門太守 樊文皎가 전사하였다.

◑梁援軍擊侯景이라가 天門太守樊文皎戰死하다

【目】臺城과 지원군 사이에 서신과 명령이 오랫동안 끊어져서 지원군 가운데 성안에 들어가서 啓文을 전송할 사람을 모집하였는데, 李朗이 먼저 채찍으로 맞기를 청하여 거짓으로 죄를 얻은 것으로 꾸며 배반하여 적에게 투항하고 이로 인해 성으로 들어갔다. 성안에서는 지원병이 사방에서 모인 것을 알고 성 전체에서 북을 두드리고 떠드니, 諸軍들이 秦淮河를 건너 東府 앞에 있는 목책을 공격하여 불태웠다. 高州刺史 李遷仕와 樊文皎가 정예병 5천 명을 인솔하고서 단독으로 진격하여 깊이 들어갔는데, 향하는 곳마다 쳐부수고 쓰러뜨렸다. 菰首橋(고수교)의 동쪽에 이르러 侯景의 장수 宋子仙이 병력을 숨겨놓았다가 공격하자, 번문교는 전사하고 이천사는 달아나 돌아왔다.

柳仲禮는 정신과 성정이 오만하고 삐뚤어져서 諸將을 업신여기고 멸시하였는데, 邵陵王 蕭綸이 매일 채찍을 쥐고서 군문에 도착하였으나 역시 시간이 지나도 보이지 않았으니, 이로 말미암아 유중례가 소륜과 제장들과 틈이 생겨서 서로 시기하고 저지하여 전투할 마음이 없었다. 지원군이 처음에 도착하였을 때, 建康에 사는 士民은 노인을 부축하고 어린이를 이끌고서 그들을 기다렸으나 겨우 진회하를 지나자마자 군대를 풀어 시 협박하고 약탈하였다. 이로 말미암아 士民이 실망하였고, 적들 가운데 官軍에 호응하기를 도모하던 자들이 있었으나 그 소식을 듣고서 역시 그만두었다.

臺城與援軍信命久絶이라 援軍募人能入城送啓者러니 李朗請先受鞭詐爲得罪하여 叛投賊하여 因得入城하니 城中方知援兵四集하고 擧城鼓譟어늘 諸軍渡淮하여 攻東府前柵하여 焚之라 高州刺史李遷仕及樊文皎가 帥(솔)銳卒五千하여 獨進深入하니 所向에 摧靡라 至菰首橋東①하여는 景將宋子仙이 伏兵擊之하니 文皎戰死하고 遷仕는 遁還하다 仲禮神情傲狠하여 陵蔑諸將하니 邵陵王綸이

每日執鞭至門호되 亦移時弗見②이라 由是로 與綸及諸將有隙하여 互相猜阻하여 莫有戰心이러라 援軍初至에 建康士民扶老攜幼以候之러니 纔過淮에 卽縱兵剽掠하니 由是士民失望하고 賊中有謀應官軍者나 聞之하고 亦止하다

① ≪五代志≫에 "高涼郡은 梁나라 때에 高州를 설치하였다."라고 하였다. 菰(향초)의 음은 孤이다. 菰首橋는 靑溪 가에 있다.
五代志 "高涼郡, 梁置高州." 菰, 音孤. 菰首橋在靑溪上.

② 部將이 主帥를 알현할 때에는 채찍을 잡는 것이 禮이다.
凡部將見主帥, 執鞭以爲禮.

【綱】 2월에 梁나라가 侯景을 大丞相으로 삼아 그와 맹약을 맺고 지원군의 진군을 멈추도록 칙령을 내리자, 湘東王 蕭繹이 武城에 주둔하였다.

二月에 梁以侯景爲大丞相하여 與之盟하고 敕止援軍이라 湘東王繹次于武城[17]하다

17) 梁以侯景爲大丞相……湘東王繹次于武城 : "이때에 侯景이 화평을 요구하였는데 어째서 기록하지 않고 '후경과 맹약을 맺었다.〔與之盟〕'라고 기록하였는가. 梁나라를 병통으로 여긴 것이다. 역적이 군사를 일으켜서 대궐을 침입하였는데도 그를 大丞相으로 삼고 게다가 후경과 맹약까지 했으니 위엄이 꺾인 것이 심하다. 지원군이 이미 진군을 멈추었으니, 역적이 어찌 맹약을 저버리지 않겠는가. '武城에 주둔하였다.〔次武城〕'라고 기록한 것은 무엇인가. 蕭繹을 죄준 것이다. 후경이 반란한 지 지금에 반년이 지났다. 소역 자신이 樊文皎를 보내고 곧이어 江陵에서 출발하도록 한 것이 지금 이미 4개월인데 비로소 武城에 이르렀고 또다시 군사를 멈추고 진격하지 않았으니 君父의 난리를 시급하게 여기지 않은 것이 심하다. 臺城이 함락되고 나서 마침내 각각 鎭으로 돌아갔으나 과연 어찌 편안하겠는가. ≪資治通鑑綱目≫에서는 앞에서 '군사를 파견하여 나아가 구원하게 하였다.〔遣兵赴援〕'라고 기록하고, 여기서 '무성에 주둔하였다〔次于武城〕'라고 기록하고, 뒤에서 '강릉으로 돌아갔다.〔歸江陵〕'라고 기록하였으니 크게 죄를 준 것이다.〔於是景求和也 曷爲不書 書與之盟 病梁也 賊擧兵犯闕 而以爲大丞相 且與之盟 挫威甚矣 援軍旣止 賊不背盟乎 書次武城 何 罪繹也 景反至今 蓋半年矣 繹自遣文皎 尋發江陵 今旣四月 始至武城 而又頓兵不進 其不急君父之難甚矣 臺城旣陷 遂各歸鎭 果何安乎 綱目前書遣兵赴援 此書次于武城 後書歸江陵 深罪之也〕" ≪書法≫

"예전 春秋時代에 宋나라는 약소국으로서 강대국 楚나라에게 포위를 당했는데 9월부터 다음해 5월까지 세 계절이 지나도록 오래되자 자식을 바꾸어서 잡아먹고 사람 뼈를 쪼개어 불 때어 위험과 피곤이 극도했다라고 말할 수 있었다. 그래도 城下之盟(성에서 내려가 맺는 항복 조약)에는 "나라가 망하더라도 따를 수 없다."라고 하고 〈초나라에게〉 30里를 물러가도록 하고 초나라와 和平하였다. 지금 侯景은 나그네 신세이자 도망한 신하로서 烏合之衆을 몰아와서 梁나라 사람들의 무방비를 틈타서는 臺城을 습격하고 공격해 포위한지 몇 개월 만에 梁나라의 지원군이 사방에서 모여들었다. 비록 역적을 평정하지는 못했으나 그래도 宋나라의 위급한 것만큼은 못 되었는데 어찌하여 역적 후경이 화평을 요구하는 것에 황급히 그와 맹약을 맺었는가. 어찌 신하가 군사를 일으켜 대궐로 향했는데 임금이 그와 화평을 하는 일이 있을 수 있다는 말인가. 分注(目)를 살펴보면 王偉가 후경을 위하여 계책하면서 청하기를 거짓으로 화친을 요구하자고 하자, 梁主가 진노하여 허락하지 않았고 이윽고 太子가 굳게 청하자 〈梁主가〉 마침내 허락한다고 알렸다. 이때에 梁나라의 皇子들은 서로 낮추지를 않았고 태자는 諸王들이 공을 세울까 우려하였다. 그러므로 역적의 요청을 따라

【目】애초 臺城의 문이 닫혀 있을 적에 公卿들이 끼니를 걱정하여 남녀와 귀천을 막론하고 모두 나가서 쌀을 지고 왔으며, 여러 창고에 저장되어 있는 錢帛을 거두어 德陽堂에 쌓아두었으나 땔나무와 꼴, 생선과 소금은 갖추지 않았다. 이때에 이르러서는 尙書省 건물을 부수어 땔감으로 썼고, 거적을 거두어 잘게 썰어서 말을 먹였으며, 군사들 중에는 갑옷을 삶아서 먹거나 쥐를 굽거나 참새를 잡아먹는 자도 있었고, 궁궐에서 말을 잡아서 人肉을 섞어 먹기도 하였으니, 이를 먹은 사람들은 반드시 병에 걸렸다.

侯景의 무리 역시 굶주렸고 약탈해도 얻을 것이 없었다. 東城에는 1년을 버틸 수 있는 쌀이 있었으나 지원군이 그 길을 차단하니, 후경이 매우 걱정하였다. 王偉가 청하기를 거짓으로 화친하여 기세를 늦추게 만들고 쌀을 石頭로 들여온 뒤에 병력과 말을 쉬게 하고 무기를 수선하여 적들이 나태한 틈을 타서 공격하자고 청하였다. 후경이 그의 말을 따라서 表文을 올려서 화친을 청하였는데, 太子가 梁主에게 보고하고 이를 허락하도록 하였다. 그러자 梁主가 진노하여 말하기를 "화친은 죽는 것만 못하다."라고 하니, 태자가 굳게 청하자 梁主가 머뭇거리다가 한참 뒤에 드디어 일어나 말하기를 "네가 스스로 도모한 일이니, 천 년 동안 비웃음을 살 짓을 하지 말거라."라고 하고, 마침내 허락한다고 알렸다.

初에 臺城之閉也에 公卿以食爲念하여 男女貴賤이 竝出負米하고 收諸府藏錢帛하여 聚德陽堂호되 而不備薪芻魚鹽[①]이러니 至是하여는 壞尙書省爲薪하고 撤薦剉以飼馬하며 軍士或煮鎧하고

서 그 계책 속에 빠져들었다. ≪資治通鑑綱目≫은 여기에서 '후경이 화평을 요구했다.〔侯景乞和〕'라고 기록하지 않고 '양나라가 후경과 맹약을 맺고 지원군의 진군을 멈추도록 칙령을 내렸다.〔梁與之盟 敕止援軍〕'라고 기록하여, 마치 양나라 사람들이 스스로 후경과 맹약을 맺고 스스로 지원군의 진군을 멈추도록 한 것처럼 하였으니, 전적으로 양나라 사람들이 大義를 알지 못하고 몸을 맡겨 역적을 따라 그 愚弄하는 도모를 들어준 것에 죄를 준 것이다. 宋나라가 城下之盟을 굽혀 따르려 하지 않은 것과 견주면 진실로 奴僕만도 못함이 되는 것이다. 그런데 蕭繹은 이보다 앞서서 '군사를 파견하여 나아가 구원하게 하였다.〔遣兵赴援〕'라고 기록하였는데 지금에 이르러 이미 7개월이 지났는데도 '武城에 주둔하였다.〔次于武城〕'라고 기록하였다. 무성은 郢 지역이니 臺城과의 거리가 몇 里일 뿐이니 또다시 소역이 앉아서 君父를 지켜보면서 구원하지 않은 뜻을 알 수 있다. 梁主는 안으로 蕭綱과 같은 아들이 있고 밖으로 蕭繹과 같은 아들이 있으니 망하지 않으려 하나 가능하였겠는가.〔昔春秋時 宋以弱小之國 被圍於强大之楚 自九月至于次年五月 經歷三時之久 易子而食 析骸而爨 可謂危困之極矣 然而城下之盟 則曰有以國斃 不能從也 去三十里而與之平 今侯景以羈旅奔走之臣 驅率烏合之衆 乘梁人之無備 奄至臺城 攻圍數月 梁人援軍四合 縱未能平賊 猶未若宋人之危急也 胡爲賊景求和 遽與之盟 豈有人臣擧兵向闕 人主可與之和者哉 考之分注 王偉爲景設謀 請僞求和 梁主怒而不許 旣而太子固請 遂報許之 蓋是時梁之諸子 互不相下 太子惟恐諸王有功 是以狥賊所請 墮其計中 綱目於此 不曰侯景乞和 而曰梁與之盟 敕止援軍 若梁人自與之盟 自止援軍然者 所以專罪梁人不知大義 委身從賊 聽其愚弄之謀 其視宋人不肯俯從城下之盟者 眞輿臺之不若也 若夫蕭繹前此書遣兵赴援 至是已七閱月 方書次于武城 武城 郢之地耳 其去臺城凡幾里 又可以見繹坐視君父不救之意矣 梁主內有子如綱 外有子如繹 雖欲不亡 得乎〕" ≪發明≫

熏鼠捕雀而食之하고 屠馬於省殿間하여 雜以人肉하니 食者必病②이러라 侯景衆亦飢하여 抄掠無所獲이요 東城有米可支一年이로되 援軍斷其路하니 景甚患之③러라 王偉請僞求和以緩其勢하고 運米入石頭然後에 休士息馬하고 繕修器械하여 伺其懈怠擊之라하니 景從之하여 拜表求和어늘 太子白梁主請許之한대 梁主怒曰 和不如死니라하니 太子固請이어늘 梁主遲回라가 久之에 乃曰 汝自圖之하니 勿令取笑千載하라하고 遂報許之라

① 天監 6년(507)에 閱武堂을 고쳐 德陽堂이라고 하였으니, 남쪽 궐 앞에 있었다.
天監六年, 改閱武堂爲德陽堂, 在南闕前.
② 薦(거적)은 마른 볏짚으로 만든 것인데, 깔고 자는 도구이다. 剉는 자른다는 뜻이다.
薦以藁秸爲之, 所以藉寢. 剉, 斫也.
③ 東城은 바로 東府城이다.
東城, 卽東府城.

【目】侯景이 江右에 있는 네 州의 땅을 떼어주기를 원하였고, 아울러 宣城王 蕭大器가 나와서 전송한 뒤에 강을 건너게 해달라고 요구하였다. 中領軍 傅岐가 굳게 다투며 말하기를 "어찌 도적이 군사를 일으켜서 궁궐을 포위하였는데 그와 화친을 맺을 수 있단 말입니까. 이는 다만 지원군을 물리치려고 하는 계략일 뿐입니다. 또 선성왕은 後嗣를 잇는 중요한 자리에 있고 나라의 명운이 달려 있는데 어찌 인질로 삼을 수 있겠습니까." 라고 하니, 梁主가 마침내 蕭大器의 동생인 石城公 蕭大款을 후경의 인질로 삼고, 여러 군대에 칙령을 내려 다시 전진하지 못하게 하였으며, 조서를 내려 후경을 大丞相 豫州牧으로 삼았으며, 성문 밖에 壇을 설치하고 僕射 王克을 보내어 王偉 등과 함께 단에 올라가서 함께 盟約하게 하였다. 맹약을 맺고 난 뒤에도 후경은 포위를 풀지 않고 갑옷과 병장기만 수리하면서 전혀 떠날 뜻이 없었다.

景乞割江右四州之地하고 幷求宣城王大器出送然後濟江①이어늘 中領軍傅岐固爭曰 豈有賊擧兵圍宮闕而更與之和乎아 此特欲却援軍耳니라 且宣城은 嫡嗣之重이요 國命所繫니 豈可爲質이리오하니 梁主乃以大器之弟石城公大款으로 質於景하고 敕諸軍不得復進②하고 詔以景爲大丞相豫州牧하고 設壇門外하여 遣僕射王克하여 與王偉等盟이러니 旣盟而景圍不解하고 專修鎧仗하여 了無去志러라

① 江右의 네 州는 南豫, 西豫, 合州, 光州이다.
江右四州, 南豫・西豫・合州・光州.
② ≪五代志≫에 "宣城郡 秋浦縣을 옛날에 石城이라고 하였다."라고 하였다.

五代志 "宣城郡秋浦縣, 舊曰石城."

【目】 마침 南康王 蕭會理, 湘潭侯 蕭退, 西昌世子 蕭彧이 병력 3만 명을 합쳐 馬卬洲에 이르렀는데, 侯景이 칙령을 내려 그들을 남쪽 기슭으로 돌아가게 해달라고 하니, 太子가 그의 말을 따랐다. 후경이 또 啓文을 올리기를 "永安侯 蕭確, 直閣 趙威方이 빈번히 목책을 사이에 두고 저를 보고 꾸짖으며 말하기를 '天子께서 스스로 그대와 맹약을 맺으셨지만 나는 끝내 그대를 쳐부술 것이다.'라고 하니, 바라건대 영안후와 조위방을 불러들이시면 군사를 이끌고 즉시 길을 나서 北方으로 돌아가겠습니다."라고 하였다. 梁主가 소확을 불러들였으나 소확이 누차 사양하고 들어가지 않았다.

邵陵王 蕭綸이 울면서 소확에게 말하기를 "성을 포위한 지 이미 오랜 시일이 지나 聖上께서 근심하며 위태롭게 여기니, 신하의 마음은 끓는 물과 큰 불보다 절실하다. 이런 까닭으로 맹약을 맺어 그를 보내고 다시 후일의 계책을 펴려고 한 것이다. 명령이 이미 결정되었으니, 어찌 막고 어길 수 있겠느냐."라고 하였다. 소확이 말하기를 "후경이 비록 떠나고 싶다고 말했지만, 긴 포위를 풀지 않았으니, 그의 뜻을 알 수 있습니다. 제가 성으로 들어간들 무슨 보탬이 되겠습니까."라고 하였다. 소륜이 크게 진노하여 소확의 머리를 베려고 하자, 소확이 마침내 눈물을 흘리며 성안으로 들어갔다. 梁主가 항상 채식을 하다가 이때에 이르러서는 채소와 버섯이 모두 떨어져 마침내 계란을 먹었는데, 소륜이 使者를 통하여 계란 수백 알을 바쳤다.

會南康王會理湘潭侯退西昌世子彧이 衆合三萬하여 至馬卬洲하여는 景請敕還南岸이어늘 太子從之[①]러니 景又啓曰 永安侯確直閣趙威方이 頻隔柵見詬云호되 天子自與汝盟이나 我終當破汝하리라하니 乞召侯及威方入이면 卽當引路[②]하리이다 梁主召確호되 確累辭不入이어늘 邵陵王綸이 泣謂確曰 圍城旣久에 聖上憂危하시니 臣子之情은 切於湯火라 故欲且盟而遣之하고 更申後計니 成命已決이어늘 何得拒違리오하니 確曰 侯景雖云欲去나 而不解長圍하니 其意可見이니 入城何益이리오 綸大怒하여 欲斬之어늘 確乃流涕入城이라 梁主常蔬食이라가 至是하여는 蔬茹皆絶이라 乃食鷄子러니 綸乃因使上鷄子數百枚[③]하다

① ≪五代志≫에 "衡山郡에 湘潭縣이 있다."라고 하였다. 蕭退는 蕭恢의 아들이다. 馬卬洲는 臺城의 북쪽에 있다. '南岸'은 바로 秦淮河의 南岸을 말한다.
五代志 "衡山郡有湘潭縣." 退, 恢之子也. 馬卬洲在臺城之北. 南岸, 卽謂秦淮南岸.

② 永安은 옛날 古縣의 명칭으로 侯國을 삼은 것이다. 吳나라 때에는 烏程縣과 餘杭縣을 분리하여 永安縣을 설립하고, 晉나라 때에는 고쳐서 武康이라 하였다. 蕭確은 蕭綸의 아들이다.

'引路'는 병력을 이끌고 길을 나서 북쪽으로 돌아가는 것을 말한다.
永安以古縣名爲侯國. 吳分烏程·餘杭, 立永安縣, 晉已改爲武康. 確, 綸之子也. 引路, 言引兵就路還北.

③ 먹을 수 있는 풀과 나물을 통틀어 '蔬'라고 하고, 먹을 수 있는 나물은 '茹'라고 한다. 茹는 人恕의 切이다.
凡艸菜可食者, 通名蔬, 所食之菜曰茹. 茹, 人恕切.

【目】 胡氏(胡寅)가 다음과 같이 말하였다.

"옛날에는 禽獸가 늘 사람을 핍박하였으니, 聖人이 그물로 짐승을 사냥하고 물고기를 잡도록 가르친 것은 백성을 위해 근심을 제거하고 그로 인해 禮를 만든 것이다. 그러나 그 가르침과 경계는 몹시 완비되었으니, 사물을 아끼는 마음을 역시 알 수 있다. 그러므로 그 효과가 鳳凰이 와서 춤을 추고,[18] 鳥獸가 춤을 추며 물고기와 자라가 모두 순종하여[19] 도리어 이루 다 쓸 수 없었다. 그런데 불교에서 살생을 하지 않는 것을 교화한 뒤로 '개와 돼지, 소와 양이 모두 내 전생의 조상이자 식구였다.'라고 하였으니, 이를 믿고 시행한 사람으로 말하자면 梁 武帝보다 심한 자가 없다. 그 마음에 필시 堯임금과 舜임금, 周公과 孔子를 비난하고 비웃으며 자애롭지 않고 슬퍼하지 않았다고 여겼을 것이니, 과연 복과 이익으로 報應이 있다면 梁나라의 국운이 오래 이어지고 신하는 충성스럽고 자식은 효도하며, 반란이 일어나지 않고 기약 없는 장수를 누렸어야 징험이 된다. 그런데 전혀 그렇지 않아 재앙과 난리가 이미 일어나 골육 사이에 서로 죽여 태평 시절의 백성이 열에 여덟아홉은 죽었으니, 그렇다면 지난번에 채소를 먹고 살생을 하지 않은 공이 과연 어디에 있는가. 양 무제의 행동과 일은 거의 하늘이 열어주어 파멸과 실패를 분명히 드러나게 하여 후세를 경계한 것인가. 이를 보고도 오히려 佛學의 그릇됨을 모르고 또 따라서 說을 만들어 스스로 해명한다면 역시 어찌할 수가 없다."

胡氏曰 古之時에 禽獸常逼人矣하니 聖人教之罔罟佃漁는 則爲民除患而因以制禮라 然其爲

18) 鳳凰이 와서 춤을 추고 : 吉祥의 조짐이나 태평성대를 의미한다. 舜임금 때 樂官인 夔가 "笙과 鏞을 번갈아 울리자 새와 짐승들이 너울너울 춤을 추고, 簫韶를 아홉 번 연주하자 봉황이 와서 춤을 추었습니다.〔笙鏞以間 鳥獸蹌蹌 簫韶九成 鳳凰來儀〕"라고 하였는데, 여기에서 온 말이다.(≪書經≫ 〈虞書 益稷〉)

19) 조수가……순종하여 : 성스러운 왕의 德化가 동물에까지 미쳤음을 뜻한다. 伊尹이 太甲을 훈계하면서 "옛날 夏나라의 先王들이 그 덕을 펴는 데 힘썼기에 天災가 없었고, 산천의 귀신들이 편안치 않음이 없었으며, 鳥獸와 魚鼈이 모두 순하였다.〔古有夏先后, 方懋厥德, 罔有天災, 山川鬼神亦莫不寧, 暨鳥獸魚鼈咸若.〕"라고 하였다.(≪書經≫ 〈商書 伊訓〉)

教戒甚備하니 則愛物之心을 亦可見矣라 故其效至於鳳凰儀鳥獸舞魚鱉咸若하여 反不可勝用焉이어늘 自佛以不殺爲教로 謂犬豕牛羊이 皆吾宿世之祖考眷屬也라하니 信而行之는 莫甚於梁武라 其心未必不非笑堯舜周孔하여 以爲不慈不悲也라하리니 果有報應福利者인댄 則梁之國祚靈長하고 臣忠子孝하고 叛亂不作하고 壽考無期라야 斯爲驗矣①어늘 乃一切不然하여 禍亂旣興에 骨肉相圖하여 太平之民이 十喪八九하니 然則向者茹蔬不殺之功이 果何在邪아 梁武行事는 殆天啓之하여 使破敗昭著하여 以警後來歟아 觀此하고 尙不知佛學之非하고 又從而爲之說하여 以自解焉하면 則亦末如之何矣로다

① '靈長'은 신령함이 오래가는 것이다.
靈長, 威靈久長也.

【目】 湘東王 蕭繹이 郢州의 武城에 진을 쳐서 河東王 蕭譽, 桂陽王 蕭慥와 함께 모두 머무르며 전진하지 않았다. 中記室參軍 蕭賁은 강직한 선비였는데, 소역이 일찍 내려가지 않은 일을 속으로 옳지 않다고 여겼다. 일찍이 소역과 雙六 놀이를 하다가 〈소역이〉 말을 잡은 다음에 놓지 않자, 소분이 말하기를 "전하께서는 전혀 말을 놓으실 생각이 없습니다."라고 하니, 소역이 그에게 깊이 원한을 품었다.

梁主의 칙령을 받게 되자 소역이 군대를 돌리려고 하니, 소분이 말하기를 "侯景이 신하로서 군사를 일으켜 궁궐로 향하였다가 지금 만약 군대를 놓아버리면 어린아이라도 그의 목을 벨 수 있으니, 반드시 〈군대를 놓는 일은〉 하지 않을 것입니다. 대왕은 10만의 군사를 가지고 적들을 보기도 전에 물러나시니, 어찌하겠습니까."라고 하니, 소역이 기뻐하지 않았는데 얼마 뒤에 다른 사건을 빌미로 그를 죽였다.

◑ 湘東王繹이 軍於郢州之武城하여 與河東王譽桂陽王慥로 皆淹留不進①이러니 中記室參軍蕭賁은 骨鯁士也라 以繹不早下로 心非之러니 嘗與繹雙六이라가 食子未下어늘 賁曰 殿下都無下意로다 繹深銜之②러니 及得梁主敕하여는 繹欲旋師이늘 賁曰 景以人臣擧兵向闕이라가 今若放兵하면 童子라도 能斬之矣니 必不爲也어늘 大王以十萬之衆으로 未見賊而退하니 奈何오 繹不悅이러니 未幾에 因事殺之하다

① ≪水經註≫에 "武口水는 위로 安陸의 延頭와 통하고 남쪽으로 武城에 이르러 大江으로 유입된다. 吳나라의 옛날 주둔지가 있던 곳으로 荊州의 경계가 여기에서 끝난다."라고 하였다. 蕭慥는 蕭懿의 손자이다.
水經註 "武口水上通安陸之延頭, 南至武城入大江, 吳舊屯所在, 荊州界盡此." 慥, 懿之孫也.

② 雙六은 놀이판을 이용한 놀이의 명칭이다. 종류가 다른 나무로 네모난 놀이판을 만들어 판에 彼此와 內外에 각각 여섯 梁이 있기 때문에 '雙六'이라고 부른다. 打馬(놀이 이름)에 子(말〔馬〕)을 끌어오고 明瓊(주사위)을 살펴 標的을 삼는데, 圖譔(그림 표시 책)이 아니면 비슷한 것을 얻을 수 없다. '雙六'은 가장 近古에 호칭이 雅戲였다. 西竺에서 시작되어 曹魏로 유입되었으며, 梁·陳·魏·齊·隋·唐나라 시기에 성행하였다. 食은 타격하여 취하는 것이고, 子는 말〔馬〕이다. '未下'는 말이 타격을 받아 놀이판 안에 들어가지 못하는 것을 말한다. '雙六'의 놀이판 안에 彼此 각각 12梁이 있고, 白黑 각각 15말〔馬〕이 있는데, 이 말이 혼자 남으면 저 말이 타격할 수 있고, 두 말이 서로 나란히 함이 '梁'이 되는데, '梁'을 이루면 타격을 피하는 방법이다. 어떤 말이 타격을 만나면 나머지 말이 모두 움직일 수 없고, 반드시 타격된 말이 다시 〈놀이판에〉 들어간〔下〕 뒤에야 나머지 말이 움직일 수 있다. 이어서 彼內 6梁 가운데 빈 자리가 생기면 瓊色(주사위 색)을 만난 뒤에야 〈놀이판에〉 들어갈〔下〕 수 있다. 蕭賁은 蕭繹이 내려가지〔下〕 않은 일에 '雙六'을 빌어서 이야기하여 그가 君父를 구원하러 내려가지 않은 것을 풍자한 것이다.

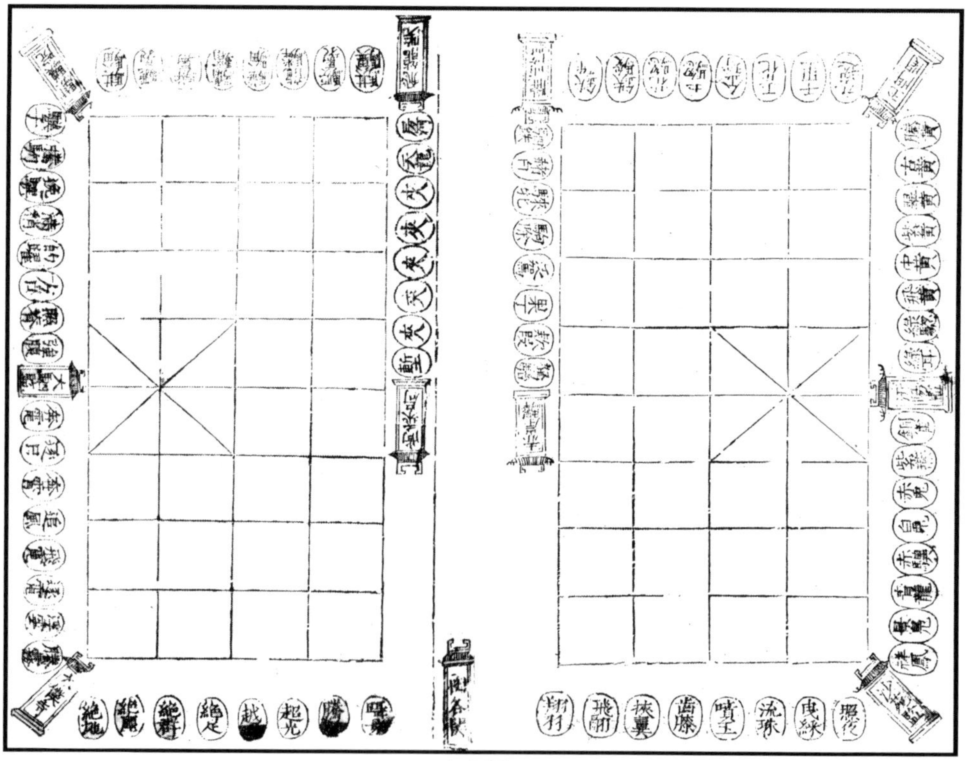

打馬圖

雙六, 博局戲名. 以異木爲方槃, 槃中彼此內外各有六梁, 故名雙六. 其打馬拽子, 視明瓊爲標的, 非圖譔, 則無以得髣髴. 雙六最近古, 號爲雅戲, 始於西竺, 流於曹魏, 盛於梁·陳·魏·

齊·隋·唐間. 食, 打取也, 子, 馬也. 未下, 謂馬被打起而未得入槃也. 雙六槃中, 彼此各十二梁, 白黑各十五馬, 此馬單則彼馬得打, 兩馬相比爲梁, 成梁所以避打也. 有馬遭打, 則餘馬俱不得動, 必俟所打馬復下, 然後餘馬得行. 仍須彼內六梁中有空位, 而瓊色値之, 方可下也. 賁因其未下, 借雙六以諷其不下救君父.

【綱】 東魏의 河內 백성들이 西魏로 귀순하였다.

東魏河內之民歸于魏하다

【目】 東魏의 河內 백성 4천여 家가 西魏의 北徐州刺史인 司馬裔가 그들의 고향 사람이라는 이유로 서로 이끌어 와서 그에게 귀순하였다. 宇文泰가 사마예에게 작위를 책봉하려고 하니, 사마예가 굳게 사양하며 말하기를 "士大夫가 황실의 교화에 먼 곳에서 귀순하였으니, 저 사마예가 어찌 그들을 거느릴 수 있겠습니까. 義士라는 명성을 팔아서 영예를 구하는 것은 제가 원하는 일이 아닙니다."라고 하였다.

東魏河內民四千餘家가 **以魏北徐州刺史司馬裔其鄕里也**라하여 **相帥**(솔)**歸之**[①]하니 **宇文泰欲封裔**이어늘 **裔固辭曰 士大夫遠歸皇化**하니 **裔豈能帥之**리오 **賣義士以求榮**은 **非所願也**라하더라

① 《周書》〈司馬裔列傳〉에 의거하면 司馬裔는 司馬楚之의 후예이다. 司馬氏는 본래 河內의 溫 사람으로, 西魏 孝武帝(元脩)가 서쪽으로 옮겨갈 때, 사마예가 비로소 고향으로 돌아갔다가 溫城에서 義兵을 일으켜 서위로 귀순하였다. 東魏와 교전할 때에 자주 적에게 승리하고 포로를 잡아 河內郡守에 제수되었으며, 곧이어 持節 平東將軍 北徐州刺史의 관직이 더해졌다. 據周書, 裔, 司馬楚之之後. 司馬氏本河內溫人, 魏孝武西遷, 裔始歸鄕里, 於溫城起義, 附西魏. 與東魏交戰, 頻有克獲, 授河內郡守, 尋加持節平東將軍北徐州刺史.

【綱】 3월에 侯景이 梁나라 臺城을 함락하고 스스로 大都督 錄尙書事라고 일컬으니, 邵陵王 蕭綸은 會稽로 달아나고, 柳仲禮 등은 배반하여 후경에게 항복하였다. 후경이 蕭正德을 폐위하여 大司馬로 삼았다.

三月에 **侯景陷梁臺城**하고 **自稱大都督錄尙書事**하니 **邵陵王綸**은 **奔會稽**하고 **柳仲禮等**은 **叛降景**하다 **景廢蕭正德以爲大司馬**[20)]하다

20) 侯景陷梁臺城……景廢蕭正德以爲大司馬 : "'배반하여 항복하였다.[叛降何]'라고 기록한 것은 무엇인가. 힘이 굽혀서가 아니기 때문이다. 이때에 柳仲禮 및 羊鴉仁·王僧辯·趙伯超가 함께 군영을 열어 항복하였는데, 어째서 유중례를 첫째로 죄책하였는가. 大都督이기 때문이다. 대도독부터 또한

【目】侯景이 東府에 있는 쌀을 운반하여 石頭로 들인 뒤에 王偉가 荊州의 군대가 퇴각하여 지원군은 비록 많지만 서로 통일되지 않았다는 소식을 듣고 마침내 후경을 설득하기를 "왕께서는 신하로서 군사를 일으켜 궁궐을 포위하고 지켰으며, 왕비와 황제를 핍박하고 욕보였으며, 종묘를 해치고 더럽혔으니, 지금 이런 일을 벌이고서 어디에서 용납되기를 바라십니까. 맹약을 어기고 승리를 취하는 것은 예전부터 그런 경우가 많으니, 바라건대 상황의 변화를 관찰하십시오."라고 하였다.

侯景既運東府米入石頭하여는 王偉聞荊州軍退하여 援軍不相統壹[①]하고 乃說(세)景曰 王以人臣으로 擧兵圍守宮闕하여 逼辱妃主하고 殘穢宗廟하니 今日持此하여 欲安所容身乎아 背盟而捷은 自古多矣니 願且觀其變하노이다하다

① 荊州의 군대가 퇴각했다는 것은 湘東王 蕭繹이 군대를 돌린 것을 말한다.
荊州軍退, 謂湘東王繹旋師也.

【目】侯景이 드디어 啓文을 올려서 梁主(蕭衍)의 열 가지 과오를 열거하며 말하기를 "폐하께서는 허탄한 일을 숭상하여 꾸몄고, 사실대로 기록한 것을 듣기 싫어하여 요상하고 괴이한 것을 좋아하며 상서롭게 여겼고, 하늘의 견책을 잘못이 없는 것으로 여겼습니다. 六藝를 자세히 설명하고 전대 유학자를 물리쳤으니 王莽의 법이고, 鐵로 화폐를 만들어 가볍고 무거운 것에 일정함이 없었으니 公孫述의 제도입니다. 양고기를 요리하는 자에게 관리의 인장을 새겨주어 조정의 법도가 조잡하니 〈漢나라〉 更始帝(劉玄)와 晉나라 趙王 司馬倫의 일입니다. 豫章王 蕭綜은 아버지를 원수로 여겼고, 邵陵王 蕭綸은 〈아버지가 생존해 있었는데〉 冠과 布(喪服)를 착용하였으니, 石虎의 풍조입니다. 浮圖를 수리하고 건립하는데 四民이 굶주리도록 만들었으니 笮融과 姚興의 일을 번갈아 한 것입니다."라고 하였다.

또 말하기를 "建康의 황궁은 사치를 숭상하고 폐하께서는 오직 主書(문서 담당자)와 함께 온갖 일을 결단하시어 정치는 뇌물로 이루어지고 환관들은 호화롭고 성대하며 승려들은 넉넉하고 풍족합니다. 皇太子는 珠玉을 좋아하고 주색에 빠졌으며, 邵陵王은 있는 곳이 쇠잔하고 파괴되었으며, 湘東王은 부하들이 탐욕하고 방종하고, 南康王 蕭會理와 定襄侯 蕭祗의 무리들은 모두 원숭이가 冠을 쓴 모습과 같을 뿐입니다. 바라건대 폐

항복하였으니, 나머지는 무엇을 꾸짖겠는가. 그러므로 차등을 둔 것이다.〔書叛降何 非力屈也 於是仲禮及羊鴉仁王僧辯趙伯超竝開營降 曷爲首罪仲禮 大都督也 自大都督且降矣 餘何責焉 故等之〕"≪書法≫

하께서는 작은 징계로 큰 훈계를 삼으시고 讒言을 내치고 忠言을 받아들이시어 신이 다시 거사를 일으키는 근심이 없도록 해주시고, 폐하께서는 농성하며 지키는 능욕을 당하지 않도록 하신다면 모든 백성들을 위해 다행일 것입니다."라고 하였다.

梁主가 啓文을 보고 부끄러워하고 진노하여, 3월 초하루에 후경이 맹약을 어겼다고 하여 봉화를 피우고 북을 울렸다.

景遂啓陳梁主十失曰 陛下崇飾虛誕하고 惡(오)聞實錄하여 以妖怪爲嘉禎하고 以天譴爲無咎라 敷演六藝하고 排擯前儒하니 王莽之法也요 以鐵爲貨하여 輕重無常하니 公孫之制也①요 爛羊鐫印하여 朝章鄙雜하니 更始趙倫之化也②요 豫章讐父하고 邵陵冠布하니 石虎之風也③요 修建浮圖에 四民飢餒하니 笮融姚興之代也④라 又言建康宮室崇侈하고 陛下는 唯與主書로 參斷萬機하여 政以賄成하고 諸閹豪盛하며 衆僧殷實이라 皇太子는 珠玉是好하고 酒色是耽하며 邵陵은 所在殘破하며 湘東은 群下貪縱하고 南康定襄之屬은 皆如沐猴而冠耳⑤라 伏願小懲大戒하고 放讒納忠하여 使臣無再擧之憂하고 陛下無嬰城之辱이면 則萬姓幸甚하리이다 梁主覽啓하고 慙怒하여 三月朔에 以景違盟이라하여 擧烽鼓譟하다

① 漢나라 公孫述이 蜀을 점거하여 鐵錢을 사용하였다.
漢公孫述據蜀, 用鐵錢.

② 漢나라 更始帝가 지나치게 관작을 제수하자 長安에서 그 일을 두고 말하기를 "양의 위장을 굽는 사람이 騎都尉가 되고, 양의 머리를 굽는 사람이 關內侯가 되었다."라고 하였다. 晉나라 때 趙王 司馬倫이 지위를 찬탈한 뒤에 貂蟬冠을 쓴 高官들이 자리에 가득하였는데, 당시 사람들이 그 일을 두고 말하기를 "담비가 부족하자 개꼬리로 이었네."라고 하였다.
漢更始濫授官爵, 長安爲之語曰 "爛羊胃, 騎都尉. 爛羊頭, 關內侯." 晉趙王倫簒位, 貂蟬盈坐, 時人爲之語曰 "貂不足, 狗尾續."

③ 豫章王 蕭綜이 아버지를 원수로 여겼고, 邵陵王 蕭綸이 冠과 布를 착용한 일은 모두 普通 6년(525)에 보인다. 石虎[21]의 太子 石邃가 李顔 등에게 말하기를 "官家(皇帝)로 호칭 받기 어려우니, 나는 冒頓(묵특)[22]처럼 행사하려고 하는데, 卿이 나를 따르겠는가?"라고 하였는데, 일이 발각되자 석호가 석수를 죽이고, 다시 아들 石宣을 세워 태자로 삼았다. 그 후에 석선의 아우 石韜가 총애를 받아 석호가 그를 태자로 세우려 하자, 석선이 楊杯와 趙生에게 말하기를 "그대들이 석도를 죽이면 석도의 國邑을 그대들에게 나누어 봉분해줄 것이다. 석

21) 石虎 : 後趙의 제3대 임금인 武帝의 성명이다. 자는 季龍이며 石勒의 從子인데, 용맹이 당대의 으뜸이라는 평을 받았으나, 성품이 매우 잔인하였다. 석륵이 죽자 석륵의 아들 石弘을 폐위하고 자신이 즉위하여 後趙의 왕이 되었다. 후조는 석호가 죽고 몇 년 뒤에 망하였다.(≪晉書≫ 권106 〈石季龍載記 上〉)

22) 冒頓(묵특) : 匈奴 頭曼單于의 아들로 그 아버지를 시해하고 자립했던 인물이다.

도가 죽으면 主上이 반드시 喪에 행차하실 터이니, 내가 그 틈을 타서 거사를 일으키면 성공하지 못할 리가 없을 것이다."라고 하였다. 양배 등이 석도를 죽였는데, 일이 발각되어 석선이 죽임을 당하였다. 지금 梁主의 아들 豫章王 蕭綜은 아버지를 배반하여 北魏에 투항하였고, 邵陵王 蕭綸은 喪主의 喪服을 빼앗아 입고 梁主와 모습이 비슷한 사람을 데려와 곤룡포와 면류관을 착용하게 하고는 자리에 나아가게 하여 옷을 벗기고 뜰에서 채찍을 쳤으니, 모두 아버지가 안중에 없는 사람들이다. 그러므로 侯景이 석호의 아들 석수·석선과 같다고 말하였으니, 모두 아버지를 시해하고자 하였다.

豫章讎父邵陵冠布事, 竝見普通六年. 案石虎太子邃謂李顔等曰"官家難稱, 吾欲行冒頓之事, 卿從我乎." 事覺, 虎殺邃, 更立子宣爲太子. 後宣弟韜有寵, 虎欲立之, 宣謂楊杯·趙生曰"汝能殺韜, 當以韜之國邑, 分封汝等. 韜死, 主上必臨喪, 吾因行大事, 蔑不濟矣." 杯等殺韜, 事覺, 宣伏誅. 今梁主之子豫章王綜叛父降魏, 邵陵王綸奪孝子服而著之, 取貌類梁主者, 加以袞冕, 就坐剝褫, 捶之於庭, 皆無父之人也. 故侯景謂如石虎之子邃·宣, 皆欲弑父也.

④ 笮融은 漢 獻帝 때에 下邳相이 되어 크게 불교 사원을 지어 銅人을 만들고 黃金으로 몸을 칠하고 비단옷을 입혔으며, 〈塔廟에는〉 9겹의 銅槃을 내려 걸고 그 아래에 3천여 명을 수용할 수 있고 樓閣道를 만들었는데, 모두 佛經을 암송하였다. 姚興은 後秦의 군주로 鳩摩羅什을 國師로 삼고 寺塔을 크게 지었는데, 이로 말미암아 州郡이 그에 교화되어 열 집에 아홉 집은 불교를 섬겼다.

笮融, 漢獻時爲下邳相, 大起浮屠祠, 以銅爲人, 黃金塗身, 衣以錦綵, 垂(綱)〔銅〕[23]槃九重, 下爲樓閣道, 可容三千餘人, 悉誦佛經. 姚興, 後秦主也, 鳩摩羅什爲國師, 大營寺塔, 由是州郡化之, 事佛者, 十室而九.

⑤ 南康王 蕭會理는 당시에 廣陵을 鎭守하고 있었고, 定襄侯 蕭祗는 당시에 淮陰을 鎭守하고 있었다. 소지는 南平王 蕭偉의 아들이다.

南康王會理, 時鎭廣陵, 定襄侯祗, 時鎭淮陰. 祗, 南平王偉之子也.

【目】 처음에 성문을 닫던 날에 男女가 10여만 명이었고, 갑옷을 입은 병사가 2만여 명이었는데, 포위를 당한 지 오래되자 대부분 사람들의 몸이 붓고 숨이 가빠서 죽은 자가 열에 여덟아홉이었다. 성에 오른 사람이 4천 명을 못 채웠는데, 대부분 모두 파리하고 숨을 헐떡였으며 가로놓인 시체가 길에 가득하였다. 그러나 사람들은 마음으로 여전히 외부에서 원조해주기를 바랐다. 柳仲禮는 오직 기생을 모아놓고 술자리를 마련하여 풍악을 울렸는데, 장수들이 날마다 가서 싸울 것을 청하였으나 유중례는 허락하지 않았다.

安南侯 蕭駿이 邵陵王 蕭綸에게 유세하기를 "성의 위태로운 상황이 이와 같은데, 都

23) (綱)〔銅〕: 저본에는 '綱'으로 되어 있으나, ≪三國志≫ 〈吳志 劉繇列傳〉에 의거하여 '銅'으로 바로잡았다.

督이 구원하지 않으니 만에 하나라도 예상치 못한 일이 발생하면 전하께서는 무슨 낯으로 세상에 서시겠습니까. 지금 군대를 세 길로 나누어 적이 생각지 못한 곳으로 나아가 공격하면 뜻을 이룰 수 있습니다."라고 하였는데, 소륜이 따르지 않았다.

初閉城之日에 男女十餘萬이요 擐甲者二萬餘人이러니 被圍旣久에 人多身腫氣急하여 死者什八九①라 乘城不滿四千人에 率皆羸喘하고 橫尸滿路호되 而衆心은 猶望外援이러라 柳仲禮唯聚妓置酒作樂하니 諸將日往請戰호되 仲禮不許어늘 安南侯駿說邵陵王綸曰 城危如此어늘 而都督不救하니 若萬一不虞면 殿下何顔自立於世리오 今宜分軍爲三道하여 出賊不意攻之면 可以得志리라하니 綸不從하다

① '氣急'은 숨을 헐떡이고 숨이 가쁜 것이다.
氣急, 上氣喘急也.

【目】柳仲禮의 아버지 柳津이 성에 올라 유중례에게 말하기를 "너의 君父가 어려움에 처했는데 힘을 다하지 않으니 후대에 너를 두고 뭐라고 하겠느냐."라고 하였는데, 유중례는 역시 마음에 두지 않았다. 梁主(蕭衍)가 유진에게 계책을 묻자 〈유진이〉 대답하기를 "폐하께는 邵陵王(蕭綸)이 있고 신에게는 유중례가 있으나, 충성을 하지 않고 효도를 하지 않으니 무슨 수로 적들을 평정할 수 있겠습니까."라고 하였다.

南康王 蕭會理가 羊鴉仁, 趙伯超 등과 함께 東府城의 북쪽으로 나아가 주둔하여 밤에 군대를 건너게 하기로 약속하였는데, 侯景에게 패배하였다. 후경이 또 화친을 청하자, 梁主가 御史中丞 沈浚을 시켜 후경이 있는 곳으로 가도록 하였는데, 〈심준이〉 후경이 물러날 뜻이 없음을 보고는 분노하여 그를 질책하였다. 그러자 후경이 칼을 비껴 차고 〈심준을〉 꾸짖으니, 심준이 말하기를 "은혜를 등지고 의리를 잊고 맹세한 맹약을 어기고 내버렸으니, 진실로 하늘과 땅이 용납하지 않을 것이오. 나 심준은 50의 나이에 항상 죽을 곳을 얻지 못할까 두려워하였는데, 어찌 죽음을 두려워하겠소."라고 하고, 이어서 곧바로 떠나고 돌아보지 않았다.

仲禮父津登城謂仲禮曰 汝君父在難이어늘 不能竭力하니 百世之後에 謂汝爲何오한대 仲禮亦不以爲意러라 梁主問策於津한대 對曰 陛下有邵陵하고 臣有仲禮로되 不忠不孝하니 賊何由平이리오하다 南康王會理與羊鴉仁趙伯超等으로 進營於東府城北하여 約夜度軍이러니 爲景所敗하다 景又求和어늘 梁主使御史中丞沈浚으로 至景所하니 見景無去志하고 發憤責之한대 景橫刀叱之어늘 浚曰 負恩忘義하고 違棄詛盟하니 固天地所不容이리라 沈浚은 五十之年에 常恐不得死所로니

何爲以死相懼邪아하고 因徑去不顧라

【目】이에 侯景이 다시 밤낮으로 쉬지 않고 성을 공격하였는데, 邵陵王의 世子 蕭堅이 太陽門에 주둔하면서 종일토록 도박을 하고 술을 마시며 관리와 병사를 돌보지 않았다. 그의 書佐 董勛과 熊曇朗이 밤에 후경의 군대를 인도하여 성에 올랐는데, 永安侯 蕭確이 힘써 싸웠으나 물리칠 수 없자, 문을 밀치고 안으로 들어가 梁主(蕭衍)에게 아뢰기를 "성이 이미 함락되었습니다."라고 하였다. 梁主가 편안히 누워 움직이지 않은 채 탄식하며 말하기를 "나로 인해 얻고 나로 인해 잃었으니, 역시 다시 무엇을 한스러워하겠는가."라고 하고, 이어서 소확에게 말하기를 "속히 가서 네 아비(蕭綸)에게 二宮(황제와 태자)은 걱정하지 말라고 하거라."라고 하였다.

於是景復攻城晝夜不息호되 邵陵世子堅이 屯太陽門하여 終日蒱飮하고 不恤吏士[①]라 其書佐董勛熊曇朗夜引景衆登城이어늘 永安侯確이 力戰不能却하여 乃排闥入啓梁主云 城已陷이라한대 梁主安臥不動하고 歎曰 自我得之요 自我失之니 亦復何恨이리오하고 因謂確曰 速去語汝父호되 勿以二宮爲念하라하다

① 太陽門은 臺城의 6개 문 가운데 하나이다. '蒱飮'은 도박을 하고 또 술을 마시는 것이다. 太陽門, 臺城六門之一也. 蒱飮, 摴蒱且飮酒也.

【目】侯景이 太極東堂으로 들어가 〈梁主(蕭衍)를〉 알현할 적에 갑옷을 입은 병사 500명으로 자신을 호위하게 하여 전각 아래에서 이마를 조아렸는데, 典儀가 그를 인도하여 三公이 앉는 자리로 나아가게 하였다. 梁主는 정신과 얼굴빛에 동요가 없이 그에게 묻기를 "卿이 軍中에 있은 지 오래되었으니, 수고롭지 않은가."라고 하니, 후경이 감히 올려보지 못하고 땀이 흘러 얼굴을 덮었다. 〈후경이〉 다시 永福省에 이르러 太子를 알현하였는데, 태자 역시 두려워하는 기색이 없었다. 侍衛는 모두 놀라 흩어졌고, 徐摛와 殷不害만이 곁에서 모시고 있었는데, 서리가 후경에게 말하기를 "마땅히 禮를 갖추어 뵈어야 합니다."라고 하였다. 후경이 절하고 물러나 王僧貴에게 말하기를 "나는 항상 말안장에 걸터앉아 적진과 대치하여 화살과 칼이 서로 부딪치는 상황에서도 마음과 기운이 편안하고 느슨하여 전혀 두려움이 없었는데, 지금 蕭公(蕭衍)을 뵙자 사람을 절로 두렵게 만드니, 어찌 하늘의 위엄이 범하기 어려운 것이 아니겠는가. 나는 다시 소공을 뵐 수 없다."라고 하였다.

景入見於太極東堂할새 以甲士五百人으로 自衛하여 稽顙殿下어늘 典儀引就三公榻①한대 梁主神色不變하고 問曰 卿在軍中日久하니 無乃爲勞아 景不敢仰視하고 汗流被面이러니 復至永福省하여 見太子②하니 太子亦無懼容이러라 侍衛皆驚散호되 惟徐摛殷不害侍側이라가 摛謂景曰 當以禮見이니라 景乃拜하고 退謂王僧貴曰 吾常跨鞍對陳하여 矢刃交下호되 而意氣安緩하여 了無怖心이러니 今見蕭公에 使人自慴하니 豈非天威難犯이리오 吾不可以再見之라하더라

① 太極殿은 建康宮 안에 있는 正殿이다. 晉나라 초기에 12칸으로 축조하였으니, 12달을 본뜬 것이다. 梁 武帝(蕭衍) 때에 이르러 13칸으로 다시 만들었으니, 윤달을 본뜬 것이다. 높이는 8丈, 길이는 27丈, 너비는 10丈이며, 내외를 모두 아름다운 돌을 이용해 섬돌을 만들었다. 그 동쪽에 太極東堂 7칸이 있고, 그 서쪽에 太極西堂 7칸이 있다. 典儀는 조정의 의식을 담당하는 자이다. 唐나라에 이르러서도 전의의 직책이 있었으니, 殿上에서 贊唱하는 절차와 殿庭에서 의복과 지위의 차례를 진설하는 일을 관장하였다.
太極殿, 建康宮內正殿. 晉初, 造以十二間, 象十二月. 至梁武帝改製十三間, 象閏焉. 高八丈, 長二十七丈, 廣十丈, 內外竝以錦石爲砌. 次東有太極東堂七間, 次西有太極西堂七間. 典儀, 典朝儀者也. 至唐猶有典儀之職, 掌殿上贊唱之節及設殿庭服位之次.

② 永福省은 대궐 안에 있는데 宋나라 이후로 太子가 거처하였으니, 〈그 명칭은〉 나라가 영원히 복을 누리라는 의미에서 취하였다.
永福省在禁中, 自宋以來, 太子居之, 取其福國於有永也.

【目】이에 兩宮(황궁과 태자궁)의 侍衛를 다 물리치고 군사를 풀어서 수레, 복식, 궁녀를 모두 다 약탈하게 하였으며, 조정의 士人과 王侯를 체포하여 永福省으로 보내고 詔書를 위조하여 크게 사면령을 내리고, 〈侯景이〉 스스로에게 大都督 中外諸軍 錄尙書事의 직함을 덧붙였다. 建康의 士民이 난리를 도망쳐 사방으로 나갔다. 후경이 詔書를 내려서 밖에 있는 지원군을 해산하도록 명하자 柳仲禮가 장수들을 불러서 의논하였는데, 邵陵王 蕭綸이 말하기를 "지금의 명령은 장군에게 맡기겠습니다."라고 하니, 유중례가 오랫동안 쳐다보면서 대답하지 않았다. 裴之高와 王僧辯이 말하기를 "장군께서는 군사 100만 명을 거느리고 있으면서도 궁궐이 함락되고 말았으니, 힘을 다하여 결전을 치러야 하는데 어찌 많은 말을 할 것입니까."라고 하니, 유중례는 결국 한마디 말이 없었고, 여러 군대는 마침내 흩어졌다. 소륜은 會稽로 달아났고, 柳仲禮, 羊鴉仁, 王僧辯, 趙伯超는 모두 진영의 문을 열어 적에게 항복하니, 군사들이 탄식하며 분개하였다.

於是에 悉撤兩宮侍衛하고 縱兵掠乘輿服御宮人皆盡하고 收朝士王侯하여 送永福省①하고 矯詔

大赦하고 自加大都督中外諸軍錄尙書事하다 建康士民이 逃難四出이라 景以詔命解外援軍이어늘 柳仲禮召諸將議之한대 邵陵王綸曰 今日之命은 委之將軍하노라하니 仲禮熟視不對어늘 裴之高王僧辯曰 將軍擁衆百萬하여 致宮闕淪沒하니 正當悉力決戰이니 何所多言이리오한대 仲禮竟無一言하니 諸軍乃散하다 綸은 奔會稽하고 仲禮及羊鴉仁王僧辯趙伯超는 竝開營降賊하니 軍士歎憤하더라

① 兩宮은 上臺와 東宮을 말한다.
兩宮, 謂上臺及東宮.

【目】柳仲禮 등이 성으로 들어가서 우선 侯景에게 절을 한 뒤에 梁主를 알현하였는데, 梁主가 그들과 말을 하지 않자, 〈유중례가〉 柳津을 뵈었는데, 유진이 통곡하여 말하기를 "너는 내 아들이 아니니, 어찌 수고롭게 서로 보겠느냐."라고 하였다. 후경이 유중례를 司州로 돌아가게 하고 王僧辯을 竟陵으로 돌아가도록 하였다.

애초에 臨賀王 蕭正德이 후경과 城을 평정하는 날에 二宮(황제와 태자)을 온전히 보호하지 않기로 약속하였는데, 성문이 열리자 소정덕이 군대를 인솔하여 칼을 휘두르며 들어가려고 하였으나 들어가지 못하였다. 후경이 다시 소정덕을 大司馬로 삼으니, 소정덕이 들어가서 梁主를 알현하는데 절을 하고 또 울자, 梁主가 말하기를 "줄줄 눈물을 흘리니 탄식한들 무슨 소용이 있겠는가."[24]라고 하였다.

仲禮等入城하여 先拜景而後에 見梁主한대 梁主不與言이어늘 見津한대 津慟哭曰 汝非我子니 何勞相見이리오 景遣仲禮歸司州하고 僧辯歸竟陵하다 初에 臨賀王正德與景으로 約平城之日에 不得全二宮이러니 及城開에 正德帥衆하여 揮刃欲入이라가 不得하다 景更以正德으로 爲大司馬하니 正德入見梁主할새 拜且泣이어늘 梁主曰 啜其泣矣니 何嗟及矣①리오

① 啜은 눈물을 많이 흘리며 그치지 않는 것이다.
啜者, 泣多而不止也.

【綱】梁나라의 東徐州와 北靑州 및 淮陽郡이 모두 배반하여 東魏에 항복하니, 동위가 드디어 양나라의 靑州와 山陽郡을 취하였다.

梁東徐北靑州及淮陽郡이 皆叛降于東魏하니 東魏遂取梁靑州及山陽郡①[25]하다

24) 줄줄……있겠는가 : ≪詩經≫ 〈王風 中谷有蓷〉의 가사이다.

25) 梁東徐北靑州……梁靑州及山陽郡 : "자기의 소유를 소유하는 자는 창성하고 남의 소유를 탐내는 자는 망하는데 梁主는 반역한 신하를 불러들였으니 뜻이 그의 土地를 이롭게 여기는 데에 있었다.

① ≪五代志≫에 "下邳郡은 梁나라 때에 東徐州를 두었고, 東海郡 懷仁縣은 梁나라 때에 南靑州와 北靑州를 두었으며, 江都郡 山陽縣은 옛날에 山陽郡을 두었다."라고 하였다.
五代志"下邳郡, 梁置東徐州. 東海郡懷仁縣, 梁置南北二靑州. 江都郡山陽縣, 舊置山陽郡."

【綱】 梁나라 湘東王 蕭繹이 江陵으로 돌아가 桂陽王 蕭慥를 죽였다.

◑ 梁湘東王繹歸江陵하여 殺桂陽王慥[26]하다

【目】 애초에 梁主가 河東王 蕭譽로 張纘을 대신하여 湘州刺史로 삼고, 장찬을 옮겨서 岳陽王 蕭詧을 대신하여 雍州刺史로 삼았다. 장찬은 재주를 믿고서 소예를 경시하여 그를 영접하여 기다릴 때에 禮節에 잘못이 있었다. 소예가 도착하여 장찬을 억류시키고 보내지 않았는데, 장찬이 작은 배로 밤에 달아나 雍部에 도착할 즈음에 소찰이 다시 자신을 거부할까 염려하였다. 장찬은 湘東王 蕭繹과 예전부터 교분이 있었기에 그를 이용하여 소예 형제를 죽이려고 하여 마침내 江陵으로 갔다.

臺城이 함락되자 여러 왕들이 각각 州의 鎭戍하는 곳으로 돌아갔는데, 소예는 湘州로 돌아갔고, 信州刺史 桂陽王 蕭慥는 강릉에 군대를 주둔시켜 소역이 도착하기를 기다려 배알하고 돌아가려고 하였다. 장찬이 소역에게 편지를 보내어 말하기를 "하동왕이 江陵을 기습하려고 하는데, 악양왕이 함께 공모하여 불만을 품고 있습니다."라고 하였다. 江陵軍主 朱榮도 使者를 파견하여 소역에게 보고하기를 "계양왕이 여기에 머무르면서 소예와 소찰에게 호응하려고 합니다."라고 하니, 소역이 두려워서 蠻中의 사잇길로 말을

그러나 한 자 한 치의 땅도 얻은 것이 없이 국가가 망하고 영토가 도리어 역적의 소유가 되었다. ≪資治通鑑綱目≫에서는 梁나라 州郡들이 배반하여 東魏에 항복하고 동위가 양나라의 州郡을 취하였다고 기록하여 말이 번잡하면서 줄이지 않았으니, 뒤에 남의 토지를 탐내는 자들이 살펴볼 수 있을 것이다.〔有其有者昌 貪人有者亡 梁主招納叛臣 意在利其土地 然曾無尺寸之得 而家國喪亡 境土反爲敵有 綱目書梁州郡叛降東魏 及東魏取梁州郡 詞繁而不殺 後之貪人土地者 可以觀矣〕" ≪發明≫

26) 梁湘東王繹歸江陵 殺桂陽王慥 : "이때 臺城이 이미 파괴되었고 梁主는 역적의 손에 빠졌다. 이는 바로 臣子들이 마음에 애통해하고 머리를 아파하며 〈원수와〉 함께 살지 않겠다고 맹세할 날이다. 蕭繹은 이에 앞서 지원에 나서는 데에 늦어서 죄가 이미 이루 다 주벌할 수 없을 지경인데 지금 이미 후회막급의 지경이 되었을 때 그래도 힘을 다해 목숨을 바쳐 이전의 치욕을 조금이라도 씻기를 기대해야 하였다. 그러나 조용히 자기의 鎭守 지역으로 돌아가 조금도 君父를 애달파하는 마음이 없었으니 이것이 무슨 도리인가. ≪資治通鑑綱目≫은 위에서 '侯景이 臺城을 함락했다.〔景陷臺城〕'라고 기록하고, 여기서는 '蕭繹이 江陵으로 돌아갔다.〔繹歸江陵〕'라고 기록하였으니 그 악행은 貶下를 기다릴 것도 없이 절로 드러나는 것이다.〔是時臺城旣破 梁主淪沒賊手 此正臣子痛心疾首 誓不俱生之日 蕭繹前此緩於赴援 罪已不可勝誅 今旣噬臍無及 猶當竭力致死 庶幾少雪前恥 而乃從容還鎭 略無惻怛君父之心 此何理哉 綱目上書景陷臺城 此書繹歸江陵 其惡不待貶絶而自見矣〕" ≪發明≫

달려 강릉으로 돌아와 소조를 감금하여 죽이고, 목책을 세우고 참호를 파서 스스로 수비하였다.

初에 梁主以河東王譽로 代張纘爲湘州刺史하고 徙纘하여 代岳陽王詧爲雍州刺史[①]러니 纘恃才輕譽하여 迎候有闕일새 譽至하여 留纘不遣한대 纘輕舟夜遁하여 將之雍部할새 復慮詧拒之라 纘與湘東王繹有舊라 欲因之以殺譽兄弟하여 乃如江陵이러니 及臺城陷에 諸王各還州鎭할새 譽歸湘州하고 信州刺史桂陽王慥는 留軍江陵하여 欲待繹至에 拜謁乃還이러니 纘遺繹書曰 河東欲襲江陵이어늘 岳陽共謀不逞[②]이라하고 江陵軍主朱榮도 亦遣使告繹云 桂陽留此하여 欲應譽詧이라한대 繹懼하여 自蠻中步道로 馳歸江陵하여 囚慥殺之하고 樹柵掘塹以自守하다

① 張纘은 張綰의 형이다.
纘, 綰之兄也.

② 逞은 즐겁다는 뜻이니, '不逞'은 마음에 즐겁게 제멋대로 하지 못하는 것을 말한다.
逞, 快也. 不逞, 謂不得恣肆快意者也.

【綱】 侯景이 梁나라 廣陵을 함락하였다.

侯景陷梁廣陵하다

【目】 侯景이 董紹先을 江北行臺로 삼아서 〈梁 武帝의〉 勅令을 가지고 南康王 蕭會理를 불러오게 하였는데, 동소선이 잔약한 군사 200명을 데리고 廣陵에 도착해보니, 소회리의 군대와 말이 아주 성대하였다. 僚佐가 소회리를 설득하기를 "후경이 이미 京邑을 함락하여 諸藩을 제거한 연후에 황제 자리를 찬탈하려고 하니, 만약 사방에서 거절하면 〈후경이〉 즉시 패배하여 흩어질 것인데, 어찌 南兗州 땅 전체를 맡겨서 도적을 돕는단 말입니까. 동소선을 죽이고 군사를 출동시켜 굳게 지키고 西魏와 연합하면서 변화하는 상황을 기다리는 것만 못합니다."라고 하였는데, 소회리는 평소에 겁이 많아 곧장 城을 동소선에게 주었다.

侯景以董紹先으로 爲江北行臺하여 使齎敕召南康王會理어늘 紹先以羸兵二百으로 至廣陵하니 會理士馬甚盛이라 僚佐說(세)會理曰 景已陷京邑하여 欲除諸藩然後簒位하니 若四方拒絶이면 立當潰敗하리니 奈何委全州之地하여 以資寇乎아 不如殺紹先하고 發兵拒守하여 與魏連和하여 以待其變이니이다하다 會理素懦라 卽以城授之하다

【綱】東魏가 梁나라의 淮陰을 취하였다.

東魏取梁淮陰하다

【綱】梁나라의 吳郡太守 袁君正이 郡을 가지고 배반하여 侯景에게 歸附하였다.

◑梁吳郡太守袁君正이 以郡叛附侯景[27)]하다

【目】侯景이 于子悅 등을 파견하여 잔약한한 군사 수백 명을 거느리고서 동쪽으로 吳郡을 경략하도록 하였다. 新城의 戍主인 戴僧逷(대승적)은 정예병 5천 명을 거느리고 있었는데, 太守 袁君正을 설득하기를 "역적들은 지금 군량이 모자라 臺城 안에서 얻은 것으로는 열흘을 버티지 못하리니, 만약 우리가 성문을 닫고 막아 지키면 즉시 굶겨 죽일 수 있습니다."라고 하였다. 원군정은 평소 겁이 많아 교외에서 우자열을 영접하였는데, 우자열이 원군정을 잡고 재물과 子女를 약탈하자 동쪽 사람들은 모두 보루를 세워 그를 막았다.

侯景遣于子悅等하여 將羸兵數百하여 東略吳郡이어늘 新城戍主戴僧逷이 有精甲五千[①]이러니 說(세)太守袁君正曰 賊今乏食하여 臺中所得이 不支一旬이리니 若閉關拒守면 立可餓死[②]리라 君正素怯이라 郊迎之한대 子悅執君正하여 掠奪財物子女하니 東人皆立堡拒之하다

① 沈約이 말하기를 "浙江 서남쪽은 이름이 '相溪'인데, 吳나라 때에 新城縣을 설립하여 吳郡에 소속시켰다."라고 하였다. 逷은 他歷의 切이다.
沈約曰 "浙江西南, 名曰相溪, 吳立爲新城縣, 屬吳郡." 逷, 他歷切.

② 袁君正은 袁昂의 아들이다.
君正, 昂之子也.

27) 梁吳郡太守袁君正 以郡叛附侯景 : "이에 앞서 侯景이 〈梁 武帝의〉 勅令을 가지고 南康王 蕭會理를 불러오게 하였으나, 소회리는 성격이 겁쟁이여서 곧장 廣陵을 董紹先에게 주었는데, ≪資治通鑑綱目≫에서는 '함락했다〔陷〕'라고 기록했을 뿐이다. 이에 후경이 군사 수백 명을 보내 吳郡을 경략하였는데 袁君正은 평소 겁쟁이여서 마침내 교외에서 于子悅을 영접하였거늘 다만 '배반하였다〔叛〕'라고 기록한 것은 무엇인가. 소회리는 칙령을 듣고서 갔고 원군정은 교외에 나가서 역적을 영접하였으니 ≪자치통감강목≫에서 일의 경중을 판단한 것이 세심하다. 그러므로 소회리를 기록하지 않았으나 원군정을 指斥하여 쓴 것이다.〔先是景使齎敕召南康王會理 會理性懦 卽以廣陵授之 綱目書陷而已 於是景遣兵數百略吳郡 君正素怯 遂郊迎之 則獨書叛 何 會理聞敕而行 君正出郊迎賊 綱目之權衡審矣 故不書會理而斥君正〕" ≪書法≫

【綱】 梁나라의 宣城과 吳興에서 군대를 일으켜 侯景에게 대적하였다.

梁宣城吳興이 **起兵拒侯景**하다

【目】 侯景이 來亮을 보내어 宛陵에 들여보냈으나, 宣城太守 楊白華가 그를 유인하여 목을 베었다. 후경이 李賢明을 보내어 공격하였으나 이기지 못하였다. 御史中丞 沈浚이 난리를 피하여 동쪽으로 돌아가서 吳興太守 張嵊과 군사를 일으켜 후경을 토벌하니, 후경의 號令이 시행된 곳은 吳郡의 서부와 南陵의 북부뿐이었다.

侯景遣來亮하여 **入宛陵**이어늘 **宣城太守楊白華**가 **誘而斬之**①한대 **景遣李賢明**하여 **攻之不克**하다 **御史中丞沈浚**이 **避難東歸**러니 **與吳興太守張嵊**으로 **起兵討景**②하니 **景號令所行**이 **唯吳郡以西南陵以北而已**③러라

① 宛陵縣은 漢나라 때에 丹楊郡에 속하였고, 晉나라 때에 분리하여 宣城郡의 治所로 삼았다.
宛陵縣, 漢屬丹楊郡, 晉分爲宣城郡治所.

② 張嵊은 張稷의 아들이다. 嵊은 石證의 切이다.
嵊, 稷之子也. 嵊, 石證切.

③ ≪資治通鑑綱目集覽≫에 "南陵은 漢나라 때 丹楊郡의 邑인데, 지금은 寧國府에 속하며 宣城의 서쪽에 있다."라고 하였다.
集覽 "南陵, 漢丹楊郡邑, 今屬寧國府, 在宣城西."

【綱】 東魏가 西魏의 潁川을 침공하였는데, 서위 사람들이 공격하여 〈동위의〉 장수인 慕容紹宗과 劉豐生을 죽였다.

東魏攻魏潁川이어늘 **魏人擊之**하여 **殺其將慕容紹宗劉豐生**하다

【目】 東魏의 高岳 등이 西魏의 潁川을 공격하여 1년이 지나도 이기지 못하였다. 劉豐生이 책략을 세워 洧水에 제방을 쌓아서 물을 대자 성이 대부분 무너졌는데, 王思政이 몸소 화살과 돌을 맞으면서 士卒과 노고를 함께하였으며, 성안에는 샘물이 솟아나서 솥을 걸고 불을 땠다. 宇文泰가 趙貴를 보내어 동남쪽 여러 州의 군사를 지휘하여 그를 구원하도록 하였는데, 물에 가로막혀 앞으로 나아갈 수 없었다. 東魏에서는 활을 잘 쏘는 사람들을 시켜 큰 전함을 타고서 城에 다다라 활을 쏘게 하니, 성이 거의 함락되었다. 慕容紹宗이 유풍생과 제방으로 다가가서 살피다가 갑자기 폭풍이 불어 전함을 성 쪽으

로 밀어 보내자, 성에 있던 사람들이 긴 갈고리로 배를 끌어당겨 활과 쇠뇌를 난사하니, 모용소종과 유풍생 두 사람이 모두 죽었다.

東魏高岳等이 攻魏潁川하여 踰年不克이러니 劉豐生建策하여 堰洧水以灌之하니 城多崩頽[①]어늘 王思政身當矢石하여 與士卒로 同勞苦하고 城中泉涌이라 懸釜而炊러라 宇文泰遣趙貴하여 督東南諸州兵하여 救之호되 阻水不得前이라 東魏人使善射者로 乘大艦하여 臨城射之하니 城垂陷이어늘 慕容紹宗與豐生으로 臨堰視之[②]러니 暴風忽至하여 飄船向城한대 城上人以長鉤牽船하여 弓弩亂發하니 二人俱死하다

① ≪水經≫에 "洧水는 河南 密縣의 서남쪽에 있는 馬領山에서 발원하여 동남쪽으로 長社縣 북쪽을 지난다."라고 하였다.
水經 "洧水出河南密縣西南馬領山, 東南過長社縣北."

② ≪資治通鑑≫에 이 아래에 "동북쪽에서 먼지가 일어나는 것을 보고 함께 함선으로 들어가 앉아서 피하였다."라는 내용이 있다.
通鑑, 此下云 "見東北塵起, 同入艦坐避之."

【綱】 여름에 東魏의 大將軍 高澄이 鄴城으로 갔다.

夏에 東魏大將軍澄如鄴하다

【目】 東魏에서 高澄의 지위를 相國으로 높여서 齊王에 책봉하였으며, 특별한 禮를 더해주었는데, 고징이 굳게 사양하며 허락하지 않았다. 고징이 장수와 보좌진을 불러 몰래 이 문제를 의논하였는데, 모두 고징에게 조정의 명을 받으라고 권하였으나 陳元康만은 옳지 않다고 하자, 고징이 이로 말미암아 그를 싫어하였다.

東魏進澄位相國하여 封齊王하고 加殊禮어늘 澄固辭하여 不許어늘 澄召將佐密議之한대 皆勸澄受之호되 獨陳元康以爲未可라하니 澄由是嫌之하다

【綱】 梁나라 岳陽王 蕭詧이 雍州刺史 張纘을 사로잡았다.

梁岳陽王詧이 執雍州刺史張纘하다

【目】 湘東王 蕭繹이 들어가 지원할 적에 감독하던 여러 州에서 모두 군사를 출동하도록

하였는데, 雍州刺史 岳陽王 蕭詧이 司馬 劉方貴를 보내어 군사를 거느리고 漢口로 나가도록 하자, 소역이 소찰을 불러서 직접 가도록 하였으나 소찰이 따르지 않았다. 유방귀가 몰래 소역과 襄陽을 기습하기로 모의했다가 출동하기 전에 마침 소찰이 다른 일로 유방귀를 부르자, 유방귀는 모의가 누설되었다고 여겨서 마침내 樊城을 점거하였다. 소찰이 군대를 보내어 공격하였는데, 소역이 물자를 후하게 주면서 張纘을 파견하여 진수하는 곳에 가도록 하니, 장찬이 大堤에 도착하게 되어서는 소찰이 이미 번성을 함락하고 유방귀의 머리를 베었다. 소찰은 臺城이 함락되었다는 소식을 듣고서 마침내 장찬을 사로잡았다.

湘東王繹之入援也에 令所督諸州로 皆發兵이러니 雍州刺史岳陽王詧이 遣司馬劉方貴하여 將兵出漢口어늘 繹召詧使自行호되 詧不從이러니 方貴潛與繹으로 謀襲襄陽이라가 未發에 會詧以它事召方貴한대 方貴以爲謀泄이라하여 遂據樊城이어늘 詧遣軍攻之한대 繹厚資遣張纘使赴鎭하니 纘至大堤①하여는 詧已拔樊城하고 斬方貴러니 聞臺城陷하고 遂執纘하다

① 沈約의 ≪宋書≫ 〈州郡志〉에 "華山郡의 治所는 大隄이다."라고 하였다.
沈約志 "華山郡, 治大隄."

【綱】 5월에 梁主 蕭衍이 殂하자 太子 蕭綱이 즉위하였다.

五月에 梁主衍殂하니 太子綱立[28)]하다

---

28) 梁主衍殂 太子綱立 : "賀善의 贊에 말하였다. '梁 武帝가 나라를 얻은 초기에 ≪資治通鑑綱目≫에서는 贖刑法 조항을 세운 것과 吉翂의 죽음을 구원한 것을 기록하였으니 천성이 厚德한 데 가까웠기 때문이다. 양 무제의 훌륭한 정치는 역시 많이 있는데, 人士를 초빙하여 좋은 말을 구하였고 經書를 존중하며 학문을 일으켰고 禮樂制度를 기록한 것이 서로 책에 이어질 정도로 많았다. 그러므로 漢나라 永平(明帝 연호) 이래로부터 풍년을 기록한 것이 없었는데 여기에서 다시 기록하였다. 다만 인자하고 온화한 데에 지나쳐서 國家의 法을 폐기하였고 異教(불교)에 빠져서 宗廟의 禮를 각박하게 하였고 일개 城을 취하는 데 뜻을 두어서 수십만 명의 생명을 경시하였다. 그러므로 「죄가 있어 면직되었다.〔有罪免〕」라고 두 번 기록하였고, 「捨身하였다.〔捨身〕」라고 세 번 기록하였고, 「塔을 만들었다.〔作塔〕」라고 두 번 기록하였고, 「淮水에 堰〔둑〕을 쌓았다.〔淮堰〕」라고 네 번 기록하였고, 「泗水에 堰을 쌓았다.〔泗堰〕」라고 한 번 기록하였으니, ≪資治通鑑綱目≫에서는 매번 이것들을 매우 병통으로 여긴 것이다. 말년에 이르러 반역자를 경솔하게 받아들여 마침내 죽음을 잘 맺지 못했으니 슬프다.'〔賀善贊曰 武帝得國之初 綱目首書立贖刑條 救吉翂死 蓋天資近厚故也 其善政亦多有之 徵士求言 尊經興學 禮樂制度 相望于冊 是以自漢永平以來 大有年未有書者 於是復書 獨其過於慈柔 而廢國家之法 溺於異教 而薄宗廟之禮 志取一城 而輕數十萬人之命 故再書有罪免 三書捨身 再書作塔 四書淮堰 一書泗堰 綱目每深病之 迨夫末年 輕納叛人 遂不克終 悲哉〕" ≪書法≫

【目】 梁主(蕭衍)가 비록 겉으로는 侯景에게 통제를 받았으나, 속으로는 몹시 불평을 하였다. 후경이 宋子仙을 司空으로 삼고자 하였는데, 梁主가 말하기를 "陰陽을 조화시키는데 어찌 이런 인물을 쓰겠는가."라고 하니, 후경이 강요할 수가 없었으나 마음으로 몹시 꺼려하였다. 太子가 울면서 간언하자 梁主가 말하기를 "만약 社稷에 神靈이 있다면 오히려 회복해야 할 것이고, 만약 그렇지 않다면 무슨 일로 눈물을 흘리겠느냐."라고 하였다. 이후로 梁主가 바라는 일은 대부분 뜻대로 되지 않았고, 마실 것과 먹을 것을 역시 줄이자 근심하고 화를 내다가 병이 들었으며, 입이 써서 꿀을 달라고 하다가 얻지 못하여 거듭 "하하!" 하고 원망하다가 마침내 殂하니, 나이가 여든 여섯이었다.

梁主雖外爲侯景所制나 而內甚不平이러니 景欲以宋子仙爲司空한대 梁主曰 調和陰陽에 安用此物①이리오 景不能彊이나 心甚憚之라 太子泣諫이어늘 梁主曰 若社稷有靈인댄 猶當克復이요 如其不然인들 何事流涕리오 是後에 梁主所求가 多不遂志하고 飮膳을 亦爲所裁節하니 憂憤成疾하며 口苦索蜜이라가 不得하여 再曰荷荷라하고 遂殂하니 年八十六②이라

① 三公은 음과 양의 두 기운을 조화시켜 다스리니, 宋子仙이 적임자가 아님을 말한 것이다.
三公燮理陰陽, 言宋子仙非其人也.

② 荷(원망하는 소리)는 下可의 切이다.
荷, 下可切.

【目】 侯景이 비밀에 붙여 發喪하지 않으니, 太子는 목이 메여 눈물을 흘렸으나 감히 소리를 내지 못했다. 얼마 후에 初喪을 공표하고 마침내 즉위하여 宣城王 蕭大器를 太子로 삼았다.

高祖(梁 武帝) 말년에 建康의 士民이 다투어 호사스러운 것을 숭상하여 저장된 양식은 반년을 버틸 수가 없어 항상 사방에서 공급하는 것에 의지하였다. 그런데 후경이 난을 일으킨 뒤로 도로가 단절되어 사람들이 서로 잡아먹기에 이르렀으나, 굶어 죽는 것을 면하지 못하여 생존한 사람은 백에 한둘도 없었다. 귀족과 호족은 모두 스스로 나와서 돌벼를 채취하니, 도랑과 골짜기를 메운 시체를 이루 다 셀 수가 없었다.

梁 武帝

景秘不發喪하니 太子嗚咽流涕하여 不敢泄聲이러니 旣而發喪하고 遂卽位하여 立宣城王大器하여 爲太子하다 高祖之末에 建康士民이 爭尙豪華라 糧無半年之儲하여 常資四方委輸①러니 自景亂으로 道路斷絶하여 人至相食호되 不免餓死하여 存者百無一二라 貴戚豪族이 皆自出採稆하니 塡委溝壑을 不可勝紀②러라

① 輸(나르다)는 去聲이다.
輸, 去聲.

② 稆(돌벼)는 음이 呂로, 禾를 파종하지 않고도 자라나는 것을 稆라고 한다.
稆, 音呂, 禾不因播種而生曰稆.

【綱】 西魏에서 代郡 사람들에게 조서를 내려 옛날 姓을 회복하게 하였다.

魏詔代人하여 復其舊姓하다

【綱】 6월에 梁나라 湘東王 蕭繹이 太常卿 劉之遴을 죽였다.

◑ 六月에 梁湘東王繹殺太常卿劉之遴하다

【目】 애초에 侯景이 劉之遴을 시켜 臨賀王 蕭正德에게 玉璽와 印綬를 주도록 하였다. 유지린이 머리카락을 자르고 승복 차림으로 도망을 쳐서 江陵으로 돌아갈 적에 夏口에 이르자, 蕭繹이 평소 그의 재주를 질투하였기에 몰래 독약을 보내어 그를 죽이고 스스로 墓誌銘을 짓고 賻儀를 후하게 하였다.

初에 侯景將使之遴으로 授臨賀王正德璽綬①러니 之遴剃髮僧服而逃하여 將歸江陵할새 行至夏口하여는 繹素嫉其才라 密送藥殺之하고 而自爲誌銘厚其賻贈하다

① 遴은 良刃의 切이다.
遴, 良刃切.

【綱】 東魏의 大將軍 高澄이 潁川을 함락하고 그것으로 王思政이 〈동위로〉 歸附하니, 西魏의 군사들이 돌아갔다.

東魏大將軍澄이 克潁川하고 以王思政歸하니 魏師還[29)]하다

29) 東魏大將軍澄……魏師還 : "'그것으로 歸附하였다.〔以歸〕'라고 기록한 것은 무엇인가. 나무란 것이

【目】東魏의 高岳이 이미 慕容紹宗 등을 잃고 나서는 뜻과 기운이 꺾여 감히 다시 長社를 압박하지 못하였다. 陳元康이 高澄에게 말하기를 "왕께서는 스스로 정사를 보필한 이후로 아직까지 특별한 공적을 세우지 못했습니다. 지금 潁川이 거의 함락될 상황이니, 바라건대 왕께서는 자신의 공적으로 삼으십시오."라고 하니, 고징이 그의 말을 따라 스스로 군대를 거느리고 長社를 공격하였다. 친히 나아가서 제방을 만들었는데, 제방이 세 번 터지자 고징이 화가 나서 흙을 지고 나르는 사람과 흙 포대를 밀어버려서 함께 강을 메웠다. 성안에서는 소금이 없어서 痙攣과 浮腫에 걸려서 죽은 사람이 열에 여덟아홉이었다. 물이 성안으로 유입되어 성이 무너지자 고징이 성안에 명령하여 말하기를 "王大將軍(王思政)을 살려서 데려오는 사람이 있으면 侯로 책봉할 것이고, 만약 대장군의 몸을 손상시키면 좌우에 있는 사람을 모두 벨 것이다."라고 하였다.

東魏高岳이 既失慕容紹宗等하여는 志氣沮喪하여 不敢復逼長社[①]러니 陳元康言於高澄曰 王自輔政以來로 未有殊功이라 今潁川垂陷하니 願王自以爲功하라 澄從之하여 自將攻長社할새 親臨作堰하니 堰三決이라 澄怒하여 推負土者及囊하여 并塞之[②]하다 城中無鹽하여 攣腫死者什八九[③]러라 水入城壞어늘 澄令城中曰 有能生致王大將軍者면 封侯하고 若有損傷인댄 左右皆斬[④]하리라하다

① 杜佑가 말하기를 "許州 長葛縣이 옛날의 長社城이니, 王思政이 지키던 곳이다."라고 하였다.
杜佑曰 "許州長葛縣故長社城, 王思政所守也."
② 推(밀버리다)는 吐雷의 切이다.
推, 吐雷切.
③ 攣(경련이 나다)은 呂緣의 切이니, 경련이 나서 근육이 굳는다는 뜻이다.
攣, 呂緣切, 拘攣也.
④ 太淸 원년(547)에 西魏에서 王思政에게 大將軍을 제수하였기 때문에 이렇게 부른 것이다.
太淸元年, 西魏授王思政大將軍, 故以稱之.

【目】王思政이 무리를 인솔하여 土山을 점거하고서 그들에게 고하기를 "나의 힘은 꺾이고 계책은 다했으니, 오직 마땅히 죽음으로 나라에 사죄해야 한다."라고 하고, 그로 인해 하늘을 우러러서 크게 곡하고 서쪽을 향해 두 번 절하고는 스스로 목을 베려고 하자, 무리들이 함께 그를 잡아 자결을 하지 못했다. 高澄이 趙彦深을 보내어 손을 잡고서 뜻을 말하고 맞이하여 예우하였다.

다. '잡혀서 귀부하였다.〔執以歸〕'는 힘주어 한 말이고, '그것으로 귀부하였다.〔以歸〕'는 느슨히 한 말이다. 王思政은 여기에서 절개 있는 인사가 못 되었으니 애석하다.〔書以歸 何 譏也 執以歸 力辭也 以歸 緩辭也 思政於是不得爲節士矣 惜哉〕" ≪書法≫

왕사정이 애초에 潁川에 들어갔을 때 병사 8천 명을 거느렸는데, 성이 함락되기에 이르러서는 겨우 3천 명이었지만 끝내 배반하는 사람이 없었다. 고징이 영천을 鄭州로 명칭을 바꾸고 왕사정을 몹시 중하게 예우하자, 祭酒 盧潛이 말하기를 "왕사정이 죽음으로 절개를 지키지 못하였는데, 어찌 중히 여길 만합니까."라고 하니, 고징이 말하기를 "내가 노잠을 곁에 두고 있기에 마침내 다시 한 명의 왕사정을 얻을 수 있었소."라고 하였다. 노잠은 盧度世의 증손이다.

王思政帥衆據土山①하여 告之曰 吾力屈計窮하니 唯當以死謝國이라하고 因仰天大哭西向再拜하고 欲自刎이어늘 衆共執之하여 不得引決이러니 澄遣趙彦深하여 執手申意하고 延而禮之하다 思政이 初入潁川에 將士八千人이러니 及城陷에 纔三千人이로되 卒無叛者러라 澄改潁川爲鄭州하고 遇思政甚重②이어늘 祭酒盧潛曰 思政不能死節하니 亦何足重이리오 澄曰 我有盧潛하여 乃是更得一王思政이라하다 潛은 度世之曾孫也러라

① 東魏가 토산을 쌓아 潁川을 공격하자, 王思政이 토산을 빼앗아 점거하였다.
東魏築土山, 以攻潁川, 思政奪而據之.
② 살펴보건대 魏收의 ≪魏書≫ 〈地形志〉에 "潁川은 본래 長社에 治所를 두었는데, 鄭州로 명칭을 고치고 나서 치소를 潁陰城으로 옮기고 許昌郡, 潁川郡, 陽翟郡을 관할하게 하였다."라고 하였다.
按魏收志 "潁州本治長社, 旣改鄭州, 徙治潁陰城, 領許昌·潁川·陽翟郡."

【目】 애초에 王思政이 襄城에 주둔할 적에 長社를 行臺의 治所로 삼고자 하여 宇文泰에게 啓文을 올렸는데, 淅州刺史 崔猷가 말하기를 "襄城은 京城(長安)과 洛陽을 통제하는 곳이라 실로 요충지이니, 만일 어떤 움직임이 있으면 서로 응대하여 연결하기가 쉽습니다. 潁川은 이미 적들의 경계 지역과 인접하고 또 견고한 산천이 없으니, 적들이 만약 전진해 오면 샛길로 성 아래에 도달할 것입니다. 양성에 군사를 주둔시켜 行臺로 삼고, 潁川에 州를 설치하여 장수를 보내어 鎭守하도록 하는 것만 못합니다. 그렇게 하면 안팎이 견고하게 연결되어 인심이 평안하기 쉬우니, 비록 예상치 못한 일이 생기더라도 어찌 근심할 일이 있겠습니까."라고 하였다. 우문태가 최유의 계책을 따르도록 명을 내렸는데, 왕사정이 굳게 청하니 우문태가 마침내 허락하였다. 그런데 이때에 長社가 함락되자 우문태가 몹시 후회하고서 侯景이 바친 여러 성의 도로가 막히고 끊어졌다고 하여 여러 장수들에게 군대를 빼내어 돌아오도록 명을 내렸다.

初思政屯襄城에 欲以長社爲行臺治所하여 啓陳於宇文泰한대 淅州刺史崔猷①曰 襄城은 控帶

京洛이라 寔爲要地니 如有動靜인댄 易相應接이요 潁川旣隣寇境하고 又無山川之固하니 賊若前來면 徑至城下리니 莫若頓兵襄城하여 以爲行臺하고 潁川에 置州하여 遣將鎭守니 則表裏膠固하여 人心易安이니 縱有不虞나 豈能爲患이리오하니 泰令從猷策이어늘 思政固請한대 泰乃許之러니 至是하여는 泰深悔之하여 以侯景所獻諸城이 道路阻絶이라하여 令諸將拔軍還하다

① 《五代志》에 "淅陽郡은 西魏 때에 淅州를 설치하였다."라고 하였다. 崔猷는 崔挺의 손자이다.
五代志 "淅陽郡, 西魏置淅州." 猷, 挺之孫也.

【綱】梁나라 湘東王 蕭繹이 스스로 假黃鉞 大都督中外諸軍으로 일컫고 承制(황제의 권한으로 일을 편의대로 시행함)하였다.

梁湘東王繹이 自稱假黃鉞大都督中外諸軍承制하다

【綱】侯景이 蕭正德을 죽였다.

◑侯景殺蕭正德[30]하다

【目】蕭正德은 侯景이 자신을 속였던 것을 원망하여 密書로 鄱陽王 蕭範을 불러 군사를 이끌고 들어오도록 하였는데, 후경이 그 편지를 가로채고 소정덕의 목을 매어 죽였다.

正德怨侯景賣己하여 密書召鄱陽王範하여 使以兵入이러니 景遮得其書하여 縊殺之[①]하다

① '遮得'은 길에서 막고 차단하여 얻은 것이다.
遮得, 遮截於路而得之.

---

30) 侯景殺蕭正德 : "蕭正德은 侯景과 함께 같이 배반한 자이다. 후경이 자신을 속였던 것을 원망하자 후경이 그를 죽였는데 誅戮으로 기록한 것은 무엇인가. 소정덕은 자식으로서 효도하지 못했고 신하로서 충성하지 못했으니 天地 사이의 罪人이므로 사람마다 주륙할 수 있다. 요행이도 典刑에 正法으로 주지 않고 같은 악행자에게 죽음을 낭했다. 죽인 사람이 비록 그릇된 자이지만 그가 죽인 대상이 죄가 있는 자이다. 誅戮으로 기록하였으니 萬世에 경계를 내린 것이다.〔蕭正德與景同反者也 怨景賣己 景殺之 而以誅書 何 正德爲子則不孝 爲臣則不忠 乃天地間罪人也 人人得而誅之 幸而不正於典刑 而爲同惡者所殺 殺之之人雖非 而其所殺者 則有罪者也 以誅書之 垂戒萬世〕" 《書法》

"蕭正德은 주륙을 당했는데 '죽였다〔殺〕'라고 기록한 것은 侯景이 주륙할 수 없기 때문이다. 이때 소정덕은 이미 다시 大司馬가 되었고 또 일찍이 성이 함락되던 날에 梁 武帝를 울면서 뵙고는 서로 수고를 위로하여 父子 사이가 처음과 같았다. 그러나 《資治通鑑綱目》에서 또한 梁나라에 연계시키지 않은 것은 아버지를 저버리며 임금을 배반한 역적이어서 의리상 다시 臣子가 될 수 없으므로 그를 양나라에서 단절시킨 것이다.〔正德當誅而書殺者 景不得而誅之也 是時正德旣已復爲大司馬 又嘗泣見梁武於城陷之日 與相勞苦 父子如初 然而綱目亦不繫之梁者 背父叛君之賊 義不得復爲臣子 故絶之於梁也〕" 《發明》

【綱】 梁나라 永安侯 蕭確이 侯景의 토벌을 도모하다가 이기지 못하고 죽었다.

梁永安侯確이 **謀討侯景**이라가 **不克而死**[31]하다

【目】 侯景이 永安侯 蕭確의 용맹을 아껴서 항상 곁에 두었다. 邵陵王 蕭綸이 몰래 사람을 보내어 소확을 부르니, 소확이 말하기를 "후경은 사람됨이 경박하여 한 사내의 힘이면 충분하니, 내가 직접 그를 찌르고 싶지만 좋은 기회를 아직 얻지 못한 것이 한스럽소. 卿은 돌아가서 家王(蕭綸)에게 아뢰어 나 소확의 걱정은 말라고 하시오."라고 하였다. 후경이 소확과 鍾山에 노닐면서 소확이 활을 당겨서 새를 쏘다가 이 틈을 타서 후경을 쏘려고 하였으나, 활시위가 끊어져 쏘지 못했는데, 후경이 알아채고는 그를 죽였다.

景愛永安侯確之勇하여 常寘左右어늘 邵陵王綸潛遣人呼之한대 確曰 景輕佻一夫力耳①라 我欲手刃之로되 恨未得其便이로니 卿還啓家王하여 勿以確爲念하라하더니 景與確으로 遊鍾山이어늘 確引弓射(석)鳥하고 因欲射(석)景이라가 弦斷不發이러니 景覺而殺之하다

① 佻(방정맞다)는 吐彫의 切이다.
佻, 吐彫切.

【綱】 梁나라 湘東王 蕭繹이 世子 蕭方等을 시켜 湘州刺史 河東王 蕭譽를 공격하도록 하였는데, 소예가 그를 공격하자 소방등이 패배하여 죽었고 소역은 자신의 왕비 徐氏를 죽였다.

梁湘東王繹使其世子方等으로 **攻湘州刺史河東王譽**어늘 **譽擊之**하니 **方等敗死**하고 **繹殺其妃徐氏**하다

【目】 蕭繹이 徐妃에게 장가들어 世子 蕭方等을 낳았는데, 서비는 행실에 잘못이 많았기에 소방등은 총애받지 못하였다. 建康에서 江陵으로 돌아오자 소역은 소방등이 군사를 조화롭게 잘 통제하는 모습을 보고 비로소 그의 능력에 탄복하여 들어가 서비에게 말하였는데, 서비가 울면서 물러났다. 소역이 진노하여 그녀의 더러운 행실을 기록하여 大

31) 梁永安侯確謀討侯景 不克而死 : "侯景의 변란에 梁 武帝의 자손 중에서 난리에 나아가 부끄러움이 없는 이는 永安侯 한 사람일 뿐이다.〔侯景之變 武帝子孫 臨難無愧者 永安侯一人而已〕" ≪書法≫
"梁主의 자손 중에 나라를 저버린 자가 많았으나 의리를 따라서 죽은 이는 겨우 永安侯 蕭確뿐이므로 특별히 인정한 것이다.〔梁主子孫 負國者多矣 狥義而死 僅有確爾 故特予之〕" ≪發明≫

閤에 방을 붙이니, 소방등이 이를 보고 더욱 두려워하였다.

湘州刺史 河東王 蕭譽는 날래고 용맹하여 병사들의 마음을 얻었다. 소역이 侯景을 토벌하려고 할 적에 使者를 보내어 그의 군량과 군대를 감독하도록 하였는데, 소예가 참여하지 않았다. 소방등이 그를 토벌하기를 청하자 소역이 마침내 어린 아들인 蕭方矩로 소예를 대신하도록 하고, 소방등에게 군사를 거느리고 그를 호송하도록 하였다. 소방등이 출발할 적에 친한 사람에게 말하기를 "이번 행차에 나는 반드시 죽을 것인데, 알맞은 죽을 자리를 얻는다면 내가 어찌 다시 한스러워하겠는가!"라고 하였다. 麻溪에 도착하였는데, 소예가 그를 공격하자 소방등이 패하여 죽었으나, 소역은 슬퍼하는 기색이 없었다. 寵妃인 王氏가 蕭方諸를 낳고 나서 죽었는데, 소역은 서비가 왕씨를 죽였다고 의심하여 자살하도록 핍박하니, 서비가 우물에 뛰어들어 죽었다.

繹娶徐妃하여 生世子方等이로되 妃多失行이라 故方等無寵이러니 及自建康歸江陵에 繹見其御軍和整하고 始歎其能하여 入告徐妃어늘 妃泣而退한대 繹怒하여 疏其穢行하여 牓于大閤하니 方等見之益懼러라 湘州刺史河東王譽가 驍勇得士心이라 繹將討侯景할새 使督其糧衆호되 譽不與어늘 方等請討之한대 繹乃以少子方矩로 代譽하고 使方等으로 將兵送之러니 方等將行에 謂所親曰 是行也가 吾必死之니 死得其所면 吾復奚恨이리오하다 至麻溪한대 譽擊之하니 方等敗死로되 繹無戚容①이러라 寵妃王氏生子方諸而卒하니 繹疑徐妃爲之②하여 逼令自殺하니 妃赴井死하다

① ≪水經註≫에 근거하면 "麻溪의 水口는 臨湘縣 북쪽과 劉口戍의 남쪽에 있다."라고 하였다.
據水經註 "麻溪水口在臨湘縣北劉口戍南."

② 〈'繹疑徐妃爲之'는〉 徐妃가 〈王氏를〉 독살했다고 의심한 것이다.
疑其毒殺之.

【綱】 가을 7월에 梁나라 廣州刺史 元景仲이 모반을 일으키자 西江督護 陳霸先이 토벌하여 목을 베었다.

秋七月에 梁廣州刺史元景仲이 謀反이어늘 西江督護陳霸先이 討誅之하다

【目】 陳霸先이 군사를 일으켜 侯景을 토벌하려고 하자, 후경이 사람을 시켜 元景仲을 유혹하여 받들어 주군으로 삼을 것을 허락하고 진패선을 도모하게 하였다. 진패선이 격문을 돌려서 원경중을 토벌하자, 원경중의 무리가 흩어졌고 원경중은 목을 매어 죽었다. 진패선이 定州刺史 蕭勃을 맞이하여 廣州를 鎭守하니, 소발이 진패선을 監始興郡事로

삼았다.

霸先이 欲起兵討侯景이어늘 景使人誘景仲하여 許奉以爲主하여 使圖霸先①이러니 霸先馳檄討之한대 景仲衆潰縊死어늘 霸先迎定州刺史蕭勃하여 鎭廣州하니 勃以霸先으로 監始興郡事하다

① 元景仲은 元法僧의 아들로, 普通 6년(525)에 父子가 梁나라로 歸附하였다.
元景仲, 法僧之子, 普通六年, 父子歸梁.

【綱】 梁나라 湘東王 蕭繹이 信州刺史 鮑泉을 시켜 湘州를 공격하였다.

梁湘東王繹使信州刺史鮑泉으로 攻湘州하다

【目】 蕭繹이 竟陵太守 王僧辯과 信州刺史 鮑泉을 보내어 湘州를 공격할 적에 왕승변은 무리가 모이기를 기다린 뒤에 가려고 하였는데, 소역은 왕승변이 觀望한다고 의심하여 검으로 그의 허벅지를 찍으니, 한참 동안 기절하였다. 포천이 두려워 감히 말을 하지 못하고 홀로 군사를 거느리고 湘州를 정벌하였다.

繹遣竟陵太守王僧辯信州刺史鮑泉하여 擊湘州할새 僧辯欲俟衆集而行이러니 繹疑其觀望하여 斫之中髀하여 悶絶久之①라 泉懼不敢言하여 獨將兵伐湘州하다

① 髀는 허벅지이다. 《資治通鑑》에는 "한참 뒤에 소생하자 곧바로 감옥으로 보냈다."라고 하였다.
髀, 股也. 通鑑 "久之方蘇, 卽送獄."

【綱】 梁나라 合州刺史 鄱陽王 蕭範이 州를 가지고 東魏로 歸附하여 군사를 요청하였다.

梁合州刺史鄱陽王範以州附于東魏以乞師[32]하다

【目】 蕭範은 臺城이 함락되었다는 소식을 듣고 경계를 엄히 하여 〈建康으로〉 들어가려고 하자, 僚佐가 모두 소범을 설득하기를 "지금 東魏 사람들이 이미 壽陽을 점거하고 있

32) 梁合州刺史鄱陽王範以州附于東魏以乞師 : "이때에 東魏는 군사를 과연 출동하지 않았는데 '군사를 요청하였다〔乞師〕'라고 기록한 것은 무엇인가. 그 뜻을 아름다워한 것이다. 《資治通鑑綱目》은 權道를 인정하였으므로 蕭範을 '항복했다〔降〕'라고 기록하지 않고 '歸附하였다〔附〕'라고 기록하였다.〔於是東魏師不果出 書乞師 何 嘉其志也 綱目予權 故範不書降 書附〕" 《書法》

으니, 대왕께서 행보를 옮기시면 오랑캐들이 반드시 合肥를 엿볼 것입니다."라고 하니, 소범이 마침내 중지하였다. 마침 高澄이 李伯穆을 보내어 합비를 압박하도록 하니, 소범이 한창 侯景을 토벌할 것을 모의하면서 동위에 의뢰하여 원조를 받고 합주를 이백목에게 넘겨주고 두 아들을 鄴城으로 보내어 군대를 보내달라고 요청하고, 〈소범은〉 濡須에 주둔하면서 상류의 군대를 기다렸다. 그런데 오랜 시일이 지나도 도착하지 않았고, 동위 역시 군대를 보내지 않으니, 소범은 군량이 모자라서 전진할지 후퇴할지 계책을 세우지 못하여 마침내 서쪽으로 올라가서 樅陽에 주둔하였다.

範聞臺城陷하고 戒嚴欲入이어늘 僚佐咸說(세)之曰 今魏人已據壽陽하니 大王移足하면 則虜必窺合肥라한대 範乃止러니 會高澄遣李伯穆逼合肥하니 範方謀討侯景에 藉東魏爲援하고 乃以合州로 輸伯穆하고 送二子於鄴以乞師하고 出屯濡須以待上游之軍이러니 久之不至하고 東魏亦不爲出師①하니 範糧乏하여 進退無計하여 乃西軍樅陽②하다

① 爲(위하다)는 去聲이다.
爲, 去聲.

② '進退無計'는 전진하면 외롭고 힘없는 군사들로 侯景을 제압하기에 부족하고, 후퇴하면 合肥가 이미 東魏 사람들에 의해 점거됨을 말한 것이다. 樅은 七容의 切이다. 樅陽은 漢나라 때에 縣을 두어 廬江에 속하게 하였으며, 梁나라 때에 郡으로 고쳤다가 陳나라 때에 다시 縣이 되었다.
進退無計, 謂進則孤羸之軍不足以制侯景, 退則合肥已爲東魏人所據. 樅, 七容切. 樅陽, 漢置縣, 屬廬江, 梁改郡, 陳復爲縣.

【綱】 東魏의 大將軍 渤海王 高澄을 鄴城에서 암살하였다.

盜殺東魏大將軍渤海王高澄于鄴하다

【目】 高澄이 과거에 濟陰王 元暉業에게 말하기를 "최근에 어떤 글을 읽었습니까?"라고 하니, 원휘업이 말하기를 "伊尹과 霍光의 傳記는 자주 읽었으나, 曹丕와 司馬炎의 글은 읽지 않았소."라고 하였다.

고징이 그의 동생 太原公 高洋이 〈형제 중에서〉 자기 다음가는 서열에 있다고 여겨 그를 꺼렸다. 고양은 스스로 깊이 감추고 숨겨서 조정에서 퇴근하고는 그때마다 閤門을 닫고서 조용히 앉아 있었으며, 비록 처자식을 보아도 하루 종일 말을 하지 않았고, 어떤 때는 웃통을 벗고 맨발로 펄쩍 뛰기도 하였다. 부인이 그 까닭을 묻자 고양이 말하

기를 "그대를 위하여 장난을 치는 것이오."라고 하였으니, 실제로는 고된 일을 익히려는 행동(몸을 단련하는 것)이었다.

澄嘗謂濟陰王暉業曰 比讀何書오 暉業曰 數尋伊霍之傳이요 不讀曹馬之書①하노라 澄以其弟太原公洋으로 次長이라하여 忌之어늘 洋深自晦匿하여 每退朝에 輒閉閤靜坐하여 雖對妻子나 能竟日不言하고 或時袒跣奔躍한대 夫人問其故어늘 洋曰 爲爾漫戲라하니 其實欲習勞也②러라

① 元暉業은 東魏의 宗室로 高澄의 黨與가 아니다. 그의 의도는 太甲을 보좌한 伊尹이나 漢 昭帝와 漢 宣帝를 보좌한 霍光처럼 해야지, 漢나라를 찬탈한 曹丕와 魏나라를 찬탈한 司馬炎처럼 해서는 안 됨을 말한 것이다.
暉業, 魏宗室, 非高澄黨. 其意謂欲如伊尹輔太甲霍光輔昭・宣, 不可如曹丕簒漢・司馬炎簒魏.
② '漫戲'는 마음대로 장난을 친다는 말이다.
漫戲, 言漫爾作戲.

【目】高澄이 衡州刺史 蘭欽의 아들인 蘭京을 잡아서 주방의 노예로 삼았는데, 난경이 여러 차례 직접 하소연하자, 고징이 그에게 곤장을 치며 말하기를 "다시 하소연하면 마땅히 너를 죽이겠다."라고 하니, 난경이 그의 무리 6명과 더불어 난을 일으키려고 모의하였다.

고징이 琅邪公主를 총애하여 공주와 왕래하는 데 틈이 나지 않기를 원하여 侍衛를 항상 밖으로 내보냈는데, 하루는 고징이 陳元康, 楊愔, 崔季舒와 함께 좌우에 있는 사람들을 물리치고 禪讓을 받는 일을 모의하였다. 난경이 음식을 올릴 적에 칼을 쟁반 아래에 숨겨 고징을 죽였는데, 진원강이 몸으로 고징을 가려서 보호하다가 상해를 입었다. 高洋이 그 소식을 듣고는 안색에 동요가 없이 들어가 여러 적들을 토벌하여 목을 베고 살을 저미고는 비밀에 부치고 고징의 죽음을 공표하지 않았다.

澄獲衡州刺史蘭欽子京하여 以爲膳奴러니 京屢自訴어늘 澄杖之曰 更訴면 當殺汝호리라 京與其黨六人으로 謀作亂이러라 澄嬖琅邪公主하여 欲其往來無間하여 侍衛者를 常遣出外①하고 一日에 與陳元康楊愔崔季舒로 屛左右하여 謀受禪이어늘 京進食할새 寘刀盤下殺之하니 元康以身蔽澄이라가 亦被傷이라 洋聞之하여 神色不變하고 入討群賊하여 斬而臠之하고 秘不發喪하다

① 間(틈)은 古莧의 切이다.
間, 古莧切.

【目】陳元康이 손수 쓴 편지로 어머니와 하직하고, 입으로 읊어주어 功曹參軍 祖珽에게 편지를 쓰도록 하여 〈국가에〉 편리하고 마땅한 사항을 기술하게 하고는 밤에 이르러 죽었다. 공신과 귀족들은 중무장한 군대가 모두 幷州에 있다고 여겨 高洋에게 일찍 晉陽으로 가도록 권하니 고양이 그 말을 따랐고, 밤에 督護 唐邕을 불러서 將士들을 나누어 사방을 진정시켜 막도록 하였는데, 잠깐 사이에 그 일을 마쳤다. 東魏主(元善見)는 〈고징이 죽었다는 소식을〉 듣고 좌우에 있는 사람들에게 말하기를 "대장군이 죽은 것은 하늘의 뜻인 듯하니, 위엄과 권력을 다시 황실로 되돌려야 할 것이오."라고 하였다.

元康手書로 辭母하고 口占으로 使功曹祖珽作書하여 陳便宜러니 至夜而卒하니라 勳貴以重兵皆在幷州라하여 勸洋早如晉陽이어늘 洋從之하고 夜召督護唐邕하여 使部分將士하여 鎭遏四方호되 須臾而畢하다 東魏主聞之하고 竊謂左右曰 大將軍死似是天意니 威權當復歸帝室矣라하더라

【目】高洋이 高岳, 高隆之, 司馬子如, 楊愔을 남겨 鄴城을 지키도록 하고, 〈宮에〉 들어가 東魏主(元善見)를 알현할 적에 수행하는 병사가 8천 명이고 계단에 오른 사람이 200여 명이었는데, 모두 소매를 걷어 올리고 칼을 뽑아 들어 마치 강한 적과 대치한 것처럼 하였다. 〈고양이 조정의 의식을〉 주관하는 조정 관원을 시켜 奏章을 전달하게 하였는데, 그 奏章에 "臣은 집안일이 있으니 반드시 晉陽에 가야만 합니다."라고 하고, 두 번 절을 올리고 나왔다. 東魏主가 얼굴빛이 변하여 눈으로 그를 전송하면서 말하기를 "이 사람은 또 상대를 포용하지 않을 듯하니, 朕이 언제 죽을지 모르겠구나."라고 하였다.

진양에 있던 옛 신하와 오래된 장수들은 평소에 고양을 경시하였는데, 〈고양이〉 도착하여 문무 관리들을 크게 모을 적에는 神彩가 英明하고 발랄하며 言辭가 민첩하고 해박하니, 사람들이 모두 크게 놀랐다. 高澄의 政令 중에 불편했던 사항은 고양이 모두 개혁하였다. 고륭지와 사마자여 등이 度支尙書 崔暹을 미워하여 崔暹과 崔季舒가 지나치게 악하다고 상주하자, 〈고양이 명을 내려〉 200대를 채찍질하여 변방으로 유배 보냈다.

洋留高岳高隆之司馬子如楊愔하여 守鄴하고 入謁東魏主할새 從甲士八千人에 登階者二百餘人이 皆攘袂扣刃하여 若對嚴敵[①]이라 令主者傳奏曰 臣有家事하니 須詣晉陽이라하고 再拜而出[②]하니 東魏主失色目送之曰 此人又似不相容하니 朕不知死在何日이라하더라 晉陽舊臣宿將素輕洋이러니 及至에 大會文武하여는 神彩英暢하고 言辭敏洽하니 衆皆大驚이러라 澄政令有不便者를 洋皆改之러라 隆之子如等이 惡(오)度支尙書崔暹하여 奏暹及季舒過惡이어늘 鞭二百徙邊[③]하다

① 扣는 叩와 통용하여 쓰니, 뽑다는 뜻이다.

扣通作叩, 發也.

②'主者'는 조정의 의식을 주관하는 자이다.
主者, 主朝儀者也.

③두 사람이 평소에 高澄과 친하고 신임을 받았기에 高隆之 등이 그들을 미워하였다.
二人素爲澄所親任, 故隆之等惡之.

【綱】9월에 侯景이 吳興을 함락하자, 梁나라 太守 張嵊과 御史中丞 沈浚이 그에게 죽임을 당했다.

九月에 **侯景陷吳興**하니 **梁太守張嵊御史中丞沈浚死之**[33]하다

【目】侯景이 侯子鑑을 시켜 吳興을 침략하도록 하였는데, 오흥의 병력은 적고 약하였으며, 張嵊은 書生이어서 군사의 일에 익숙하지 않으니, 어떤 사람이 장승에게 袁君正을 본받아 후자감을 맞이하여 항복하자고 권하였다. 장승이 탄식하며 말하기를 "袁氏는 대대로 충성과 정절을 이루었는데, 원군정이 하루아침에 무너뜨릴 줄은 생각지도 못했다. 내가 어찌 오흥이 오래 보전되기 어려운 줄 모르겠는가. 다만 몸을 나라에 바치기로 허락하였으니, 죽음이 있을지언정 두 마음을 먹지 않을 뿐이다."라고 하였다.

장승은 전투에 패배하여 府로 돌아와 복장을 단정히 하고 편안하게 앉아 있었는데, 후자감이 그를 잡아 建康으로 보냈다. 후경이 목숨을 살려주려고 하자, 장승이 말하기를 "나는 외람되이 吳興太守를 맡아 조정이 위태로운 상황에 빠졌는데 구제하여 회복하지 못하였으니, 빨리 죽는 것이 다행스러운 일이다."라고 하였다. 후경이 여전히 그의 아들 한 명을 살려주려고 하자, 장승이 말하기를 "우리 가문은 이미 귀신의 명부에 올라 있으니, 너희 오랑캐에게 은혜를 바라지 않는다."라고 하니, 후경이 진노하여 그들을 모두 죽이고, 沈浚도 함께 죽였다.

---

33) 侯景陷吳興 梁太守張嵊御史中丞沈浚死之 : "侯景의 변란에 '죽음으로 절개를 지켰다.〔以死節〕'라고 기록된 사람은 韋粲·張嵊·沈浚 세 사람이다.〔侯景之變 以死節書者 韋粲張嵊沈浚三人〕" ≪書法≫
"역적에게 항거한 이는 반드시 죽었으나 역적에게 항복한 이가 반드시 산 것은 아니었다. 그러나 만일 먼저 죽거나 사는 것을 마음에 두었다면 의리를 행하는 것이 이미 돈독하지 못하게 된다. 張嵊은 죽음에 대처하는 데에 밝게 하여 마침내 한 집안이 忠義의 귀신이 되게 하였으니 그를 袁君正의 무리와 견주어 보면 원군정의 무리는 진정 개·돼지만도 못한 것이다. ≪資治通鑑綱目≫에서는 앞에서 원군정이 배반해 侯景에게 귀부한 것을 기록하고, 뒤에서 張嵊·沈浚이 절개에 죽은 것을 기록하였으니 명성과 의리를 지키는 선비들은 반드시 가릴 것을 알아야 할 것이다.〔拒賊者必死 降賊者未必生 然苟先以生死爲念 則爲義已不篤矣 張嵊明於處死 遂使一門爲忠義之鬼 其視袁君正之徒 彼眞狗彘之不若也 綱目書君正叛附侯景於前 書張嵊沈浚死節於後 名義之士 必當知所擇矣〕" ≪發明≫

景使侯子鑑으로 寇吳興하니 吳興兵力寡弱하고 張嵊은 書生이라 不閑軍旅러니 或勸嵊效袁君正迎降한대 嵊歎曰 袁氏世濟忠貞이러니 不意君正이 一旦隳之①호라 吾豈不知此難久全이리오마는 但以身許國하니 有死無貳耳라하고 戰敗還府하여 整服安坐러니 子鑑이 執送建康한대 景欲活之어늘 嵊曰 吾忝任專城하여 朝廷傾危호되 不能匡復하니 速死爲幸이라하여늘 景猶欲存其一子어늘 嵊曰 吾一門已在鬼錄하니 不就爾虜求恩하노라 景怒하여 盡殺之하고 幷殺沈浚②하다

① 袁氏는 袁淑에서 袁顗, 袁粲, 袁昂에 이르기까지 모두 충성과 정절로 절개를 드러냈었다.
袁氏自淑至顗·粲及昂, 皆以忠貞著節.

② 錄은 명부이다. 魏 文帝(曹丕)의 〈與吳質書〉에 "그의 성명을 보니, 이미 귀신의 명부에 올라 있다."라고 하였다.
錄, 籍也. 魏文帝書曰 "觀其姓名, 已爲鬼錄."

【目】胡氏(胡寅)가 다음과 같이 말하였다.

"張嵊이 書生으로 맡은 지역을 지키며 조정을 구원하지 못한 일을 부끄럽게 여겨 의리를 지켜 적에게 투항하지 않고 절개를 지켜 죽었다. 만일 의리가 목숨보다 중요하다는 것을 실제 안 것이 아니라면 불가능한 일이니, 장승은 〈의리가 목숨보다 중요하다는〉 글을 저버리지 않았다고 할 만하다."[34)]

胡氏曰 張嵊以書生守土하여 而能以不能匡救朝廷爲恥하여 義不降賊하여 執節而死하니 苟非實見義重於生인댄 則不能也니 嵊可謂無負乎書矣로다

【綱】梁나라 岳陽王 蕭詧이 江陵을 공격하자 湘東王 蕭繹이 군대를 보내어 襄陽을 습격하였다. 소찰이 달아나 돌아가니 소역이 竟陵太守 王僧辯을 시켜 湘州를 공격하였다.

梁岳陽王詧攻江陵이어늘 湘東王繹이 遣兵襲襄陽한대 詧遁還이라 繹使竟陵太守王僧辯으로 攻湘州[35)]하다

---

34) 張嵊은……만하다 : 생명을 버리고 의리를 취했다는 말이다. ≪孟子≫ 〈告子 上〉에 "고기도 먹고 싶고 곰 발바닥도 먹고 싶지만 모두 먹을 수 없다면 고기를 버리고 곰 발바닥을 취할 것이며, 생명도 보전하고 싶고 의리도 취하고 싶지만 두 가지를 겸할 수 없을 경우 생명을 버리고 의리를 취하겠다.〔魚我所欲也, 熊掌亦我所欲也, 二者不可得兼, 舍魚而取熊掌者也. 生亦我所欲也, 義亦我所欲也, 二者不可得兼, 舍生而取義者也.〕"라고 한 말에 의거한 것이다.

35) 梁岳陽王詧攻江陵……攻湘州 : "梁나라가 어지러워 망한 것은 子弟들이 서로 공격하여 종묘사직이

【目】鮑泉이 湘州를 공격하자 河東王 蕭譽가 맞서 싸웠으나 패배하여 물러나 長沙를 보전하니, 포천이 그를 포위를 하였다. 岳陽王 蕭詧이 參軍 蔡大寶를 남겨두어 襄陽을 지키도록 하고 무리를 인솔하여 江陵을 정벌하여 상주를 구원하니, 湘東王 蕭繹이 크게 두려워하여 좌우에 있는 사람을 보내어 감옥으로 가서 王僧辯에게 계책을 묻도록 하였다. 왕승변이 책략을 갖추어 아뢰니, 소역이 마침내 그를 사면하여 城中都督으로 삼았다.

소찰이 강릉을 공격할 적에 마침 큰 비가 내려 평지의 수심이 4척이나 되어 소찰의 군대는 기세가 꺾였는데, 소역이 新興太守 杜崱과 친분이 있어 몰래 그를 맞아들이니, 두즉이 부하들을 이끌고 소역에게 항복하였다. 그의 형인 杜岸이 500명의 기병으로 양양을 기습할 것을 요청하여 城과 30리 떨어진 곳에 이르자 城中에서 비로소 알아챘다. 채대보가 소찰의 어머니를 모시고 성에 올라 막으며 싸웠는데, 소찰이 그 소식을 듣고 달아나 양양으로 돌아가니, 두안 역시 도주하였다.

鮑泉攻湘州한대 河東王譽가 逆戰而敗하여 退保長沙어늘 泉圍之러니 岳陽王詧留參軍蔡大寶하여 守襄陽하고 帥衆伐江陵하여 以救湘州하니 湘東王繹大懼하여 遣左右就獄中하여 問計於王僧辯이어늘 僧辯具陳方略한대 繹乃赦之하여 以爲城中都督하다 詧攻江陵할새 會大雨하여 平地水深四尺이라 詧軍氣沮러니 繹與新興太守杜崱으로 有舊라 密邀之①한대 崱帥所部降하고 其兄岸이 請以五百騎로 襲襄陽하여 距城三十里에 城中始覺이라 蔡大寶奉詧母登城距戰이러니 詧聞之遁還하니 岸亦走하다

① 漢 獻帝 建安 12년(207)에 雲中郡, 定襄郡, 五原郡, 朔方郡 4郡을 줄이고 郡에 하나의 縣을 세워 합쳐서 新興郡을 만들어 幷州에 소속시켰다. 晉나라가 江左에 내려왔을 때 荊州의 경계에 신흥군을 僑置하여 세워 定襄縣과 廣牧縣 등을 거느리게 하였다. ≪五代志≫에 "南郡 安興縣은 옛날에 광목현과 정양현을 두었는데, 唐나라 때에 안흥현을 줄여 江陵에 편입시켰다."라고 하였다. 新興은 진실로 荊州의 관할이었으니, 어찌 蕭繹이 예전의 친분이 있다고 하여 몰래 杜崱을 맞아들일 필요가 있었겠는가. 두즉이 비록 新興太守의 직임을 맡고 있었으나, 실제로는 종군하여 襄陽에 있었던 것이다. 崱은 士力의 切이다.
漢獻帝建安十二年, 省(생)雲中・定襄・五原・朔方四郡, 郡立一縣, 合爲新興郡, 屬幷州. 晉

쓰러지고 君父가 陷沒되는 것을 돌아보지 않았기 때문이다. 그러므로 蕭詧이 江陵을 공격하자 蕭繹이 襄陽을 습격하면서 조금도 부끄러워하는 마음이 없었다. 邵陵王(蕭綸)의 편지를 보면 반복하여 일깨운 것이 말의 뜻 또한 매우 명백하고 절실하다. 그러나 소릉왕도 어찌 자기에게 결점이 없은 뒤에 남을 비난하는 자이겠는가. ≪資治通鑑綱目≫에서는 책에 상세하게 기록하였으니 폄하한 뜻이 크다. 아마도 소역의 무리들을 잡아다가 시장에 시체를 모두 늘어놓는다면 공손하지 않고 우애하지 않고 효도하지 않고 공경하지 않고 충성하지 않고 의롭지 않은 자의 경계로 삼을 수 있었을 것이다.〔梁氏亂亡 其子弟互相攻擊 曾不顧宗社之傾覆 君父之陷沒 故詧攻江陵 而繹襲襄陽 略無愧恥之心 觀邵陵之書 所以反覆開諭者 詞旨亦甚明切 然邵陵亦豈無諸己 而後非諸人者哉 綱目詳書于冊 其貶絶之意深矣 安得取繹輩盡尸諸市 以爲不恭不友不孝不悌不忠不義者之戒乎〕" ≪發明≫

江左僑立於荊州界, 領定襄・廣牧等縣. 五代志"南郡安興縣, 舊置廣牧・定襄縣, 唐省安興縣入江陵", 則新興固荊州所統矣, 何待繹以舊好密邀岸哉. 蓋岸雖帶新興太守, 實從軍在襄陽也. 岸, 士力切.

【目】蕭繹이 마침내 王僧辯을 시켜서 鮑泉을 대신하여 長沙를 공격하게 하였는데, 邵陵王 蕭綸이 소역에게 편지를 보내어 말하기를 "지금 社稷이 위태롭고 치욕을 당하여 상처가 크고 고통이 심하니, 〈원수를 갚기 위해〉 오직 심장을 가르고 쓸개를 맛보아 피눈물을 흘리며 창을 베고 잠을 자고, 그 나머지 작은 분노는 너그럽게 넘겨야 하네. 만일 외부의 어려움을 제거하지 않고 집안의 재앙이 그로 인해 발생한다면 〈그러한 나라는〉 고금의 역사를 헤아려볼 때 망하지 않은 경우가 없네. 정벌과 전쟁의 이치는 오직 승리를 구하는 것이지만, 골육지친 사이의 전쟁은 승리할수록 더욱 혹독하여 병사들을 피로하게 하고 의리를 잃어 잘못되는 경우가 많네. 아우가 만일 洞庭을 함락하고서 무력을 거두어들이지 않는다면 雍州 지역이 〈자신들을 핍박할 것이라고〉 의심할 것이니, 어찌 스스로 편안할 수 있겠는가. 반드시 西魏의 군대를 끌어들여 지원해주기를 바랄 것이니, 아우가 만일 불안해지면 나라는 끝장이네."라고 하였는데, 소역이 그의 말을 따르지 않았다. 소륜이 눈물을 흘리며 말하기를 "천하의 일이 한결같이 이 지경에 이르렀으니, 湘州가 만일 패배하면 나는 조만간 망할 것이다."라고 하였다.

繹遂以僧辯으로 代泉攻長沙어늘 邵陵王綸이 致書於繹曰 今社稷危恥하여 創(臣)〔巨〕[36]痛深하니 唯應剖心嘗膽하여 泣血枕戈요 其餘小忿은 或宜容貰①라 若外難未除하고 家禍仍構인댄 料今訪古에 未或不亡이라 夫征戰之理는 唯求克勝이어니와 至於骨肉之戰은 愈勝愈酷하여 勞兵損義하여 虧失多矣라 弟若陷洞庭하여 不戢兵刃인댄 雍(川)〔州〕[37]疑迫이 何以自安이리오 必引魏軍以求形援하리니 弟若不安이면 國家去矣②리라호되 繹不從하니 綸流涕曰 天下之事一至於斯하니 湘州若敗인댄 吾亡無日矣로다

① 創(상처가 나다)은 初良의 切이다. ≪禮記≫ 〈三年問〉에 "상처가 크면 날이 오래 걸리고, 아픔이 심하면 낫는 것이 더디다."라고 하였다. '剖心'은 슬픔과 고통이 심하여 심장을 가르는 듯함을 말한 것이다. 春秋 때에 越王 句踐이 쓸개를 매달아놓고 핥고 밤에는 섶에 누워 자면서 吳나라에 복수하기를 바랐다고 하였다. ≪禮記≫ 〈檀弓〉에 "부모의 상을 치를 적에는 삼년 동안 피눈물을 흘렸다."라고 하였다. 枕(베개를 베다)은 之任의 切이다. 晉나라 劉琨이

36) (臣)〔巨〕: 저본에는 '臣'으로 되어 있으나, ≪資治通鑑≫에 의거하여 '巨'로 바로잡았다. 아래도 같다.
37) (川)〔州〕: 저본에는 '川'으로 되어 있으나, ≪資治通鑑≫에 의거하여 '州'로 바로잡았다. 아래도 같다.

창을 베고 아침이 오기를 기다리면서 역적의 머리를 효시하려고 마음먹었다. 貰는 용서하다는 뜻이다.

創, 初良切. 記曰 "創(臣)〔巨〕者, 其日久, 痛甚者, 其愈遲." 剖心, 言悲痛切至, 中心如剖也. 春秋越王句踐, 臥薪嘗膽, 求以報吳. 記曰 "執親之喪, 泣血三年." 枕, 之任切. 晉劉琨枕戈待旦, 志梟逆虜. 貰, 貸也.

② 湘州 지역은 洞庭湖로 에워싸져 있기 때문에 湘州를 洞庭이라고 말한 것이다. 雍州는 바로 襄陽이니, 梁나라에서 南雍州에 僑置하였다. 岳陽王 蕭詧이 鎭守하였다.

湘州之地襟帶洞庭, 故謂湘州爲洞庭. 雍(川)〔州〕卽襄陽, 梁僑置南雍州, 岳陽王詧所鎭.

【綱】 겨울 10월에 梁나라 豫章內史 莊鐵이 반란을 일으켜 江州를 습격하였다가 패배하여 달아났다.

冬十月에 **梁豫章內史莊鐵叛**하여 **襲江州**라가 **敗走**하다

【目】 애초에 莊鐵이 이미 侯景에게 항복하였다가 다시 반란을 일으켰는데, 尋陽王 蕭大心이 그를 豫章內史로 삼았다. 장철이 郡에 도착하여 곧바로 반란을 일으켜 觀寧侯 蕭永을 추대하여 주군으로 삼아 군사를 이끌고 尋陽을 습격하였는데, 소대심이 장수 徐嗣徽를 보내어 맞서 싸우게 하여 그를 격파하였다. 장철은 말 한필로 南昌으로 돌아왔다.

初鐵旣降侯景이라가 復叛之하니 尋陽王大心이 以爲豫章內史러니 鐵至郡卽叛하여 推觀寧侯永爲主하여 引兵襲尋陽①이어늘 大心遣其將徐嗣徽하여 逆擊破之하니 鐵單騎로 還南昌②하다

① 蕭永은 蕭範의 아우이다.

永, 範之弟也.

② 南昌은 漢나라의 옛 현으로, 豫章郡의 治所이다.

南昌, 漢舊縣, 豫章郡治所.

【綱】 11월에 梁나라 湘東王 蕭繹이 군대를 파견하여 襄陽을 공격하자, 岳陽王 蕭詧이 西魏에 지원군을 요청하였는데, 서위에서 開府 楊忠을 보내어 군대를 거느리고 구원하도록 하였다.

十一月에 **梁湘東王繹**이 **遣兵攻襄陽**이어늘 **岳陽王詧**이 **乞師于魏**한대 **魏遣開府楊忠**하여 **率師救之**하다

【目】蕭詧이 使者를 보내어 西魏에 지원군을 요청하면서 서위의 附庸國[38)]이 되기를 청하였는데, 湘東王 蕭繹이 柳仲禮를 시켜서 竟陵을 鎭守하면서 소찰을 도모하도록 하니, 소찰이 두려워 자신의 妃인 王氏와 世子 蕭嶚를 보내어 西魏에서 인질로 삼게 하였다. 宇文泰가 長江과 漢水를 경략하려고 楊忠을 都督三荊諸軍으로 삼아 穰城에서 鎭守하도록 하였는데, 유중례가 군대를 이끌고 襄陽으로 나아가자, 우문태가 양충과 僕射 長孫儉을 보내어 군대를 거느리고 유중례를 공격하여 소찰을 구원하도록 하였다.

詧遣使求援於魏하여 請爲附庸이러니 湘東王繹使柳仲禮로 鎭竟陵以圖詧한대 詧懼하여 遣其妃王氏及世子嶚하여 爲質於魏①하니 宇文泰欲經略江漢하여 以楊忠으로 都督三荊諸軍하여 鎭穰城한대 仲禮帥衆趣襄陽이어늘 泰遣忠及僕射長孫儉하여 將兵擊仲禮하여 以救詧②하다

① 嶚는 力幺의 切이다.
嶚, 力幺切.
② 長孫儉은 長孫嵩의 5세손이다.
儉, 嵩之五世孫也.

【綱】12월에 侯景이 錢塘과 會稽를 함락하고, 梁나라 刺史 南郡王 蕭大連을 사로잡았다.

十二月에 侯景陷錢塘會稽하고 執梁刺史南郡王大連하다

【目】宋子仙이 錢塘을 함락하고 승리의 기세를 타고서 浙江을 건너 會稽에 이르니, 邵陵王 蕭綸이 鄱陽으로 달아났다. 당시 회계는 물산이 풍부하고 토지가 비옥하여 정예병이 수만 명이었고 양식과 병장기가 산더미처럼 쌓여 있었다. 동부 지역 사람들이 侯景의 잔인함과 포학함을 두려워하여 모두 〈蕭大連을 위해〉 쓰이는 것을 즐거워했으나, 소대련은 아침저녁으로 술에 취하여 군대의 일을 걱정하지 않았고, 司馬 留異는 흉악하고 교활하며 잔인하고 포학하여 무리들에게 걱정거리가 되었으나 소대련은 군대의 일을 모두 그에게 맡겼다. 송자선이 도착하자 소대련이 城을 버리고 달아나니, 유이는 무리를 이끌고 항복하여 송자선의 鄕導가 되어 소대련을 추격하여 붙잡아 건강으로 압송하였는데, 소대련은 여전히 취해서 알지 못하였다. 梁主(蕭綱)가 그 소식을 듣고는 소매로 가리고 울었다. 그리하여 三吳가 모두 후경에게 함락되자, 公侯 중에 회계에 있는 사람

38) 附庸國 : 큰 나라에 딸려서 그 지배를 받는 작은 나라를 말한다.

은 모두 남쪽으로 고개를 넘어 도망갔다. 후경은 유이를 東陽太守로 삼고, 그의 처자식을 잡아서 인질로 삼았다.

宋子仙陷錢塘하고 乘勝渡浙江至會稽하니 邵陵王綸奔鄱陽하다 時에 會稽豐沃하여 勝兵數萬이요 糧仗山積이라 東人이 懲侯景殘虐하여 咸樂爲用호되 而大連朝夕酣飮하여 不恤軍事①하고 司馬留異는 凶狡殘暴하여 爲衆所患이로되 大連悉以軍委之②러니 子仙至하여는 大連棄城走어늘 異以其衆降하여 爲子仙鄕導하여 追及大連하여 執送建康하니 大連猶醉不之知라 梁主聞之하고 掩袂而泣이러라 於是에 三吳盡沒於景하니 公侯在會稽者가 俱南度嶺하다 景以留異로 爲東陽太守하고 收其妻子爲質하니라

① 蕭大連은 梁主의 아들이다.
大連, 梁主子.

② 留異는 姓名이다.
留異, 姓名.

【綱】梁나라 始興太守 陳霸先이 병력을 일으켜 侯景을 토벌하였다.

梁始興太守陳霸先이 起兵討侯景[39]하다

【目】陳霸先이 郡에 있는 호걸들과 결속하여 侯景을 토벌하려고 하였는데, 郡의 사람인 侯安都와 張偲(장시) 등이 각각 무리 천여 명을 이끌고 귀부하였다. 진패선이 杜僧明을 보내어 2천 명을 거느리고 고개 위에 주둔하도록 하자, 廣州刺史 蕭勃이 사람을 보내 중지시켰다. 진패선이 말하기를 "京都가 전복되고 함락되어 主君은 욕을 당하고 신하는 죽었습니다. 君侯께서는 신분은 皇族이고 임무가 중대하기로는 方岳[40]인데도 달려가 구원하지 못하였으니, 저의 한 군대를 보내는 것이 오히려 중지하는 것보다 나은데, 마침내 다시 이를 멈추게 하십니까."라고 하니, 마침내 使者를 보내어 샛길로 湘東王 蕭繹에게 가도록 하여 통제를 받았다. 이때 南康의 土豪 蔡路養이 군사를 일으켜 郡을 점거하자, 소발이 마침내 譚世遠을 曲江令으로 삼아 채노양과 서로 결합하여 함께 진패선을

39) 梁始興太守陳霸先 起兵討侯景 : "侯景의 변란에 梁나라의 臣子 중에서 역적을 토벌하는 의리를 다하여 시종 부끄러움이 없는 이는 陳霸先 한 사람일 뿐이다.〔侯景之變 梁之臣子 能盡討賊之義 終始無愧者 霸先一人而已矣〕" ≪書法≫

40) 方岳 : 사방의 네 산으로, 東岳인 泰山, 南岳인 衡山, 西岳인 華山, 北岳인 恒山을 말하는데, 사방의 諸侯를 통괄하는 사람 혹은 관찰사를 뜻한다.

막도록 하였다.

霸先結郡中豪傑하여 欲討侯景이러니 郡人侯安都張偲等이 各帥衆千餘人歸之어늘 霸先遣杜僧明하여 將二千人하여 頓於嶺上[①]한대 廣州刺史蕭勃이 遣人止之어늘 霸先曰 京都覆沒하여 君辱臣死어늘 君侯體則皇枝요 任重方岳이로되 不能赴援하니 遣僕一軍이 猶賢乎已온 乃更止之乎[②]아 乃遣使하여 間道로 詣湘東王繹하여 受節度러니 時에 南康土豪蔡路養이 起兵據郡이어늘 勃乃以譚世遠으로 爲曲江令하여 與路養相結하여 同遏霸先[③]하다

① 嶺은 大庾嶺이다.
嶺, 大庾嶺也.
② 已는 중지한다는 뜻이다. '猶賢乎已'는 오히려 중지하여 군사를 보내지 않는 것보다는 낫다는 말이다.
已, 止也. 猶賢乎已, 言猶勝乎止而不遣軍也.
③ 譚은 姓이다. 曲江縣은 漢나라 때에는 桂陽郡에 소속하였고, 吳나라 때에는 始興郡에 소속하였으며, 唐나라 때에는 韶州가 되었다.
譚, 姓也. 曲江縣, 漢屬桂陽郡, 吳屬始興郡, 唐爲韶州.

【綱】 東魏가 梁나라의 司州를 취하였다.

東魏取梁司州하다

【目】 이때에 東魏는 淮水 남쪽 지역을 모두 소유하였다.

於是東魏가 盡有淮南之地[①]하더라

① 太淸 2년(548)에 東魏가 辛術을 시켜서 長江과 淮水의 북쪽을 경략하게 하였는데, 이때에 이르러 淮水 남쪽 지역을 모두 소유하였다.
太淸二年, 東魏使辛術略江・淮之北, 至是方盡有淮南之地.

庚午年(550)

梁나라 太宗 簡文帝 蕭綱 大寶 원년이고, 西魏 文帝 元寶炬 大統 16년이고, 東魏 孝靜帝 元善見 武定 8년이고, 北齊 顯祖 文宣帝 高洋 天保 원년이다. 이해에 東魏가 멸망하였으니, 北齊가 이를 대신하였다.

梁太宗簡文帝綱大寶元年이요 魏大統十六年이요 東魏武定八年이요 齊顯祖文宣帝高洋天保元年이라 ◑是歲에 東魏亡하니 齊代하다

【綱】봄 정월에 東魏의 高洋이 스스로 丞相 都督中外諸軍事 錄尙書事가 되고 齊王에 봉하였다.

春正月에 東魏高洋이 自爲丞相都督中外諸軍錄尙書事하고 封齊王하다

【綱】梁나라가 陳霸先을 交州刺史로 삼았다.

◑梁以陳霸先爲交州刺史[41)]하다

【目】陳霸先이 始興을 떠나 大庾嶺에 도착하자 蔡路養이 그를 막았는데, 그의 무리 蕭摩訶가 나이 열셋으로 單騎로 나가 싸우니, 감히 당해내는 사람이 없었다. 진패선이 공격하자 채노양이 패배하여 달아나니, 〈진패선이〉 南康으로 진군하였는데, 湘東王 蕭繹이 承制(황제의 권한으로 일을 편의대로 시행함)하여 진패선을 交州刺史에 제수하였다.

霸先이 發始興至大庾嶺①하여는 蔡路養이 拒之할새 其黨蕭摩訶가 年十三이라 單騎出戰하니 無敢當者②러니 霸先擊之한대 路養敗走어늘 進軍南康한대 湘東王繹이 承制하여 授霸先交州刺史하다

① 胡三省이 말하기를 "大庾嶺은 지금 南安軍 大庾縣 서남쪽 20리 부근에 있다."라고 하였다.
胡三省曰 "大庾嶺, 在今南安軍大庾縣西南二十里."
② 蕭摩訶는 蔡路養의 처조카이다.
摩訶, 路養妻姪.

【綱】梁나라 邵陵王 蕭綸이 江夏에 이르러서는 스스로 都督中外諸軍事라 일컫고 承制하였다.

梁邵陵王綸이 至江夏하여는 自稱都督中外諸軍承制하다

41) 梁以陳霸先爲交州刺史 : "이때에 湘東王이 承制하여 〈陳霸先을〉 交州刺史에 제수하였을 뿐인데, 기록하기를 '梁나라가 누구를〔梁以〕'이라고 하였으니 어찌 상동왕이 承制한 것을 인정한 것이겠는가. 상동왕의 承制를 《資治通鑑綱目》에서는 다만 '스스로 일컬었다〔自稱〕'라고 기록하였으니 인정해준 적이 없는 것이다. 기록하기를 '양나라가 누구를〔梁以〕'이라고 한 것은 진패선을 인정해준 것이다.〔於是湘東承制 命刺交州耳 書曰梁以 豈予湘東以承制乎 湘東承制 綱目止書自稱 未嘗予也 書曰梁以 成霸先也〕" 《書法》

【目】 蕭綸이 鄱陽에서 나아가 九江에 이르자 尋陽王 蕭大心이 江州를 그에게 양보하였는데 소륜이 받지 않았고, 〈소륜이〉 군대를 이끌고 서쪽으로 올라가서 江夏에 이르자, 南平王 蕭恪이 郢州를 그에게 양보하였는데, 소륜이 역시 받지 않으니, 마침내 소륜을 추대하여 假黃鉞 都督으로 삼고 承制하게 하였다.

綸自鄱陽으로 進至九江하여는 尋陽王大心이 以江州讓之어늘 綸不受하고 引兵西上하여 至江夏하여는 南平王恪이 以郢州讓之어늘 亦不受한대 乃推綸爲假黃鉞都督承制하다

【綱】 西魏 사람들이 安陸을 포위하여 梁나라 司州刺史 柳仲禮를 사로잡고 드디어 漢水 동쪽 지역을 차지하였다.

魏人圍安陸하여 獲梁司州刺史柳仲禮하고 遂取漢東[42]하다

【目】 西魏의 楊忠이 安陸을 포위하자 柳仲禮가 말을 달려 돌아와 구원하려고 하였는데, 〈서위의〉 諸將들이 유중례가 오는 것을 두려워하여 속히 유중례를 공격하자고 요청하였다. 양충이 말하기를 "공격과 수비는 형세가 다르니, 〈안륙은〉 갑자기 함락시킬 수 없고, 만약 시일을 끌며 군대를 수고롭게 한다면 안팎으로 적의 공격을 받게 되니 좋은 계책이 아니요. 남방 사람들은 대부분 水戰에 익숙하고 들판에서의 전투에 익숙하지 않으니, 유중례의 군대가 가까운 거리에 접근했을 때 내가 그들이 미처 생각하지 못한 곳으로 나가 奇兵으로 습격하면 저들은 나태하고 나는 분발하여 한 번에 이길 수 있소. 유중례를 이기면 안륙은 공격하지 않아도 절로 함락될 것이며, 여러 城은 檄文만 전해도 평정할 수 있소."라고 하였다. 마침내 기병 2천 명을 선발하여 재갈을 물리고 밤에 나아가서 淙頭에서 유중례를 패배시키고 사로잡으니, 안륙과 竟陵이 모두 항복하였다. 이에 漢水 동쪽 지역은 다 西魏의 영역으로 들어갔다.

魏楊忠이 圍安陸한대 柳仲禮馳歸救之①러니 諸將恐仲禮至하여 請急攻之어늘 忠曰 攻守勢殊하니 未可猝拔이요 若引日勞師하여 表裏受敵이 非計也니 南人은 多習水軍하고 不閑野戰하나니 仲禮師在近路어든 吾出其不意하여 以奇兵襲之하면 彼怠我奮이라 一擧可克이니 克仲禮인댄 則安

42) 魏人圍安陸……遂取漢東 : "'사로잡았다〔獲〕'는 것은 무엇인가. 비천한 말이다. 柳仲禮는 大都督으로서 겨우 하루 동안 한 번 전투하고 곧이어 다시 배반하여 侯景에게 항복하기를 諸將들의 선두가 되었다. 지금 蕭繹은 叔姪끼리 서로 공격하는데 오히려 부리는 바(소역)에게 힘을 다 바치니, 매우 비천함이 된다. '사로잡았다〔獲〕'이라고 기록하였다.〔獲者 何 賤辭也 仲禮爲大都督 僅日一戰 尋復叛降爲諸將先 今繹叔姪相攻 顧乃盡力所使 可賤甚矣 故書獲〕" ≪書法≫

陸不攻自拔이요 諸城可傳檄定也라하고 乃選騎二千하여 銜枚夜進하여 敗仲禮於漴頭獲之하니 安陸竟陵이 皆降이라 於是에 漢東盡入于魏②하다

① ≪晉書≫ 〈地理志〉에 "荊州 江夏郡에 安陸縣이 있다."라고 하였다.
晉志 "荊州江夏郡有安陸縣."

② 漴의 음은 崇이며, 또 上降의 切이다. 漴頭는 지명이다.
漴, 音崇, 又上降切. 漴頭, 地名也.

【綱】梁나라 祖皓가 廣陵에서 군사를 일으켜 侯景의 부하 장수 董紹先을 죽였다.

梁祖皓가 起兵廣陵하여 殺侯景將董紹先[43)]하다

【目】梁나라 廣陵 사람 來嶷이 전 廣陵太守 祖皓를 설득하기를 "董紹先은 경솔하면서 꾀가 없고 인심이 복종하지 않으니, 그를 습격하여 죽이는 것이 壯士의 임무입니다. 지금 의롭고 용감한 자들을 규합하고 인솔하여 府君(太守의 尊稱)을 받들고 싶으니, 만약 승리한다면 桓公, 文公과 같은 공훈을 세울 수 있을 것이고, 필시 하늘이 내린 재앙을 후회하지 않아 〈梁나라를 돌보지 않는다면〉 오히려 양나라 황실의 충신이 되기에 충분합니다."라고 하였다. 조호가 말하기를 "이는 내가 원하던 일이요."라고 하고는 마침내 서로 용맹한 병사 1백여 명을 규합하여 광릉을 습격하여 동소선을 죽이고, 먼 지역과 가까운 지역에 檄文을 전하여 蕭勔을 추대하여 刺史로 삼았다. 侯景이 郭元建을 파견하여 공격하였는데, 조호는 嬰城하여 굳게 지켰다.

梁廣陵人來嶷이 說(세)前太守祖皓曰① 董紹先輕而無謀하고 人情不附하니 襲而殺之가 此壯士之任耳②니 今欲糾帥義勇하여 奉戴府君하노니 若其克捷인댄 可立桓文之勳이요 必天未悔禍인댄 猶足爲梁室忠臣③이니라 皓曰 此僕所願也라하고 乃相與糾合勇士百餘人하여 襲廣陵하여 斬董紹先하고 馳檄遠近하여 推蕭勔爲刺史④러니 景遣郭元建攻之한대 皓嬰城固守하다

① 祖皓는 祖暅(조긍)의 아들이다.
皓, 暅之子也.

43) 梁祖皓起兵廣陵 殺侯景將董紹先 : "1백여 명일 뿐인데 '군사를 일으켰다〔起兵〕'라고 기록한 것은 무엇인가. 의리를 인정한 것이다. ≪資治通鑑綱目≫에서는 의리를 인정하였다. 그러므로 劉崇이 1백여 명으로 나섰는데도 '군사를 일으켜 王莽을 토벌하였다.〔起兵討莽〕'라고 기록하고(新나라 王莽 居攝 원년(6)), 祖皓가 1백여 명으로 나섰는데도 '廣陵에서 군사를 일으켰다.〔起兵廣陵〕'라고 기록하였다.(이해(550))〔百餘人耳 書起兵 何 予義也 綱目予義 是故劉崇以百餘人書起兵討莽(新莽居攝元年) 祖皓以百餘人書起兵廣陵(是年)〕" ≪書法≫

② 輕(경솔하다)은 牽正의 切이다.
輕, 牽正切.

③ ≪春秋左氏傳≫ 隱公 12년에, "하늘이 혹시 禮로 대우하여 許國에 내린 재앙을 후회한다면"이라고 하였는데, 이는 필시 하늘이 〈허국에 내린〉 재앙을 후회하지 않음을 말한 것이니, 가령 필시 하늘이 梁나라에 내린 재앙을 후회하지 않는다면 일이 혹여 실패할 수도 있다는 말이다.
春秋左氏傳隱公十二年, "天其以禮悔禍于許", 此云必天未悔禍, 言假使果必天未改悔梁室之禍, 事或無成.

④ 蕭勔은 蕭勃의 형이다.
勔, 勃之兄也.

【綱】 2월에 西魏의 군대가 나아가서 石城에 주둔하였는데, 梁나라 湘東王 蕭繹이 맹약을 청하자, 서위의 군대가 돌아갔다.

二月에 **魏師進次石城**이어늘 **梁湘東王繹**이 **請盟**하니 **魏師還**[44]하다

【目】 西魏의 楊忠이 승리의 기세를 타서 石城에 도착하여 나아가서 江陵을 압박하려 하자, 湘東王 蕭繹이 舍人 庾恪을 보내어 양충을 설득하기를 "蕭詧이 와서 숙부를 공격하는데 서위가 그 일을 돕고 있으니, 어떻게 천하 사람들의 마음을 귀의하도록 할 수 있겠습니까!"라고 하였다. 양충이 마침내 湕水의 북쪽에서 멈추었는데, 소역이 인질을 보내어 화친을 요청하자, 서위의 사람들이 이를 허락하여 맹약을 맺고 돌아갔다.

魏楊忠乘勝하여 **至石城**하여 **欲進逼江陵**[①]이어늘 **梁湘東王繹**이 **遣舍人庾恪**하여 **說**(세)**忠曰 詧來伐叔**이어늘 **而魏助之**하니 **何以使天下歸心**이리오. **忠遂停湕北**이러니 **繹請送質求和**한대 **魏人許之**하여 **乃盟而還**[②]하다

① ≪資治通鑑綱目集覽≫에 "〈石城은〉 지금 郢州이 理古石城이다. 郡이 大江의 동쪽을 끼고 있

---

44) 魏師進次石城……魏師還 : "'주둔하였다[次]'라고 기록한 것은 무엇인가. 느긋한 말이다. '맹약을 청하였다[請盟]'라고 기록한 것은 무엇인가. 비천한 말이다. 蕭繹은 君父가 굶어 죽어도 侯景을 원수로 삼지 않고, 형이 환난에 있는데도 구원하지 않으며, 밤낮으로 湘州를 공격하며 襄陽을 공격하여 한 집안에서 전쟁을 하였다. 西魏 군사들이 조금 전진하여 아직 깊이 들어가지 않았는데도 인질을 보내어 화친을 요청하는 것을 마음에 달가워하였다. ≪資治通鑑綱目≫에서 '주둔하였다[次]'라고 기록하고 '맹약을 청하였다[請盟]'라고 기록하였으니 소역을 매우 병통으로 여긴 것이다.[書次 何 緩辭也 書請盟 何 卑辭也 蕭繹君父餓死而不之讐 君兄在難而不之救 日夜攻湘州 攻襄陽 動干戈於同室 及魏師少進 未深入也 則送質求和甘心焉 綱目書次 書請盟 所以深病繹也]" ≪書法≫

는데, 산으로 인해 견고한 지형이 된다."라고 하였다. 〈圖經〉에 "'子城[45]의 삼면을 두른 성벽의 기초는 자연적으로 만들어졌는데, 정면 서쪽은 절벽이며 아래로는 漢江을 굽어보고 있다.'라고 하였다." 하였다.

集覽 "(人)〔今〕[46]郢州之理古石城也. 郡跨大江之東, 因山爲固." 圖經 "'子城三面墉基天造, 正西絶壁, 下臨漢江.'"

② 溠은 居偃의 切이다. '溠北'은 溠水의 북쪽으로, 물줄기가 南郡에서 나온다.

溠, 居偃切. 溠北, 溠水之北也, 水出南郡.

【目】 胡氏(胡寅)가 다음과 같이 말하였다.

"湘東王이 西魏에게 조카가 숙부를 치는 것을 도운 일을 질책한 것은 옳다. 그러나 이미 아버지(蕭衍)가 포위를 당해 굶어 죽어도 구원하지 않고, 형(蕭綱)이 적(侯景)의 손에 제압을 당해도 구원하지 않으며, 종묘사직이 나날이 멸망해가는데도 구원하지 않았으니, 蕭詧이 숙부에게 무슨 거리낌이 있겠는가. 아랫사람에게서 싫어했던 것으로 윗사람을 섬기지 않으면[47] 이치가 순하여 사람들이 복종하게 된다. 소역은 자신이 큰 죄를 지었으니 사람마다 그를 주벌할 수 있는데, 서위의 군사들이 그의 죄를 드러내어 토벌하지 않았으니, 역시 애석하다."

胡氏曰 湘東責魏助姪伐叔은 是矣어니와 已父被圍餓死而不救하고 兄制于賊手而不救하며 宗廟社稷日就亡滅而不救하니 則詧何有於叔哉아 夫所惡(오)於下者로 無以事上인댄 則理順而人服矣니 蕭繹은 身負大罪하니 人得而誅之어늘 而魏師不能聲罪致討하니 亦可惜哉인저

【綱】 侯景이 廣陵을 함락하여 梁나라의 祖皓를 죽이고, 그 성을 도륙하였다.

侯景陷廣陵하여 殺梁祖皓하고 屠其城하다

【綱】 3월에 梁主(簡文帝 蕭綱)가 樂遊苑에서 禊飮(계음)[48]을 열었다.

◑ 三月에 梁主禊飮樂遊苑[49]하다

---

45) 子城 : 큰 성에 부속된 작은 성인데 內城이나 外城 바깥쪽에 있는 甕城이나 月城 따위를 일컫는다.

46) (人)〔今〕 : 저본에는 '人'으로 되어 있으나, ≪御批資治通鑑≫의 ≪集覽≫에 의거하여 '今'으로 바로잡았다.

47) 아랫사람에게서……않으며 : ≪大學≫에 보인다.

48) 禊飮(계음) : 음력 3월 上巳日에 모여서 1년 동안 몸에 밴 부정을 냇물에 흘려보내는 풍속을 말한다.

【目】侯景은 梁主(蕭綱)의 딸 溧陽公主에게 장가들어 그녀를 매우 총애하였다. 〈후경이〉 梁主에게 청하여 樂遊苑에서 禊飮을 열었는데, 梁主가 악기 연주소리를 듣고 슬퍼하며 눈물을 흘렸다.

侯景取梁主之女溧陽公主하여 甚愛之러니 請梁主禊飮樂遊苑할새 梁主聞絲竹하고 悽然泣下①하더라

① 溧의 음은 栗이다. 溧陽은 丹陽邑으로, 溧水가 발원하는 곳이다. 樂遊苑은 玄武湖의 남쪽에 있다.
溧, 音栗. 溧陽, 丹(揚)〔陽〕50)邑, 溧水所出. 樂遊苑, 在玄武湖南.

【綱】梁나라가 가뭄과 메뚜기의 피해를 입었다.

梁旱蝗하다

【目】당시에 江南은 해를 이어 가뭄과 메뚜기의 피해가 있었는데, 江州와 揚州가 더욱 심하였다. 백성들은 떠돌아다니며 풀뿌리와 나뭇잎을 먹어서 모두 없앴고, 부유한 집에서도 비단옷을 입고 황금과 옥을 품고 있으면서도 굶어 죽으니 백골이 언덕처럼 쌓였다. 侯景은 성격이 잔혹하여 石頭에 큰 방아를 세워놓고 법을 어긴 사람이 있으면 그를 찧어서 죽이고 항상 장수들에게 훈계하기를 "목책을 부수고 城을 평정하면 마땅히 깨끗이 죽여 없애서 천하 사람들에게 나의 위세와 명성을 알도록 해야 한다."라고 하였다. 이로 인해 백성들은 그에게 의탁하지 않았고, 또 사람들이 모여서 말하는 것을 금지하였는데, 이를 어긴 사람은 형벌이 외척에까지 미쳤다.

時에 江南連年旱蝗호되 江揚尤甚이라 百姓流亡하여 草木根葉를 食之皆盡하고 富室或衣羅綺懷金玉而死하니 白骨成丘러라 侯景性殘酷하여 於石頭에 立大碓하여 有犯法者면 擣殺之①하고 常戒諸將曰 破柵平城에 當淨殺之하여 使天下知吾威名호리라하니 由是로 百姓不附하고 又禁人偶語하니 犯者는 刑及外族②이러라

① 碓는 都隊의 切이니, 방아이다.
碓, 都隊切, 機舂也.

---

49) 梁主禊飮樂遊苑 : "기록한 것은 슬퍼한 것이다. 아버지가 죽고 자신이 욕을 당하는데도 禊飮을 하였으니 매우 슬퍼할 만한 것이다.〔書悲之也 父死身辱而禊飮焉 可悲甚矣〕" ≪書法≫

50) (揚)〔陽〕: 저본에는 '揚'으로 되어 있으나, ≪資治通鑑≫ 註에 의거하여 '陽'으로 바로잡았다.

② 남자의 경우에는 처가를 일러 外家라 하고, 부인의 경우에는 부모의 집을 일러 外家라 한다. '外族'은 외가의 친족이다.
男子謂舅家爲外家, 婦人謂父母之家爲外家. 外族, 外家之族.

【綱】 여름 4월에 梁나라 王僧辯이 湘州를 함락하고 河東王 蕭譽를 죽였다.

夏四月에 **梁王僧辯**이 **克湘州**하고 **殺河東王譽**하다

【目】 애초에 湘東王의 世子 蕭方等의 죽음에는 湘州의 장수 周鐵虎의 공이 가장 많았기에 蕭譽가 그를 매우 중하게 대우하였다. 이때에 이르러 王僧辯이 주철호를 잡아 그를 烹刑에 처하라고 명하였는데, 〈주철호가〉 소리치며 말하기를 "侯景이 아직 죽지 않았는데, 어찌하여 壯士를 죽인단 말입니까."라고 하니, 왕승변이 그 말을 기특하게 여겨 풀어주었다.

初에 湘東世子方等之死에 湘州將周鐵虎功最多라 譽委遇甚重이러니 至是하여는 僧辯得鐵虎하여 命烹之한대 呼曰 侯景未滅이어늘 奈何殺壯士오하니 僧辯이 奇其言而釋之하다

【綱】 梁나라 湘東王 蕭繹이 檄文을 보내어 侯景을 토벌하였다.

梁湘東王繹이 **移檄討侯景**[51)]하다

---

51) 梁湘東王繹 移檄討侯景 : "蕭繹은 앞에서 '격문을 보내어 군사를 파견하였다.〔移檄遣兵〕'라고 기록되었는데 여기에서 다시 '격문을 보냈다〔移檄〕'라고 기록된 것은 무엇인가. 나무란 것이다. 臺城이 함락된 지 1년이 넘었고 高祖(梁 武帝 蕭衍)의 초상이 난 지 또 1년이 되었다. 그런 뒤에 發喪하고 遠近에 檄文을 보내면서 끝내 병사 한 명을 출동시켰다든지 역적 한 명을 죽였다는 소식을 듣지 못했으니 이는 진정 어떠한 마음인가. ≪資治通鑑綱目≫에서는 發喪을 삭제하고 거듭 '격문을 보냈다〔移檄〕'라고 기록하였으니, 마치 '단지 격문만 보내 토벌했을 뿐이다.'라고 말한 것과 같을 뿐이다. 그러므로 〈晉나라〉 司馬睿는 북쪽 정벌의 뜻이 없으니 '격문을 보내어 북쪽을 정벌하였다.〔移檄北征〕'라고 기록하였고, 蕭繹은 원수 갚는 의리를 시급해하지 않았으니 '檄文을 보내어 侯景을 토벌하였다.〔移檄討侯景〕'라고 기록하였고, 〈唐나라〉 高駢은 역적을 토벌할 마음이 없었으니 '檄文을 보내어 역적을 토벌하였다.〔移檄討賊〕'라고 기록하였다. ≪資治通鑑綱目≫에서는 '檄文을 보냈다.〔移檄〕'라고 기록한 것이 7번인데(漢 獻帝 初平 2년(191)에 자세하다.), 오직 司馬睿·蕭繹·高駢만 나무라는 말이 된다.〔繹前書移檄遣兵矣 於是復書移檄 何 譏也 臺城之陷 餘一年矣 高祖之喪 且周期矣 然後發喪移檄遠近 而終不聞出一兵 殺一賊 是誠何心哉 綱目削其發喪 再書移檄 若曰徒能移檄討之云爾 是故睿無北伐之志 則書曰移檄北征 繹無急讐之義 則書曰移檄討侯景 高駢無討賊之心 則書曰移檄討賊 綱目書移檄七(詳漢獻帝初平二年) 惟睿繹駢爲譏辭〕" ≪書法≫

"蕭繹이 후경을 토벌한 것은 옳으나, 臺城이 함락됨으로부터 이때에 이르도록 모두 며칠이나 지났으며, 또 梁祖(蕭衍)가 서거한 지부터 이때에 이르도록 모두 며칠이 지났는가. 소역은 〈원수 갚

【目】 蕭繹은 高祖(梁 武帝 蕭衍)가 죽었다는 소식을 들었으나 長沙가 아직 함락되지 않아 이 사실을 숨겼는데, 이때에 이르러 비로소 發喪하고 박달나무를 깎아서 高祖의 형상을 만들어 공손하게 섬겼으며, 모든 일에 반드시 자문을 구하였다. 〈소역은〉 天子가 賊臣(侯景)에게 통제를 받는다고 여겨서 大寶(梁 簡文帝 연호)라는 연호를 따르려 하지 않고 여전히 '太淸(양 무제 연호) 4년'이라 칭하고, 명령을 내려 크게 군사를 일으켜 후경을 토벌하도록 하면서 먼 곳과 가까운 곳에 격문을 보냈다.

繹聞高祖之喪호되 以長沙未下라하여 匿之러니 至是하여는 始發喪하고 刻檀爲高祖像하여 事之甚謹하여 動靜을 必咨焉이러라 以天子制於賊臣이라하여 不肯從大寶之號하고 猶稱太淸四年하고 下令하여 大擧討侯景할새 移檄遠近하다

【綱】 5월에 梁나라 鄱陽王 蕭範이 卒하였다.

五月에 梁鄱陽王範卒하다

【目】 蕭範이 樅陽에서 편지를 보내어 江州刺史 尋陽王 蕭大心에게 알렸는데, 소대심은 그를 湓城에 머물게 하였다. 〈소범이〉 도착하고 난 뒤에 晉熙를 晉州로 바꾸고, 世子 蕭嗣를 파견하여 刺史로 삼았다. 소대심은 명령이 시행되는 곳이 한 개의 郡을 벗어나지 못한다고 여겨서 군사를 파견하여 莊鐵을 공격하였는데, 소사는 장철과 평소 사이가 좋았던 터라 侯瑱을 파견하여 군사들을 이끌고 장철을 돕게 하였다. 이로 말미암아 두 鎭營은 서로 사이가 벌어져 다시 역적을 토벌할 뜻을 지니지 않았다. 소대심이 徐嗣徽를 시켜서 稽亭에 보루를 쌓고 소범을 대비하도록 하였는데, 곡식을 매입하여 유통하지 못하였다. 그리하여 소범이 거느리던 수만 명의 무리가 먹을 것을 얻지 못하여 대부분 굶어 죽자, 소범은 분을 못 이기고 죽었다.

範自樅陽으로 遣信告江州刺史尋陽王大心이어늘 大心以湓城處之러니 旣至에 以晉熙爲晉州하고 遣其世子嗣하여 爲刺史①하다 大心政令不出一郡이라하여 遣兵擊莊鐵하니 嗣與鐵善이어늘 遣侯瑱하여 將兵助之한대 由是로 二鎭相猜하여 無復討賊之志라 大心使徐嗣徽로 築壘稽亭하여 以

으려〉 창을 깔고 자고 피눈물을 흘리면서 목숨을 바쳐 죽지 못하고 지금에야 비로소 원근에 격문을 보냈으니 과연 어찌 미칠 수 있겠는가. ≪資治通鑑綱目≫에서는 이를 기록한 것은 인정한 것이 아니고, 바로 아버지를 무시하며 임금을 무시한 악행을 드러낸 것이다.〔繹之討景 是矣 自臺城之陷 至是凡幾日 又自梁祖之殂 至是凡幾日 繹不能枕戈泣血 致命效死 今乃始移檄遠近 果何及哉 綱目書此 非予之也 正所以著其無父無君之惡耳〕" ≪發明≫

備範한대 市糴不通②하여 範數萬之衆이 無所得食하여 多餓死라 憤恚而卒하다

① 晉 安帝(司馬德宗)때에 廬江郡을 나누어 晉熙郡을 설립하였다.
晉安帝分廬江郡立晉熙郡.

② 稽亭渚는 江州城 동쪽에 있다.
稽亭渚在江州城東.

【綱】齊王 高洋이 皇帝라 일컫고, 東魏主(孝靜帝 元善見)를 폐위하여 中山王으로 삼았다.

齊王洋稱皇帝하고 廢東魏主하여 爲中山王[52)]하다

【目】東魏의 徐之才와 宋景業이 圖讖을 잘하였는데, 高德政을 통해 齊王 高洋에게 禪讓을 받도록 권하였다. 고양이 婁太妃에게 알리자 太妃가 말하기를 "그대의 아버지는 용과 같고 그대의 형은 호랑이와 같았지만, 오히려 天子의 지위를 함부로 차지하지 못하고 죽을 때까지 北面하였는데, 그대는 유독 어떤 사람이기에 舜임금과 禹임금이 하였던 일을 행하려 하는가!"라고 하였다. 고양이 서지재에게 알리니, 서지재가 말하기를 "바로 아버지와 형에 미치지 못하므로 빨리 높은 자리에 올라야 합니다."라고 하였다. 고양이 神像을 주조하여 이 일을 점쳐보고 성공으로 나오자 마침내 肆州刺史 斛律金에게 물었는데, 곡률금이 굳게 불가하다고 말하고 송경업 등을 죽이라고 청하였다.

고양은 인심이 통일되지 않았다고 여겨 고덕정을 鄴城으로 보내어 살피도록 하고는 아직 돌아오기 전에 고양이 군사를 거느리고 동쪽으로 가서 平都城에 이르러 공훈이 있는 귀족들을 불러 그 일을 논의하니, 감히 대답하지 못하였다. 長史 杜弼이 말하기를 "關西에는 나라의 강적이 있는데 지금 만일 禪讓을 받는다면 저들이 天子를 끼고 義兵이라고 일컬어 동쪽으로 향할 것이니, 왕께서는 어떻게 그들을 대적하겠습니까!"라고

52) 齊王洋稱皇帝……爲中山王 : "전대에 찬탈하여 즉위할 때에는 반드시 廢置한 것이 있고 혹은 미리 威權을 보여 위협하는 행동을 자행한 뒤에 이를 틈타 취하였는데 高洋처럼 쉬운 경우가 없었으니 어째서인가. 高氏는 오래도록 大權을 독점하여 中外가 모두 이미 歸服하였으므로 聲色을 움직일 것도 없이 손을 맞잡은 채 〈천자의〉 지위와 호칭을 바르게 차지하였으니 진실로 예나 지금이나 難易의 다름이 있는 것이 아니고 형세가 그렇게 한 것일 뿐이다. 그렇다면 고양이 용이하게 簒奪한 점을 알려고 하는 자는 당연히 高歡 이래로 《資治通鑑綱目》에 가록된 것을 보아서 살피면 얻을 수 있을 것이다.〔前代簒立 必有所廢置 或先示威權 以肆脇制之擧 然後乘而取之 未有若高洋之易者 何哉 高氏久擅大權 中外俱已歸服 故不動聲色 拱手而正位號 固非有今昔難易之殊也 勢使然爾 然則欲知高洋簒奪之易者 當於高歡以來 見諸綱目所書者觀之 則得之矣〕" 《發明》

하였다. 서지재가 말하기를 "그들 역시 왕이 하고자 하는 일을 하고 싶어 하니, 비록 그들이 완강하게 복종하지 않더라도 그들 역시 우리를 따라서 皇帝를 칭하는 것에 지나지 않을 것입니다."라고 하니, 두필이 응대하지 못하였다.

東魏徐之才宋景業이 善圖讖하더니 因高德政하여 勸齊王洋受魏禪①이어늘 洋以告婁太妃한대 太妃曰 汝父如龍하고 汝兄如虎로되 猶以天位不可妄據라하여 終身北面하더니 汝獨何人이완대 欲行舜禹之事乎아하다 洋以告之才한대 之才曰 正爲不及父兄이라 故宜早升尊位耳니라 洋鑄像卜之而成이어늘 以問肆州刺史斛律金한대 金固言不可하고 請殺景業等이어늘 洋以人心不壹이라하여 使德政如鄴察之라가 未還에 洋擁兵而東하여 至平都城하여 召諸勳貴議之한대 莫敢對②러니 長史杜弼曰 關西는 國之勍敵③이니 今若受禪인댄 彼必挾天子하고 稱義兵而東하리니 王何以待之乎④오 徐之才曰 彼亦欲爲王所爲니 縱其屈彊이나 不過隨我稱帝耳라하니 弼無以應이러라

① 高德政은 高顯의 아들이다. 高洋이 官府를 열었을 때 고덕정이 管記를 지냈는데, 이로 말미암아 친밀하여 하지 못하는 말이 없었다.
德政, 顯之子也. 洋之爲開府也, 德政爲管記, 由是親昵, 言無不盡.

② 宋白이 말하기를 "遼州 平城縣은 본래 漢나라 湟縣 지역인데, 晉나라 때에는 武鄕縣을 설치하였으니, 이 지역이 그에 속하였다. 隋나라 開皇 16년(596)에 趙簡子가 세웠던 平都故城에 平城縣을 설치하였다."라고 하였다.
宋白曰 "遼州平城縣, 本漢湟縣地, 晉置武鄕縣, 此地屬焉. 隋開皇十六年, 於趙簡子所立平都故城, 置平城縣."

③ 〈'國之勍敵'은〉 宇文氏를 말한다.
謂宇文氏也.

④ 여기에서 天子는 西魏主(元寶炬)를 말한다.
此天子謂西魏主.

【目】高德政이 鄴城에 도착하니, 公卿들 중에 호응하는 사람이 없었다. 司馬子如가 遼陽에서 高洋을 맞이하고는 〈禪讓을 빈음은〉 아직 안 된다고 굳게 말하였는데, 宋景業 등이 다시 〈천명을 받아야 한다고〉 권하자, 고양이 마침내 晉陽에서 출발하였다. 東魏에서는 고양의 지위를 相國으로 올리고 百官을 거느리며 九錫을 갖추게 하였는데, 고양은 鄴城에 도착하여 圜丘를 만들고 法物을 갖추고 侍中 張亮 등을 시켜서 東魏主를 알현하도록 하여 禪位하도록 압박하였다. 東魏主가 용모를 단정히 하며 말하기를 "겸손히 사양한 지 이미 오래되었으니, 삼가 마땅히 양위하도록 하겠다."라고 하고, 마침내 御坐에서 내려와 걸어서 東廊으로 가서 范曄이 漢 獻帝를 두고 지은 贊을 읊고는 들어가 六宮

(妃嬪들)과 이별하기를 바라자, 후궁들이 모두 통곡하였다. 直長 趙道德이 옛 犢車 한 대를 가지고 雲龍門으로 나가는 것을 전송할 적에 百官이 엎드려 작별하였다. 〈東魏主가〉 마침내 北城으로 거처를 옮겨 彭城王 元韶 등을 보내어 玉璽와 印綬를 받들어 齊王(고양)에게 선양하도록 하니, 제왕 고양이 南郊에서 皇帝의 자리에 올랐다. 北魏 敬宗 이래로 백관의 녹봉이 끊어졌으나 이때부터 비로소 다시 지급되었으며, 東魏主를 中山王으로 책봉하여 신하로서의 예절을 하지 않도록 대우하였다. 獻武王(高歡)과 文襄王(高澄)을 추존하여 모두 황제로 삼되, 獻武王의 廟號는 高祖로 하고 文襄王의 廟號는 世宗으로 하였으며, 王太后를 받들어 皇太后로 삼고, 東魏 조정의 봉작을 깎아내려 차등이 있도록 하였다.

德政至鄴하여는 公卿莫有應者러니 司馬子如逆洋於遼陽하여 固言未可①호되 景業等이 復勸之한대 洋乃發晉陽이라 東魏進洋하여 位相國하고 摠百揆하며 備九錫이어늘 洋至鄴하여 作圜丘하여 備法物하고 使侍中張亮等으로 見東魏主하여 逼以禪位한대 魏主斂容曰 推(퇴)挹已久로니 謹當遜避②호리라 乃下御坐하여 步就東廊하여 詠范曄漢獻帝贊하고 求入與六宮別하니 擧宮皆哭③이러라 直長趙道德이 以故犢車一乘으로 送出雲龍門할새 百僚拜辭하고 遂遷于北城④하여 遣彭城王韶等하여 奉璽綬禪位于齊한대 齊王洋卽皇帝位于南郊하다 自魏敬宗以來로 百官絶祿이러니 至是始復給之하고 封東魏主爲中山王하여 待以不臣之禮하고 追尊獻武王文襄王하여 皆爲皇帝호되 獻武는 廟號高祖요 文襄은 廟號世宗이라하고 尊王太后爲皇太后하고 降魏朝封爵有差⑤하다

① 遼陽縣은 漢나라 말기 이후로 樂平郡에 속하였는데, 隋나라 開皇 11년(591)에 遼山縣으로 바뀌었다.
遼陽縣自漢末以來屬樂平郡, 隋開皇十一年, 改曰遼山縣.
② 推(사양하다)는 吐雷의 切이며, 挹은 사양하다는 뜻이다.
推, 吐雷切. 挹, 遜也.
③ 范曄은 宋 文帝 때 사람이다. 그의 贊에 "獻帝는 태어남이 때를 만나지 못하여 자신의 몸은 떠돌고 나라는 무너졌네. 우리 4백 년 왕조를 끝마치고 영원히 虞舜의 손님 신세[53] 되었네."라고 하였다.
曄, 宋文帝時人. 其贊曰 "獻生不辰, 身播國屯, 終我四百, 永作虞賓."
④ 長(우두머리)은 竹兩의 切이다. 直長은 관직명이다. 궁궐의 여러 부서에는 각각 奉御와 直長이 있는데, 趙道德은 尙乘直長으로, 또한 高氏의 私人이다.
長, 竹兩切. 直長, 官名. 凡殿中諸局, 各有奉御, 有直長. 趙道德, 蓋尙乘直長也, 亦高氏之私人.

53) 虞舜의 손님 신세 : 舜임금이 堯임금의 아들 丹朱를 賓禮로 대우했기 때문에 虞賓이라 하는데, 이에 의해 亡國之主를 비유한 것이다.

⑤ 獻武는 高歡의 시호이고, 文襄은 高澄의 시호이다. 王太后는 바로 婁氏이다.
獻武, 歡謚. 文襄, 澄謚. 王太后卽婁氏.

【綱】 梁나라 武陵王 蕭紀가 世子 蕭圓照를 보내어 군사를 인솔하고 구원하게 할 적에 〈蕭繹이〉 白帝에 주둔하게 하였다.

梁武陵王紀遣其世子圓照하여 **將兵赴援**할새 **次于白帝**[54)]하다

【目】 당시에 梁나라 경내에서 荊州와 益州의 관할 지역이 여전히 온전하고 충실하였는데, 益州刺史 武陵王 蕭紀가 征鎭[55)]에게 문서를 보내어 알리고 世子 蕭圓照를 시켜서 군사를 인솔하고 湘東王 蕭繹의 지휘를 받도록 하였다. 소역은 〈소원조를〉 信州刺史에 임명하여 白帝에 주둔하도록 하고 동쪽으로 내려가는 것을 허락하지 않았다.

時에 梁境唯荊益所部가 尙完實이러니 益州刺史武陵王紀가 移告征鎭하고 使世子圓照로 帥兵受湘東王節度[①]한대 繹授以信州刺史하여 令屯白帝하여 未許東下[②]하다

① 移는 箋·表의 종류이다. 官曹와 公府에서 서로 높이지 않는 경우에는 移文을 사용한다.
移, 箋·表之類也. 官曹·公府不相臨敬, 則爲移文.
② 梁나라가 白帝에 信州를 설치하였다.
梁置信州於白帝.

---

54) 梁武陵王紀……次于白帝 : "侯景이 반란한 지 3년에 蕭紀는 마침내 군사를 파견하여 나아가 구원하게 하였으니 많은 죄가 있다. 그러므로 동쪽으로 내려가는 것을 허락하지 않은 것이 비록 湘東王의 命이었지만 ≪資治通鑑綱目≫에서는 곧바로 '蕭圓照를 白帝에 주둔하게 하였다.〔圓照次于白帝〕'라고 기록하였으니 소기의 마음을 벌준 것이다. 이때에 '들어와 구원하였다〔入援〕'라고 기록한 것이 5번인데 韋粲 이외에 나머지는 모두 나무랄 만하였으나 오직 蕭紀가 보다 심하였다. ≪자치통감강목≫이 끝날 때까지 '들어와 구원하였다〔入援〕'라고 기록한 것은 15번이고(晉 愍帝 建興 4년(316)에 자세하다.), '들어와 호위하였다〔入衛〕'라고 기록한 것은 3번이고(晉 懷帝 永嘉 2(308)에 자세하다.), '난리에 달려왔다〔赴難〕'라고 기록한 것은 3번이고(晉成帝 咸和 4(329)에 자세하다.), '수둔했다〔次〕'라고 기록한 것은 1번일 뿐이나.〔景叛三年 紀乃遣兵赴援 有餘罪矣 故不許東下 雖湘東之命 綱目直書圓照次于白帝 所以誅紀心也 於是書入援五 自韋粲外 餘皆可議 惟紀爲甚焉 終綱目書入援十五(詳晉愍帝建興四年) 書入衛三(詳晉懷帝永嘉二年) 赴難三(詳晉成帝咸和四年) 書次者一而已〕" ≪書法≫
"蜀으로부터 臺城까지 거리가 비록 매우 먼 듯하지만 君父가 陷沒된 것이 이미 오래되었으니, 武陵王 蕭紀가 이에 이르러 능히 달려와 지원할 수 있었는데, 또다시 또 大衆을 친히 거느리고 流星처럼 빨리 달려오지 못한 것은 어째서인가. '世子 蕭圓照를 보내어 白帝에 주둔하게 하였다.〔遣世子次于白帝〕'라고 기록하였으니 죄가 절로 드러난다.〔自蜀至臺城 相去雖若甚遠 然其君父陷沒 亦既久矣 武陵至是 方克赴援 又不能親將大衆 星馳而下 何哉 書遣世子次于白帝 罪自見矣〕" ≪發明≫

55) 征鎭 : 魏晉 이후 장군이나 대장군의 칭호이다. 征東·征西·鎭東·鎭西와 같은 것으로, 軍事를 감독하고 지방을 수비하는 무관직의 총칭이다.

【綱】 梁나라 侯瑱이 莊鐵을 죽이고 豫章을 점거하였다.

梁侯瑱殺莊鐵하고 據豫章하다

【目】 鄱陽王 蕭範이 卒하고 나자 侯瑱이 莊鐵에게 가서 의지하였다. 장철이 그를 꺼리자 후진이 스스로 불안하여 장철을 속여서 일을 모의하는 데에 끌어들였다가 이로 인해 그를 죽이고 스스로 豫章을 점거하였다.

鄱陽王範이 旣卒에 侯瑱往依莊鐵한대 鐵忌之어늘 瑱不自安하여 詐引鐵謀事라가 因殺之하고 自據豫章하다

【綱】 北齊에서 〈齊主(高洋)의〉 아들 高殷을 세워 太子로 삼았다.

齊立子殷하여 爲太子하다

【目】 齊主는 趙郡 사람 李希宗의 딸과 혼인하여 아들 高殷과 高紹德을 낳았고, 또 段韶의 여동생을 맞아들였다. 中宮을 세우려고 할 적에 高隆之와 高德政이 공로가 있는 귀족들의 지원을 받고자 하여 마침내 말하기를 "漢族의 부인은 천하 사람들의 어머니가 될 수 없습니다."라고 하였으나, 〈齊主가〉 따르지 않고는 마침내 李氏를 세워 황후로 삼고 그의 아들 고은을 太子로 삼았다.

齊主娶趙郡李希宗之女하여 生子殷及紹德하고 又納段韶之妹러니 及將建中宮에 高隆之高德政이 欲結勳貴之援하여 乃言漢婦人은 不可爲天下母라호되 不從하고 乃立李氏爲后하고 以其子殷으로 爲太子하다

【綱】 西魏가 蕭詧을 세워 梁王으로 삼았다.

魏立蕭詧하여 爲梁王하다

【目】 西魏 사람들이 岳陽王 蕭詧을 시켜서 〈梁 武帝의〉 發喪을 하고 지위를 잇게 하려고 하였으나 소찰이 사양하자, 이에 사신을 보내어 소찰에게 冊命을 내려 梁王으로 삼고 臺省을 건립하고 百官을 두었다.

魏人欲令岳陽王詧로 **發哀嗣位**호되 **詧辭**어늘 **乃遣使冊命詧**하여 **爲梁王**하고 **建臺**하여 **置百官**하다

【綱】梁나라 高州刺史 李遷仕가 반란을 일으키자, 高涼太守 馮寶의 아내 冼氏가 토벌하여 그를 패퇴시켰다.

梁高州刺史李遷仕反이어늘 **高涼太守馮寶妻冼氏**가 **討敗之**[56)]하다

【目】애초에 燕나라(北燕) 昭成帝(馮弘)가 고구려로 달아날 적에 그의 친족 馮業을 시켜서 300명을 데리고서 바다에 배를 띄워 宋나라(劉宋)로 달아나도록 하였는데, 그대로 新會에 머물렀다. 풍업에서 손자 馮融에 이르기까지 대대로 羅州刺史가 되었으며, 풍융의 아들 馮寶는 高涼太守가 되었다. 高涼 사람 冼氏는 대대로 蠻族의 추장이 되어 부락은 십여만 가구였으며, 딸이 있는데 책략이 많고 用兵을 잘하여 여러 마을 사람들이 모두 그녀의 信義에 감복하자, 풍융이 그녀를 풍보의 아내로 삼았다. 풍융이 비록 여러 대에 걸쳐 方伯이 되었으나 그곳의 토착민이 아니었기에 號令이 시행되지 않았는데, 선씨가 本家의 친족을 단속하여 백성들에게 예절을 따르도록 하고, 訟事에 참여하여 결정하여 비록 친척이라도 놓아주는 일이 없었으니, 이로 말미암아 馮氏가 비로소 정치를 시행할 수 있었다.

初에 **燕昭成帝奔高麗**①할새 **使其族人馮業**으로 **以三百人浮海奔宋**하여 **因留新會**하니 **自業至孫融**히 **世爲羅州刺史**②하고 **融子寶爲高涼太守**③러니 **高涼冼**(선)**氏世爲蠻酋**하여 **部落十餘萬家**④요 **有女**하여 **多籌略**하고 **善用兵**하니 **諸洞皆服其信義**어늘 **融聘以爲寶婦**하니 **融雖世爲方伯**이나 **非其土人**이라 **號令不行**하더니 **冼氏約束本宗**하여 **使從民禮**하고 **參決辭訟**하여 **雖親戚**이라도 **無所縱舍**하니 **由是**로 **馮氏始得行其政**이러라

① 昭成帝는 馮弘의 謚號이다.

---

56) 梁高州刺史李遷仕反……討敗之 : "'冼氏'를 기록한 것은 무엇인가. 부녀자의 절조를 장하게 여긴 것이다. 부녀자가 역적을 토벌한 것은 이전에 孫翊의 妻 徐氏를 기록하였으니, 여기서 다시 보인다. ≪資治通鑑綱目≫이 끝날 때까지 부녀자가 '토벌했다〔討〕'라고 기록한 것은 2번일 뿐이다.(漢 獻帝 建安 9년(204), 이해(550))〔書冼氏 何 壯婦節也 婦人討賊 前書孫翊妻徐氏矣 於是再見 終綱目婦人書討二而已(漢獻帝建安九年 是年)〕" ≪書法≫

"冼氏는 일개 婦人인데 의리를 떨쳐 역적을 토벌하였으므로 ≪資治通鑑綱目≫에서는 특별히 책에 기록하였다. 저 大丈夫로 自處하는 袁君正과 같은 무리들로 역적에게 결부하기에 달가워하는 자들은 부끄러워 죽고 싶지 않겠는가.〔冼氏一婦人 乃能奮義討賊 故綱目特書于冊 彼以大丈夫自處 若袁君正之徒 乃甘於附賊者 可不愧死無地哉〕" ≪發明≫

昭成, 馮弘諡.

② 晉나라 恭帝 元熙 2년(420)에 南海郡을 나누어 新會郡을 세웠다. 《五代志》에 "高涼郡 石龍縣에 옛날에 羅州를 설치하였다."라고 하였다.
晉恭帝元熙二年, 分南海郡立新會郡. 五代志"高涼郡石龍縣, 舊置羅州."

③ 漢나라 合浦郡 高涼縣 지역에 孫吳(삼국시대 吳나라) 때에 郡을 세웠고, 梁나라 때에 高州를 설치하였다.
漢合浦郡高涼縣, 孫吳立郡, 梁置高州.

④ 冼은 음이 銑이다.
冼, 音銑.

【目】高州刺史 李遷仕가 사신을 보내어 馮寶를 불렀는데, 풍보가 가려고 하자 冼氏가 그를 저지하면서 말하기를 "刺史가 臺城을 구원하도록 부름을 받았을 때 질병이 있다고 핑계를 대고는 병기를 만들고 무리를 모은 뒤에 그대를 불렀으니, 이는 반드시 그대를 인질로 삼고 그대의 군대를 움직이려고 하는 것입니다. 바라건대 우선 가지 말고 상황의 변화를 관망하십시오."라고 하였다. 며칠이 지나 이천사가 과연 반란을 일으켜 主帥 杜平虜를 보내어 군사를 거느리고 南康을 압박하도록 하자, 陳霸先이 周文育을 시켜 그를 공격하도록 하였다.

선씨가 풍보에게 말하기를 "두평로가 지금 官軍과 서로 맞서고 있으니 형세상 군대를 돌릴 수 없고, 이천사는 高州에 있어 할 수 있는 일이 없습니다. 그대가 만일 스스로 가면 반드시 전투가 일어날 것이니, 마땅히 사신을 보내어 겸손한 말과 후한 예물로 그에게 고하기를 '제가 감히 나갈 수가 없어 아내를 보내어 찾아뵙도록 하려 합니다.'라고 하면, 그가 반드시 기뻐하고 대비하지 않을 것입니다. 제가 천여 명을 거느리고 가서 여러 물건을 지고 걸어가면서 재물을 바쳐 속죄한다고 말을 하고 목책 아래에 도달할 수 있게 되면 분명히 그를 격파할 수 있을 것입니다."라고 하니, 풍보가 그녀의 말대로 하였다. 이천사가 과연 대비를 갖추지 않았는데 선씨가 습격하여 크게 격파하니, 이천사는 달아나서 寧都를 지켰다. 주문육 역시 두평로를 공격하여 패주시키고 그의 城을 점거하였다. 선씨가 진패선과 灨石에서 만났다가 돌아와서 풍보에게 말하기를 "陳都督(진패선)은 보통 사람이 아니기에 여러 사람의 마음을 많이 얻었으니, 반드시 역적을 평정할 수 있을 것입니다. 마땅히 그를 후하게 도와야 합니다."라고 하였다.

高州刺史李遷仕遣使召寶①한대 寶欲往이어늘 冼氏止之曰 刺史被召援臺에 乃稱有疾하고 鑄兵

聚衆而後에 召君하니 此必欲質君하여 以發君之兵也니 願且無往하여 以觀其變하라 數日에 遷仕果反하여 遣主帥杜平虜하여 將兵逼南康이어늘 陳霸先使周文育으로 擊之러니 冼氏謂寶曰 平虜今與官軍相拒하니 勢不得還이요 遷仕在州하여 不能爲也라 君若自往하면 必有戰鬪니 宜遣使하여 卑辭厚禮로 告之曰 身未敢出하여 欲遣婦參이라하면 彼必喜而無備하리니 我將千餘人하여 步擔雜物하여 唱言輸賧하고 得至柵下하면 破之必矣리라하니 寶從之[②]라 遷仕果不設備어늘 冼氏襲擊大破之하니 遷仕走保寧都어늘 文育亦擊走平虜하고 據其城[③]이라 冼氏與霸先으로 會於灨石이러니 還謂寶曰 陳都督은 非常人也라 甚得衆心하니 必能平賊이니 宜厚資之[④]라하더라

① ≪五代志≫에 "高涼郡은 梁나라 때에 高州를 설치하였다."라고 하였다.
五代志 "高涼郡, 梁置高州."
② 賧(속바치다)은 吐濫의 切이니, 夷人이 재물을 가지고 속죄하는 것이다.
賧, 吐濫切. 夷人以貨財贖罪也.
③ 吳나라가 漢나라의 贛縣을 나누어 陽都縣을 설치하였는데, 晉 武帝 太康 원년(280)에 寧都로 이름을 고쳤다.
吳分漢贛縣, 立陽都縣, 晉武太康元年, 更名寧都.
④ 灨은 古送과 古暗의 두 가지 切이다. 灨石은 지명으로, 南康軍에 있다.
灨, 古送·古暗二切. 灨石, 地名, 在南康軍.

【綱】梁王 蕭詧이 西魏로 들어가 조회하였다.

梁王詧入朝于魏하다

【綱】가을 7월에 侯景이 江州와 豫章을 함락하였다.

◑秋七月에 侯景陷江州及豫章하다

【目】애초에 東魏에서 牒雲洛 등을 보내어 鄱陽王의 世子 蕭嗣를 맞이하여 皖城에 鎭守하게 하였는데, 〈소사가〉 출발하기 전에 侯景이 任約을 보내어 병사를 이끌고 江州를 공격하자, 첩운락 등이 몸을 빼어 떠나니, 소사는 마침내 원조해줄 세력을 잃게 되어 패배하여 죽었다. 임약이 드디어 땅을 경략하여 湓城에 도착하자, 尋陽王 蕭大心이 군대를 출동시켜 싸워서 패배하였지만, 휘하에는 아직도 戰士 천여 명이 있었기에 모두 소대심에게 권하여 달아나 建州를 지키라고 하였다. 그러나 소대심이 〈그 계책을〉 쓰지 못하고 마침내 江州를 가지고 항복하였다.

후경이 于慶을 보내어 땅을 경락하여 豫章에 도착하자, 후진이 힘에 부쳐 역시 그에게 항복하니, 후경은 侯瑱이 同姓이라는 이유로 아주 후하게 대우하였으며, 그의 처자를 인질로 삼고 우경을 따라 함께 보내어 彭蠡湖 이남에 있는 여러 郡을 순시하도록 하였다. 巴山 사람 黃法氍는 용력이 있었는데, 무리를 모아서 鄕里를 지켰다. 太守 賀詡가 江州로 내려갈 적에 황법구에게 명을 내려 郡의 업무를 감독하게 하여 新淦에 군대를 주둔시키자, 우경이 군대를 나누어 기습하였는데, 황법구가 그를 패퇴시켰다. 陳霸先이 周文育에게 군대를 전진시켜 우경을 치도록 하니, 황법구가 군대를 이끌고 그들과 회합하였다.

初에 東魏遣牒雲洛等하여 迎鄱陽世子嗣하여 使鎭皖城이어늘 未行[①]에 侯景遣任約하여 將兵寇江州한대 洛等引去하니 嗣失援敗死라 約遂略地至湓城하니 尋陽王大心이 出兵戰敗나 帳下에 猶有戰士千餘人이라 咸勸大心走保建州호되 大心이 不能用하여 遂以州降[②]이어늘 景遣于慶하여 略地至豫章하여는 侯瑱力屈하여 亦降之하니 景以瑱同姓이라하여 待之甚厚하여 質其妻子하고 遣隨慶하여 徇蠡南諸郡[③]이러니 巴山人黃法氍有勇力하더니 合徒衆하여 保鄕里[④]어늘 太守賀詡가 下江州할새 命法氍하여 監郡事하여 屯新淦[⑤]하니 慶分兵襲之한대 法氍敗之어늘 陳霸先使周文育으로 進軍擊慶하니 法氍引兵會之하다

① 雲은 云이 되어야 하니, 牒云은 오랑캐의 複姓이다. 皖은 戶板의 切이다. 皖城은 廬江 皖縣의 城이다.
雲當作云. 牒云, 虜複姓. 皖, 戶板切. 皖城, 廬江皖縣之城.

② ≪五代志≫에 "弋陽郡 殷城縣은 옛날에 '苞信'이라고 하였는데, 梁나라 때에 義城郡과 建州를 설치하였다."라고 하였다. 帳下(휘하의 사람)들이 蕭大心에게 달아나서 〈建州를〉 지키라고 권한 것은 北齊로 들어가기 편리하기 때문이다.
五代志 "弋陽郡殷城縣, 舊曰苞信, 梁置義城郡及建州." 帳下勸大心走保之者, 便於入齊也.

③ 蠡의 음은 禮이다. 蠡南의 諸郡은 彭蠡湖 이남의 여러 郡을 가리키니, 豫章, 廬陵, 安成, 臨川, 南康과 같은 지역이 이곳이다.
蠡, 音禮. 蠡南諸郡, 指彭蠡湖以南諸郡, 如豫章・廬陵・安成・臨川・南康・是也.

④ 劉昫가 말하기를 "吳나라 때에는 臨汝를 나누어 新建縣을 만들었고, 梁나라 때에는 巴山郡을 설치하였다."라고 하였다. 氍는 巨俱의 切이다.
劉昫曰"吳分臨汝爲新建縣, 梁置巴山郡." 氍, 巨俱切.

⑤ 巴山에서 물길을 따라 江州로 나아가기에 내려감〔下〕이 된다. 淦은 古暗의 切이다. 新淦縣은 漢나라 때에 豫章郡에 속했는데, ≪五代志≫에는 "廬陵郡에 속한다."라고 하였다.
自巴山順流赴江州爲下. 淦, 古暗切. 新淦縣, 漢屬豫章郡, 五代志 "屬廬陵郡."

【綱】 北齊가 법률을 제정하고 처음으로 9등급의 戶를 세웠다.

齊定律하고 始立九等戶하다

【目】 齊主(高洋)가 처음 즉위하였을 때 힘을 쏟아 정치를 하였다. 趙道德이 黎陽太守 房超에게 어떤 일을 부탁하자 방초가 편지를 열어 보지도 않고 그 使者를 몽둥이로 쳐서 죽였는데, 齊主가 이를 잘한 일이라고 여겨 守宰들에게 명하여 각각 몽둥이를 마련하여 청탁을 하러 오는 使者를 죽이도록 하였다. 오랜 시간이 지나서 中郎 宋軌가 상주하기를 "만약 사신이 청탁하는 뇌물을 받았을 적에 오히려 주살을 당한다면 몸소 법을 어긴 경우에는 무슨 죄를 더해야 하겠습니까!"라고 하니, 마침내 그 일을 철폐하였다.

이윽고 僕射 薛琡 등에게 조서를 내려 東魏의 ≪麟趾格≫[57)]을 따라 토론하여 덜어내거나 보태게 하여 北齊의 법률을 만들었고, 6坊에 있는 사람을 가려 뽑되, 한 사람마다 반드시 1백 명을 담당하게 하여 그에게 陣地에 나가서는 필사적으로 싸우라는 책임을 맡긴 뒤에 그들을 채용하여 '百保鮮卑'라고 불렀다. 또 漢族 중에서 용력이 있는 사람을 가려 뽑아 그들을 '勇士'라고 부르고 변경의 요충지에 배치하였다. 처음으로 아홉 등급의 戶를 세워 부유한 사람은 돈으로 세금을 내도록 하고, 가난한 사람은 힘으로 부역을 하도록 하였다.

齊主初立에 勵精爲治러니 趙道德以事屬(촉)黎陽太守房超한대 超不發書하고 棓殺其使①어늘 齊主善之하여 命守宰하여 各設棓以誅屬(촉)請之使러니 久之에 中郎宋軌奏曰② 若受使請賕에 猶致大戮인댄 身爲枉法하면 何以加罪리오 乃罷之하다 尋詔僕射薛琡等하여 取魏麟趾格討論하여 損益以爲齊律하고 簡練六坊之人호되 每一人必當百人하여 任其臨陳必死然後取之하여 謂之百保鮮卑③라하고 又簡華人勇力者하여 謂之勇士라하여 以備邊要④하고 始立九等之戶하여 富者는 稅其錢하고 貧者는 役其力⑤하다

① 屬(부탁하다)은 之欲의 切이니, 아래도 동일하다. 魏收의 ≪魏書≫ 〈地形志〉에 "孝昌 연간(525~528)에 汲郡을 나누어 黎陽郡을 설치하여 司州에 속하게 하였으며, 黎陽城에 治所를 두었다."라고 하였다. 棓(몽둥이)는 棒과 동일하니, 步項의 切로, 때린다는 뜻이며, 또 몽둥이라는 뜻이다. 使(사신)는 疏吏의 切이니, 아래도 동일하다.
屬, 之欲切, 下同. 魏收志"孝昌中, 分汲郡置黎陽郡, 屬司州, 治黎陽城." 棓, 與棒同, 步項切, 打也, 又木杖也. 使, 疏吏切, 下同.

57) 麟趾格 : 東魏 孝靜帝가 여러 관료들에게 麟趾閣에서 法制의 제정을 논의하도록 조서를 내려서 만든 법률을 말한다.

② 中郎은 郎中이 되어야 한다.
中郎, 當作郎中.

③ 北魏와 北齊 무렵에 6軍의 宿衛하는 병사를 6坊으로 나누었다. 任은 책임을 맡기는 것이다. 百保는 그 용맹이 한 사람당 백 명을 감당하는 것을 보증할 수 있음을 말한다. 高氏는 鮮卑族을 데리고 창업을 하였는데, 당시에 건장하고 전투를 잘한다고 하였기 때문에 호위하는 병사는 모두 선비족을 기용하였다.
魏·齊之間, 六軍宿衛之士, 分爲六坊. 任, 保任也. 百保, 言其勇可保一人當百人也. 高氏以鮮卑創業, 當時號爲健鬪, 故衛士皆用鮮卑.

④ '邊要'는 변경의 요충지이다.
邊要, 邊上要害之地.

⑤ 戶는 상·중·하 세 등급이 있는데, 매 등급을 또 상·중·하로 나누어 9등급이 되었다.
戶有上·中·下三等, 每等又分上·中·下, 是爲九等.

附錄

1. ≪思政殿訓義 資治通鑑綱目 20≫ 年表

作成者 李孝宰

年度	在位年	역문쪽수	주요 사건
526 丙午年	梁 武帝(蕭衍) 普通 7 北魏 孝明帝(元詡) 孝昌 2	11	• 北魏가 楊津을 北道大都督으로 삼음.
		12	• 北魏의 鮮于脩禮가 반란을 일으킴. • 北魏 敕勒 斛律洛陽이 반란을 일으켰으나 爾朱榮이 토벌하여 평정함. • 北魏가 元順을 太常卿으로 삼음.
		13	• 北魏 朔州의 鮮于阿胡가 반란을 일으킴. • 北魏 都督 李琚가 杜洛周를 토벌하다가 패하여 죽음. • 北魏 長孫稚가 鮮于脩禮를 토벌하다가 대패함.
		14	• 梁나라에 있던 元略이 北魏로 돌아와 侍中이 됨.
		15	• 北魏가 廣陽王 元深을 北道大都督으로 삼아 鮮于脩禮를 토벌게 함.
		16	• 北魏 行臺 常景이 杜洛周를 范陽에서 물리침. • 鮮于阿胡가 北魏의 平城을 함락시킴. • 元洪業이 鮮于脩禮를 죽이고 北魏에 항복하니 그의 徒黨 葛榮이 원홍업을 죽이고 즉위함. • 北魏 爾朱榮이 爾朱羽生을 肆州刺史로 삼음.
		17	• 葛榮이 北魏 都督 元融과 元深을 습격하여 죽임.
		19	• 就德興이 北魏 平州를 함락시킴. • 莫折念生이 北魏에 항복했다가 다시 반란을 일으킴. 破六韓拔陵이 胡琛을 유인하여 죽이자 万俟醜奴가 호침의 무리를 병합함.
		20	• 梁나라가 北魏의 壽陽을 탈취함.
		22	• 北魏 幽州의 백성들이 行臺 常景을 붙잡고서 배반하여 杜洛周에게 항복함.
527 丁未年	梁 武帝 大通 1 北魏 孝明帝 孝昌 3	23	• 葛榮이 北魏의 殷州를 함락하고서 刺史 崔楷를 전사시키고 冀州를 포위함.
		24	• 北魏 蕭寶寅이 莫折念生을 토벌하다가 대패함. 북위가 楊椿을 行臺로 삼아 關西의 장수들을 지위하게 함.
		26	• 莫折天生이 雍州에 패하여 죽음.

年度	在位年	역문쪽수	주요 사건
527 丁未年	梁 武帝 大通 1 北魏 孝明帝 孝昌 3	27	• 梁나라가 北魏를 침략하여 東豫州와 琅邪를 포위하여 三關을 함락시킴.
			• 北魏는 房景伯을 東淸河太守로 삼음.
		29	• 莫折念生이 潼關을 점검함.
			• 梁 武帝가 同泰寺에 捨身함.
		30	• 北魏가 蕭寶寅을 西討大都督으로 삼음.
		31	• 北魏의 陳郡이 반란을 일으키자 토벌하여 평정함.
		32	• 北魏 元鑑이 鄴城을 가지고 배반하여 葛榮에게 투항함.
			• 北魏 李神軌가 高謙之를 죽임.
		33	• 梁나라 彭群이 北魏 琅邪를 포위하였다가 패함.
			• 北魏의 大都督 源子邕이 鄴城을 함락시키고 元鑑을 죽임.
			• 秦州 사람들이 莫折念生을 죽이고 北魏에 투항함.
			• 梁나라 湛僧智와 夏侯夔가 北魏의 廣陵을 함락시킴.
		35	• 梁나라 陳慶之가 北魏의 渦陽을 함락시킴.
		37	• 北魏의 蕭寶寅이 關右大使 酈道元을 죽이고 반란을 일으키자 北魏가 行臺 長孫稚를 보내 토벌함.
		40	• 梁나라가 蕭淵藻를 北討都督으로 삼아서 渦陽에 진수함.
			• 葛榮이 北魏의 冀州를 함락시켜서 都督 源子邕과 裴衍을 죽이고 相州를 침략함.
528 戊申年	梁 武帝 大通 2 北魏 孝明帝 孝昌 4 北魏 孝莊帝(元子攸) 永安 1	41	• 杜洛周가 北魏의 定州와 瀛州를 함락시킴.
		43	• 北魏 長孫稚가 蕭寶寅을 토벌하니, 소보인이 万俟醜奴에게 도망함.
		45	• 葛榮이 杜洛周를 죽이고 그 무리들을 병합함.
			• 北魏 胡太后가 孝明帝를 독살하고 臨洮王 世子 元釗를 세움.
		51	• 葛榮이 北魏의 滄州를 함락시킴.
		52	• 北魏 爾朱榮이 晉陽에서 거병하여 河陽에서 長樂王 元子攸를 황제로 세우고 胡太后와 幼主 元釗를 죽이고, 王公 이하 2천 명을 죽임. 이주영이 都督中外諸軍事 太原王이 되고서 洛陽에 들어감.
		58	• 北魏 徐紇이 太山으로 달아나고 鄭儼이 伏誅됨.
		59	• 北魏 汝南王 元悅, 臨淮王 元彧, 北海王 元顥가 梁나라로 망명함.
		59	• 北魏의 郢州·靑州·南荊州가 梁나라에 귀부함.
			• 北魏가 孝明帝의 嬪 爾朱氏를 皇后로 세움.

年度	在位年	역문쪽수	주요 사건
528 戊申年	梁 武帝 大通 2 北魏 孝明帝 孝昌 4 北魏 孝莊帝(元子攸) 永安 1	61	• 北魏 爾朱榮이 晉陽으로 돌아가서 元天穆을 侍中 錄尙書事 領軍將軍으로 삼음.
		61	• 北魏가 전란으로 재정이 부족하자 納粟하는 자에게 작위와 벼슬을 내리게 함.
		62	• 梁나라가 曹義宗을 보내서 北魏의 荊州를 포위함.
		63	• 梁나라에 있던 元彧이 北魏로 돌아옴.
			• 北魏가 侍郎 高乾과 高敖曹를 면직시킴.
		64	• 北魏의 河間 사람 邢杲가 모반함.
			• 万俟醜奴가 稱帝함.
			• 北魏 泰山太守 羊侃이 梁나라에 투항함.
			• 葛榮이 北魏의 相州를 포위하자 爾朱榮이 갈영을 토벌하여 사로잡음. 이에 冀州·定州·滄州·瀛州·殷州가 모두 평정됨.
		67	• 北魏 爾朱榮이 大丞相이 됨.
			• 梁나라가 元顥를 魏王으로 삼고 陳慶之에게 군사를 주어 원호를 북위로 들여보냄.
			• 北魏가 費穆을 보내서 荊州를 구원하고 梁나라 曹義宗을 잡음.
			• 北魏가 泰山郡을 빼앗자 羊侃과 徐紇이 梁나라로 도망함.
		68	• 北魏 幽州 사람 韓樓가 반란을 일으킴.
529 己酉年	梁 武帝 中大通 1 北魏 孝莊帝 永安 2	68	• 北魏 孝莊帝가 先親인 元勰을 追尊하여 皇帝로 삼음.
		70	• 魏王 元顥가 滎城을 함락시키고 皇帝를 칭함.
		71	• 北魏 元天穆이 邢杲를 토벌하여 평정함.
			• 魏王 元顥가 梁國, 滎陽, 虎牢를 차지함.
		72	• 魏主 元顥가 洛陽에 들어가고 陳慶之를 車騎大將軍으로 삼음.
		75	• 北魏 都督 費穆이 伏誅됨.
			• 北魏의 湖陽縣이 반란하여 梁나라에 항복함.
			• 北魏의 爾朱榮이 魏王 元顥를 공격하니 원호가 죽음. 陳慶之가 달아나 梁나라로 돌아감. 孝莊帝가 洛陽으로 돌아오니 이주영이 天柱大將軍이 됨.
		81	• 北魏가 高道穆을 中尉로 삼음.
			• 北魏가 永安五銖錢을 주조함.
		82	• 北魏 巴州가 반란하여 梁나라에 귀부함.
		83	• 北魏 太保 楊椿이 사직함.
			• 梁 武帝가 同泰寺에서 捨身함.

年度	在位年	역문쪽수	주요 사건
529 己酉年	梁 武帝 中大通 1 北魏 孝莊帝 永安 2	86 87	• 北魏가 韓樓를 토벌하여 幽州를 평정함. • 万俟醜奴가 北魏의 東秦州를 함락시킴. • 就德興이 北魏에 항복하니 營州가 평정됨. • 北魏는 城陽王 元徽를 太保로 삼고, 蕭贊을 太尉로 삼고, 長孫稚를 司徒로 삼음. • 梁나라 北兗州刺史 陳慶之가 妖賊 僧彊을 토벌함.
530 庚戌年	梁 武帝 中大通 2 北魏 孝莊帝 永安 3 北魏 東海王(元曄) 建明 1	88 91 92 93 101 108 114	• 北魏가 巴州를 탈환함. • 北魏 都督 爾朱天光이 万俟醜奴를 토벌하여 만사추노와 蕭寶寅을 죽임. • 梁나라가 元悅을 魏王으로 삼음 • 北魏가 万俟醜奴의 잔당을 토벌하여 三秦·河州·渭州·瓜州·涼州·鄯州가 평정함. • 北魏가 宇文泰를 征西將軍 行原州事로 삼음. • 北魏 爾朱榮이 洛陽에 이르러 太宰 元天穆과 함께 죽임을 당함. • 北魏의 僕射 爾朱世隆과 汾州刺史 爾朱兆이 長廣王 元曄을 長子에서 황제로 세우고, 洛陽에 들어가서 孝莊帝를 晉陽으로 옮기고 시해함. • 北魏 紇豆陵步蕃이 爾朱兆를 秀容郡에서 격파하자, 이주조와 晉州刺史 高歡이 흘두릉보번을 공격하여 죽임. 이주조가 고환에게 六鎭을 통솔하게 함. • 梁나라가 陳慶之를 南北司州刺史로 삼음.
531 辛亥年	梁 武帝 中大通 3 北魏 節閔帝(元恭) 普泰 1 北魏 安定王(元朗) 中興 1	115 116 117 121 122 123 124 128	• 北魏 爾朱世隆이 君主 元曄을 폐출하고 廣陵王 元恭을 옹립함. • 北魏 幽州行臺 劉靈助가 반란을 일으킴. • 北魏 河北大使 高乾이 信都에서 군사를 일으켜 冀州城을 가지고 高歡을 맞이함. • 北魏가 元曄을 東海王에 책봉함. • 北魏가 爾朱世隆을 太保로 삼음. • 北魏가 高歡을 渤海王 東道大行臺 冀州刺史로 삼음. • 北魏 都督 侯淵이 劉靈助를 토벌하여 죽임. • 梁나라 太子 蕭統 사망. • 梁 武帝가 蕭綱을 太子로 삼고, 蕭歡을 豫章王으로, 蕭譽를 河東王으로, 蕭詧을 岳陽王으로 삼음. • 北魏 冀州刺史 高歡이 爾朱氏를 토벌함.

年度	在位年	역문쪽수	주요 사건
531 辛亥年	梁 武帝 中大通 3 北魏 節閔帝(元恭) 普泰 1 北魏 安定王(元朗) 中興 1	130 132	• 北魏 廣宗王 爾朱天光이 侍中 楊侃을 살해함. 爾朱世隆이 司空 楊津과 太保 楊椿을 죽임. • 梁나라가 황족들에게 湯沐邑과 鄕侯와 亭侯를 내림. • 北魏 高歡이 渤海太守 元朗을 황제로 세우고 丞相이 됨. 고환이 廣阿에서 爾朱兆 등을 격파함.
532 壬子年	梁 武帝 中大通 4 北魏 節閔帝 普泰 2 北魏 安定王 中興 2 北魏 孝武帝(元脩) 永熙 1	134 135 136 139 140 141 143 144 145	• 梁나라가 袁昂을 司空으로 삼음. • 梁나라가 西豐侯 蕭正德을 臨賀王에 책봉함. • 北魏 丞相 高歡이 相州를 함락한 뒤 楊愔을 行臺右丞으로 삼음. • 梁나라가 元法僧을 東魏王으로 삼음. • 梁나라 邵陵王 蕭綸이 파면되어 庶人이 되었다가 원래 신분으로 회복됨. • 北魏 군주 元朗이 鄴城으로 가자 高歡이 太師가 됨. • 北魏 斛斯椿이 爾朱天光과 爾朱度律을 체포하여 鄴城으로 보내니, 爾朱世隆은 처형당하고 爾朱仲遠은 梁나라로 달아남. • 北魏 雍州刺史 賀拔岳이 爾朱顯壽를 죽임. • 高歡이 洛陽에 들어와 節閔帝 元恭과 元朗을 폐위시키고서 平陽王 元脩를 옹립하고 大丞相이 됨. • 北魏 爾朱度律과 爾朱天光이 죽임을 당함. • 北魏가 元朗을 安定王에 책봉함. • 北魏 孝武帝가 옛 군주 元恭을 죽임. • 北魏 高歡이 爾朱兆를 토벌하여 晉陽을 점거함. • 北魏 孝武帝가 安定王 元朗과 東海王 元曄을 죽임. • 北魏 孝武帝가 汝南王 元悅을 죽임. • 北魏가 高歡의 딸 高氏를 황후로 세움.
533 癸丑年	梁 武帝 中大通 5 北魏 孝武帝 永熙 2	146 147 148 149 150 151 153	• 北魏 高歡이 秀容을 습격하여 爾朱兆를 죽임. • 北魏가 각지의 行臺를 없앰. • 北魏가 賀拔勝을 荊州刺史로 삼음. • 阿至羅가 北魏에 귀의함. • 北魏 孝武帝가 徐州刺史 高乾을 죽이자 大都督 高敖曹가 晉陽으로 달아남. • 北魏 耿翔이 刺史를 살해하고 梁나라에 항복함. • 北魏의 下邳가 배반하여 梁나라에 항복함. • 北魏가 賀拔岳을 雍州刺史로 삼음. • 北魏 高歡이 자신의 封邑을 공훈을 세운 자들에게 나누어 줌.

年度	在位年	역문쪽수	주요 사건
533 癸丑年	梁 武帝 中大通 5 北魏 孝武帝 永熙 2	153	• 北魏가 梁나라 雍州를 침략함.
		154	• 北魏 高歡이 翟嵩을 關中에 파견함.
534 甲寅年	梁 武帝 中大通 6 北魏 孝武帝 永熙 3 東魏 孝靜帝(元善見) 天平 1	154	• 北魏 大丞相 高歡이 紇豆陵伊利를 공격하여 사로잡음.
		155	• 北魏 泰州刺史 侯莫陳悅이 賀拔岳을 살해하자, 北魏가 宇文泰에게 그 군대를 통솔하게 함.
		159	• 北魏 宇文泰가 侯莫陳悅을 토벌하여 죽이고 秦隴 지역을 평정하니, 우문태가 關西大都督이 됨.
		161	• 北魏 高歡이 반란을 일으키자, 孝武帝가 長安으로 달아남. 고환이 洛陽으로 들어가 淸河王 元亶을 추대하여 承制하게 함. 효무제가 宇文泰를 大將軍 尙書令으로 삼음.
		169	• 北魏 高歡이 華陰에 주둔하고 侯景에게 荊州를 공격하게 하니 賀拔勝이 梁나라로 도망감.
		172	• 北魏 高歡이 洛陽에서 淸河王의 世子 元善見을 황제로 옹립함.(東魏와 西魏의 분열)
		173	• 西魏가 宇文泰를 大丞相으로 삼음.
			• 東魏가 鄴으로 천도함.
		174	• 西魏 宇文泰가 孝武帝를 시해함.
		176	• 西魏 獨孤信이 荊州를 공격하였으나 東魏의 습격으로 독고신이 梁나라로 도망함.
535 乙卯年	梁 武帝 大同 1 西魏 文帝(元寶炬) 大統 1 東魏 孝靜帝 天平 2	178	• 西魏 宇文泰가 南陽王 元寶炬를 옹립함.
			• 西魏 李虎가 靈州의 曹泥를 항복시킴.
			• 西魏 宇文泰가 都督中外諸軍事 安定公이 됨.
		179	• 西魏가 乙弗氏를 황후로 세움.
			• 東魏 高歡이 稽胡를 공격해 劉蠡升을 죽임.
			• 東魏 高歡이 相國이 됨.
		180	• 東魏가 西魏 華州를 습격함.
			• 西魏가 24조의 새 제도를 만듦.
		181	• 西魏 宇文泰가 蘇綽을 行臺左丞으로 삼음.
		183	• 西魏 宇文泰가 자신에게 柱國을 가함.
			• 西魏 東益州가 배반하여 梁나라에 항복함.
			• 西魏 趙剛이 東荊州를 가지고 西魏에 귀부함.
		184	• 梁나라 侍中 徐勉이 卒함.
			• 西魏 梁州가 배반하여 梁나라에 항복함.
			• 東魏가 高洋을 太原公에 책봉함.
		185	• 東魏가 文武 百官의 俸祿을 줌.
			• 西魏가 柔然과 和親함.

年度	在位年	역문쪽수	주요 사건
536 丙辰年	梁 武帝 大同 2 西魏 文帝 大統 2 東魏 孝靜帝 天平 3	185	• 東魏 高歡이 西魏 夏州를 차지하자, 西魏의 靈州와 涼州가 고환에게 歸附함.
		186	• 東魏 高歡이 世子 高澄을 鄴에서 정사를 돌보게 하니 동위가 고징을 尙書令 京畿大都督으로 삼음.
		188	• 東魏 高歡이 陳元康을 功曹로 삼음.
		189	• 梁나라 處士 陶弘景 사망.
		190	• 梁나라가 江子四를 右丞으로 삼음.
		191	• 西魏 賀拔勝이 梁나라에서 西魏로 귀의함.
			• 東魏 行臺 侯景이 梁나라를 침략하자 陳慶之가 격파함.
		192	• 東魏와 梁나라가 화평함.
537 丁巳年	梁 武帝 大同 3 西魏 文帝 大統 3 東魏 孝靜帝 天平 4	192	• 東魏 高歡이 西魏를 침공하자 서위 宇文泰가 격파하고 동위의 竇泰를 죽였다. 고환의 別將이 서위의 洛州를 습격하여 刺史 泉企를 사로잡음.
		197	• 東魏가 梁나라에 사신을 보냄.
		198	• 獨孤信이 梁나라에서 西魏로 돌아옴.
			• 西魏 宇文泰가 東魏를 정벌하여 恒農에서 승리하고, 河水 북쪽의 城과 堡에 항복할 것을 권유하여 귀의시킴.
		200	• 梁나라가 武陵王 蕭紀를 益州刺史로 삼음.
			• 東魏 高歡이 西魏를 침략하였으나 西魏 宇文泰가 渭曲에서 격파함.(沙苑 戰鬪)
		204	• 西魏 宇文泰가 東魏를 쳐서 秦州를 항복시키고, 汾과 絳을 평정함.
		206	• 西魏가 洛陽과 豫州를 취하자 潁州·梁州·廣州·陽州 등이 항복함.
		208	• 東魏의 濮陽·陽平에 도적들이 일어나자, 濟州刺史 高季式이 토벌하여 평정함.
538 戊午年	梁 武帝 大同 4 西魏 文帝 大統 4 東魏 孝靜帝 元象 1	209	• 東魏가 行臺 侯景가 汾州·潁州·豫州·廣州 네 州를 탈환함.
		211	• 東魏가 西魏 金墉을 포위하니 西魏 宇文泰가 구원하여 東魏 高敖曹를 참수하였으나 전황이 불리하여 돌아감.
		214	• 西魏 長安에서 반란이 발생하자 宇文泰가 평정함.
		215	• 東魏 高歡이 金墉을 함락시킴.
		216	• 東魏 范陽의 盧仲禮와 盧景裕가 西魏에 호응하여 군대를 일으키자 東魏가 토벌하여 평정함.
		217	• 西魏 是云寶가 洛陽과 廣州를 탈환함.
			• 東魏가 사찰을 허가 없이 건립하는 것을 금지함.

年度	在位年	역문쪽수	주요 사건
538 戊午年	梁 武帝 大同 4 西魏 文帝 大統 4 東魏 孝靜帝 元象 1	217 218 219	• 西魏 廣州刺史 李延孫을 살해당하자 韋法保가 그 영책을 장악함. • 西魏가 宜陽을 빼앗자, 行臺 王思政이 玉壁에 성을 쌓은 뒤에 진수함. • 東魏가 停年格을 수정함.
539 己未年	梁 武帝 大同 5 西魏 文帝 大統 5 東魏 孝靜帝 興和 1	220 221 222 223	• 梁나라가 何敬容을 尙書令으로 삼음. • 西魏 宇文泰가 行臺에 학교를 설치함. • 東魏가 高歡의 딸인 高氏를 황후로 세움. • 東魏가 鄴에 城을 축조함. • 東魏가 興光曆을 시행함. • 梁나라가 州들 5品으로 나눔. • 西魏가 禮樂을 제정함.
540 庚申年	梁 武帝 大同 6 西魏 文帝 大統 6 東魏 孝靜帝 興和 2	224 225	• 柔然이 西魏를 침략하니, 西魏 文帝가 전 황후 乙弗氏를 죽임. • 梁나라 司空 袁昻 사망. • 吐谷渾이 東魏로 使者를 파견함.
541 辛酉年	梁 武帝 大同 7 西魏 文帝 大統 7 東魏 孝靜帝 興和 3	226 227	• 西魏가 宇文測을 大都督 行汾州事로 삼음. • 西魏가 관원의 수를 줄이고, 屯田을 설치하고, 여섯 조목을 반포함. • 東魏가 麟趾格을 반포함. • 交州의 李賁이 반란을 일으키자 梁나라가 토벌함.
542 壬戌年	梁 武帝 大同 8 西魏 文帝 大統 8 東魏 孝靜帝 興和 4	230 231 232	• 梁나라 安成 劉敬躬이 난을 일으키자 江州司馬 王僧辯이 난을 평정함. • 西魏가 6軍을 설치함. • 東魏가 侯景을 河南大行臺로 삼음. • 東魏 高歡이 西魏의 玉壁을 포위했다가 돌아옴. • 梁나라 盧子略이 난을 일으키자, 廣州參軍 陳霸先이 평정함.
543 癸亥年	梁 武帝 大同 9 西魏 文帝 大統 9 東魏 孝靜帝 武定 1	233 238 239 240	• 東魏의 北豫州刺史 高仲密이 虎牢을 가지고 西魏에 항복함. 서위 宇文泰가 동위 高歡과 邙山에서 싸워 대패함.(邙山 전투) • 淸水의 氐族이 西魏를 배반하였다가 다시 항복함. • 東魏가 虎牢를 탈환함. • 西魏가 侯景을 司空으로 삼음. • 東魏가 斛律金을 大司馬로 삼음. • 東魏가 肆州에 長城을 축조함.

年度	在位年	역문쪽수	주요 사건
544 甲子年	梁 武帝 大同 10 西魏 文帝 大統 10 東魏 孝靜帝 武定 2	240	• 東魏가 高澄을 大將軍 領中書監으로 삼음.
		241	• 梁나라 尙書令 何敬容이 면직됨.
		242	• 西魏 大都督 琅邪公 賀拔勝 사망.
			• 西魏가 度量衡을 개정하고 새로운 제도를 반포함.
		243	• 東魏가 崔暹을 中尉로 삼고, 宋遊道를 左丞으로 삼음.
		245	• 東魏가 括戶를 실시하여 부역을 균등하게 함.
545 乙丑年	梁 武帝 大同 11 西魏 文帝 大統 11 東魏 孝靜帝 武定 3	246	• 東魏가 晉陽宮을 축조함.
			• 西魏가 突厥로 使臣을 보냄.
			• 西魏에서 〈大誥〉를 지음.
		247	• 梁나라가 李賁을 토벌하여 패배시킴.
		248	• 梁나라가 贖刑法을 회복함.
			• 梁나라 散騎常侍 賀琛이 上書함.
546 丙寅年	梁 武帝 中大同 1 西魏 文帝 大統 12 東魏 孝靜帝 武定 4	257	• 梁 武帝가 同泰寺에서 佛書를 강론함.
		258	• 涼州와 瓜州가 반란하였는데, 西魏가 평정함.
		260	• 梁나라가 短錢의 유통을 금지함.
		261	• 梁나라가 邵陵王 蕭綸을 南徐州刺史로 삼음.
		262	• 東魏가 洛陽의 石經을 鄴城으로 옮김.
			• 西魏가 韋孝寬을 幷州刺史로 삼아 玉壁을 지키게 함.
		263	• 梁나라가 다시 李賁을 토벌하여 패배시킴.
		264	• 梁나라가 岳陽王 蕭詧을 雍州刺史로 삼음.
			• 東魏 高歡이 西魏를 침략하여 玉壁을 포위했다가 돌아옴.
		267	• 西魏의 蕭綽 사망
547 丁卯年	梁 武帝 太淸 1 西魏 文帝 大統 13 東魏 孝靜帝 武定 5	269	• 梁나라가 湘東王 蕭繹을 荊州刺史로 삼음.
		270	• 東魏 勃海王 高歡 사망.
		271	• 東魏 大行臺 侯景이 河南을 가지고 西魏에 항복함.
		272	• 西魏가 宮刑을 폐지함.
			• 侯景이 河南을 가지고 梁나라에 귀부하니, 양나라가 후경을 河南王에 봉함.
		275	• 梁 武帝가 同泰寺에서 捨身함.
		276	• 東魏가 侯景을 토벌하자, 西魏가 후경에게 구원군을 보냈으나 후경이 서위의 명령을 따르지 않자 西魏軍이 철수함.
		279	• 梁나라가 貞陽侯 蕭淵明을 보내 東魏를 침략함.
		281	• 東魏 高澄이 晉陽에서 都督中外諸軍 錄尙書事 勃海王이 됨.

年度	在位年	역문쪽수	주요 사건
547 丁卯年	梁 武帝 太清 1 西魏 文帝 大統 13 東魏 孝靜帝 武定 5	282 285 291 293	• 東魏 高澄이 鄴城으로 들어가서 孝靜帝를 유폐하고 侍讀 荀濟 등을 죽임. • 梁나라가 東魏의 彭城을 공격하자 東魏 行臺 慕容紹宗이 양나라 군대를 패배시키고 蕭淵明을 사로잡음. • 梁나라가 北魏 황실 사람 元貞을 세워 咸陽王으로 삼아 東魏의 임금이 되도록 사주함. • 侯景이 渦陽에서 東魏의 군대를 물리침. • 西魏가 鄭穆을 京兆尹으로 삼음.
548 戊辰年	梁 武帝 太清 2 西魏 文帝 大統 14 東魏 孝靜帝 武定 6	294 299 302 303 304 307 311 318 320 321 322	• 東魏의 慕容紹宗이 侯景을 패배시키니, 후경이 달아나 壽春을 습격하여 점거함. 梁나라가 후경을 南豫州牧으로 삼음. • 東魏에서 梁나라에 화친을 요청함. • 梁나라 交州司馬 陳霸先이 李賁을 토벌하여 평정함. • 東魏가 西魏의 潁川을 포위함. • 西魏가 宇文泰를 太師로 삼음. • 梁나라가 散騎常侍 徐陵을 西魏로 보냄. • 東魏에서 南郊의 道壇을 철폐함. • 東魏가 長江과 淮河 지역을 경략하여 23개 州를 탈취함. • 梁나라 侯景이 壽陽에서 반란을 일으키자, 梁 武帝가 邵陵王 蕭綸에게 후경을 토벌하게 함.(侯景의 亂) • 梁나라 臨賀王 蕭正德이 반란하여 侯景의 군대를 이끌고 長江을 건너자, 梁 武帝가 宣城王 蕭大器와 羊侃에게 막게 함. • 蕭正德과 侯景이 梁나라 臺城을 포위함. 후경이 소정덕을 皇帝라고 칭함. • 梁나라 荊州刺史 湘東王 蕭繹이 격문을 군대를 일으킴. • 梁나라 邵陵王 蕭綸이 臺城을 구원하였는데, 侯景이 그를 공격하여 대파함. • 梁나라 鄱陽王 蕭範과 南康王 蕭會理가 臺城을 구원하러 감. • 梁나라 羊侃 사망. • 梁나라 散騎常侍 韋粲, 東西道都督 裴之高, 柳仲禮 등이 臺城을 구원하러 감. 이들이 유중례를 추대하여 大都督으로 삼음.
549 己巳年	梁 武帝 太清 3 西魏 文帝 大統 15 東魏 孝靜帝 武定 7	326 328	• 侯景이 梁나라의 원군을 습격하여 韋粲을 죽였으나 柳仲禮가 후경을 패배시킴. • 梁나라 中領軍 朱异 사망.

年度	在位年	역문쪽수	주요 사건
549 己巳年	梁 武帝 太淸 3 西魏 文帝 大統 15 東魏 孝靜帝 武定 7	329	• 梁나라 北徐州刺史 蕭正表가 徐州로 東魏에 항복함. • 梁나라 원군이 侯景을 공격하다가 天門太守 樊文皎가 전사함.
		330	• 梁나라가 侯景을 大丞相으로 삼고 그와 맹약을 맺고 원군의 진군을 멈추도록 칙령을 내리자, 湘東王 蕭繹이 武城에 주둔함.
		337	• 東魏의 河內가 西魏로 귀순함. • 侯景이 梁나라 臺城을 함락하고 大都督 錄尙書事라 칭하니, 邵陵王 蕭綸은 會稽로 달아나고, 柳仲禮 등은 배반하여 후경에게 항복함. 후경이 자신이 세운 황제 蕭正德을 폐위하여 大司馬로 삼음.
		345	• 梁나라 湘東王 蕭繹이 江陵으로 돌아가 桂陽王 蕭慥를 죽임.
		346	• 侯景이 梁나라 廣陵을 함락시킴.
		347	• 東魏가 梁나라의 淮陰을 탈취함. • 梁나라 吳郡太守 袁君正이 배반하여 侯景에게 歸附함.
		348	• 梁나라 宣城과 吳興에서 군대를 일으켜 侯景에게 대적함. • 東魏가 西魏의 潁川을 침공하자 西魏 사람들이 공격하여 동위의 慕容紹宗과 劉豐生을 죽임.
		349	• 梁나라 岳陽王 蕭詧이 雍州刺史 張纘을 사로잡음.
		350	• 梁 武帝가 사망하자 太子 蕭綱이 즉위함.
		352	• 西魏가 代郡 사람들에게 조서를 내려 옛날 姓을 회복하게 함. • 梁나라 湘東王 蕭繹이 太常卿 劉之遴을 죽임. • 東魏 大將軍 高澄이 潁川을 함락하자 王思政이 동위로 歸附하니, 西魏의 군사들이 돌아감.
		355	• 梁나라 湘東王 蕭繹이 假黃鉞 大都督中外諸軍을 칭하고 承制힘. • 侯景이 蕭正德을 죽임.
		356	• 梁나라 永安侯 蕭確이 侯景을 토벌할 것을 도모하다 죽음. • 梁나라 湘東王 蕭繹이 世子 蕭方等에게 湘州刺史 河東王 蕭譽를 공격하게 하니, 소예가 소방등을 물리치고 죽임.
		357	• 梁나라 廣州刺史 元景仲이 모반을 일으키자 西江督護 陳霸先이 토벌함.

年度	在位年	역문쪽수	주요 사건
549 己巳年	梁 武帝 太淸 3 西魏 文帝 大統 15 東魏 孝靜帝 武定 7	358	• 梁나라 湘東王 蕭繹이 信州刺史 鮑泉을 시켜 湘州를 공격함. • 梁나라 合州刺史 鄱陽王 蕭範이 州를 가지고 東魏로 歸附하여 군사를 요청함.
		359	• 蘭京이 東魏 高澄을 鄴城에서 암살하니, 高洋이 정권을 장악함.
		362	• 侯景이 吳興을 함락하자, 梁나라 太守 張嵊과 御史中丞 沈浚이 죽임을 당함.
		363	• 梁나라 岳陽王 蕭詧이 江陵을 공격하자 湘東王 蕭繹이 襄陽을 습격하니 소찰이 돌아감. 소역이 竟陵太守 王僧辯을 시켜 湘州를 공격함.
		366	• 梁나라 豫章內史 莊鐵이 반란을 일으켜 江州를 습격하였다가 패배하여 달아남. • 梁나라 湘東王 蕭繹이 군대를 파견하여 襄陽을 공격하자, 岳陽王 蕭詧이 西魏에 원군을 요청하니, 서위에서 開府 楊忠을 보내 구원함.
		367	• 侯景이 錢塘과 會稽를 함락하고, 梁나라 刺史 南郡王 蕭大連을 사로잡음.
		368	• 梁나라 始興太守 陳霸先이 侯景을 토벌함.
		369	• 東魏가 梁나라의 司州를 탈취함.
550 庚午年	梁 簡文帝(蕭綱) 大寶 1 西魏 文帝 大統 16 東魏 孝靜帝 武定 8 北齊 文宣帝(高洋) 天保 1	370	• 東魏 高洋이 齊王 丞相 都督中外諸軍 錄尙書事가 됨. • 梁나라 湘東王 蕭繹이 陳霸先을 交州刺史로 삼음. • 梁나라 邵陵王 蕭綸이 江夏에서 都督中外諸軍事를 칭하고 承制함.
		371	• 西魏가 安陸을 포위하여 梁나라 司州刺史 柳仲禮를 사로잡고 漢水 동쪽 지역을 차지함.
		372	• 梁나라 祖皓가 廣陵에서 군사를 일으켜 侯景의 부하 董紹先을 죽임.
		373	• 西魏의 군대가 石城에 주둔하니, 梁나라 湘東王 蕭繹이 맹약을 청하자, 서위의 군대가 돌아감.
		374	• 侯景이 廣陵을 함락하여 梁나라의 祖皓를 죽임.
		376	• 梁나라 王僧辯이 湘州를 함락하고 河東王 蕭譽를 죽임. • 梁나라 湘東王 蕭繹이 檄文을 보내어 侯景을 토벌함.
		377	• 梁나라 鄱陽王 蕭範 사망.
		378	• 齊王 高洋이 皇帝라 칭하고, 孝靜帝 元善見를 폐위하여 中山王으로 삼음.(北齊 건국)

年度	在位年	역문쪽수	주요 사건
550 庚午年	梁 簡文帝(蕭綱) 大寶 1 西魏 文帝 大統 16 東魏 孝靜帝 武定 8 北齊 文宣帝(高洋) 天保 1	381	• 梁나라 武陵王 蕭紀가 世子 蕭圓照를 보내어 구원하게 하였는데, 蕭繹이 소원조를 白帝에 주둔게 함.
		382	• 梁나라 侯瑱이 莊鐵을 죽이고 豫章을 점거함. • 北齊가 高殷을 太子로 세움. • 西魏가 蕭詧을 세워 梁王으로 삼음.
		383	• 梁나라 高州刺史 李遷仕가 반란을 일으키자, 高涼太守 馮寶의 아내 洗氏가 토벌하여 패퇴시킴.
		385	• 梁王 蕭詧이 西魏로 들어가 조회함. • 侯景이 江州와 豫章을 함락함.
		387	• 北齊가 律法을 제정하고 9等의 戶를 정함.

2. ≪思政殿訓義 資治通鑑綱目 20≫ 地圖

1) 中大通 6년(534) 東魏·西魏의 분열

2) 大同 3년(537) 沙苑 전투

3) 大同 9년(543) 邙山 전투

4) 太淸 2년(548) 侯景의 반란

5) 太淸 2년(548) 侯景의 臺城 포위

6) 太淸 2년(548) 梁나라 勤王軍

※ 이 지도는 ≪柏楊白話版 資治通鑑≫(北岳文藝出版社, 2006)을 참조하여 本書를 이해하는 데 도움이 되도록 수정 편집하였다.

1) 中大通 6년(534) 東魏·西魏의 분열(172쪽)

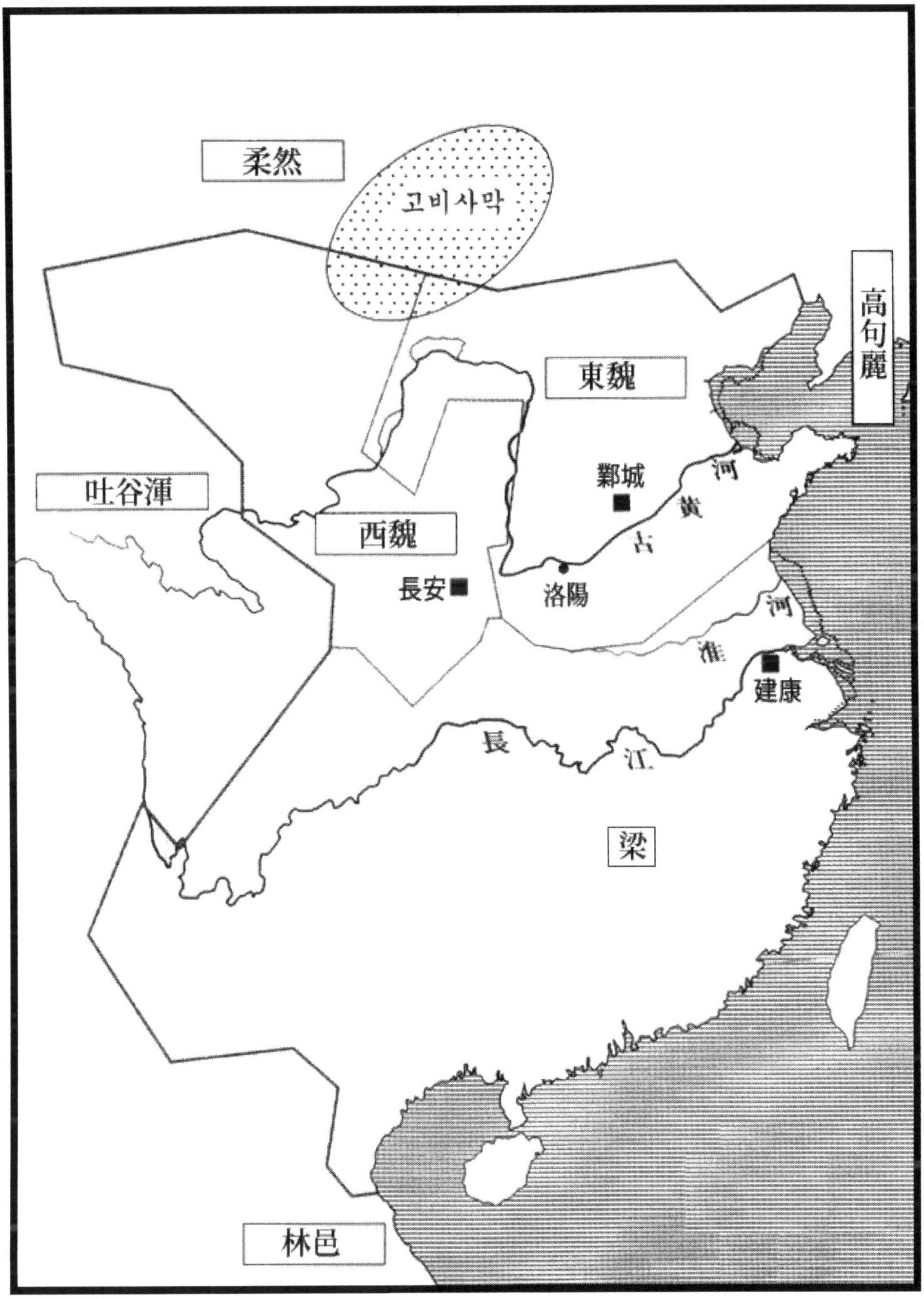

2) 大同 3년(537) 沙苑 전투(200~204쪽)

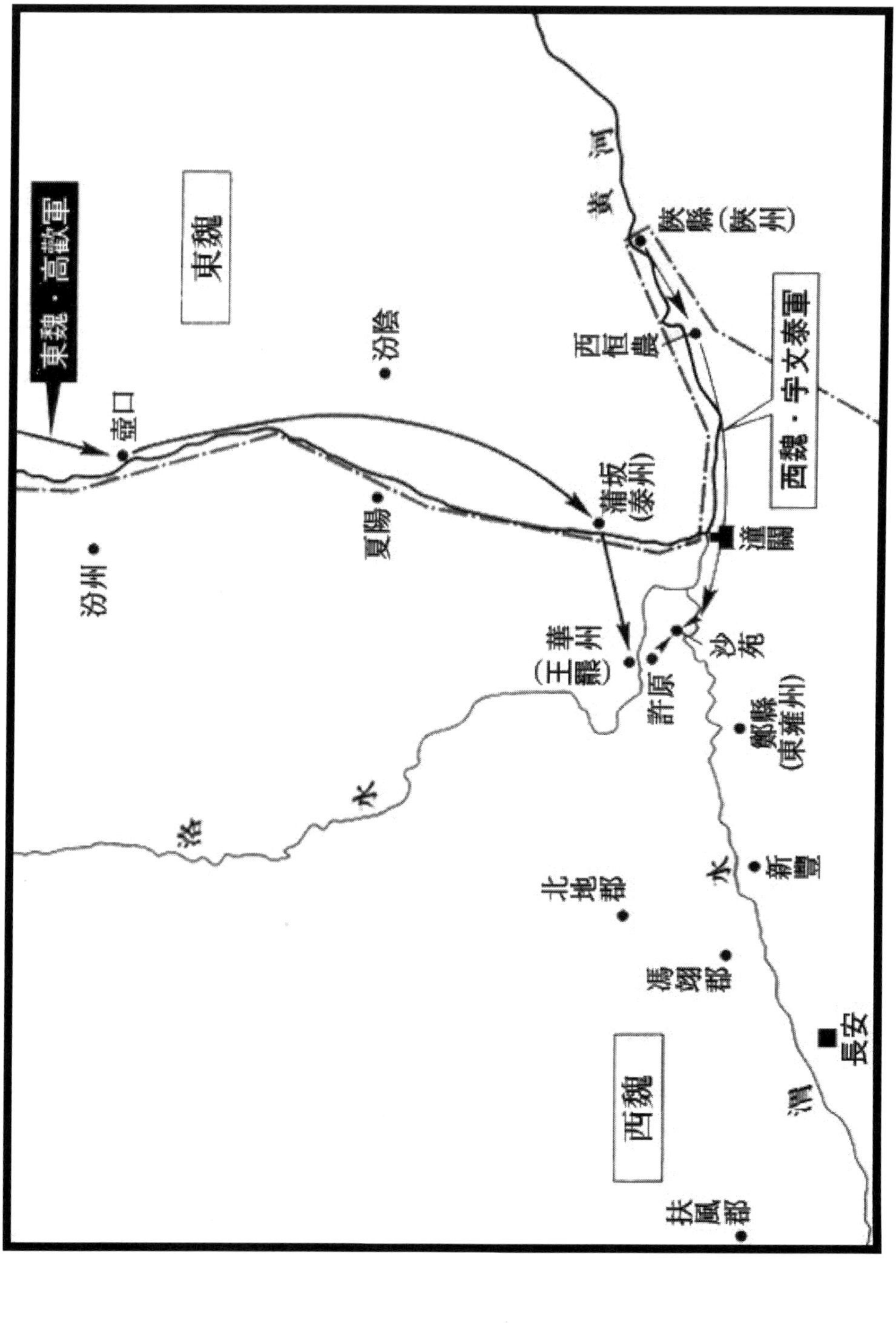

3) 大同 9년(543) 邙山 전투(233~238쪽)

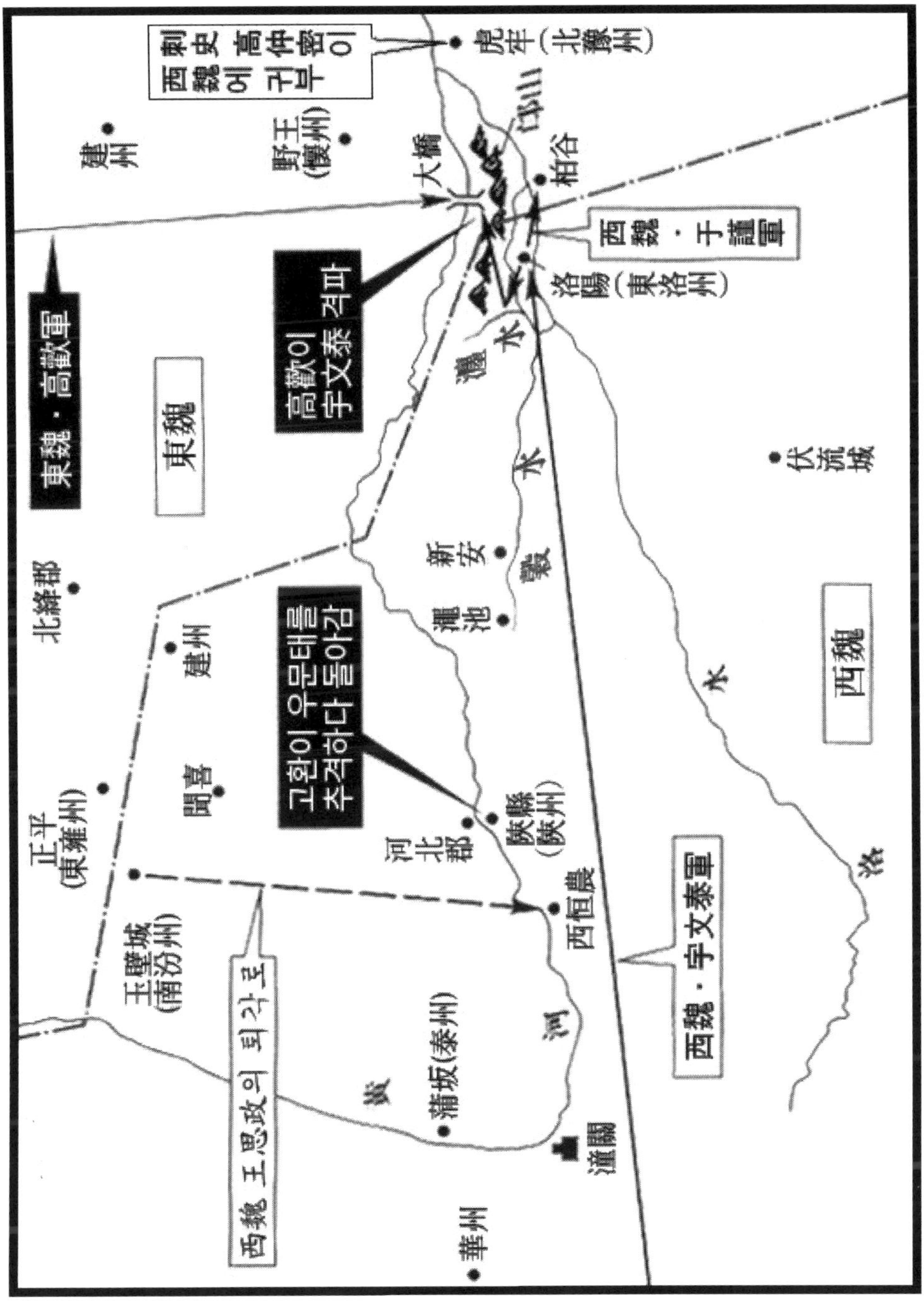

4) 太淸 2년(548) 侯景의 반란(304~307쪽)

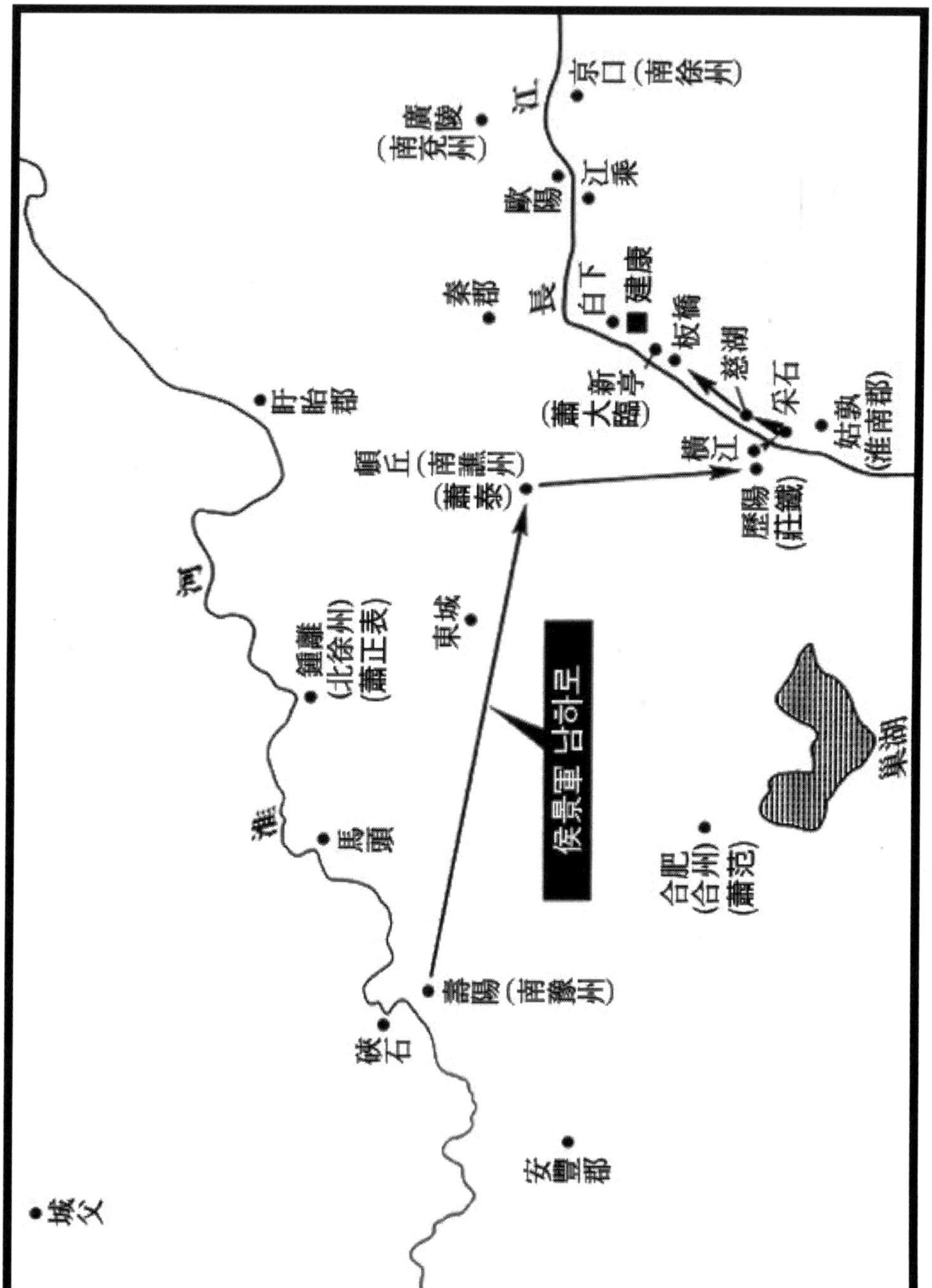

5) 太淸 2년(548) 侯景의 臺城 포위(307~318쪽)

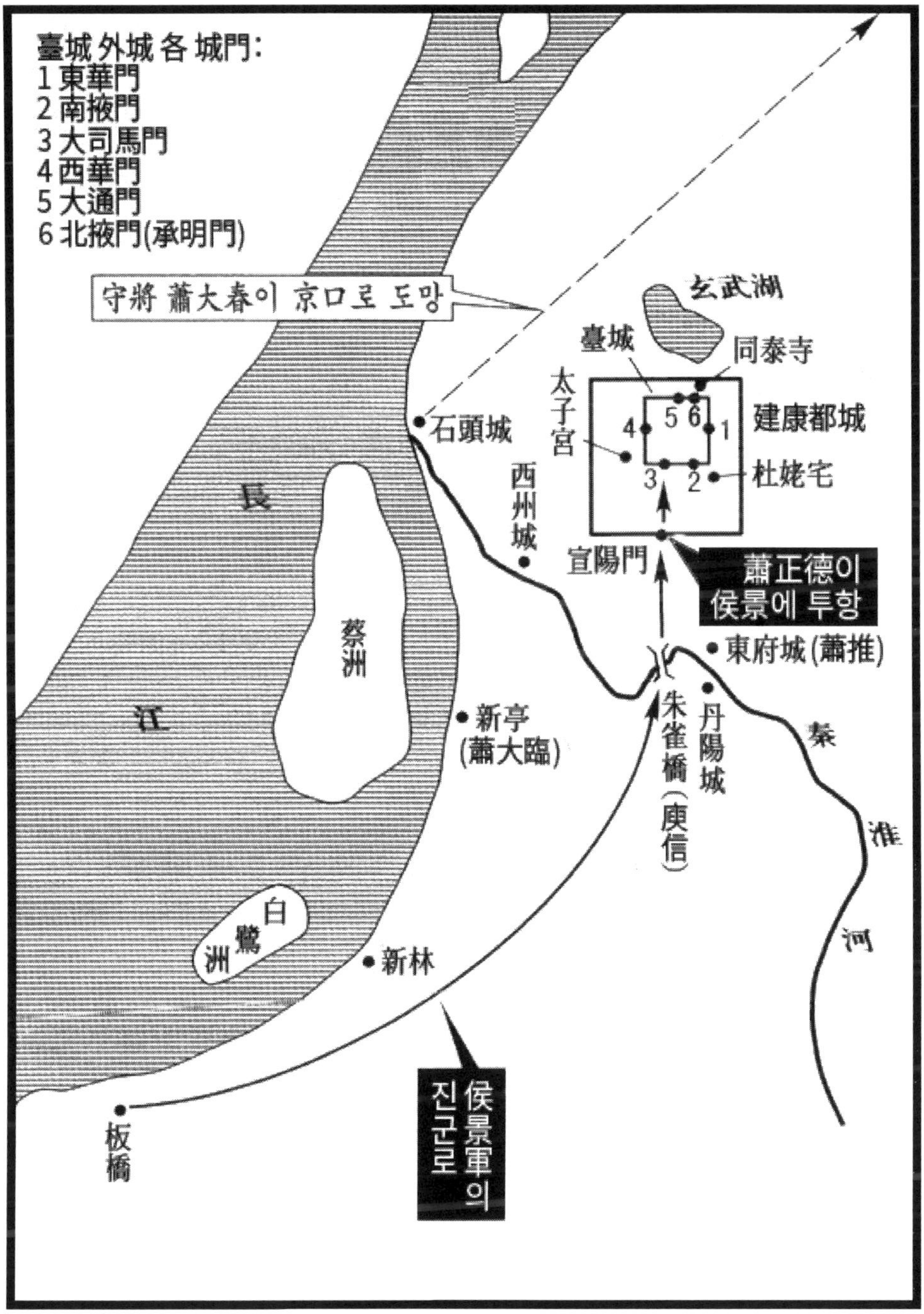

6) 太淸 2년(548) 梁나라 勤王軍(318~335쪽)

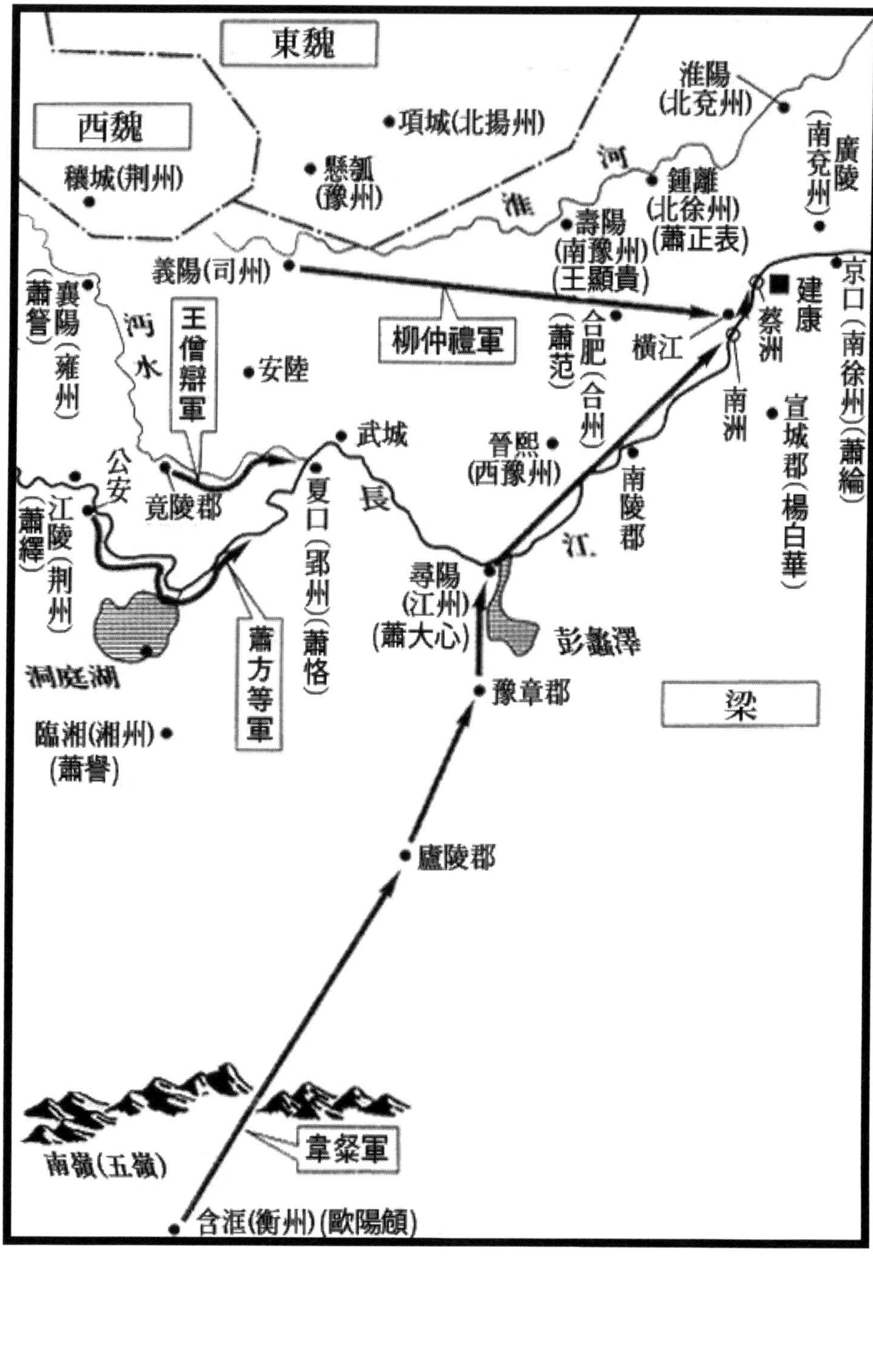

3. 梁 世系表

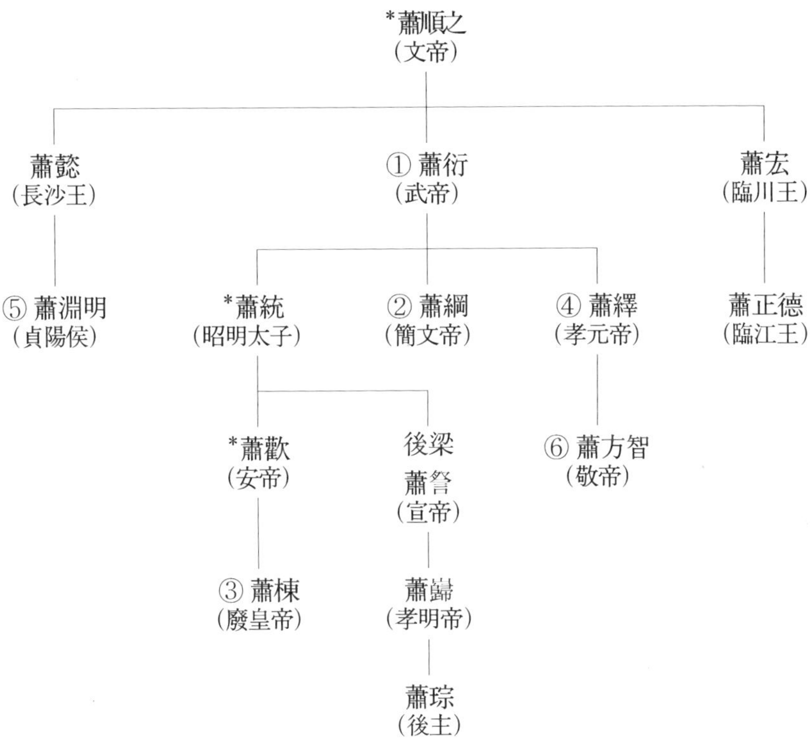

○ 帝位 순서　— 親屬關係　* 追尊

4. 北魏 世系表

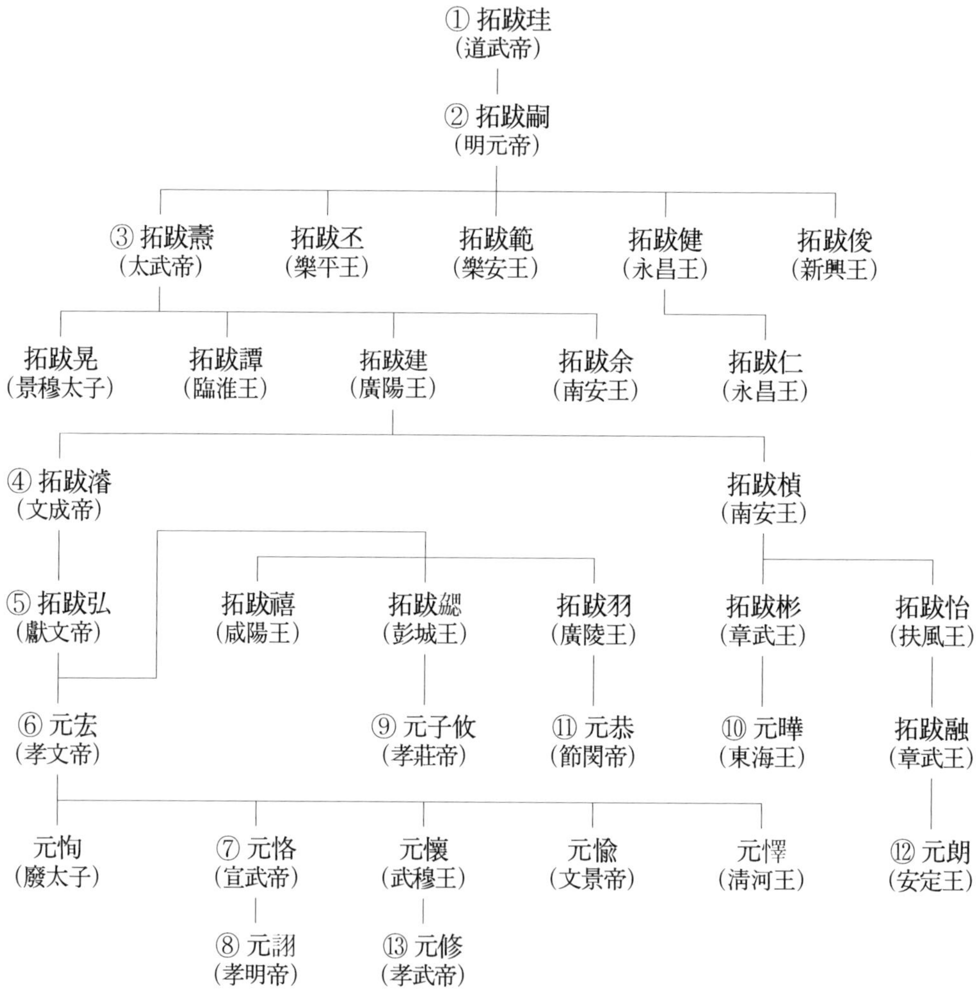

○ 帝位 순서 ―親屬關係

5. 西魏 · 東魏 世系表

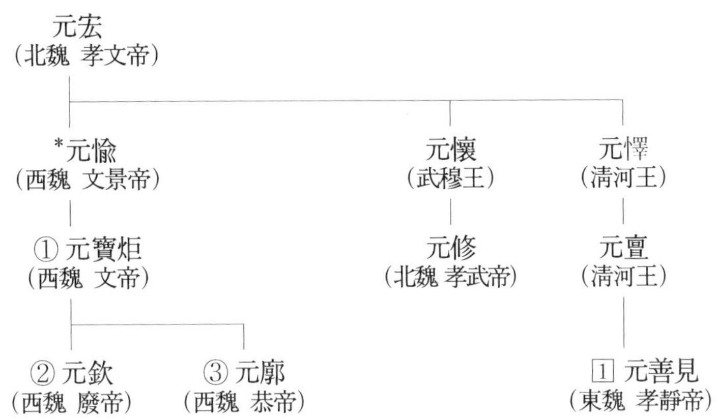

— 親屬關係 ○ 西魏의 帝位 순서 □ 東魏의 帝位 순서 * 追尊

6. ≪思政殿訓義 資治通鑑綱目 20≫ 參考書目

◇ 底本

- ≪資治通鑑綱目≫, 朱熹(宋) 撰, 思政殿 訓義, 규장각 소장본.(奎7500)

◇ 底本 관련자료

- ≪資治通鑑綱目≫, 朱熹(宋) 撰, 思政殿 訓義, 규장각 소장본.(奎7512)
- ≪資治通鑑綱目≫, 朱熹(宋) 撰, 思政殿 訓義, 국립중앙도서관 소장본.(한古朝50-5)
- ≪資治通鑑綱目≫(≪朱子全書≫ 8~11), 朱熹(宋) 撰, 嚴文儒・顧宏義 校點, 上海古籍出版社・安徽教育出版社, 2002.
- ≪御批資治通鑑綱目≫, 朱熹(宋) 撰, 聖祖(淸) 批, 文淵閣四庫全書 제689~692책, 臺灣商務印書館, 1983~1986.
- ≪資治通鑑≫, 司馬光(北宋) 撰, 思政殿 訓義, 국립중앙도서관 소장본.(일산古221-43)
- ≪資治通鑑≫, 司馬光(北宋) 撰, 胡三省(元) 音註, 中華書局, 1992.(제5판)

◇ 原典 및 字典類

〔經部〕

- ≪論語集註大全≫, 朱熹(宋) 集註, 胡廣(明) 等 編, 朝鮮 內閣本, 影印本, 學民文化社.
- ≪孟子集註大全≫, 朱熹(宋) 集註, 胡廣(明) 等 編, 朝鮮 內閣本, 影印本, 學民文化社.
- ≪書傳大全≫, 蔡沈(宋) 集傳, 胡廣(明) 等 編, 朝鮮 內閣本, 影印本, 學民文化社.
- ≪詩傳大全≫, 朱熹(宋) 集傳, 胡廣(明) 等 編, 朝鮮 內閣本, 影印本, 學民文化社.
- ≪禮記集說大全≫, 陳澔(元) 集說, 胡廣(明) 等 編, 朝鮮 內閣本, 影印本, 學民文化社.
- ≪周易傳義大全≫, 程頤(宋) 傳, 朱熹(宋) 本義, 胡廣(明) 等 編, 朝鮮 內閣本, 影印本, 學民文化社.
- ≪春秋經傳集解≫, 左丘明(周) 傳, 杜預(晉) 註, 林堯叟(宋)・朱申(宋・元) 附註, 朝鮮 金屬活字本(戊申字), 影印本, 保景文化社.
- ≪春秋公羊傳≫, 十三經注疏整理委員會 整理, 北京大學出版社, 2000.

〔史部〕

- ≪南史≫, 李延壽(唐) 撰, 中華書局, 1975.
- ≪唐六典≫, 唐 玄宗 撰, 李林甫(唐) 等奉敕注, 陳仲夫 點校, 中華書局, 1992.
- ≪北史≫, 李延壽(唐) 撰, 中華書局, 1974.
- ≪北齊書≫, 李百藥(唐) 撰, 中華書局, 1972.
- ≪史記≫, 司馬遷(漢) 撰, 點校本二十四史修訂本, 中華書局, 2013.
- ≪三國志≫, 陳壽(晉) 撰, 裴松之(南朝 宋) 注, 中華書局, 1959.
- ≪水經注≫, 酈道元(北魏) 撰, 文淵閣四庫全書 제573책, 臺灣商務印書館, 1983~1986.
- ≪續資治通鑑長編≫, 李燾(宋) 撰, 文淵閣四庫全書 제314~322책, 臺灣商務印書館, 1983~1986.
- ≪宋書≫, 沈約(南朝 梁) 撰, 點校本二十四史修訂本, 中華書局, 2018.
- ≪宋史≫, 脫脫(元) 等 撰, 中華書局, 1977.
- ≪新唐書≫, 歐陽脩(北宋)・宋祁(北宋) 等 撰, 中華書局, 1975.
- ≪隋書≫, 魏徵(唐) 等 撰, 點校本二十四史修訂本, 中華書局, 2018.
- ≪梁書≫, 姚思廉(唐) 撰, 點校本二十四史修訂本, 中華書局, 2020.
- ―――, 姚思廉(唐) 撰, 今注本二十四史, 巴蜀書社, 2013.
- ≪魏書≫, 魏收(北齊) 撰, 點校本二十四史修訂本, 中華書局, 2017.
- ≪周書≫, 令狐德棻(唐) 等 撰, 中華書局, 1971.
- ≪晉書≫, 房玄齡(唐) 等 撰, 中華書局, 1974.
- ≪通典≫, 杜佑(唐) 撰, 文淵閣四庫全書 제603~605책 臺灣商務印書館, 1983~1986.
- ≪漢書≫, 班固(後漢) 撰, 中華書局, 2002.
- ≪後漢書≫, 范曄(南朝 宋) 撰, 中華書局, 1965.

〔子部〕

- ≪老子道德經≫, 王弼(魏) 注, 文淵閣四庫全書 제1055책, 臺灣商務印書館, 1983~1986.
- ≪司馬法≫, 司馬穰苴(周) 撰, 文淵閣四庫全書 제726책, 臺灣商務印書館, 1983~1986.
- ≪說苑≫, 劉向(漢) 撰, 文淵閣四庫全書 제696책, 臺灣商務印書館, 1983~1986.
- ≪五燈會元≫, 普濟(宋) 撰, 蘇淵雷 點校, 中華書局, 1989.

〔字典類〕

- 戴逸 主編, ≪二十六史大辭典≫, 吉林人民出版社, 1993.
- 山腰敏寬, ≪中國歷史公文書讀解辭典≫, 汲古書院, 2004.
- 施丁·沈志華 共譯, ≪資治通鑑大辭典≫ 上·下, 吉林人民出版社, 1994.
- 呂宗力 主編, ≪中國歷代官制大辭典≫, 北京出版社, 1994.
- 日中民族科學研究所 編, ≪中國歷代職官辭典≫, 國書刊行會, 1980.
- 中國大百科全書總編輯委員會 編, ≪中國大百科全書≫, 中國大百科全書出版社, 2009.
- 中國歷史大辭典編纂委員會 編, ≪中國歷史大辭典≫, 上海辭書出版社, 2000.
- 陳振江, ≪二十六史典故辭典≫ 上·下, 天津人民出版社, 1994.
- 倉修良 主編, ≪史記辭典≫, 山東教育出版社, 1991.
- ──────, ≪漢書辭典≫, 山東教育出版社, 1996.
- 貝塚茂樹 等 編, ≪アジア歷史事典≫, 平凡社, 1952~1962.

◇ 研究論著 및 飜譯書

〔韓國〕

- 權重達, ≪資治通鑑≫ 1~32, 삼화, 2007~2010.
- ───, 〈≪資治通鑑≫의 사학사적 의미〉, 한국사학사학보 21, 2010.
- 노요한, 〈조선전기 관찬 역사서의 주해 방식에 대하여 : ≪資治通鑑綱目思政殿訓義≫를 중심으로〉, ≪규장각≫ 50, 규장각한국학연구원, 2017.
- ───, 〈조선전기 관찬 역사서의 주해 방식에 대하여 : ≪資治通鑑綱目思政殿訓義≫를 중심으로(2)〉, ≪진단학보≫ 129, 진단학회, 2017.
- 동북아역사재단 편, ≪南齊書·梁書·南史 外國傳 譯註≫, 동북아역사재단, 2009.
- ─────────, ≪北史 外國傳 譯註≫ 上·下, 동북아역사재단, 2009.
- ─────────, ≪魏書 外國傳 譯註≫, 동북아역사재단, 2009.
- ─────────, ≪ 周書 ·隋書 外國傳 譯註≫, 동북아역사재단, 2009.
- 成百曉 譯註, ≪譯註 通鑑節要≫ 1~9, 傳統文化硏究會, 2005~2011.
- 오항녕, 〈朝鮮 世宗代 ≪資治通鑑思政殿訓義≫와 ≪資治通鑑綱目思政殿訓義≫의 編纂〉, ≪태동고전연구≫ 15, 태동고전연구소, 1998.
- 池松旭, ≪詳密註釋 通鑑諺解≫, 學民文化社, 1992.

〔日本〕

- 加藤繁・公田連太, ≪國譯 資治通鑑≫, 景仁文化社, 1996.
- 岡崎文夫, ≪魏晉南北朝通史≫, 平凡社, 1989.
- 松丸道雄 等 編, ≪中國史 2 -三國～唐-≫, 山川出版社, 1996.
- 窪添慶文, ≪魏晉南北朝官僚制硏究≫, 汲古書院, 2003.
- ——— 編, ≪魏晋南北朝史のいま≫, 勉誠出版社, 2017.
- 川勝義雄, ≪中國の歷史3 -魏晉南北朝-≫, 講談社, 1974.
- 川本芳昭, ≪中國の歷史 中華の崩壞と擴大(魏晉南北朝)≫, 講談社, 2005.

〔中國・臺灣〕

- 馬建石 主編, ≪文白對照 資治通鑑輯覽≫ 1～36, 國際文化出版公司, 2002.
- 柏楊 編譯, ≪柏楊白話版 資治通鑑≫, 北岳文藝出版社, 2006.
- 孫通海・李巨泰 主編, ≪文白對照 資治通鑑綱目≫ 1～5, 長征出版社, 1996.
- 李國祥 等, ≪資治通鑑全譯≫, 貴州人民出版社, 1994.
- 李宗侗・夏德儀 等 校註, ≪資治通鑑今註≫ 1～15, 臺灣商務印書館, 1985.
- 資治通鑑新注編纂委員會 編, ≪資治通鑑新注≫ 1～10, 陝西人民出版社, 1998.
- 張宏儒・沈志華 主編, ≪文白對照全譯 資治通鑑≫ 1～3, 改革出版社, 1991.
- 張大可・韓兆琦 注譯, ≪新譯 資治通鑑≫ 1～40, 三民書局, 2017.
- 許嘉璐 主編, ≪南史全譯≫(二十四史全譯) 1～2, 漢語大詞典出版社, 2004.
- ———, ≪北史全譯≫(二十四史全譯) 1～4, 漢語大詞典出版社, 2004.
- ———, ≪北齊書全譯≫(二十四史全譯) 1～4, 漢語大詞典出版社, 2004.
- ———, ≪梁書全譯≫(二十四史全譯), 漢語大詞典出版社, 2004.
- ———, ≪魏書全譯≫(二十四史全譯) 1～4, 漢語大詞典出版社, 2004.
- ———, ≪周書全譯≫(二十四史全譯), 漢語大詞典出版社, 2004.
- 黃惠賢, ≪中國政治制度通史4 魏晉南北朝≫, 人民出版社, 1996.

〔英美〕

- Achilles, Fang, *The chronicle of the Three Kingdoms(220～265) Chapters 69～78 from the Tzŭ chih t'ung chien*, Harvard University Press, 1952～1965.
- Yap, Joseph, *Wars With The Xiongnu, A Translation from Zizhi tongjian*, AuthorHouse, 2009.

• ————————, *Zizhi tongjian: Warring States and Qin*, CreateSpace, 2016.

◇ 데이터베이스(DB) 자료

• 한국고전종합DB(http://db.itkc.or.kr)
• 동양고전종합DB(http://db.cyberseodang.or.kr)
• 상우천고(http://www.s-sangwoo.kr)
• 電子版 文淵閣四庫全書, 上海古籍出版社.

◇ 年表 관련 자료

• 柏楊, ≪中國歷史年表 上・下≫, 南海出版社, 2006.
• 松丸道雄 等 編, ≪中國史 2 -三國～唐-≫, 山川出版社, 1996.
• 沈起煒, ≪中國歷史大事年表≫, 上海辭書出版社, 2001.
• 川本芳昭, ≪中國の歷史 中華の崩壞と擴大(魏晉南北朝)≫, 講談社, 2005.

7. ≪思政殿訓義 資治通鑑綱目 20≫ 圖版目錄

8. ≪思政殿訓義 資治通鑑綱目≫ 總目次

※ 總目次는 QR코드를 통해 스마트 기기로만 이용 가능

總目次

9. ≪思政殿訓義 資治通鑑綱目≫ 解題

※ 解題는 QR코드를 통해 스마트 기기로만 이용 가능

解題

責任飜譯者 略歷

李忠九

京畿 果川 出生
龍田 金喆熙, 秀松 梁大淵 先生 師事
中央大學校 教育學科 國語國文學 副專攻
成均館大學校 大學院 國語國文學 碩士, 博士
民族文化推進會 國譯硏修院
檀國大學校 韓中關係硏究所 硏究員(現)
傳統文化硏究會 講師(現)

論文 및 譯書
〈經書諺解 硏究〉〈說文解字에 나타난 漢字字源 硏究〉 등
譯書 ≪東山先生奏議≫ ≪선비 安潚 日誌≫ ≪小學集註≫ ≪註解千字文≫ 등
共譯 ≪國譯 治平要覽≫ ≪增補四禮便覽 譯註本≫ ≪譯註 國語≫ ≪譯註 貞觀政要集論≫ ≪爾雅注疏≫ 등

共同飜譯者 略歷

金奎璇

兼山 安秉杓, 松潭 李栢淳, 龍田 金喆熙 先生 師事
韓國外國語大學校 中國語科 學士, 碩士, 博士
鮮文大學校 教養學部 教授(現)

論文 및 譯書
〈王士禛의 文學批評 연구〉 등
譯書 ≪歷代詩話≫ ≪秋史派의 글씨≫ 등
共譯 ≪譯註 貞觀政要集論≫ ≪日省錄≫ ≪毅庵集≫ ≪秋史 金正喜 硏究≫ 등

李承容

嶺南大學校 漢文教育科 卒業
成均館大學校 大學院 漢文學科 碩士, 博士
韓國古典飜譯院 專門課程 修了
檀國大學校 東洋學硏究院 古典飜譯硏究室 先任硏究員(現)

論文 및 譯書
〈조선후기 江華學派 漢詩硏究 - 全州李氏 德泉君派 八臣을 중심으로〉
共譯 《譯註 貞觀政要集論》 《國譯 通鑑節要增損校註 I》 《自著實紀》 《樂全堂集》 《寒溪日記》 《晝永編》 등

黃鳳德

全州大學校 漢文教育科 卒業
成均館大學校 大學院 漢文學科 碩士, 博士

論文 및 譯書
〈李德懋 《士小節》 硏究〉
共譯 《譯註 貞觀政要集論》 《國譯 通鑑節要增損校註 I》 《文苑叢寶》 《千字文字解說》 등

譯註 思政殿訓義 資治通鑑綱目 20　34,000원

2020년 12월 31일 초판 발행
2021년 05월 15일 초판 2쇄

編　　著　朱　熹
訓　　義　思政殿(朝鮮 世宗)
責任飜譯　李忠九
共同飜譯　金奎璇 李承容 黃鳳德
企劃編輯　東洋古典飜譯編輯委員會
原文校閱　吳圭根
飜譯研究管理　南賢熙
潤　　文　朴勝珠 南賢熙
校　　訂　李孝宰
裝　　幀　김진디자인

發 行 人　朴洪植
發 行 處　社團法人 傳統文化研究會
서울시 종로구 삼일대로 428 낙원빌딩 411호
전화 : (02)762-8401　전송 : (02)747-0083
전자우편 : juntong@juntong.or.kr
홈페이지 : juntong.or.kr
사이버書堂 : cyberseodang.or.kr
온라인서점 : book.cyberseodang.or.kr
등록 : 1989. 7. 3. 제1-936호

인쇄처 : 한국법령정보주식회사(02-462-3860)
총　판 : 한국출판협동조합(070-7119-1750)

ISBN 979-11-5794-289-3 94910
979-11-5794-061-5(세트)

※이 책은 2020년도 교육부 고전문헌 국역지원사업 지원비에 의해 초판(비매품) 간행.

전통문화연구회 도서목록

漢文讀解捷徑시리즈

漢文독해기본패턴 고전교육연구실 著 15,000원
四書독해첩경 고전교육연구실 著 20,000원

基礎漢文教材

四字小學 / 習字教本 成百曉 譯 各 8,000원/4,000원
推句·啓蒙篇 / 習字教本 成百曉 譯 各 7,000원/4,000원
明心寶鑑 成百曉 譯 11,000원
童蒙先習·擊蒙要訣 成百曉 譯 15,000원
註解千字文 成百曉 譯 13,000원

〈新編〉

四字小學·推句 고전교육연구실 編譯 11,000원
啓蒙篇·童蒙先習 고전교육연구실 編譯 11,000원
原文으로 읽는 故事成語 元周用 編譯 15,000원

東洋古典國譯叢書

大學·中庸集註 -개정증보판 成百曉 譯註 10,000원
論語集註 -개정증보판 成百曉 譯註 25,000원
孟子集註 -개정증보판 成百曉 譯註 30,000원
詩經集傳 上·下 成百曉 譯註 各 33,000원
書經集傳 上·下 成百曉 譯註 各 33,000원
周易傳義 上·下 成百曉 譯註 各 40,000원
小學集註 成百曉 譯註 30,000원
古文眞寶 後集 成百曉 譯註 32,000원

〈五書五經讀本〉

大學·中庸集註 李光虎·田炳秀 譯註 15,000원
論語集註 上·下 鄭太鉉 譯註 各 25,000원
詩經集傳 上·中·下 朴小東 譯註 各 30,000원
書經集傳 上·中·下 金東柱 譯註 各 30,000원
小學集註 上·下 李忠九 外 譯註 各 25,000원
古文眞寶後集 上·下 李相夏 外 譯註 各 32,000원
周易傳義 元·亨·利·貞 崔英辰 外 譯註 各 30,000원

東洋古典譯註叢書

〈經部〉

十三經注疏
周易正義 1~4 成百曉·申相厚 譯註 各 30,000원~40,000원
尙書正義 1~7 金東柱 譯註 各 25,000원~36,000원
毛詩正義 1~3 朴小東 譯註 各 32,000원/37,000원
禮記正義 中庸·大學 李光虎·田炳秀 譯註 20,000원
論語注疏 1~3 鄭太鉉·李聖敏 譯註 各 25,000원~40,000원
孟子注疏 1 崔彩基·梁基正 譯註 30,000원
孝經注疏 鄭太鉉·姜珉廷 譯註 35,000원
周禮注疏 1 金容天·朴禮慶 譯註 30,000원
春秋左氏傳 1~8 鄭太鉉 譯註 各 18,000원~35,000원
禮記集說大全 1 辛承云 譯註 25,000원
東萊博議 1~5 鄭太鉉·金炳愛 譯註 各 25,000원~35,000원
韓詩外傳 1~2 許敬震 外 譯註 各 29,000원~30,000원

〈史部〉

思政殿訓義 資治通鑑綱目 1~15, 17~20 辛承云 外 譯註 各 18,000원~35,000원
通鑑節要 1~9 成百曉 譯註 各 18,000원~40,000원
唐陸宣公奏議 1~2 沈慶昊·金愚政 譯註 各 35,000원~45,000원
貞觀政要集論 1~4 李忠九 外 譯註 各 25,000원~32,000원
列女傳補注 1~2 崔秉準·孔勤植 譯註 各 30,000원~38,000원
歷代君鑑 1~3 洪起殷·全百燦 譯註 各 32,000원~35,000원

〈子部〉

近思錄集解 1~3 成百曉 譯註 各 25,000원/35,000원
孔子家語 1~2 許敬震 外 譯註 各 35,000원/36,000원
老子道德經注 金是天 譯註 30,000원
大學衍義 1~5 辛承云 外 譯註 各 26,000원~30,000원
墨子閒詁 1~4 李相夏 外 譯註 各 32,000~38,000원
說苑 1~2 許鎬九 譯註 各 25,000원
世說新語補 1~3 金鎭玉 外 譯註 各 36,000원~38,000원
荀子集解 1~7 宋基采 譯註 各 25,000원~38,000원
心經附註 成百曉 譯註 35,000원
顔氏家訓 1~2 鄭在書·盧暻熙 譯註 各 22,000원/25,000원
揚子法言 1 朴勝珠 譯註 24,000원
二程全書 1~3 崔錫起·姜導顯 譯註 各 36,000원~38,000원
莊子 1~4 安炳周·田好根 共譯 各 25,000원~30,000원
政經·牧民心鑑 洪起殷·全百燦 譯註 27,000원
韓非子集解 1~4 許鎬九 外 譯註 各 32,000~38,000원
武經七書直解
孫武子直解·吳子直解 成百曉·李蘭洙 譯註 35,000원
六韜直解·三略直解 成百曉·李鍾德 譯註 26,000원
尉繚子直解·李衛公問對直解 成百曉·李蘭洙 譯註 26,000원
司馬法直解 成百曉·李蘭洙 譯註 26,000원

〈集部〉

古文眞寶 前集 成百曉 譯註 30,000원
唐詩三百首 1~3 宋載卲 外 譯註 各 25,000원~36,000원
唐宋八大家文抄 韓愈 1~3 鄭太鉉 譯註 各 22,000원/28,000원
〃 歐陽脩 1~7 李相夏 譯註 各 25,000원~35,000원
〃 王安石1~2 申用浩·許鎬九 共譯 各 20,000원/25,000원
〃 蘇洵 李章佑 外 譯註 25,000원
〃 蘇軾 1~5 成百曉 譯註 各 22,000원
〃 蘇轍 1~3 金東柱 譯註 各 20,000원/22,000원
〃 曾鞏 宋基采 譯註 25,000원
〃 柳宗元 1~2 宋基采 譯註 各 22,000원
明淸八大家文鈔 1 李相夏 外 譯註 37,000원

東洋古典新譯

당시선 송재소·최경렬·김영죽 편역 22,000원
손자병법 성백효 역주 14,000원
장자 안병주·전호근·김형석 역주 13,000원
고문진보 후집 신용호 번역 28,000원
노자도덕경 김시천 역주 15,000원

동양문화총서

동양사상 해설과 원전 정규훈 外 저 22,000원
화합의 길 -《중용》 읽기 금장태 저 20,000원
호설과 시장 신용호 저 20,000원

문화문고

경전으로 본 세계종교 그리스도교 이정배 편저 10,000원
〃 도교 이강수 편역 10,000원
〃 천도교 윤석산·홍성엽 편저 10,000원
〃 힌두교 길희성 편역 10,000원
〃 유교 이기동 편저 10,000원
〃 불교 김용표 편저 10,000원
〃 이슬람 김영경 편역 10,000원
논어·대학·중용 / 맹자 조수익·박승주 공역 각 10,000원
소학 박승주·조수익 공역 10,000원
십구사략 1~2 정광호 저 각 12,000원
무경칠서 손자병법·오자병법 성백효 역 10,000원
〃 육도·삼략 성백효 역 10,000원
〃 사마법·울료자·이위공문대 성백효 역 10,000원
당시선 송재소·최경렬·김영죽 편역 10,000원
한문문법 이상진 저 10,000원
한자한문전통교재 조수익·이성민 공역 10,000원
士小節 선비 집안의 작은 예절 이동희 편역 12,000원
儒學이란 무엇인가 이동희 저 10,000원
동아시아의 유교와 전통문화 이동희 저 13,000원
현대인, 동양고전에서 길을 찾다 이동희 저 10,000원
100자에 담긴 한자문화 이야기 김경수 저 12,000원
우리 설화 1~2 김동주 편역 각 10,000원
대한민국 국무총리 이재원 저 10,000원
백운거사 이규보의 문학인생 신용호 저 14,000원